勘定科目別 仕訳処理ハンドブック

令和7年3月改訂

仰星監査法人 編著

HANDBOOK

清文社

■「第21版」の刊行にあたって

　本書は1996年6月に初版を刊行してから多くの読者から支持され，改訂を重ねてきた「仕訳処理ハンドブック」の最新版です。

　2023年4月の第20版の出版より2年が経過し，その後の会計基準や法令等の改正を反映させています。今回，2024年9月に公表された新リース会計基準（企業会計基準第34号「リースに関する会計基準」及び企業会計基準適用指針第33号「リースに関する会計基準の適用指針」）に関する記載を追加しています。

　2023年10月以降消費税のインボイス制度（適格請求書等保存方式）の導入という大きな制度改正が行われています。そのため，今回，インボイス制度に関するQ&Aから，振込手数料の論点等，経理担当者の方がインボイス制度で悩まれるであろう論点に関する仕訳の設問を多く追加しています。また，大阪万博が2025年に行われることから，「2025年日本国際博覧会（大阪・関西万博）に係る費用の税務上の取扱いについて」に基づいて，実務上有用となる設問ごとにパターン別の仕訳を紹介しています。

　このハンドブックでは，簿記の初心者から会計実務に専門的に携わっている方々まで，多くの人達の学習や業務の参考に資することを目的として，日常的に発生する基本的な取引から，特殊な取引まで幅広く網羅しています。中小企業から大企業まで広く活用できるように，基本的な会計処理だけでなく，最新の会計処理についても対応できるように努めております。

　会計処理に不明な個所が生じた場合には，このハンドブックの該当ページを開いて，学習や日常業務の理解にご活用いただければ幸いです。

　最後に，本書の出版と校正にご尽力頂いた皆様に厚くお礼を申し上げます。

2025年2月

仰　星　監　査　法　人　　　新　島　敏　也
GYC 税理士法人　　　　　　柴　田　暁　芳
仰星コンサルティング株式会社　本　田　直　誉

■はしがき

　簿記は15世紀末に刊行されたフラ・ルカ・パツィオリの書物によって初めて世に現れたといわれております。わが国では，明治の初期にほぼ時を同じくして出版された福沢諭吉訳の「帳合之法」とアラン・シヤンドの草案による「銀行簿記精法」の二つの書物によって，それまでの「大福帳」に代わる新しい記帳技術として紹介されています。

　「簿記は学なりや，術なりや」という古い言葉がありますが，簿記が学問であるのか，或いは単なる記帳技術であるのかという議論はともかく，簿記が記帳技術として発展してきたということは間違いないようです。

　このように簿記の発展の経過からみても，簿記・会計マスターの近道は，先ず多くの取引例に当たってみることと，その取引例についての正しい仕訳処理を知ることにあると考えられます。

　このような考え方から，このハンドブックでは，簿記の基本的な取引から，一般的な会計実務において発生することが想定されるような取引までの684例について，それぞれ，仕訳，解説，表示，関連法規の順に説明をしております。特に，このハンドブックの特色として，「一問完結」を基本として，一つの設問について該当するページを見れば完全に理解できるように，他の設問で解説済みの事項についても省略せず，完全な記述を行うようにしております。

　「解説」では，それぞれの取引例について企業会計原則，原価計算基準，商法，計算書類規則，財務諸表等規則，法人税法，日本公認会計士協会の各種委員会報告等にもとづく最新の会計理論と会計情報によって，正しい会計処理と仕訳につき解説を行っております。

　「表示」では，各取引の仕訳処理科目について財務諸表等規則並びに計算書類規則等にもとづいて，貸借対照表及び損益計算書上の正しい表示方法につき説明を行っております。

　「関連法規」では，各取引の会計処理を行うに当たっての根拠となっている会計原則，法令，通達等につき記載し，更に詳しい研究をされる方への参考としております。

以上がこのハンドブックの概要でありますが，このハンドブックは簿記の学習中の方は勿論，会計実務に携わっておられる方々の業務上の参考となることを目指して，平成5年に公表された「リース取引に係る会計基準」，平成6年に行われた商法並びに計算書類規則の改正にもとづく新しい会計処理等についても取引例に上げております（なお，消費税の会計処理については平成7年12月25日改正の消費税法基本通達によっております）。是非，日常の会計業務において，不明な会計処理がある場合は，このハンドブックを辞書代わりにして該当ページを引いて頂きたいと思います。

　最後に，このハンドブックの刊行についてご尽力頂いた清文社の橋詰守氏に厚くお礼を申し上げます。また，忙しい職務の傍らハンドブックの刊行に協力してくれた中央監査法人の重本良実会計士補に深く感謝の意を表します。

平成8年4月

　　　　　　　　　　　　　　　　　　　　　田村　雅俊
　　　　　　　　　　　　　　　　　　　　　鈴木　義則
　　　　　　　　　　　　　　　　　　　　　佐藤　昭雄

目　次

Ⅰ　流動資産

現　金

1. 配当金領収書を受け取った …………………………………………… 2
2. 郵便為替証書を受け取った …………………………………………… 3
3. 期日到来の公社債利札がある ………………………………………… 4
4. 小口現金制度（定額資金前渡制度）を採用している ……………… 5
5. 仮払金を精算し，残金が戻った ……………………………………… 7
6. 印紙・切手を購入した ………………………………………………… 8
7. 現金過不足がある ……………………………………………………… 9
8. 現金が盗難にあった …………………………………………………… 9
9. 入金先が不明の現金がある ………………………………………… 10
10. 売掛代金の回収として小切手を受け取った ……………………… 10
11. 買掛金を現金で支払った …………………………………………… 11
12. 現金を預金に預け入れる …………………………………………… 11
13. 外国通貨を受け取った ……………………………………………… 12

預　金

14. 現金を普通預金に預け入れる ……………………………………… 15
15. 普通預金利息が入金（口座へ）した ……………………………… 15
16. 株式についての配当金支払通知書を受け取った ………………… 16
17. 総合振込みの手続きを行う ………………………………………… 17
18. 普通預金から自動引落しがあった ………………………………… 18
19. 当座契約を締結して，現金を預け入れる ………………………… 19

20 仕入をして，代金を小切手にて支払う ……………………………………… 19
21 当座借越となった（過振り） ………………………………………………… 20
22 当座借越を売上代金で補充した ……………………………………………… 21
23 自己振出しの小切手を受け取った …………………………………………… 22
24 他人振出しの小切手を受け取り，直ちに預け入れた ……………………… 22
25 当座預金残高不足のため，普通預金から振り替えた ……………………… 23
26 他店券により当座預金残高の調整をした …………………………………… 24
27 貸付金の返済金が当座預金に入金された …………………………………… 24
28 修繕費を小切手で支払う ……………………………………………………… 25
29 借入金を小切手で支払う ……………………………………………………… 26
30 先日付小切手を受け取った …………………………………………………… 27
31 先日付小切手を振り出した …………………………………………………… 28
32 当座預金出納帳と銀行の残高照合表とが不一致 …………………………… 28
33 未渡し小切手がある …………………………………………………………… 29
34 当座預金の期末残高が借越しの時 …………………………………………… 30
35 外貨定期預金口座を開設した ………………………………………………… 31
36 外貨預金の期末評価を行う …………………………………………………… 32
37 外貨預金の払戻しを受けた …………………………………………………… 32
38 納税準備預金を作成した ……………………………………………………… 34
39 納税準備預金から税金を納付した …………………………………………… 34
40 通知預金を作成し，取り崩した ……………………………………………… 35
41 定期預金に預け入れた ………………………………………………………… 36
42 定期預金の払戻しを受けた …………………………………………………… 37
43 譲渡性預金（CD）を取得した ……………………………………………… 38
44 譲渡性預金（CD）が満期償還された ……………………………………… 39
45 譲渡性預金（CD）を満期日前に譲渡した ………………………………… 40
46 既発の譲渡性預金（CD）を取得し，満期償還された …………………… 41

受取手形

- 47 約束手形を売上代金として受け取った……………………………… 46
- 48 約束手形を売掛代金として受け取った……………………………… 47
- 49 約束手形の取立てを依頼した………………………………………… 48
- 50 約束手形が満期日に取立入金した…………………………………… 48
- 51 為替手形を売上代金として受け取った……………………………… 49
- 52 為替手形を振り出し,支払人の引受けを得た……………………… 50
- 53 為替手形が満期日に取立入金された………………………………… 51
- 54 為替手形を振り出し,仕入代金として支払った…………………… 51
- 55 仕入代金の支払いのため振り出した為替手形が満期日に決済された……………………………………………………………… 53
- 56 手形を裏書譲渡した…………………………………………………… 54
- 57 裏書譲渡した手形が満期日に決済された…………………………… 56
- 58 裏書譲渡した手形が不渡りとなった………………………………… 57
- 59 手形を割引した………………………………………………………… 58
- 60 割引手形の期日落ち…………………………………………………… 60
- 61 割引した手形が不渡りとなった……………………………………… 61
- 62 協力会社の要請により手形の割引に応じた………………………… 62
- 63 自己受取りの為替手形を振り出した………………………………… 63
- 64 手形の更改を行った…………………………………………………… 64
- 65 手持ちの手形が不渡りとなった……………………………………… 65
- 66 裏書人に遡求し償還を受けた………………………………………… 66
- 67 手形を担保として貸付けを行った…………………………………… 67
- 68 手形貸付金の担保手形の書替えを行った…………………………… 67
- 69 手形貸付金の返済を受けた…………………………………………… 68
- 70 荷為替手形の割引を行った…………………………………………… 69
- 71 外貨建荷為替手形の割引を行った…………………………………… 70

72 荷為替手形の取立てを依頼した……………………………………72
73 商品代金の手付金として手形を受け取った………………………73
74 1年を超えるサイトの手形を受け取った…………………………73
75 機械の売却代金として手形を受け取った…………………………74

売掛金

76 掛売上を行い，売掛金を現金で回収した…………………………76
77 売掛金を手形で回収した……………………………………………77
78 受け取った手形を相手方に一時返却した…………………………77
79 売掛金と買掛金とを相殺した………………………………………78
80 売掛金が貸倒れとなった……………………………………………79
81 代物弁済による回収…………………………………………………80
82 債権譲渡証書を受け取った…………………………………………81
83 売上割引をした………………………………………………………81
84 外貨建輸出取引を行った……………………………………………83
85 前受金のある輸出取引を行った……………………………………85
86 為替予約のある輸出取引を行った…………………………………87
87 売掛金を有する得意先について，会社更生法による
   更生計画の認可決定があった………………………………………89
88 売上債権として完成工事未収入金が計上される…………………91

有価証券

89 売買目的の有価証券を取得した……………………………………96
90 売買目的の有価証券を売却した……………………………………97
91 決算時に有価証券の時価評価をした………………………………98
92 決算時に有価証券の減損処理をした………………………………100
93 有価証券の保有目的区分を変更した………………………………101
94 外貨建有価証券を取得し，期末評価をした………………………106
95 既発利付債券を取得した（経過利子の扱い）……………………107

96	既発利付債券の利払日及び償還日の処理をした	109
97	債券が償還された	110
98	特定金銭信託による運用を行った	111
99	特定金銭信託の決算時の評価を行った	112
100	特定金銭信託の収益分配時の処理を行った	113
101	特定金銭信託の信託期間が終了した	114
102	コマーシャル・ペーパーを購入した	115
103	コマーシャル・ペーパーの償還時又は途中売却時の処理を行った	116
104	有価証券を貸し付けた(使用貸借の貸手側)	117
105	有価証券を借り受けた(使用貸借の借手側)	118
106	有価証券の消費貸借を行った	119
107	中期国債ファンドを取得し,収益分配金の受入時と,売却時の処理を行った	121
108	現先取引の開始時と終了時の処理を行った	123
109	信用取引の開始から終了までの処理を行った	124
110	その他資本剰余金の処分による現金の配当を受ける	127

棚卸資産

111	商品勘定につき,仕入,売上,決算までの処理を行った	129
112	商品・原材料・購入部品の引取費用を支払った	131
113	原材料・購入部品の購入と払出しを行った	132
114	商品の期末評価をした	135
115	売価還元法による在庫評価を行った	138
116	工事損失引当金を計上する	140
117	販売用不動産の評価をした	141
118	製品・原材料の棚卸減耗損の計上をした	142
119	未着品を仕入し,そのまま売却した	143

120	積送品の処理をした……………………………………………144
121	試用販売品を出荷した……………………………………………145
122	発生原価を仕掛品勘定に振り替える（個別原価計算，総合原価計算）……………………………………………146
123	製品が完成入庫した……………………………………………147
124	製品の販売時の処理をした……………………………………148
125	副産物の発生と売却時の処理をした…………………………149
126	作業屑，仕損品の発生と売却時の処理をした………………151
127	半製品の入庫と売却時の処理をした…………………………152
128	未成工事支出金の発生と完成時の処理を行う………………153
129	消耗品（貯蔵品）の購入時と決算時の処理を行った………154

貸付金

130	短期貸付金の発生と回収時の処理をした……………………156
131	貸付金に関連して電子記録債権を発生させ，譲渡した……157
132	従業員への貸付けと回収………………………………………159
133	子会社貸付金が発生し，相殺により回収した………………160
134	役員への貸付けと回収…………………………………………161
135	手形貸付金の発生と回収時の処理をした……………………162
136	外貨建貸付金の評価をした……………………………………163

その他の流動資産

137	前渡金の支払いと仕入…………………………………………165
138	立替金が発生し，後に精算した………………………………166
139	従業員立替金が発生し，後に精算した………………………167
140	仮払金が発生し，後に精算した………………………………167
141	未収入金が発生し，後に回収した……………………………168
142	プレミアム商品券（地域振興券）の受取りと換金を行った……169
143	前払費用の発生と決算整理を行う……………………………171

144 未収収益の発生と決算整理を行う ……………………………………… 172
145 未収利息の計上をした ……………………………………………………… 173
146 仮払法人税等の発生と決算整理を行う（予定納税と決算処理）…… 174
147 利子・配当等の仮払源泉税の納付と決算整理を行う ……………… 176
148 未決算勘定の発生と整理を行う ………………………………………… 177
149 電子マネーを使用した場合の会計処理 ………………………………… 178
150 売上の対価として仮想通貨（以下，暗号資産という）を
　　受け取った（円建取引）………………………………………………… 179
151 売上の対価として暗号資産を受け取った（暗号資産建取引）…… 181
152 仕入の対価を暗号資産で支払った（円建取引）……………………… 182
153 仕入の対価を暗号資産で支払った（暗号資産建取引）…………… 183

Ⅱ　固定資産

有形固定資産

154 建物を取得をした ………………………………………………………… 187
155 自家建設による取得があった …………………………………………… 188
156 物置を取得した …………………………………………………………… 189
157 建物附属設備を取得した ………………………………………………… 190
158 構築物を取得した ………………………………………………………… 191
159 機械装置を取得した ……………………………………………………… 192
160 機械購入時に代金を電子債務にて支払った ………………………… 193
161 太陽光発電設備を設置した ……………………………………………… 194
162 車両を取得した …………………………………………………………… 195
163 工具・器具・備品を取得した …………………………………………… 196
164 土地を取得した …………………………………………………………… 198
165 建設仮勘定を計上した …………………………………………………… 199

166 固定資産の除売却時の処理を行う ……………………………………… 200
167 機械装置の除売却時の処理を行う（総合耐用年数の場合）……… 202
168 有姿除却を行う ………………………………………………………… 203
169 減価償却にはどのような方法があるか ……………………………… 204
170 減価償却方法の変更を行った ………………………………………… 206
171 中古資産の減価償却を行った ………………………………………… 209
172 期中取得資産の減価償却を行った …………………………………… 210
173 特別償却を行った ……………………………………………………… 210
174 増加償却を行った ……………………………………………………… 212
175 耐用年数を変更した …………………………………………………… 213
176 資本的支出と修繕費を区別する（20万円基準）…………………… 214
177 資本的支出と修繕費を区別する（オーバーホールの取扱い）…… 217
178 割賦購入の処理を行う ………………………………………………… 218
179 借入金利息を取得価額に算入した …………………………………… 219
180 収用による土地の売却と代替地の取得をした ……………………… 220
181 土地を交換した ………………………………………………………… 222
182 土地と建物を一括して取得した ……………………………………… 223
183 非減価償却資産を購入した …………………………………………… 224
184 他人の建物に対して造作を行った …………………………………… 225
185 建物付の土地を取得し，立退料・取壊費用等を支払った ………… 226
186 地鎮祭及び上棟式の費用を支払った ………………………………… 227
187 資産除去債務を計上した ……………………………………………… 228

無形固定資産

188 のれんを取得し，償却を行った ……………………………………… 232
189 特許権を買い取り，償却を行った …………………………………… 234
190 研究開発で特許権を取得した ………………………………………… 235
191 借地権を取得した ……………………………………………………… 235

192 借地更新料を支払った …………………………………… 237
193 定期借地権の契約を行った ……………………………… 238
194 水道施設利用権を取得した ……………………………… 239
195 ソフトウェアの開発費用の計上と償却を行う ………… 240
196 特許権を売却した ………………………………………… 241
197 特許権の耐用年数を変更した …………………………… 242

投資その他の資産―その1

198 その他有価証券を取得し，その後売却した …………… 244
199 その他有価証券の期末評価を行った …………………… 246
200 その他有価証券の減損処理を行った（四半期）……… 248
201 その他有価証券の減損処理を行った（期末）………… 250
202 株式分割により持株数が増加した ……………………… 251
203 株式無償割当てにより株式の交付を受けた …………… 252
204 所有株式につき，株式消却があった …………………… 253
205 減資により所有持株数が減少した ……………………… 254
206 満期保有目的の債券の評価を行った（償却原価法）… 256
207 投資信託を取得し，決算時の評価をした ……………… 258
208 投資信託の収益分配金を受入れし，償還時に処理を行った ……… 260
209 REITの取得，収益計上，期末評価を行う …………… 262
210 代用払込みの請求を行って新株予約権付社債を株式にした ……… 264
211 新株予約権と社債を購入し，権利行使をした ………… 265
212 新約予約権だけを売却した ……………………………… 267
213 割引金融債の取得から満期償還までの処理を行った … 268
214 株式の累積投資（るいとう）を行った ………………… 270
215 特定目的会社の出資証券を取得した …………………… 272
216 子会社株式を取得し，決算で期末評価を行った ……… 274
217 関連会社株式を取得し，決算で期末評価を行った …… 276

218 出資金を拠出し，決算で期末評価を行った……………………………278
219 長期貸付けを行い，その後回収した……………………………………280
220 外貨建長期金銭債権の期末評価を行った………………………………281
221 投資不動産を購入した……………………………………………………283
222 更生債権等が発生した……………………………………………………283
223 ビル賃借にあたり敷金を支払った………………………………………284
224 建設協力金を支払った……………………………………………………288
225 ゴルフクラブ会員権の購入と評価減を行った…………………………292
226 積立保険料を支払った……………………………………………………294
227 抵当証券を取得した………………………………………………………295
228 自動車リサイクル料を支払った…………………………………………296
229 他社株転換社債（EB債）の取得から，期末評価，
    他社株による償還までの処理を行った………………………………297

投資その他の資産—その2（企業再編関係）

230 吸収合併を行った（合併存続会社の会計処理）………………………302
231 親子会社の合併を行った（共通支配下の取引）………………………303
232 同一個人株主により支配されている会社同士が合併した
    （共通支配下の取引）……………………………………………………304
233 子会社同士が合併した（共同支配企業の形成）………………………305
234 株式交換を行い，会社を取得した（完全親会社の会計処理）………309
235 株式移転を行い，会社を取得した（完全親会社の会計処理）………309
236 吸収分割を行った（子会社化…吸収分割承継会社及び
    吸収分割会社の会計処理）……………………………………………313
237 所有する株式の発行会社が合併された
    （合併消滅会社株式の会計処理）……………………………………319
238 株式交換により新株式を取得した
    （完全子会社となる株式の会計処理）………………………………320
239 株式移転に伴って新会社の株式を取得した

Ⅲ 繰延資産

繰延資産

- 240 創立費の支払いと決算整理を行う ……………………………… 324
- 241 開業費の発生と償却を行う ……………………………………… 326
- 242 株式交付費の支払いと決算整理を行う ………………………… 328
- 243 社債発行費及び社債発行差金の発生と決算整理を行う ……… 329
- 244 開発費の発生と決算整理を行う ………………………………… 332
- 245 道路負担金の支出と決算整理を行う …………………………… 333
- 246 建物賃借時の権利金の支払いとその償却を行う ……………… 335
- 247 広告宣伝用資産の贈与とその償却を行う ……………………… 336
- 248 同業者団体への加入金を支払った ……………………………… 337
- 249 災害（震災）損失を処理する …………………………………… 338

Ⅳ 流動負債

支払手形

- 250 買掛金の支払いのため約束手形を振り出した ………………… 342
- 251 買掛金支払いのため為替手形の引受けを行った ……………… 343
- 252 手形決済時の処理をする（期末日が休日の場合の 期末日満期手形の処理）………………………………………… 343
- 253 取立てに回らなかった手形の処理をする ……………………… 344
- 254 車両購入のため手形の振出しを行った ………………………… 345
- 255 支払手形の書替えを行った ……………………………………… 346
- 256 担保差入手形の発生があった …………………………………… 347

（被結合企業株主の会計処理）……………………………………… 321

買 掛 金

- 257 掛仕入を行った（仮単価による仕入を含む）……………………348
- 258 買掛金を現金で支払った（銀行口座への振込み）……………349
- 259 電子記録債権で買掛金を支払った……………………………349
- 260 買掛金を手形で支払った………………………………………352
- 261 買掛金を売掛金と相殺した……………………………………353
- 262 仕入値引・割戻しがあった……………………………………353
- 263 仕入割引を受けた………………………………………………355
- 264 工事未払金を計上し，支払いをした…………………………356

短期借入金

- 265 手形担保による借入とその返済取引を処理する………………358
- 266 借入を継続するため担保手形の書替えを行った………………359
- 267 証書による借入とその返済取引を処理する……………………360
- 268 「当座借越」が発生した（決算時の表示）……………………361
- 269 役員より借入を行った…………………………………………362
- 270 親会社から借入した……………………………………………362
- 271 インパクトローン（外貨建借入金…為替予約付）で借入した……364
- 272 長期借入金の1年内返済予定額の振替えと返済を行った…………366

未 払 金

- 273 未払金の計上（固定資産と通常の費用の未払金）と支払い………367
- 274 割賦購入未払金の発生と分割払いを行う………………………368
- 275 未払税金を計上し，翌期支払った……………………………370
- 276 未払消費税を計上した…………………………………………371
- 277 未払配当金が発生し支払いをした……………………………372

未払費用

- 278 未払費用の計上と翌期首の振戻し及び支払い…………………377
- 279 未払給料を計上し，翌月支払った……………………………378

280 未払社会保険料を計上し，翌月支払った……………………………379
281 未払利息を計上し，支払った……………………………………380
282 未払賞与を計上し，翌期支払った………………………………381

その他の流動負債

283 前受金の受取りと，売上計上時の処理を行った………………383
284 未成工事受入金の計上と，工事完成時の処理を行った………384
285 預り金が発生し，支払った………………………………………385
286 従業員預り金（社内預金）の受入れと払出しを行った………386
287 前受家賃を受け取った（翌期処理を含む）……………………387
288 仮受金が発生し，その後整理を行った…………………………388
289 預り保証金が発生した……………………………………………389
290 商品券を発行し，後日回収した…………………………………390
291 コマーシャル・ペーパーを発行し，期日に償還した…………392
292 圧縮特別勘定を計上した…………………………………………393

流動負債の引当金

293 貸倒引当金の計上と取崩しを行う………………………………396
294 中小企業の貸倒引当金の繰入れ，取崩しを行う（税法の特例）……400
295 賞与引当金の計上と支払い時の処理を行う……………………402
296 修繕引当金の設定と取崩しを行う………………………………403
297 建設工事の補償サービス（製品の保証サービス）を行った………405
298 返品権の付された取引を行った…………………………………408
299 売上値引を行った…………………………………………………410
300 債務保証損失引当金を計上し，その後保証債務の履行が発生した……………………………………………………………………411
301 ポイントの付与と行使を行った…………………………………413

Ⅴ 固定負債

社債・転換社債・新株予約権付社債

- 302 社債を割引発行した……416
- 303 社債の利息を計上した……417
- 304 社債発行費を支払った……417
- 305 社債払込額と社債金額との差額を償却原価法により処理した……418
- 306 社債を抽選償還した……419
- 307 社債を買入償還した……420
- 308 転換社債型新株予約権付社債を発行した（旧商法によるもの）……421
- 309 外貨建てで社債を発行し，長期の為替予約をした……423

長期借入金

- 310 銀行より資金の長期借入を行った……425
- 311 長期借入金の利息を計上した……426
- 312 長期借入金の一部を返済した……426
- 313 長期借入金を短期借入金に振り替えた……427

退職給付引当金

- 314 退職一時金制度における退職給付引当金を計算した〈1年度〉……428
- 315 退職一時金制度における退職給付引当金を計算した〈2年度〉……429
- 316 退職一時金制度における退職給付引当金を計算した〈3年度〉……430
- 317 退職年金制度における退職給付引当金を計算した〈1年度〉……432
- 318 退職年金制度における退職給付引当金を計算した〈2年度〉……434
- 319 退職年金制度における退職給付引当金を計算した〈3年度〉……436
- 320 年金資産が退職給付債務を超過した……438
- 321 簡便法により退職給付引当金を計算した（退職一時金制度のみの場合）……440
- 322 簡便法により退職給付引当金を計算した（企業年金制度の

みの場合)··442

323 複数事業主制度により設立された企業年金に支払いを行った······443

役員退職慰労引当金

324 役員退職慰労引当金を計上した···445

325 役員退職慰労引当金を取り崩した···446

預り敷金・保証金

326 営業保証金を預かった··447

327 返還を要しない敷金を預かった··447

328 預り敷金を返還した··448

資産除去債務

329 資産除去債務を計上した(取壊しを条件に店舗を取得した)·······449

330 資産除去債務が複数の有形固定資産から構成されていた············452

331 資産除去債務が使用のつど発生した··453

332 資産除去債務の見積りに変更があった·····································455

Ⅵ 純 資 産

資 本 金

333 株式会社を設立した··460

334 新株発行を伴う増資を行った··460

335 資本準備金の資本組入れによる増資を行った··························461

336 その他資本剰余金の資本組入れによる増資を行った················462

資本剰余金

337 有償減資を行った···463

338 資本準備金を取り崩し,その法的手続きが完了した·················464

339 株式払込剰余金が生じた···464

340 減資により減資差益が生じた··465

341 資本準備金を取り崩して配当した……………………………………466

利益剰余金

342 マイナスのその他利益剰余金を塡補するため減資した……………468
343 合併により合併差益が生じた…………………………………………468
344 配当して準備金を積み立てた…………………………………………470
345 法定準備金と任意積立金によりマイナスのその他利益剰余金を塡補した……………………………………………………………471
346 国庫補助金を受け入れた………………………………………………471
347 配当平均積立金を積み立てた…………………………………………473
348 配当平均積立金を取り崩した…………………………………………473
349 特別償却準備金を積み立てた…………………………………………474
350 特別償却準備金を税法の規定により取り崩した……………………475
351 別途積立金を積み立てた………………………………………………476
352 別途積立金を取り崩して,欠損を塡補した…………………………477

自己株式

353 株式の消却をするために自己株式を取得した………………………478
354 定時株主総会決議に基づき,自己株式を取得した…………………479
355 自己株式を取引先に譲渡した…………………………………………481
356 吸収合併に際し自己株式を交付した…………………………………483
357 保有する自己株式を消却した…………………………………………485
358 自己株式の処分と新株の発行を同時に行った(Ⅰ)…………………485
359 自己株式の処分と新株の発行を同時に行った(Ⅱ)…………………486

その他有価証券評価差額金

360 その他有価証券の期末評価を行った…………………………………488

新株予約権

361 新株予約権(ストック・オプション)の付与と権利行使があった……………………………………………………………………489

362 新株予約権のうち，権利行使未済分があった……………………………492

363 転換社債型新株予約権付社債の新株予約権が行使された…………493

364 社債と新株予約権とを同時に募集し，かつ両者を同時に
割り当てた（転換社債型新株予約権付社債以外の新株予
約権付社債の発行）……………………………………………………494

365 有償ストック・オプション（権利確定条件付き有償新株
予約権）の付与と権利行使があった…………………………………495

366 取締役等の報酬等として新株の発行を行った（事前交付型）………496

367 取締役等の報酬等として自己株式を処分した（事前交付型）………502

368 取締役等の報酬等として新株の発行を行った（事後交付型）………508

Ⅶ 営業損益

売上高

369 商品・製品を販売した……………………………………………………514

370 売上品につき値引を行った………………………………………………515

371 売上割戻しを行った………………………………………………………516

372 売上割戻しを観劇招待により行った……………………………………518

373 売上品が返品された………………………………………………………519

374 割賦販売を行った…………………………………………………………521

375 委託販売を行った…………………………………………………………522

376 受託販売を行った…………………………………………………………525

377 試用販売を行った…………………………………………………………527

378 予約販売を行った…………………………………………………………528

379 有償支給取引を行った……………………………………………………529

380 外貨建取引で売上を計上した……………………………………………531

381 完全に履行義務を充足した時点で完成工事高を計上した

381 (工事完成基準による売上計上) ……………………………………533
382 一定の期間にわたり，履行義務の充足に応じて完成工事高を計上した（工事進行基準による売上計上）…………………535
383 原価回収基準により売上を計上した ……………………………538
384 工事進行基準適用工事に工事損失引当金を計上する …………540
385 共同企業体（JV）による工事について完成工事高の計上を行った………………………………………………………………543
386 ソフトウェアの受注制作を行った ………………………………546
387 金品引換券付販売を行った ………………………………………549
388 店舗の賃貸料を受け取った ………………………………………551
389 賃貸料について紛争がある…供託金の処理 ……………………552
390 不動産取引の仲介料を受け取った ………………………………552

仕入高

391 商品を仕入れた ……………………………………………………554
392 商品の仕入を行い，仕入に要した諸掛りを支払った …………554
393 仕入値引を受けた …………………………………………………555
394 仕入割戻しを受けた ………………………………………………556
395 仕入れた商品を返品した …………………………………………557
396 販売用の土地を取得した …………………………………………558
397 外貨建取引で仕入を行った ………………………………………558
398 仕入れた商品を営業所へ移動させた ……………………………560
399 仕入れた商品を保管するために倉庫を借りた …………………561
400 販売用の土地を購入し，登記費用等を支払った ………………562
401 遠隔地より商品を買い付けた ……………………………………563
402 売上原価を計算し，売上総利益を計上する ……………………564

製造原価

403 原材料，購入部品を仕入れた ……………………………………566

404 原材料，購入部品を出庫した……………………………………………567

405 賃金・給料を支払った………………………………………………………567

406 外注品の納品があった………………………………………………………568

407 製造間接費が発生した………………………………………………………569

408 製品が完成した…………………………………………………………………570

販売費及び一般管理費

［販売手数料］

409 販売奨励金を支払った………………………………………………………573

410 新商品のサンプルを購入した………………………………………………574

411 委託販売に伴う販売手数料を計上した……………………………………575

412 販売の情報提供料を支払った………………………………………………576

413 特約店等のセールスマンに手数料を支払った……………………………577

414 新規の販売代理店を獲得するための費用を支出した……………………578

415 販売代理店等の従業員の健康診断費用を負担した………………………579

［発送運賃，保管料］

416 発送運賃を支払った…………………………………………………………580

417 保管料を支払った……………………………………………………………581

418 特定時期に売るものの保管費用を支払った………………………………581

419 備品購入に伴って引取運賃を支払った……………………………………582

［役員報酬］

420 役員報酬を支出した…………………………………………………………583

421 株主総会で役員報酬の支給限度額を定めなかった………………………584

422 使用人兼務役員に給料と役員報酬を支払った……………………………585

423 役員報酬を期中で増額した…………………………………………………586

424 役員賞与を株主総会の決議事項とした……………………………………587

425 役員賞与を費用として処理した……………………………………………587

426 非常勤役員に対し年2回役員報酬を支給した……………………………588

427 社内で通称「専務」,「常務」と呼ばれている使用人兼務役員に
賞与を支払った ………………………………………………………… 589

428 常務昇格者に使用人兼務期間の賞与を支払った ………………… 589

429 役員報酬を20日で締め切り25日に支払った …………………… 590

430 海外在勤役員に対して滞在手当を支出した ……………………… 591

431 役員へ毎月定額の渡し切り交際費を支給した …………………… 591

432 役員に対する生命保険料を1年分支払った ……………………… 592

433 役員が受講した研修会の受講料・教材費等を会社が負担した … 593

434 同族会社で代表者の妻に賞与を支払った ………………………… 594

435 役員の冠婚葬祭費用を会社が支払った …………………………… 594

436 役員に創業記念品を交付した ……………………………………… 595

437 出向先の会社が支出する給与負担金に賞与が含まれていた …… 596

[給料手当]

438 従業員に給料手当を支払った ……………………………………… 597

439 本社・支店及び工場に勤務する従業員の給料を支払った ……… 597

440 パート・アルバイトに給与を支払った …………………………… 598

441 時間外手当を支払った ……………………………………………… 599

442 給料の未払分を計上した …………………………………………… 599

443 出向社員に対する給与較差分を支出した ………………………… 600

444 出向社員に対する給与を出向元法人が全額負担した …………… 600

[賞　与]

445 賞与を支給した ……………………………………………………… 602

446 執行役員に対して賞与を支払った ………………………………… 602

447 賞与を未払計上した ………………………………………………… 603

[退職金，退職給付引当金繰入額]

448 退職金を支払った …………………………………………………… 605

449 執行役員になる使用人に退職金を支払った ……………………… 605

450	退職一時金と年金の両方を支給した……………………………………606
451	退職金を3回に分けて支払った……………………………………………607
452	出向先の会社が退職給与の負担金を支出した……………………………607
453	転籍した社員に対し退職金を支払った……………………………………608
454	定年延長に伴い退職金を打切り支給した…………………………………609
455	中小企業退職金共済の掛金を支払った……………………………………610
456	役員退職慰労金を支払った…………………………………………………611
457	執行役員になる取締役に退職慰労金を支払った…………………………611
458	死亡退職した役員に弔慰金を支払った……………………………………612
459	役員退職慰労金を仮払経理した……………………………………………613
460	役員退職慰労金を分割して支払った………………………………………614
461	役員退職年金を支払った……………………………………………………614
462	役員退職慰労引当金を計上した……………………………………………615
463	役員退職慰労引当金を取り崩して役員退職金を支払った………………616
464	常勤役員から非常勤役員になった時に，役員退職慰労金を支払った……………………………………………………………………617
465	出向先法人が出向元法人を退職した出向役員の退職金の一部を負担した………………………………………………………………618
466	出向役員の退職年金の一部を出向先法人が負担した……………………619
467	退任した取締役が引き続き使用人として勤務した………………………620

［研究開発費・ソフトウェア］

468	新製品の開発に多額の費用を要した……………………………………621
469	委託研究に係る費用を検収した……………………………………………622
470	特定の研究開発目的にのみ使用する機械装置を購入した………………622
471	研究開発の結果として販売可能な試作品が得られた……………………623
472	市場販売目的のソフトウェアが完成した…………………………………624
473	購入したソフトウェアに改良等を加えた…………………………………624

474 ソフトウェアの操作をトレーニングするための費用が発生した … 626
475 自動制御ソフトウェア付の機械装置を購入した … 626
476 市場販売目的のソフトウェアを減価償却した … 627
477 自社利用のソフトウェアを減価償却した … 630

[教育訓練費]

478 従業員を講習会に出席させ，費用を会社が負担した … 632
479 社外の会場を借りて中堅管理職の研修を行った … 632
480 資格取得費を会社が支出した … 633

[法定福利費]

481 健康保険料，厚生年金保険料の会社負担額を計上した … 634
482 健康保険料，厚生年金保険料を納付した … 634
483 労働保険料を概算納付した … 635

[福利厚生費]

484 社員に出産祝金を贈呈した … 637
485 社員の実母の死亡に対し花輪と香典を贈った … 637
486 従業員の定期検診を行った … 638
487 医療医薬品を会社が購入した … 638
488 制服を支給した … 639
489 給食費の一部を会社が負担した … 640
490 外部の食堂と契約し，食事代の一部を会社が負担した … 641
491 残業した従業員に夜食を出した … 642
492 会社の寮の水道光熱費を会社が負担した … 643
493 海外へ慰安旅行に行った … 643
494 慰安旅行の不参加者に金銭を支払った … 644
495 永年勤続者に慰安旅行費用を支給した … 645
496 社員集会所に係る費用を支払った … 646
497 互助会に補助金を支出した … 647

498 社内のスポーツクラブに補助金を支出した ……………………… 648

499 スポーツ用具を購入した ……………………………………………… 649

500 スポーツクラブの入会金と会費を支払った ……………………… 649

501 スポーツクラブの入場料の一部を会社が負担した ……………… 650

502 大阪・関西万博の入場券を購入した ……………………………… 651

503 労働組合にレクリエーション費用を援助した …………………… 655

504 運動会を開催し，外注先の従業員も参加させた ………………… 655

505 従業員であった者の慶弔，禍福に金品を支給した ……………… 656

[広告宣伝費]

506 1年分の広告掲載料を支払った …………………………………… 657

507 会社のパンフレットを作成した …………………………………… 658

508 宣伝用のカレンダー，手帳等を作成し配付した ………………… 658

509 ラジオ，テレビの放送料を支払った ……………………………… 659

510 見本品，試供品を配付した ………………………………………… 659

511 ホームページの制作費を支出した ………………………………… 660

[交 際 費]

512 得意先を宴席に招待した …………………………………………… 662

513 旅行に招待し，併せて会議を行った ……………………………… 663

514 ホテルで展示会を開いた …………………………………………… 664

515 売上割戻しに代えて物品の交付をした …………………………… 665

516 同業者団体の親睦クラブの会費を支払った ……………………… 666

517 業界団体の記念式典費用の負担額を支出した …………………… 666

518 創立20周年パーティー等を行った ………………………………… 667

519 社長就任パーティーを行った ……………………………………… 668

520 得意先の支店に新築祝金を贈った ………………………………… 669

521 お中元として事業用資産を贈答した ……………………………… 669

522 創業者である元会長の社葬費用を負担した ……………………… 670

523 勲章受章に伴う祝賀会費用の一部を負担した ……………………………… 671
524 社内での幹部会議後に飲食を供した ……………………………………… 671
525 従業員のゴルフコンペの費用を負担した ………………………………… 672
526 工事の騒音問題の解決金を支払った ……………………………………… 673
527 野球場のシーズン予約席料を支払った …………………………………… 674
528 不動産販売業者が手数料を情報提供者に支払った ……………………… 675
529 交際費を他社に一部負担させた …………………………………………… 676
530 交際費を未払い又は仮払いで処理した …………………………………… 676

［貸倒損失，貸倒引当金繰入額］

531 売上債権が回収不能となった ……………………………………………… 678
532 債権者会議により債権を切り捨てた ……………………………………… 679
533 受取手形が不渡りとなった（個別評価による貸倒引当金）………… 680
534 貸倒引当金繰入額を計上した ……………………………………………… 682
535 貸倒引当金繰入額を計上した（一括評価による貸倒引当金）……… 683
536 取引停止後，一定期間弁済がなかった …………………………………… 684
537 保証債務の履行により銀行借入金を肩代りした ………………………… 686
538 回収不能な債権に担保物件があった ……………………………………… 687
539 下請先との取引停止にあたり債権を放棄した …………………………… 688
540 貸倒損失とした売掛債権について債務引受けがあった ………………… 689
541 債権金額の一部を放棄した ………………………………………………… 689
542 個人保証のある貸金に貸倒引当金を設定した …………………………… 690
543 後順位の抵当権がある債権に貸倒引当金を設定した …………………… 691

［旅費・交通費，車両費，海外渡航費］

544 近くの得意先までの往復電車賃を支払った ……………………………… 693
545 出張旅費規程により宿泊，日当，旅費を支払った ……………………… 693
546 通勤定期代を支給した ……………………………………………………… 694
547 業務遂行上，必要かどうか不明な海外渡航があった …………………… 695

- 548 業務と観光を併せて行った海外渡航費を支払った ····················· 696
- 549 車両燃料タンクに補給した ····················· 697
- 550 車検費用を支払った ····················· 698
- 551 社員のマイカー使用による費用を支払った ····················· 698
- 552 新社屋完成パーティーの招待客の交通費を支払った ····················· 699

[通 信 費]

- 553 電話料等が自動引落しされた ····················· 700
- 554 専用回線使用料を支払った ····················· 700
- 555 ダイレクトメール発送の郵便料金を支払った ····················· 701
- 556 購入した収入印紙,郵便切手・商品券で期末未使用があった ····················· 701
- 557 通信用箋,封筒等が期末に残った ····················· 703

[図 書 費]

- 558 新聞を講読し,図書を購入した ····················· 704
- 559 雑誌講読料1年分を前払いした ····················· 704

[保 険 料]

- 560 本社ビルの火災保険料を支払った ····················· 706
- 561 長期の損害保険の保険料を支払った ····················· 707
- 562 従業員に生命保険を掛け,保険料を支払った（養老保険の場合） ····················· 708
- 563 従業員に生命保険を掛け,保険料を支払った（定期保険の場合） ····················· 709
- 564 従業員に生命保険を掛け,保険料を支払った（定期付養老保険の場合） ····················· 710
- 565 役員にのみ生命保険を掛け,保険料を支払った（養老保険の場合） ····················· 710
- 566 役員にのみ生命保険を掛け,保険料を支払った（定期保険の場合） ····················· 711
- 567 役員にのみ生命保険を掛け,保険料を支払った（定期付養老保険の場合） ····················· 712

568 会社が保険金受取人である養老保険の保険料を支払った………… 713
569 傷害特約保険料を支払った…………………………………………… 713
570 個人年金保険料を支払った…………………………………………… 714
571 長期平準定期保険料を支払った……………………………………… 715
572 終身保険を支払い，解約した………………………………………… 718
573 逓増定期保険を支払い，解約した…………………………………… 719
574 特別条件特約に係る保険料を支払った……………………………… 720
575 賃借建物に保険を付し，その保険料を支払った…………………… 721
576 役員又は使用人所有の建物等に保険を付し，その保険料を
支払った………………………………………………………………… 722

[賃借料]

577 本社ビルの賃借料を支払った………………………………………… 723
578 コンピュータのリース料を支払った………………………………… 725
579 家賃を1年分手形にて前払いした…………………………………… 727
580 権利金の支払いを伴う地代を支払った……………………………… 727

[水道光熱費]

581 水道・ガス・電気代を支払った……………………………………… 730
582 期末に電力料金を未払計上した……………………………………… 730

[消耗品費，消耗器具備品費]

583 事務用品を購入した…………………………………………………… 732
584 事務用品の一部が期末に在庫となった……………………………… 732
585 未使用の会社案内書があった………………………………………… 733
586 非常用食料品を購入した……………………………………………… 734
587 新築ビルの各室にカーテン及びエアコンを取り付けた…………… 734
588 30万円未満のコピー・プリンター複合機を購入した……………… 735

[修繕費，修繕引当金繰入額]

589 自動車の点検整備を行った…………………………………………… 737

(31)

590	償却資産の損傷部分を取り替えた	737
591	修理，改良等によって使用可能年数が延長した	738
592	建物を解体移築した	739
593	集中生産のため機械装置を移設した	740
594	駐車場用土地に砂利を敷いた	741
595	外壁を塗り替えた	742
596	前期末取得価額の10％未満の改良を行った	742
597	前期末取得価額の10％超の修理を行った	743
598	周期の短い改良費用を支出した	744
599	600,000円未満の改良を行った	745
600	災害により損傷した固定資産を修理した	745
601	1つの修理・改良等の費用が2期にまたがった	746
602	補償金により固定資産を改良した	747
603	定期検査のため準備金を設定した	747

[租税公課]

604	固定資産税，都市計画税を納付した	748
605	固定資産税の納税通知書が遅れた	748
606	自動車税を納付した	750
607	不動産取得税を納付した	751
608	印紙税，登録免許税を支払った	751
609	源泉所得税を追徴処分により納付した	752
610	外国で罰金を課された	753
611	違法駐車により交通反則金，レッカー車代を支払った	753
612	障害者雇用納付金を支払った	754

[諸会費]

| 613 | 同業者団体への入会金を支払った | 755 |
| 614 | 同業者団体の通常会費を支払った | 755 |

615 同業者団体の特別会費を支払った ………………………………… 756
616 商店街の共同施設の分担金を支払った ………………………… 757

[寄付金]

617 社会福祉団体に金銭を贈呈した …………………………………… 759
618 国又は地方公共団体へ金銭を贈呈した ………………………… 760
619 社長の出身校に寄付をした ………………………………………… 760
620 政治献金と政治家のパーティー券に支出した ………………… 761
621 寄付金を手形で支払った …………………………………………… 762
622 慈善団体を通じて災害義捐金を支出した ……………………… 763
623 不良貸付金を無利息とした ………………………………………… 763
624 資産を低額で譲渡した ……………………………………………… 764
625 子会社等を整理して損失を負担した …………………………… 765
626 親会社が子会社の開業準備をした使用人の人件費を負担した …… 766
627 外国の国立大学に寄付を行った ………………………………… 766
628 特定公益増進法人に対して寄付をした ………………………… 767

[減価償却費]

629 本社ビルの減価償却を行った …………………………………… 769
630 200％定率法による減価償却を行った ………………………… 770
631 定額法による減価償却を行った ………………………………… 772
632 取得価額200,000円未満のパソコンを購入した ……………… 773
633 中古自動車を取得し，定額法で減価償却を行った ………… 774
634 中古資産購入後に多額の改良を加えた ………………………… 775
635 稼動休止資産等があった …………………………………………… 776
636 取得価額の95％まで減価償却した固定資産があった ……… 777
637 償却資産の使途を変更した ………………………………………… 778
638 定額法を200％定率法に変更した ……………………………… 779
639 200％定率法を定額法に変更した ……………………………… 779

640 決算期が1年未満の時に200％定率法で減価償却をした …………… 780
641 2007年3月31日以前に取得した固定資産の資本的支出を
減価償却した ……………………………………………………………… 781
642 特別償却をした翌期に定額法により減価償却をした ……………… 783
643 増加償却をした …………………………………………………………… 784
644 チェーン店への加盟一時金を支払った ………………………………… 786
645 未償却権利金のある賃借建物を改築した ……………………………… 787
646 長期分割払いの繰延資産を償却した …………………………………… 787

[雑費その他]

647 費用科目にない支出があった …………………………………………… 789
648 従業員が起こした事故の損害賠償金を会社が支払った …………… 789
649 税理士，公認会計士，弁護士等の報酬を支払った ………………… 790
650 コンサルタントと契約し，報酬を支払った ………………………… 791
651 司法書士，土地家屋調査士の報酬を支払った ……………………… 792
652 ゴルフ会員権の名義書換料を支払った ………………………………… 792
653 特許権の出願費用を支払った …………………………………………… 793

Ⅷ 営業外損益

営業外収益

654 定期預金が満期となった ………………………………………………… 796
655 保有社債の利札を銀行で現金化した …………………………………… 797
656 貸付金利息が入金した …………………………………………………… 798
657 協力会社の要請で手形の割引に応じた ………………………………… 798
658 貸付金の利払日前に決算日を迎えた …………………………………… 799
659 既発社債の購入時，利払時，売却時の処理を行った ……………… 800
660 所有株式の配当を受け取った …………………………………………… 802

661 所有株式を売却した ……………………………………………………… 804
662 決算日に未収の配当金がある ………………………………………… 805
663 中間配当を受け取った ………………………………………………… 806
664 所有株式につき剰余金の配当と株式分割が行われた ……………… 807
665 仕入割引を受けた ……………………………………………………… 808
666 自社ビルの一部を賃貸した …………………………………………… 809
667 保険期間満了により,満期返戻金を受け取った …………………… 810
668 生命保険金を受け取った ……………………………………………… 811
669 従業員の生命保険料の集金事務手数料を受け取った ……………… 812
670 引越祝いに絵画を受け取った ………………………………………… 812
671 祝儀として金一封を受け取った ……………………………………… 813
672 新型コロナウイルス感染症特例措置を活用し,雇用調整
　　助成金を受け取った ………………………………………………… 814
673 大阪・関西万博の入場券をもらった ………………………………… 815

営業外費用

674 借入金利息を支払った ………………………………………………… 817
675 決算時に当期に対応する利息が未払いである ……………………… 817
676 役員に銀行借入の保証料を支払った ………………………………… 818
677 手形を銀行で割り引いた ……………………………………………… 819
678 割引料が当座預金から引き落とされた ……………………………… 820
679 社債利息が引き落とされた …………………………………………… 821
680 社債利息の利払日前に決算を迎えた ………………………………… 822
681 貸付金に対する貸倒引当金を設定した ……………………………… 822
682 決算時に創立費の償却を行った ……………………………………… 823
683 決算時に有価証券の評価損益を計上した …………………………… 824
684 売上割引を行った ……………………………………………………… 827
685 休止固定資産の減価償却費を計上した ……………………………… 828

(35)

686 為替差損が生じた……………………………………………………… 829

687 利子税を支払った……………………………………………………… 830

IX 特別損益等

特別利益

688 車両を下取りに出し，売却益が生じた………………………………… 832

689 損害賠償金を受け取る………………………………………………… 833

690 保険差益が生じた……………………………………………………… 834

特別損失

691 固定資産を売却し，売却損が生じた…………………………………… 835

692 投資有価証券を売却し，売却損が生じた……………………………… 836

693 火災や地震により損害が発生した……………………………………… 837

694 新型コロナウイルスに伴い，営業停止期間中に店舗経費を
支払った………………………………………………………………… 838

法人税，住民税及び事業税

695 事業税，事業所税を未払計上した……………………………………… 840

696 外形標準課税部分の事業税を未払計上した…………………………… 841

697 法人税，住民税及び事業税を過年度更正額を含めて
未払計上した…………………………………………………………… 843

698 中間納付事業税の還付が見込まれた…………………………………… 846

699 事業税の更正又は決定があった………………………………………… 847

X その他取引

本・支店取引

700 本・支店間及び支店相互間で取引を行った…………………………… 850

701	未達取引を整理した	852
702	内部利益の消却を行う	853
703	支店の会計帳簿を締切った	854
704	本支店取引のまとめ（本支店合併精算表の作成）	856

リース取引

705	所有権移転ファイナンスリース取引を行った	867
706	所有権移転外ファイナンスリース取引を行った	872
707	少額の所有権移転外リース取引を行った	879
708	転リース取引を行った	881
709	セール・アンド・リースバック取引を行った	885
710	リースの契約条件を変更した	890
711	リース期間の見積りを変更した（リース契約条件の変更を伴わないリース負債の見直し）	894

デリバティブ取引

712	債券先物取引の開始から終了までの処理を行った	898
713	通貨オプションの契約から権利行使までの処理を行った	900
714	金利スワップ取引の開始から終了までの処理を行った	802
715	ヘッジ会計の処理を行った（712債券先物取引，713通貨オプション取引，714金利スワップ取引について，ヘッジ会計を採用した場合の処理を行った）	905

消費税等

716	商品を輸出した	911
717	期末に未払消費税等を計上した（税抜方式）	911
718	消費税等を納付した	913
719	消費税等の還付金を未収計上した	913
720	控除対象外消費税等があった	914
721	空地を駐車場として貸し付けた	915

722 商品券を購入し，得意先に贈った……………………………………916
723 予約キャンセルに伴う手数料を支払った………………………………916
724 海外での請負工事の材料を国内で調達した……………………………917
725 売上高が10,000,000円を超えている………………………………917
726 簡易課税制度を選択した…………………………………………918
727 軽減税率の対象となる品目を購入した…………………………………919

インボイス制度

728 商品を仕入れた（インボイス制度）………………………………925
729 飲食料品を仕入れた（インボイス制度及び軽減税率）…………………928
730 固定資産を取得した（インボイス制度）………………………………932
731 消耗品を購入した（インボイス制度）…………………………………936
732 従業員の立替経費の精算を行った（インボイス制度）………………939
733 課税売上割合が95％未満である場合（控除対象外消費税等及び
　　繰延消費税等）……………………………………………………943
734 課税売上割合が95％未満である場合（控除対象外消費税等及び
　　繰延消費税等）—インボイス制度の経過措置の適用を受ける
　　ケース………………………………………………………………945
735 適格請求書発行事業者となる小規模事業者に係る税額控除に
　　関する経過措置……………………………………………………952
736 売手が振込手数料相当額を負担する場合（売上値引きとする
　　場合）………………………………………………………………953
737 売手が振込手数料相当額を負担する場合（買手から役務提供を
　　受けたとする場合）…………………………………………………954
738 外貨建取引で仕入を計上した………………………………………958

税効果会計

739 有税の貸倒引当金を計上した場合の税効果
　　（法定実効税率を算出）……………………………………………960

- 740 賞与引当金を計上した場合の税効果 …………………………………… 963
- 741 有税の棚卸評価損を計上した場合の税効果（税率の変更あり）…… 964
- 742 退職給付引当金を計上した場合の税効果（税率の変更あり）……… 966
- 743 事業税を未払計上した場合の税効果（税率の変更あり）…………… 967
- 744 有税の交際費があった場合の税効果 …………………………………… 968
- 745 固定資産圧縮積立金を剰余金の処分により繰入れした場合の税効果（非償却資産）………………………………………………………… 969
- 746 圧縮積立金の対象となった土地を売却した場合の税効果 ………… 970
- 747 機械装置につき特別償却を行った場合の税効果（税率の変更あり）………………………………………………………………………… 971
- 748 繰延税金資産を計上しているが，今後赤字が見込まれる場合の税効果 ……………………………………………………………………… 972
- 749 繰越欠損金があるが，今後十分な課税所得がない場合の税効果 … 974
- 750 繰越欠損金を相殺するだけの課税所得が発生することが確実となった場合の税効果 ………………………………………………… 975
- 751 減損処理を行った場合の税効果会計 …………………………………… 977

減損会計

- 752 工場の機械装置を減損処理した ………………………………………… 981
- 753 遊休土地を減損処理した ………………………………………………… 985
- 754 建設仮勘定を減損処理した ……………………………………………… 986
- 755 保有する絵画の時価が著しく下落した ………………………………… 987
- 756 減損処理した資産を減価償却した ……………………………………… 988
- 757 共用資産を減損処理した―より大きな単位でグルーピングする方法 ……………………………………………………………………… 990
- 758 共用資産を減損処理した―共用資産の帳簿価額を各資産又は資産グループに配分する方法 ………………………………………… 993
- 759 のれんを減損処理した―より大きな単位でのれんをグルーピングする方法 ……………………………………………………………… 995
- 760 のれんを減損処理した―のれんの帳簿価額を資産グループに

配分する方法 …………………………………………………… 997
761 リース取引により使用している資産について減損処理を
　　行った ………………………………………………………… 1000
762 再評価を行った土地について減損処理を行った …………… 1002

索引 ……………………………………………………………… 1005

■法令等の凡例

会計原則……………………企業会計原則
会計原則注解………………企業会計原則注解
原価基準……………………原価計算基準
連続意見書…………………企業会計原則と関係諸法令との調整に関する連続意見書
開示府令……………………企業内容等の開示に関する内閣府令
財　　規……………………財務諸表等の用語，様式及び作成方法に関する規則
財規ガイド…………………「財務諸表等の用語，様式及び作成方法に関する規則」の取扱いに関する留意事項について
中間財規作成基準…………中間財務諸表作成基準
会社施規……………………会社法施行規則
会社計規……………………会社計算規則
金 商 法……………………金融商品取引法
消　　法……………………消費税法
消　　令……………………消費税法施行令
消　　規……………………消費税法施行規則
消　　通……………………消費税法基本通達
所　　法……………………所得税法
所　　令……………………所得税法施行令
所 基 通……………………所得税基本通達
相 基 通……………………相続税基本通達
措　　法……………………租税特別措置法
措　　令……………………租税特別措置法施行令
措　　規……………………租税特別措置法施行規則
措　　通……………………租税特別措置法関係通達
地　　法……………………地方税法
土地再評価法………………土地の再評価に関する法律
復興財確法…………………東日本大震災からの復興のための施策を実施するために必要な財源の確保に関する特別措置法
法　　法……………………法人税法
法　　令……………………法人税法施行令
法　　規……………………法人税法施行規則
法 基 通……………………法人税基本通達
労 組 法……………………労働組合法
耐年省令……………………減価償却資産の耐用年数等に関する省令
耐　　通……………………耐用年数の適用等に関する取扱通達
外貨基準……………………外貨建取引等会計処理基準
外貨基準注解………………外貨建取引等会計処理基準注解
外貨建実務指針……………外貨建取引等の会計処理に関する実務指針

略称	正式名称
過年度遡及会計基準	会計上の変更及び過去の誤謬の訂正に関する会計基準
企業結合会計基準	企業結合に関する会計基準
企業結合適用指針	企業結合会計基準及事業分離等会計基準に関する適用指針
金融商品会計基準	金融商品に関する会計基準
金融商品実務指針	金融商品会計に関する実務指針
金融商品Q&A	金融商品会計に関するQ&A
時価算定会計基準	時価の算定に関する会計基準
時価算定適用指針	時価の算定に関する会計基準の適用指針
研究開発会計基準	研究開発費等に係る会計基準
研究開発実務指針	研究開発及びソフトウェアの会計処理に関する実務指針
研究開発Q&A	研究開発及びソフトウェアの会計処理に関するQ&A
減損会計基準	固定資産の減損に係る会計基準
減損会計適用指針	固定資産の減損に係る会計基準の適用指針
減損意見書	固定資産の減損に係る会計基準の設置に関する意見書
工事契約会計基準	工事契約に関する会計基準
工事契約適用指針	工事契約に関する会計基準の適用指針
事業分離等会計基準	事業分離等に関する会計基準
自己株式会計基準	自己株式及び準備金の額の減少等に関する会計基準
自己株式適用指針	自己株式及び準備金の額の減少等に関する会計基準の適用指針
ストック・オプション会計基準	ストック・オプション等に関する会計基準
ストック・オプション適用指針	ストック・オプション等に関する会計基準の適用指針
資産除去債務会計基準	資産除去債務に関する会計基準
資産除去債務適用指針	資産除去債務に関する会計基準の適用指針
四半期会計基準適用指針	四半期財務諸表に関する会計基準の適用指針
純資産会計基準	貸借対照表の純資産の部の表示に関する会計基準
税効果会計基準	税効果会計に係る会計基準
税効果実務指針	個別財務諸表における税効果会計に関する実務指針
税効果Q&A	税効果会計に関するQ&A
退職給付会計基準	退職給付に係る会計基準
退職給付実務指針	退職給付会計に関する実務指針（中間報告）
退職給付Q&A	退職給付会計に関するQ&A
棚卸資産会計基準	棚卸資産の評価に関する会計基準
リース会計基準	リース取引に関する会計基準
リース適用指針	リース取引に関する会計基準の適用指針
新リース会計基準	企業会計基準第34号「リースに関する会計基準」及び企業会計基準適用指針第33号「リースに関する会計基準の適用指針」
収益認識基準	収益認識に関する会計基準
収益認識適用指針	収益認識に関する会計基準の適用指針

会計基準……………………企業会計基準委員会企業会計基準
適用指針……………………企業会計基準委員会企業会計基準適用指針
対応報告……………………企業会計基準委員会実務対応報告
制度委員会報告………日本公認会計士協会会計制度委員会報告
監査・保証実務委員会報告…日本公認会計士協会監査・保証実務委員会報告
監査委員会報告………日本公認会計士協会監査委員会報告
中小会計指針…………中小企業の会計に関する指針

＊本書は，令和7年2月1日現在の法令等に依拠しています。

Ⅰ 流動資産

- 現　　金
- 預　　金
- 受取手形
- 売　掛　金
- 有価証券
- 棚卸資産
- 貸　付　金
- その他の流動資産

現　　　金

1 配当金領収書を受け取った

> A社よりA社株式（上場）に対する配当金領収書が送付されてきた。
> 配当金額　　　　　　　　50,000円
> 所得税（15％）　　　　　 7,500円
> 復興特別所得税（0.315％）　157円
> 税引配当金額　　　　　　42,343円
> なお、A社株式は、その他有価証券として分類されている。

(借)現　　　　金　　42,343　　(貸)その他有価証券配当金　　50,000
　　仮払法人税　　　 7,657

【解　説】　配当金領収書は押印し指定期間内に取扱銀行に持参すれば，配当金を受け取れるため，配当金領収書を受け取った時は所得税を差し引き，現金で入金したものとして処理します。

通常，株式の配当金は株主が指定した銀行預金口座に振り込まれますが，株主が特に振込先の銀行を指定しない場合は配当金領収書が送付されます。この配当金領収書には配当金を受け取ることができる取扱銀行が指定されており，この取扱銀行と取引のある銀行であれば配当金を受け取ることができます。

なお，源泉所得税は法人税の前払いに該当するため「仮払法人税」として計上し，期末決算において法人税額より控除できますが，元本である株式の所有期間に対応する部分のみが税額控除の対象となるため，期中に取得したものである場合は控除できない部分が生じることがあります。

配当等の源泉徴収税率は，本則では20％ですが，政策的考慮に基づく特例措置により，上場株式等の配当等については，15％（個人のみ他に住民税5％）の税率が2014年1月1日以後適用されています。また，2013年1月1日以降に支払いを受ける配当については，復興特別所得税が徴

収され，所得税＋復興特別所得税15.315％が徴収されます。

配当金については継続適用を条件として，実際に配当金が入金した日の属する事業年度に計上する現金基準によることも認められています。

(消費税) 剰余金の配当は，株主又は出資者としての地位に基づいて，出資に対する配当として受けるものであり，資産の譲渡等の対価には該当しないため，消費税の課税対象外です。

《表　示》　その他有価証券配当金は，「受取配当金」として営業外収益の区分に表示します。

仮払法人税は決算期末において「法人税，住民税及び事業税」に含めて表示します。

■関連法規……財規第15条第1号，財規ガイド15-1-1，財規第90条，財規ガイド90，所法第174条，第175条，第182条，措法第9条の3，復興財確法第8～10条，第26～27条，第33条第2項，第40条第10項，第49条，法法第68条第1項，法令第140条の2，消通5-2-8，金融商品実務指針第94項，法人税，住民税及び事業税等に関する会計基準13項

2　郵便為替証書を受け取った

> Y社に立替払いした会費10,000円について，郵便為替証書の送付を受けた。

　(借)現　　　金　　10,000　　(貸)立　替　金　　10,000

【解　説】　郵便為替証書は郵便局に持参すれば現金化できるので，受け取った時点で現金として処理します。

現金には通貨である現金及び小口現金，並びに通貨代用証券，すなわち当座小切手，送金小切手，送金為替手形，預金手形，郵便為替証書及び振替貯金払出証書等を含めます。通貨代用証券は名宛銀行や名宛郵便局に持参すれば現金化できるので，これらを受け取った時は「現金」勘定で処理します。また，期限の到来した公社債の利札も現金に含めるこ

とができます。

(消費税) 立替金の入金による消滅は、資産の譲渡等には該当しないため、消費税の課税対象外です。
■関連法規……財規第15条第1号、財規ガイド15-1-1

3 期日到来の公社債利札がある

> 期末決算にあたり所有社債券を調査したところ、期限が到来している利札50,000円があった（所得税（15%）7,500円、復興特別所得税（0.315%）157円）。
> なお、この社債券は満期保有目的債券として分類されている。

| (借)現　　　金 | 42,343 | (貸)満期保有目的債券利息 | 50,000 |
| 　　仮払法人税 | 7,657 | | |

【解　説】　期限が到来した公社債証券の利札は、指定された銀行において現金化されるので、所得税を差し引き入金したものとして処理します。

現金には通貨である現金、小口現金、手許にある当座小切手、送金小切手、送金為替手形、預金手形、郵便為替証書及び振替貯金払出証書等を含めます。また、期限の到来した公社債の利札も現金に含めることができます。

なお、利子所得につき徴収される所得税は、法人税の前払いとなるため、「仮払法人税」として計上しておき、期末決算において法人税額より控除します。復興特別所得税は法人税の額から控除されるべき所得税とみなされますので「仮払法人税」として計上しておき、期末決算において法人税額から控除します。これらは元本の所有期間に対応する部分のみが対象となるため、期中に取得したものである場合は、控除できない部分が生じることがあります。

《ポイント》　源泉所得税及び復興特別所得税は法人税の前払いとして、法人税額より控除されるため、利息額に対応させ区分して記録しておくことが必要です。

(消費税) 国債，地方債，社債，新株予約権付社債，貸付金，預金，貯金に係る利子は非課税となります。

《表　示》 満期保有目的債券利息は，「有価証券利息」として営業外収益の区分に表示します。

　仮払法人税及び地方法人税は，決算期末において「法人税，住民税及び事業税」に含めて表示します。

■関連法規……財規第15条第1号，財規ガイド15－1－1，財規第90条，財規ガイド90，所法第174条，第175条，復興財確法第8～10条，第26～28条，第33条第2項，第40条第10項，第49条，法法第68条第1項，法令第140条の2，法基通2－1－24，消法第6条第1項，消法別表第1第3号，消令第10条第3項第1号，消通6－3－1(1)，住民税及び事業税等に関する会計基準13項

4　小口現金制度（定額資金前渡制度）を採用している

①　出納係より庶務課用度係に小払資金の支払いに充てるため，定額資金として100,000円を小切手により渡した。

　　(借)小 口 現 金　　100,000　　(貸)当 座 預 金　　100,000

②　月末に，用度係より小払資金の使用報告を受けた。消費税を含む支出内訳は次のとおりであった。
　　事務用品費　　11,000円
　　交　通　費　　22,000円
　　通　信　費　　16,500円
　　交　際　費　　22,000円

(借)事務用品費	10,000	(貸)小口現金	71,500
交通費	20,000		
通信費	15,000		
交際費	20,000		
仮払消費税等	6,500		

③ 出納係より小払資金71,500円を小切手により補充した。

| (借)小口現金 | 71,500 | (貸)当座預金 | 71,500 |

【解 説】 定額資金前渡制度(Imprest System)は,小口現金の出納担当者が,あらかじめ経理課の出納係より,一定期間に必要とされる定額資金の前払いを受け,これによって日々の小口の支払いを行い,支出の明細は小口現金出納帳に記録しておき,一定期間の経過後に支出の内訳を経理課の出納係に報告し,支出額に見合う小口現金の補充を受ける制度です。このようにして,小口現金の出納担当者に対する前渡資金額は常に一定となります。

《ポイント》 小口現金の出納担当者の現金手許有高と領収書の合計金額は,理論上,常に定額前渡額に一致するため,金銭の収支を自動検証することができます。

しかし,小口現金の出納担当者が定期的に資金の支出報告を行わないと,費用の計上が遅れるおそれがあります。特に決算期末においては,必ず,月末までの支出報告を行い費用の計上洩れがないようにしなければなりません。

消費税 これらの支出は,いずれも課税仕入れに該当し,消費税の課税対象となるため,消費税10%が含まれています。2019年10月1日以降の税率は,消費税率7.8%,地方消費税率2.2%を合わせた10%です。消費税の会計処理については,税込方式と税抜方式とがありますが,一般的には企業の損益計算に影響を及ぼさない税抜方式が適当であるとされています。設例では税抜方式により各支出より消費税分を控除し仮払消費税等として計上します。

現　金　7

■関連法規……財規第15条第1号，財規ガイド15－1－1，消法第2条第1項第12号，第29条，消通11－1－1

5 仮払金を精算し，残金が戻った

> 海外出張者が帰国し，出国時に仮払いした500,000円についての精算を受け，残金85,000円が返金された。支出内訳は次のとおりであった。
>
> 　航空運賃　（国内↔国外）　200,000円
> 　ホテル料金　（国外）　　　100,000円
> 　タクシー料金　（国外）　　 30,000円
> 　手土産品代　（国内）　　　 55,000円（内消費税5,000円）
> 　出張日当　　　　　　　　　 30,000円

(借)現　　　金	85,000	(貸)仮 払 金	500,000
旅費交通費	360,000		
交 際 費	50,000		
仮払消費税等	5,000		

【解　説】　海外出張旅費等は精算するまで金額が確定しないため，支払時に「仮払金」として処理し，精算時にそれぞれの科目に振り替え，残金があれば返金を受け，不足分があれば追加支払いを行います。なお，出張日当は通常その旅行に必要であると認められる範囲のものであれば，所得税法上，非課税所得となるため，「旅費交通費」に含めて処理します。

(消費税)　国内から国外への航空運賃は国際輸送として行う旅客輸送に該当するため免税に該当します。ホテル料金とタクシー料金は海外での支出であり，国外の取引となるので課税対象外です。手土産品代は，国内で購入したものであれば，課税対象です。出張日当については，外国出張の場合は課税仕入れには該当せず課税対象外です。

■関連法規……財規第19条，財規ガイド19－3，法基通9－7－6，所法第9条

第 1 項第 4 号，所基通 9 - 3，消法第 7 条第 1 項第 3 号，消通 7 - 2 - 4，11 - 2 - 1（注）2

6　印紙・切手を購入した

収入印紙50,000円，郵便切手30,000円を購入した。

| (借)租 税 公 課 | 50,000 | (貸)現　　　金 | 80,000 |
| 通　信　費 | 30,000 | | |

【解　説】　印紙税は印紙税法に基づいて課税文書につき課せられ，当該課税文書に収入印紙を貼り付ける方法により納付するため，収入印紙を購入した時は「租税公課」として計上します。また，郵便切手を購入した時は「通信費」として計上します。

《ポイント》　期末決算においては未使用の収入印紙や郵便切手がある場合，最初に計上した科目すなわち「租税公課」或いは「通信費」より「貯蔵品」に振替処理しておき，翌期首に再び前の科目に戻す処理を行います。

消費税　領収書等に貼り付けるために購入する収入印紙は，課税仕入れには該当しません。

　郵便切手類については，本来，購入時には課税仕入れには該当せず，郵便物に貼り付けて発送した時に課税仕入れに該当します。しかし，自ら使用する目的で購入した郵便切手類については，継続して購入した日の属する課税期間の課税仕入れとして処理することが認められています。

■**関連法規**……財規第15条第10号，財規ガイド15 - 10，消法第 6 条第 1 項，第30
条第 1 項，消法別表第 2 第 4 号，消通11 - 3 - 7

7 現金過不足がある

① 月次決算にあたって、手許現金を実査したところ、現金出納帳残高より33,000円不足していることが判明した。

(借)現金過不足　　33,000　　(貸)現　　金　　33,000

② その後の調査の結果、33,000円の現金不足は交際費33,000円の出金記帳洩れであることが判明した。

(借)交　際　費　　30,000　　(貸)現金過不足　　33,000
　　仮払消費税　　 3,000

【解　説】　現金の過不足が発生した時は、暫定的に「現金過不足」勘定（未決算勘定の一種）で処理しておき、原因が判明した時点で正当な勘定科目に振替処理を行います。期末決算に至って、なお原因が不明である時は「雑損失」或いは「雑収入」として処理を行います。

(消費税)　「現金過不足」勘定の段階では、単に現金が不足しているという事実が判明しているのみであるため、消費税の会計処理を行うことはできません。現金不足が交際費の記帳洩れによるという事実が判明した時点で、課税仕入れの処理を行います。

8 現金が盗難にあった

経理課出納係の現金100,000円が盗難にあった。

(借)雑　損　失　　100,000　　(貸)現　　金　　100,000

【解　説】　現金の盗難によって被った損害は「雑損失」の科目で処理します。

《ポイント》 後日，事件が解決し現金が一部戻ったような場合は，「雑損失」よりマイナス処理を行います。

(消費税) 盗難による損失は，資産の譲渡等には該当しないため，消費税の課税対象外です。

《表　示》 盗難による損失は，原則として営業外費用の区分に「雑損失」として表示します。

■関連法規……財規第93条，財規ガイド93，消通5－2－13

9　入金先が不明の現金がある

> 月末に金庫の中を調査したところ，封筒に入った現金20,000円が出てきた。この現金は現金出納帳に記録されていなかった。

(借)現　　　　金　　20,000　　(貸)仮　受　金　　20,000

【解　説】 入金先が不明の現金は，入金先が判明するまでは「仮受金」として処理しておき，入金先が判明した時点で，適切な科目に振替処理を行います。決算期末になっても入金先が不明であるような場合は「雑収入」として処理します。

(消費税) 入金先が不明であり，入金の理由が不明な「仮受金」の段階では消費税の会計処理を行うことはできません。

■関連法規……財規第47条第6号，財規ガイド47－6－4

10　売掛代金の回収として小切手を受け取った

> 売掛代金として小切手により5,000,000円の支払いを受けた。

(借)当座預金　　5,000,000　　(貸)売　掛　金　　5,000,000
　　(又は現金)

【解　説】　売掛代金の回収として受け取った小切手は，通常，実務的には現金化するため預金として預け入れます。

《ポイント》　決算期末において，未預入れの小切手があった場合は，現金に準じて処理します。

(消費税)　資産の譲渡等により発生する売掛金及び代金の回収等により消滅する売掛金そのものは，消費税の課税対象外です。

《表　示》　現金化のため金融機関に預け入れられた他人振出しの小切手は「預金」として表示します。

　決算時に未預入れの小切手がある時は，「現金」として表示します。

■**関連法規**……財規第15条第1号，財規ガイド15－1－1

11　買掛金を現金で支払った

協力会社の要請により，買掛金50,000円を現金にて支払った。

　　(借)買　掛　金　　　50,000　　(貸)現　　　金　　　50,000

【解　説】　買掛金は，仕入先との間の通常の取引に基づいて発生した営業上の未払金を記録する勘定で，例えば，商品・原材料等の購入代金及び外注加工賃等の未払額が該当します。通常その支払いについては小切手又は約束手形による場合が多く，特に外注先より要請のある時は現金で支払うことがあります。

(消費税)　仕入により発生する買掛金及び代金の支払い等により消滅する買掛金そのものは，消費税の課税対象外です。

■**関連法規**……財規第47条第2号，財規ガイド47－2

12　現金を預金に預け入れる

手許にある現金500,000円を普通預金に預け入れた。

(借)普 通 預 金　　500,000　　(貸)現　　　金　　500,000

【解　説】　流動資産に属する預金は，金融機関に対する預金，貯金及び掛金，郵便貯金並びに郵便振替貯金で，1年以内に期限の到来するものです。

(消費税)　預金の預入れは利子を対価とする金銭等の貸付けに該当するので非課税であり，消費税は課税されません。

《表　示》　預金の表示については下記のとおりです。

当座預金
普通預金
通知預金
別段預金
}…流動資産に属する預金

定期預金
定期積金
}…1年以内に期限の到来するものは流動資産に属する預金，1年以内に期限の到来しないものは，固定資産の投資その他の資産

■関連法規……財規第15条第1号，財規ガイド15-1-2，財規第32条第1項第14号，第33条，消法第6条第1項，消法別表第2第3号，消令第10条第3項第1号，消通6-3-1(1)

13　外国通貨を受け取った

① 米国のT社と，当社のA商品10,000USドルの輸出契約が成立し，信用状（L／C）を入手した。本日商品の船積みを完了したので，直ちに荷為替手形を取り組み，取引のある外国為替取扱銀行において，本日の為替相場（T.T.B；電信買相場）1USドル＝105円に基づき買取りを受け，手形代金は外貨で受け取ることとしたので割引利息と手数料30,000円は当座預金より別途支払い，10,000USドルを現金で受け取った。

①-1　船積完了時
　　（借）売掛金(外貨)　　1,050,000　　（貸）売　　　上　　1,050,000
①-2　銀行買取りを受けた時
　　（借）受取手形(外貨)　1,050,000　　（貸）売掛金(外貨)　1,050,000
　　（借）現金(外貨)　　　1,050,000　　（貸）受取手形(外貨)　1,050,000
　　　　　手形売却損　　　　30,000　　　　　当座預金　　　　30,000

> ②　決算期末となったが上記10,000USドルは未だ保有されていた（決算期末の為替相場（T.T.B；電信買相場）1USドル＝100円）。

　　（借）為 替 差 損　　　50,000　　（貸）現金(外貨)　　　50,000

〈計算〉　10,000ドル×100円－1,050,000円＝△50,000円…為替差損

【解　説】　取引価額が外国通貨で表示されている外貨建ての取引については、「外貨建取引等会計処理基準」（以下，外貨建基準という）に基づいて会計処理を行います。

　外貨建基準では，外貨建取引を行った場合は，取引発生時の為替相場により円換算を行い，また期末に保有する外国通貨については決算時の為替相場により円換算を行います。

　商取引決済のため必要とされる外国通貨を購入するのか，又は受け取った通貨を売却するのかによって差があるため，換算に使用される為替相場は，次の3つの種類があります。

　　T.T.S；電信売相場…………仕入その他の費用の換算に用いる
　　T.T.B；電信買相場…………売上その他の収入の換算に用いる
　　T.T.M；電信売買相場の仲値…法人税法において原則とされている

　設例では，①，②とも円貨とするためには外貨を売却しなければ円貨にならないため（実際には売却していませんが），T.T.B（電信買相場）又は法人税法によりT.T.M（電信売買相場の仲値）により円換算を行います。仕訳例は，T.T.B（電信買相場）により円換算をしています。

　②では，①により計上した円換算額を，決算期末の為替相場により換

算し直しています。換算によって生じた差額は「為替差益」又は「為替差損」として計上します。

記録は,外貨ごとに外貨自体とその円換算額の両方で行います。円換算残高は外貨に変動がなくても期末換算により変動するため,両方を把握します。

《ポイント》 T.T.S(電信売相場)とT.T.B(電信買相場)は,いずれも銀行側からみた売買相場です。従って,設例のように円貨とするために外貨を売却する場合に適用する為替相場は,銀行側が外貨を買い,円貨で支払うため,T.T.B(電信買相場)が適用されます。

設例①で,売上計上は,船積を完了した日に行います(船積基準)。荷為替手形は,銀行で買取りを受けた時点で発生と消滅を同時に認識します。

(消費税) 国内から輸出取引として行われる資産の譲渡等は,その取引が輸出許可書等により輸出取引であることが証明されれば免税として取り扱われます。

また,決算期末において保有されている外貨の換算により発生する為替差損益は,消費税の課税対象外です。

《表 示》 外国通貨はその円換算額により「現金」として表示します。換算によって生じる「為替差益」並びに「為替差損」は営業外収益或いは営業外費用の区分に表示します。手形売却損は「手形譲渡損」として営業外費用の区分に表示します。

■**関連法規**……外貨基準一1,一2(1)①,一2(2),法基通13の2-1-2,13の2-2-5,消法第7条第1項,消規第5条,消通7-1-1,7-2-1,10-1-7(注)3

預　　金

14　現金を普通預金に預け入れる

現金100,000円を普通預金に預け入れる。

　　(借)普 通 預 金　　100,000　　(貸)現　　　　金　　100,000

【解　説】　流動資産に属する預金は，金融機関に対する預金，貯金及び掛金，郵便貯金並びに郵便振替貯金などで，1年以内に期限の到来するものをいいます。

　金融機関に対する預金としては，当座預金，普通預金，通知預金，別段預金，定期預金及び定期積金などがあります。普通預金は要求払預金であり，銀行の店頭入出金並びに振替入出金を行うことができます。

(消費税)　預金の預入れは利子を対価とする金銭等の貸付けに該当するため非課税であり，消費税は課税されません。

《表　示》　普通預金は流動資産の区分に「預金」として表示します。

■関連法規……財規第15条第1号，財規ガイド15-1-2，消法第6条第1項，
　　　　　　　消法別表第2第3号，消令第10条第3項第1号，消通6-3-1(1)

15　普通預金利息が入金（口座へ）した

D銀行より普通預金の6カ月分の決算利息の入金通知書を受け取った。内訳は次のとおり。
　　決算利息　　　　　　　　　80,000円
　　所得税（15％）　　　　　　12,000円
　　復興特別所得税（0.315％）　　252円
　　差引受取額　　　　　　　　67,748円

| (借)普通預金 | 67,748 | (貸)受取利息 | 80,000 |
| 仮払法人税 | 12,252 | | |

【解　説】　普通預金の利息は6カ月ごとに計算され，2013年以降は所得税＋復興特別所得税15.315％を差し引き支払われます。

　なお，利子所得につき徴収される源泉所得税は法人税の前払いとなりますので「仮払法人税」として計上しておき，期末決算において法人税額より控除します。

　復興特別所得税は，法人税の額から控除されるべき所得税とみなされますので，「仮払法人税」として計上しておき，期末決算において法人税額より控除します。

(消費税)　預金又は貯金の利息は非課税となっています。

■関連法規……財規第15条第1号，財規ガイド15－1－2，所法第174条，第175条，復興財確法第8～10条，第26～28条，第33条第2項，第49条，法法第68条第1項，法令第140条の2，法基通2－1－24，消法第6条第1項，消法別表第2第3号，消令第10条第3項第1号，消通6－3－1(1)

16　株式についての配当金支払通知書を受け取った

　A社より所有株式（上場）10,000株に対する配当金100,000円（所得税（15％）15,000円，復興特別所得税（0.315％）315円差引き）の支払通知書を受け取った。
　なお，A社株式は，その他有価証券として分類されている。

| (借)普通預金 | 84,685 | (貸)その他有価証券配当金 | 100,000 |
| 仮払法人税 | 15,315 | | |

【解　説】　市場価格のある株式に対する配当金は，各銘柄の配当落ち日に未収配当金を見積り計上するのが原則となっていますが，継続適用を条件として次の日に計上することが認められています。

① 剰余金の配当については，株主総会の決議のあった日
② 中間配当については，取締役会の決議のあった日

　会計実務上は，通常支払いを受けるために要する期間内に支払いを受けるものについては，実際に支払いを受けた日に計上している例が多いようです。すなわち，配当金の計上については継続適用を条件として「現金基準」によることも認められています。

(消費税)　剰余金の配当は，株主又は出資者としての地位に基づいて，出資に対する配当として受け取るものであるため，資産の譲渡等の対価に該当せず，消費税の課税対象外です。

《表　　示》　株式の配当金については，あらかじめ指定した預金口座に振り込まれるため，支払通知書を受け取った時は所得税額を差し引き，預金の入金として処理します。なお，源泉所得税及び復興特別所得税については「仮払法人税」に計上しておき，期末決算において法人税額から控除します。なお，元本である株式の所有期間に対応する部分のみが税額控除の対象となるため，期中に取得したもので，控除できない部分は費用として計上します。

《表　　示》　その他有価証券配当金は，「受取配当金」として営業外収益の区分に表示します。

■関連法規……財規第15条第１号，財規ガイド15－１－２，財規90条，財規ガイド90，所法第174条，第175条，第181条，第182条，復興財確法第26～28条，第33条第２項，第49条，法法第68条第１項，法令第140条の２，法基通２－１－27，２－１－28，消通５－２－８，金融商品実務指針第94項，法人税，住民税及び事業税等に関する会計基準13項

17　総合振込みの手続きを行う

　当月分の買掛金10件計5,000,000円と事務用器具の購入代金未払額500,000円の支払いを行うため，小切手を振り出し銀行に総合振込みの手続きを依頼した。
　なお，振込料は相手先の負担とした。

(借)買　掛　金　5,000,000　　(貸)当 座 預 金　5,500,000
　　未　払　金　　 500,000

【解　説】　総合振込みを行う場合は、振込先と振込先取引銀行名、預金の種類、口座番号、振込金額などを記載した総合振込依頼書を、支払予定日の数日（通常4日位）前に銀行に提出します。振込指定日になると、銀行から相手先の預金口座に振り込まれます。

　設例では振込料は相手先の負担となっているので、特に仕訳は行っていません。

消費税　仕入等により発生する買掛金及び未払金、並びに代金の支払いにより消滅する買掛金及び未払金そのものは消費税の課税対象外です。

■関連法規……財規第15条第1号、財規ガイド15－1－2

18　普通預金から自動引落しがあった

電気料金55,000円、電話料金33,000円及びガス料金38,500円が普通預金から指定日に引き落とされた旨通知があった。

(借)水道光熱費　　 85,000　　(貸)普 通 預 金　126,500
　　通　信　費　　 30,000
　　仮払消費税等　 11,500

【解　説】　自動引落しの制度は、電気料金や電話料金等の公共料金だけでなく、銀行に預金口座振替依頼の手続きをしておけば、毎月請求額が自動的に引き落とされます。自動引落しされたものについては、毎月引落し済みの通知書が送付されるので、この通知書によって仕訳処理します。

消費税　これらの支出は、いずれも課税仕入れに該当するため、消費税10％が含まれています。消費税の会計処理には、税込方式と税抜方式とがありますが、一般的には損益計算に影響を及ぼさない税抜方式が適

当であるとされています。設例では税抜方式によって，各支出より消費税分を控除し，仮払消費税等として計上しています。

■**関連法規**……財規第15条第1号，財規ガイド15-1-2，消法第2条第1項第12号，第4条第1項

19 当座契約を締結して，現金を預け入れる

> S銀行と当座契約を締結して，現金500,000円を預け入れた。

　（借）当 座 預 金　　500,000　　（貸）現　　　　金　　500,000

【**解　説**】　当座預金は，商店や会社において最も多く利用されている預金であり，預金には利息が付きません。当座預金の引出しには原則として小切手を振り出し，支払いにあたってはこの小切手を相手方に渡すことにより，現金と同様に使用することができます。

（**消費税**）　預金の預入れは利子を対価とする金銭等の貸付けに該当し非課税であり，消費税は課税されません。

《**表　示**》　当座預金は流動資産の区分に「預金」として表示します。

■**関連法規**……財規第15条第1号，財規ガイド15-1-2，消法第6条第1項，消法別表第2第3号，消令第10条第3項第1号，消通6-3-1(1)

20 仕入をして，代金を小切手にて支払う

> 商品220,000円（消費税込）を仕入れ，代金を小切手にて支払う。

　（借）仕　　　　入　　200,000　　（貸）当 座 預 金　　220,000
　　　　仮払消費税等　　 20,000

【**解　説**】　当座預金は，商店や会社において最も多く利用されている預金ですが，預金には利息が付きません。当座預金の引出しには原則と

して小切手を振り出し，支払いにあたってはこの小切手を相手方に渡すことにより現金と同様に使用することができます。

小切手を振り出し，相手方に渡した時点で，当座預金勘定の貸方に記録します。

(消費税) 商品の仕入は，課税仕入れであり消費税の課税対象となるため，購入代金には消費税10％が含まれています。消費税の会計処理には，税込方式と税抜方式とがありますが，一般的には損益計算に影響を及ぼさない税抜方式が適当であるとされています。設例では税抜方式を採用し，仮払消費税等20,000円を計上しています。

■関連法規……財規第15条第1号，財規ガイド15－1－2，消法第2条第1項第12号，第30条第1項

21 当座借越となった（過振り）

> 当座預金残高が50,000円であったが，（銀行と借越契約をしているので）買掛金150,000円を小切手を振り出し支払った。

　　(借)買　掛　金　　　150,000　　(貸)当 座 預 金　　　150,000

【解　説】　当座預金は，商店や会社において最も多く利用されている預金であり，その引出しは小切手を振り出すことによって行われます。そして，支払いにあたってはこの小切手を相手方に渡すことによって現金と同様に使用されます。

しかし，当座預金の残高以上に小切手を振り出した場合は，銀行は預金不足として支払いを拒絶し当該小切手は不渡りとなります。

このような預金不足に対応するため，あらかじめ銀行と「当座借越」契約を締結しておけば，一定金額までは預金残高が不足した場合でも，銀行が小切手の支払いに応じます。

《ポイント》　当座借越は一種の借入金であるため，当座借越となった時は，借越額（マイナス残高）を「短期借入金」として表示すべきです。ただし，マイナス残高になる度に短期借入金の科目に変更するのは煩雑で

あるため，期中は貸方科目で当座預金の支払仕訳を計上することが実務上行われています。

(消費税) 仕入等により発生する買掛金及び代金の支払い等により消滅する買掛金そのものは，消費税の課税対象外です。

《表　示》　期末において当座借越の状態となっている場合には，当座預金（貸方残）より振り替え「短期借入金」として表示します。

■関連法規……財規第49条第1項第3号

22　当座借越を売上代金で補充した

> 当座預金残高が100,000円の借越しとなっていたが，売掛代金150,000円を小切手にて受け取ったので，直ちに当座預金に預け入れた。

① 当座借越額を短期借入金としていない場合

　(借)当 座 預 金　　　150,000　　　(貸)売　掛　金　　　150,000

② 当座借越額を短期借入金としている場合

　(借)短期借入金　　　100,000　　　(貸)売　掛　金　　　150,000
　　　当 座 預 金　　　 50,000

【解　説】　当座預金の引出しは小切手を振り出すことによって行われ，支払いにあたってはこの小切手を現金と同様に使用します。しかし，当座預金の残高以上に小切手を振り出した場合は，銀行で預金不足として支払いを拒絶されます。このような預金不足に対応するため，あらかじめ銀行と「当座借越」契約を締結しておけば，一定金額までは預金残高が不足した場合でも，銀行は小切手の支払いに応じてくれます。

　当座借越は一種の借入金であるため，当座借越となった時は，借越額（マイナス残高）を「短期借入金」として表示すべきです。ただし，マイナス残高になる度に短期借入金の科目に変更するのは煩雑であるため，期中は貸方科目で当座預金の支払仕訳を計上し，決算期末のみ借越額を「短期借入金」として表示することが実務上行われています。

①は，期中においては，当座預金が貸方となっても，特に振替表示を行っていない場合の仕訳で，②は借越残高を短期借入金に振替表示している場合の仕訳です。

[消費税] 資産の譲渡等により発生する売掛金及び代金の回収等により消滅する売掛金そのものは，消費税の課税対象外です。

■関連法規……財規第49条1項第3号

23 自己振出しの小切手を受け取った

> 仕入先に対する買掛金の支払金額に誤りがあったため，振り出した小切手100,000円の返却を受けた。

(借)当 座 預 金　　100,000　　(貸)買　掛　金　　100,000

【解　説】 当座預金による支払いは小切手を振り出し，支払先にこの小切手を現金と同様に渡すことによって行われます。

通常，小切手を振り出した場合は，当座預金勘定に出金記録を行います。

自己が振り出した小切手を受け取ることはあまりないと考えられますが，受け取った小切手は通常，取消し処理されるため，受け取った時点で当座預金の入金として処理します。

[消費税] 支払いの取消処理によって再計上される買掛金は，消費税の課税対象外です。

■関連法規……財規第15条第1号，財規ガイド15－1－1

24 他人振出しの小切手を受け取り，直ちに預け入れた

> 売掛金50,000円について小切手により支払いを受けたので，直ちに銀行に当座預金として預け入れた。

(借)当 座 預 金　　　50,000　　（貸）売 掛 金　　　50,000

【解　説】　小切手の決済は銀行間で行われる手形交換の手続きにより行われます。売掛金代金の回収等により受け取った小切手は，通常，現金化するため，銀行に預金として預け入れられます。

(消費税)　資産の譲渡等により発生する売掛金及び代金の回収等により消滅する売掛金そのものは，消費税の課税対象外です。また，預金の預入れは利子を対価とする金銭等の貸付けに該当し非課税であり，消費税は課税されません。

■関連法規……財規第15条第1号，財規ガイド15－1－1，15－1－2，消法第6条第1項，消法別表第2第3号，消令第10条第3項第1号，消通6－3－1(1)

25 当座預金残高不足のため，普通預金から振り替えた

　当座預金の残高が少なくなったため，普通預金より100,000円を振り替えた。

(借)当 座 預 金　　　100,000　　（貸）普 通 預 金　　　100,000

【解　説】　当座預金への入金は他の預金と同様に，店頭入金（現金，小切手等）と振替入金により行われます。振替入金には，預金口座振替え，電信振込み，文書振込み等があります。

　預金口座振替えによる入金では現金を引き出すことはないため，預金から預金への振替えの仕訳となります。

(消費税)　預金の預入れは利子を対価とする金銭等の貸付けに該当するので非課税であり，消費税は課税されません。

■関連法規……財規第15条第1号，財規ガイド15－1－2，消法第6条第1項，消法別表第2第3号，消令第10条第3項第1号，消通6－3－1(1)

26 他店券により当座預金残高の調整をした

> S銀行の当座預金残高が不足してきたので，D銀行の小切手300,000円を振り出し，直ちにS銀行の当座預金に預け入れた。

(借)当 座 預 金　　300,000　　(貸)当 座 預 金　　300,000
　　(S銀行)　　　　　　　　　　　　(D銀行)

【解　説】　当座預金への入金は他の預金と同様に，店頭入金（現金，小切手等）と振替入金により行われます。振替入金には，預金口座振替え，電信振込み，文書振込み等があります。

当座預金による残高の調整は，残高に余裕のある銀行の小切手の振出しと，残高不足の銀行への小切手の預入れの手続きによって行われますが，仕訳は預金振替えと同様になります。

(消費税)　預金の預入れは利子を対価とする金銭等の貸付けに該当し非課税であり，消費税は課税されません。

■関連法規……財規第15条第1号，財規ガイド15－1－2，消法第6条第1項，
　　　　　　消法別表第2第3号，消令第10条第3項第1号，消通6－3－1(1)

27 貸付金の返済金が当座預金に入金された

> 子会社より，貸付金の返済金1,000,000円と利息50,000円の計1,050,000円がS銀行当座預金に入金された。

(借)当 座 預 金　　1,050,000　　(貸)子会社貸付金　　1,000,000
　　　　　　　　　　　　　　　　　　受 取 利 息　　　　50,000

【解　説】　子会社より貸付金が返済された時には，それまでの貸付金利息を計算し「受取利息」として計上し，残額を元本である貸付金の返済額として計上します。貸付金利息は，所得税の源泉徴収対象となりま

せん。

子会社の資金援助の目的で親会社が貸付けを行う場合がありますが、このような貸付金は「子会社貸付金」として処理します。

(消費税) 貸付金の回収は、資産の譲渡等には該当しないため、消費税の課税対象外です。また、貸付金の利子は非課税であり、消費税は課税されません。

《表　示》　子会社貸付金については、契約期間が1年を超えるものは「関係会社長期貸付金」として投資その他の資産の区分に表示しますが、1年以内に期限の到来するものは「関係会社短期貸付金」として、または「短期貸付金」に含めて表示します。なお、関係会社に対する金銭債権または金銭債務について、属する項目ごとに他の金銭債権または金銭債務と区分して表示していないときには、項目ごとの金額または2以上の項目について一括した金額を注記します。

■関連法規……会社計規第103条第6号、財規第32条第1項第9号、消法第6条第1項、消法別表第2第3号、消令第10条第1項、消通6-3-1(1)

28 修繕費を小切手で支払う

営業所の建物の修繕を行い、修繕代金330,000円（消費税30,000円を含む）を小切手を振り出し支払う。

(借)修　繕　費	300,000	(貸)当 座 預 金	330,000
仮払消費税等	30,000		

【解　説】　建物、構築物、機械及び装置等の固定資産の修理、改良等のため支出した金額のうち、その固定資産の通常の維持管理のための費用、又は災害等による復旧のために要した費用は「修繕費」として処理します。

ただし、固定資産の修理、改良のために支出した金額であっても、その固定資産の価値を高めたり、又はその耐久性を増すこととなる部分に対応する金額については、資本的支出として処理します。

消費税 修繕費の支出は課税仕入れに該当し、消費税の課税対象であり、支払った消費税は仕入税額控除の対象です。消費税の会計処理には、税込方式と税抜方式とがありますが、一般的には損益計算に影響を及ぼさない税抜方式が望ましいとされています。設例では税抜方式により、仮払消費税等30,000円を計上しています。

《表　示》 営業所の建物の通常の維持管理のために要した費用であれば、「修繕費」として販売費及び一般管理費に計上します。

資本的支出と認められる支出金額については、それぞれ該当する資産の取得価額に加算します。

■**関連法規**……財規第84条, 財規ガイド84, 法令第55条, 第132条, 法基通7－8－1, 7－8－2, 7－8－3, 7－8－4, 7－8－5, 消法第2条第1項第12号, 第4条第1項, 第30条第1項

29 借入金を小切手で支払う

> F社からの借入金2,000,000円を小切手を振り出し返済した。

　　(借)借　入　金　2,000,000　　(貸)当 座 預 金　2,000,000

【解　説】 金銭消費貸借契約に基づいて、手形等を担保として差し入れ、他人から金銭を借り入れた時は「借入金」勘定で処理します。小切手を振り出し借入先に渡した場合は、現金による返済と同様に「借入金」勘定で借方に計上します。

消費税 金銭の借入及び返済は非課税であり、消費税は課税されません。

《表　示》 借入金は返済期限により、1年以内に返済期限の到来するものを「短期借入金」として流動負債の区分に表示し、1年以上のものは「長期借入金」として固定負債の区分に表示します。

■**関連法規**……財規第49条第1項第3号, 第52条第1項第2号, 消法第6条第1項, 消法別表第2第3号, 消令第10条第1項

30 先日付小切手を受け取った

> 売掛代金として先日付の小切手80,000円を受け取った。

① 先日付小切手の受領時

　(借)受 取 手 形　　80,000　　(貸)売　掛　金　　80,000

② 銀行への取立依頼時

　(借)当 座 預 金　　80,000　　(貸)受 取 手 形　　80,000

【解　説】　小切手には振出日の日付を記載しますが、振出人の預金残高が乏しい場合に、以後の入金を期待し、実際の振出日付ではなく、振出日以降の支払予定日すなわち先日付の小切手が振り出されることがあります。

先日付小切手でも銀行に提示して支払いを求めることはできますが、このような小切手を受け取ること自体が、その日付で銀行へ取立てに出すことを承認したものと考えられるため、道義上の観点から振出日付前に銀行に提示しないことが一般的です。このように、先日付小切手は確実に現金化できるものではないため、実務上は受取手形で計上することが一般的です。

(消費税)　資産の譲渡等により発生する売掛金及び代金の回収により消滅する売掛金そのものは、消費税の課税の対象とはなりません。

《表　示》　決算日において先日付小切手が存在する場合は、「受取手形」勘定に含めて表示します。

■関連法規……小切手法第1条、第28条、財規第15条第1号、財規ガイド15-1-1、15-1-2

31 先日付小切手を振り出した

> 仕入代金200,000円の支払請求を受けたが，当座預金残高が不足していたので，先日付の小切手を振り出し支払いを行った。

　　(借)買　掛　金　　200,000　　(貸)当 座 預 金　　200,000

【解　説】　小切手には振出日の日付が記載されますが，振出人の預金残高が乏しい場合に，振出日付として実際の振出日ではなく振出日以降の実際支払予定日，すなわち，「先日付」を記載した小切手が振り出されることがあります。先日付小切手は道義上，振出日付前に銀行に提示されることはないと考えられますが，振出人としては，振出日になって当座預金から引落し処理されるまで記録管理することが必要となります。

　従って，振出しにあたっては通常の小切手振出しと同様の仕訳を行い，当座預金出納帳では振出小切手にマークを付けるなどの方法をとって，常に先日付振出小切手を把握しておくことが必要です。

(消費税)　仕入等により発生する買掛金及び代金の支払いにより消滅する買掛金そのものは，消費税の課税対象外です。

■関連法規……小切手法第1条，第28条，財規第15条第1号，財規ガイド15-1-2

32 当座預金出納帳と銀行の残高照合表が不一致

> 当社の当座預金出納帳と銀行残高照合表を突合したところ，当社の残高より銀行残高の方が130,000円過大であった。差額の内訳は下記のとおりであった。
> 　①　振出小切手の未取付け（未落ち）　　　　　100,000円
> 　②　売掛金の振込み入金（当方未記入）　　　　 20,000円
> 　③　銀行の営業時間外預入れ(銀行側は翌日入金扱い) 10,000円

① 仕訳なし

② (借)当座預金　　　20,000　　(貸)売掛金　　　20,000

③ 仕訳なし

【解　説】　当座預金の出納帳残高と銀行残高とは理論的には一致すべきですが，実際には銀行における手形交換未完了のための未記入，会社側の入出金の記帳遅れ等によって一致しないのが通例です。

　従って，毎月1回当座預金出納帳と銀行残高照合表を突合して，「当座預金残高調整表」を作成し，不一致の原因となっている事項を調査します。そして，②のような当社の記帳洩れ等による差異についてのみ会計処理を行います。

　①の未取付けによる差異や時間外預入れによる差異は通常，時間の経過により解消されますので会計処理を行う必要はありません。

(消費税)　資産の譲渡等により発生する売掛金及び代金の回収等により消滅する売掛金そのものは，消費税の課税対象外です。

■関連法規……財規第15条第1号，財規ガイド15-1-2

33　未渡し小切手がある

> 決算期末に出納係の手許に，定時払いのため用意した小切手1枚30,000円が残っていた。

　　(借)当座預金　　　30,000　　(貸)買掛金　　　30,000

【解　説】　経理課の出納係は毎月の協力会社に対する定時払いを行うため，通常は，あらかじめ支払先別に小切手を作成し，支払伝票とともに出納担当者に渡します。支払日に受取人が取りに来ないと，用意された小切手が未渡しのまま残ります。

　実際に小切手を受取人に渡した時点で，当座預金勘定に出金記録をすることとしている場合は上記の仕訳は不要ですが，小切手を振り出した

時点で出金記録をしている場合には，上記の仕訳を行う必要があります。

(消費税) 仕入等により発生する買掛金及び代金の支払い等により消滅する買掛金そのものは，消費税の課税対象外です。

《表　示》 決算期末において手許にある未渡し小切手は「当座預金」として表示します。

■関連法規……財規第15条第1号，財規ガイド15−1−1

34 当座預金の期末残高が借越しの時

> 決算期末において，S銀行の当座預金残高は500,000円のマイナス残高となっていた。
> なお，S銀行とは当座借越契約を結んでいる。

　　(借)当 座 預 金　　　500,000　　　(貸)短期借入金　　　500,000

【解　説】 当座預金の引出しは小切手を振り出すことによって行われますが，当座預金の残高以上に，小切手を振り出した場合は，銀行で預金不足として支払いを拒絶されます。このような預金不足に対応するため，あらかじめ銀行と「当座借越」契約を締結しておけば，一定金額までは預金残高が不足した場合でも銀行は小切手の支払いに応じます。

当座借越は一種の借入金であるため，当座借越となった時は，借越額（マイナス残高）を「短期借入金」として表示すべきです。ただし，マイナス残高になる度に短期借入金の科目に変更するのは煩雑であるため，期中は貸方科目で当座預金の支払仕訳を計上し，決算期末のみ借越額を「短期借入金」として表示することが実務上行われています。

(消費税) 金銭の借入及び返済は非課税であり，消費税は課税されません。

《表　示》「短期借入金」には，手形借入金及び当座借越を含みます。

■関連法規……財規第49条第1項第3号,消法第6条第1項,消法別表第2第3号,
　　　　　　　消令第10条第1項

35 外貨定期預金口座を開設した

> S銀行でUSドルによる外貨定期預金（期間1年）20,000ドルを申し込むため，普通預金を引き出し，円貨によって外貨を購入し払込みを行った。
> （当日の為替相場（T.T.S：電信売相場） 1USドル＝100円）

　（借）外貨定期預金　2,000,000　　（貸）普 通 預 金　2,000,000

〈計算〉　20,000ドル×100円＝2,000,000円

【表　示】　外貨預金口座を円貨払込みにより申し込む場合は，外貨を購入して外貨預金口座を開設するため，外貨預金額は当日の為替相場（T.T.S：電信売相場）による実際購入額により計上します。

《ポイント》　T.T.B（電信買相場）とT.T.S（電信売相場）は，いずれも銀行側からみた売・買の相場となっています。従って，設例のように円貨により外貨を購入して預金する場合に適用される為替相場は，銀行側が外貨を売り，預金者側が外貨を買うのでT.T.S（電信売相場）が適用されます。

中小会計　外貨建取引については，原則として外貨建取引等会計処理基準に基づいて会計処理を行います。

消費税　預金の預入れは利子を対価とする金銭等の貸付けに該当し非課税であり，消費税は課税されません。

《表　示》　外貨定期預金は，その円換算額について1年以内に期限の到来するものは流動資産の部に「預金」として，1年以内に期限の到来しないものは，固定資産の部の投資その他の資産の区分に「その他投資等」として表示します。

■関連法規……外貨基準－1，財規第33条，法基通13の2－1－2，消法第6条第1項，消法別表第2第3号，消令第10条第3項第1号，消通6－3－1(1)，中小会計指針第76～80項

36 外貨預金の期末評価を行う

　決算期末において外貨定期預金20,000USドル（帳簿価額2,100,000円，事業年度終了日から満期日まで6カ月）があった。
（決算日の為替相場（T.T.M；電信売買相場の仲値）1USドル＝100円）

　（借）為 替 差 損　　100,000　　（貸）外貨定期預金　　100,000

〈計算〉　2,100,000円－20,000ドル×100円＝100,000円

【解　説】　外貨建取引の会計処理について定める外貨建取引等会計処理基準では，決算期末における外貨建預金を決算日の為替相場により円換算します。つまり，既に計上された円換算額を期末の為替相場によって換算替えする必要があります。

　この場合，換算に使用される為替相場は **13** と同様に，外貨を売却しなければ円貨にならないため（設例では実際には売却していませんが），T.T.B（電信買相場）又はT.T.M（電信売買相場の仲値）を用います。仕訳例では，法人税法に定めるT.T.M（電信売買相場の仲値）により円換算を行っています。

(消費税)　為替差損益は，資産の譲渡等の対価の額又は課税仕入れの支払いの対価の額には含まれませんので，不課税であり，消費税の課税の対象とはなりません。

《表　示》　換算によって生じる「為替差益」並びに「為替差損」は営業外収益或いは営業外費用の区分に表示します。

■関連法規……外貨基準一2(1)②，一2(2)，法基通13の2－2－5，消通10－1－7(注)3

37 外貨預金の払戻しを受けた

　外貨定期預金20,000USドル（帳簿価額2,000,000円）が満期となり利息1,600USドルとともに円貨で払戻しを受けた。

（払戻し日の為替相場（T.T.B；電信買相場） 1 US ドル＝98円）

① (借)現　　　　金　　1,960,000　　(貸)外貨定期預金　2,000,000
　　　　為 替 差 損　　　 40,000

② (借)現　　　　金　　　132,787　　(貸)受 取 利 息　　 156,800
　　　　仮払法人税　　　 24,013

【解　説】① 外貨定期預金が満期となり円貨によって払戻しを受ける時は，外貨預金の帳簿価額（円）と円貨による払戻額との差額を為替差損益として計上します。この場合，払戻しを受ける外貨預金の円転換は，当日の為替相場 T.T.B（電信買相場）により行われます。

〈計算〉　2,000,000円－20,000ドル×98円＝40,000円…為替差損

② 外貨預金の利息は，当日（支払開始日と定められている日）の為替相場（T.T.B；電信買相場）により円転換されます。この円換算額より所得税15％，復興特別所得税0.315％を差し引いた額が手取金額となります。

〈計算〉　1,600ドル×98円＝156,800円…受取利息
　　　　156,800×15％＝23,520円…所得税
　　　　156,800×0.315％＝493円…復興特別所得税

なお，源泉所得税は期末決算において，その事業年度の法人税額から控除されます。復興特別所得税額は，法人税の額から控除されるべき所得税とみなされるため法人税額より控除されます。

《ポイント》　T.T.B（電信買相場）と T.T.S（電信売相場）は，いずれも銀行側からみた売・買の相場となっています。従って，設例のように払戻しを受けた外貨を売って円貨により受け取る場合は，銀行側が外貨を買って，預金者が外貨を売ることになるので T.T.B（電信買相場）が適用されます。

(消費税)　① 為替差損益は，資産の譲渡等の対価の額又は課税仕入れの支払いの対価の額には含まれないため不課税であり，課税対象外です。

② 預貯金の利息は非課税であり，消費税は課税されません。

《表　示》 決済（円転換）に伴って生じた「為替差益」並びに「為替差損」は営業外損益の区分に表示します。

■**関連法規**……外貨基準一3，法基通13の2－1－2，所法第174条，第175条，復興財確法第8〜10条，第26条，第27条，第33条第2項，第49条，措法第3条の3，法法第68条第1項，法令第140条の2，消法第6条第1項，消法別表第2第3号，消通6－3－1(1)，10－1－7（注）3

38　納税準備預金を作成した

　法人税等の納付資金に充てるため普通預金より1,000,000円を引き出し，納税準備預金として預け入れた。

　　（借）納税準備預金　　1,000,000　　（貸）普　通　預　金　　1,000,000

【**解　説**】　納税準備預金は普通預金に類似した預金で，法人税等の納付資金を準備する目的で設けられたものです。

　従って，税金の納付以外の引出しは原則としてできませんが，利子に課せられる所得税が免除される等の特典があります。

（消費税）　預金の預入れは利子を対価とする金銭等の貸付けに該当し非課税であり，消費税は課税されません。

■**関連法規**……財規第15条第1号，財規ガイド15－1－2，措法第5条，消法第6条第1項，消法別表第2第3号，消令第10条第3項第1号

39　納税準備預金から税金を納付した

　当期の法人税，住民税及び事業税800,000円を納税準備預金から引き出し，納付した。

預　金　35

(借)未払法人税等　　800,000　　(貸)納税準備預金　　800,000

【解　説】　各事業年度の法人税，住民税及び事業税の納付額は，決算時に未払法人税等として計上されるため，実際にこれらの税金を納付する時は，「未払法人税等」を取り崩す仕訳を計上します。

　納税準備預金は普通預金に類似した預金で，法人税等の納付資金を準備する目的で設けられたものです。原則として，税金の納付以外には引出しできませんが，利子に課せられる所得税が免除される等の特典があります。

(消費税)　法人税，住民税及び事業税の納付額は不課税であり，消費税の課税対象とはなりません。

■関連法規……財規第15条第1号，第49条第1項第7号，財規ガイド15－1－2，
　　　　　　　法人税，住民税及び事業税等に関する会計基準11項，措法第5条

40 通知預金を作成し，取り崩した

> ① 手許資金に一時余裕が生じたので，2,000,000円を通知預金として預け入れた。

(借)通 知 預 金　2,000,000　　(貸)現　　　　金　2,000,000

> ② 予定していた資金が必要となったので，銀行に通知預金の引出しを予告し，2日後に2,000,000円を引き出した。なお，利息は2,000円（所得税（15％）300円，復興特別所得税（0.315％）6円）であった。

(借)現　　　　金　2,001,694　　(貸)通 知 預 金　2,000,000
　　仮払法人税　　　　306　　　　受 取 利 息　　　2,000

【解　説】　通知預金は主として大口の一時的余裕資金を運用する目的で利用され，利率は普通預金より高率です（銀行により最低預入額があり

ます)。預け入れた後は、通常1週間以上据え置き、その後は2日以上前に銀行に予告（通知）して引出しを行います。

　なお、利子所得につき徴収される所得税は、法人税の前払いとなりますので、「仮払法人税」として計上しておき、期末決算において法人税額より控除します。復興特別所得税は法人税の額から控除されるべき所得税とみなされますので、「仮払法人税」として計上しておき、期末決算において、法人税額より控除します。

《ポイント》 源泉所得税は法人税の前払いとして、法人税額より控除されるため、利息額に対応させ区分して記録しておくことが必要です。

(消費税) 預金の預入れは、利子を対価とする金銭等の貸付けに該当し非課税であり、消費税は課税されません。

　預金又は貯金の利息は非課税です。

■関連法規……財規第15条第1号、財規ガイド15-1-2、所法第174条、第175条、復興財確法第8条、第9条、第26条、第27条、第33条第2項、第49条、法法第68条第1項、法令第140条の2、消法第6条第1項、消法別表第2第3号、消令第10条第3項第1号、消通6-3-1(1)

41 定期預金に預け入れた

　普通預金残高に余裕が生じたので、そのうち1,000,000円を引き出し、1年の定期預金として預け入れた。

　　(借)定期預金　1,000,000　　(貸)普通預金　1,000,000

【解　説】 定期預金は、3カ月、6カ月、1年など一定期間払い戻さない約束で預け入れる貯蓄性の高い預金です。銀行にとっては、最も安定的な預金であるため、利率は預金の中では最も高いです。

(消費税) 預金の預入れ及び引出しは、利子を対価とする金銭の貸付けと回収に該当し非課税であり、消費税は課税されません。

《表　示》 定期預金は契約期間が1年以内のもの及び契約期間が1年を超える預金で貸借対照表日の翌日から1年内に期限が到来するものは

「預金」として流動資産の区分に表示しますが,契約期間が1年を超える預金で貸借対照表日の翌日から1年内に期限が到来しないものは,固定資産の部の投資その他の資産の区分に「その他投資等」として表示します。

■関連法規……財規第15条第1号,財規ガイド15-1-2,財規第32条第1項第14号,第33条,消法第6条第1項,消法別表第2第3号,消令第10条第3項第1号,消通6-3-1(1)

42 定期預金の払戻しを受けた

定期預金1,000,000円が満期となり,利息30,000円(所得税(15%)4,500円,復興特別所得税(0.315%)94円差引き)とともに払戻しを受けたので,直ちに普通預金に預け入れた。

(借)普通預金	1,025,406	(貸)定期預金	1,000,000
仮払法人税	4,594	受取利息	30,000

【解 説】 定期預金は,3カ月,6カ月,1年など一定期間払い戻さない約束で預け入れられる貯蓄性の高い預金です。銀行にとっては,最も安定的な預金であるため,利率は預金の中では最も高くなっています。

なお,利子所得につき徴収される所得税は,法人税の前払いとなりますので,「仮払法人税」として計上しておき,期末決算において法人税額より控除します。復興特別所得税は法人税の額から控除されるべき所得税とみなされていますので,「仮払法人税」として計上しておき,期末決算において,法人税額より控除します。

(消費税) 預金の預入れ及び引出しは利子を対価とする金銭の貸付けと回収に該当し非課税であり,消費税は課税されません。預金又は貯金の利息は非課税です。

■関連法規……財規第15条第1号,財規ガイド15-1-2,所法第174条,第175条,復興財確法第8条,第9条,第26条,第27条,第33条第2項,第

49条,法法第68条第1項,法令第140条の2,消法第6条第1項,消法別表第2第3号,消令第10条第3項第1号,消通6-3-1(1)

43 譲渡性預金(CD)を取得した

X年4月1日に普通預金より100,000,000円を引き出し,新規内国法人発行の額面金額100,000,000円の譲渡性預金証書を取得した。預入期間は6カ月,利率は年2%,利息計算期間は預入日から満期日の前日まで(片端入)であり,当社の決算は3月である。

(借)有 価 証 券 100,000,000　　(貸)普 通 預 金 100,000,000

【解　説】　譲渡性預金(CD)は譲渡可能な期日指定方式の預金で,預金者に預金証書が発行されます。譲渡性預金(CD)の利率は金融市場の実勢を反映した自由金利となっています。

最低預入単位は1,000万円以上,5,000万円以上等というように金融機関によって異なっており,預入期間も5年以内の期日指定,10年以内の期日指定というように,金融機関によって相違があります。利率は,譲渡性預金の預金証書発行時の金融情勢により発行ごとに相対交渉で決められますが,一度発行されたものについては,約定金利が償還時まで継続します。

また,譲渡性預金の預金証書の譲渡は発行した金融機関に通知することにより自由に行うことができますので,満期日前の解約は認められていません。

|中小会計|　1年以内に満期の到来する譲渡性預金の預金証書は,有価証券として表示します。

(消費税)　譲渡性預金の預金証書の発行に係る取扱いについては,預金者にとっては利子を対価とする金銭の貸付けとして預金の預入れに該当し,非課税です。

《表　示》　内国法人の発行する1年以内に満期の到来する譲渡性預金の預金証書等で,有価証券として会計処理することが適当と認められる

預　　金　39

ものは，流動資産の区分に「有価証券」として表示します。

■関連法規……財規第15条第4号，第17条第1項第6号，金融商品実務指針第8項，第58項，金融商品Q&A67，消法第6条第1項，消法別表第2第3号，消令第10条第3項第1号，消通6－3－1(1)，中小会計指針第23項

44 譲渡性預金（CD）が満期償還された

X年9月30日に額面金額100,000,000円の譲渡性預金証書が満期となり利息997,260円（所得税＋復興特別所得税15.315％差引き）とともに払戻しを受け，直ちに普通預金に預け入れた。

（借）普 通 預 金　100,844,530　　（貸）有 価 証 券　100,000,000
　　　仮払法人税　　　152,730　　　　　有価証券利息　　　997,260

〈計算〉　$100,000,000円 \times 2\% \times \frac{182日}{365日} = 997,260円$…受取利息

　　　　997,260円×15％＝149,589円…所得税

　　　　997,260円×0.315％＝3,141円…復興特別所得税

【解　説】　譲渡性預金（CD）は譲渡可能な期日指定方式の預金で，預金者に預金証書が発行されます。譲渡性預金（CD）の利率は金融市場の実勢を反映した自由金利となっています。

　なお，利子所得につき徴収される所得税は，法人税の前払いとなりますので，「仮払法人税」として計上しておき，期末決算において法人税額より控除します。復興特別所得税は法人税の額から控除されるべき所得税とみなされますので，「仮払法人税」として計上しておき，期末決算において法人税額より控除します。

(消費税)　譲渡性預金の預金証書の発行は預金者において利子を対価とする金銭の貸付けとして預金の預入れに該当し非課税となります。従って，譲渡性預金（CD）の預入れ及び満期払戻しには，消費税は課税されません。また，預金の利息は非課税です。

■**関連法規**……財規第15条第4号,所法第174条,第175条,復興財確法第8〜10条,第26〜28条,第33条第2項,第49条,法法第68条第1項,法令第140条の2,消法第6条第1項,消法別表第2第3号,消令第10条第3項第1号,消通6－3－1⑴

45 譲渡性預金（CD）を満期日前に譲渡した

> 額面金額100,000,000円の譲渡性預金証書を満期償還日前X年8月31日に101,000,000円で譲渡し,代金は直ちに普通預金に預け入れた。

（借）普 通 預 金 101,000,000　　（貸）有 価 証 券 100,000,000
　　　　　　　　　　　　　　　　　　　　有価証券利息　 1,000,000

〈計算〉　$100,000,000 円 \times 2\% \times \frac{152 日}{365 日} = 832,876 円$ ……経過利息
　　　　$101,000,000 円 - 100,832,876 円 = 167,124 円$ …譲渡益

【解　説】　譲渡性預金（CD）は譲渡可能な期日指定方式の預金で,預金者に預金証書が発行されます。譲渡性預金（CD）の利率は金融市場の実勢を反映した自由金利となっています。

譲渡性預金の預金証書の譲渡は,発行した金融機関に通知することにより自由に行うことができます。

譲渡性預金の預金証書の譲渡益は有価証券利息に含めて処理します。譲渡性預金（CD）の利息に対する所得税は,中間利払いがない場合は,償還時の最終所持者が支払いを受ける全期間の利息について課税徴収されるので,償還日前の譲渡については,経過利息に対して源泉所得税は徴収されません。

(消費税)　譲渡性預金の預金証書の譲渡は非課税とされる有価証券等の譲渡となりますので,消費税は課税されません。

■**関連法規**……財規第15条第4号,消法第6条第1項,消法別表第2第2号,消令第9条第1項,消通6－2－1

預 金 41

46 既発の譲渡性預金（CD）を取得し，満期償還された

① X1年7月1日に，内国法人発行の額面金額50,000,000円の譲渡性預金証書を49,100,000円で取得し代金は当座預金より支払った。この譲渡性預金証書は，満期まで所有する意図をもって保有するものである。なお，取得価額と額面金額との差額（取得差額）は，すべて金利の調整部分（金利調整差額）である（当社は3月決算）。
　額面金額：50,000,000円
　発 行 日：X1年1月1日
　満　　期：X2年12月31日
　約定利率：年利3％
　利息計算期間：預入日から満期日（或いは中間利払日）の前日迄
　利 払 日：6月末日及び12月末日

（借）満期保有目的債券　49,100,000　　（貸）当 座 預 金　49,100,000

② X1年12月31日，利払日となり，預金利息756,164円から所得税等を差し引き640,359円が当座預金に入金した

（借）当 座 預 金　　640,359　　（貸）満期保有目的債券利息　756,164
　　　仮払法人税　　115,805

〈計算〉　$50,000,000円 \times 3\% \times \dfrac{184日}{365日} = 756,164円 \cdots 利息$
　　　　$756,164円 \times 15\% = 113,424円 \cdots 所得税$
　　　　$756,164円 \times 0.315\% = 2,381円 \cdots 復興特別所得税$

③ X2年3月31日，決算において譲渡性預金の既経過利息369,863円を未収収益として計上した。また，譲渡性預金の取得差額のうち，当期の月数按分相当額450,000円を金利調整差額として帳簿価額に

加算した。

| (借)未 収 収 益 | 369,863 | (貸)満期保有目的債券利息 | 369,863 |
| 満期保有目的債券 | 450,000 | 満期保有目的債券利息 | 450,000 |

〈計算〉 $50,000,000円 × 3\% × \dfrac{90日}{365日} = 369,863円$ …未収収益

$(50,000,000円 - 49,100,000円) × \dfrac{9カ月^{(*1)}}{18カ月^{(*2)}} = 450,000円$

…金利調整差額

* 1 : X1年7月～X2年3月
* 2 : X1年7月～X2年12月

④ X2年6月30日,利払日となり預金利息743,835円から,所得税等を差し引き629,917円が当座預金に入金した。

| (借)当 座 預 金 | 629,917 | (貸)未 収 収 益 | 369,863 |
| 仮払法人税 | 113,918 | 満期保有目的債券利息 | 373,972 |

〈計算〉 $50,000,000円 × 3\% × \dfrac{181日}{365日} = 743,835円$ …利息
743,835円 × 15% = 111,575円…所得税
743,835円 × 0.315% = 2,343円…復興特別所得税

⑤ X2年12月31日,満期償還日となり譲渡性預金の額面金額50,000,000円及び,最終利息額756,164円から所得税等を差し引き640,359円が当座預金に入金した。これに併せて,譲渡性預金の取得差額のうち当該期間の月数按分相当額を金利調整差額として帳簿価額に加算処理を行った。

▶有価証券利息の入金

(借)当 座 預 金　　640,359　　(貸)満期保有目的債券利息　　756,164
　　仮払法人税　　　115,805

▶取得差額の加算

(借)満期保有目的債券　450,000　　(貸)満期保有目的債券利息　　450,000

〈計算〉　$50,000,000円 \times 3\% \times \dfrac{184日}{365日} = 756,164円$…利息

　　　　$756,164円 \times 15\% = 113,424円$…所得税

　　　　$756,164円 \times 0.315\% = 2,381円$…復興特別所得税

　　　　$(50,000,000円 - 49,100,000円) \times \dfrac{9カ月}{18カ月} = 450,000円$

　　　　…金利調整差額

▶満期償還

(借)当 座 預 金　50,000,000　　(貸)満期保有目的債券　50,000,000

【解　説】　譲渡性預金（CD）は譲渡可能な期日指定方式の預金で，預金者に預金証書が発行されます。譲渡性預金（CD）の利率は金融市場の実勢を反映した自由金利となっており，発行のつど相対交渉で決められますが，一度発行されたものについては，約定利率が償還時まで継続します。また，譲渡性預金の預金証書の譲渡は発行した金融機関に通知することにより自由に行うことができますので，満期日前の解約は認められていません。

外国法人の発行する譲渡性預金証書（海外CD）は金融商品取引法上の有価証券ですが，内国法人の発行する譲渡性預金証書（国内CD）は金融商品取引法上の有価証券には該当しません。しかし，両者ともに同一の性質を有しているので，会計処理上は，内国法人の発行する譲渡性預金証書（国内CD）も有価証券として取り扱うこととされています。

内国法人の発行する譲渡性預金証書（国内CD）は，債券ではありませんが，償還日において額面金額による償還が予定されているため，満期まで所有する意図をもって保有する譲渡性預金証書は，満期保有目的の債券に分類することができます。従って，既発の譲渡性預金証書を額

面金額より低い価額又は高い価額で取得した場合,取得価額と額面金額との差額が金利の調整と認められるときは,償却原価法を適用することが必要です。

償却原価法は,有価証券利息をその利息期間にわたって期間配分する方法であり,利息法と定額法の2つの方法があります。原則として利息法によるものとされていますが,簡便法である定額法を採用することもできます。

定額法とは,債券の金利調整差額を取得日から償還日までの期間で除して各期の損益に配分する方法をいい,当該配分額を帳簿価額に加減するものです。税務上はこの定額法のみとされています。

① 取得した既発の譲渡性預金証書は取得価額をもって計上します。
② 利払日に支払われる預金利息は,所得税+復興特別所得税15.315%が差し引かれています。所得税は「仮払法人税」として計上しておき,期末決算において法人税額より控除します。復興特別所得税は法人税の額から控除されるべき所得税とみなされますので,「仮払法人税」として計上しておき,期末決算において,法人税額より控除します。
③ 期末決算においては,1月から3月までの経過利息を未収収益として計上します。同時に,譲渡性預金の取得差額を償却原価法(定額法)によって,帳簿価額に加算処理します。
④ 利払日となり預金利息の支払いを受け,入金処理を行います。②に同じ。
⑤ 満期償還日に最終利息の支払いを受け,入金処理を行います。

次に,償却原価法によって譲渡性預金の帳簿価額に加算処理をします。そして,この帳簿価額に基づいて償還金の入金処理を行います。

(消費税) 譲渡性預金の預金証書の譲受けは非課税とされる有価証券等の譲受けとなりますので消費税は課税されません。また,満期払戻しについても消費税は課税されません。

《表　示》 満期保有目的債券は投資その他の資産の区分に「投資有価証券」として表示しますが,1年内に満期の到来するものは流動資産の区分に「有価証券」として表示します。「満期保有目的債券利息」は「有価証券利息」として営業外収益の区分に表示します。

■**関連法規**……金融商品会計基準第16項,金融商品実務指針第8項,第58項,第69項,第70項,第219項,設例4,金融商品Q&A67,財規第17条第1項第6号,第32条第1項第1号,第90条,所法第174条,第175条,復興財確法第8～10条,第26～28条,第33条第2項,第49条,法法第68条第1項,法令第139条の2第1項,第140条の2第1項,法基通2－1－32,2－1－33,消法第6条第1項,消法別表第2第2号,消令第9条第1項,消通6－2－1

受取手形

47 約束手形を売上代金として受け取った

F社に製品を納入し、代金1,650,000円（消費税150,000円を含む）を同社振出しの約束手形で受け取った。

(借)受 取 手 形　1,650,000　　(貸)売　上　高　1,500,000
　　　　　　　　　　　　　　　　　　仮受消費税等　　150,000

【解　説】　手形には約束手形と為替手形の2種類があります。

約束手形は、振出人が受取人に対して一定期日に一定金額を支払うことを約束する証券であり、為替手形は、振出人が支払人に対して一定の期日に一定の金額の支払いを委託する証券です。

手形を受け取った場合、会計処理上は約束手形と為替手形とは区別しないで同様に取り扱います。

得意先との通常の営業取引によって手形を受け取った場合は受取手形として記録します。

通常、売上と代金決済日との間は時間のずれがありますが、納品時に手形を受け取った場合、設例の処理となります。

(消費税)　製品の売上は、資産の譲渡等に該当し、消費税が課税されます。

消費税の会計処理には、税込方式と税抜方式とがありますが、一般的には損益の額に影響を及ぼさない税抜方式が望ましいとされています。設例では税抜方式により消費税150,000円を仮受消費税等として計上しています。

《表　示》　得意先との通常の営業取引に基づいて受け取った手形は、「受取手形」として流動資産の区分に表示します。これは営業上の債権債務は営業循環基準により流動資産、流動負債として表示することになっているためです。

■関連法規……手形法第1条，第75条，財規第15条第2号，財規ガイド15－2，

48 約束手形を売掛代金として受け取った

> E社より売掛代金として，800,000円を同社振出しの約束手形で受け取った。

　(借)受 取 手 形　　800,000　　(貸)売 掛 金　　800,000

【解　説】　手形には約束手形と為替手形の2種類があります。

　約束手形は，振出人が受取人に対して一定期日に一定金額を支払うことを約束する証券であり，為替手形は，振出人が支払人に対して一定の期日に一定の金額の支払いを委託する証券です。

　手形を受け取った場合，会計処理上は約束手形と為替手形とは区別しないで同様に取り扱います。

　売掛代金として約束手形を受け取った場合は，得意先との通常の営業取引によるものですから「受取手形」として表示します。

(消費税)　為替手形及び約束手形の譲受けは非課税であり，消費税は課税されません。

　資産の譲渡等により発生する売掛金及び代金の回収により消滅する売掛金そのものは不課税であり，消費税の課税対象外です。

《表　示》　得意先との通常の営業取引に基づいて受け取った手形は，「受取手形」として流動資産の区分に表示します。これは営業上の債権債務は営業循環基準により流動資産，流動負債として表示するためです。

■関連法規……手形法第1条，第75条，財規第15条第2号，財規ガイド15－2，
　　　　　　消法第6条第1項，消法別表第2第2号，消通6－2－3(3)
　　　　　　消法第2条第1項第8号，第4条第1項

49 約束手形の取立てを依頼した

> G社振出しの約束手形500,000円の支払いを受けるため,取引銀行に取立てを依頼した。

仕訳なし

【解 説】 満期日に手形代金の支払いを受けるためには,通常,受取人の取引銀行に取立てを依頼します。この際に取立てを委任するため手形の裏書を行いますが,手形債権は移転しないため仕訳は行いません。受取手形記入帳に取立ての旨を記録します。

■関連法規……手形法第18条

50 約束手形が満期日に取立入金した

> 取引銀行に取立てを依頼していたG社の約束手形500,000円が,満期日に決済され普通預金に入金された。

(借)普通預金　　500,000　　(貸)受取手形　　500,000

【解 説】 手形の取立ては通常,受取人が取引銀行に取立てを依頼し,銀行より満期日に手形交換所に呈示され,支払銀行の振出人の預金口座から引落し決済され,取立てを依頼した銀行の預金口座に入金されます。

(消費税) 手形の取立てを依頼し,満期日に決済され入金された場合は,取立手数料は手形の取立てという役務の提供に対する対価となるため課税対象となります。

〔期末日が休日の場合の手形の取扱い〕

決算期末日が休日である場合の,期末満期日の手形の会計処理については,通常次の2つの方法があります。

① 満期日に入金,出金があったものとし,会計処理をする方法
② 交換日に入金,出金があったものとし,会計処理をする方法

手形法第72条において「満期ガ法定ノ休日ニ当ル為替手形ハ之ニ次グ第一ノ取引日ニ至ル迄其ノ支払ヲ請求スルコトヲ得ズ」と規定されていることなどから,実務的には通常,交換日にその通知を待って処理している場合が多いようです。また,期末日が休日で,期末日満期手形残高が重要な場合は,入出金の会計処理を満期日又は交換日のいずれで行ったか及びその金額を,当該科目との関連を明らかにして注記します。

■**関連法規**……財規第15条第2号,財規ガイド15-2,消法第6条第1項,消法別表第2第2号,消通6-2-3(3),監査・保証実務委員会実務指針第77号第13項

51 為替手形を売上代金として受け取った

H社に商品1,200,000円を売り上げ,H社振出人,当社受取人,Y社支払人の為替手形1,320,000円(消費税120,000円を含む)により代金の支払いを受けた。

① 商品売上時

(借)売　掛　金　1,320,000　　(貸)売　　　上　1,200,000
　　　　　　　　　　　　　　　　　仮受消費税　　120,000

② 手形受取時

(借)受　取　手　形　1,320,000　　(貸)売　掛　金　1,320,000

【解　説】　手形には約束手形と為替手形の2種類があります。

約束手形は,振出人が受取人に対して一定期日に一定金額を支払うことを約束する証券であり,為替手形は,振出人が支払人に対し,一定の期日に一定の金額の支払いを委託する証券ですが,約束手形と異なり支払人の引受けを得ることが必要です。

手形を受け取った場合,会計処理上は約束手形と為替手形とは区別し

ないで同様に取り扱います。

得意先との通常の営業取引によって手形を受け取った場合は「受取手形」として記録します。

(消費税) 商品の売上は、資産の譲渡等に該当し消費税が課せられます。消費税の会計処理には、税込方式と税抜方式とがありますが、一般的には損益の額に影響を及ぼさない税抜方式が望ましいとされています。設例では税抜方式により消費税120,000円を仮受消費税等として計上しています。

《表　示》 得意先との通常の営業取引に基づいて受け取った手形は、「受取手形」として流動資産の区分に表示します。これは営業上の債権債務は営業循環基準により流動資産、流動負債として表示するためです。

■**関連法規**……手形法第1条、第75条、財規第15条第2号、財規ガイド15-2、消法第2条第1項第8号、第4条第1項

52 為替手形を振り出し、支払人の引受けを得た

> I社に対する売掛代金を回収するため、当社受取人、I社支払人とする為替手形800,000円を振り出し、I社の引受けを得た。

　　(借)受 取 手 形　　800,000　　(貸)売 掛 金　　800,000

【解　説】 手形には約束手形と為替手形の2種類があります。

約束手形とは、振出人が受取人に対して一定期日に一定金額を支払うことを約束する証券であり、為替手形は、振出人が支払人に対して、一定の期日に一定の金額の支払いを委託する証券です。

設例のように、売掛金等の回収のため、自己を受取人とする為替手形を振り出して支払人の引受けを得ることがあります。このような自己受取為替手形（自己指図手形）を振り出した時も、約束手形を受け取った場合と同様に「受取手形」として記録します。

(消費税) 為替手形及び約束手形の譲受けは非課税であり、消費税は課

税されません。

資産の譲渡等により発生する売掛金及び代金の回収により消滅する売掛金そのものは不課税であり、消費税の課税対象外です。

《表　示》　得意先との通常の営業取引に基づいて受け取った手形は、「受取手形」として流動資産の区分に表示します。これは営業上の債権債務は営業循環基準により流動資産、流動負債として表示するためです。

■関連法規……手形法第1条、第75条、財規第15条第2号、財規ガイド15－2、
　　　　　　消法第6条第1項、消法別表第2第2号、消通6－2－3(2)

53　為替手形が満期日に取立入金された

取引銀行に取立てを依頼していたH社振出人、Y社支払人の為替手形1,200,000円が、満期日に決済され普通預金に入金された。

　　(借)普 通 預 金　1,200,000　　(貸)受 取 手 形　1,200,000

【解　説】　為替手形は、振出人が支払人に対して、一定の期日に一定の金額の支払いを委託する証券ですが、期日取立て、入金手続き並びに会計処理は約束手形の場合と同様です。

消費税　手形の取立てを依頼し、満期日に決済され入金した場合は、取立手数料については手形の取立てという役務の提供に対する対価として課税対象です。

■関連法規……手形法第1条、第75条、財規第15条第2号、財規ガイド15－2、
　　　　　　消法第6条第1項、消法別表第2第2号、消通6－2－3(2)

54　為替手形を振り出し、仕入代金として支払った

S商店より商品1,650,000円（消費税150,000円を含む）を買い入れ、仕入代金として当社が売掛債権を有するT社支払人、S商店受取人の

為替手形を振り出し、T社の引受けを得てS商店に支払った。なお、当該売掛債権については債権金額に対して1％（16,500円）の貸倒引当金が設定されている。

⓪ 仕入時
　　（借）仕　　　　入　　1,500,000　　（貸）買　掛　金　　1,650,000
　　　　　仮払消費税等　　　150,000

① （借）買　掛　金　　1,650,000　　（貸）売　掛　金　　1,650,000
　　　　　（S社）　　　　　　　　　　　　　　　（T社）

② （借）買　掛　金　　1,650,000　　（貸）売　掛　金　　1,650,000
　　　　　償還義務見返　1,650,000　　　　　償還義務　　1,650,000

③ （借）買　掛　金　　1,650,000　　（貸）売　掛　金　　1,650,000
　　　　　保証債務費用　　　16,500　　　　　保証債務　　　　16,500
　　　　　貸倒引当金　　　　16,500　　　　　貸倒引当金戻入益　16,500

【解　説】　仕入代金の支払いに充てるため為替手形を振り出し、支払人の引受けを受けた上で仕入先に交付した場合の仕訳には、次の3つの方法があります。

第1法：偶発債務を示さない仕訳①
第2法：対照勘定により偶発債務を示す仕訳②
第3法：偶発債務（保証債務）を時価評価して計上する仕訳③

為替手形を振り出したときは、支払人により満期日に手形金額の支払いが行われなかった場合、手形の振出人には手形の所持人からの遡求に応じて手形金額の支払いを行う義務が発生します。この義務は手形の不渡りを条件とする条件付債務であり、このように債務の発生が将来の一定の条件にかかっている債務を偶発債務といいます。

①の仕訳は偶発債務を示しません。
②の仕訳は偶発債務を対照勘定で示しています。
③は、金融商品会計に関する実務指針により示された仕訳で、原則として偶発債務（保証債務）を時価評価して計上します。実務的には保証債務の時価評価額としては、貸倒実績率に基づいて当該債権に対して設

定されている貸倒引当金相当額を使用します。そして保証債務の計上にあたっては，同額の貸倒引当金を振り戻します。

(消費税) 商品の仕入は課税仕入れに該当するため，課税仕入れに係る消費税額は，その課税期間の課税標準額に対する消費税額から控除されます。従って，仕入にあたって支払った消費税額は仮払消費税等として処理します。

《表　示》　②の対照勘定は内部処理用の勘定であるため，貸借対照表には直接表示しませんが，未決済の為替手形の額面金額を「為替手形振出高」として貸借対照表に注記するか，或いは「受取手形裏書譲渡高」に含めて貸借対照表に注記することが必要です。③により「保証債務」が計上されている場合は，保証債務の額を控除した額を注記します。

■関連法規……手形法第9条，第43条，第47条，会社計規第103条第5号，財規第58条，財規ガイド58，消法第2条第1項第12号，第30条第1項，消通11－1－1，金融商品実務指針第136項，設例16

55　仕入代金の支払いのため振り出した為替手形が満期日に決済された

仕入代金の支払いのため振り出したT社支払人，S商店受取人の為替手形1,650,000円が，満期日に決済された旨の通知があった。

① 仕訳なし

② (借)償 還 義 務　　1,650,000　　(貸)償還義務見返　　1,650,000

③ (借)保 証 債 務　　　16,500　　(貸)保証債務取崩益　　16,500

【解　説】　仕入代金の支払いに充てるため為替手形を振り出し，支払人の引受けを受けた上で仕入先に支払った場合の仕訳には，次の3つの方法があります。

　第1法：偶発債務を示さない仕訳①
　第2法：対照勘定により偶発債務を示す仕訳②

第3法:偶発債務(保証債務)を時価評価して計上する仕訳③

振り出した為替手形が満期日に決済されると振出人に対する偶発債務が消滅しますが,振り出した時の仕訳方法によって①〜③の仕訳となります。

①は第1法によった場合で仕訳は行いません。

②は対照勘定を使用した場合の仕訳です。

③は保証債務を時価評価して計上した場合の仕訳です。

(以上については**54**「為替手形を振り出し,仕入代金として支払った」を参照して下さい。)

(消費税) 為替手形が期日に決済されたということは,振出人にとっては偶発債務が消滅したことであり,消費税の課税関係はありません。

■**関連法規**……手形法第43条,第47条,会社計規第103条第5号,財規第58条,財規ガイド58,金融商品実務指針第136項,設例16

56 手形を裏書譲渡した

> B社に対する買掛金支払いのため,かねてE社より受け取ったE社振出しの約束手形800,000円を裏書譲渡した。なお,当該約束手形については,額面に対して1%(8,000円)の貸倒引当金が設定されている。

① (借)買 掛 金　　　800,000　　(貸)受 取 手 形　　800,000

② (借)買 掛 金　　　800,000　　(貸)裏 書 手 形　　800,000

③ (借)買 掛 金　　　800,000　　(貸)受 取 手 形　　800,000
　　　裏書義務見返　　800,000　　　　裏 書 義 務　　800,000

④ (借)買 掛 金　　　800,000　　(貸)受 取 手 形　　800,000
　　　保証債務費用　　　8,000　　　　保 証 債 務　　　8,000
　　　貸倒引当金　　　　8,000　　　　貸倒引当金戻入益　8,000

【解　説】　買掛金等の債務の支払いに充てるため，手形の所持人は満期日前に裏書き，すなわち手形の裏面に記名捺印することにより，手形債権を第三者に譲渡することができます。手持ちの手形を仕入先等に裏書譲渡した場合の仕訳には，次の4つの方法があります。

　第1法：偶発債務を示さない仕訳①
　第2法：評価勘定（裏書手形）により偶発債務を示す仕訳②
　第3法：対照勘定により偶発債務を示す仕訳③
　第4法：偶発債務（保証債務）を時価評価して計上する仕訳④

　手形を裏書譲渡した時は，満期日に手形が不渡りになった場合，遡求に応じて手形金額を支払う義務（偶発債務）が発生します。

　①の仕訳は手形の裏書譲渡の最も簡単な仕訳ですが，偶発債務を示しません。

　②と③の仕訳は偶発債務を示しています。

　④は，金融商品会計に関する実務指針により示された仕訳で，原則として偶発債務（保証債務）を時価評価して計上します。

　実務的には保証債務の時価評価額としては，貸倒実績率に基づいて当該債権に対して設定されている貸倒引当金相当額を使用します。そして，保証債務の計上にあたっては，同額の貸倒引当金を振り戻します。

(消費税)　為替手形及び約束手形の譲渡は支払手段の譲渡となり非課税であり，消費税は課税されません。

《表　示》　偶発債務を示すための対照勘定③は，内部処理用の勘定ですから，外部に公表される貸借対照表上には記載されません。評価勘定（裏書手形）②は受取手形勘定の残高から差し引いて，受取手形の純手持高を「受取手形」として貸借対照表に記載します。

　また，受取手形を債務の支払いに充てるため裏書譲渡した場合は，手形の額面金額を満期支払済みとなるまで「受取手形裏書譲渡高」として貸借対照表に注記しますが，④により「保証債務」を計上している場合は，「受取手形裏書譲渡高」から保証債務の額を控除した額を注記します。

■関連法規……手形法第13条，第14条，会社計規第103条第5号，財規第58条，財規ガイド58-2，消法第6条第1項，消法別表第2第2号，消通6-2-3(3)，金融商品実務指針第136項，設例16

57 裏書譲渡した手形が満期日に決済された

B社に裏書譲渡したE社振出しの約束手形800,000円が満期日に決済された。

① 仕訳なし

② (借)裏 書 手 形　　800,000　　(貸)受 取 手 形　　800,000

③ (借)裏 書 義 務　　800,000　　(貸)裏書義務見返　　800,000

④ (借)保 証 債 務　　　8,000　　(貸)保証債務取崩益　　8,000

【解　説】　買掛金等の債務の支払いに充てるため、手持ちの手形を仕入先等に裏書譲渡した場合の仕訳には、次の4つの方法があります。
　第1法：偶発債務を示さない仕訳①
　第2法：評価勘定（裏書手形）により偶発債務を示す仕訳②
　第3法：対照勘定により偶発債務を示す仕訳③
　第4法：偶発債務（保証債務）を時価評価して計上する仕訳④

　手形を裏書譲渡した時は、満期日に手形が不渡りになった場合、遡求に応じて手形金額を支払う義務（偶発債務）が発生します。

　裏書譲渡した手形が満期日に決済された場合の仕訳は、裏書譲渡した時の仕訳方法によって①～④となります。

　①は第1法によった場合で、仕訳は行いません。
　②は評価勘定を使用した場合の仕訳です。
　③は対照勘定を使用した場合の仕訳です。
　④は、偶発債務（保証債務）を時価評価して計上した場合の仕訳です。
　（以上については、**56**「手形を裏書譲渡した」を参照して下さい。）

(消費税)　偶発債務の消滅であり消費税の課税関係はありません。

■関連法規……手形法第13条、第14条、会社計規第103条第5号、財規第58条、
　　　　　　財規ガイド58-2、金融商品実務指針第136項、設例16

58 裏書譲渡した手形が不渡りとなった

> B社に裏書譲渡したE社振出しの約束手形800,000円が満期日に不渡りとなり，B社より遡求を受け，手形金額800,000円及び満期日よりの法定利息15,000円を小切手で支払った。

①	(借)不 渡 手 形	815,000	(貸)当 座 預 金	815,000	
②	(借)不 渡 手 形	815,000	(貸)当 座 預 金	815,000	
	裏 書 手 形	800,000	受 取 手 形	800,000	
③	(借)不 渡 手 形	815,000	(貸)当 座 預 金	815,000	
	裏 書 義 務	800,000	裏書義務見返	800,000	
④	(借)不 渡 手 形	815,000	(貸)当 座 預 金	815,000	
	保 証 債 務	8,000	保証債務取崩益	8,000	

【解 説】 裏書譲渡した手形が不渡りとなった場合の仕訳は，裏書譲渡した時の仕訳方法によって①～④の仕訳となります。

①は第1法（偶発債務を示さない仕訳）によった場合の仕訳で，遡求を受けて支払った金額は「不渡手形」として計上します。不渡手形勘定は裏書人又は振出人に対する償還請求権を示す勘定です。

②は評価勘定を使用した場合の仕訳です。

③は対照勘定を使用した場合の仕訳です。

④は偶発債務（保証債務）を時価評価して計上した場合の仕訳です。

（以上については，56「手形を裏書譲渡した」を参照して下さい。）

(消費税) 遡求を受けて支払った金額については，手形の裏書人又は振出人に対する償還請求権である不渡手形として計上されますので，この段階では消費税の課税関係はありません。

《表 示》 不渡手形は流動資産の区分に「その他流動資産」として表示しますが，決算期後1年以内に弁済が受けられないことが明らかなものは，固定資産の部の投資その他の資産の区分に表示します。

■関連法規……手形法第43条,第48条,会社計規第103条第5号,財規第17条第1項第12号,第32条第1項第10号,金融商品実務指針第136項,設例16

59 手形を割引した

> 取引銀行で,かねて売掛代金として受け取ったD社振出しの約束手形1,000,000円を割り引き,割引料5,000円を差し引き,手取金は当座預金に入金した。なお,当該約束手形については,額面に対して1%(10,000円)の貸倒引当金が設定されている。

① (借)当 座 預 金　　995,000　　(貸)受 取 手 形　1,000,000
　　　手形売却損　　　 5,000

② (借)当 座 預 金　　995,000　　(貸)割 引 手 形　1,000,000
　　　手形売却損　　　 5,000

③ (借)当 座 預 金　　995,000　　(貸)受 取 手 形　1,000,000
　　　手形売却損　　　 5,000
　　(借)割引手形義務見返　1,000,000　(貸)割引手形義務　1,000,000

④ (借)当 座 預 金　　995,000　　(貸)受 取 手 形　1,000,000
　　　手形売却損　　　 5,000
　　(借)保証債務費用　 10,000　　(貸)保 証 債 務　　10,000
　　(借)貸倒引当金　　 10,000　　(貸)貸倒引当金戻入益　10,000

【解　説】　手持ちの手形を満期日前に現金化するためには,取引銀行に割引に出す方法があります。手形の割引は手形の取立依頼とは異なり,手形金額から満期日までの金利に相当する割引料を差し引いて銀行が手形を買い取るため,満期日に手形が不渡りになった場合,銀行に対して裏書人として遡求に応じて手形金額を支払う義務か,或いは銀行取引約定に基づく買戻し義務が発生します。この義務は手形の不渡りを条

件とする条件付債務であり，このように債務の発生が将来の一定条件にかかっている債務を偶発債務といいます。

手形を割り引いた場合の仕訳には，次の4つの方法があります。
第1法：偶発債務を示さない仕訳…………………………………①
第2法：評価勘定（割引手形）により偶発債務を示す仕訳……②
第3法：対照勘定により偶発債務を示す仕訳……………………③
第4法：偶発債務（保証債務）を時価評価して計上する仕訳…④

①の仕訳は手形割引の最も簡単な仕訳ですが，偶発債務を示しません。

②と③の仕訳は偶発債務を示しています。

④は，金融商品会計に関する実務指針により示された仕訳で，偶発債務（保証債務）は原則として時価評価して計上します。実務的には保証債務の時価評価額としては，貸倒実績率に基づいて当該債権に対して設定されている貸倒引当金相当額を使用します。そして，保証債務の計上にあたっては，同額の貸倒引当金を振り戻します。

(消費税) 手形の割引は利子を対価とする金銭等の貸付け（依頼者側―借入れ）に該当し非課税であり，満期日までの期間に応じて支払う「割引料」も非課税です。ただし，割引料とは別に支払う「手数料」は消費税の課税対象です。

《表　示》 偶発債務を示す対照勘定③は，内部処理用の勘定であるため，外部に公表される貸借対照表上には記載されません。評価勘定（割引手形）②は受取手形勘定の残高から差し引いて，受取手形の純手持高を受取手形として貸借対照表に記載します。

また，受取手形を現金化するために割引した場合は，満期取立済みとなるまで手形の額面金額を「受取手形割引高」として貸借対照表に注記しますが，④により「保証債務」が計上されている場合は，「受取手形割引高」から保証債務の額を控除した額を注記します。

手形売却損は「手形譲渡損」として損益計算書の営業外費用の区分に記載します。

■関連法規……手形法第43条，会社計規第103条第5号，財規第58条，財規ガイド58－2，消法第6条第1項，消法別表第2第3号，消令第10条第3項第7号，消通6－3－1(9)，金融商品実務指針第136項，設例16

60 割引手形の期日落ち

> 取引銀行で割引したD社振出しの約束手形1,000,000円が満期取立済みの旨,本日銀行より通知があった

① 仕訳なし

② (借)割 引 手 形　　1,000,000　　(貸)受 取 手 形　　1,000,000

③ (借)割引手形義務　　1,000,000　　(貸)割引手形義務見返　1,000,000

④ (借)保 証 債 務　　　　10,000　　(貸)保証債務取崩益　　　10,000

【解　説】　手持ちの手形を満期日前に現金化するためには,取引銀行に割引に出す方法があります。手形の割引は手形の取立依頼とは異なり,手形を銀行へ裏書譲渡するため,満期日に手形の支払いが行われなかった場合,銀行に対して裏書人として遡求に応じて手形金額の支払いを行う義務か,或いは銀行取引約定に基づく手形の買戻し義務が発生します。

手形を割り引いた場合の仕訳には,次の4つの方法があります。
第1法：偶発債務を示さない仕訳①
第2法：評価勘定（割引手形）により偶発債務を示す仕訳②
第3法：対照勘定により偶発債務を示す仕訳③
第4法：偶発債務（保証債務）を時価評価して計上する仕訳④
割引した手形が満期日に決済された場合の仕訳は,割引した時の仕訳方法によって①〜④となります。
①は第1法によった場合で仕訳は行いません。
②は評価勘定を使用した場合に行う仕訳です。
③は対照勘定を使用した場合の仕訳です。
④は偶発債務（保証債務）を時価評価して計上した場合の仕訳です。
（以上については,59「手形を割引した」を参照して下さい。）

(消費税)　取引銀行で割り引いた手形が,満期日に決済されたというこ

とは,偶発債務が消滅したことであり,消費税の課税関係はありません。

■**関連法規**……手形法第43条,会社計規第103条第5号,財規第58条,財規ガイド58-2,消法第6条第1項,消法別表第2第3号,消令第10条第3項第7号,消6-3-1(9),金融商品実務指針第136項,設例16

61 割引した手形が不渡りとなった

取引銀行で割引に付したD社振出しの約束手形1,000,000円が,満期日に不渡りとなった旨通知があり同手形面記載の金額の買戻し請求があったので,銀行へは1,000,000円の小切手を振り出して同手形の買戻しを行った。

① (借)不 渡 手 形　1,000,000　(貸)当 座 預 金　1,000,000

② (借)不 渡 手 形　1,000,000　(貸)当 座 預 金　1,000,000
　　　割 引 手 形　1,000,000　　　受 取 手 形　1,000,000

③ (借)不 渡 手 形　1,000,000　(貸)当 座 預 金　1,000,000
　　　割引手形義務　1,000,000　　　割引手形義務見返　1,000,000

④ (借)不 渡 手 形　1,000,000　(貸)当 座 預 金　1,000,000
　　　保 証 債 務　　　10,000　　　保証債務取崩益　　10,000

【解　説】　手形を割り引いた場合の仕訳には,次の4つの方法があります。
　第1法:偶発債務を示さない仕訳……………………………………①
　第2法:評価勘定(割引手形)により偶発債務を示す仕訳……②
　第3法:対照勘定により偶発債務を示す仕訳…………………③
　第4法:偶発債務(保証債務)を時価評価して計上する仕訳…④
　割引した手形が不渡りになった場合の仕訳は,割引した時の仕訳方法によって①〜④の仕訳となります。

①は第1法によった場合です。

②は評価勘定を使用した場合の仕訳です。

③は対照勘定を使用した場合の仕訳です。

④は金融商品会計に関する実務指針により示された仕訳で，偶発債務（保証債務）を時価評価して計上した場合の仕訳です。

（以上については，**59**「手形を割引した」を参照して下さい。）

買戻し請求を受けて銀行に支払った金額については，手形の振出人又は裏書人に対する償還請求権を表す「不渡手形」として計上します。

消費税 割引した手形が不渡りとなり銀行に支払った金額は，手形の裏書人又は振出人に対する請求権である不渡手形として計上されますので，この段階では消費税の課税関係はありません。

《表　示》　不渡手形は流動資産の区分に「その他流動資産」として表示しますが，決算期後1年以内に弁済を受けられないことが明らかなものは，固定資産の部の投資その他の資産の区分に表示しなければなりません。

■関連法規……手形法第43条，第48条，会社計規第103条第5号，財規第15条第12号，第32条第1項第10号，金融商品実務指針第136項，設例16

62 協力会社の要請により手形の割引に応じた

① 当社の協力会社であるB社より当面の資金繰りのため，B社が保有しているD社振出しの約束手形（額面5,000,000円）の割引の要請を受け，割引料日歩2銭，期間30日の計算により，割引料30,000円を手形額面より差し引き，残額を小切手を振り出して支払った。

② 満期日に上記の手形代金を受け取り，直ちに当座預金に入金した。

① （借）営業外受取手形　4,970,000　（貸）当　座　預　金　4,970,000

② （借）当　座　預　金　5,000,000　（貸）営業外受取手形　4,970,000
　　　　　　　　　　　　　　　　　　　　受　取　利　息　　　30,000

【解　説】　手形の割引要請を受けて，満期日までの金利相当額（割引料）を手形額面金額より差し引いた金額で手形を取得した場合には，取得時に取得価額により「営業外受取手形」として計上します。

　取得価額と手形額面金額との差額は「受取利息」として，満期日までの経過期間に応じて計上しますが，設例では決算期をまたいでいないため，手形代金の支払いを受けた時に一括計上します。

中小会計　債権金額と異なる価額で債権を取得したときは，償却原価法に基づいて算定された価額をもって計上しますが，差額に重要性が乏しい場合には，決済時点において差額を損益として計上します。

消費税　手形の割引は，利子を対価とする金銭の貸付けとして非課税であり，満期日までの期間に応じて受け取る「受取利息」も非課税となります。

《表　示》　受け取った手形は，通常の営業取引により取得した手形と区別するため「営業外受取手形」として表示します。受取利息は，「受取利息」として営業外収益の部に表示します。

■関連法規……財規第17条第1項第12号，第19条，財規ガイド19，財規第90条，企業会計原則注解23，会社計規第5条第5項，金融商品実務指針第105項，第251項，第252項，法基通2−1−34，消法第6条第1項，消法別表第2第3号，消令第10条第3項第7号，消通6−3−1(9)，中小会計指針第12項

63　自己受取りの為替手形を振り出した

　A商店に商品550,000円（消費税50,000円を含む）を売り上げ，代金回収のため，当社を受取人，A商店を支払人とする為替手形550,000円を振り出し，A商店の引受けを得た。

① 納品時

(借)売　掛　金	550,000	(貸)売　　　　上	500,000
		仮受消費税等	50,000

② 手形引受時

(借)受 取 手 形　　550,000　　(貸)売 掛 金　　550,000

【解　説】　手形には約束手形と為替手形の2種類があります。

約束手形は，振出人が受取人に対して一定期日に一定金額を支払うことを約束する証券です。

為替手形は，振出人が支払人に対して一定の期日に一定の金額の支払いを委託する証券で，約束手形と異なり支払人の引受けを得ることが必要です。

会計実務においては設例のように，売上代金回収のため，自己を受取人とした為替手形を振り出し，支払人に引受けを求めることがあります。このような手形は自己受取為替手形（自己指図手形）といいますが，会計処理は約束手形を受け取った時と同様に「受取手形」として記録します。

(消費税)　商品の売上は，資産の譲渡等に該当し，消費税が課税されます。消費税の会計処理には税込方式と，税抜方式とがありますが，一般的には損益の額に影響を及ぼさない税抜方式が望ましいとされています。設例では税抜方式により，消費税50,000円を仮受消費税等として計上しています。

《表　示》　得意先との通常の営業取引に基づいて受け取った手形は，「受取手形」として流動資産の部に表示します。これは営業上の債権債務は営業循環基準により流動資産，流動負債として表示するためです。

■関連法規……財規第15条第2号，財規ガイド15-2，消法第4条第1項

64　手形の更改を行った

売掛代金として受け取ったK社振出しの約束手形1,800,000円は，本日が満期日となっていたが，K社よりの申入れにより満期日を1カ月後とする約束手形に書き替え，新しい手形の満期日までの利息として7,500円を現金で受け取った。

(借)受取手形(新)	1,800,000	(貸)受取手形(旧)	1,800,000
現　　金	7,500	受 取 利 息	7,500

【解　説】　満期日の延長のため書替えによって新しい手形を受け取った時は，上記の仕訳を計上します。

受取手形記入帳には書替え（旧手形を返却し，新手形を受け取った旨）の記録を行います。

(消費税)　為替手形及び約束手形の譲渡は非課税であり，満期日の延長のための書替えについては，消費税の課税関係はありません。

また，受取利息も非課税であり，消費税は課税されません。

《表　示》　書替手形は短期的なジャンプ（満期日の延長）であれば，実質的に商業手形と変わりませんので，受取手形として表示します。しかし，振出人の財政状態の悪化による満期日の延長であれば，手形貸付金としての性格を有するものとして「その他流動資産」などとして表示すべきです。

■**関連法規**……財規第17条第1項第12号，第19条，消法第6条第1項，消法別表
　　　　　　　第2第2号，消通6－2－3(3)

65　手持ちの手形が不渡りとなった

> 売掛代金として，A社より裏書譲渡を受けたT社振出しの約束手形1,900,000円が，取立てを依頼していた取引銀行より不渡りとなった旨通知があった。
> 即日，裏書人であるA社に償還請求を行った。

(借)不渡手形	1,900,000	(貸)受取手形	1,900,000

【解　説】　手持ちの手形が不渡りとなった時は，手形金額と償還請求のための費用を含め「不渡手形」として計上します。不渡手形勘定は，裏書人又は振出人に対する償還請求権を表す勘定です。

(消費税) 取立依頼をしていた約束手形が満期日に不渡りとなった場合は，直ちに手形の裏書人に償還請求をするため，この段階では消費税の課税関係は発生しません。

《表　示》　不渡手形は流動資産の区分に「その他流動資産」として表示しますが，決算期後1年以内に回収されないことが明らかなものは，固定資産の部の投資その他の資産の区分に「破産更生債権等」として表示します。

■**関連法規**……手形法第43条，第48条，財規第17条第1項第12号，第32条第1項第10号

66 裏書人に遡求し償還を受けた

> 不渡りとなったT社振出しの約束手形1,900,000円につき裏書人であるA社に償還請求を行っていたが，本日，法定利息4,000円とともに現金で支払いを受けた。

(借)現　　　金　1,904,000　　(貸)不 渡 手 形　1,900,000
　　　　　　　　　　　　　　　　　受 取 利 息　　　 4,000

【解　説】　手持ちの手形が不渡りとなった時は「不渡手形」として計上しますので，手形の裏書人に償還請求を行い支払いを受けた時は「不渡手形」の入金として仕訳を行います。

　法定利息は手形の満期日より，裏書人であるA社より支払いを受けた日までに対応するものです。

(消費税) 手形の裏書人に償還請求していた手形金額につき，支払いを受けたことによっては，消費税の課税関係は発生しません。

　また，受取利息は非課税であり，消費税は課税されません。

■**関連法規**……手形法第43条，第48条，財規第17条第1項第12号，消法第6条第1項，消法別表第2第3号，消通6-3-1(1)

67 手形を担保として貸付けを行った

　当社の協力会社であるＦ社に対し，運転資金として2,000,000円を現金で貸し付け，担保として同社振出しの約束手形2,000,000円を受け取った。

　　（借）短期貸付金　2,000,000　　（貸）現　　　金　2,000,000

【解　説】　金銭の貸付けが金銭消費貸借契約を締結して行われ，この契約に基づいて担保として手形が受け取られるのが手形貸付金です。担保として受け取った手形も，商取引によって受け取った手形と形式は同じですが，手形の性格が異なりますので，上記の仕訳のように受取手形ではなく，「短期貸付金」として計上します。

《ポイント》　手形貸付金として処理した場合は，受け取った手形は簿外となりますので，受取手形記入帳に一般の受取手形に準じて記録管理することが必要です。

(消費税)　利子を対価とする金銭の貸付けは非課税であり，消費税は課税されません。

《表　示》　手形貸付金は「短期貸付金」として表示します。

■関連法規……財規第17条第１項第12号，第19条，財規ガイド19－１，消法第６条第１項，消法別表第２第３号，消令第10条第１項，消通６－３－１(1)

68 手形貸付金の担保手形の書替えを行った

　Ｆ社に対する貸付金2,000,000円の返済期日が到来したが，返済を受けられなかったので，返済期限を６カ月延長した。これに伴って担保として受け取った約束手形2,000,000円は，満期日を６カ月後とする新しい手形に書替えを受けた。

仕訳なし

【解　説】　金銭の貸付けが金銭消費貸借契約を締結して行われ，この契約に基づいて担保として受け取った手形は簿外処理されているため，設例では特に仕訳は行っていません。簿外となっている手形を記録管理する受取手形記入帳上では書替えの記録を行います。

しかし，担保手形の書替えについては，新たな貸付金の発生とこれまでの貸付金の消滅という意味で，短期貸付金の発生と消滅の仕訳を行うこともあります。

(消費税)　利子を対価とする金銭の貸付けは非課税であり，貸付金の担保として受け取った手形の書替えを受けた場合も，消費税の課税関係は発生しません。

■関連法規……消法第6条第1項，消法別表第2第3号，消令第10条第1項

69 手形貸付金の返済を受けた

F社に対する手形を担保とする貸付金2,000,000円が期日に返済され，利息50,000円とともに普通預金に入金した。

(借)普 通 預 金　2,050,000　　(貸)短期貸付金　2,000,000
　　　　　　　　　　　　　　　　　　受 取 利 息　　　50,000

【解　説】　手形貸付金は金銭消費貸借契約に基づいて手形を担保としている貸付金ですが，受け取った手形は簿外処理されているため，貸付金の返済を受け，手形を返却した時も特に手形については会計処理を行わず，単に短期貸付金の返済として処理します。

受取手形記入帳に，弁済により返却した旨の記録を行います。

(消費税)　利子を対価とする金銭の貸付けは非課税であり，従って貸付金の返済を受けた場合も，消費税は課税されません。

また，貸付金の利子は非課税です。

■関連法規……財規第19条，財規ガイド19-1，消法第6条第1項，消法別表

2第3号,消令第10条第1項,消通6-3-1(1)s

70 荷為替手形の割引を行った

> G社より注文を受けた商品990,000円(消費税90,000円を含む)を発送し,当社を受取人としてG社宛の為替手形990,000円を振り出し,貨物引換証を担保とし銀行にて割引を受けた。割引料9,000円を差し引き,手取金は当座預金とした。

① 船積完了時

　(借)売　掛　金　　990,000　　(貸)売　　　上　　900,000
　　　　　　　　　　　　　　　　　　仮受消費税等　　90,000

② 荷為替手形銀行買受時

　(借)受 取 手 形　　990,000　　(貸)売　掛　金　　990,000
　(借)当 座 預 金　　981,000　　(貸)受 取 手 形　　990,000
　　　手形売却損　　　9,000

【解　説】　荷為替は,遠隔地に商品を積送した場合,直接現金の送金を受けないで決済を行う方法です。荷送人は,自己を受取人として荷受人宛に為替手形を振り出し,これを銀行で割引を行うか,或いは取立てを依頼します。この際,貨物引換証又は船荷証券を担保として銀行に提出します。以上の手続きを荷為替の取組みといいます。

　一般的に,荷送人が運送業者を用いて商品の貨車への積込み又は船積を完了した時点で売上計上します。

　荷為替手形は銀行で買い受けた時点で,手形債権の発生と消滅を同時に認識します。

　船積完了日と買受日が同日であれば①と②をまとめて仕訳しても問題はありませんが,積込み完了日と荷為替手形等を持込む日がズレて決算日をまたぐ場合,売上が決算に計上されないことになります。

(消費税)　商品の売上は,資産の譲渡等に該当し,消費税が課せられま

70　I—流動資産

す。消費税の会計処理には税込方式と税抜方式とがありますが、設例では税抜方式によって仮受消費税等90,000円を計上しています。

手形の割引は非課税であり、割引料も非課税です。

《表　示》手形売却損は「手形譲渡損」として営業外費用の区分に表示します。

■**関連法規**……消法第2条第1項第8号、第4条第1項、第6条第1項、消法別表第2第3号、消令第10条第3項第7号、消通6－3－1(9)

71　外貨建荷為替手形の割引を行った

> 米国のE社と当社のB製品100,000USドルの輸出契約が成立し信用状（L／C）を入手した。本日、船積みを完了し船会社より船荷証券（B／L）・船積書類を受け取った。直ちに荷為替手形を取り組み、取引のある外国為替取扱銀行において、当日の為替相場（電信買相場）1USドル＝115円に基づき買取りを受け、割引利息及び手数料を差し引き、手取金11,450,000円は当座預金に入金した。

① 船積完了時

(借)売　掛　金　11,500,000　　(貸)売　　　上　11,500,000
　　 (外貨)

② 荷為替手形銀行買受時

(借)受 取 手 形　11,500,000　　(貸)売　掛　金　11,500,000
　　 (外貨)　　　　　　　　　　　　 (外貨)
(借)当 座 預 金　11,450,000　　(貸)受 取 手 形　11,500,000
　　 手形売却損　　　50,000　　　　 (外貨)

【解　説】　輸出取引は、通常、次のような順序で行われます。

輸出契約→信用状（L／C）受取り→船積み→船荷証券（B／L）受取り→荷為替手形取組み→買取依頼→入金

輸出取引の代金の回収は、船荷証券を中心とする船積書類及び信用状（L／C）を添付し輸出業者が振り出した為替手形（荷為替手形）を、取

引のある外国為替取扱銀行で買い取ってもらう方法又は手形期日に取立てを行う方法等により行われます。買取りにあたっては割引利息と手数料が手形代金より差し引かれます。

一般的に,輸出業者が商品を船積した時点で売上を計上します。

荷為替手形は銀行で買取りを受けた時点で,手形債権の発生と消滅を同時に認識します。

なお,取引価額が外国通貨で表示される外貨建取引については「外貨建取引等会計処理基準」により,取引発生時の為替相場による円換算額をもって記録します。

〈計算〉100,000USドル×115円＝11,500,000円…売上

換算に使用される為替相場には,次の3つの種類があります。
T.T.S；電信売相場……………仕入その他費用の換算に用いる
T.T.B；電信買相場……………売上その他収入の換算に用いる
T.T.M；電信売買相場の仲値…法人税法において原則とされている方式

設例では,外貨を売却し円貨で支払いを受けますので,T.T.B（電信買相場）により円転換されます。

〈計算〉（100,000ドル×115円）－割引利息他 50,000円＝11,450,000円…手取金

《ポイント》 T.T.S（電信売相場）とT.T.B（電信買相場）は,いずれも銀行側からみた売・買の相場です。

また,輸出荷為替の取組みにあたっては,信用状付の場合は決済に伴う危険性はないと考えられますので,偶発債務に関する仕訳処理は行いません。

(消費税) 国内から輸出取引として行われる売上に対する消費税は,その取引が輸出許可書等により輸出取引であることが証明されれば免税となります。また,換算による為替差損益及び決済により発生する為替差損益は消費税の課税対象外です。

《表　示》 手形売却損は「手形譲渡損」として営業外費用の区分に表示します。

■関連法規……外貨基準一1,一3,法基通13の2－1－2,消法第7条第1項,
　　　　　　　消規第5条,消通10－1－7,金融商品実務指針第34項,第253項

72 荷為替手形の取立てを依頼した

① F社より注文を受けた商品1,320,000円（消費税120,000円を含む）を発送し，F社宛当社受取人の為替手形1,320,000円を振り出し，船荷証券を添えてS銀行に取立てを依頼した。
② 上記の荷為替手形が満期日に取立ての上，当社の当座預金に振り込まれた旨銀行より通知があった。

①-1　船積完了時

(借)売　掛　金　　1,320,000　　(貸)売　　　上　　1,200,000
　　　　　　　　　　　　　　　　　　仮受消費税等　　　120,000

①-2　手形取立依頼時

(借)受　取　手　形　1,320,000　　(貸)売　掛　金　　1,320,000

② 手形決済時，

(借)当　座　預　金　1,320,000　　(貸)受　取　手　形　1,320,000

【解　説】　遠隔地に商品を積送した場合に，荷送人が自己を受取人として荷受人宛に振り出された荷為替手形は銀行で割引を行うか，或いは銀行に取立てを依頼します。

　荷為替手形の取立依頼の場合は，商品を船積した時点で掛売上を行ったものとし売上計上を行い，銀行より荷為替手形代金の取立通知があった時に，代金が入金したものとして手形債権の消滅を認識します。

(消費税)　① 商品の売上は，資産の譲渡等に該当し，消費税が課せられます。

　消費税の会計処理には，税込方式と税抜方式とがありますが，設例では税抜方式により，仮受消費税等120,000円を計上しています。
② 手形の取立てを依頼し，満期日に入金した場合は，取立手数料については消費税の課税の対象となります。

■関連法規……消法第2条第1項第8号，第4条第1項，第6条第1項，消法別

表第2第2号,消通6-2-3(2)

73 商品代金の手付金として手形を受け取った

> Y社より商品の注文を受け、手付金として同社振出しの約束手形500,000円を受け取った。

　(借)受 取 手 形　　500,000　　(貸)前 受 金　　500,000

【解　説】　商品を販売する場合、売上代金の一部を手付金として受け取ることがありますが、手付金は「前受金」として処理し、実際に納品が行われた時点で売上代金に充当します。

　商品購入の手付金として受け取った手形も、通常の営業取引に基づいて発生した手形ですから「受取手形」として処理します。

(消費税)　為替手形及び約束手形の譲渡及び譲受けは非課税であり、消費税は課税されません。

《表　示》「前受金」は流動負債の区分に表示します。

■関連法規……財規第15条第2号,財規ガイド15-2,財規第47条第3号,消法第6条第1項,消法別表第2第2号,消通6-2-3(3)

74 1年を超えるサイトの手形を受け取った

> 売掛代金としてJ社より手形の期間が15カ月の約束手形500,000円を受け取った。

　(借)受 取 手 形　　500,000　　(貸)売 掛 金　　500,000

【解　説】　得意先との通常の営業取引に基づく商業手形は、営業循環基準により、「受取手形」として流動資産の部に表示します。

　資産と負債について流動性項目と固定性項目とに区分する基準として

は，1年基準（ワンイヤールール）と営業循環基準があります。

1年基準とは，貸借対照表日の翌日から起算して1年以内に換金が可能な資産を流動資産とし，貸借対照表日の翌日から1年以内に返済期限が到来する負債を流動負債として区分するものです。通常，1年基準は営業取引以外の取引に基づいて発生した債権債務についての固定，流動の区分に適用されます。

営業循環基準とは，企業の単位資本が一営業循環をするのに要する期間を基準として，資産及び負債について固定，流動の区分をするものです。すなわち，現金預金，受取手形，売掛金，支払手形及び買掛金などの営業循環項目は，通常，一営業年度内において1回以上回転するものと考えられるため，流動資産或いは流動負債として区分されます。従って，設例のように期間が1年を超えるものであっても，通常の営業取引に基づいて発生したものであり，かつ破産更生債権等で1年内に回収されないことが明らかなものでなければ受取手形として表示します。

(消費税) 為替手形及び約束手形の譲受けは非課税であり，消費税は課税されません。

資産の譲渡等により発生する売掛金及び代金の回収により消滅する売掛金そのものは不課税であり，消費税の課税対象外です。

■**関連法規**……会計原則注解16，財規第15条第2号，財規ガイド15-2，消法第6条第1項，消法別表第2第2号，消令第9条第1項，消通6-2-3(3)

75 機械の売却代金として手形を受け取った

当社のA製品の生産中止によって不用となった機械を，協力会社に帳簿価額380,000円で売却し，代金として同社振出しの期間3カ月の約束手形418,000円（消費税38,000円を含む）を受け取った。

(借)営業外受取手形	418,000	(貸)機　　　械	380,000
		仮受消費税等	38,000

【解　説】　固定資産又は有価証券の売却など，通常の営業取引以外の取引によって受け取った手形は営業外受取手形であり，1年基準の適用を受けるため，期間が1年未満であれば流動資産の部の「その他流動資産」，1年を超えるものは固定資産の部の投資その他の資産の区分に「その他投資等」として表示します。

　資産と負債について流動性項目と固定性項目とに区分する基準としては，1年基準（ワンイヤールール）と営業循環基準とがあります。

　1年基準とは，貸借対照表日の翌日から起算して1年以内に換金が可能な資産を流動資産とし，貸借対照表日の翌日から1年以内に返済期限が到来する負債を流動負債として区分するものです。1年基準は通常の営業取引以外の取引に基づいて発生した債権債務についての固定，流動の区分に適用されます。

(消費税)　事業の用に供していた機械の売却は，対価を得て行われる資産の譲渡等に該当するため消費税が課税されます。消費税の会計処理には税込方式と税抜方式とがありますが，設例では税抜方式により，仮受消費税等38,000円を計上しています。

■関連法規……財規第17条第1項第12号，第19条，第32条第1項第14号，財規ガイド15-12-2，19-4，消法第2条第1項第8号，第4条第1項，消通5-1-3

売 掛 金

76 掛売上を行い，売掛金を現金で回収した

① F商店に商品440,000円（消費税40,000円を含む）を売り上げ，代金を掛とした。

(借)売　掛　金　　440,000　　(貸)売　　　　上　　400,000
　　　　　　　　　　　　　　　　仮受消費税等　　 40,000

② F商店より，売掛代金として440,000円を現金で受け取った。

(借)現　　　　金　　440,000　　(貸)売　掛　金　　440,000

【解　説】　商品，製品等の売上代金の未収額，加工賃，役務提供による営業収益の未収額など，通常の取引に基づいて発生した営業上の未収入金は「売掛金」として計上します。通常の営業取引による未収額であれば，割賦販売による未収金のように長期間にわたって回収されるものであってもこの売掛金勘定に計上します。

(消費税)　商品，製品等の売上は，対価を得て行われる資産の譲渡等に該当するため消費税が課税されます。消費税の会計処理には，税込方式と税抜方式とがありますが，設例では税抜方式により仮受消費税等40,000円を計上しています。

■関連法規……財規第15条第3号，消法第2条第1項第8号，第4条第1項，消通5-1-3

77 売掛金を手形で回収した

> B商事より売掛代金として、同商事振出しの100,000円の約束手形を受け取った。

(借)受 取 手 形　　100,000　　(貸)売　掛　金　　100,000

【解　説】　約束手形や為替手形を売掛代金として受け取った時は、受取手形勘定に記録します。売掛代金として手形の裏書譲渡を受けた場合も同様です。

手形には約束手形と為替手形の2種類があります。

約束手形は、振出人が受取人に対して一定期日に一定金額を支払うことを約束する証券であり、為替手形は、振出人が支払人に対して一定の期日に一定の金額の支払いを委託する証券です。手形を受け取った場合、会計処理上は約束手形と為替手形とは区別しないで同様に取り扱います。

(消費税)　為替手形及び約束手形の譲受けは非課税であり、消費税は課税されません。

資産の譲渡等により発生する売掛金及び代金の回収により消滅する売掛金そのものは不課税であり、消費税の課税対象外です。

《表　示》　得意先との通常の営業取引に基づいて受け取った手形は、「受取手形」として流動資産の区分に表示します。これは営業上の債権債務は営業循環基準により流動資産、流動負債として区分表示するためです。

■関連法規……財規第15条第2号、財規ガイド15-2、消法第6条第1項、消法別表第2第2号、消通6-2-3(3)

78 受け取った手形を相手方に一時返却した

> B商事からの要請により、先日売上代金として受け取った同商事振出しの約束手形100,000円を返却することとなった。

(借)売　掛　金　　100,000　　(貸)受 取 手 形　　100,000

【解　説】　相手方の一時的な資金繰りの都合で，受け取った手形を満期日前に返却した場合は，再び売掛金として計上します。

　しかし，それが相手方の財政状態の悪化等の理由によるもので，1年以内に回収できないことが明らかなものは固定資産の部の投資その他の資産の区分に表示します。

(消費税)　為替手形及び約束手形の譲渡は非課税であり，消費税は課税されません。

　資産の譲渡等により発生する売掛金及び代金の回収により消滅する売掛金そのものは不課税であり，消費税の課税対象外です。

■**関連法規**……財規第15条第3号，第32条第1項第14号，第33条，消法第6条第1項，消法別表第2第2号，消通6－2－3(3)

79　売掛金と買掛金とを相殺した

> 月末において，C社に対する売掛金300,000円について，同社よりの材料購入による買掛金200,000円と相殺し，残金は現金で受け取った。

(借)買　掛　金　　200,000　　(貸)売　掛　金　　300,000
　　現　　　金　　100,000

【解　説】　売掛債権と買掛債務とが1つの取意先に対して存在する場合には，売掛債権の回収にあたって相殺処理し，差額については現金によって精算が行われます。領収書の摘要欄に，相殺金額及び現金回収額を記載します。

(消費税)　資産の譲渡等により発生する売掛金及び代金の回収により消滅する売掛金そのものは不課税であり，消費税の課税対象外です。

■**関連法規**……消法第6条第1項，消法別表第2第2号，消令第9条第1項，消通6－2－1(2)

80 売掛金が貸倒れとなった

> 取引先であるH社が倒産し，同社に対する売掛金600,000円の回収が不能となった。

① (借)貸 倒 損 失　　545,455　　(貸)売　掛　金　　600,000
　　　仮受消費税等　　 54,545
② (借)貸倒引当金　　545,455　　(貸)売　掛　金　　600,000
　　　仮受消費税等　　 54,545

【解　説】　売掛金が貸倒れとなった場合は，「貸倒損失」の科目で処理します。……………………………………………………………………………①
　貸倒引当金がある時は，貸倒引当金を充当し，貸倒引当金より貸倒損失が大きい場合は，その差額は「貸倒損失」として処理します。……②

　(借)貸 倒 損 失　　×××　　(貸)売　掛　金　　×××
　　　貸倒引当金　　×××
　　　仮受消費税等　×××

[中小会計]　貸倒損失・貸倒引当金の会計処理は中小会計でも同様です。
[消費税]　売掛金が貸倒れとなった場合は，その売掛金が課税資産の譲渡等によるものである場合は，貸倒れとなった日の属する課税期間において，貸倒れとなった金額に含まれる消費税額を，当該課税期間の課税標準額に対する消費税額から控除できます。

〈計算〉　$600,000円 \times \frac{10}{110} = 54,545円$…貸倒れに係る消費税額

《表　示》　通常の取引に基づいて発生した債権に対する「貸倒損失」は，異常なものを除き販売費又は営業外費用の区分に表示します。
■関連法規……財規第87条，財規ガイド87，金融商品実務指針第123項，消法第39条第1項，消令第59条，消規第18条，中小会計指針第17～18項

81 代物弁済による回収

① Y商店に対する売掛金10,000,000円の回収が不能となったため、かねて代物弁済の予約をしてあったY商店所有の土地により代物弁済を受けた。
② この土地の売却処分により11,000,000円を現金で受け取ったので、1,000,000円はY商店に返還することとした。

① (借)土　　　地　10,000,000　(貸)売　掛　金　10,000,000
② (借)現　　　金　11,000,000　(貸)土　　　地　10,000,000
　　　　　　　　　　　　　　　　　　預　り　金　 1,000,000

【解　説】「代物弁済」とは、債務不履行の場合に債務者が本来の給付に代えて他の財産を、債権者に給付することをいいます。

通常は、債務者が債務不履行の場合に、不動産等の財産を代物弁済として債権者に給付することをあらかじめ約束する「代物弁済の予約」の形で行われる場合が多いようです。

設例では、代物として給付を受けた土地の売却によって11,000,000円の現金を受け取ったので、超過入金額1,000,000円は相手方に返還しています。

(消費税) 消費税法では、代物弁済による資産の譲渡は、資産の譲渡等に含まれるため、消費税が課税されます。代物弁済による資産の課税標準は、代物弁済により消滅する債務の額（債務の額を超える額につき支払いを受ける場合は加算）に相当する金額とされています。ただし、設例では給付対象の資産が土地であるため、非課税であり、消費税は課税されません。

■関連法規……民法第482条、消法第2条第1項第8号、消令第45条第2項第1号、
　　　　　　消通5－1－4、消法第6条第1項、消法別表第2第1号

売 掛 金 81

82 債権譲渡証書を受け取った

① A社に対する売掛金1,500,000円の回収が遅延していたが、本日A社より同社（A社）がB社に対して有する売掛債権を当社に譲渡する旨の債権譲渡証書を受け取った。
② 直ちにこの債権譲渡証書をB社に提示し、小切手により1,500,000円の支払いを受けた。

① (借)未 収 入 金　1,500,000　　(貸)売　掛　金　1,500,000

② (借)現　　　　金　1,500,000　　(貸)未 収 入 金　1,500,000

【解　説】　債権譲渡とは、契約によって債権者（A社）の債務者（B社）に対する債権を、債権譲受人（当社）に移転することです。

売掛金のような債務者が特定している債権（指名債権）を譲渡するには、譲渡人である債権者（A社）が債務者（B社）に通知するか、或いは債務者（B社）の承諾が必要です。そして通知又は承諾は確定日付のある証書によって行われなければなりません。従って、債権譲渡は取引保護のため公正証書などによって行われます。

(消費税)　消費税法では、金銭債権の譲渡及び譲受けは非課税であり、消費税は課税されません。

■関連法規……民法第466条，第467条，第468条，消法第6条第1項，消法別表第2第2号，消令第9条第1項第4号，消通6－2－1(2)

83 売上割引をした

① B商店に商品330,000円（消費税30,000円を含む）を翌月末、代金支払いの条件付で売り渡した。なお、売掛代金の期日前支払分については3％の割引をすることとしている。
② B商店より翌月の10日に現金にて支払いを受けたので3％の割引

を行った。

この売上割引は変動対価として取り扱う。

① (借)売　掛　金　　330,000　　(貸)売　　　　上　　300,000
　　　　　　　　　　　　　　　　　　　仮受消費税等　　　30,000
　　　売　　　　上　　　9,000　　　　返 金 負 債　　　　9,000

② (借)現　　　　金　　320,100　　(貸)売　掛　金　　330,000
　　　返 金 負 債　　　　9,000
　　　仮受消費税等　　　　900

【解　説】　売掛金を通常の支払期日前に支払いを受ける場合に，一定の割引を行うことを「売上割引」といいます。販売対価のうち，売上割引により減少すると見込まれる金額は変動対価として取り扱うことが考えられます。この場合，販売時に売上割引見込額を売上から減額します。相手科目は，「返金負債」等の負債科目を使用します。売上割引確定時は，期中の仕訳を戻したうえで売上割引の確定額を売上から減額します。

なお，法人税法の取扱いは会計と同様です。

(消費税)　販売時に対価の総額が課税売上となる一方，売上げに係る対価の返還等の金額が確定した際に，消費税額を控除します。

《表　示》　売上割引を収益認識に係る変動対価として取り扱う場合は，売上から減額するため独立した勘定科目では表示されません。

■関連法規……財規第72条第1項，財規ガイド72-1，収益認識基準第56～58項，
　　　　　　　同適用指針第27～29項,法基通2-1-1の8,消法第28条第1項,
　　　　　　　消法第38条第1項，消通6-3-4

売 掛 金　83

84 外貨建輸出取引を行った

① 米国のG社と，当社のA商品10,000USドルの輸出契約が成立し，本日，船積を完了し船荷証券（B／L）を受け取った。直ちに外国為替取扱銀行でG社宛，為替取組銀行を受取人とする為替手形を振り出し，取立てを依頼した。

(当日の為替相場（T.T.M；電信売買相場の仲値）1USドル＝105円)

なお，この取引については信用状（L／C）は開設されていない。

② 決算期末において上記のG社宛10,000USドルの為替手形は未決済であった。

(決算時の為替相場（T.T.M；電信売買相場の仲値）1USドル＝100円)

③ 本日，G社宛10,000USドルの為替手形が決済されたので，外貨は銀行にて売却し，当座預金に円貨で入金した。

(当日の為替相場（T.T.B；電信買相場）1USドル＝108円)

①-1　船積完了時

(借)売　掛　金　1,050,000　　(貸)売　　　上　1,050,000
　　　(外貨)

①-2　銀行手形取立依頼時

(借)受　取　手　形　1,050,000　　(貸)売　掛　金　1,050,000
　　　(外貨)　　　　　　　　　　　　　　(外貨)

② 決算時

(借)為　替　差　損　　50,000　　(貸)受　取　手　形　　50,000
　　　　　　　　　　　　　　　　　　　　(外貨)

③ 為替手形決算時

(借)当　座　預　金　1,080,000　　(貸)受　取　手　形　1,000,000
　　　　　　　　　　　　　　　　　　　　(外貨)
　　　　　　　　　　　　　　　　　　為　替　差　益　　80,000

【解　説】　輸出取引は，通常，次の順序で行われます。

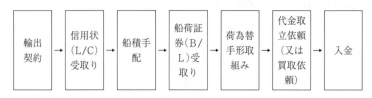

　輸出代金の回収は，船荷証券（B／L）及び信用状（L／C）を添付し輸出業者が振り出した為替手形を，外国為替取扱銀行で買い取ってもらうか，又は取立てを依頼する（信用状（L／C）のない場合）方法等により行われます。買取りにあたっては，割引料と手数料が手形代金より差し引かれます。

　取引価額が外国通貨で表示される外貨建取引について定める「外貨建取引等会計処理基準」は，外貨建取引を行った場合は，取引発生時の為替相場により円換算を行い，また，決算時における外国通貨，外貨建金銭債権・債務については決算時の為替相場により円換算を行います。換算に使用される為替相場には，商取引決済のため外国通貨を購入するのか，又は売却するのかによって差があるため，次の3つの種類があります。

　T.T.S；電信売相場……………仕入その他費用の換算に用いる
　T.T.B；電信買相場……………売上その他収入の換算に用いる
　T.T.M；電信売買相場の仲値…法人税法において原則とされている方式
　設例では①，②ともに外貨を売却しなければ円貨になりませんので（実際には売却していませんが）T.T.B（電信買相場）又はT.T.M（電信売買相場の仲値）により円換算を行います。

〈計算〉
① 10,000ドル×105円＝1,050,000円
② 1,050,000円－(10,000ドル×100円)＝50,000円…為替差損

　設例③では，手形が決済され入金した外貨を直ちに売却しているため，T.T.B（電信買相場）により円転換されます。この場合は，期末日に換算した金額と決済され円転換された金額との差額は「為替差益」として計上されます。

〈計算〉 10,000ドル×108円−1,000,000円＝80,000円…為替差益

《ポイント》 T.T.S（電信売相場）とT.T.B（電信買相場）は，いずれも銀行側からみた売・買の相場です。従って，①，②ともにT.T.B（電信買相場）かT.T.M（電信売買相場の仲値）により円換算することになります。③では外貨を銀行に売却し円転換しているため，T.T.B（電信買相場）により計上されます。

|中小会計| 原則として外貨建取引等会計処理基準に基づいて会計処理を行います。

(消費税) 国内から輸出取引として行われる売上に対する消費税は，その取引が輸出許可書等により輸出取引であることが証明されれば免税となります。また，換算による為替差損益及び決済により発生する為替差損益は消費税の課税対象外です。

《表　示》 換算又は決済（円転換）によって生じる「為替差益」又は「為替差損」は営業外損益の区分に表示します。

■関連法規……外貨基準一1，一2，一3，法基通13の2−1−2，13の2−2−5，消法第7条第1項，消規第5条，消通10−1−7，中小会計指針第76〜80項

85 前受金のある輸出取引を行った

① 米国F社と当社のB製品30,000USドルの輸出契約が成立し，契約に基づいて本日，10,000USドルの送金を受けた。
（当日の為替相場（T.T.M；電信売買相場の仲値） 1USドル＝105円）
② 本日，B製品30,000USドルの船積を完了し船荷証券（B／L）を受け取ったので，直ちに米国F社宛，為替取組銀行を受取人とする20,000USドルの為替手形を振り出し，外国為替取扱銀行に取立てを依頼した。
（当日の為替相場（T.T.M；電信売買相場の仲値） 1USドル＝100円）
なお，この取引については信用状（L／C）は開設されていない。

① (借)現　　　金　1,050,000　　(貸)前　受　金　1,050,000

② (借)売　掛　金　2,000,000　　(貸)売　　　　上　3,050,000
　　　　(外貨)
　　　前　受　金　1,050,000
　(借)受 取 手 形　2,000,000　　(貸)売　掛　金　2,000,000
　　　　(外貨)　　　　　　　　　　　　(外貨)

【解　説】　①外貨による前受金は受入時の為替相場（T.T.M；電信売買相場の仲値又はT.T.B；電信買相場）による円換算額により計上します。②外貨建輸出取引（設例では売上）については，取引発生時の為替相場（T.T.M；電信売買相場の仲値又はT.T.B；電信買相場）により円換算を行います。

　ただし，前受金分（10,000ドル）は帳簿価額により振替処理し，改めて円換算を行いませんので，売上高は次のように計算されます。

　　　　　（前受金分）　　　（未収計上分）
〈計算〉　1,050,000円＋(20,000ドル×100円)＝3,050,000円…売上高

(消費税)　国内から輸出取引として行われる売上に対する消費税は，その取引が輸出許可書等により輸出取引であることが証明されれば免税となります。また，換算による為替差損益及び決済により発生する為替差損益は消費税の課税対象外です。

■関連法規……外貨基準一1，外貨建実務指針第25～26項，法基通13の2－1－2，
　　　　　　　13の2－1－5，消法第7条第1項，消規第5条，消通10－1－7

売 掛 金　87

86　為替予約のある輸出取引を行った

① 米国G社と当社のB商品15,000USドルの輸出契約が成立し，2月1日に，船積を完了し船荷証券（B／L）を受け取った。直ちに外国為替取扱銀行においてG社宛，為替取組銀行を受取人とし4月30日を支払期日とする為替手形を振り出し，取立てを依頼した。
　（当日の為替相場（T.T.M；電信売買相場の仲値）1USドル＝105円）
　なお，この取引については信用状（L／C）は開設されていない。
② 2月28日に，為替手形の決済日である4月30日を実行日とする15,000ドルの買予約を1USドル＝100円で締結した。
　（当日の為替相場（T.T.M；電信売買相場の仲値）1USドル＝103円）
③ 3月31日決算時の為替相場（T.T.M；電信売買相場の仲値）は1USドル＝100円であった。
④ 4月30日に，G社宛15,000USドルの為替手形が決済され，円貨により当座預金に入金した。

①-1　船積完了日

　（借）売　掛　金　1,575,000　　（貸）売　　　上　1,575,000
　　　　（外貨）

〈計算〉　105円×15,000ドル＝1,575,000円…売上高

①-2　銀行手形取立依頼時

　（借）受　取　手　形　1,575,000　　（貸）売　掛　金　1,575,000
　　　　（外貨）　　　　　　　　　　　　　　（外貨）

②　（借）為　替　差　損　　30,000　　（貸）受　取　手　形　　30,000
　　　　　　　　　　　　　　　　　　　　　　（外貨）
　　　　前　払　費　用　　45,000　　　　　受　取　手　形　　45,000
　　　　　　　　　　　　　　　　　　　　　　（外貨）

〈計算〉　(105円－103円)×15,000ドル＝30,000円…直々差額
　　　　 (103円－100円)×15,000ドル＝45,000円…直先差額

③ (借)為替差損　　　22,500　　　(貸)前払費用　　　22,500

〈計算〉　$45,000円 \times \frac{1}{2} = 22,500円$ …直先差額の配分

④ (借)当座預金　　1,500,000　　(貸)受取手形　　1,500,000
　　　　　　　　　　　　　　　　　　　(外貨)
　　　為替差損　　　22,500　　　　前払費用　　　22,500

〈計算〉　$45,000円 \times \frac{1}{2} = 22,500円$ …直先差額の配分

【解　説】　外国為替取引を行う場合に，為替相場の変動による損失の発生を回避するため，為替予約を行うことがあります。

　為替予約等の会計処理については，「金融商品に関する会計基準」におけるヘッジ会計の要件を満たす場合には振当処理を行うことが認められています。振当処理とは，為替予約により固定された円貨額により外貨建金銭債権債務を換算し，取引の実行日から為替予約の締結時までに生じている為替相場の変動による直々差額（105円-103円）は，為替予約の締結日が属する期の損益として処理しますが，為替予約の締結日の相場と為替予約相場との差額（103円-100円）である直先差額は，為替予約の締結日が属する期から決済日が属する期までの期間に合理的に配分する処理を行います。

(消費税)　国内から輸出取引として行われる売上に対する消費税は，その取引が輸出許可書等により輸出取引であることが証明されれば免税となります。

■関連法規……外貨基準一1，外貨基準注解6，7，外貨建実務指針第3項，第8項，法基通13の2－1－4，消法第7条第1項，消規第5条，消通10－1－7

87 売掛金を有する得意先について，会社更生法による更生計画の認可決定があった

　当社の得意先であるB社は，会社更生法による更生手続き中であったが，X1年2月28日に，更生計画の認可決定があり，当社の売掛金1,100,000円については$\frac{1}{2}$を切り捨て，残額については5年経過後X6年9月30日に弁済されることとなったが取立て等の見込みはないものと認められる。

（借）更 生 債 権	550,000	（貸）売　掛　金	1,100,000
貸 倒 損 失	500,000		
仮受消費税等	50,000		
（借）貸倒引当金繰入額	550,000	（貸）貸倒引当金	550,000

【解　説】　会社更生法による更生計画の認可決定があり，売掛金，貸付金などについて債権の切捨てや長期間にわたる支払いが決定された時は，切り捨てられることとなった債権については貸倒償却を行い，支払いが延期された債権については，貸倒見積高を算定し貸倒引当金として計上します。

《ポイント》　法人税法上は，その有する金銭債権について，会社更生法の規定による更生計画の認可決定があった場合，5年経過後に弁済されることとなっている額については個別評価による貸倒引当金の繰入れを行うことができます。

　この5年経過後に弁済されることとなっている金額とは，その事由が生じた日の属する事業年度終了の日の翌日から5年を経過する日までに弁済されることとなっている金額以外の金額（取立て等の見込みがあると認められる部分の金額を除く）とされています。

中小会計　法的に債権が消滅した場合は，その債権金額を貸倒損失として計上します。

消費税　売掛金が貸倒れとなった場合は，貸倒れとなった日の属する課税期間において，貸倒れとなった金額に含まれる消費税額を，課税標

準額に対する消費税額から控除します。

〈計算〉 $550,000円 \times \dfrac{10}{110} = 50,000円$…貸倒れに係る消費税額

《表　　示》　破産債権，更生債権その他これらに準ずる債権は，固定資産の部の投資その他の資産の区分に「破産更生債権等」として表示します。通常の取引に基づいて発生した債権に対する「貸倒損失」は，異常なものを除き販売費又は営業外費用の区分に表示します。貸倒引当金繰入額は，損益計算書において異常なものを除き販売費又は営業外費用の区分に「貸倒引当金繰入額」として表示します。

■**関連法規**……財規第32条第１項第10号，第87条，財規ガイド87，法法第52条第１項，法令第96条第１項，法基通９－６－１，金融商品実務指針第116～117項，125項，消法第39条第１項，消令第59条，消規第18条，中小会計指針第17項，第18項

88 売上債権として完成工事未収入金が計上される

> K学園より受注した校舎の一部拡張工事（工期3カ月），請負代金額33,000,000円（消費税3,000,000円を含む）が，本日完成し引渡しを完了した。工事の完成に要した工事原価は28,000,000円であった。

（借）完成工事未収入金　33,000,000　　（貸）完成工事高　　30,000,000
　　　　　　　　　　　　　　　　　　　　　　仮受消費税等　　3,000,000
（借）完成工事原価　　　28,000,000　　（貸）未成工事支出金　28,000,000

【解　説】 2021年4月1日以後開始する事業年度からの収益認識基準の適用により，工事契約会計基準は廃止されました。収益認識基準では，工事契約の場合は，工事の進捗に応じて資産（成果物）の価値が増加し，それに応じて顧客が資産を支配します。つまり，一定の期間にわたり，資産を移転して履行義務を充足させることにより収益を認識するため，実質的に従来の工事進行基準と同様の処理を行います。

ただし，工期がごく短い場合には，通常，金額的な重要性が乏しい場合が多いと想定されることから，完全に履行義務を充足した時点，すなわち，工事が完成し，その引渡しが完了した日に収益を認識することができます。

「ごく短い」とする期間を，例えば1年とするか3か月とするかは，各企業の実態に応じて判断します。

工事が完成する前に受け取った請負代金は，「契約負債（未成工事受入金）」として処理し，工事の完成時に「完成工事高」に振り替えます。請負代金の未収額のうち，発注先に対して無条件に受け取る権利があるもの（法的な請求権があるもの）は，「完成工事未収入金（顧客との契約から生じた債権）」として計上します。一方，一定の期間にわたり，工事の進捗度に応じて計上される未収入額は，無条件で受け取る権利があるわけではないため，「完成工事未収入金（顧客との契約から生じた債権）」とは区別して，「契約資産」として計上します。

また，工事の施工に伴って発生した材料費，労務費，外注費及び経費

は「未成工事支出金」勘定に累積しておき,工事が完成した時に「完成工事原価」に振り替えます。

法人税法においても,基本的に会計と同様の処理が認められています。

(消費税) 建設工事の完成・引渡しは,資産の譲渡等に該当し,その譲渡の対価の額である請負金額に対し消費税が課せられます。

完成工事原価に対する消費税については,未成工事支出金に工事原価を計上する都度,対応する消費税を計算し仮払消費税等として計上し,仕入税額の控除を行っているため,ここでは計上されません。

■**関連法規**……収益認識基準第10項〜第12項,第38項,第39項,建設業法施行規則第4条,第10条,法基通2−1−21の7,2−1−21の8,消法第2条第1項第8号,第4条第1項,消通9−1−5,9−1−6

有価証券

有価証券(投資有価証券を含む)はその種類・内容が多岐にわたりますが,会計処理の概要を整理すると以下のようになります。

有価証券の範囲	金融商品取引法第2条に記載されているものを原則とし,企業会計上で有価証券として取り扱うことが適当か否かで決定している。 例えば,金融商品取引法に含まれない「国内CD」は範囲に含めるが,同法第2条第2項第1号及び第2号の「信託受益権」は範囲に含めない。
有価証券の分類	金融商品に関する会計基準 ①売買目的有価証券,②満期保有目的債券,③子会社株式及び関連会社株式,④その他有価証券 税法 ①売買目的有価証券,②売買目的外有価証券(a.満期保有目的等有価証券 b.その他の有価証券) 税法では会計基準での③子会社株式及び関連会社株式は「企業支配株式」と称してa.満期保有目的等有価証券に含める。
有価証券の発生と消滅の認識	有価証券の発生は契約時に認識し,消滅は権利行使時,権利喪失時,権利支配が他に移転したときに認識する。
有価証券の評価	別紙「有価証券の評価と会計処理一覧表」を参照
自己株式	資本の払戻し処理となり,資産の「有価証券」として扱わない(税法も同様)。

■有価証券の評価と会計処理一覧表

区　分	定　義　等		評価と
	会　計	税　法	会　計
売買目的有価証券 (設例89～91,93,94,106,109)	短期間の価格変動による利益を得る目的で保有し，トレーディング目的のもの ＊トレーディング目的…通常，同一銘柄に対して相当程度の反復的な売買が行われるもの	売買目的有価証券として帳簿に計上したもの（法人の意思と判断する）	時価を貸借対照表価額とし，評価差額を当期の損益とする
満期保有目的債券 (設例92,95～97,102,103,206)	満期まで所有する意図をもって保有する債券	売買目的以外の有価証券となる	取得原価＝債券金額 …取得原価で評価 取得原価≠債券金額 …償却原価法を適用
子会社株式・関連会社株式 (設例216,217)	支配力基準・影響力基準の判定基準に従って子会社・関連会社と判定された株式		取得原価で評価する
その他有価証券 (設例93,198,201,204,205,207～215,229)	上記のいずれの区分にも属さないもの		市場価格のない株式等以外のものは時価を貸借対照表価額とし，評価差額は税効果会計を適用して全部純資産直入法か部分純資産直入法によって純資産の部に計上する（評価差額は洗替方式による） 取得差額が金利調整額と認められる債券は，償却原価法を適用後に時価評価を行う 市場価格のないものは取得原価で評価する 債券は満期保有目的債券と同一の方法

会計処理	減損処理(下記(注)①,②参照)	
税　法	会　計	税　法
同左	時価評価するため該当なし	同左
同左 定額法が所定の方法であり,利息法の場合は申告調整が必要	市場価格のあるものは時価の著しい下落と回復可能性の有無により適用する(設例92)	時価あり…50%を下回り回復見込みない場合可 時価なし…発行法人の資産状態が著しく悪化し,その価額が著しく低下した場合に可
同左	市場価格のあるものは時価の著しい下落と回復可能性の有無により適用する 市場価格のない株式で実質価額が著しく低下し,回復可能性がない場合に適用する(設例216, 217)	
部分純資産直入法の場合の評価損は申告調整が必要	市場価格のあるものは時価の著しい下落と回復可能性の有無により適用する(設例200, 201) 市場価格のない株式で実質価額が著しく低下し回復可能性がない場合に適用される	
償却原価法のうちの利息法の場合は申告調整が必要		

(注)① 減損処理とは,評価差額が損益に計上される売買目的有価証券以外の有価証券に係る時価又は実質価額の著しい下落に伴って,当該時価又は実質価額を翌期首の取得原価とするために,取得原価を強制的に切下処理し,当該切下額を損益計算書で損失として認識すること。
　　② 税法の減損対象は売買目的か否かは問わない(法基通9－1－7(注)1)。

89 売買目的の有価証券を取得した

> 証券会社を通じ,証券取引所に上場されているA社の株式20,000株を短期的売買目的(トレーディング目的)で購入し,代金は普通預金から支払った。購入代価は1株300円,売買委託手数料は50,000円(消費税は外税)であった。

(借)売買目的有価証券	6,050,000	(貸)普通預金	6,055,000
仮払消費税等	5,000		

【解 説】「金融商品に関する会計基準」により,有価証券は,「売買目的有価証券」「満期保有目的の債券」「子会社株式及び関連会社株式」「その他有価証券」に分類されます。

各々の内容は以下のとおりです。

売買目的有価証券	時価の変動により利益を得ることを目的として保有する有価証券。なお,有価証券の売買を頻繁に繰り返している場合も同様に扱う。
満期保有目的の債券	満期まで所有する意図をもって取得し,保有する社債券その他の債券。
子会社株式及び関連会社株式	子会社株式とは株式の所有会社からみて「財務及び営業又は事業の方針を決定する機関を支配している会社」の株式のことであり,関連会社株式とは株式の所有会社からみて「出資,人事,資金,技術取引等の関係を通じて,財務及び営業又は事業の方針の決定に対して重要な影響を与えることができる会社」の株式のことである(ただし,上記の子会社株式以外の場合)。
その他有価証券	売買目的有価証券,満期保有目的の債券,子会社株式及び関連会社株式以外の有価証券。

「売買目的有価証券」及び「1年以内に満期の到来する債券」は流動資産の「有価証券」に該当しますが,それ以外は投資その他の資産の部に計上されます。従って,市場性のある株式で短期的に時価の変動により利益を得ることを目的として保有する株式は「有価証券」勘定に計上

します。なお，有価証券の売買契約の認識は「約定日」に行うのが原則ですが，本書の設例で同一決算期間内に受渡しするものについては実務の便宜上，容認された方法である「受渡日」に行っています。

有価証券には株式，社債，国債，地方債，その他の債券，投資信託受益証券，貸付信託受益証券などがあります。

有価証券の取得価額には，購入手数料その他その購入に要した費用を含めます。証券会社に支払う売買委託手数料は，現在自由化されたため各社が各々に約定代金によって段階的に定めており，簡略化のため本設例の場合は50,000円としています。

中小会計 有価証券の取得時における付随費用（支払手数料等）は，取得した有価証券の取得価額に含めます。また，取得原価の評価方法は移動平均法又は総平均法によります。実務上は，税法が移動平均法による原価法を原則としているため，移動平均法を採用する企業が多く見受けられます。

消費税 有価証券の譲渡は非課税であるため，取得側でも非課税となります。なお，売買委託手数料には消費税が課税されます。

《表　示》 流動資産の有価証券は，売買目的の有価証券と1年内に満期の到来する債券です。従って市場性のある有価証券で売買目的で一時的に所有されるものは貸借対照表上，流動資産の部に「有価証券」として表示します。

中小会計指針でも表示方法は同様です。

■関連法規……金商法第2条，財規第8条，第15条第4号，第17条第1項第6号，金融商品会計基準第70項，会社計規第74条，消法第6条第1項，消法別表第2第2号，金融商品実務指針第56項，第235項，中小会計指針第20項，第21項，第23項

90 売買目的の有価証券を売却した

設例89で購入した上場企業A社株式のうち10,000株を証券会社を通じ証券取引所にて1株400円で売却し，売買委託手数料30,000円（消費税は外税）を差し引き残金を普通預金とした。

(借)普通預金	3,967,000	(貸)売買目的有価証券	3,025,000
仮払消費税等	3,000	売買目的有価証券売却益	945,000

〈計算〉

・普通預金入金額＝(400円×10,000株)－33,000円＝3,967,000円

・有価証券減少額＝$6,050,000円 \times \frac{10,000株}{20,000株} = 3,025,000円$

・有価証券売却益＝(400円×10,000株)－3,025,000円－30,000円＝945,000円

【解　説】　売買目的の株式を売却した場合に発生する売買損益は、「売買目的有価証券売却益（損）」の科目によって処理します。また、売買委託手数料は売買目的有価証券売却益（損）の計算に含めて処理します。

中小会計　有価証券の取得原価の評価方法は、移動平均法又は総平均法によります。

消費税　有価証券の譲渡は非課税ですが、売買委託手数料には消費税が課税されます。

《表　示》　売買目的で保有する株式を売却した場合に発生する売却損益は「有価証券売却益（損）」又は「有価証券運用損益」の科目で営業外損益の区分に表示します。

中小会計指針では、売買目的有価証券の売却損益の損益計算書上の表示は「売却益」と「売却損」を相殺して営業外損益に計上します。

■関連法規……財規第90条、財規ガイド90、財規第93条、財規ガイド93、消法第6条第1項、消法別表第2第2号、金融商品Q&A69、中小会計指針第21項、第24項

91 決算時に有価証券の時価評価をした

> 設例 89 90 で売買した上場企業A社株式10,000株の決算日現在の1株当たり時価は250円であった。

| (借)売買目的有価証券評価損 | 525,000 | (貸)売買目的有価証券 | 525,000 |

〈計算〉 3,025,000円(10,000株分(設例**90**参照))-(10,000株×250円)
　　　　=525,000円

【解　説】 売買目的有価証券は,決算時において時価をもって貸借対照表価額とし,評価差額は当期の損益として処理します。「金融商品に関する会計基準」では有価証券をその保有目的によって4つに分類し,各々について評価及び会計処理の方法を定めています。それを整理すると以下のようになります。

分類	評価及び会計処理
(1) 売買目的有価証券	時価評価し,評価損益は当期の損益に計上する。
(2) 満期保有目的債券	取得原価をもって貸借対照表価額とする。ただし,債券を債券金額より低い価額又は高い価額で取得した場合は償却原価法により評価し,償却原価法による評価差額は当期の損益に計上する。
(3) 子会社株式及び関連会社株式	取得原価をもって貸借対照表価額とする。
(4) その他有価証券	時価評価し,評価差額は洗替方式に基づき,次のいずれかの方法により処理する。 ① 評価差額の合計額を純資産の部に計上する(全部純資産直入法)。 ② 各銘柄のうち評価差益は純資産の部に計上し,評価差損を当期の損失として計上する(部分純資産直入法)。

　なお,保有する金融資産の決算時の時価評価に伴う付随費用は計算上含めないことになっています。
　税法では,有価証券の評価について有価証券を売買目的かそれ以外に区別し,売買目的有価証券は時価法で評価し,翌期に洗替処理を行います。また,売買目的外有価証券は原価法(償却原価法を含む)で評価します。

中小会計 売買目的有価証券については金融商品会計基準と同様です。

（消費税）有価証券の評価は資産の譲渡等に該当しないため課税対象外です。

《表　示》　売買目的有価証券評価損は損益計算書上，営業外費用の区分に「有価証券評価損」「有価証券運用損益」などの科目で表示します。

■関連法規……金融商品会計基準第15～19項，金融商品実務指針第66項，第70項，第73項，財規第93条，財規ガイド90－2，93，法法第61条の3，法令第119条の15，金融商品Q&A69，中小会計指針第19項

92　決算時に有価証券の減損処理をした

　取得価額2,500,000円の満期保有目的（1年内満期到来）で所有している債券の時価が著しく下落し，1,000,000円となり，償還期限までに回復の見込みがない。

（借）有価証券評価損　　1,500,000　　（貸）満期保有目的債券　　1,500,000

【解　説】満期保有目的の債券の評価は，取得価額によって評価する原価法によるのが原則ですが，市場価格のある満期保有目的の債券は，債券の時価が取得価額より著しく下落し，かつ取得価額まで回復する見込みのない時は，時価をもって貸借対照表価額とし，評価差額を当期の損失（減損処理）として処理しなければなりません。

　著しい下落とは，会計実務上の判定基準である50％が目安となっており，当該有価証券の時価が帳簿価額の50％を下回ることとなった場合に減損処理を行うことが必要となります。

中小会計　満期保有目的の債券について，時価が著しく下落したときは，回復する見込みがあると認められる場合を除き，時価をもって貸借対照表価額とし，評価差額は当期の損失として処理しなければなりません。なお，法人税法に定める処理に拠った場合と比べて重要な差異がないと見込まれるときは，法人税法の取扱いに従った処理（92頁の会計処理一覧表参照）が認められます。

（消費税）有価証券の減損処理は資産の譲渡等に該当しないため，課税

対象外取引です。

《表　示》　減損処理の適用による有価証券評価損は，臨時的性格のものであることから，金額的重要性により損益計算書上，営業外費用か特別損失の区分に「有価証券評価損」として表示します。

■関連法規……会社計規第5条第3項，金融商品会計基準第20項，金融商品実務指針第91項，法法第33条第2項，法令第68条第1項第2号イ，法基通9－1－7，財規第93条，財規ガイド93，財規第95条の3，金融商品Q&A69，中小会計指針第22項

93　有価証券の保有目的区分を変更した

(1) 売買目的有価証券からその他有価証券への変更の場合
　　前期末に売買目的有価証券として保有していた有価証券（前期末の時価2,000,000円）を当上期にその他有価証券に振替えした。この時の時価は1,960,000円であった。当期末の当該有価証券の時価は1,800,000円であり，実効税率を計算簡略化のため30％とする。

▶振替時

（借）その他有価証券	1,960,000	（貸）売買目的有価証券	2,000,000
売買目的有価証券評価損	40,000		

▶期末時：全部純資産直入法（設例91解説(4)①参照）

（借）繰延税金資産	48,000	（貸）その他有価証券	160,000
その他有価証券評価差額金	112,000		

【解　説】　金融商品会計に関する実務指針によると，有価証券の保有目的区分等を変更した場合の評価と会計処理は以下のとおりです。

変更前＼変更後	売買目的有価証券	満期保有目的債券	子会社株式・関連会社株式	その他有価証券
売買目的有価証券	－	①（不可）	⑤（可）	③（原則不可）
満期保有目的債券	②（可）	－	－	②（可）
子会社株式・関連会社株式	⑦（可）	－	－	⑦（可）
その他有価証券	④（原則不可）	①（不可）	⑥（可）	－

　①の売買目的有価証券やその他有価証券から満期保有目的債券への振替えは認められません。満期保有目的はその取得当初に決められるためです。

　②の満期保有目的から売買目的有価証券やその他有価証券への振替えについては，満期保有目的債券の一部でも他に振り替えた場合や売却した場合には，他の残りのすべての債券についても，変更時の償却原価で保有目的の変更があったものとして振替処理が要求されます。ただし，当該債券を保有し続けることによる損失又は不利益を回避するため，一部の債券を他の目的区分へ振り替えた場合や売却した場合には残り部分の債券を振り替えることを強制されず満期保有目的のままとすることができます。

　③の売買目的有価証券からその他有価証券への振替えは，売買目的への区分が取得当初の意図に基づく分類なので原則として認められません。しかし，有価証券のトレーディング取引を行わないことにした場合には，その時点の時価で振替えが認められます。その時の評価差額は振替時の純損益に計上します。

---

(2) その他の有価証券から売買目的有価証券への変更の場合
　　取得価額　　　　　　　　　2,400,000円
　　前期末の時価（帳簿価額）　2,000,000円
　　振替時の時価　　　　　　　1,960,000円
　　当期末の時価　　　　　　　1,800,000円
　なお，前期末において全部純資産直入法により，取得価額と時価との差額400,000円が評価差額金として計上されているものとする。

▶期首洗替処理：全部純資産直入法による前期未評価差額の洗替え

（借）その他有価証券	400,000	（貸）繰延税金資産	120,000
		その他有価証券評価差額金	280,000

▶振替時

（借）売買目的有価証券	1,960,000	（貸）その他有価証券	2,400,000
その他有価証券評価損	440,000		

▶期末時

（借）売買目的有価証券評価損	160,000	（貸）売買目的有価証券	160,000

【解　説】　前掲図④のその他有価証券から売買目的有価証券への振替えは，その他への区分が取得当初の意図に基づく分類なので原則として認められません。しかし，有価証券のトレーディング取引を開始することにした場合や，それに準ずる取引を行っている場合には，その時点の時価で振替えが認められ，評価差額は振替時の純損益に計上します。

---

(3) 売買目的有価証券から子会社・関連会社株式への変更の場合
　　　前期末の時価（帳簿価額）　2,000,000円
　　　振替時の時価　　　　　　　1,960,000円

▶振替時

（借）関係会社株式	1,960,000	（貸）売買目的有価証券	2,000,000
売買目的有価証券評価損	40,000		

▶期末時

　　仕訳なし（原則として時価評価しない。）

【解　説】　前掲表⑤の売買目的有価証券から子会社株式・関連会社株式への振替えは，株式の追加取得により持分比率が増加し，子会社株式又は関連会社株式に該当することとなった場合には，その該当することとなった日の時価で振り替えます。この場合，振替時の評価差額は，振

(4) その他有価証券から子会社・関連会社株式への変更の場合
　　取得価額　　　　　　　　　2,400,000円
　　前期末の時価（帳簿価額）　2,000,000円
　　振替時の時価　　　　　　　1,960,000円
　　当期末の時価　　　　　　　1,800,000円

▶期首洗替処理：全部純資産直入法による前期末評価差額の洗替え，

　（借）その他有価証券　　　400,000　　（貸）繰延税金資産　　　　　120,000
　　　　　　　　　　　　　　　　　　　　　　その他有価証券評価差額金　280,000

▶振替時

　（借）関係会社株式　2,400,000　　（貸）その他有価証券　2,400,000

▶期末時

　仕訳なし（期末評価は行わない。）

【解　説】　前掲表⑥のその他有価証券から子会社株式・関連会社株式への振替えは，株式の追加取得による持分比率の増加によるものであるため帳簿価額で振り替えます。ただし，その他有価証券の評価差額の会計処理として部分純資産直入法を採用しており，当該有価証券について評価差損を計上している場合には，時価による評価後の価額で振り替えます。評価差額については，当該企業が採用しているその他有価証券の会計処理方法により処理します（設例**91**解説(4)参照）。

(5) 子会社株式を一部売却したことにより，子会社株式に該当しなくなり，その他有価証券へ変更する場合
　　帳簿価額2,400,000円の子会社株式のうち80％を2,000,000円で売却したことで，子会社株式に該当しなくなり「その他有価証券」とした。

(借)預　　　金	2,000,000	(貸)子会社株式	1,920,000
		子会社株式売却益	80,000
(借)その他有価証券	480,000	(貸)子会社株式	480,000

【解　説】　前掲表⑦の子会社株式・関連会社株式から売買目的有価証券やその他有価証券への振替えは，株式売却による持分比率の減少によるものであるため帳簿価額をもって振り替えます。なお，子会社又は関連会社を結合企業とする企業結合により自己の持分比率が減少し，結合後企業が子会社，関連会社以外となる場合における子会社株式又は関連会社株式からその他有価証券への振替えの会計処理は，企業会計基準委員会企業会計基準適用指針第10号「企業結合会計基準及び事業分離等会計基準に関する適用指針」第288項又は第290項を適用して行います。

(消費税)　本設例の取引は，すべて資産の譲渡等に該当しないため課税対象外取引です。

《表　示》　売買目的有価証券は貸借対照表上，流動資産の区分に「有価証券」として，その他有価証券は投資その他の資産の区分に「投資有価証券」として表示します。また，子会社株式及び関連会社株式は投資その他の資産の区分に「関係会社株式」として表示します。

　売買目的有価証券評価損は損益計算書上，営業外費用の区分に有価証券評価損又は有価証券運用損益の科目で，その他有価証券評価損は原則として営業外費用の区分に有価証券評価損として計上し，子会社株式売却益は原則として特別利益に計上します。また，その他有価証券評価差額は貸借対照表上，純資産の部の評価・換算差額等の区分に「その他有価証券評価差額金」として表示します。

■**関連法規**……金融商品実務指針第69項，第80〜89項，財規第15条，第17条，第31条，第32条，第67条，第90条，第95条の2，会社法第2条，会社計規第2条，第74条，第76条，法令第119条の11，金融商品Q&A68，69

94 外貨建有価証券を取得し,期末評価をした

① 売買目的で米国上場A社株式10,000株を証券会社に委託して,1株5ドルで購入し代金を小切手で支払った。この時の為替相場は1ドル130円であった。
② 決算日に評価換えを行った。上記株式の決算日現在の時価は1株6ドル,決算日の為替相場は1ドル100円である。

① (借)売買目的有価証券　6,500,000　(貸)当座預金　6,500,000

② (借)売買目的有価証券評価額　500,000　(貸)売買目的有価証券　500,000

〈計算〉　取得価額＝10,000株×5ドル×130円＝6,500,000円
　　　　　時　　価＝10,000株×6ドル×100円＝6,000,000円
　　　　　評　価　損＝6,500,000円－6,000,000円＝500,000円

【解　説】　本設例は,国内の投資家が証券会社に委託して,外国の有価証券市場に上場されている株式を購入する場合を想定しています。この場合の取得価額は,

$\left(\begin{array}{l}\text{購入代価}\\(\text{外貨での約定価額})\end{array}+\text{現地手数料}+\begin{array}{l}\text{現地有価証券}\\\text{取　得　税　等}\end{array}\right)+\text{国内手数料}+\text{消費税}$

として計算されます。本設例では購入代価以外を省略しています。

外貨建取引は原則として取引発生時の為替相場による円換算額をもって記録します。ただし為替予約等が付されヘッジ会計の要件を満たす場合には,当該予約円貨額で記録することができます。

次に売買目的の外貨建有価証券について決算時には時価評価をする必要がありますが,この場合,外国通貨による時価を決算時の直物為替相場により円換算した額とします。この時発生する評価差額は当期の損益として計上します。

なお,適用する為替相場として用いられるのは,取得時・決算時ともにT.T.B（電信買相場）かT.T.M（電信売買相場の仲値）ですが,税法上はT.T.Mを原則とし,T.T.Bは継続適用を条件に認められています。

中小会計 外貨建取引は,原則として当該取引発生時の為替相場による円換算額をもって記録します。外貨建売買目的有価証券の決算時の処理は時価を決算時の為替相場により円換算した額を付します。

消費税 国内の証券会社に対して支払う委託手数料には消費税が課税されますが,それ以外は外国での取引であるため課税の対象外となります。

《表　示》　取引所の相場のある外貨建有価証券で売買目的のものは貸借対照表上,流動資産の部に「有価証券」として表示します。

「売買目的有価証券評価損」は損益計算書上,営業外費用の区分に「有価証券評価損」又は「有価証券運用損益」として表示します。

■関連法規……外貨基準一1,2(1)③ロ,会社計規第74条,財規第93条,財規ガイド93,法法第61条の9,金融商品Q&A69,中小会計指針第76項,第77項,法基通13の2－1－2,13の2－2－5

95 既発利付債券を取得した（経過利子の扱い）

> 既発行のB社社債（満期が1年以内に到来するもので,満期まで所有する目的）,額面20,000,000円を単価98円で経過利子200,000円とともに小切手を振り出して購入した。利息は年利率4％である。社債額面と取得価額の差額は金利の調整部分でないものとする。

(借)満期保有目的債券　19,600,000　　(貸)当座預金　19,800,000
　　前　払　金　　　　　 200,000

【解　説】　債券とは国,地方公共団体,企業などが発行する定型的で譲渡可能な債務証書です。債券を分類する基準は様々にありますが,発行者の性格の相違,募集方法の相違,担保の有無,割引債か利付債か,償還期限の長短,記名式か無記名か,などが主要な分類基準です。

しかし実務上は,発行者の性格の相違による以下の6つの分類が一般的であると思われます。

公共債	① 国債（国が発行する債券）
	② 地方債（地方公共団体が発行する債券）
	③ 特別債（公社，団体，公庫並びに政府関係の特殊会社等が特別の法律により発行する債券）
民間債	④ 金融債（特殊金融機関の発行する債券）
	⑤ 事業債（民間事業会社の発行する債券）
外国債	⑥ 外国債（外国会社又は外国法人の発行する債券）

　これらの債券を発行形式により区別すると利付債と割引債に分けられます。利付債券とは，債券券面に利札と呼ばれる紙片が付されており，それと引換えに一定期ごとに利息が支払われる形式の債券をいいます。また，割引債券とは，債券を額面金額以下で発行し発行から償還に至る期間の途中では利息の支払いを行わず，最終償還時に額面金額を弁済することを約した債券をいいます。

　債券のうち，公共債，社債の流通は証券取引所における取引所取引と，証券会社の店頭で証券会社と顧客又は証券会社相互の間で行われる店頭取引により行われます。なお，社債の説明については，設例**96**を参照して下さい。

《ポイント》　国債，地方債，社債等の債券のうち，新規発行の募集債券の取得でなく既に市場に出回っている既発利付債券を購入する場合，前回の利払日から取引日までの間の経過利子を売手側に支払います。これは買手側にとっては，次回の利払日に受け取る利息のうち，売手側の所有期間に属する分を発行法人に代わって支払うものです。従って，「前払金」（立替金でもよいと考えます）で処理するのが妥当であり，取得価額には含めません。

(消費税)　有価証券の譲渡は非課税であるため，取得側でも非課税となります。なお，設例では省略してありますが，証券会社に支払う売買委託手数料には消費税が課されるため，消費税部分は有価証券に含めずに仮払消費税等として処理します。

《表　示》　「前払金」（或いは「立替金」）は，貸借対照表上，原則として流動資産の部の「その他の流動資産」に含めて表示します。

■関連法規……法基通2－3－10，財規第15条，第17条，消法第6条第1項，消

法別表第2第2号，金融商品実務指針第57項

96 既発利付債券の利払日及び償還日の処理をした

設例 95 のB社社債の利息400,000円が，源泉所得税60,000円，復興特別所得税1,260円を控除され当座預金に入金した。

（借）当座預金	338,740	（貸）満期保有目的債券利息	200,000
仮払法人税	61,260	前　払　金	200,000

【解　説】　社債は，株式会社が長期資金を調達するために一般公衆に対して多数の部分に分割して発行した「社債券」という有価証券です。

　社債は発行企業側からみますと，一般公衆から募集する点で銀行借入金と異なり，一定期限後に償還すること及び確定利子を支払う点で株式とも異なっています。

　社債については一定期日に確定利率により社債利息が支払われますが，無記名社債（社債を保有している者（社債権者）の氏名が券面に表示されていないもの）の発行が一般的であり，券面の下に利払期日，利息金額などの印刷された利札と引換えに社債利息が支払われます。

　既発債では利払日が到来し利息が入金しても，その全額が当社の受取利息になるのではなく，既に支払った経過利子（前払金で処理している）と相殺して処理します。

　本設例では想定していませんが，利払日の前に決算日が到来した場合には，取得日から決算日までの利息を計算し，

　「（借）未収収益××円　　（貸）満期保有目的債券利息××円」
の仕訳で収益の計上を行います。この場合には，翌期の利払日時点では「未収収益」が再振替仕訳の結果，貸方に計上されるため，この分だけ満期保有目的債券利息として計上される金額（翌期の収益計上額）が少なくなります。

　なお，利息支払時に源泉徴収される所得税と復興特別所得税は，法人税の前払いであるため，決算後に確定する法人税の納付額から控除され

ます。

(消費税) 有価証券利息は非課税となっています。

《表 示》 満期保有目的債券利息は損益計算書上,原則として営業外収益の区分に「有価証券利息」として表示されます。

■関連法規……財規第90条,財規ガイド90,所法第181条,第182条,法法第68条,消法第6条第1項,消法別表第2第3号,消令第10条第1項,消通6-3-1

97 債券が償還された

> 上記設例96のB社社債が満期償還となり,額面金額と最終利払金400,000円が,源泉所得税60,000円,復興特別所得税1,260円を控除され当座預金に入金となった。

| (借)当 座 預 金 | 20,338,740 | (貸)満期保有目的債券 | 19,600,000 |
| 仮払法人税 | 61,260 | 満期保有目的債券利息 | 800,000 |

【解 説】 社債は発行後一定期限後に,社債権者に対して発行会社が債務金額を返済します。これが社債の償還ですが,これには,①発行会社に資金的余裕がある時に社債権者から社債を買い入れる買入償還,②一定期間据置後抽せんによって償還する抽せん償還,③満期に償還する満期償還があります。

上記の仕訳は,同一決算期内に購入した債券が満期償還された場合を想定しています。

なお,仮払税金は法人税の前払いであるため,決算後に確定する法人税の納付額から控除されます。

債券の取得から償還日までの間に決算日が到来し,債券の取得価額と額面とに差額がありこれが金利の調整部分である場合には,差額を償還日までの期間内に配分する「償却原価法」により会計処理します(この処理は設例206を参照)。

(消費税) 債券の償還は資産の譲渡等に該当しないため課税の対象外で

あり，有価証券利息，有価証券償還益は非課税取引です。

《表　示》　満期保有目的債券利息は営業外収益の区分に「有価証券利息」として表示します。

■関連法規……財規第90条，財規ガイド90，所法第181条，第182条，法法第68条，消法第6条第1項，消法別表第2第3号，消令第10条第3項第6号，消通6－3－1，金融商品実務指針第70項

98　特定金銭信託による運用を行った

　資金運用目的で特定金銭信託契約を信託銀行と締結し，200,000,000円の小切手を振り出した。

　　(借)特定金銭信託 200,000,000　　(貸)当 座 預 金 200,000,000

【解　説】　特定金銭信託とは，委託者（投資家）が受託者（信託銀行）に金銭を信託し，委託者又はその代理人による運用の指図に基づき有価証券等への運用によって得た収益の実績配当を行う金銭信託です。

　特定金銭信託の仕組みは以下のようになっています。

① 委託者（投資家）が受託者（信託銀行）と特定金銭信託契約を締結します。
② 委託者は，受託者に信託金を拠出します。
③ 委託者又はその代理人が有価証券等への運用の指図を受託者にします。
④ 受託者は委託者又はその代理人の指図に従って有価証券等を売買します。
⑤ 受託者は委託者に対して，月次及び年次（又は半年）の決算報告をします。
⑥ 受託者は運用収益を委託者に交付します（金銭交付か元本組入れ）。
⑦ 信託終了時には原則として金銭が委託者に交付されます。

　特定金銭信託は，元本の保証がない金融商品です。

(消費税)　特定金銭信託への投資は資産の譲渡等に該当しないため，課

税の対象外です。受益者が特定している特定金銭信託では、受益者が信託財産を有するものとみなし、信託に属する財産に係る資産の譲渡等があった場合には、その資産の譲渡等が有価証券の譲渡や利子を対価とする貸付金等に該当して非課税となるものであれば、その譲渡対価は非課税となりますが、それ以外は課税されます。また、信託報酬は一部例外を除き課税対象となりますが、「非課税売上にのみに要する課税仕入れ」に該当します。

《表　示》　貸借対照表日の翌日から起算して1年以内に終了する特定金銭信託は、一般的に売買目的が多いため貸借対照表上、流動資産の部に「有価証券」もしくは「特定金銭信託」として表示します。それ以外は投資その他の資産の部において「投資有価証券」もしくは「特定金銭信託」として表示します。

■**関連法規**……会社計規第74条、財規第15条、第19条、第31条、消法第2条1項12号、第6条第1項、第14条第1項、消法別表第2第2号、消通4-2-1、6-2-3、金融商品実務指針第97項、第98項

99　特定金銭信託の決算時の評価を行った

決算になり設例**98**の特定金銭信託で運用している有価証券の各銘柄の時価を計算した結果、合計で2,000,000円の評価損が発生した。

（借）特定金銭信託評価損　2,000,000　　（貸）特定金銭信託　2,000,000

【解　説】　特定金銭信託（以下「特金」という）の会計処理はその保有目的により、運用目的、満期保有目的、その他に区分し、信託契約の単位ごとに行います。運用を目的とする特金の期末評価は、その構成物中の有価証券は、売買目的有価証券とみなして決算日における時価で評価し、評価差額は当期の損益に計上します。なお、特金は当該企業が直接保有する同一資産と簿価分離して計算します。

一般に特金は、運用を目的としているため構成物を時価評価することになっていますが、「運用目的」以外の場合には、「満期保有目的」か

「その他」となり、会計処理が異なってきます（会計処理は設例**91**参照）。従って、会計処理にあたり運用目的以外の場合には保有目的が客観的に判断できることが重要になります。

(消費税) 特金の評価取引は資産の譲渡等に該当しないため課税対象外です。

《表　示》 運用目的で発生した「特定金銭信託評価損」は損益計算書上、特金の運用損益（受取利息等）と相殺して、営業外損益の区分に計上するのが妥当と考えますが、他の売買目的有価証券の運用成果と合算して「有価証券運用損益」として表示することもできます。

■関連法規……金融商品会計基準第24項、金融商品実務指針第97項、第98項、設例9、財規第90条、財規ガイド90、金融商品Q&A69

100 特定金銭信託の収益分配時の処理を行った

設例**98**の特定金銭信託につき「信託決算報告書」に基づき収益の計上を行った。
① 受取利息、売却益等の合計　　　12,000,000円
② ①のうち源泉徴収税額　　　　　 1,000,000円
③ 売買手数料・信託報酬　　　　　　 600,000円
④ 売買手数料・信託報酬の消費税　　　60,000円
⑤ 差引当座預金入金額　　　　　　10,340,000円

(借)当 座 預 金　10,340,000　　(貸)特定金銭信託運用損益　11,400,000
　　仮払法人税　 1,000,000
　　仮払消費税等　　 60,000

【解　説】 特定金銭信託は決算日が定められており、決算日ごとに収益の配当（分配）が行われます。信託の決算日と投資家である企業の決算日が一致しない場合の処理については、原則として、発生主義により信託決算日翌日から企業の決算日までに確定した売却損益や未収利息を計上する必要がありますが、企業の期間損益を著しく歪めなければ、継続し

て信託決算日に収益計上する処理が認められます（税法では信託の計算期末が法人の決算日前10日以内となっているものは，その処理が認められています）。

[消費税] 特定金銭信託のなかで行われる株式の譲渡，利子の受取りは非課税ですが，売買等に伴う手数料や信託報酬は課税の対象です。また，信託配当金は損益の清算金であり資産の譲渡等に該当しないため課税の対象外です。

《表　示》　特定金銭信託は運用元本が比較的多額であり，その運用成果も金額的重要性が高くなることを考えて「特定金銭信託運用損益」勘定を用いて，他の資金運用の成果と区別する処理が望ましいと考えますが，他の売買目的有価証券の運用成果と合算して「有価証券運用損益」として表示することもできます。この場合損益計算書上，営業外損益の区分に表示します。

■関連法規……財規第90条，財規ガイド90，財規第93条，財規ガイド93，法基通
　　　　　　2－6－1, 2－1－24, 消法第6条第1項，消法別表第2第2号,
　　　　　　第3号，金融商品実務指針第98項，289項，金融商品 Q&A69

101　特定金銭信託の信託期間が終了した

　設例98の特定金銭信託につき信託期間が終了し，当座預金に199,770,000円が入金となった（売買手数料・信託報酬とこれらに対する消費税30,000円が控除されている）。

（借）当 座 預 金	199,770,000	（貸）特定金銭信託	198,000,000
仮払消費税等	30,000	特定金銭信託運用損益	1,800,000

【解　説】　特定金銭信託は，信託期間の終了や解約が行われると，元本に運用損益を加えたものから信託報酬等を控除した金額が，原則として金銭で交付されます。当設例の特定金銭信託は運用目的であり，企業の決算日においてその構成物を時価評価しているため，信託終了時における特定金銭信託の帳簿価額は設例99で減額した後の198,000,000円です。なお，金銭に代えて有価証券の現物で交付を受ける場合も，直前の

有価証券　115

帳簿価額で受入処理をし，その時点では時価評価を行いません（決算日に所有目的に応じて評価します）。

（消費税）　信託財産の返還は資産の譲渡等に該当しないため，課税の対象外です。なお，有価証券の売買手数料や信託報酬は課税の対象です。

《表　示》　金額的重要性がある場合には，他の資金運用で生じた「受取利息」勘定と区別して，「特定金銭信託運用損益」勘定を用いた方が望ましいと考えますが，他の売買目的有価証券の運用成果と合算して「有価証券運用損益」として表示することもできます。

なお，資金運用による損益という性格から，損益計算書上，原則として営業外収益の区分に表示します。

■関連法規……財規第90条，財規ガイド90，財規第93条，財規ガイド93，消通4－2－1，金融商品Q&A69

102 コマーシャル・ペーパーを購入した

> 3カ月後に償還されるコマーシャル・ペーパー（以下，「CP」という）200,000,000円を満期保有目的で購入した。割引率3％であり代金は小切手を振り出した。

　　（借）満期保有目的債券 198,500,000　　（貸）当 座 預 金 198,500,000

【解　説】　CPは，優良企業が短期資金調達目的で発行する無担保証券であり，法的性格は約束手形です。手形法上，利付方式がとれないため割引方式となっています。

〈取得価額の計算〉　$200,000,000円 \times 3\% \times \frac{3カ月}{12カ月} = 1,500,000円$

　　　　　　　　　$200,000,000円 - 1,500,000円 = 198,500,000円$

CPは金融商品取引法第2条第1項第15号により「有価証券」に該当します。従って，資金運用目的で短期的に保有する場合には1年以内に満期の到来する債券と同様と考えられるため，「満期保有目的債券」として処理します。

消費税 CPは有価証券であるため発行時における取得は非課税となります。

《表　示》 1年以内に満期の到来するCPは，貸借対照表上，流動資産の部に「有価証券」として表示します。

■関連法規……金商法第2条第1項第15号，財規第15条，第17条，会計計規第74条，消法第6条第1項，消法別表第2第2号，消通6－2－1，金融商品Q&A67

103　コマーシャル・ペーパーの償還時又は途中売却時の処理を行った

① 設例102のCP200,000,000円が3カ月後に償還され，全額当座預金に入金した。

(借)当 座 預 金　200,000,000　　(貸)満期保有目的債券　198,500,000
　　　　　　　　　　　　　　　　　　　満期保有目的債券利息　1,500,000

【解　説】　会計処理上CPは有価証券として扱われますので償還期限まで保有した場合，額面金額と取得価額との差は，受取利息ではなく，「有価証券利息」となります。なお，償還までの間に企業の決算が到来した時，CPの保有が「満期保有目的の債券」と同一性格のものと考えられる場合，額面と取得価額との差額についてそれが金利の調整と認められる場合には償却原価法を適用して，帳簿価額の増額修正を行います。償却原価法については設例206を参照下さい。

消費税 有価証券であるCPの償還は非課税取引です。また，有価証券利息は償還差益であり非課税です。

《表　示》 満期保有目的債券利息は損益計算書上，営業外収益に「有価証券利息」として区分表示します。

■関連法規……財規第90条，財規ガイド90，消法第6条第1項，消法別表第2第2号，第3号，消令第10条第3項第6号，消通6－2－1，6－3－2の2，金融商品Q&A67，68，69

② 設例**102**のCPについて、信用リスクが高くなったため目的を変更して取得後1カ月で売却し、手取金は全額当座預金とした。売却価額は120,000,000円であった。

(借)当 座 預 金 120,000,000　　(貸)満期保有目的債券 198,500,000
　　満期保有目的債券売却損　78,500,000

【解　説】　金融商品会計に関する実務指針では、満期保有目的債券を満期前に売却することは禁じられていますが、債券発行者の信用状態が著しく悪化した場合等では、将来の損失を回避するために売却が容認されています。取得価額と売却価額の差は、所有期間に対応する利息部分だけでなく、CP自体の価額の変動による売却損益部分も含まれていますが、それを区別するのは実務的ではないところから、「満期保有目的債券売却損」勘定を用います。
(消費税)　国内CPの売却は、有価証券の譲渡に該当し、非課税です。
《表　示》　満期保有目的債券売却損は損益計算書上、営業外費用に「有価証券売却損」として区分表示します。
■関連法規……財規第93条、財規ガイド93、消法第6条第1項、消法別表第2第2号、消通6-2-1、金融商品実務指針第80項、第83項、金融商品Q&A28、68、69

104　有価証券を貸し付けた（使用貸借の貸手側）

① 取引先Z社より同社が営業保証金の代用としてのみ使用し、自由に売却処分できないという条件で有価証券の貸付けの要請があったので、満期保有目的債券・取得価額10,000,000円（時価10,200,000円）をZ社に貸し付けた。この際に現金担保を10,400,000円受領した。
② 決算日の時価は10,600,000円であった。
③ 現金と有価証券の返還を行った。

① 受渡日

(借)現　　　金　10,400,000　　(貸)借　入　金　10,400,000

② 決算日

仕訳なし

③ 返還日

(借)借　入　金　10,400,000　　(貸)現　　　金　10,400,000

【解　説】　有価証券を，他社の営業保証金の代用として使用させる目的で貸し付けることがあります。このような場合，有価証券の貸手は，有価証券の使用が拘束されているため，借入金に対する担保差入有価証券とみなして決算日には，その旨と貸借対照表価額を注記します。本設例では満期保有目的債券であるため，取得原価のままとなり仕訳は生じません。また，担保差入れの注記をするための管理記録を残す必要はありますが，借手に売却できる自由処分権を与えていないため，貸付有価証券としても処理しません。

(消費税)　有価証券の貸付取引のうち，本設例のように貸付けの対価を伴わない取引は，課税の対象外となります。

《表　示》　有価証券を貸し付けている旨と金額を貸借対照表に注記します。

■関連法規……金融商品実務指針第77項，第277項，設例7

105　有価証券を借り受けた（使用貸借の借手側）

(設例104で借入したＺ社側の仕訳)

① 受渡日

(借)貸　付　金　10,400,000　　(貸)現　　　金　10,400,000

② 決算日

仕訳なし

③ 返還日

(借)現　　　金　10,400,000　　(貸)貸　付　金　10,400,000

【解　説】　営業保証金の代用として使用する目的で，有価証券を借り受けることがあります。このような場合，有価証券の借手は，借入有価証券の売却という自由処分権を有していないため，借入有価証券を会計処理の上で認識しません。

《表　示》　有価証券を借り受けており，担保差入れ等という自由処分権がある旨及び貸借対照表日の時価を注記します。

■**関連法規**……金融商品実務指針第77項，第277項，設例7

106 有価証券の消費貸借を行った

① A社は社債（額面4,000,000円，簿価3,960,000円，時価4,040,000円）を売買目的で所有しているが，B社に消費貸借契約により貸し付けた。なお，現金担保4,200,000円を受け取った（両社とも決算日は同一とする）。
② 決算日を迎えたが上記①の社債の時価は4,120,000円であった。
③ 翌期にB社は上記社債を4,160,000円で第三者に現金で売却した。
④ B社は借入有価証券を返還するために同一銘柄の社債を4,280,000円で現金購入した。
⑤ B社はA社に社債を返し，A社からは担保の現金が返還された。

① 受渡日
▶A社
　(借)現　　　金　4,200,000　　(貸)借　入　金　4,200,000
▶B社
　(借)貸　付　金　4,200,000　　(貸)現　　　金　4,200,000

② 決算日
▶A社
(借)売買目的有価証券　　160,000　　(貸)有価証券運用益　　160,000
▶B社…仕訳なし
③ 売却約定日
▶A社…仕訳なし
▶B社
(借)保管有価証券　　4,160,000　　(貸)売却借入有価証券　　4,160,000
(借)現　　　　金　　4,160,000　　(貸)保管有価証券　　4,160,000
④ 買付約定日
▶A社…仕訳なし
▶B社
(借)売買目的有価証券　　4,280,000　　(貸)現　　　　金　　4,280,000
⑤ 返還日
▶A社
(借)借　入　金　　4,200,000　　(貸)現　　　　金　　4,200,000
▶B社
(借)売却借入有価証券　　4,160,000　　(貸)売買目的有価証券　　4,280,000
　　売買目的有価証券運用損　　120,000
(借)現　　　　金　　4,200,000　　(貸)貸　付　金　　4,200,000

【解　説】　消費貸借は借手にとって借り入れた有価証券と同一銘柄，同一グループに属するものを同量返還する契約であるため，法律上は譲渡と解されています。

　消費貸借の貸手は，貸付期間中は現物の自由処分権はないものの，返還期日に貸し付けた有価証券と同一種類の有価証券の返還を受ける権利があるため，返還後には保有していた場合と同一結果であることから，保有していた有価証券の評価方法を継続適用します（債券の消費貸借契約で償還日に額面相当額を現金で返還する契約がある場合には貸手は貸付時に売却処理を，借手は取得の処理を行います）。

　借手は有価証券の自由処分権を持っているので，売却や担保差入れができます。しかし，担保受入金融資産と異なる取扱いをする理由がない

ことから，売却時点になってから返還義務を貸借対照表に計上する処理を行います。

(消費税) 有価証券の貸付取引でも対価を伴わない取引は課税対象外です。

《表 示》 貸手は有価証券を貸し付けている旨と貸借対照表価額を注記する必要があり，借手はその旨及び貸借対照表日の時価を注記します。ただし，有価証券の売却時に返還義務を負債として計上している場合にはその旨及び時価の注記は不要です。

■関連法規……金融商品実務指針第27項，第277項，設例7

107 中期国債ファンドを取得し，収益分配金の受入れ時と，売却時の処理を行った

① 5月1日に中期国債ファンド20,000,000円を購入し，代金は小切手を振り出して支払った（6月20日までの資金運用目的とする）。
② 5月31日付の運用報告書によると収益分配金は32,000円であり，源泉所得税4,800円，復興特別所得税100円を差し引かれた27,100円が再投資された。
③ 6月20日に解約し，6月の収益分配金24,000円より，源泉所得税3,600円，復興特別所得税74円が差し引かれて，当座預金に入金した。

① 取得時

(借)その他有価証券　20,000,000　　(貸)当 座 預 金　20,000,000

② 収益分配金の受入時

(借)その他有価証券　　27,100　　(貸)その他有価証券受取利息　32,000
　　仮払法人税　　　　 4,900

③ 解約時

(借)当 座 預 金	20,047,426	(貸)その他有価証券	20,027,100
仮払法人税	3,674	その他有価証券受取利息	24,000

【解　説】　中期国債ファンドは，信託財産の$\frac{1}{2}$以上を中期利付国債で運用し，残りを利付金融債，コールローン，手形割引などで運用する無期限，追加型の公社債投資信託です。収益分配金は自動的に再投資されるため，収益計上は，証券会社から送付される運用報告書に基づいて行います。

　中期国債ファンドを分類しますと，「その他有価証券」に該当すると考えられますが，預金と同様の性格を有するものであることから，流動資産の「有価証券」として扱います。また，収益分配金は主に，中期利付国債などの利子・経過差益・売買損益等ですので，実務上は受取利息として計上します。

　仮払税金は法人税の前払いとなりますので，決算後，確定した法人税の納付時に控除の対象となります。なお「M.M.F」の会計処理についても本設例と同様になります。

　なお本設例は，所有期間中に決算が到来していない場合を想定していますが，決算時の評価は中期国債ファンドの実態から判断して預金と同様の性格を有すると考えられるので，取得価額とします。

(消費税)　中期国債ファンドは公社債投資信託の一種であり，投資家からみると運用実績に応じた利子を対価として金銭を委託者に貸し付ける行為と考えられますので，その購入は非課税です。また，その収益の分配金は金銭の貸付けの対価である利子に類するものと認められ，かつ合同運用信託等に係る収益分配金の規定から非課税です。

《表　示》　その他有価証券受取利息は損益計算書上，営業外収益の区分に「受取利息」として計上します。

■関連法規……財規第15条，第90条，所法第181条，第182条，法法第68条，消法第6条第1項，消法別表第2第3号，消令第10条第3項第2号，消通6－3－1，金融商品実務指針第64項，金融商品 Q&A19，67

108 現先取引の開始時と終了時の処理を行った

① 時価20,200,000円の利付国債を買付金額20,000,000円,売戻し金額20,400,000円の契約で現先運用することとし,小切手で20,000,000円支払った。

(借)貸　付　金　20,000,000　　(貸)当 座 預 金　20,000,000

② 決算日となったので,期間経過分の利息200,000円を計上する。なお,当社は現先取引について貸倒引当金の対象としていない。

(借)未 収 利 息　　　200,000　　(貸)受 取 利 息　　　200,000

(注) 翌期首に再振替仕訳を行う。

(借)受 取 利 息　　　200,000　　(貸)未 収 利 息　　　200,000

③ 上記①の現先の期日が到来し,当座預金に入金された。

(借)当 座 預 金　20,400,000　　(貸)貸　付　金　20,000,000
　　　　　　　　　　　　　　　　　　　受 取 利 息　　　400,000

【解　説】　現先取引とは,将来の特定期日に特定の価格で売戻し(買戻し)することをあらかじめ契約した上で行う公社債等の買付(売渡)取引のことであり,「公社債等の現物の先日付取引」の略称であるといわれています。

　企業が資金運用の目的で行うのが「買現先」(売戻し条件付の債券等の買付取引)であり,資金調達の目的で行うのが「売現先」(買戻し条件付の債券等の売渡取引)です。実際に行われているのは,圧倒的に資金運用目的の買現先取引が多いようです。

現在では債券のほかにCD（譲渡性預金），CP（コマーシャル・ペーパー）なども現先の対象となっています。

現先取引は金融取引（資金取引）として処理します。また，現先取引に関連して授受される有価証券は資金の貸手に対して担保として差し入れたもので売却可能であっても，有価証券の受入者（資金の貸手）はこれを貸借対照表に計上する必要はありません。

ただし，受入れした有価証券を売却して返還義務を貸借対照表に計上した場合を除き，担保受入金融資産として，その旨と貸借対照表日における時価の注記が必要です。

(消費税) 現先は，利子を対価とする貸付取引と考えられ非課税です。本設例のような買現先の場合は，課税売上割合の計算上売戻しと購入の対価の差額を非課税売上に算入します。

《表　示》 受取利息は損益計算書上，営業外収益の区分に「受取利息」として表示します。

■関連法規……財規第90条，財規ガイド90，消法第6条第1項，消法別表第2第2号，第3号，消令10条第1項，第48条3項，消通6－3－1，金融商品実務指針第129項，第305項，金融商品Q&A69

109 信用取引の開始から終了までの処理を行った

① 当社は信用取引（売買目的）で，S社株20,000株を1株200円で買付けし，差入保証金として1,400,000円を小切手で支払った。

(借)担保差入有価証券　4,000,000　　(貸)信用取引未払金　4,000,000
(借)信用取引差入保証金　1,400,000　　(貸)当　座　預　金　1,400,000

【解　説】　株式の信用取引は，一定額以上の保証金を証券会社に差入れして，証券会社に資金の融資を受けて株式を買い付ける場合と，証券会社から株券を借り受けて，株式を売り付ける場合があります。いずれも，安定的運用目的で行われる取引でないため，一般的に資金運用として広く利用されているわけではありません。信用取引で株式を買い付け

ることは，証券会社から資金を借入して，株式を購入した後直ちに担保に差し入れたものと等しいため，金融機関からの借入金とは区別する必要があります。また，買付けした株式は，現金取引で購入した同一銘柄の株式と区別して売却損益の計算をしますので，勘定科目を区別し，別々に管理する必要があります。

信用取引は当該有価証券に関する限り現物の売買取引と同一であるため，取得した有価証券を売買目的有価証券として扱います。従って，決算日に信用取引で買付けした株式を保有している場合には，時価評価を行い評価差額を当期の損益として計上します。売買目的有価証券の時価評価については設例**91**を参照下さい。

《表　示》　信用取引の決済は最長で半年後には行われるため，貸借対照表上「信用取引差入保証金」は流動資産の部の「その他の流動資産」に含め，信用取引未払金は流動負債の部の「短期借入金」として表示します。

■関連法規……財規第15条第12号，財規ガイド15-12，財規第49条第1項第3号，
　　　　　　法法第61条の4，金融商品実務指針第24項，金融商品Q&A 4

---

② 上記設例のS社株式20,000株を1株250円で売却し，信用取引を決済した。
　なお，証券会社に対する支払利息160,000円を差し引き手取額は当座預金とした。

(借)信用取引未払金	4,000,000	(貸)担保差入有価証券	4,000,000
支払利息 (信用取引)	160,000	信用取引差入保証金	1,400,000
当座預金	2,240,000	売買目的有価証券売却益	1,000,000

【解　説】　信用取引の決済方法の1つとして考えられるのが，買付株式の値上りを待って売却する本設例のような場合です。なお，証券会社に対する未払金に生じる支払利息は，買付株式の取得価額に含めずに費用計上ができます。

《表　示》　資金運用取引である点を考えると，損益計算書上「支払利

息」と「売買目的有価証券売却益」を相殺し「有価証券売却益」として,営業外収益に表示することが妥当と考えます。

■関連法規……法基通2－3－2,財規第90条,財規ガイド90,金融商品実務指針第24項,金融商品Q&A 4, 69

③ 上記設例のS社株式20,000株の代金と支払利息160,000円を小切手にて支払い,株式の現物を引き取った(前記設例の売却はなかったものとする)。この時の時価は190円であった。

(借)売買目的有価証券	3,800,000	(貸)担保差入有価証券	4,000,000
信用取引未払金	4,000,000	信用取引差入保証金	1,400,000
支払利息(信用取引)	160,000	当座預金	2,760,000
売買目的有価証券評価損	200,000		

【解　説】　信用取引の決済の方法には,借入金を返済することで,現物を引き取ることも行われます。この場合には,他の方法で取得したS社株式と区別する必要がなくなりますので,その所有目的に従って「売買目的有価証券」か「その他の有価証券」に計上します。なお,信用取引の決済をしない状態で決算日が到来した場合には,「担保差入有価証券」を時価評価し,差額を「売買目的有価証券評価損益」に計上します。そしてこの金額は翌期首には,振戻し処理が必要です。

(消費税)　信用取引は資金の借入や株式の品借りが伴いますが,現物の株式を売買する取引と変わらないため非課税取引です。

なお,設例では省略しましたが,売買に伴って支払う委託手数料は課税対象です。

《表　示》　損益計算書上,支払利息は売買目的有価証券から生じた売買目的有価証券評価損益と相殺の上,「有価証券売却損(益)」として営業外損益の区分に計上されます。

■関連法規……財規第15条,第90条,財規ガイド90－2,財規第93条,財規ガイド93,消法第6条第1項,消法別表第2第2号,消通6－2－1,金融商品Q&A 4, 69

110 その他資本剰余金の処分による現金の配当を受ける

① L社は、T社からその他資本剰余金の処分による配当638,000円を受けた。配当の対象となる有価証券は、売買目的以外の有価証券である。なお、みなし配当の金額は400,000円であり、これに対する源泉税は81,260円である。
② M社は、T社からその他資本剰余金の処分による配当638,000円を受けた。配当の対象となる有価証券は、売買目的有価証券である。なお、みなし配当の金額は400,000円であり、これに対する源泉税は81,260円である。

① (借)当 座 預 金　　556,740　　(貸)T 社 株 式　　638,000
　　　仮払法人税　　　 81,260
② (借)当 座 預 金　　556,740　　(貸)受取配当金　　638,000
　　　仮払法人税　　　 81,260

【解　説】　株主が資本剰余金の区分におけるその他資本剰余金の処分による配当を受けた場合、配当の対象となる有価証券が売買目的有価証券である場合を除き、原則として配当受領額を配当の対象である有価証券の帳簿価額から減額します。配当の対象となる有価証券が売買目的有価証券である場合は、配当受領額を受取配当金（売買目的有価証券運用損益）として計上します。また、配当金を計上する際に、その他利益剰余金の処分によるものか、その他資本剰余金の処分によるものかが不明な場合は、一旦、受取配当金に計上し、その後、その他資本剰余金の処分によるものであることが判明した場合に、金額に重要性が乏しい場合を除き、その時点で修正する会計処理を行います。

なお、税務上は、上記の保有目的にかかわらず、自己株式の取得と同様に、資本の払戻しとして取り扱われ、みなし配当事由となります。資本の払戻しである場合、払戻しを行う会社からみなし配当の計算明細の

通知を受けるため当該通知の金額にしたがい，みなし配当の金額，源泉税の金額を計上します。

(消費税) 配当金の支払いは，資産の譲渡等に該当しないため，課税対象外です。

■**関連法規**……適用指針第3号第3項，第4項，第6項，法法24条1項，消法第2条，第4条

棚卸資産

棚卸資産の会計実務では，会計基準と税法に違いがあり，その主要な相違点を整理すれば以下のようになります。

	棚卸資産の評価に関する会計基準	税　法
棚卸資産の範囲	商品・製品・半製品・原材料・仕掛品・事務用消耗品等・トレーディング目的資産（他の会計基準が適用されるものは除く）	短期売買商品（トレーディング目的資産）は棚卸資産とは別扱い。
棚卸資産の評価方法	①個別法，②先入先出法，③平均原価法，④売価還元法	会計基準の4つ以外に最終仕入原価法が選択可能。
棚卸資産の評価基準	通常販売目的棚卸資産は「正味売却価額」…事実上の低価法／トレーディング目的資産は市場価額で評価。	原価法と低価法の選択可能／原価法を採用していても，一定の事実（法人税法施行令第68条第1項第1号）がある場合には評価損を計上できる。
	洗替法と切放し法の選択可能。	平成23年度税制改正で洗替法のみ。

111 商品勘定につき，仕入，売上，決算までの処理を行った

① 商品200,000円（消費税別）を掛で仕入した。
② 仕入商品のうち20,000円（消費税別）の値引を受けた。
③ 原価120,000円の商品を160,000円（消費税別）で掛売りした。
④ 掛売りした商品40,000円（消費税別）（原価30,000円）が返品された。
⑤ 決算時の処理を行った。期首在庫は20,000円，期末在庫は110,000円とする。

		総記法（1勘定制）	分記法（2勘定制）	三分法（3勘定制）
①	仕入時	(借)商　　品 200,000 　　仮払消費税等 20,000 (貸)買 掛 金 220,000	(借)商　　品 200,000 　　仮払消費税等 20,000 (貸)買 掛 金 220,000	(借)仕　　入 200,000 　　仮払消費税等 20,000 (貸)買 掛 金 220,000
②	値引等	(借)買 掛 金 22,000 (貸)商　　品 20,000 　　仮払消費税等 2,000	(借)買 掛 金 22,000 (貸)商　　品 20,000 　　仮払消費税等 2,000	(借)買 掛 金 22,000 (貸)仕　　入 20,000 　　仮払消費税等 2,000
③	売上時	(借)売 掛 金 176,000 (貸)商　　品 160,000 　　仮受消費税等 16,000	(借)売 掛 金 176,000 (貸)商　　品 120,000 　　商品売買益 40,000 　　仮受消費税等 16,000	(借)売 掛 金 176,000 (貸)売　　上 160,000 　　仮受消費税等 16,000
④	返品時	(借)商　　品 40,000 　　仮受消費税等 4,000 (貸)売 掛 金 44,000	(借)商　　品 30,000 　　商品売買益 10,000 　　仮受消費税等 4,000 (貸)売 掛 金 44,000	(借)売　　上 40,000 　　仮受消費税等 4,000 (貸)売 掛 金 44,000
⑤	決算時	(借)商　　品 30,000 (貸)商品売買益 30,000	仕訳なし	(借)仕　　入 20,000 　　繰越商品 110,000 (貸)繰越商品 20,000 　　仕　　入 110,000 (借)損　　益 90,000 (貸)仕　　入 90,000

【解　説】 商品売買取引の処理には，上記のように3つの方法があります。

総記法は仕入，売上という取引をすべて商品勘定だけで処理する方法です。従って，期中における「商品勘定」の残高は何の意味も持ちません。決算に際しては，当期の「商品売買損益」を別途計算の上，「商品勘定」から「商品売買損益勘定」に振替処理します。

分記法は「商品勘定」への記帳をすべて仕入原価の動きで示し，売上時における仕入原価との差額を「商品売買損益勘定」で処理します。

三分法は商品勘定を「仕入」「売上」「繰越商品」の3つに分割して取引内容に応じて使い分ける方法です。決算に際し，「仕入勘定」で売上原価を算定し，「損益勘定」へ振替処理を行う方法と仕入勘定で売上原価を算定し，「売上原価勘定」へ振替えする方法があります。なお，「繰

越商品勘定」は，在庫商品を示す勘定であり，決算時に前期末在庫と当期末在庫の洗替処理をします。三分法は一般に広く採用されている方法です。

(消費税) 国内で行われる商品の仕入・売上は課税取引です。また，仕入及び売上の値引，割戻し，返品，割引の場合は，仕入及び売上の計上時に計算された消費税から控除します。

〈参考〉 a．総記法の商品勘定

商　品

⑤期首在庫	20,000	②	20,000
①	200,000	③	160,000
④	40,000	⑤期末在庫	110,000
⑤	30,000		
	290,000		290,000

商品売買益＝③40,000円－④10,000円＝30,000円

b．三分法の仕入勘定

商　品

①	200,000	②	20,000	
⑤	20,000	⑤	110,000	
		⑤	90,000	(売上原価)
	220,000		220,000	

■関連法規……消法第32条，第38条

112 商品・原材料・購入部品の引取費用を支払った

商品・原材料・購入部品等を購入した際の引取運賃・荷役費・運送保険料など1,100,000円（消費税100,000円を含む）を普通預金から振込払いした。請求書内訳明細書から，この1,000,000円については商品で500,000円・原材料で100,000円・購入部品で400,000円をそれぞれ負担すべきであることが判明した。

(借)商　　　品	500,000	(貸)普通預金	1,100,000
原　材　料	100,000		
購 入 部 品	400,000		
仮払消費税等	100,000		

【解　説】商品の購入原価は，次の①及び②の金額の合計額とするのが原則です。

　①　商品の購入代価に引取運賃，荷役費，運送保険料，購入手数料，関税などの引取費用を加算した金額

　②　商品を販売の用に供するために直接要した費用，即ち購入事務，検収，整理，選別，手入れ，保管などに要した費用の額

　ただし，上記①の購入代価以外の費用及び②に属する費用については，これらの費用が少額で重要性が乏しい場合には，商品の購入原価に算入しないことも考えられます。②に属する費用が少額で重要性が乏しいかを判定する基準として，会計上明確な基準はありません。個々の企業の判断により，一定の基準を設けることが考えられます。

なお，法人税法では，少額として「購入代価の概ね３％以内の金額」が示されています。

(消費税)　商品の仕入及び引取運賃の支払いは，課税仕入れに該当しますので，課税仕入れに係る消費税額は，その課税期間の課税標準額に対する消費税額から控除されることになります。従って，仕入にあたって支払った消費税額は仮払消費税等として処理します。

■関連法規……棚卸資産基準第６－２項，原価基準第２章第２節11㈣，財規第79条，法令第32条第１項，法基通５－１－１，消法第２条第１項第12号，第30条第１項

113　原材料・購入部品の購入と払出しを行った

①　部品Ａの当月の購入状況（すべて掛仕入）
　　１日…100個　単価10,000円
　　10日…150個　単価10,400円

```
        20日…100個　単価10,200円
    (単価には消費税含まず。)
②  部品Aの当月の出庫状況
        2日… 60個
        12日… 80個
        25日…150個
③  月末在庫数60個
```

① 当月仕入の処理

(借)購 入 部 品　　3,580,000　　(貸)買　掛　金　　3,938,000
　　仮払消費税等　　　358,000

② 当月払出しの処理

　イ．先入先出法の場合

(借)仕　掛　品　　2,968,000　　(貸)購 入 部 品　　2,968,000

〈計算〉　(2日…60個×10,000円)+(12日…40個×10,000円+40個×10,400円)+
　　　　(25日…110個×10,400円+40個×10,200円)=2,968,000円

ロ．総平均法（月次）の場合

(借)仕　掛　品　　2,966,294　　(貸)購 入 部 品　　2,966,294

〈計算〉　$\dfrac{100個×10,000円+150個×10,400円+100個×10,200円}{100個+150個+100個}$
　　　　×(60個+80個+150個)=2,966,294円

ハ．移動平均法の場合

(借)仕　掛　品　　2,964,369　　(貸)購 入 部 品　　2,964,369

〈計算〉　(2日…60個×10,000円)+(12日…$\dfrac{40個×10,000円+150個×10,400円}{40個+150個}$×80個)

　　　　+(25日…$\dfrac{110個×10,315.8円+100個×10,200円}{110個+100個}$×150個)=2,964,369円

(注) 便宜上，端数が生じたものは小数点第2位を四捨五入した。

【解　説】　棚卸資産の「取得価額」は購入代価又は製造原価に引取費用等の付随費用を加算して計算し，売上原価等の「払出原価」と「期末棚卸価額」は以下の評価方法から選択して算定します。

　評価方法…個別法・先入先出法・平均原価法（総平均法，移動平均法）・
　　売価還元法

　なお，棚卸資産の評価方法は事業の種類・棚卸資産の種類・その性質及び使用方法等を考慮した区分ごとに選択し，それを継続適用しなければなりません。

　他から購入した部分品で製品又は半製品の製造に使用されるものが購入部品ですが，製造業では一般的に毎月原価計算を実施して，その結果を月次決算に反映させています。この際の購入部品（原材料も同じ）の評価方法としては，先入先出法，総平均法，移動平均法などがあります。

　このうち先入先出法は，異なる単価の購入品がある場合，先に入庫した物から出庫されたと考えて出庫価額を計算する方法であり，現実の品物の動きに近い方法と考えられますが，手数がかかるという欠点があります。

　総平均法（月次）は月初在庫品評価額と当月購入品取得価額の合計額を総数量（月初在庫数＋当月仕入数）で除して，総平均単価を求め出庫価額を計算する方法であり，計算が簡単であるため広く利用されています。

　移動平均法は単価の異なる購入品を受け入れるつど，繰越金額（その時の在庫金額）と受入（仕入）金額の合計額を繰越数量と受入（仕入）数量の合計数量で除して平均単価を求め，出庫価額はこの平均単価によって計算する方法です。移動平均法は計算に手数がかかるという欠点があります。

|中小会計|　棚卸資産の評価方法は個別法，先入先出法，総平均法，移動平均法，売価還元法等，一般に認められる方法によります。なお，著しい弊害がない場合には，最終仕入原価法も採用できます。

(消費税)　原材料，購入部品の仕入は課税の対象となります。

■関連法規……原価基準第2章第2節11㈢，法令第28条第1項，中小会計指針第28項，棚卸資産会計基準第6－2項，第6－3項

114 商品の期末評価をした

当社は3種類の商品を販売しているが，当事業年度末の在庫の状況は以下のとおりであった。これに基づき期末評価を行う。

(種類)	(帳簿価格)	(売価)	(在庫数)
A商品	200円	240円	10,000個
B商品	100円	120円	5,000個
C商品	300円	260円	20,000個

なお，見積販売直接経費は省略する。

① 切放し法
▶期末

(借)商品評価損　　800,000　　(貸)商　　品　　800,000

② 洗替法
▶期末

(借)商品評価損　　800,000　　(貸)商　　品　　800,000

▶翌期首

(借)商　　品　　800,000　　(貸)商品評価損　　800,000

〈計算〉　A商品：帳簿価格200円＜売価240円…評価損なし
　　　　B商品：帳簿価格100円＜売価120円…評価損なし
　　　　C商品：帳簿価格300円＞売価260円…評価損計上
　　　　(300円－260円)×20,000個＝800,000円(評価損計上額)

【解　説】　棚卸資産は保有目的によって以下の方法により評価します。
(1) 通常の販売目的で保有する棚卸資産
　① 通常の販売目的で保有する棚卸資産は，取得原価をもって貸借対照表価額とし，期末における正味売却価額が取得原価よりも下落し

ている場合には,正味売却価額をもって貸借対照表価額とします。この場合の取得原価と正味売却価額との差額は当期の費用として処理します。この正味売却価額は,売却市場における時価(以下,「売価」という)から見積追加製造原価及び見積販売直接経費を控除したものです。

また,売却市場における市場価格が観察できない場合には,合理的に算定された価額を売価とする方法が採用できること,営業循環過程から外れた滞留又は処分見込等の棚卸資産については,㋑帳簿価額を処分見込価額まで切り下げる方法か,㋺一定の回転期間を超える場合,規則的に帳簿価額を切り下げる方法によることができること,製造業における原材料等のように再調達原価の方が把握しやすく,正味売却価額が当該再調達原価に歩調を合わせて動くと想定される場合には,継続適用を条件として,最終仕入原価を含む再調達原価によることができます。

これらを整理すると,以下の一覧表になります。

評 価 額		意 義	摘 要
正味売却価額	市場価格に基づく価額による	正味売却価額=売価-見積追加製造原価-見積販売直接経費 ・売価=購買市場と売却市場とが区別される場合における売却市場の時価	・売却市場において観察可能な市場価格に基づく価額を売価とする。
	合理的に算定された価額による	同 上	・売却市場において市場価額が観察できない場合,合理的に算定された価額を売価とする。 ・当該価額は,同等の棚卸資産を売却市場で実際に販売可能な価額として見積ることが適当である。 ・これには,期末前後での販売実績に基づく価額を用いる場合や,契約により取り決められた一定の

		売価を用いる場合を含む。
正味売却価額に代わるもの	次のような方法による価額 ・帳簿価額を処分見込価額まで切り下げる方法 ・一定の回転期間を超える場合，規則的に帳簿価額を切り下げる方法	営業循環過程から外れた滞留又は処分見込等の棚卸資産について，合理的に算定された価額によることが困難な場合に適用
再調達原価	購買市場と売却市場とが区別される場合における購買市場の時価に，購入に付随する費用を加算した価額	原材料等のように再調達原価の方が把握しやすく，正味売却価額が再調達原価に歩調を合わせて動くと想定される場合に適用

② 継続適用を原則として，棚卸資産の種類ごと，簿価切下げ要因ごと（物理的劣化，経済的劣化，需給変化に起因する売価の低下）に前期の簿価切下額の戻入れを行う方法（洗替法）と行わない方法（切放し法）を選択適用できます。

(2) トレーディング目的で保有する棚卸資産

トレーディング目的で保有する棚卸資産については，市場価額に基づく価額をもって貸借対照表価額とし，帳簿価額との差額（評価差額）は，当期の損益として処理します。トレーディング目的で保有する棚卸資産として分類するための留意点や保有目的の変更の処理は，金融商品会計基準における売買目的有価証券に対する取扱いに準じることになります。

なお，税法の取扱いは，(1)の販売目的の棚卸資産については，従来どおり原価法と低価法の選択適用となっていますが，(2)のトレーディング目的の棚卸資産は，会計基準と合致させるために時価評価します。

中小会計 棚卸資産の期末における時価（原則として正味売却価額）が帳簿価額より下落し，かつ金額的重要性がある場合には，時価をもって貸借対照表価額とします。なお，①災害による著しい損傷，②著しい陳腐化，③上記に準ずる特別の事実が発生した場合には，その事実を反映させて帳簿価額を切り下げる必要があります。

消費税 棚卸資産の評価損の計上は資産の譲渡等に該当しないため，

課税の対象外です。

《表　　示》　通常の販売目的棚卸資産の評価損は売上原価として処理しますが，製造に関連して不可避に発生する場合には製造原価とします。この場合，重要性が乏しい場合を除き注記か売上原価の内訳科目として独立掲記する方法で表示します。しかし，臨時の事象に起因し，かつ多額の評価損の場合には特別損失とします。たとえば，重要な事業部門の廃止に伴う場合や災害損失の発生する場合が考えられます。

　一方，トレーディング目的保有の棚卸資産から生じる評価損益は原則として，純額で売上高に表示します。

■関連法規……棚卸資産会計基準第4～19項，法法第29条，第61条，財規第80条，中小会計指針第27項

115　売価還元法による在庫評価を行った

　当社は小売業を営んでいるが，在庫品の評価は継続的に売価還元法を採用している。
　以下のデータにより，期末在庫品の処理を行う。

　期首残高（原価）　　　10,000,000円…（売価）12,000,000円①
　当期仕入原価総額　　　120,000,000円②
　原始値入額　　　　　　22,000,000円③
　値上額－値上取消額　　 1,100,000円（純値上額）④
　値下額－値下取消額　　　 660,000円（純値下額）⑤
　当期の売上額　　　　　130,000,000円⑥
　期末商品在庫（売価）　 24,440,000円（①+②+③+④-⑤-⑥）

▶売価還元平均原価法

　　（借）繰 越 商 品　20,554,040　　　（貸）仕　　　　入　20,554,040

〈計算〉 $\dfrac{10,000,000+120,000,000}{12,000,000+120,000,000+22,000,000+1,100,000-660,000}=0.841$

　　　24,440,000円×0.841＝20,554,040円

▶売価還元低価法

(借)繰越商品　20,480,720　　(貸)仕　　入　20,480,720

〈計算〉 $\dfrac{10,000,000+120,000,000}{12,000,000+120,000,000+22,000,000+1,100,000}=0.838$

24,440,000円×0.838＝20,480,720円

〈参考〉

・売価還元平均原価法の原価率計算式

$$\dfrac{期首繰越商品原価＋当期受入原価総額}{期首繰越商品小売価額＋当期受入原価総額＋原始値入額＋値上額－値上取消額＋値下額－値下取消額}$$

・売価還元低価法の原価率計算式

$$\dfrac{期首繰越商品原価＋当期受入原価総額}{期首繰越商品小売価額＋当期受入原価総額＋原始値入額＋値上額－値上取消額}$$

【解　説】　取扱い品種のきわめて多いデパート・スーパー等の小売業や卸売業では個々の商品ごとの受払記録を継続して行うことが実務上困難なことがあります。そのような場合に採用されるのが売価還元法です。売価還元法は値入率等の類似性に基づく棚卸資産のグループごとの期末在庫の売価合計額に，原価率を乗じて求めた金額を期末棚卸資産の価額とする方法です。

「棚卸資産の評価に関する会計基準」によると，期末における正味売却価額が帳簿価額よりも下落している場合には，正味売却価額を貸借対照表価額としなければなりません。ただし，値下額等が売価合計額に適切に反映されている場合には，値下額及び値下取消額を除外した売価還元法の原価率により求められた期末棚卸資産の帳簿価額は，収益性の低下に基づく簿価切下額を反映したものとみなすことができます。

法人税法では売価還元法の計算式は上記の計算式と異なり，以下のものとなります。

$\dfrac{期首在庫(原価)＋当期仕入額}{当期売上高＋期末在庫(売価)}=原価率$

なお税法では，低価法を適用する場合の期末在庫評価金額は，正味売却価額とされています。

[消費税] 棚卸資産の評価は課税対象外取引です。
■関連法規……棚卸資産会計基準第13項,第54項,第55項,法基通5-2-11

116 工事損失引当金を計上する

> 当社は建設業であるが,期末時点の未成工事のうちに,赤字となる可能性が非常に高いものがあり,2,000万円の工事損失引当金を計上する。また,前期に計上していた1,000万円の工事損失引当金に対応する工事が当期に完成した。

(借)工事損失引当金繰入	20,000,000	(貸)工事損失引当金	20,000,000
工事損失引当金	10,000,000	工事損失引当金取崩益	10,000,000

【解 説】「棚卸資産の評価に関する会計基準」はすべての企業における棚卸資産に適用されることになりますが,他の会計処理により収益性の低下が適切に反映されている場合には,適用する必要がないとされています(同基準第27項)。

建設業において,材料貯蔵品,販売用不動産,不動産事業等支出金については,同会計基準が適用されますが,未成工事支出金については,収益認識に関する会計基準に従って処理します。

工事契約について,工事原価総額等(工事原価総額のほか,販売直接経費がある場合にはその見積額を含めた額)が工事収益総額を超過する可能性が高く,かつ,その金額を合理的に見積ることができる場合には,その超過すると見込まれる額(以下「工事損失」という)のうち,当該工事契約に関してすでに計上された損益の額を控除した残額を,工事損失が見込まれた期の損失として処理し,工事損失引当金を計上します。

工事損失引当金は,工事の完成に伴い認識される損失について,その発生が当期以前の工事の請負に起因し,発生の可能性が高く,損失見込額が実行予算書等によって合理的に見積可能な場合に計上される企業会計原則注解18の引当金に該当します。

[消費税] 工事損失引当金繰入・取崩は課税対象外取引になります。

《表　示》　工事損失引当金繰入額は売上原価として計上します。また，工事損失引当金は，工事が完成した時に取り崩し，繰入額と相殺して売上原価（完成工事原価）に計上します。なお，引当金の過不足額が計上時の見積り誤りに起因する場合には，過去の誤謬に該当するため修正再表示（遡及処理）を行うことになりますが，計上時に入手可能な情報に基づき最善の見積りを行った場合には，その過不足額は営業損益又は営業外損益として処理します。

　工事損失引当金は営業循環過程にあるとの考え方から流動負債に計上しますが，同一の工事契約に関する棚卸資産と工事損失引当金がともに計上されることになる場合には，貸借対照表の表示上，相殺して表示することができます。

■関連法規……棚卸資産会計基準第27項，収益認識適用指針第90項，第106項，財規第76条の2，会社計規第77条，過年度遡及会計基準第55項

117　販売用不動産の評価をした

　当社は不動産業を営んでいるが，販売する目的で所有している土地について取得価額と売価を比較して売価が下落しているため評価を引き下げた。
　　土地の取得価額：5億円
　　土地の時価（正味売却価額）：3億円
　見積販売直接経費は省略する。

　　（借）販売用不動産評価損　200,000,000　　（貸）販売用不動産　200,000,000

【解　説】　土地や建物などの不動産は，一般的に事業の用に供し長期間にわたって利用又は使用するものですが，不動産業・総合建設業・商社等では当初から販売する目的で取得することがあり，この場合には当該企業にとってその不動産は棚卸資産に該当します。棚卸資産はその売価が取得価額より下落した場合は，売価まで評価減します。

(消費税)　棚卸資産の評価減は資産の譲渡等に該当しないため，課税対

象外取引です。

《表　示》 販売用不動産評価損は，原則として売上原価に計上します。これには注記方式か売上原価の内訳科目として独立掲記する方法があります。

■関連法規……棚卸資産会計基準第32項，財規第80条

118 製品・原材料の棚卸減耗損の計上をした

> 期末実地棚卸の結果，製品100,000円及び原材料300,000円が帳簿残高より不足していることが発見された。

（借）棚卸減耗損　　400,000　　（貸）製　　　品　　100,000
　　　　　　　　　　　　　　　　　　原　材　料　　300,000

【解　説】 実地棚卸の結果，帳簿在庫数量より実際在庫数量が少ないことが明らかになった場合には，「棚卸減耗損」として処理します。

決算に際し，棚卸資産については現物の実地棚卸をして，期末棚卸額を確定させます。この場合，受払い記録に基づく帳簿残高との間で不一致が発生する場合があります。

帳簿残高より実際残高が少ない場合が上記設例であり，原因調査をして最終的に不明の差額を「棚卸減耗損」として製品勘定や原材料勘定から減額し，実際在庫金額に帳簿金額を一致させます。

なお，半製品，商品等の棚卸資産で帳簿残高と実際残高との間で不一致が発生した場合には，同様に処理します。

(消費税) 棚卸減耗損の計上は資産の譲渡等に該当しないため，課税対象外取引です。

《表　示》 「棚卸減耗損」は，原価性の有無により以下のように表示します。

　・原価性有り…製造原価，売上原価の内訳科目
　・原価性無し…営業外費用又は特別損失

従って通常，製品から発生した棚卸減耗損は売上原価の内訳科目と

し，原材料から発生した棚卸減耗損は製造間接費（間接経費）に計上します。

■関連法規……原価基準第2章第2節10，会計原則注解10（3）

119 未着品を仕入し，そのまま売却した

① 仕入先A社振出しの荷為替手形600,000円を引受けし，仕入商品1,100,000円（消費税込）についての貨物引換証を受け取った。

| （借）未 着 品 | 1,000,000 | （貸）支 払 手 形 | 600,000 |
| 仮払消費税等 | 100,000 | 買 掛 金 | 500,000 |

【解　説】　遠融地より買付けし輸送中の仕入商品を，手許に在庫する商品と区別して処理する場合に用いられるのが「未着品」です。相手が振り出した手形の引受けと引換えに貨物引換証や船荷証券を入手しますが，この時に「未着品」として計上し，商品の現物を引き取った場合に未着品から商品勘定又は仕入勘定に振り替えます。

《表　示》「未着品」は，原則として「商品勘定」に含めます。

■関連法規……財規第17条第1項，第2項，消法第2条第1項第12号，消通11－3－1

② 上記の商品を1,320,000円（消費税込）にて売却し貨物引換証を引き渡し，代金は掛とした。

（借）売 掛 金	1,320,000	（貸）売　　　上	1,200,000
		仮受消費税等	120,000
（借）仕　　　入	1,000,000	（貸）未 着 品	1,000,000

【解　説】　未着品の場合，商品の引取り以前に，貨物引換証により商品を売却する場合がありますが，この時，売上に計上するとともに，未着品を売上原価に算入するために，仕入勘定に振り替えます。

消費税 未着品に係る課税仕入れの時期は、その商品等を購入又は買付けした日となります。しかし輸入商品等の場合には、保税地域から現実に商品を引き取った時点で課税仕入れとなります。また、貨物引換証による商品の売却の場合、貨物引換証の引渡しの時点で課税売上となります。

■関連法規……消通9-1-4

120 積送品の処理をした

> 委託販売のために、商品（原価2,000,000円）を販売委託先であるA商店に送付し、発送運賃22,000円（消費税込）を運送業者に現金にて支払った。

（借）積　送　品	2,020,000	（貸）仕　　　　入	2,000,000
仮払消費税等	2,000	現　　　　金	22,000

【解　説】　委託販売とは、商品の販売を第三者に委託し、委託した商品・製品の販売損益は委託者の計算で行い、受託者には販売手数料を支払う販売形態をいいます。

従って、商品・製品を受託者の手許に送付しても、販売されるまでは委託者に所有権のある棚卸資産です。しかし委託者の手許にある他の商品・製品と区別して管理するために、商品の場合は仕入勘定（三分法を用いている場合）から積送品勘定に振替処理し、製品の場合には製品勘定から積送品勘定に振替処理します。

また、積送費用（運賃等）は委託販売損益を正確に計算するため、積送品勘定に含めて処理します。

消費税　積送品に対応する消費税は仕入計上時に処理済みであり、本設例では発送運賃のみが課税の対象になります。また、委託販売による課税売上の時期は、受託者が当該商品を販売した日になります。

《表　示》「積送品」は、原則として商品、製品に含めて表示します。

■関連法規……財規第17条第1項、第2項、消通9-1-3

121 試用販売品を出荷した

試用販売の目的で，商品1,000,000円を得意先に引き渡した。

(借)試　送　品　1,000,000　　(貸)仕　　　　入　1,000,000

【解　説】　買い取るか返品するかは任意という条件で得意先に商品を引き渡し，多少の猶予期間を与えた後に，買取りの意思表示を受けて売買を成立させる（又は返品の引取りを行う）販売形態が試用販売です。

得意先が買取りの意思表示をするまでは自己に所有権があり，手許の商品と区別して管理するため，引き渡した段階で仕入勘定（三分法を用いている場合）から試送品勘定に振替処理します。

製品を試用販売の目的として得意先に引き渡した場合にも，手許の製品と区別するために製品勘定から試送品勘定に振替処理します。

返品率がきわめて低い場合には，引渡しのつど売上計上し，期末になり試送品として残っているものについて，売上の修正と期末棚卸高に計上する処理をとる場合もあります。

(消費税)　仕入から試送品への振替えは資産の譲渡等に該当しないので，課税対象外取引となります。

《表　示》　「試送品」は原則として，商品・製品に含めて表示します。

■関連法規……財規第15条，第17条，財規ガイド15－5，会計原則注解6(2)

122 発生原価を仕掛品勘定に振り替える(個別原価計算,総合原価計算)

① 個別原価計算を採用するA工場での7月の原価データは以下のとおりであった。

製造指図書No	直接材料費	直接賃金	製造間接費
701	2,000,000円	600,000円	200,000円
702	2,400,000円	750,000円	240,000円

製造間接費は予定配賦している。

② 総合原価計算を採用するB工場での7月の原価データは以下のとおりであった。平均法を採用している。

	月初仕掛品 1,000kg($\frac{1}{2}$)	当月投入 10,000kg
直接材料費	380,000円	6,000,000円
加工費		
(直接賃金)	180,000円	2,400,000円
(製造間接費)	65,000円	400,000円

A,B両工場で発生した原価を仕掛品に振り替える仕訳を行う。

① A工場

(借)仕 掛 品　6,190,000　　(貸)材 料 費　4,400,000
　　　　　　　　　　　　　　　　賃　　　金　1,350,000
　　　　　　　　　　　　　　　　製造間接費　　440,000

② B工場

(借)仕 掛 品　8,800,000　　(貸)材 料 費　6,000,000
　　　　　　　　　　　　　　　　賃　　　金　2,400,000
　　　　　　　　　　　　　　　　製造間接費　　400,000

【解　説】　製品,半製品,又は部分品の生産のため発生した原価は仕

掛品勘定に計上されます。

　仕掛品から製品勘定への振替額は適正な原価計算によって算定されなければなりません。原価計算は，個別受注生産形態の企業に採用されている個別原価計算と，同種製品を反復連続的に製造する生産形態の企業に採用されている総合原価計算に大別することができます。

　どちらの計算方法を採用するにしても原価要素を費目別計算（材料費，労務費，経費）した結果，計算された各原価要素のその発生額を仕掛品勘定に振り替える（集める）という処理は変わりません。

(消費税)　発生原価を仕掛品へ振り替える取引は，資産の譲渡等に該当しないため課税の対象外です。

■関連法規……原価基準第2章7，第2章第2節9，10，14

123　製品が完成入庫した

　設例122のA工場では製造指図書No.701が完成した。また，B工場では製品9,000kgが完成した（B工場における月末仕掛品は2,000kg，加工進捗度$\frac{3}{4}$とする）。製品単価の計算は平均法で行う。

▶A工場

　(借)製　　　品　2,800,000　　(貸)仕　掛　品　2,800,000

▶B工場

　(借)製　　　品　7,830,000　　(貸)仕　掛　品　7,830,000

〈完成品原価（製品単価）の計算〉

・直接材料費…$\dfrac{380,000円 + 6,000,000円}{2,000\text{kg} + 9,000\text{kg}} = 580$円（製品単価）

　　　　　　　580円×9,000kg（完成品）＝5,220,000円

・加　工　費…$\dfrac{245,000円 + 2,800,000円}{2,000\text{kg} \times \dfrac{3}{4} + 9,000\text{kg}} = 290$円（製品単価）

$$290円 \times 9{,}000\text{kg}（完成品）= 2{,}610{,}000円$$

・完成品原価…5,220,000円＋2,610,000円＝7,830,000円

【解　説】　個別原価計算を採用するA工場では，製造指図書ごとに原価が集計されているため，完成品の原価は製造指図書に集計された原価が製品勘定に振替処理されます。従って，仕掛品勘定から製品勘定へ振り替えられずに残っている原価が仕掛品の月末棚卸高です。

総合原価計算を採用するB工場では，生産データから製品単価を計算し，当月完成品原価を計算して，仕掛品勘定から製品勘定に振替処理します。

製品の計算方法には先入先出法，平均法があり，その算出方法は以下のとおりです。

〈製品単価の計算〉

(1) 先入先出法

$$\frac{当月完成品量－月初仕掛品完成品換算量}{当月完成品量－月初仕掛品完成品換算量＋月末仕掛品完成品換算量} \times 当月製造費用 = A$$

$$\frac{A＋月初仕掛品原価}{当月完成品量}$$

(2) 平　均　法

$$\frac{月初仕掛品原価＋当月製造費用}{当月完成品量＋月末仕掛品完成品換算量}$$

(消費税)　仕掛品から製品への振替処理は資産の譲渡等に該当しないため，課税対象外取引です。

■関連法規……原価基準第2章第4節24, 31

124 製品の販売時の処理をした

> 製品受払台帳の記録に基づいて，当月の製品売上出庫額7,000,000円を売上原価に振替えした。

(借)売 上 原 価　7,000,000　　(貸)製　　　　品　7,000,000

【解　説】　製造業では一般に月次決算が実施されていますが，毎月の月次損益を計算するためには毎月の製品売上数量に売上単価を乗じて売上高の計上を行い，同時に売上数量に製品単価を乗じて売上原価の計上を行わなければなりません。売上原価を計算するために用いられる実際製品単価は，生産状況により一定ではない（標準原価を採用していれば一定）ため，製品の受払台帳の記録を用います。

　製品受払台帳における払出金額の計算には，先入先出法，総平均法，個別法などがありますが，計算の簡便性からは総平均法が最も実務的な方法です。製品製造原価が毎月ほとんど変動しないような場合には，総平均法を採用すべきと考えます。

　個別法は高額製品を扱う場合にその採用が考えられますが，大量生産品には不向きです。

　また，先入先出法は製品そのものの動きに合致する方法ですが，手数がかかる点に欠点があります。

(消費税)　製品から売上原価への振替処理は資産の譲渡等に該当しないので，課税対象外取引です。

■関連法規……会計原則第三・5 A，会計原則注解21，法法第29条，法令第28条

125　副産物の発生と売却時の処理をした

> ①　当社では製造工程上，必然的に副産物が生じるが，当月の完成品，入庫は10,000,000円，副産物入庫が1,600,000円あった。
> ②　副産物在庫品1,000,000円を売却し，代金1,320,000円（消費税込）は掛とした。

①　発生時

　（借）製　　　品　10,000,000　　（貸）仕　掛　品　11,600,000
　　　　副　産　物　 1,600,000

②　売却時

(借)売 掛 金	1,320,000	(貸)副産物売上	1,200,000
		仮受消費税等	120,000
(借)副産物売上原価	1,000,000	(貸)副 産 物	1,000,000

【解　説】 主産物の製造過程から同時に生産される経済価値の劣った物品が副産物です。総合原価計算において副産物が発生する場合にはその価額を算定し，主産物の製造原価と区別する必要があります。

副産物の計算方法は以下のとおりです。

①	そのまま外部に売却できる場合	a．見積売却価額－販売費及び一般管理費 b．見積売却価額－(販売費及び一般管理費＋通常の利益見積額)
②	加工の上，売却できる場合	a．加工製品見積売却価額－(加工費＋販売費及び一般管理費) b．加工製品見積売却価額－(加工費＋販売費及び一般管理費＋通常の利益見積額)
③	そのまま自家消費される場合	これによって節約されるべき物品の見積購入価額
④	加工の上，自家消費される場合	これによって節約されるべき物品の見積購入価額－加工費の見積額

なお，副産物が軽微な場合には，取得価額を計算せずに売却収入を原価計算外の収益とすることができます。

また，税法では原則として合理的見積価額又は通常成立する市場価額により評価することになっており，著しく少額の場合には備忘価額にて評価することができます。

(消費税) 副産物の発生（仕掛品からの振替え）処理は課税対象外取引ですが，副産物売上は資産の譲渡等に該当し，課税取引です。

《表　示》 「副産物」は原則として，製品に含めて表示しますが，重要性がある場合には副産物として単独掲記します。「副産物売上高」は原則として総売上高の中に含めて表示しますが，重要性のある場合には別掲記が必要です。

■**関連法規**……原価基準第2章第4節28，法基通5－1－7，財規第17条，第72条，

財規ガイド15-6

126 作業屑,仕損品の発生と売却時の処理をした

> ① 作業屑が発生し,倉庫に入庫した。この評価額は1,000,000円であった。

　　(借)作 業 屑　1,000,000　　(貸)仕 掛 品　1,000,000

【解　説】　作業屑とは,製品の製造過程で発生する原材料の残り屑で経済価値を有するものをいいます。

作業屑の評価方法は,副産物に準じます(設例**125**を参照)。

作業屑は原則として,製品の製造原価から控除して棚卸資産に計上しますが,その方法は以下のとおりです。

〈個別原価計算の場合〉

　a. 作業屑の発生した部門費から控除する。

　b. 当該製造指図書の直接材料費から控除する。

　c. 当該製造指図書の製造原価全体から控除する。

〈総合原価計算の場合〉

　発生工程の直接材料費から控除する。

> ② 仕損品が発生し,倉庫に入庫した。この評価額は600,000円であった。

　　(借)仕 損 品　　 600,000　　(貸)仕 掛 品　　 600,000

【解　説】　仕損品とは,工程の作業を完全に遂行できなかった不完全な生産物をいいます。

仕損品原価から仕損品評価額を控除したものが仕損費です。総合原価計算において仕損品の評価方法は副産物に準じます(設例**125**を参照)。

仕損品には,(1)補修を行うことで完成品となるものと,(2)補修しても完成品にならないため,①売却処分するものと,②材料として再使用す

るものがあります。

> ③ 倉庫にある作業屑1,000,000円と仕損品600,000円をスクラップ業者にそれぞれ1,210,000円と880,000円（いずれも消費税込）で売却し代金は掛とした。

(借)売 掛 金	2,090,000	(貸)売　　　上	1,900,000
		仮受消費税等	190,000
(借)売 上 原 価	1,600,000	(貸)作 業 屑	1,000,000
		仕 損 品	600,000

【解　説】　作業屑や売却処分する以外に用途のない仕損品を売却した場合には、製品の売上と区別せずに売上と売上原価の計上をします。ただし、実務上は作業屑や仕損品の金額が軽微な場合が多いので、評価額を計算せずに売却額を営業外収益として処理します。

(消費税)　作業屑・仕損品の発生（仕掛品からの振替え）は課税対象外取引ですが、作業屑・仕損品の売却は資産の譲渡等に該当するため課税取引です。

《表　示》　「作業屑」「仕損品」は原則として、製品、半製品、原材料、貯蔵品などに含めて表示し、重要性がある場合には区分掲記します。
■関連法規……原価基準第2章第4節28、36、財規第17条、第72条、財規ガイド15－6

127　半製品の入庫と売却時の処理をした

> ① 半製品が倉庫に入庫した。この評価額は1,000,000円であった。
> ② 半製品（評価額600,000円）を880,000円（消費税込）で掛売りした。

①	(借)半 製 品	1,000,000	(貸)仕 掛 品	1,000,000
②	(借)売 掛 金	880,000	(貸)半製品売上	800,000

		仮受消費税等	80,000
(借)半製品売上原価	600,000	(貸)半 製 品	600,000

【解　説】　半製品とは，中間的製品として既に加工を終わり，現に貯蔵中のもので販売できる状態にあるものをいいます。

　半製品の取得価額は，工程別総合原価計算において当該工程の工程完成品原価を次工程振替数量と半製品数量とに按分して計算します。

　半製品は必ずしも販売されるものばかりでなく再び生産工程で追加加工される場合がありますが，この場合の仕訳としては，次のようになります。

(借)仕　掛　品	×××	(貸)半　製　品	×××

(消費税)　半製品の入庫（仕掛品からの振替え）は課税対象外取引ですが，半製品の売却は資産の譲渡等に該当するため課税取引です。

《表　　示》　半製品は貸借対照表上，原則として流動資産の部に「半製品」として区分掲記します。また，半製品売上高は損益計算書上，原則として総売上高に含めますが，重要性がある場合には別掲記が必要です。

■関連法規……財規第17条，第72条，財規ガイド15－7

128　未成工事支出金の発生と完成時の処理を行う

① 当社は建設業を営んでいるが，当月の工事原価発生高は，材料費20,000,000円（消費税抜），外注費50,000,000円（消費税抜），経費10,000,000円（消費税抜。うち6,000,000円が消費税課税対象）であった。

(借)未成工事支出金	80,000,000	(貸)工事未払金	87,600,000
仮払消費税等	7,600,000		

【解　説】　建設業は一般に個別受注形態で工事を請け負う業種であり，工事ごとに原価を計算する個別原価計算を採用しています。建設業で

は、工事ごとに毎月発生する工事原価を「未成工事支出金」勘定に計上し、工事が完成するまで原価を累積させておきます。工事が完成すると「未成工事支出金」から「完成工事原価」に振り替えます。これは、製造業で「仕掛品」に原価が集約され完成品原価を「製品」や「売上原価」に振り替えるのに相当します。

(消費税) 経費の中で課税対象外の給料や非課税となる社会保険料等を除き、発生した原価は課税取引です。

■関連法規……建設業法施行規則様式第15条、16条、財規第17条、財規ガイド15
　　　　　－9、消法第6条第1項、消法別表第2第6号

> ② 建設中の工事が完成し、発注者に引き渡された。この工事の請負金額は264,000,000円（消費税込）であり、総工事原価は200,000,000円であった。

(借)完成工事未収入金　264,000,000　　(貸)完成工事高　240,000,000
　　　　　　　　　　　　　　　　　　　　　仮受消費税等　　24,000,000
(借)完成工事原価　　200,000,000　　(貸)未成工事支出金　200,000,000

【解　説】　建設工事が完成し引渡しが行われると売上（完成工事高）の計上と同時に、対応する工事原価が「未成工事支出金」から売上原価を示す「完成工事原価」に振り替えられます。

(消費税) 完成工事高の計上は資産の譲渡等に該当し、課税取引となります。

■関連法規……建設業法施行規則様式第15条、16条

129 消耗品（貯蔵品）の購入時と決算時の処理を行った

> ① 事務用の伝票55,000円（消費税込）を購入し、小切手で支払った。

(借)事務用消耗品　　　50,000　　(貸)当座預金　　　　55,000

|仮払消費税等|5,000|

> ② 決算にあたり，棚卸をした結果，事務用の伝票が10,000円残っていた。

(借)事務用品費　　　40,000　　(貸)事務用消耗品　　　40,000

【解　説】　燃料，油，針，包装材料，事務用品などの「消耗品」の会計処理については，購入時に資産計上し，決算時にそこから使用した部分を費用に計上する方法と購入時に全額費用計上し，決算時に未使用額を消耗品勘定にすくいあげる方法があります。上記の仕訳は前者の方法によっています。金額的に重要な消耗品は，購入時に資産計上し，使用記録に基づいて，費用計上する方法が妥当と考えます。

(消費税)　消耗品の購入は，課税取引です。

《表　示》　未使用の消耗品として貯蔵されているものは，「貯蔵品」に含めて表示します。

■関連法規……会計原則注解1(1)，財規第15条，財規ガイド15－10，財規第17条，
　　　　　　　法基通2－2－15

I 流動資産

貸　付　金

130　短期貸付金の発生と回収時の処理をした

① 取引先A社よりの要請により、現金2,000,000円を1カ月後に返済する約束で貸付けした。

　　（借）短期貸付金　2,000,000　　（貸）現　　　　金　2,000,000

② 1カ月後、上記A社より利息100,000円と貸付金2,000,000円が、現金で返済された。

　　（借）現　　　　金　2,100,000　　（貸）短期貸付金　2,000,000
　　　　　　　　　　　　　　　　　　　　　受 取 利 息　　100,000
　　　　　　　　　　　　　　　　　　　　　（貸付金利息）

【解　説】　金銭消費貸借契約及び準消費貸借契約に基づいて金銭を貸し付けた場合に生ずる債権を処理するのが「貸付金」勘定です。

　貸付金は回収期限が貸借対照表日の翌日から起算して1年以内のものを「短期貸付金」とし、それ以外のものを「長期貸付金」とします。

　なお、本設例では決算日における評価について省略していますが、貸付金（貸付金以外の金銭債権も同様）の貸借対照表価額は取得価額から貸倒見積高に基づいて算定された貸倒引当金を控除した金額とされているため、決算において債務者の財政状態及び経営成績等を勘案する必要があります。貸倒引当金については設例293を参照下さい。

|中小会計|　貸付金（金銭債権）の貸借対照表価額は取得価額を付しますが、取立不能のおそれがある場合にはその取立不能見込額を貸倒引当金として計上します。なお、「取立不能のおそれがある場合」とは債務者の財政状態、取立のための費用及び手続きの困難さ等を総合し、社会通念に従って判断したときに回収不能のおそれがある場合です。

貸付金　157

(消費税)　貸付金は利子を対価とする金銭の貸付けとして非課税となっており，消費税は課税されません。

《表　示》「短期貸付金」のうち，その金額が資産総額の$\frac{5}{100}$を超えるものは流動資産の部に「短期貸付金」として単独で掲記が必要ですが，それ以外は流動資産の部の「その他の流動資産」に含めて表示します。

　また，貸付金利息は原則として，営業外収益の区分に「受取利息」として表示します。

　中小会計指針では，営業上の債権以外の債権で，事業年度の末日から起算して1年以内に現金化できると認められるものは，流動資産の部に表示し，それ以外のものは，投資その他の資産の部に表示します。

■関連法規……会計原則注解16，財規第19条，第90条，消法第6条第1項，消法別表第2第3号，消通6－3－1，金融商品会計基準第4項，第14項，中小会計指針第11項，第15項，第18項

131 貸付金に関連して電子記録債権を発生させ，譲渡した

① 取引先A社の要請により，現金2,000,000円を3カ月後に返済する約束で貸し付けた。
② ①の貸付金をA社の承諾を得て，電子記録債権に記録した。
③ 上記電子記録債権全額を，仕入先B社に対する買掛金支払いのため，譲渡記録により譲渡した。
④ A社が普通預金で決済した（利息は省略した）。

▶当社側

① (借)短期貸付金　2,000,000　　(貸)現　　　　金　2,000,000

② 仕訳なし

③ (借)買　掛　金　2,000,000　　(貸)短期貸付金　2,000,000

▶取引先A社

① (借)現　　　　金　2,000,000　　(貸)短期借入金　2,000,000

② 仕訳なし

③ 仕訳なし

④ (借)短期借入金　2,000,000　　(貸)普 通 預 金　2,000,000

▶仕入先B社

③ (借)電子記録債権　2,000,000　　(貸)売　掛　金　2,000,000

④ (借)普 通 預 金　2,000,000　　(貸)電子記録債権　2,000,000

【解　説】　金銭消費貸借契約により金銭を貸し付けた場合に生じた債権を処理するのが「貸付金」勘定ですが，その「貸付金」を電子記録債権として記録すると譲渡記録により容易に資金化が可能となります。譲渡人（当社）の譲渡記録請求を受けて，電子債権記録機関では譲受人に譲渡（譲渡人の保証の付いた）記録の通知を行うことで譲渡が完了します。

　上記設例では貸付金の全額である2,000,000円を譲渡しましたが，電子債権は必要な金額だけ分割して譲渡することも可能です。電子記録債権制度の仕組み等の詳細は設例**259**を参照して下さい。

(消 費 税)　貸付金は利子を対価とする金銭の貸付として非課税であり，消費税は課税されません。また，取引対価の決済（買掛金の支払い）は課税対象外です。

《表　　示》　貸付金については現行の企業会計では証書貸付や手形貸付等に区分掲記しないで，「貸付金」として表示しているため，これに関連して電子記録債権が発生しても手形債権に準じて取り扱うため科目を振り替えないことになります。また，手形債権が区分掲記される取引でも重要性が乏しい場合には電子記録債権として区分掲記せず手形債権に含めて表示することができます。

■関連法規……電子記録債権に係る会計処理及び表示についての実務上の取扱い
　　　　　　（対応報告第27号），財規第15条

132 従業員への貸付けと回収

① 従業員福利厚生制度の一環として,従業員厚生貸付制度が発足し,従業員からの申込みにより250,000円を貸付けした。

(借)従業員貸付金　　250,000　　(貸)現　　　　金　　250,000

② 給料日になり,従業員貸付金のうち25,500円の返済分(元金25,000円,利息500円)と,健康保険料等50,000円を控除し,現金で424,500円を支払った。

(借)給　　　料　　500,000　　(貸)従業員貸付金　　 25,000
　　　　　　　　　　　　　　　　　預　り　金　　 50,000
　　　　　　　　　　　　　　　　　従業員貸付金利息　　　500
　　　　　　　　　　　　　　　　　現　　　金　　424,500

【解　説】 企業では従業員福利厚生制度として,従業員の冠婚葬祭,子女の学費,入院費用などに充当する目的で従業員に対する貸付金制度を整備している企業があります。また,それ以外に従業員に対する金銭貸付けがあった場合に,企業外部の者への貸付金と区別する意味で「従業員貸付金」勘定を用います。一般的に,従業員に対する給与や賞与から天引して,元金と利息を回収しています。

(消費税) 貸付金は利子を対価とする金銭の貸付けとして非課税となっており,消費税は課税されません。

《表　示》 1年以内に回収が見込まれるもので金額的に重要なものは,流動資産の部に「従業員短期貸付金」として表示しますが,重要でないものは流動資産の部の「その他の流動資産」に含めて表示します。また,それ以外のものは原則として投資その他の資産の部に「従業員長期貸付金」として表示します。従業員貸付金利息は原則として,営業外収益の区分に,「受取利息」として表示します。

■**関連法規**……財規第19条, 第32条, 第90条, 消法第6条第1項, 消法別表第2第3号

133 子会社貸付金が発生し，相殺により回収した

① 子会社B社に対して，運転資金として20,000,000円を小切手を振り出し，貸し付けた。

(借)子会社貸付金　20,000,000　　(貸)当座預金　20,000,000

② B社に対する貸付金のうち2,000,000円と本日までの利息60,000円を回収するため，当社のB社に対する買掛金と相殺した。

(借)買　掛　金　2,060,000　　(貸)子会社貸付金　2,000,000
　　　　　　　　　　　　　　　　　　貸付金利息　　　60,000

【解　説】　子会社に対して資金繰り援助のために貸付けをする場合，子会社以外の一般的な貸付金と区別する意味で「子会社貸付金」勘定を用います。

　一般的に返済は現金（預金）取引で行われますが，子会社と取引関係がある場合には，資金の移動を省略するために子会社に対する債務と相殺することも行われます。なお，本設例では想定していませんが，子会社の財政状態及び経営成績に問題がある場合には，子会社貸付金の回収可能性を評価して決算において貸倒引当金を設定することを検討する必要があります。

(消費税)　金銭の貸付けは利子を対価とする金銭の貸付けとして非課税であり，その対価たる貸付金利息も非課税となっています。

《表　示》　貸借対照表日の翌日から起算して1年以内に回収が見込まれるものは，原則として「関係会社短期貸付金」として流動資産の部に表示します。それ以外のものは，原則として，投資その他の資産の部に

「関係会社長期貸付金」として表示します。

貸付金利息は営業外収益の区分に「受取利息」として表示しますが、会社法上、子会社からの貸付金利息は注記事項の対象となります。

■関連法規……財規第15条,第19条,第32条,会社計規第103条第6号,第104条,消法第6条第1項,消法別表第2第3号

134 役員への貸付けと回収

① 取締役A氏より自宅の修理費用として2,000,000円の融資依頼があり、現金で貸付けを行った。

(借)役員貸付金　2,000,000　　(貸)現　　　金　2,000,000

② 役員報酬支給日に、取締役A氏に対する貸付金の約定返済分200,000円（元金190,000円,利息10,000円）と役員報酬の源泉所得税等400,000円を控除し、残り1,400,000円を現金で支払った。

(借)役員報酬　2,000,000　　(貸)役員貸付金　　190,000
　　　　　　　　　　　　　　　　貸付金利息　　　10,000
　　　　　　　　　　　　　　　　預　り　金　　400,000
　　　　　　　　　　　　　　　　現　　　金　1,400,000

【解　説】　役員に対しても従業員と同様な条件での貸付金制度を設けている企業がありますが、それ以外に貸付金制度の枠外で行われる貸付けの場合は、役員が地位を利用して個人的に有利な扱いをし、会社と役員間の利害が相反するおそれがあるところから、会社法では、役員に対する貸付けは取締役会設置会社では取締役会の承認を、取締役会非設置会社では株主総会の承認を義務付けています。そこで、会計処理上は「役員貸付金」勘定を用いて他の貸付金と区別する必要があります。

(消費税)　貸付金は、利子を対価とする金銭の貸付けとして非課税と

なっています。

《表　示》　貸借対照表日の翌日から起算して1年以内に回収見込みのもので金額的に重要なものは流動資産の部に「役員短期貸付金」として表示し、重要でないものは流動資産の部の「その他の流動資産」に含めて表示します。また、それ以外のものは、原則として投資その他の資産の部に「役員長期貸付金」として表示します。なお、取締役等に対する金銭債権の総額は注記が必要です。貸付金利息は原則として、営業外収益の区分に「受取利息」として表示します。

■**関連法規**……会社法第356条、第365条、会社計規第103条第7号、財規第19条、第32条、第90条、消法第6条第1項、消法別表第2第3号

135　手形貸付金の発生と回収時の処理をした

① 取引先の要請により、小切手で20,000,000円を貸し付け、担保として取引先振出しの約束手形20,000,000円（3カ月後満期）を受け取った。
② 3カ月後になり、取引先より貸付金利息200,000円を含む20,200,000円の小切手を受け取り、担保として預った手形を返却した。

① 貸付金

　（借）手形貸付金　20,000,000　　（貸）当座預金　20,000,000
　　　（短期貸付金）

② 回収時

　（借）現　　　金　20,200,000　　（貸）手形貸付金　20,000,000
　　　　　　　　　　　　　　　　　　　　（短期貸付金）
　　　　　　　　　　　　　　　　　　　貸付金利息　　　200,000

【解　説】　金銭消費貸借契約及び準消費貸借契約に基づく金銭の貸付取引で、債権者を受取人とする債務者振出しの約束手形を借用証書の代わりに債権者が受け取る場合があります。この場合、通常の貸付けと区

別し手形を担保として受け取っていることを示すために,「手形貸付金」勘定を用いて処理します(区別しない場合は短期貸付金勘定を用います)。

(消費税) 貸付金は,利子を対価とする金銭の貸付けとして非課税です。

《表　示》　手形貸付金で金額的に重要なものは流動資産の部に「手形貸付金」として表示します(区別しない場合は短期貸付金勘定を用います)。

　また,貸付金利息は,原則として営業外収益の区分に「受取利息」として表示します。

■関連法規……財規第19条,財規ガイド19,財規第90条,消法第6条第1項,消法別表第2第3号

136　外貨建貸付金の評価をした

① 海外の取引先の要請により,本年2月末に500,000USドル(為替相場は1ドル100円)を期間5年,翌年から125,000USドルを毎年2月末に返済する条件で貸付けした(利息は省略する)。
② 本年3月末の決算時に,貸付金の評価を行った。為替相場は1ドル95円である。

① (借)長期貸付金　50,000,000　　(貸)現　金　預　金　50,000,000
② (借)短期貸付金　11,875,000　　(貸)長期貸付金　14,375,000
　　　為 替 差 損　 2,500,000

【解　説】　長期貸付金の期末残高のうち貸借対照表日の翌日から起算して1年以内に履行期が到来するものは,決算に際して短期貸付金に振り替えます。しかし,決算において取引発生時の為替相場により換算された外貨建金銭債権は決算時の為替相場による円換算額を付すため,本設例の場合,短期貸付金は11,875,000円(95円×125,000ドル)となり,長期貸付金は35,625,000円(95円×375,000ドル)となるために,為替差損は2,500,000円((100円-95円)×500,000ドル)となります。

この場合の為替相場として用いられるのは，T.T.B（電信買相場）かT.T.M（電信売買相場の仲値）になりますが，税法では，T.T.Bを用いる場合には継続適用が条件です。

なお，ヘッジ会計の要件を満たす為替予約の付されている貸付金は，予約した円貨額で計上します。この場合の取引発生時の円貨額と為替予約等による円貨額との間で発生した重要な差額の処理については，予約時までの分は予約日の属する事業年度の損益に計上し，残額は期間配分を行います。

中小会計 外貨建取引は原則として当該取引発生時の為替相場による円換算額をもって記録します。また，外貨建金銭債権についての決算時の処理は決算時の為替相場による円換算額を付します。ただし，長期（1年超）で重要性のない場合には取得時の為替相場による円換算額を付すことができます。

消費税 海外の取引先への貸付けは，貸付側が国内企業であるため課税対象取引と判定されます。金銭の貸付けは利子を対価とする金銭の貸付けとして非課税となり，海外の取引先への貸付けであるため，非課税資産の輸出等として取り扱われます。

《表　示》 短期貸付金はその金額が資産総額の$\frac{5}{100}$を超える場合には，流動資産の部に「短期貸付金」として表示し，それ以外は流動資産の部の「その他の流動資産」に含めます。また，長期貸付金は投資その他の資産の部に「長期貸付金」として表示します。

為替差損は他で発生した為替差益と相殺の上，「為替差益」又は「為替差損」として，原則として営業外損益の区分に表示します。

■関連法規……外貨基準一2⑴⑵，財規19条，第32条，第90条，第93条，消法第4条第3項，第6条第1項，消法別表第2第3号，中小会計指針第76項，第77項，法基通13の2－1－2，13の2－2－5

その他の流動資産

137 前渡金の支払いと仕入

① 商品仕入の手付金1,000,000円を仕入先に小切手で支払った。

(借)前 渡 金　1,000,000　　(貸)当 座 預 金　1,000,000
　　 (前払金)

② 上記設例の商品3,960,000円(消費税込)が納品されたが,代金のうち,残額は掛とした。

(借)仕　　　入　3,600,000　　(貸)前 渡 金　1,000,000
　　　　　　　　　　　　　　　　　(前払金)
　　 仮払消費税等　 360,000　　　 買 掛 金　2,960,000

【解　説】 企業にとって主たる営業取引で,商品・原材料等の仕入に先立ち,手付金を支払う場合には「前渡金」勘定を用います。次に,商品が実際に納品された時点で前渡金を仕入代金の一部に充当します。

(消費税) 商品仕入は課税取引となりますが,これに先立つ前渡金の支払いは,資産の譲受けをしていないため課税対象外取引となります。

実務上,商品代金の前払いのため対応する消費税も支払う場合は仮払消費税等で処理しておき,当該事業年度内に仕入がない場合には仕入控除ができませんので前渡金に含めるか仮払消費税等として次期に繰り越します。

《表　示》 「前渡金」は流動資産の部に独立掲記します。
■関連法規……財規第15条,財規ガイド15-11,財規第17条,消法第30条

138 立替金が発生し，後に精算した

① コピー機の使用料についてリース会社より220,000円（消費税込）の請求があり普通預金から支払った。このうち，当社の労働組合使用分が66,000円（消費税6,000円を含む）含まれていたので労働組合に請求した。

(借)事務用品費	140,000	(貸)普通預金	220,000
仮払消費税等	14,000		
立替金	66,000		

② 労働組合より上記の66,000円が現金で入金した。

(借)現　　金	66,000	(貸)立替金	66,000

【解　説】 貸付金として契約書を取り交わすまでもない，一時的な立替払いによる貸金が発生した時に，「立替金」勘定を用います。従って，立替金には利息は発生しません。

なお，立替金は一時的に発生する勘定科目であり，できるだけ早期に回収する必要性があります。

(消費税) リース料のうち，当社の費用となる部分のみが役務の提供を受けたものとして仕入控除の対象になる課税取引となります。組合負担分は組合側での課税取引となります。

《表　示》 「立替金」の金額が資産総額の$\frac{5}{100}$を超えるものは，流動資産の部に「立替金」として表示し，それ以外は「その他の流動資産」に含めて表示します。

■関連法規……財規第19条

その他の流動資産　167

I　流動資産

139　従業員立替金が発生し，後に精算した

① 当社の海外駐在員からの依頼により日用品176,000円（本人負担，消費税16,000円含む）を現金で購入し，早速，海外へ送付した。

（借）従業員立替金　　176,000　　（貸）現　　　　金　　176,000

② 給料日になり，上記立替金を給料より控除し，残額247,500円を普通預金から支払った。なお，源泉税等が76,500円控除されている。

（借）給　　　　料　　500,000　　（貸）従業員立替金　　176,000
　　　　　　　　　　　　　　　　　　普　通　預　金　　247,500
　　　　　　　　　　　　　　　　　　預　　り　　金　　 76,500

【解　説】　従業員の負担すべき費用を会社が一時的に立替払いする場合には，他の立替金と区別する意味から，「従業員立替金」勘定を用います。

(消費税)　消費税を含む立替金全額が従業員本人の負担であり，会社の消費税の会計処理に関係しません。

《表　示》　従業員立替金の金額が資産総額の $\frac{5}{100}$ を超えるものは，流動資産の部に「従業員立替金」として表示し，それ以外は「その他の流動資産」に含めて表示します。

■関連法規……財規第19条，財規ガイド19

140　仮払金が発生し，後に精算した

① 営業部長の出張に際し，旅費・交際費支払いのため100,000円の仮払申請書が提出されたので，現金により支払いを行った。

| (借)仮　払　金 | 100,000 | (貸)現　　　金 | 100,000 |

> ②　上記仮払いにつき，出張旅費等精算書が提出され，旅費は77,000円（消費税込），交際費は22,000円（消費税込）であり，残金は現金で戻された。

(借)旅費交通費	70,000	(貸)仮　払　金	100,000
接待交際費	20,000		
現　　　金	1,000		
仮払消費税等	9,000		

【解　説】　金額や内容が未確定の支出を一時的に処理する勘定科目が「仮払金」です。従って確定のつど，正しい勘定で処理する必要があります。

　また，決算に際しては，できるだけ仮払金を精算させ本来の勘定科目で処理することが望まれます。

(消費税)　国内で発生した旅費交通費及び接待交際費は仕入控除の対象たる課税取引ですが，海外で発生したものは，消費税の課税の対象となりません。

《表　示》　仮払金の金額が資産総額の $\frac{5}{100}$ を超えるものは，流動資産の部に「仮払金」として表示し，それ以外は「その他の流動資産」に含めて表示します。

■関連法規……財規第19条，財規ガイド19，消法第2条第1項第1号，第4条第1項

141　未収入金が発生し，後に回収した

> ①　不要になった金型（取得価額1,000,000円・帳簿価額50,000円）をスクラップ業者に16,500円（消費税込）で引き取ってもらった。代金は未回収である。

(借)未 収 入 金	16,500	(貸)金　　型	1,000,000
金型減価償却累計額	950,000	仮受消費税等	1,500
金型売却損	35,000		

② 上記のスクラップ業者より，金型代16,500円（消費税込）が当座預金に振り込まれた。

(借)当 座 預 金	16,500	(貸)未 収 入 金	16,500

【解　説】　通常の取引に基づいて発生した未収入金で売掛金以外のもの及び通常の取引以外の取引に基づいて発生した未収入額を表すのが「未収入金」です。従って，実務上では，有価証券や固定資産の売却などでたびたび発生します。

(消費税)　金型の売却は資産の譲渡等に該当し課税取引となります。

《表　示》　「未収入金」はワンイヤールールに基づき，貸借対照表日の翌日から起算して１年以内に回収が見込まれるものは流動資産に計上し，それ以外は投資その他の資産とします。

　また，未収入金の金額が資産総額の$\frac{5}{100}$を超える場合は「未収入金」として，それ以外は「その他」として，ワンイヤールールにより流動資産の部，或いは投資その他の資産の部に表示します。

■関連法規……財規第15条，財規ガイド15－12，財規第17条，第19条，第32条，第33条

142 プレミアム商品券（地域振興券）の受取りと換金を行った

① 当社は物品販売業であるが，地域の商工会議所の要請に応じてプレミアム商品券の参加店となった。一般顧客に商品を100万円販売し，プレミアム商品券で100万円分と消費税分10万円は現金で受け取った。
② 取扱金融機関にて上記のプレミアム商品券100万円を換金し，普通預金とした。

① (借)プレミアム商品券　1,000,000　　(貸)売　　　上　1,000,000
　　　現　　　金　　100,000　　　　仮受消費税等　　100,000
② (借)普 通 預 金　1,000,000　　(貸)プレミアム商品券　1,000,000

【解　説】　プレミアム商品券は，消費者がお金を出して一定額の商品券を購入すると地元でプレミアム分を上乗せした金額の買い物ができる商品券です。

　商品券の発行元は地方自治体や商工会議所などです。地域経済の活性化が目的で，プレミアム分の負担は国からの助成金で自治体や商工会議所が行います。

　趣旨に賛同し，買い物ができる店舗として参加する企業側では，顧客へ商品を販売した時点でプレミアム商品券を受け取りますが，これは他店の発行した商品券と同様の扱いであり，発行元への債権の発生となるので，「プレミアム商品券」などの科目で処理します（なお，釣銭は出ないのが一般的ですので端数は消費者が現金で支払います）。

　受け取った商品券は換金する必要がありますが，一般的には指定された金融機関の窓口で行います。この際に換金手数料を徴収される場合がありますが，その場合には参加企業側の負担となり，支払手数料として処理します。

(消費税)　商品の販売取引は課税取引です。商品券自体の換金は資産の譲渡ではないので課税対象外です。

《表　示》　受け取ったプレミアム商品券はそれ以降も他社へ流通する性格のものでないことから金額的重要性がない場合には未収入金として貸借対照表に表示することになります。金額的に重要であれば，流動資産の部にプレミアム商品券として表示します。

■**関連法規**……財規第15条第12号，財規ガイド15−12

143 前払費用の発生と決算整理を行う

> 保険期間が1年の火災保険料300,000円を3月に小切手で支払った。当社の決算は3月末である。

▶支払時

(借)保 険 料　　300,000　　(貸)当 座 預 金　　300,000

▶決算時

(借)前 払 費 用　　275,000　　(貸)保 険 料　　275,000

▶翌期首

(借)保 険 料　　275,000　　(貸)前 払 費 用　　275,000

【解　説】　一定の契約に従って，継続して役務の提供を受ける保険契約のような場合には，保険料の支払いが先行しますので，未だ役務の提供を受けていない未経過部分に対応する費用は当期の費用とせずに，「前払費用」勘定に振り替えて翌期へ繰り越します。なお，翌期首には決算時の仕訳を振り戻す必要があります。

　税法上は，所定の要件を満たすものは前払費用処理しないことも認められています。

中小会計　重要性の乏しいものは，経過勘定として処理しなくてよいことになっています。また，前払費用のうち当期末においてまだ提供を受けていない役務に対応する前払費用の額で，支払日から1年以内に提供を受ける役務に対応する金額については，継続適用を条件に費用処理することができます。

消費税　保険料は非課税取引となります。

《表　示》　「前払費用」のうち，貸借対照表日の翌日から起算して1年以内に費用となるものは流動資産の部に「前払費用」として表示します。

　中小会計指針も，会計原則と同様に1年基準により表示します。

■関連法規……会計原則注解5，会社計規第74条，財規第16条，第17条，法基通2−2−14，消法第6条第1項，消法別表第2第3号，中小会計指針第31項，第32項

144 未収収益の発生と決算整理を行う

> 隣接企業の駐車場用地として，当社の土地を賃貸しているが，先方の都合で，当月分（当社の決算月分）は翌月初にならなければ振り込まれないので，決算に際し当月分150,000円を未収計上することにした。

▶決算時

　（借）未 収 収 益　　150,000　（貸）受 取 地 代　　150,000

▶翌期首

　（借）受 取 地 代　　150,000　（貸）未 収 収 益　　150,000

【解　説】　一定の契約に従って，継続して役務を提供しているが，既に提供した役務の対価が未入金である場合には，「未収収益」勘定を用いて収益を計上します。未収収益は契約によって時の経過とともに発生する収益であるため，当期の収益として発生（確定）しており，金額的に重要性が乏しいもの以外は計上すべきです。

　なお税法上は，前受分を除き支払いを受けるべき日に収益に計上します。

|中小会計|　重要性の乏しいものは，経過勘定として処理しなくてよいことになっています。

(消費税)　土地そのものを貸し付ける取引は非課税取引となります。ただし，駐車場として利用できるように地面の整備又はフェンス，区画，建物の設置等をしている時は課税取引です。

《表　　示》　「未収収益」の金額が資産総額の$\frac{5}{100}$を超えるものについては，流動資産の部に「未収収益」として表示し，それ以外は「その他の流動資産」に含めて表示します。

中小会計指針では，未収収益は流動資産として表示します。

■関連法規……会計原則注解5，財規第16条，第17条，第19条，法基通2－1－29，消法第6条第1項，消法別表第2第1号，消通6－1－5，中小会計指針第31項，第32項

145 未収利息の計上をした

> 取引先A社に1年間の契約（元利一括返済）で運転資金として現金20,000,000円を貸し付けた。
> ① 貸付けから9カ月経過して決算日を迎えた。利率は3％の契約である。
> ② 翌期，取引先の業績不振により貸付金返済期限が到来したが，利息・元本とも返済が行われなかった。

① (借)未 収 利 息　　450,000　　(貸)受 取 利 息　　450,000

② 翌期首（再振替仕訳）

(借)受 取 利 息　　450,000　　(貸)未 収 利 息　　450,000
返済日
(借)未 収 利 息　　600,000　　(貸)受 取 利 息　　600,000

〈計算〉　① 20,000,000円×3％×9月÷12月＝450,000円
　　　　② 20,000,000円×3％＝600,000円

【解　説】　他社への貸付金に対する利息を契約に基づき未収計上する会計処理は一般に行われています。しかし，契約上の利払日を相当期間経過しても利息の支払いを受けていない債権については，すでに計上されている未収利息を当期の損失として処理するとともに，それ以降の期間に係る利息を計上してはならないと，金融商品会計基準に規定されています。

未収利息を不計上とする延滞期間は，延滞の継続により未収利息の回

収可能性が損なわれたと判断される程度の期間であり、一般的には債務者の状況等に応じて6カ月から1年程度が妥当と考えられています。

本設例の場合、返済期限に条件どおりに返済がされなかった状態となりましたが、回収可能性が明確に損なわれた状況ではないことから、未収利息を計上しました。なお、上記設例②の事業年度の決算日が到来した場合には上記の期間が経過しておりますので、改めて回収可能性の判断が必要となります。その結果、回収可能性なしとなった場合には債務者の実態に応じて債権評価を行い、貸付金と前期計上未収利息を貸倒処理（貸倒引当金計上も含む）するとともに、当期計上の未収利息の戻し処理が必要になります。

税法では、債務者が債務超過の状態等にあるため督促していても、当該事業年度終了の日以前6カ月以内に支払期日が到来したものの全額が未収になっている場合等の未収利息は益金に算入しないことができるとされています。

（消費税）貸付金の利息は非課税です。

■関連法規……金融商品会計基準（注9）、金融商品実務指針第119項、法基通2－1－25、消法第6条第1項、消法別表第2第3号

146　仮払法人税等の発生と決算整理を行う（予定納税と決算処理）

① 当社は3月決算であるが、11月に前年の納税額に基づいて予定納税を行い法人税26,000,000円、住民税6,000,000円、事業税8,000,000円の合計で40,000,000円を小切手で支払った。
② 決算に際し、当期の法人税と住民税及び事業税を計算したところ、当期分は70,000,000円（法人税・住民税で56,000,000円、事業税で14,000,000円）であったが未払税金等の前期繰越残高が2,000,000円（法人税・住民税で1,600,000円、事業税で400,000円）あった。

① 予定納税時

(借)仮払法人税	26,000,000	(貸)当座預金	40,000,000
仮払地方税	6,000,000		
仮払事業税	8,000,000		

② 決算時

(借)法人税,住民税及び事業税	40,000,000	(貸)仮払法人税	26,000,000
		仮払地方税	6,000,000
		仮払事業税	8,000,000
(借)法人税,住民税及び事業税	28,000,000	(貸)未払法人税等	22,400,000
		未払事業税	5,600,000

【解　説】　1年決算法人が，中間申告や予定申告により納付した法人税，住民税及び事業税を処理するのが仮払税金です（税金ごとに勘定科目を区別して，仮払法人税，仮払地方税，仮払事業税と区別しておくと計算に便利です）。税金の予定納税はあくまで予想される税金の一部の仮払い（前払い）ですから，「仮払税金」勘定を用います。

　決算に際しては，当期の負担すべき税額を計算し，それから仮払いした予定納税額を控除して未払法人税等・未払事業税として計上しますが，前期に計上した未払税金（未払法人税等，未払事業税）の納付残高（前期末での未払税金の残高と確定納付額との差）がある場合は，これを考慮に入れて未払額の計上をしないと，未払法人税等，未払事業税の残高が過大になりますので，残高が30,000,000円（法人税・住民税56,000,000円－26,000,000円－6,000,000円－1,600,000円＝22,400,000円，事業税14,000,000円－8,000,000円－400,000円＝5,600,000円，従って，決算時に計上するのは22,400,000円＋5,600,000円＝28,000,000円となり，前期未払税金の繰越残高1,600,000円＋400,000円＝2,000,000円と合わせて30,000,000円）となるように法人税，住民税及び事業税を28,000,000円計上します。

　このような納付残高は，決算時において税金計算を確定申告書作成前に見積りで行う場合に生じるもので，通常は多額に発生しないものなので，上記のような処理をします。この結果，仮払税金は決算時には残高として残らないことになります。

消費税 税金の納付やその計上取引は資産の譲渡等に該当しないため，課税の対象外です。

《表　示》 未払法人税等，未払事業税は，その金額が負債及び資本の合計額の$\frac{5}{100}$を超えるものについては，流動負債の部に「未払法人税等」「未払事業税」として表示します。

「法人税，住民税及び事業税」は損益計算書上，税引前当期純利益から控除する形式で表示します。

■関連法規……財規第49条，第95条の5

147 利子・配当等の仮払源泉税の納付と決算整理を行う

① 当期の上場株式についての配当金の入金額は135,496円（配当金額160,000円），定期預金利息の入金額は338,740円（利息金額400,000円）であり，いずれも普通預金に入金した。
② 決算に際し，仮払源泉税の処理を行った。

① 入金時

(借)普 通 預 金	474,236	(貸)受取配当金	160,000
仮払法人税等	85,764	受 取 利 息	400,000

② 決算時

(借)未払法人税等	85,764	(貸)仮払法人税等	85,764

【解　説】　上場株式の配当金および預金の利息の場合には2037年12月末まで源泉所得税と復興特別所得税の合算で15.315％が控除され入金するのに対し，非上場株式の場合は源泉所得税と復興特別所得税の合算で20.42％が控除され，残りの金額が入金します。この際に利子・配当等から控除された源泉所得税等を処理するのが「仮払法人税」「仮払地方税」勘定です。

仮払税金は法人税と住民税の計算上，税金を前払いした形となります。従って決算に際しては，納付する税金をその分少なくするために未

その他の流動資産　177

払法人税等と相殺処理します。

　この結果，仮払法人税，仮払地方税は決算時には残高として残らないことになります。

　源泉徴収された復興特別所得税は，法人税から控除される所得税の扱いに準じて法人税から控除します。

|中小会計|　受取配当や利子から控除された源泉所得税額のうち，法人税，地方税法上の税額控除の適用を受ける金額については損益計算書上，「法人税，住民税及び事業税」に含めて計上します。この場合の上記①の仕訳では仮払法人税，仮払地方税勘定ではなく「法人税，住民税及び事業税113,764円」となり，②の仕訳は発生しません。

(消費税)　受取配当金は株主権に基づき支払われるもので，対価ではないので課税の対象外であり，受取利息は非課税です。

■関連法規……所法第174条，第175条，措法第9条の3，法法第68条第1項，地法第53条第26項，第71条の5，第71条の6，消法第6条第1項，消法別表第2第3号，消通5－2－8，6－3－1，中小会計指針第59項，第60項

148　未決算勘定の発生と整理を行う

> ① 火災によって商品2,000,000円（仕入勘定に計上されている）が焼失した。火災保険が2,400,000円付けられていたので，保険会社へ保険金の請求をした。

　　(借)火災未決算　2,000,000　　(貸)仕　　　入　2,000,000

> ② 上記の保険会社より，保険金1,800,000円が普通預金に入金した。

　　(借)普 通 預 金　1,800,000　　(貸)火災未決算　2,000,000
　　　　火 災 損 失　　 200,000

【解　説】 取引が未決着であるため，最終的に処理すべき勘定科目または金額が確定していない火災や盗難などの場合，「未決算」勘定を用います。取引が決着した時は正しい勘定へ振り替えます。

(消費税) 保険金の受取りは保険事故の発生に伴い受け取るもので，資産の譲渡等の対価ではないので，課税対象外取引となります。

《表　示》 未決算勘定の金額が資産総額の$\frac{5}{100}$を超える場合は，その内容を示す名称を付した科目で表示します。本設例の場合には「火災未決算」として表示することになります。

■関連法規……財規第19条，財規ガイド19，消通5－2－4

149　電子マネーを使用した場合の会計処理

① 電子マネーに現金で10,000円（デポジット500円を含む）をチャージした。
② 電子マネーを利用して運賃220円を支払った。
③ ポストペイ方式の電子マネーで消耗品を6,600円分購入した。
④ 預金口座から利用額6,600円が引き落とされた。

①	(借)貯　蔵　品	9,500	(貸)現　　　金	10,000
	預　託　金	500		
②	(借)交　通　費	200	(貸)貯　蔵　品	220
	仮払消費税	20		
③	(借)消　耗　品　費	6,000	(貸)未　払　金	6,600
	仮払消費税	600		
④	(借)未　払　金	6,600	(貸)当　座　預　金	6,600

【解　説】 電子マネーには，あらかじめ現金を支払うことにより残高をチャージしておくプリペイド（前払い）方式と，後日に利用者の預金口座から利用金額が引き落とされるポストペイ（後払い）方式の2つの

方式があります。プリペイド方式の場合，会計上は，貯蔵品や仮払金等で処理することになります。また，現金をチャージしただけでは経費等とはならないことから，電子マネーに現金をチャージした段階では，一旦，貯蔵品や仮払金等で処理し，実際の利用時に，貯蔵品から経費等への振替処理を行います。

ポストペイ方式の場合，電子マネーで購入した段階では，一旦，未払金等で処理し，預金口座での決済時に，支払処理を行います。

(消費税) 原則，電子マネーにチャージした時点では課税仕入れとはならず，電子マネーで購入した時点で課税仕入れとなります。しかし，継続適用を要件として，チャージした時点で課税仕入れとすることが認められています。

■関連法規……消通11－3－7

150 売上の対価として仮想通貨（以下，暗号資産という）を受け取った（円建取引）

---

① 売上時（暗号資産Bの1単位当たり10,000円）
　A社は，商品代金100,000円を活発な市場が存在する暗号資産Bで受け取った。
② 期末時（暗号資産Bの1単位当たり12,000円）
　期末となり，暗号資産Bの1単位当たり評価額が12,000円となった。

---

①	(借)暗 号 資 産	100,000	(貸)売　上　高	100,000
②	(借)暗 号 資 産	20,000	(貸)暗号資産評価益	20,000

【解　説】　期末に保有する暗号資産の評価に関しては，その保有目的にかかわらず，活発な市場の存在の有無によって，取扱いが異なります。活発な市場が存在する場合とは，「暗号資産交換業者又は暗号資産利用者の保有する仮想通貨について，継続的に価格情報が提供される程

度に暗号資産取引所又は暗号資産販売所において十分な数量及び頻度で取引が行われている場合をいうものとする」とされています。

本問のように活発な市場が存在する場合は，保有する暗号資産の種類ごとに，通常使用する自己の取引実績の最も大きい暗号資産取引所又は暗号資産販売所における取引価格を用いて時価評価し，帳簿価額との差額は当期の損益として処理します。

法人税法上は，活発な市場が存在する暗号資産は短期売買商品等の条文に組み込まれていることから，原則として期末に保有する暗号資産は時価評価により評価損益を計上します。そのため，会計処理と税務処理が一致することから別表調整は不要ですが，会計上，時価評価しなかった場合は別表調整が必要です。

また，活発な市場が存在しない場合には取引が少ない暗号資産は，取得原価をもって貸借対照表価額とします。期末における処分見込価額（ゼロ又は備忘価額を含む）が取得原価を下回る場合には，当該処分見込価額をもって貸借対照表価額とし，帳簿価額との差額は当期の損失として処理します。当該損失処理額については，翌期に戻入処理を行いません。法人税法上，活発な市場が存在しない暗号資産の期末評価額は，会計処理と同様に原価で評価することから，別表調整は不要です。ただし会計上，処分見込価額をもって評価した場合は別表調整が必要です。

なお，仮に暗号資産を売却する場合は，活発な市場の存在の有無にかかわらず，売却収入から売却原価を控除して算定した純額で表示することとされています。

(消費税) 財やサービスの内容により，その種類に応じて消費税の課税関係は異なります。そのため，暗号資産を受け取った場合でも通常の売買と同様，課税区分を判断して適用します。なお，期末時に保有している暗号資産に関し時価評価を行った場合は，含み益又は含み損が生じているだけであることから，資産の譲渡等に該当せず課税対象外となります。

■関連法規……対応報告第38号第5項，第9項，第16項，法法第61条第2項，第3項，法令第118条の7，第118条の8

151 売上の対価として暗号資産を受け取った（暗号資産建取引）

> ① 売上時（暗号資産Bの1単位当たり10,000円）
>   A社は，商品を活発な市場が存在する暗号資産B（10単位）で販売した。
> ② 入金時（暗号資産Bの1単位当たり8,000円）
>   入金時には，暗号資産Bの1単位当たり評価額が8,000円となった。

① (借)売　掛　金　　100,000　　(貸)売　上　高　　100,000

② (借)暗 号 資 産　　 80,000　　(貸)売　掛　金　　100,000
　　　 暗号資産換算損　 20,000

【解　説】　暗号資産建取引として暗号資産を利用し決済する場合は，一旦，売上時の交換レートで売上高を計上します。その後，入金時に得意先から暗号資産がそのまま送金されるため，入金時の交換レートで回収額を把握することになります。また，売上時と入金時との換算差額は，暗号資産換算損として営業外費用に計上します。法人税法上は，会計処理と同様に暗号資産建の請求について暗号資産で支払いを受けた場合，帳簿価額と入金時の時価との差額を損金算入します。そのため，会計処理と税務処理が一致することから別表調整は不要です。

(消費税)　財やサービスの内容により，その種類に応じて消費税の課税関係は異なります。そのため，暗号資産を受け取った場合でも通常の売買と同様，課税区分を判断して適用します。

■関連法規……対応報告第38号第5項，第9項，法法第22条第1項，法法第61条
　　　　　　第2項，第3項，法令第118条の7，第118条の8

152 仕入の対価を暗号資産で支払った（円建取引）

① 暗号資産購入時（暗号資産Bの1単位当たり8,000円）
  A社は，活発な市場が存在する仮想通貨Bを10単位購入した。
② 仕入時
  A社は，商品100,000円を購入した。
③ 支払時（暗号資産Bの1単位当たり10,000円）
  A社は，活発な市場が存在する暗号資産Bで支払った。

①	(借)暗 号 資 産	80,000	(貸)当 座 預 金	80,000
②	(借)仕 入 高	100,000	(貸)買 掛 金	100,000
③	(借)買 掛 金	100,000	(貸)暗 号 資 産	80,000
			暗号資産換算益	20,000

【解　説】　円建取引として暗号資産を利用し決済する場合は，送金時に会社が利用している取引所の交換レートによって，暗号資産を取引先に送金します。暗号資産取得時と支払時との換算差額は，暗号資産換算益として営業外収益に計上します。法人税法上は，円建の請求金額について暗号資産で支払う場合，支払時点で暗号資産の交換レートの値上り益が実現するため，帳簿価額と支払時の時価との差額を益金算入します。そのため，会計処理と税務処理が一致することから別表調整は不要です。

(消費税)　財やサービスの内容により，その種類に応じて消費税の課税関係は異なります。そのため，暗号資産で支払った場合でも通常の仕入と同様，課税区分を判断して適用します。ただし，暗号資産で支払う取引は，一旦，暗号資産を売却して円貨に交換し，交換した円貨を送金する取引と同様と考えられるため，円貨換算した総額の100,000円が非課税売上となります。なお，暗号資産の非課税売上は支払手段の譲渡に該当するため，課税売上割合の計算上，分母に含めないことになります。

■関連法規……対応報告第38号第5項，第9項，法法第22条第1項，消法第6条第1項，消法別表第2第2号，消令第9条第4項第1号，第48条

第2項第1号

153 仕入の対価を暗号資産で支払った（暗号資産建取引）

① 仕入時（暗号資産Bの1単位当たり10,000円）
　A社は，商品100,000円を購入した。
② 支払時（暗号資産Bの1単位当たり12,000円）
　A社は，活発な市場が存在する暗号資産Bで支払った。

① (借)仕 入 高　　　100,000　　(貸)買 掛 金　　　100,000
② (借)買 掛 金　　　100,000　　(貸)暗 号 資 産　　120,000
　　　暗号資産換算損　 20,000

【解　説】　暗号資産建取引として暗号資産を利用し決済する場合は，送金時に会社が利用している取引所の交換レートによって，暗号資産を取引先に送金します。仕入時と支払時との換算差額は，暗号資産換算損として営業外損失に計上します。法人税法上は，円暗号資産建の請求金額について暗号資産で支払う場合，帳簿価額と支払時の時価との差額を損金算入します。そのため，会計処理と税務処理が一致することから別表調整は不要です。

(消費税)　財やサービスの内容により，その種類に応じて消費税の課税関係は異なります。そのため，暗号資産で支払った場合でも通常の仕入と同様，課税区分を判断して適用します。ただし，暗号資産で支払う取引は，一旦，暗号資産を売却して円貨に交換し，交換した円貨を送金する取引と同様と考えられるため，円貨換算した総額の120,000円が非課税売上となります。なお，暗号資産の非課税売上は支払手段の譲渡に該当するため，課税売上割合の計算上，分母に含めないことになります。

■関連法規……対応報告第38号第5項，第9項，法法第22条第1項，消法第6条第1項，消法別表第2第2号，消令第9条第4項第1号，第48条第2項第1号

Ⅱ 固定資産

- 有形固定資産
  - 無形固定資産
    - 投資その他の資産―その1
      - 投資その他の資産―その2(企業再編関係)

有形固定資産

有形固定資産の会計実務では、規範とする基準を税法に依拠する場合が多いのが実情です。そこで、会計基準と税法の関係を整理すると以下のようになります。

基本的な考え方	会計基準として具体的な処理が示されていない場合に、税法の規定に拠る処理が不合理でない場合はその処理が容認される。
取得価額の算定	連続意見書第三に規定はあるが、実務上は税法の規定が利用されている。
減価償却方法	連続意見書第三に規定はあるが、実務上は税法の規定が利用されている。
資本的支出と修繕費の区分	実務上は詳細な税法の規定が利用されている。
除却・売却の計算	実務上は税法の規定が利用されている。
減損会計	減損会計基準と同適用指針に拠っている。税法では評価損を計上できる場合（法人税法施行令第68条第1項第3号）が限定されている。
資産除去債務会計	資産除去債務会計基準と同適用指針に拠っている。税法では確定債務でないものは費用（損金）計上できない。
リース会計	リース取引会計基準と同適用指針に拠っている。税法とは少額リース資産の扱い等で相違がある。
企業結合の場合の固定資産とのれん	企業結合会計基準と同適用指針に拠っている。税法では適格か否か（一定の条件を満たしているか否か）によって区別しているため、会計基準と相違が生じる。

154 建物を取得をした

> 営業用建物を購入し,購入代金44,000,000円(消費税4,000,000円を含む)と登記料・仲介手数料等2,022,500円(消費税112,500円を含む)を小切手を振り出して支払った。

(借)建　　　　物　41,910,000　　(貸)当 座 預 金　46,022,500
　　仮払消費税等　　4,112,500

【解　説】　企業が長期間にわたり使用又は利用する建物,構築物,機械装置,車両,工具器具,備品,土地などが有形固定資産です。有形固定資産の取得には,購入,自家建設,現物出資,交換,贈与などの態様があります。

　有形固定資産を購入した場合,購入代価に付随費用を加えて,取得価額とします。付随費用には登録免許税,不動産取得税,買入手数料,運送費,荷役費,据付費,試運転費などがありますが,税法上は登録免許税等の登記費用や不動産取得税は,これに含めないこともできます。また,購入に際して値引・割戻しを受けた時は,これを購入代価から控除します。

中小会計　取得価額は購入代価等に買入手数料,運送費,引取運賃,据付費,試運転費用等の付随費用を加えた金額としますが,これらが少額である場合は取得価額に算入しないことができます。

消費税　登録免許税,不動産取得税等を除き,購入代金及び付随費用は原則として仕入税額控除の対象となる課税取引です。

《表　示》　建物は貸借対照表上,有形固定資産の部に「建物」として表示します。

■関連法規……連続意見書第三第一・四,法基通7－3－3の2,財規第22条,
　　　　　　　第23条,中小会計指針第33項

155 自家建設による取得があった

① 当社は機械製造業であり、生産設備を自社で製作することに決定し、必要部品8,800,000円（消費税込）を取引先商社より購入した。

(借)建設仮勘定　8,000,000　　(貸)未　払　金　8,800,000
　　仮払消費税等　　800,000

② 上記の生産設備製作のため、当社の材料倉庫より鋼材3,000,000円の払出しを受けた。

(借)建設仮勘定　3,000,000　　(貸)材　　　料　3,000,000

③ 上記の生産設備製作のため、当月発生した直接労務費と製造間接費は、それぞれ2,000,000円と800,000円であった。

(借)建設仮勘定　2,800,000　　(貸)直接労務費　2,000,000
　　　　　　　　　　　　　　　　　製造間接費　　800,000

④ 上記生産設備が完成し、使用を開始した。建設仮勘定に集計された生産設備の製造原価累計額は45,000,000円であった。

(借)機 械 装 置　45,000,000　　(貸)建設仮勘定　45,000,000

【解　説】　自社で使用する目的の有形固定資産を自家建設（製作）する場合、適正な原価計算を実施して有形固定資産の取得価額を計算します。また、建設に要する借入金の利子で、稼動前の期間に属するものは取得価額に含めることができます。

自家建設を開始して完成するまでの間、それに要するすべての原価を集計しておくのが「建設仮勘定」であり、目的物が完成した時点で本勘定（本設例では機械装置）に振替処理します。

(消費税) 建設仮勘定として処理していても、目的物の引渡しを受けたものについては、仕入税額の控除対象となるため、購入時点で仮払消費税等として処理します。

《表　示》　決算時点で建設仮勘定が未完成である場合には、貸借対照表上、有形固定資産の部において土地勘定の次に「建設仮勘定」として表示します。

■関連法規……連続意見書第三第一・四、財規第22条第9号、第23条、会社計規第74条、消通11－3－6、不動産開発事業を行う場合の支払利子の監査上の取扱いについて（日本公認会計士協会業種別監査研究部会）

156　物置を取得した

　書類等を保管するための、簡易なトタンぶきの物置を660,000円（消費税60,000円を含む）で購入し、代金は現金で支払った。なお、建築許可は不要であった。

（借）建　　　物　　　600,000　　（貸）現　　　金　　　660,000
　　　仮払消費税等　　 60,000

【解　説】　建物とは長期間にわたり経営目的に使用する社屋、工場、店舗、倉庫、社宅、体育館及び冷暖房・照明・通風等の付属設備をいいます。土地に定着した工作物が建物であり類似のものに構築物がありますが、両者の区別は建造物の構造・用途・使用状況などから総合的に判断します。

　税法では建物を、構造を基本とし、さらに事務所、住宅、店舗、工場などの用途により区分して各々に別個の耐用年数を定めています。従って、同じ工場として利用する建物であっても、構造が鉄骨鉄筋コンク

リート造のものと，木造のものとでは耐用年数が異なります。税法の建物についての耐用年数による区分は，以下のとおりです。

イ．鉄骨鉄筋コンクリート造又は鉄筋コンクリート造
ロ．れんが造，石造又はブロック造
ハ．金属造（骨格材の肉厚4mm超）
ニ．金属造（骨格材の肉厚3mm超4mm以下）
ホ．金属造（骨格材の肉厚3mm以下）
ヘ．木造又は合成樹脂造
ト．木骨モルタル造
チ．簡易建物

なお本設例は，建築許可申請が不要な小規模で簡易なものであることから，上記チ．簡易建物に該当します。

(消費税) 建物の購入は仕入税額控除の対象となる課税取引です。

《表　示》 建物は貸借対照表上，有形固定資産の部に「建物」として表示しますが，経営目的に直接関係しない賃貸目的の建物の場合には，投資その他の資産の部に表示します。

■関連法規……耐年省令別表第一，財規第22条，財規ガイド22，財規第23条，財規第33条

157 建物附属設備を取得した

店舗の入口を改造して自動ドアーを設置し，代金1,650,000円（消費税150,000円を含む）を小切手で支払った。

(借)建物附属設備	1,500,000	(貸)当座預金	1,650,000
仮払消費税等	150,000		

【解　説】 建物附属設備は建物本体とは区別されますが，建物に固着して建物の利用価値を高め，建物の管理上不可欠なもの，例えば電気設備，給排水設備，エレベーターなどをいいます。

税法では建物附属設備を用途により以下のように区分し，各々に別個

の耐用年数を定めています。

　イ．電気設備（照明設備を含む）
　ロ．給排水又は衛生設備及びガス設備
　ハ．冷房，暖房，通風又はボイラー設備
　ニ．昇降機設備
　ホ．消火，排煙又は災害報知設備及び格納式避難設備
　ヘ．エアーカーテン又はドアー自動開閉設備
　ト．アーケード又は日よけ設備
　チ．店用簡易装備
　リ．可動間仕切り
　ヌ．その他

　本設例の場合，自動ドアーは建物の利便性を高める働きをするという点，建物本体とは区別できるという点から上記ヘ．の細目のうち，ドアー自動開閉設備に該当します。

（消費税）　自動ドアーの設置（購入）は仕入税額控除の対象となる課税取引です。

《表　　示》　建物附属設備は建物とは別のものですが，貸借対照表上，有形固定資産の部の「建物」に含めて表示します。

■関連法規……耐年省令別表第一，財規第23条第1項第1号

158　構築物を取得した

> 工場内の従業員用駐車場をアスファルトにより舗装したが，その工事代金4,400,000円（消費税400,000円を含む）を小切手を振り出して支払った。

（借）構　築　物	4,000,000	（貸）当 座 預 金	4,400,000
仮払消費税等	400,000		

【解　　説】　構築物は土地に定着する工作物をいい，ドック，橋，岸壁，桟橋，軌道，貯水池などがあります。

税法では用途と構造を基本として構築物を区分し，それをさらに細分化して耐用年数を定めています。具体的には，発電用，送電用，配電用，電気通信事業用，放送・無線通信用，農林業用，広告用，緑化施設及び庭園，舗装道路・路面，へい，煙突，焼却炉に細分化されます。

さらにこれらの内容を細分化していますが，本設例のアスファルト舗装の場合，舗装道路・路面のうち，アスファルト敷に該当します。

(消費税) アスファルト舗装工事代は仕入税額控除の対象となる課税取引です。

《表　示》 構築物は貸借対照表上，有形固定資産の部に「構築物」として表示されますが，経営目的に直接関係しない賃貸目的の構築物の場合には，投資その他の資産の部に表示します。

■関連法規……耐年省令別表第一，財規第22条，第23条，第33条

159　機械装置を取得した

当社は総合工事業を営んでいるが，工事に使用するためブルドーザー1台を19,800,000円（消費税1,800,000円を含む）で購入し，代金は約束手形を振り出して支払った。

(借)機 械 装 置　18,000,000　　(貸)設備支払手形　19,800,000
　　仮払消費税等　 1,800,000

【解　説】 企業が長期間にわたり経営目的に使用する機械もしくは装置並びにこれらに付属するコンベア，ホイスト，チェーン，起重機等の搬送設備などが「機械装置」に該当します。

機械装置は一般的に個々の機械が独立して機能するものではなく，それが集合体として機能することが多いため，税法では55種類に区分して耐用年数を定めています。また，集合体として扱われるため，構成する個々の機械ではなく設備全体を1つの機械装置とみなして総合耐用年数を定めています。

従って，この場合の機械装置の減価償却は設備の種類ごとにグループ

分けし、各グループに属する機械の取得価額の合計額に総合耐用年数による償却率を乗じて計算する総合償却が行われることになります。

総合耐用年数を使用している機械装置で、その一部につき除却等があった場合の帳簿価額の計算は、以下の方法が用いられます。

① 個々の資産の個別耐用年数の未償却年数により帳簿価額を計算する方法
② 総合耐用年数の未償却年数により帳簿価額を計算する方法
③ 総合償却の償却費を個々の資産に配賦している場合には、その帳簿価額とする方法

(消費税) ブルドーザーの購入は、仕入税額控除の対象となる課税取引です。

《表　示》　経営目的に使用する機械装置は、貸借対照表上、有形固定資産の部に「機械装置」として表示します。設備の購入代金の支払いのため振り出された設備支払手形は、ワンイヤールールの適用によって貸借対照表日の翌日から起算して1年以内に支払期限の到来するものを流動負債とし、それ以外を固定負債とします。

区分された設備支払手形はその金額が負債及び資本の5/100を超える場合には流動負債或いは固定負債の部に「設備支払手形」として表示し、それ以外は「その他の流動負債」あるいは「その他の固定負債」に含めて表示します。

■関連法規……耐年省令別表第二、財規第22条、第23条、第47条、第49条、第50条、財規ガイド50、財規第53条、法基通7－7－3，7－7－4，7－7－5

160　機械購入時に代金を電子債務にて支払った

> 設例159の機械購入時に、代金支払いを電子債務を発生させて支払った。

(借)機 械 装 置　18,000,000　　(貸)営業外電子記録債務　19,800,000
　　仮払消費税　　1,800,000

【解　説】　従来の手形での支払いに代わり，債務者が取引銀行を通じ「電子記録債務」を発生させて，支払うことができます。電子記録債務の仕組み等は，設例258を参照して下さい。

上記の債務を普通預金で決済したときは，

　　(借)営業外電子記録債務　19,800,000　　(貸)普 通 預 金　19,800,000

となります。

(消費税)　ブルドーザーの購入は，仕入税額控除の対象となる課税取引です。

《表　　示》　貸借対照表上，流動負債の部に「営業外電子記録債務」として表示しますが，重要性が乏しいときには「営業外支払手形」や「その他の負債」に含めて表示できます。

■関連法規……電子記録債権に係る会計処理及び表示についての実務上の取扱い（対応報告第27号），財規第47条，財規ガイド47－6

161　太陽光発電設備を設置した

① 事務棟の電力料節約のため屋根に太陽光発電設備を16,500,000円（消費税込）で設置し，代金は普通預金から支払った。
② 期末になり減価償却を実施した。設置・利用を期首とする。（定額法を採用）。

① 　(借)機 械 装 置　15,000,000　　(貸)普 通 預 金　16,500,000
　　　　仮払消費税等　 1,500,000
② 　(借)減価償却費　　　885,000　　(貸)減価償却累計額　　885,000

【解　説】　再生可能エネルギーの活用は，地球温暖化の対策に有効でもあり，企業が太陽光発電設備を設置した場合，その発電量の全量を電力会社が購入する仕組みになっていることから，太陽光発電設備を設置することがあります。

設例の場合，太陽光発電設備は事務棟の電力に利用することから，耐

用年数省令の別表第2の「電気業用設備」のうち「その他の設備」の「主として金属製のもの」に該当するため17年となります。

〈計算〉 15,000,000円×0.059（17年）＝885,000円

なお，太陽光発電設備を利用して製品を生産する場合には，当該製品に係る設備としてその設備の種類を判定し，耐用年数を決定します。

中小企業投資促進税制の対象となる中小企業者等が，太陽光設備を設置し一定の要件を充たす場合には，特別償却もしくは税額控除の適用が可能となります。なお，特別償却については**173**を参照下さい。

(消費税) 太陽光発電設備の購入は課税取引です。減価償却は課税対象外取引です。

《表 示》 太陽光発電設備は，貸借対照表の有形固定資産の部に機械及び装置として表示します。減価償却費は損益計算書上，使用目的に応じて売上原価または販売費及び一般管理費に計上します。

■関連法規……措法第42条の6

162 車両を取得した

> 当社は倉庫業を営んでいるが，事業用にフォークリフト1台を2,200,000円（消費税200,000円を含む）で購入し，代金は普通預金から振込払いした。

（借）車　　　　両　　2,000,000　　（貸）普 通 預 金　　2,200,000
　　　仮払消費税等　　　 200,000

【解　説】　車両及び運搬具は長期間にわたり経営目的に使用するもので，人や物を陸上で運搬・けん引するものをいいます。同じ運搬用途でも船舶・航空機とは区別して陸上で使用されるものだけを1つのグループとしたものです。税法では車両運搬具を以下の4つに大別し，その中をさらに細分化して耐用年数を区別しています。

①　鉄道用または軌道用車両…電車，貨車，線路建設保守用工作車な

② 特殊自動車…消防車，救急車，除雪車など
③ 運送事業用，貸自動車業用，自動車教習所用車両…自動車，乗合自動車など
④ その他…自動車，二輪又は三輪自動車，自転車など

実務上，事例が多いのが乗用自動車ですが，最近は車種が豊富となり乗用と貨物用のどちらでも利用できる場合がありますが，この区別は陸運局での登録の区分に従って処理します。一般用自動車で乗用ならば6年，貨物用ならば5年で減価償却します。

車両には付属品がつきものですが，常時とう載するステレオ，ラジオ，クーラー，工具類は車両に含めることになります。

なお本設例のフォークリフトは上記分類の④その他に該当し，耐用年数は4年あるいは5年を適用します。

〔消費税〕 フォークリフトの購入は，仕入税額控除の対象となる課税取引です。

《表　示》　経営目的に使用する車両運搬具は貸借対照表上，有形固定資産の部に「車両及びその他の陸上運搬具」として表示します。

■関連法規……耐年省令別表第一，財規第22条，第23条

163 工具・器具・備品を取得した

当社は自動車部品製造業であるが，製品の製造に用いるため金型を3,300,000円（消費税300,000円を含む）で購入し，代金は翌月末払いとした。

(借)工　　　具　　3,000,000　　(貸)未　払　金　　3,300,000
　　　仮払消費税等　　300,000

【解　説】　耐用年数が1年以上で経営目的に使用される，製造用の工具・器具類や販売・一般管理業務に使用される備品類が工具・器具・備品です。

税法では工具と器具・備品を区別しており、工具には測定工具・検査工具、治具、ロール、型などがあり、器具・備品には家具・電気機器、事務機器、看板、金庫などがあり、多岐にわたり詳細に区別し、耐用年数が定められています。

これら、工具・器具・備品を始めとした減価償却資産のうち、取得価額が10万円未満のものは、一括損金算入、取得価額が10万円以上20万円未満のもの（一括償却資産）については、3分の1ずつ費用化することができます。取得価額が10万円未満のものは、消耗工具備品費又は消耗品費として扱われます。

また、青色申告法人である一定の要件を充足する資本金1億円以下の中小企業者が1個又は1組30万円未満の減価償却資産を取得した場合、損金経理を要件として、その取得した減価償却資産の合計額300万円を限度として即時償却が認められます。この特例は2026年3月31日までに取得したものに適用されます。

取得価額	選択可能な会計処理
10万円未満	・一括損金算入 ・一括償却資産 ・固定資産計上
10万円以上20万円未満	・一括償却資産 ・固定資産計上 ・一括損金算入（中小のみ）
20万円以上30万円未満	・固定資産計上 ・一括損金算入（中小のみ）

本設例の金型は自動車産業をはじめ、多くの大量生産を行う企業で広く利用されていますが、税法の規定では工具のうち「型」に該当し耐用年数2年で減価償却をします。

中小会計　減価償却資産のうち取得価額が少額のものについては、その取得年度において費用処理ができます。

消費税　金型の購入は、仕入税額控除の対象となる課税取引です。

《表　　示》　経営目的に使用される工具・器具・備品は貸借対照表上、有形固定資産の部に「工具器具及び備品」として表示します。

■関連法規……耐年省令別表第一,法令第133条,第133条の2,措法第67条の5,措令第39条の28,財規第22条,第23条,中小会計指針第33項

164 土地を取得した

当社は建設会社であるが,従業員の運動場用地として山林を150,000,000円で購入し,80,000,000円をかけて運動場として造成を完了した。山林の購入代金は小切手を振り出して支払った。
なお造成は自社で施工を行った。

(借)土　　　　地　150,000,000　(貸)当 座 預 金　150,000,000
　　土　　　　地　 80,000,000　　　建設仮勘定　 80,000,000

【解　説】　土地として処理されるものは,企業が経営目的のために長期間にわたって使用するもので,工場・事務所用の敷地のほか社宅用地,運動場用地などの経営付属用の土地が含まれます。

また,土地には現在利用しているもののほか,将来営業目的に利用予定で保有されている遊休土地,未稼動土地も含まれますが,経営目的以外で他人に賃貸している土地については投資その他の資産であり,有形固定資産の土地には含めません。

土地購入のための手付金は,所有権移転登記が完了するまでは建設仮勘定に計上します。また,土地の造成のために要した費用は,原則として土地の原価に算入します。しかし,不動産取得税や登録免許税その他登記費用等は,税法上は土地勘定に含めないことができます。

(消費税)　土地の購入は非課税取引です。造成の際に外注費が発生している場合には,その部分について,仕入税額控除の対象となる課税取引に該当します。

《表　示》　土地は貸借対照表上,有形固定資産の部に「土地」として表示しますが,経営目的に直接関係しない賃貸目的等の土地は投資その他の資産の部に,金額の重要性に応じて「土地」あるいは「その他の投資」として表示します。

■関連法規……財規第22条,財規ガイド22,財規第23条,第31条,第33条,法基通7－3－3の2,7－3－4,消法第6条第1項,消法別表第2第1号,不動産開発事業を行う場合の支払利子の監査上の取扱いについて(日本公認会計士協会業種別監査研究部会)

165 建設仮勘定を計上した

> 製品倉庫の建築を建設業者に依頼し,工事代金の手付金として30,000,000円(消費税を含まない)を小切手を振り出して支払った。

(借)建設仮勘定　30,000,000　　(貸)当 座 預 金　30,000,000

【解　説】　企業が経営目的に使用するために,固定資産を建設又は製作する費用を集計処理するのが「建設仮勘定」です。

建設仮勘定に含められるものとしては,建設のための手付金,設備建設目的で取得した機械等で保管中のもの,建設目的で購入した資材等,建設目的のための直接労務費・経費などがあります。

建設仮勘定は固定資産が完成するまでに用いられる仮勘定であるため,工事が完成した場合には速やかに本勘定に振替処理します。

税法上は,建設仮勘定に借入金の利子を算入した場合には,固定資産の取得価額に算入したものと扱われるので,留意が必要です。

(消費税)　実務上,工事代金の手付金に消費税部分を加えて支払うことがありますが,目的物の引渡しのない場合には仕入税額控除の対象とならないため建設仮勘定に含めておき,引渡しを受けた時に仮払消費税等として処理します。

《表　示》　建設仮勘定は貸借対照表上,有形固定資産の部に「建設仮勘定」として表示します。

■関連法規……財規第22条,財規ガイド22－9,財規第23条,法基通7－3－1の2(注),消法第30条,消通11－3－6,会社計規第74条

166 固定資産の除売却時の処理を行う

① 期首に乗用車を4,400,000円（消費税込）で購入し，これまで使用していた車両を1,650,000円（消費税込）で下取りに出し，差額代金は小切手により支払った。なお，下取車両の取得価額は3,000,000円であり，帳簿価額は1,200,000円（減価償却累計額1,800,000円）であった。

（借）車　　　　両	4,000,000	（貸）当 座 預 金	2,750,000
車両減価償却累計額	1,800,000	車　　　　両	3,000,000
仮払消費税等	400,000	車両売却益	300,000
		仮受消費税等	150,000

〈売却益の計算〉　下取価額1,500,000円－帳簿価額1,200,000円＝300,000円（益）

② 上記設例で，下取価額が1,100,000円（消費税込）であった場合。

（借）車　　　　両	4,000,000	（貸）当 座 預 金	3,300,000
車両減価償却累計額	1,800,000	車　　　　両	3,000,000
車両売却損	200,000	仮受消費税等	100,000
仮払消費税等	400,000		

〈売却損の計算〉　下取価額1,000,000円－帳簿価額1,200,000円＝200,000円（損）

【解　説】　車両などの買換えは，旧車両の売却取引と新車両の購入取引が一体となったものですが，会計処理をする場合には両取引を別々のものと考えて，取引の総額が表れるようにします。ただし，金銭の授受は相殺され差額だけの決済となるため，仕訳上も実際に支払う差額のみが計上されます。

（消費税）　固定資産としての車両の売買は資産の譲渡等に該当するため課税取引であり，購入及び売却の双方で消費税が課税されます。

《表　示》　車両の売却益，売却損は損益計算書上，原則として特別利益，特別損失に「車両売却益」「車両売却損」のようにその内容を示す科目で表示します。

■**関連法規**……財規第95条の２，財規ガイド95の２，財規第95条の３

> ③　備品を新品に買い換えたが，この際に古い備品は，納入業者に廃棄処分を依頼し，引取りに出した。古い備品の取得価額は800,000円・帳簿価額は50,000円（減価償却累計額750,000円）であった。
> 　廃棄費用として11,000円（消費税1,000円を含む）を現金で支払った。

（借）備品減価償却累計額	750,000	（貸）備　　　品		800,000
備品除却損	50,000			
（借）備品除却損	10,000	（貸）現　　　金		11,000
仮払消費税等	1,000			

【解　説】　現物をそれまで使用していた場所から撤去し，捨て去ることが廃棄ですが，有形固定資産を廃棄する場合には，廃棄対象となった帳簿価額及び除去費用が廃棄損となります。

(消費税)　廃棄処分は対価を伴う取引でないため課税対象外取引となりますが，業者に処分料を支払うような場合には，仕入税額控除の対象となる課税取引にあたります。

《表　示》　有形固定資産の除却損（廃棄損）は損益計算書上，原則として特別損失に「備品除却損」などの当該損失を示す名称を付した科目で表示します。

■**関連法規**……財規第95条の３，財規ガイド95の２

167 機械装置の除売却時の処理を行う（総合耐用年数の場合）

当社は自動車用部品製造業であるが、機械装置はすべて定率法により総合耐用年数12年で減価償却をしている。当期に機械の一部（取得価額3,000,000円、耐用年数10年、取得後経過年数5年（耐用年数10年の5年経過後の未償却残価率0.237とする））を1,100,000円（消費税込）で売却し現金入金した。（耐用年数12年の5年経過後の未償却残価率0.312とする。）

① 未償却残額方式の場合（総合耐用年数方式）

（借）現　　　　金	1,100,000	（貸）機 械 装 置	3,000,000
機械減価償却累計額	2,064,000	機械売却益	64,000
		仮受消費税等	100,000

〈計算〉 3,000,000円×0.312＝936,000円（帳簿価額）

② 未償却残額方式の場合（個別耐用年数方式）

（借）現　　　　金	1,100,000	（貸）機 械 装 置	3,000,000
機械減価償却累計額	2,289,000	機械売却益	289,000
		仮受消費税等	100,000

〈計算〉 3,000,000円×0.237＝711,000円（帳簿価額）

③ 配賦簿価除却方式

（借）現　　　　金	1,100,000	（貸）機 械 装 置	3,000,000
機械減価償却累計額	2,220,000	機械売却益	220,000
		仮受消費税等	100,000

（注） 総合償却の減価償却費を個々の機械に配賦した場合の当該機械の帳簿価額を780,000円とする。

【解　説】　機械装置は各機械が独立して機能するものでなく、全体が

一体となって生産活動に寄与しているため、設備に含まれるすべての機械の加重平均による総合耐用年数による減価償却が行われるという特徴があります。

総合耐用年数を使用している資産が償却の途中で除売却された場合の帳簿価額をどう計算するかについては、税法では以下の方法が定められており、いずれかを選択適用します。

①	未償却残額方式（総合耐用年数を使用する方法と個別耐用年数を使用する方法）	個々の資産の未償却残額を計算し、帳簿価額とする方法。
②	配賦簿価方式	総合償却資産の毎期の減価償却額を個々の資産に配賦して帳簿価額を計算する方法。

(消費税) 機械装置の売却は資産の譲渡等に該当し、課税取引にあたります。

《表　示》　機械売却益は損益計算書上、原則として特別利益に「機械売却益」のようにその内容を示す科目で表示します。

■関連法規……法基通7-7-3、7-7-4、7-7-5、財規第95条の2、財規ガイド95の2

168　有姿除却を行う

当社は、製品製造のため金型を多数所有しているが、モデルチェンジ等で今後の受注が見込めない製品製造用の金型につき、帳簿上で除却処理をした。その合計は、取得価額15,000,000円・帳簿価額1,000,000円（減価償却累計額14,000,000円）であり、スクラップ見積額は300,000円であった。

```
(借)金型減価償却累計額  14,000,000    (貸)金    型  15,000,000
    貯  蔵  品         300,000
    金型除却損         700,000
```

【解　説】　有形固定資産を使用できなくなったこと等の理由により生産現場等から取り除くことを除却といいますが，現物はそのままにして帳簿上だけで除却処理を行うのが「有姿除却」です。

　外形的に使用価値がないものは除却することが当然と考えられますが，解撤・破砕等に多額の費用が見込まれる場合や，将来の再使用の可能性が残されている場合などは，現物を廃棄せずに保有していることがあります。

　しかし，客観的にみて通常の利用方法では再使用されないような場合にも，現物が存在していることをもって除却処理を認めないのは実情に即さないので，税法上，有姿除却が認められており，以下のような場合には処分見込価額を控除した金額を除却損とします。

① 　使用廃止後，通常の方法では再使用の可能性がない場合
② 　専用金型等で，製品の生産中止により将来使用の可能性がほとんどない場合

(消費税)　固定資産の除却は資産の譲渡等に該当しないため，課税対象外取引に該当します。なお，スクラップとして売却した時点では消費税が課税されます。

《表　示》　金型除却損は損益計算書上，原則として特別損失に「金型除却損」などの科目で表示します。

■関連法規……法基通7－7－2，財規第95条の3，財規ガイド95の2

169　減価償却にはどのような方法があるか

　事業年度の中途（期首から7カ月目とする）において取得した乗用車4,000,000円について，決算時に減価償却費の計上を行った。
　（耐用年数は6年，償却率は定率法は0.333，定額法は0.167とする。）

▶定率法の場合

　　（借）車両減価償却費　　　666,000　　（貸）車両減価償却累計額　　　666,000

〈計算〉　$4,000,000円 \times 0.333 \times \dfrac{6カ月}{12カ月} = 666,000円$

▶定額法の場合

(借)車両減価償却費　　　334,000　　(貸)車両減価償却累計額　　　334,000

〈計算〉　$4,000,000円 \times 0.167 \times \dfrac{6カ月}{12カ月} = 334,000円$

(注)　備忘価額1円は最終年度の減価償却費で調整することとした。

【解　説】　企業会計原則(注解20)によると、固定資産の減価償却方法には以下の5つが示されています。

①	定額法	固定資産の耐用期間中、毎期均等額の減価償却費を計上する方法
②	定率法	固定資産の耐用期間中、毎期期首未償却残高に一定率を乗じた減価償却費を計上する方法
③	級数法	固定資産の耐用期間中、毎期一定の額を算術級数的に逓減した減価償却費を計上する方法
④	生産高比例法	固定資産の耐用期間中、毎期当該資産による生産又は用役の提供の度合いに比例した減価償却費を計上する方法
⑤	取替法	同種の物品が多数集まって1つの全体を構成し、老朽品の部分的取替えを繰り返すことにより全体が維持されるような固定資産については、部分的取替えに要する費用を収益的支出とする方法

　税法が資産の区分に応じて減価償却方法を定めているため、会計実務上は、税法に従って減価償却の方法を決めている事例が多く、税法の償却方法は以下のとおりです。

資産の種類	2007年3月31日以前の取得資産	2007年4月1日以後の取得資産	2012年4月以後の取得資産	2016年4月1日以後の取得資産
建物(*)	旧定額法 旧定額法(1998年3月31日以前取得の建物)	定額法		
建物附属設備・構築物(*)	旧定額法 旧定率法	定額法 定率法(250%)	定額法 定率法(200%)	定額法

206　Ⅱ―固定資産

上記以外の有形償却資産(*)	旧定額法 旧定率法	定額法 定率法（250%）	定額法 定率法（200%）	定額法 定率法（200%）
無形減価償却資産(*)	旧定額法	定額法		
所有権移転外リースのリース資産	リース期間定額法（リース期間中，毎月均等額の減価償却費を計上する方法）			

＊：鉱業用のものを除く。

中小会計　減価償却における耐用年数や残存価額は，その資産の性質，用途，使用状況等に応じて合理的に決定しなければなりません。ただし，法人税法上の耐用年数を用いて計算した償却限度額によって計上することも認められます。

消費税　減価償却は資産の譲渡等には該当しないため，課税対象外取引です。

《表　示》「減価償却累計額」は貸借対照表上，各有形固定資産の属する科目ごとに控除して表示しますが，控除した残額で記載し，「減価償却累計額」を注記する方法も採用できます。

■関連法規……会計原則注解20，法法31条，法令第48条，第48条の2，第53条，耐年省令別表第十，会社計規第79条，財規第25条，第26条，減価償却に関する当面の監査上の取扱い（監査・保証実務委員会実務指針第81号），中小会計指針第34項

170　減価償却方法の変更を行った

① 取得価額2,000,000円の機械（耐用年数10年）について，取得年度（1年目）は定率法により減価償却を行ったが，次年度においては減価償却の方法を定額法に変更した。

　なお，取得は期首に行われたものとする（2012年4月1日以降に取得したものとする）。

▶ 1年目

| (借)機械減価償却費 | 400,000 | (貸)機械減価償却累計額 | 400,000 |

〈計算〉 2,000,000円×0.2(10年定率)=400,000円

▶ 2年目

| (借)機械減価償却費 | 160,000 | (貸)機械減価償却費 | 160,000 |

〈計算〉(2,000,000円－400,000円)×0.1(10年定額)=160,000円
　　　　または、(2,000,000円－400,000円)×0.112(10年－1年)=179,200円

そこで、償却費の少ない方を採用した。

〈計算〉 未償却残額割合 $= \dfrac{(2,000,000円－400,000円)}{2,000,000円} = 0.8$

0.8は定率法未償却残額表上、耐用年数10年では1年経過となる。

【解　説】　有形固定資産や無形固定資産の減価償却方法は会計方針に該当します。減価償却方法を変更する場合は「会計上の見積りの変更と区別することが困難な場合」に該当するものとして、会計上の見積りの変更と同様に扱うため、その遡及計算を行わない処理が採用されています。しかし、減価償却方法は会計方針であることから、その変更には正当な理由が必要であり、かつ変更時には会計方針の変更と同様な注記が要求されます。

　税法では、減価償却方法を変更した場合の計算方法の定めがあります。それによれば定率法から定額法への変更時の耐用年数は、上記計算のように、当該資産について定められている耐用年数によるものと、「定率法未償却残額表」により算出される残存耐用年数によるものとの選択適用が認められています。

　実務上は、詳細な規定がある税法に従って処理されることが一般的です。

> ② 上記設例で,1年目に定額法により減価償却を実施し,2年目に定率法に変更して減価償却計算を行った。

▶1年目

(借)機械減価償却費　　200,000　　(貸)機械減価償却累計額　　200,000

〈計算〉 2,000,000円×0.1(10年定額)=200,000円

▶2年目

(借)機械減価償却費　　360,000　　(貸)機械減価償却費　　360,000

〈計算〉 (2,000,000円-200,000円)×0.2(10年定率)=360,000円

【解　説】 税法上,減価償却方法を変更した場合の計算方法の定めがあります。本設例のような定額法から定率法への変更の場合には変更した事業年度開始の日における帳簿価額を基礎として,定率法の耐用年数に応じた償却率により計算します。

(消費税) 減価償却は資産の譲渡等に該当しないため,課税対象外取引です。

《表　示》 減価償却方法を変更した場合には,会計方針変更の内容,変更の正当な理由,影響額等を注記する必要があります。

■関連法規……法基通7-4-3,7-4-4,耐通付表7(3),正当な理由による会計方針の変更等に関する監査上の取扱い(監査・保証実務委員会実務指針第78号),過年度遡及会計基準第11項,第18項,第20項,第62項

171 中古資産の減価償却を行った

当社は機械の減価償却方法として定率法を採用しているが,当期首において,中古の機械を2,000,000円で購入した。この機械の新品としての耐用年数は12年であるが,取得時点では既に6年を経過している。決算に際して減価償却費を計上した。

| (借)機械減価償却費 | 286,000 | (貸)機械減価償却累計額 | 286,000 |

〈耐用年数の決定〉 (12年－6年)＋(6年×20%)＝7年

…定率法償却率 (0.143)

2,000,000円×0.143＝286,000円

【解　説】　中古の減価償却資産を取得した場合の耐用年数の決定について,実務上は税法の定めるところによって処理しますが,それは以下のとおりです。

① 残存耐用年数の見積り可能なものはその年数
② 残存耐用年数の見積りが困難なもの
　ａ．耐用年数の全部を経過した資産
　　　法定耐用年数×20%＝見積耐用年数[*]
　ｂ．耐用年数の一部を経過した資産
　　　(法定耐用年数－経過年数)＋(経過年数×20%)＝見積耐用年数[*]
＊:見積耐用年数が2年未満の場合は2年とし,1年未満の端数は切り捨てる。
③ 中古資産を改良した場合
　　改良費が中古資産の取得価額の50%を超える時は耐用年数表で定める耐用年数。

本設例では,残存耐用年数の見積りが困難なものとして計算しました。

(消費税)　減価償却は資産の譲渡等に該当しないため,課税対象外取引です。

■関連法規……耐年省令第3条第1項第2号,耐通1－5－1,1－5－2,,1
　　　　　　－5－4,1－5－5

172 期中取得資産の減価償却を行った

> 当社は車両の減価償却方法として,定率法を採用しているが,本年2月に4,000,000円で乗用車を購入した。決算(3月末日)に際して減価償却費を計上した。

(借)車両減価償却費	222,000	(貸)車両減価償却累計額	222,000

〈計算〉 $4,000,000円 \times 0.333（償却率） \times \dfrac{2カ月}{12カ月} = 222,000円$

【解 説】 期中で取得した減価償却資産の減価償却費の計算は,以下の計算で月数按分します。

$$\text{事業年度の初めから有していたとした時の償却費} \atop (1年間の償却費) \times \dfrac{取得後の月数}{事業年度の月数}$$

なお,本設例の乗用車は耐用年数を6年としています。

(消費税) 減価償却は資産の譲渡等に該当しないため,課税対象外取引です。

■関連法規……法令第59条,耐年省令別表第一

173 特別償却を行った

> ① 当社は自動車部品を製造する資本金30,000,000円の株式会社であるが,このたび1基10,000,000円の機械を購入した。この機械については中小企業者の機械等の特別償却をすることに決定した。

▶決算時

(借)法人税等調整額	900,000	(貸)繰延税金負債	900,000
繰越利益剰余金	2,100,000	特別償却準備金	2,100,000

〈計算〉 $10,000,000円 \times \dfrac{30}{100} = 3,000,000円$ (特別償却限度額)

3,000,000円×30%^(*)=900,000円（税効果額）

3,000,000円-900,000円=2,100,000円（特別償却準備金）

＊：実効税率を標準税率で計算すると32％程度となるが，計算簡略化のため30％とする。

【解　説】　租税特別措置法により，中小企業者の支援・育成等の目的で資本金1億円以下の法人が2025年3月31日までの期間内に新規に1台160万円以上の機械を購入等した場合には，取得価額の$\frac{30}{100}$を限度として普通償却限度額を超えて「特別償却」を行うことができます。

　特別償却の会計処理として，税法上は損金経理，準備金方式を認めています。一方，企業会計上は特別償却による償却額は正規の減価償却に該当せず，税法の課税上の恩典として損金算入が認められているにすぎないと考えるため，決算確定の日までに剰余金の処分により任意積立金として純資産に計上する方法を採用します。

　従って，上記の仕訳は決算確定の日までに取締役会で剰余金の処分として，承認された時のものを想定しています。

　また，特別償却準備金の積立額は，税効果会計における「将来加算一時差異」に該当するため，これに対応する「繰延税金負債」を固定負債として計上します。

　なお税務申告上は，別表にて減算し，その分の税金は軽減されます。

■関連法規……措法第42条の6，減価償却に関する当面の監査上の取扱い（監査・保証実務委員会実務指針第81号），株主資本等変動計算書に関する会計基準の適用指針第25項（適用指針第9号），税効果適用指針第15項，会社計規第153条第2項

---

② 翌期に上記設例の特別償却準備金を，税法に従って取崩処理をした。特別償却対象資産の耐用年数を10年とする。

（借）繰延税金負債	128,571	（貸）法人税等調整額	128,571
特別償却準備金	300,000	繰越利益剰余金	300,000

〈計算〉　$2,100,000円 \times \frac{12ヵ月}{84ヵ月} = 300,000円$

$$900,000円 \times \frac{12カ月}{84カ月} = 128,571円 \text{ (税効果額)}$$

【解　説】　特別償却準備金として積み立てたものは，税法上，対象資産の耐用年数が10年以上の場合翌事業年度より7年間に均等額により取崩処理するよう規定されています。剰余金の処分による特別償却準備金の積立は，法令の規定に基づく剰余金の増加項目に該当するため，株主総会の決議は不要とされています。また，特別償却準備金は任意積立金であるため，税法上の取崩し方法と同一にする必要はありませんが，実務上は同一にしている事例が多いようです。税務申告上は，別表にて加算処理します。

　なお，特別償却の対象となった機械が，除売却等で存在しなくなった場合でも，取崩方法には影響はなく均等取崩しを行います。

中小会計　特別償却は重要性の乏しい場合を除き，その他利益剰余金の区分における積立て及び取崩しにより繰延税金負債を控除した金額を特別償却準備金として計上します。

消費税　剰余金処分の取引は，資産の譲渡等に該当しないため，課税対象外となります。

■関連法規……措法第52条の3，中小会計指針第34項

174　増加償却を行った

　当社は，製品の売行きが好調で，工場の操業度が上昇したため，決算に際し機械装置の増加償却を実施することにした。通常の減価償却費は15,000,000円であり，増加償却割合は20％とする。

（借）機械減価償却費　18,000,000　　（貸）機械減価償却累計額　18,000,000

〈計算〉　15,000,000円×(1＋0.2)＝18,000,000円

【解　説】　税法上，法人の有する機械装置の使用時間が通常の平均的な使用時間を超える場合には，その超える期間の減価償却費を一時的に

増加させることができ,これを「増加償却」といいます。

増加償却の適用単位は,機械装置の設備の種類ごととするのを原則とし,増加償却費の計算は以下の算式によります。

償却限度額＝通常の償却限度額×(1＋増加償却割合)

増加償却割合＝1日当たりの平均超過使用時間数×$\frac{35}{1,000}$　(小数点第2位未満の端数切上げ)

なお,増加償却は増加償却割合が10％未満の場合は適用できません。

また,上記の算式により減価償却をする場合には,その旨等を記載した書類を,申告書の提出期限までに税務署長に提出し,かつ平均的な使用時間を超えて使用したことを証する書類を保存していることが必要です。

次に会社法(会社計算規則)に規定する相当の償却(正規の償却)との関係については,税法に規定する普通償却限度額(増加償却を含む)を正規の減価償却費として処理する場合においては,企業の状況に照らし,耐用年数又は残存価額に不合理と認められる事情のない限り,妥当なものと考えられています。

(消費税)　減価償却は資産の譲渡等に該当しないため,課税対象外取引となります。

■関連法規……会社計規第5条,法令第60条,法規第20条,減価償却に関する当面の監査上の取扱い(監査・保証実務委員会実務指針第81号)

175　耐用年数を変更した

> 技術進歩により機械が陳腐化したことに伴い,国税当局の承認を受けて,未経過使用可能期間を4年とする耐用年数の変更を行った(定率法償却率は0.5を使用する)。
> ・機械装置の取得価額:40,000,000円
> ・償却方法:定率法
> ・期首までの経過年数5年(未償却残価率0.316)

(借)機械減価償却費　6,320,000　　(貸)機械減価償却累計額　6,320,000

〈計算〉　40,000,000×0.316×0.5＝6,320,000

【解　説】　有形固定資産の耐用年数の変更は，過去に定めた耐用年数がこれを定めた時点で合理的な見積りに基づくものであり，それ以降の変更も合理的な見積りによるものであれば，当該変更は過去の誤謬の訂正には該当せずに，会計上の見積りの変更となります。

以前認められていた臨時償却は，2011年4月1日以後開始事業年度から「会計上の変更及び誤謬の訂正に関する会計基準」が適用されたことに伴い廃止されました。

また，税法でも平成23年度改正で「陳腐化償却」は廃止されました。現在は耐用年数の短縮特例の中に含まれることとなり，国税局長の承認を受けた未経過使用可能期間を耐用年数として計算します。

中小会計　資産の陳腐化その他一定の事由により使用可能期間が従来の耐用年数に比して著しく短くなった場合は，未経過使用可能期間にわたり減価償却を行います。

消費税　減価償却は資産の譲渡等に該当しないため，課税対象外取引となります。

《表　示》　会計上の見積りの変更を行った場合には，変更の内容・当期に影響がある場合にはその影響額，当期には影響しないが将来に影響し影響額を合理的に見積り可能な場合には当該影響額を注記します。また，将来への影響額が見積もれない場合にはその旨を注記します。

■関連法規……過年度遡及会計基準第17項，第18項，第38〜40項，第55〜58項，法令第57条，中小会計指針第34項

176　資本的支出と修繕費を区別する（20万円基準）

　機械について，その性能を向上させるため改良工事を自社の工作機械部門で実施し，改良費用に150,000円を要した。

(借)修 繕 費	150,000	(貸)建設仮勘定	150,000

【解　説】　機械等の固定資産については修理，改造のための支出が行われることがありますが，使用可能期間を延長させたり，固定資産の価値を増加させるような支出は「資本的支出」といい，固定資産の帳簿価額に追加されることになります。

　資本的支出は修繕費と区別する場合の概念であり，当初から新たな資産を増加させるのに等しい増築・増設・拡張・延長などによる支出は資産の取得であり，資本的支出であるか否かを考慮する必要はありません。

　1つの修理・改良等のために要した費用が20万円未満の場合には，税法上，費用処理（損金経理）が認められています。

　実務上では，資本的支出と修繕費を区別する場合，まず当該支出が20万円未満か否かを判定し，20万円以上である時初めて税法上の判定基準に照らして判断します。具体的には20万円以上の修理，改良等の支出があった場合に，明らかに資本的支出あるいは修繕費であることが判明している場合には，下記の判定の手順を経ることなく処理しますが，一般的に両者の区別が不明確な場合が多いので，災害等に基づく特殊な場合を除き下記のような手順で判定します。

■資本的支出と修繕費の判定

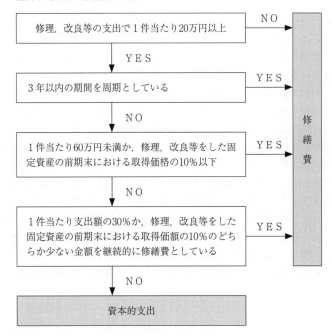

《ポイント》 本設例の場合、支出が150,000円で、税法上損金算入が可能なため、当初からその内容に関係なく修繕費としました。また、当社の工作機械部門が工事を担当しているため、そこで発生した材料費・労務費・経費を他勘定振替処理により建設仮勘定にいったん集計し、そこから修繕費への振替処理を行っています。

本設例では、支出当初に修繕費か資本的支出のいずれに該当するかの判定を行わず、処理の便宜上、いったん建設仮勘定に計上し、作業完了後に修繕費に振り替えています。決算期をまたがる場合には、期間損益が適切に計算されなくなるため、決算時点で資本的支出か修繕費のいずれに該当するか判定し、適切に会計処理する必要があります。

(消費税) 工作機械部門で発生した材料費、経費には仕入税額控除の対象となる課税取引が含まれますが、通常は費用の発生時（建設仮勘定計上

時）に仮払消費税等として処理され，本設例のように本勘定（修繕費）振替時には消費税は計上されません。

■関連法規……法基通7-8-1，7-8-2，7-8-3，7-8-4，7-8-5，7-8-6

177 資本的支出と修繕費を区別する（オーバーホールの取扱い）

① 大型プレス機械のオーバーホールを実施し，費用9,900,000円（消費税900,000円を含む）を小切手で支払った。この機械の前期末の取得価額は100,000,000円である。

(借)修　繕　費　　9,000,000　　(貸)当 座 預 金　　9,900,000
　　仮払消費税等　　　900,000

【解　説】　実務上，資本的支出と修繕費の区別が不明な場合は，税法の規定によって判定します。その判定順序は設例176に示したとおりです。オーバーホールは，その内容によっては資本的支出に該当するものが含まれている場合がありますが，それを区別することが不可能な場合には形式基準で判定します。本設例の場合，前期末の取得価額の10％以下であるため，全額修繕費とすることができます。

② 上記設例で，プレス機械の前期末の取得価額が80,000,000円であった場合。

(借)機　　　　械　　6,300,000　　(貸)当 座 預 金　　9,900,000
　　修　繕　費　　2,700,000
　　仮払消費税等　　　900,000

【解　説】　前期末の取得価額の10％を超過する費用が発生した場合，税法上，継続処理を条件に，前期末取得価額の10％か修理費用の30％か，いずれか少ない方を修繕費として認めています。従って，

2,700,000円が修繕費となり，残額は資本的支出となります。

〈計算〉 80,000,000円×10％＞9,000,000円×30％

(消費税) 企業の外部に依頼して実施したオーバーホール費用は，役務の提供に該当し，資本的支出か修繕費かにかかわりなく全額が仕入税額控除の対象となる課税取引です。

■関連法規……法基通7－8－4，7－8－5

178 割賦購入の処理を行う

> 機械12,100,000円（消費税1,100,000円を含む）を購入し，利息3,000,000円と合わせて15,100,000円を，5年分割払いの手形5枚を振り出して支払った。所有権は当社に移転するものとする。

```
(借) 機     械   11,000,000   (貸) 設備支払手形  15,100,000
    長期前払利息   3,000,000
    仮払消費税等   1,100,000
```

【解　説】　企業会計上，借入金等の支払利息は，原則として固定資産の取得価額に算入しない会計処理が行われています。これは支払利息が金融費用であり，取得資産と借入金等との因果関係が不明確であることが根拠となっています。

　従って，割賦購入の場合でも，購入代価と利息が区別されている場合にはそれを区別して処理します。また，税法上もこの処理が認められています。

　長期前払利息として計上されたものは，決算時に当期の支払利息分は支払利息に，次期の1年間分の支払利息は短期前払利息（前払費用）に振替処理を行います。

(消費税) 割賦購入の場合，課税仕入れを認識するのは引渡基準で行います。従って機械の引渡しを受けた時点で機械全体の消費税の処理を行います。

《**表　示**》　長期前払利息は貸借対照表上、投資その他の資産の部に「長期前払費用」として表示します。設備支払手形は貸借対照表日の翌日から起算して1年以内に支払期限の到来するものは流動負債の部に、それ以外は固定負債の部に計上しますが、金額的に重要なものは「設備支払手形」として表示し、そうでないものは「その他の流動負債」と「その他の固定負債」に含めて表示します。

■関連法規……法基通7－3－2，財規第32条，第49条，第50条，第52条，第53条，消法第30条，消通11－3－2

179　借入金利息を取得価額に算入した

> 建物を自家建設する目的で借入した銀行からの借入金に対する利息800,000円を普通預金から支払った。
> なお、建物は完成していない。

　　（借）建設仮勘定　　　800,000　　（貸）普 通 預 金　　　800,000

【**解　説**】　借入金の支払利息は通常、金融費用として期間費用処理しますが、当該資産の使用開始前に対応する部分（ひも付借入金に限る）については、取得価額に算入することが認められています。

　会計上は、借入金利息が金融費用であることから資産の取得価額に含めることには反対論が多く、取得資産と借入金との因果関係が明確でない場合が多いため、一般的には取得価額に含める処理は採用されていません。

　しかし自家建設の場合のように、建設のための支払利子と取得固定資産の因果関係が明らかな場合にはその原価性が認められています。これと同趣旨の考え方で、不動産開発事業での開発工事原価に支払利子を算入することが容認されています。

　なお税法上、取得価額に算入する処理を採用した場合、後にこれを費用処理に戻すことは認められません。

（消費税）　金銭の貸付けの対価たる利子は非課税です。

■**関連法規**……連続意見書第三第一・四,法基通7－3－1の2,不動産開発事業を行う場合の支払利子の監査上の取扱いについて(日本公認会計士協会業種別監査研究部会),消法第6条第1項,消法別表第1第3号

180 収用による土地の売却と代替地の取得をした

① 当社の土地(帳簿価額4,000,000円)が,土地収用法に基づき収用され,補償金40,000,000円が普通預金に入金した。

(借)普 通 預 金　40,000,000　　(貸)土　　　　地　　4,000,000
　　　　　　　　　　　　　　　　　　　土地売却益　36,000,000

【解　説】　公共の利益となる事業に役立たたせる目的で,土地収用法,都市再開発法,土地区画整理法などの法令の規定に基づき法人の有する土地等の財産権が収用されたり,収用を背景に任意買収されることがあります。このような強制的手段による買収も補償金等が交付されることから,会計処理上は一般的な固定資産の譲渡と同様に取り扱います。

しかし資産の譲渡が法人の自由意思に基づくものでなく,社会的要請から強制的に実施されることから,税法上は課税の繰延べとなる圧縮記帳や売却益に課税しない特別控除の制度が設けられています。

土地が収用され補償金を受け取った場合も,通常の土地の売却と同様に収用になった土地の帳簿価額と補償金との差額は,土地売却益として処理します。

税法上は一定の要件を充足する場合は,申告書の別表で,収用に基づく特別控除を利用して減算すれば50,000,000円までの売却益は課税されません。また,圧縮記帳の選択も可能です。

■**関連法規**……措法第65条の2

> ② 上記設例の場合で,収用になった土地の代替地を取得し,収用による差益額について圧縮記帳を行うことにした。代替地の取得価額は45,000,000円であり,代金は小切手で支払った。

▶土地購入時

　(借)土　　　　地　45,000,000　　(貸)当 座 預 金　45,000,000

▶剰余金処分時（決算時）

　(借)繰越利益剰余金　36,000,000　　(貸)固定資産圧縮積立金　36,000,000

〈計算〉　$40,000,000円 \times \dfrac{40,000,000円 - 4,000,000円}{40,000,000円} = 36,000,000円$（圧縮限度額）

【解　説】　収用等補償金の圧縮記帳処理は,収用等による補償金をもって固定資産を取得した場合に,一定の条件のもとに差益相当額の一部又は全部の損金算入を認める税法上の制度です。税法上では,「直接減額方式」「積立金方式」(決算処理により積立金として積み立てる方法)の2つの処理が認められています。

　企業会計では取得原価主義の立場から,特別な場合を除き代替資産の取得価額から利益部分を控除する処理(直接減額処理)は認められないため,「積立金方式」による処理が採用されることになります。

　しかし,収用等の場合は,会社の意思とは関係なく社会的要請により,やむを得ず所有資産を譲渡する場合が多く,金銭による売買取引の形はとるものの,その実態が交換に準ずるような場合には,直接減額処理も容認されています。

　本設例の場合には,原則法である「積立金方式」によって処理しました。なお,税法上は申告書の別表で圧縮額を減算処理するため,課税は生じません。

(消費税)　土地の売買取引は,消費の対象となるものでなく資本の移転にすぎないため非課税です。また,剰余金処分は,資産の譲渡等に該当する取引ではないため課税の対象外です。

《表　示》　土地売却益は損益計算書上,特別利益の区分に「土地売却

181 土地を交換した

> 不整形な当社の工場用地を使いやすくするため,一部を隣接する他企業の工場用地と交換することにした。交換にあたっては時価を基準に計算し相互に過不足がないように面積で調整した。当社の譲渡資産の帳簿価額は4,000,000円,その時価は6,000,000円である。

　(借)土　　地　4,000,000　　(貸)土　　地　4,000,000

【解　説】　交換により取得した資産の取得価額は,交換に供された資産の帳簿価額とします。これは,同一種類・同一用途の固定資産間の交換の場合には,譲渡資産と取得資産との間に連続性があり,両者は同一のものであり,実質的に取引はなかったと考えることによります。従って,仕訳は取引事実を表す備忘的な仕訳となります。しかし,固定資産台帳では交換が行われた事実を詳細に記録しておく必要があります。

　なお税法上は,譲渡資産を時価で売却し,その代価で新たな資産を取得したと考えるため,土地売却益を計上した後,その譲渡資産の売却益について一定の要件を満たす場合のみ圧縮記帳処理を行うことになります。この場合の仕訳を示すと以下のとおりとなります。

▶税法上の仕訳

　(借)土　　地　6,000,000　　(貸)土　　地　4,000,000
　　　　　　　　　　　　　　　　　土地売却益　2,000,000
　(借)土地圧縮損　2,000,000　　(貸)土　　地　2,000,000

　なお,税法上は直接減額方式のみが認められ,積立金方式は認められ

ていません。

(消費税) 交換取引は，資産の譲渡に該当しますが，土地の売買取引は資本の移転にすぎないため，非課税です。

■関連法規……連続意見書第三第一・四，圧縮記帳に関する監査上の取扱い（監査第一委員会報告第43号），法法第50条，法令第92条，法基通10－6－10，消法第6条第1項，消法別表第2第1号，消通5－2－1

182 土地と建物を一括して取得した

> 営業所用にマンションを32,000,000円で購入し，代金を小切手で支払った。契約書によれば建物部分22,000,000円（消費税2,000,000円を含む），土地部分は10,000,000円であった。

(借)建　　　物	20,000,000	(貸)当座預金	32,000,000
土　　　地	10,000,000		
仮払消費税等	2,000,000		

【解　説】　マンションに限らず建物付の土地を購入した際に，建物部分と土地部分を区別するのが，実務上困難な場合があります。本設例のように契約書上，明確に区分されている場合や，消費税から判定することができる場合は問題ありませんが，それが困難な場合には，建物価額を見積って土地の部分と区分します。

また，土地の鑑定を専門家に依頼するなどの方法で土地価額を決定して，建物と区分することも認められています。

(消費税) 建物の譲渡は，課税取引であるため通常は仕入税額控除の対象ですが，居住用賃貸建物に該当する場合には仕入税額控除の対象にはなりません。土地の譲渡は資本の移転にすぎないため，非課税です。

■関連法規……措通63(2)－3，消法第6条第1項，消法第30条第10項，消法別表第2第1号

183 非減価償却資産を購入した

応接室の改修に伴い6,600,000円（消費税600,000円を含む）の絵画を購入し，代金は小切手で支払った。
なお，この絵画の作者は美術年鑑に登載されている画家である。

（借）備品（絵画）	6,000,000	（貸）当座預金	6,600,000
仮払消費税等	600,000		

【解　説】　税法上，時の経過によりその価値の減少しない資産は減価償却資産に該当しないこととされ，2015年1月1日以後に取得した以下の美術品等については「非減価償却資産」に該当します。

① 古美術品，古文書，出土品，遺物等のように歴史的価値又は希少価値を有し，代替性のないもの
② ①以外の美術品等で，取得価額が1点100万円以上であるもの

　　しかし，取得価額が1点100万円以上である美術品等であっても，「時の経過によりその価値が減少することが明らかなもの」については減価償却資産として取り扱うことができます。例えば，以下に掲げる事項のすべてを満たす美術品等が挙げられます。

　（ア）　会館のロビーや葬祭場のホールのような不特定多数の者が利用する場所の装飾用や展示用（有料で公開するものを除く）として取得されるものであること。
　（イ）　移設することが困難で当該用途にのみ使用されることが明らかなものであること。
　（ウ）　他の用途に転用すると仮定した場合に，その設置状況や使用状況から見て美術品等としての市場価値が見込まれないものであること。

（消費税）　絵画の購入は，仕入税額控除の対象となる課税取引です。

■関連法規……法基通7－1－1，美術品等についての減価償却資産の判定に関するFAQ

184 他人の建物に対して造作を行った

> 本社ビルに使用する目的でビルを賃借し、その一部について内装工事を実施した。
> その内訳は、自動ドアー1,650,000円（消費税150,000円を含む）、間仕切工事3,300,000円（消費税300,000円を含む）であり、工事代金は全額小切手で支払った。

（借）建 物	3,000,000	（貸）当座預金	4,950,000
建物附属設備	1,500,000		
仮払消費税等	450,000		

【解　説】　他人より賃借している建物について、賃借人の負担で実施した工事については、造作に要した金額を賃借人の減価償却資産として計上します。建物に施工した工事については合理的に見積った耐用年数により、また、建物附属設備に施工した工事については建物附属設備の耐用年数により減価償却を行います。

このように、建物本体と内部造作との所有者が異なる場合、建物の耐用年数はその建物の構造を基礎に決められているため、それと内部造作を同列に扱って耐用年数を適用することは不合理であるため、別物として見積った耐用年数を用います。

ただし、賃借期間が更新できない場合には、賃借期間を耐用年数として減価償却をすることができます。

(消費税)　業者に支払う内装工事代は、仕入税額控除の対象となる課税取引です。

■関連法規……耐通1-1-3

185 建物付の土地を取得し,立退料・取壊費用等を支払った

① 当社の工場を建設するため,倉庫用建物付の土地を120,000,000円(うち,建物を11,000,000円(消費税等1,000,000円を含む)とする)で購入し,この際に現在この倉庫を賃借している賃借人に立退料12,000,000円を支払うことになり,土地の購入代金とともに総額132,000,000円を小切手で支払った。
　また,所有権移転登記後,直ちに倉庫を取り壊し,取壊費用11,000,000円(消費税1,000,000円を含む)を解体業者に約束手形を振り出し支払った。
② 工場の建設が完了し,近隣住民に対して事前に締結していた契約に基づく補償金として7,000,000円を現金で支払った。

① (借)土　　　地 141,000,000　(貸)当座預金 132,000,000
　　　仮払消費税等 2,000,000　　　　設備支払手形 11,000,000
② (借)建　　　物 7,000,000　(貸)現　　　金 7,000,000

〈計算〉　倉庫用建物付の土地120,000,000円−建物消費税1,000,000円+立退料12,000,000円+取壊費用(税抜)10,000,000円=141,000,000円

【解　説】　固定資産を購入する場合の取得価額は,購入代価と購入付随費用の合計額としますが,立退料・取壊費用等の一般的に購入付随費用と考えられないようなものの取扱いについては,税法が詳しく定めています。

立退料は,土地を取得するために借地人に立退料を支払った場合は土地の取得価額に含め,建物等を取得するために借家人に立退料を支払ったような場合には建物の取得価額に含めます。

しかし税法では,建物付の土地を取得した場合には別途取扱いを定めています。当初から土地そのものの利用が目的であり,建物の存在は関係がないような場合,すなわち設例のように自社工場を建設する目的で建物付の土地を取得し,取得後1年以内に建物を取り壊すような時は,立退料を含む建物の取得価額と取壊費用は土地の取得価額に含めます。

従って，本設例の立退料12,000,000円と取壊費用10,000,000円は土地勘定に計上します。

なお建物を取得した後，取り壊す直前まで事業の用に供した場合には，その対応期間分の建物の減価償却費を費用に計上し，建物の取得価額から建物減価償却費を控除した帳簿価額が土地勘定になります。また，取壊しにより廃材等の処分により得た金額がある場合には，取壊費用から控除します。

工場等を建設した場合，落成式，操業記念式典等の固定資産の取得後に生ずる付随費用は取得価額には含めませんが，同じ事後的費用であっても当初からその支出が予定されている住民対策費・公害補償費等は，毎年支出することとなる補償金を除いて取得価額に含めます。従って，本設例の補償金7,000,000円は工場建屋の取得価額とします。

(消費税) 当初から土地の利用を目的として土地付建物を取得する場合，法人税の取扱いで土地に含められる建物であっても，当事者間において「土地付建物」として売買されている場合の建物の取得は消費税では課税仕入れとして扱われます。また，建物の撤去に要する費用も同様に課税仕入れに該当します。

次に，倉庫の賃借人に支払う立退料は通常，資産の譲渡等に該当しないため課税の対象外です。

また，日照や騒音に係わる迷惑料として近隣住民に支払われる補償金は損害賠償金の性格を有するものであり対価性がないことから課税の対象外です。

■関連法規……連続意見書第三第一・四，法令第54条，法基通7－3－5，7－3－6，7－3－7，消通5－2－5，5－2－7

186 地鎮祭及び上棟式の費用を支払った

工場建設にあたり，地鎮祭費用として660,000円（消費税60,000円を含む），上棟式費用として880,000円（消費税80,000円を含む）を現金で支払った。

(借)建設仮勘定　1,400,000　　（貸)現　　　金　1,540,000
　仮払消費税等　　140,000

【解　説】　固定資産を購入した場合は，購入代金に買入手数料，運送費，荷役費，据付費，試運転費等の付随費用を加えたものが取得価額となりますが，実務上は，税法の定めに従って処理が行われています。

　税法上，減価償却資産の取得価額には，事業の用に供するために直接要した費用が含まれます。従って，工場が完成するまでに発生した上記のような費用は，建物の取得価額に含められますが，落成式の費用は，建物完成後の支出となるため，建物取得価額に含める必要はありません。

(消費税)　業者に支払った地鎮祭費用・上棟式費用は仕入税額控除の対象となる課税取引です。

■関連法規……連続意見書第三第一・四，法令第54条，法基通7－3－7

187 資産除去債務を計上した

　当社（3月決算）はX年4月1日に設備Aを取得し，使用を開始した。取得価額は10,000,000円（消費税抜），耐用年数5年，使用後に設備を除去する法的義務が付されている。除去に係る費用見積金額は1,000,000円である。

　5年後の3月31日に設備Aを除去し，実際にかかった費用は1,050,000円（消費税抜）であった。

　A設備は定額法で償却している（残存簿価は0円）。割引率は3％とする。

① X年4月1日

(借)有形固定資産　10,863,000　　（貸)現 金 預 金　11,000,000
　　（機械設備）
　　仮払消費税等　 1,000,000　　　　資産除去債務　　 863,000

〈計算〉　将来キャッシュ・フローの見積額（現在価値）…

$$1{,}000{,}000円 \div (1.03)^5 = 863{,}000円^{(*)}$$

＊：計算の都合により最終年度で端数調整をする。

② X＋1年3月31日

| (借)減価償却費
　　（利息費用） | 25,890 | (貸)資産除去債務 | 25,890 |

〈計算〉 時の経過による資産除去債務の増加…863,000円 × 3％ = 25,890円

| (借)減価償却費 | 2,172,600 | (貸)減価償却累計額 | 2,172,600 |

〈計算〉 10,000,000円 ÷ 5年 + 除去費用863,000円 ÷ 5年 = 2,172,600円

③ X＋2年3月31日

| (借)減価償却費
　　（利息費用） | 26,667 | (貸)資産除去債務 | 26,667 |

〈計算〉 時の経過による資産除去債務の増加…（863,000円 + 25,890円）× 3％
　　　　= 26,667円

| (借)減価償却費 | 2,172,600 | (貸)減価償却累計額 | 2,172,600 |

〈計算〉 10,000,000円 ÷ 5年 + 863,000円 ÷ 5年 = 2,172,600円

④ X＋5年3月31日

| (借)減価償却費
　　（利息費用） | 28,685 | (貸)資産除去債務 | 28,685 |

〈計算〉 時の経過による資産除去債務の増加…
　　　（863,000円 + 25,890円 + 26,667円 + 27,467円 + 28,291円）× 3％ = 28,685円(*)

　＊：5年間で割引計算の端数調整を行うため計算とは不一致。

| (借)減価償却費 | 2,172,600 | (貸)減価償却累計 | 2,172,600 |

〈計算〉 10,000,000円 ÷ 5年 + 863,000円 ÷ 5年 = 2,172,600円

| (借)減価償却累計額 | 10,863,000 | (貸)有形固定資産
　　（機械設備） | 10,863,000 |

資産除去債務	1,000,000	現金預金	1,155,000
資産除去費用 （履行差額）	50,000		
仮払消費税等	105,000		

〈計算〉 決算日の資産除去債務…863,000円＋25,890円＋26,667円＋27,467円＋
28,291円＋28,685円＝1,000,000円

【解　説】　有形固定資産の取得，建設，開発又は通常の使用によって生じ，当該有形固定資産の除去に関して法令又は契約で要求される法律上の義務及びそれに準ずるものが「資産除去債務」です。

　資産除去の態様には，売却，廃棄，リサイクルその他の方法による処分がありますが，使用そのものが継続される転用や用途変更，遊休状態になることは含まれません。

　資産除去債務の負債計上は，有形固定資産の取得，建設，開発又は通常の使用によって発生したときに計上されます。資産除去債務は発生時点で合理的な見積金額によりますが，合理的な見積りができない場合には見積可能となった時点で計上します。

　資産除去債務は発生時に，有形固定資産の除去に要する割引前の将来キャッシュ・フローを見積り，割引後の金額で計上します。この場合の割引率は原則的に将来キャッシュ・フローが発生するまでの期間に対応した利付国債の流通利回りなどを参考に決定します。

　資産除去債務を計上した場合，それと同額を関連する有形固定資産の帳簿価額に加算することで，除去費用は減価償却を通じて各期間に費用配分されます。資産除去債務は割引価値で計上されますが，時の経過によりその割引価値が増加するため，その調整額を当初の割引率を期首の負債の帳簿価額に乗じて計算し，発生時に費用と資産除去債務に計上します。除去費用は，当該資産除去債務に関連する有形固定資産の減価償却費と同じ区分に含めて計上します。

　次に将来キャッシュ・フローの見積りに重要な変更が生じた場合，キャッシュ・フローが増加すると見積られる場合にはその時点の割引率によって増加部分に対応する割引価値を有形固定資産と資産除去債務の帳簿価額に増額し，反対にキャッシュ・フローが減少すると見積られる

場合には，負債計上時の割引率を用いて減少分に対応する割引価値を有形固定資産と資産除去債務の帳簿価額から減額します。

負債に計上される資産除去債務は将来減算一時差異に該当し，資産に計上される資産除去債務に対応する除去費用は将来加算一時差異に該当します。そのため，将来減算一時差異等に対応する「繰延税金資産」を固定資産に，将来加算一時差異に対応する「繰延税金負債」を固定負債にそれぞれ計上します。

税務上は資産除去債務に係る利息費用は計上時に損金算入されず，実際に資産が除去された時点で実額が損金算入されます。また，資産除去債務に対応する除去費用は，減価償却により解消されます。そのため，実務上は取得した資産と資産除去債務に係る資産計上額は区別することが一般的です。

[中小会計] 中小会計では，「敷金」の範囲に限定して，資産除去債務の会計基準における簡便法の会計処理を取り入れています。

具体的には，原状回復義務の履行に伴い，敷金の回収が見込まれない金額を合理的に見積もることができる場合は，当該金額のうち当期の負担額を敷金から減額し費用に計上します。

(消費税) 資産除去債務の計上取引は課税対象外ですが，機械設備の購入と設備の実際の除去は課税取引となります。

《表　示》　資産除去債務はワンイヤールールによって流動負債か固定負債に表示します。各期の除去費用配分額と時の経過による資産除去債務の調整額は減価償却費の計上と同一区分に含められます。また，資産除去債務の履行時に生じる決済差額は原則として対応する除去費用の減価償却費と同一区分に計上します。なお，資産除去債務の合理的な見積りができないため，計上していない場合には，概要，見積りできない旨，その理由を注記することが要求されています。

■関連法規……資産除去債務会計基準第3～7項，第10～13項，第15項，資産除去債務適用指針第23項，設例1，中小指針第39項

無形固定資産

188 のれんを取得し，償却を行った

① A社の営業全部を3,000,000円（消費税込）で譲り受け，代金を小切手で支払った。なお，これに伴ってA社より商品1,500,000円，建物附属設備1,000,000円，備品500,000円及び借入金200,000円を引き継いだ。

（借）買収引継商品	1,363,636	（貸）借 入 金	200,000
建物附属設備	909,091	当 座 預 金	3,000,000
備　　　品	454,546		
の れ ん	181,819		
仮払消費税等	290,908		

【解　説】　企業の合併や買収に伴い企業の評価を行った結果，営業譲受け価格が受入純資産価額を超過する場合の差額が一般的な「のれん」です。それは，企業の継続的経営の中で培われた一定の取引関係，金融関係，従業員の質，地理的条件，資本力，法律的・政治的特典などに基づく超過収益力と考えられています。

　会社法上，のれんは合併，分割，株式交換，株式移転，事業譲受けによる取得に限ってその計上が認められ，自己創設ののれんは認められていません。なお税法上は，外部から取得したのれんを無形固定資産として計上します。

　本設例でののれんは，買収価額のうち，取得した純資産額を上回る額となります（消費税控除前の計算は以下のとおり）。

〈計算〉　3,000,000円－（商品1,500,000円＋建物附属設備1,000,000円＋
　　　　備品500,000円－借入金200,000円）＝200,000円（のれん）

(消費税)　事業譲受けの場合，課税取引となり個々の譲渡資産ごとに譲渡対価を計算するため，事業の譲渡側でも個々の資産ごとに課税仕入れの額を計算します。

〈計算〉　商　　　　品…$1,500,000円 \times \frac{10}{110} = 136,364円$

　　　　　建物附属設備…$1,000,000円 \times \frac{10}{110} = 90,909円$

　　　　　備　　　　品…$500,000円 \times \frac{10}{110} = 45,454円$

　　　　　の　れ　ん…$200,000円 \times \frac{10}{110} = 18,181円$

《表　示》　のれんは貸借対照表上，原則として無形固定資産の部に「のれん」として区分掲記します。
■関連法規……会計原則注解25，会社計規第11条，第74条，財規第27条，第28条，消通5－1－3

② 上記設例の「のれん」を決算に際し，10年の定額法で償却した（便宜上，1年分とする）。

　（借）のれん償却　　　18,182　　（貸）の　れ　ん　　　18,182

〈計算〉　$181,819円 \times \frac{1年}{10年} = 18,182円$

【解　説】　のれんは取得後20年以内の効果の及ぶ期間にわたって定額法等により規則的に償却します。

(消費税)　のれんの償却は資産の譲渡等に該当しないため，課税の対象外です。

《表　示》　のれんは資産に計上された額から償却額を直接控除して，控除残高を貸借対照表の無形固定資産の部に「のれん」として表示します。
■関連法規……会社計規第74条，第81条，財規第27条，第28条，第30条，法令第48条，企業結合会計基準第32項

189 特許権を買い取り,償却を行った

① 期首に他社より特許権を8,800,000円(消費税800,000円を含む)で購入し,小切手で支払った。

(借)特　許　権　8,000,000　(貸)当 座 預 金　8,800,000
　　 仮払消費税等　　800,000

② 決算にあたり,特許権を償却した。

(借)特許権償却　1,000,000　(貸)特　許　権　1,000,000

〈計算〉　$8,000,000円 \times \dfrac{1年}{8年} = 1,000,000円$（特許権償却）

【解　説】　特許権は企業が新発明・発見による新製品又は新製法を一定期間独占的・排他的に生産・使用・販売することのできる法律上の権利です。

特許権の取得価額は,他から買い入れた場合,買入代価に手続費用(使用に至るまでのすべての費用)を加えたものとします。

特許権の有効期間は出願日から20年ですが,税法では耐用年数を8年と定めていますので,実務上は8年間で償却します。なお,償却方法は定額法が用いられ,残存価額は0円です。

(消費税)　資産の譲渡には有形のものだけでなく,権利その他無形資産が含まれるため,特許権の購入は課税仕入れに該当します。

《表　示》　特許権は貸借対照表上,原則として無形固定資産の部に単独掲記します。資産に計上された額から償却額を直接控除して,控除残高を「特許権」として無形固定資産の部に表示します。

■関連法規……耐年省令別表第三,会社計規第74条,第81条,財規第27条,第28条,第30条,消通5-1-3

190 研究開発で特許権を取得した

従来から進めていた研究開発が成功し,特許権を取得した。当期の研究開発費・出願料等が4,000,000円かかった。

仕訳なし

【解　説】　研究開発の結果,特許権等を取得した場合の原価は,取得時の研究開発費として処理します。これは研究開発費の処理が,発生時に全額費用処理することを原則としているためです。従って,本設例では既に発生している研究開発費はそのまま費用に計上されるため,特許権が取得できても振替処理はしません。

なお,税法上は繰延資産となるものでも一括償却が可能なので,会計処理との差はありません。

■関連法規……研究開発会計基準三,法令第14条,第64条

191 借地権を取得した

本社ビル建設用地を10年間借地することになり,税法上の評価額で40,000,000円を借地権の対価として,小切手で支払った。
当該対価のうち6％に相当する2,400,000円（年間）の地代を地主に支払う。なお,借手の追加借入利子率は5％である。

　(借)借　地　権　40,000,000　　(貸)当座預金　40,000,000
　(借)賃　借　料　 2,400,000　　(貸)当座預金　 2,400,000

【解　説】　法律上広義の借地権は,地上権,土地の賃借権,使用貸借契約に基づく土地使用権,永代借地権等を総称するもので,狭義の借地権は借地法の適用を受けるもので,建物の所有を目的とする地上権,賃借権をいいます。

会計上は，広く解釈し借地の対価であれば，すべて借地権として処理します。

借地権の取得価額は土地の賃借契約或いは更新契約で，借地権の対価として支払われた金額となります。税法ではさらに，建物の購入にあたり借地権の対価と認められる部分の金額や，賃借した土地の改良のための費用なども借地権に含めます。

借地権は非減価償却資産ですので，取得価額が少額であっても，資産計上しなければなりません。

(消費税) 権利その他無形資産の譲渡は資産の譲渡等に該当しますが，借地権は土地の上に存する権利であるため，土地の譲渡と同様に非課税です。

《表　示》 借地権は貸借対照表上，原則として無形固定資産の部に「借地権」として表示します。

■関連法規……法基通7－3－8，財規第27条，第28条，消法第6条第1項，消法別表第1第1号，消通5－1－3，6－1－2

【新リース会計基準】 従来は，借地権についてリース会計基準において特に規定されていませんでした。新リース会計基準において，借地権の設定に係る権利金等は，使用権資産の取得価額に含め，原則として，借手のリース期間を耐用年数とし，減価償却を行うこととなりました。ただし，旧借地権及び普通借地権に係る権利金等については，一定の場合，減価償却を行わないことができます。

新リース会計基準では無形固定資産のリースについては対象としていませんが，借地権は有形固定資産である土地に関する使用権資産として扱うこととなりますので，新リース会計基準の適用対象となります。そのため，借地権の対価分を使用権資産として計上します。そして，年間地代2,400,000円を借手のリース料，借地権設定期間10年を借手のリース期間として割引計算し現在価値を算定します。

　　(借)使用権資産　40,000,000　　(貸)当 座 預 金　40,000,000
　　(借)使用権資産　18,532,164　　(貸)リース負債　18,532,164

〈計算〉

$$\frac{2,400千円}{(1+0.05)} + \cdots + \frac{2,400千円}{(1+0.05)^{10}} = 18,532千円$$

■**関連法規**……リース会計基準第4項, リース会計基準適用指針第27項, 第127項, BC6項, BC7項, BC55項

192 借地更新料を支払った

借地契約期間満了により更新料12,000,000円を小切手で支払った。更新の時における当該借地権の時価は60,000,000円, 借地権の帳簿価額は40,000,000円である。

(借)借　地　権　12,000,000　　(貸)当 座 預 金　12,000,000
　　借地権償却　　8,000,000　　　　借　地　権　　8,000,000

〈償却の計算〉　$40,000,000円（帳簿価額） \times \frac{12,000,000円（更新料）}{60,000,000円（借地権の時価）} = 8,000,000円$

【解　説】　借地の契約更新で更新料を支払った場合には借地権として計上します。なお, 以前の契約で発生した借地権がある場合, その一部分は上記の計算により償却できます。

なお, 借地権の説明については設例191を参照して下さい。

(消費税)　借地権に係る更新料は借地権の継続のために支払われるものであるため, 借地権と同様に非課税です。

《表　示》　借地権は貸借対照表上, 無形固定資産の部に取得価額から償却額を直接控除した残額を「借地権」として表示します。

■**関連法規**……法令第139条, 法基通7－3－8, 財規第27条, 第28条, 第30条, 消法第6条第1項, 消法別表第2第1号, 消通6－1－3

193 定期借地権の契約を行った

> 当社の営業所用建物を建設する目的で，地主との間で土地の賃貸借契約を行った。
> ① 期　　間：20年間
> ② 賃　　料：月額120万円
> ③ 保証金：2,000万円，無利息。契約終了後，建物を収去し明渡し時点で返還
> 1カ月分の賃料と保証金を一括して小切手で支払った。

(借) 支 払 地 代　1,200,000　　(貸) 普通預金　21,200,000
　　 保　証　金　20,000,000

【解　説】　借地借家法で一定の手続をとることによって更新を一切しない借地権設定契約が認められています。このような特殊な借地権を定期借地権といい，第22条の定期借地権，第23条の建物譲渡特約付借地権，第24条の事業用借地権の3種類の定期借地権が認められています。

①	第22条の一般定期借地権（長期型）	借地期間50年以上。期間満了後更新しないこともできるもので，借地人の建物買取請求権も排除できます。
②	第23条の事業用借地権（短期型）	事業用の建物を所有する目的で借地するもので，借地期間10年以上50年以下であり，期間満了後更新しないことができ，建物買取請求権を排除できるものです。
③	第24条の建物譲渡特約付借地権（建物買取型）	借地期間30年以上。期間満了後に地主が借地人の建物を買い取る契約をするものです。

本設例は，③の第24条に該当する定期借地権です。借地借家法において借地権は，建物の所有を目的とする地上権又は土地の賃借権とされていますが，実際には賃借権の契約がほとんどであるようです。本設例においても，賃貸借取引と同様に処理しました。

消費税　土地の貸付けは非課税です。また，返還される保証金は単な

無形固定資産　239

る預け金であり資産の譲渡等に該当しないため，消費税の課税の対象外です。

《表　示》　保証金は20年間返還されないため，投資その他の資産の部に重要性を考慮して保証金として表示します。

■関連法規……借地借家法第22条，第23条，第24条，会社計規第74条，財規第32条第2項，消法第6条第1項，消法別表第2第1号

194 水道施設利用権を取得した

> 営業所の所在地で公共下水道工事が実施され，市から請求のあった加入負担金2,200,000円（消費税200,000円を含む）を普通預金から支払った。

　（借）水道施設利用権　　2,000,000　　（貸）普 通 預 金　　2,200,000
　　　　仮払消費税等　　　　200,000

【解　説】　「水道施設利用権」とは，水道法第3条第5項に規定する水道事業者に対して水道施設を設けるために要する費用を負担し，その施設を利用して水の供給を受ける権利をいいます。

　また，税法上は，下水道法第2条第3号に規定する公共下水道を使用する排水設備を新設し，又は拡張する場合において，公共下水道管理者に対してその新設又は拡張により必要となる公共下水道の改築に要する費用の負担金も「水道施設利用権」に準じて取り扱われます。

　このほか，宅地開発等の許可を受けるために地方公共団体に対して行われる公共的施設等の設置又は改良の費用に充てるものとして支出する負担金等のうち，例えば，上水道，下水道，汚水処理場等のように土地又は建物等の効用を超えて独立した効用を形成すると認められる施設で，当該法人の便益に直接寄与すると認められる額も「水道施設利用権」に含まれます。

　水道施設利用権は，税法によると定額法（残存価額0円）により15年で償却します。

240　Ⅱ—固定資産

消費税 水道施設利用権の取得は，一般的に課税取引となります。
《表　　示》 水道施設利用権は貸借対照表上，原則として無形固定資産の部の「その他」に含め，重要性がある場合には無形固定資産の部に「水道施設利用権」として区分表示します。
■**関連法規**……法令第13条，法基通7−1−8，7−3−11の2，耐年省令別表
　　　　　　第三，消基通5−5−6，財規第27条，第28条，第29条

195　ソフトウェアの開発費用の計上と償却を行う

① 生産管理システムの開発をソフトウェアの専門業者に依頼し，開発料として16,500,000円(消費税1,500,000円を含む)を小切手で支払った。

　(借)ソフトウェア仮勘定　15,000,000　　(貸)当 座 預 金　16,500,000
　　　仮払消費税等　　　　 1,500,000

② 本年1月より上記設例の生産管理システムの使用を開始した。システム開発費の支払総額は20,000,000円であった。
　当社の決算日（3月）の処理を行う。

　(借)ソフトウェア　　　20,000,000　　(貸)ソフトウェア仮勘定　20,000,000
　　　ソフトウェア償却　 1,000,000　　　　ソフトウェア　　　　 1,000,000

〈計算〉　$20,000,000円 \times \dfrac{1年}{5年} \times \dfrac{3カ月}{12カ月} = 1,000,000円$

【**解　　説**】　自社利用のソフトウェアの会計処理は，その利用により将来の収益獲得又は費用削減が確実であると認められる場合には無形固定資産に計上し，確実であると認められない場合又はそれが不明な場合には費用処理します。資産計上されたソフトウェアは，定額法によって5年以内に償却する方法が原則と考えられます。

本設例の場合，外部から完成品を購入する場合と同様であると考え，資産に計上すべきソフトウェアと考えて処理しています。税法上も無形固定資産として，残存価額０円の定額法により５年で償却します。

中小会計　研究開発に該当するソフトウェアの制作費は費用処理します。研究開発に該当しないソフトウェアのうち社内利用のものは，その利用により将来の収益獲得又は費用削減が確実であれば無形固定資産に計上し，市場販売目的のソフトウェアである製品マスターの制作費は研究開発費部分を除いて無形固定資産に計上します。無形固定資産に計上したソフトウェアは見込販売数量に基づく償却方法その他合理的な方法により償却しますが，法人税法に定める方法によることもできます。なお，販売，使用見込みがなくなった場合には，未償却残高を費用として一時に償却する必要があります。

消費税　専門業者にソフトウェアの開発を依頼する取引は，役務の提供を受ける行為であり，課税取引となります。また，償却は課税対象外取引です。

《表　　示》　ソフトウェアは，原則として貸借対照表上，無形固定資産の部の「ソフトウェア」あるいは「その他」に含めて表示します。なお，支払や費用が発生したが，開発途上にあるソフトウェアは重要性があれば「ソフトウェア仮勘定」として表示します。

■関連法規……法令第13条，耐年省令別表第三，第八，財規第27条，第28条，研究開発会計基準四，（注解４），研究開発実務指針第６項，第14項，第21項，中小会計指針第37項

196　特許権を売却した

当社が所有する特許権を，Ｂ社に12,100,000円（消費税1,100,000円を含む）で売却し，代金は小切手で受け取った。特許権の帳簿価額は3,000,000円である。

(借)現 金	12,100,000	(貸)特　許　権	3,000,000
		特許権売却益	8,000,000
		仮受消費税等	1,100,000

【解　説】　売却価額と帳簿価額の差額は，固定資産売却損益と同様に取り扱います。

　なお，他人振出しの小切手を手許に保有する場合には「現金」として処理します。

(消費税)　資産の譲渡は有形のものに限らず，特許権等の権利その他無形資産も含まれるため，特許権の売却は課税取引となります。

《表　示》　特許権売却益は重要性がある場合には損益計算書上，特別利益の区分に「特許権売却益」として表示します。

■関連法規……財規第95条の2，財規ガイド15-1，95の2，消通5-1-3

197　特許権の耐用年数を変更した

　当社の取得した特許権が，その後の著しい技術進歩によって陳腐化したため，8年の償却年数を税務当局の承認を得て4年に変更した。特許権の取得価額は10,000,000円，当期は3年目にあたり期首帳簿価額は7,500,000円である。

　　(借)特許権償却　　1,875,000　　(貸)特　許　権　　1,875,000

〈計算〉7,500,000円×0.25（4年定額）＝1,875,000円

【解　説】　2011年4月1日開始事業年度から「会計上の変更及び誤謬の訂正に関する会計基準」が適用されています。会計処理として，臨時償却は廃止され，固定資産の耐用年数の変更等について，当期以降の費用配分に影響させる方法のみを認める取扱いとなりました。

　平成23年度税制改正により，税法でも陳腐化償却は廃止され，国税局長の承認を受けた未経過使用可能期間をもって耐用年数とみなす償却方法を採用する制度に変更されています。

(消費税)　特許権の償却は資産の譲渡等に該当しない取引であるため，

課税の対象外となります。

《表　示》　特許権償却は損益計算書上,営業費用又は営業外費用の区分に表示します。

　なお,会計上の見積りの変更を行った場合には,変更の内容,当期に影響がある場合にはその影響額,当期に影響しないが将来に影響し影響額を合理的に見積り可能な場合には当該影響額を注記します。また,将来への影響額が見積れない場合にはその旨を注記します。

■**関連法規**……法令第57条,過年度遡及会計基準第17項,第18項,第38〜40項,第55〜58項

投資その他の資産―その1

198 その他有価証券を取得し、その後売却した

① 取引先であるS社の要請により相互に株式を長期間持ち合うことになり、上場S社株式100,000株を単価600円で証券取引所にて購入し、代金は普通預金から支払った。

(借)その他有価証券　60,000,000　　(貸)普 通 預 金　60,000,000

(売買手数料は省略した。以下同様)

【解　説】　「金融商品に関する会計基準」により、有価証券は「売買目的有価証券」「満期保有目的の債券」「子会社株式及び関連会社株式」「その他有価証券」に分類されます。

そして、各々の内容は以下のとおりです。

売買目的有価証券	時価の変動により利益を得ることを目的として保有する有価証券。なお、有価証券の売買を頻繁に繰り返している場合も同様の扱い。
満期保有目的の債券	満期まで所有する意図をもって取得し保有する社債券その他の債券。
子会社株式及び関連会社株式	子会社株式とは株式の所有会社からみて「財務及び営業又は事業の方針を決定する機関を支配している会社」の株式のことであり、関連会社株式とは株式の所有会社からみて「出資、人事、資金、技術取引等の関係を通じて、財務及び営業又は事業の方針の決定に対して重要な影響を与えることができる会社」の株式(ただし、上記の子会社株式以外の場合)。
その他有価証券	売買目的有価証券、満期保有目的の債券、子会社株式及び関連会社株式以外の有価証券。

「売買目的有価証券」及び「1年以内に満期の到来する債券」は、流動資産の「有価証券」に該当しますが、それ以外は投資その他の資産に

計上します。

従って、上記の流動資産の有価証券に該当しないものはすべて、投資その他の資産の部に計上します。

なお、有価証券の売買契約の認識は「約定日」に行うのが原則ですが、同一決算期間内に受渡しするものについては実務の便宜上、「受渡日」で行うことができます。

本設例の株式の相互持合いは、通常、安定株主対策として実施されるため、流動資産には該当せず、その他有価証券に該当し「投資有価証券」に計上します。なお、「金融商品に関する会計基準」では、有価証券の貸借対照表価額及び評価差額等の処理方法を上記の4つの保有目的による区分に応じて定めています（設例**91**参照）。

《表　示》　その他有価証券は貸借対照表上、投資その他の資産の部に「投資有価証券」として表示します。

> ②　上記設例の株式50,000株を1株700円で市場で売却し、代金は普通預金とした。

　(借)普 通 預 金　35,000,000　　(貸)その他有価証券　30,000,000
　　　　　　　　　　　　　　　　　　　その他有価証券売却益　5,000,000

【解　説】　その他有価証券は保有目的から通常、短期間で処分される性格のものではないため、その売却による損益は流動資産としての有価証券の売買損益とは区別して「その他有価証券売却損益」として処理します。

中小会計　有価証券の取得時における付随費用（支払手数料等）は取得した有価証券の取得原価に含めます。また、有価証券の取得価額の評価方法は、移動平均法又は総平均法によります。実務上は、税法が移動平均法による原価法を原則としているため、移動平均法を採用する企業が多いと思われます。

消費税　株式の譲渡（相手側は取得）は非課税とされる有価証券の譲渡であり、消費税は課税されません。なお、売買に伴って発生する証券会社に支払う売買委託手数料は課税取引に該当します。

《表　示》　その他有価証券売却益は損益計算書上，原則として，営業外収益の区分に「有価証券売却益」として計上し，臨時的なものは特別利益に表示します。

　中小会計指針では，業務の上の関係を有する株式の売却等による売却損益などの臨時的なものは特別損益として表示し，それ以外の純投資目的等の売却損益は営業外損益に表示します。

■**関連法規**……財規第8条，第15条，第31条，第32条，第95条の2，財規ガイド95の2，消法第6条第1項，消法別表第2第2号，消通6-2-1，金融商品会計基準第7～9項，金融商品実務指針第235項，金融商品Q&A68，中小会計指針第20項，第21項，第24項

199 その他有価証券の期末評価を行った

① 当社で所有する上場S社株式50,000株（帳簿価額：1株600円）の期末現在の時価は1株620円であった。税効果会計を適用することとし，実効税率を計算簡略化のため30％とする。

|（借）その他有価証券|1,000,000|（貸）その他有価証券評価差額|700,000|
|||繰延税金負債|300,000|

〈計算〉　評価差額…（620円－600円）×50,000株＝1,000,000円
　　　　税効果部分…1,000,000円×30％＝300,000円

▶翌期首

|（借）その他有価証券評価差額|700,000|（貸）その他有価証券|1,000,000|
|　　　繰延税金負債|300,000|||

【解　説】　その他有価証券は期末時点の時価をもって貸借対照表価額とし，評価差額は洗替方式に基づき，次のいずれかの方法によって処理します。

① 評価差額の合計額を純資産の部に計上する（全部純資産直入法）。
② 時価が取得原価を上回る銘柄に係る評価差額（評価差益）は純資

産の部に計上し,時価が取得原価を下回る銘柄に係る評価差額(評価差損)は当期の損失として処理する(部分純資産直入法)。

全部純資産直入法が原則的な方法ですが,継続適用を条件として部分純資産直入法を適用できます。

なお,純資産の部に計上されるその他有価証券の評価差額については,税効果会計を適用し,他の剰余金と区分して記載します。

本設例の場合,評価益が出ていますので評価差額の処理方法は①,②でも同様になります。「その他有価証券評価差額」は損益計算書でなく,貸借対照表の純資産の部の中で「評価・換算差額等」の区分を設けて「その他有価証券評価差額金」として表示します。また翌期首には洗替方式によって期末の仕訳を逆に行って戻します。

> ② 他の条件を同一とし,時価が580円の場合

①の方法(全部純資産直入法)

(借)その他有価証券評価差額	700,000	(貸)その他有価証券	1,000,000
繰延税金資産	300,000		

②の方法(部分純資産直入法)

(借)その他有価証券評価損	1,000,000	(貸)その他有価証券	1,000,000
繰延税金資産	300,000	法人税等調整額	300,000

▶翌期首

①の方法(全部純資産直入法)

(借)その他有価証券	1,000,000	(貸)その他有価証券評価差額	700,000
		繰延税金資産	300,000

②の方法(部分純資産直入法)

(借)その他有価証券	1,000,000	(貸)その他有価証券評価損	1,000,000
法人税等調整額	300,000	繰延税金資産	300,000

税法では,有価証券の評価について有価証券を売買目的かそれ以外に

区別し，売買目的有価証券は時価法で評価し翌期に洗替処理を行います。また，売買目的外有価証券は原価法（償却原価法を含む）で評価します。従って，②法を採用した場合には会計と税法とで損益に差が生じるため調整が必要になります。

中小会計　市場価格のある「その他有価証券」は，時価をもって貸借対照表価額とし，評価差額（税効果考慮後の額）は洗替方式に基づき，全部純資産直入法又は部分純資産直入法により処理します。ただし，市場価格のある「その他有価証券」を保有していても，それが多額でない場合には取得原価をもって貸借対照表価額とすることもできます。

　市場価額のない「その他有価証券」は取得原価をもって貸借対照表価額とします。ただし，債券について取得価額と債券金額との差額の性格が金利の調整と認められるときは，償却原価法に基づき算定された価額をもって貸借対照表価額とします。

消費税　有価証券の評価は資産の譲渡等には該当しないため課税対象外となります。

《表　　示》　繰延税金資産及び繰延税金負債は，その他有価証券から発生したものであるため，投資その他資産の部又は固定負債の部に計上します。また，損益計算書に計上される「その他有価証券評価損」は経常性が認められることから営業外損益の部に「有価証券評価損」として表示します。

■関連法規……金融商品会計基準第18項，第19項，金融商品実務指針第73項，財規第15条，第31条，第52条，第67条，第90条，財規ガイド90，財規第93条，財規ガイド93，税効果適用指針第11項，法法第61条の3，会社法第431条，会社計規第3条，中小会計指針第19項

200　その他有価証券の減損処理を行った（四半期）

　当社で所有する上場S社株式50,000株（帳簿価額1株600円）の第3四半期末現在の時価は1株200円となっていた。S社は業績不振のため，同社の株式の時価の下落は著しく，当分の間回復の見込みはない

と認められた。

(借)その他有価証券評価損　20,000,000　　(貸)その他有価証券　20,000,000

〈計算〉　(600円－200円)×50,000株＝20,000,000円

【解　説】　売買目的有価証券以外の有価証券のうち時価のあるものについて時価が著しく下落したときは，回復する見込みがあると認められる場合を除き，時価をもって貸借対照表価額とし，評価差額は当期の損失として処理します。これが減損処理です。なお，「その他有価証券」(設例199参照)については時価により帳簿価額を付け替えて取得原価を修正し，以後，当該修正後の取得原価と毎期末の時価とを比較して評価差額を計算します。

時価の著しい下落とは，時価が取得原価に比べて50％程度又はそれ以上下落した場合を想定し，合理的な反証がない限り回復する見込みがあるとは認められません。なお，下落率が30％未満の場合には一般的に著しい下落に該当しませんが，30％以上50％までの下落の場合には，各企業において合理的な判断基準を設け「著しく下落した」ときは該当する銘柄の有価証券について回復可能性を判定し，評価減の要否を判断する必要があります。つまり，これを整理すると以下のようになります。

①	30％未満の下落率	原則として減損処理不要（各企業が減損の基準として設定すること可）
②	30％以上50％までの下落率	合理的な判断基準を設け，回復可能性を判定して減損処理が必要となる場合がある。
③	50％以上の下落率	減損処理を行う。

また，市場価格のない株式が，当該株式の発行会社の財政状態の悪化により実質価額が著しく低下したときは，相当の減額を行い，評価差額は当期の損失として処理します。この場合の仕訳は，上記の時価のある場合と同様です。

実質価額の「著しい低下」とは少なくとも株式の実質価額が取得原価に比べて50％程度以上低下した場合であり，実質価額の計算上，当該株

式発行会社の資産等の時価評価に基づく評価差額を加味したもので算定します。

市場価格のない株式の場合には，実質価額が著しく低下したときには，一般に回復可能性がないものと判断されますが，回復可能性が十分な証拠によって裏付けられる場合には，減損処理をしないことが認められます。

(消費税) 有価証券の評価損は，資産の譲渡等に該当しないため，課税対象外の取引です。

《表　　示》　減損処理に伴うその他有価証券評価損は損益計算書上，臨時的か否かにより，営業外費用か特別損失の区分に「有価証券評価損」として表示します。

■関連法規……会社計規第5条，法令第68条第1項第2号，法基通9－1－7，金融商品会計基準第18項，第19項，第20項，第21項，金融商品実務指針第91項，第92項，第283－2項，第284項，第285項，金融商品Q&A69，財規ガイド93，財規第95条の3

201 その他有価証券の減損処理を行った（期末）

200で，第3四半期決算で減損処理したS社株式の期末時点における時価は1株240円であった。

(借)その他有価証券	20,000,000	(貸)その他有価証券評価損	20,000,000
(借)その他有価証券評価損	18,000,000	(貸)その他有価証券	18,000,000

〈計算〉　(600円－240円)×50,000株＝18,000,000円

【解　　説】　年度決算において減損処理を行った場合，当該銘柄の帳簿価額を時価により付け替えて取得原価を修正するため，評価損計上額の洗替処理は行われませんが，四半期決算では，四半期洗替法の適用が認められています。従って，四半期決算で行った減損処理は，年度決算で，最終的に洗替えにより減損額が確定することになります（減損を要

投資その他の資産―その1　251

する場合)。

中小会計　その他有価証券のうち市場価額のあるものについて，時価が著しく下落したときは回復する見込みがあると認められる場合を除き，時価をもって貸借対照表価額とし，評価差額は当期の損失として処理しなければなりません。なお，法人税法に定める処理(94-95頁の会計処理一覧表参照)に拠った場合と比べて重要な差異がないと見込まれるときは，法人税法の取扱いに従うことが認められています。

■関連法規……金融商品会計基準第18項，第20項，金融商品実務指針第91項，四半期会計基準適用指針第4項，金融商品Q&A31，中小会計指針第22項

202 株式分割により持株数が増加した

当社はE社の株式10,000株(1株600円で取得)を長期間所有しているが，このたび，E社では1株を1.2株にする株式分割を行ったため，新株式2,000株の交付を受けた。

仕訳なし

【解　説】　株式会社は株主総会(取締役会設置会社は取締役会)において，そのつど株式分割の決議を行うことができます。決議内容としては，以下のとおりです。

① 分割割合・分割基準日
② 効力発生日
③ 分割する株式の種類(種類株式を発行している場合)

株式分割は，資本金が増加するわけでもなく，会社の資産はそのままで単に発行済株式数(所有者側では所有株式数)が増加するだけですので，仕訳は行いません。

〈計算〉　従来の帳簿価額 = 10,000株 × 600円 = 6,000,000円

　　　　株式分割後の帳簿価額 = 12,000株 × 500円 $^{(*)}$ = 6,000,000円

$$*: \frac{10,000株 \times 600円}{12,000株} = 500円$$

上記のように，1株当たり帳簿価額が600円から500円に低下する代わりに，所有株式数が2,000株増加するだけですから，みなし配当の問題も発生しません。

■関連法規……会社法第183条

203 株式無償割当てにより株式の交付を受けた

当社はC社の株式20,000株（帳簿価額10,000,000円）を長期間保有しているが，このたびC社より，旧株1株に対して0.2株の新株無償割当の旨通知があり，新株式4,000株の交付を受けた。

仕訳なし

【解　説】　会社法では，取締役会設置会社では取締役会の決議により，また取締役会非設置会社では株主総会の決議により，株主に対して株式の無償割当てを行うことができます。

特定の種類の株式を一定の割合で増加させる場合のみを株式分割として定め，それ以外の形で新たな払込みをさせないで株式数を増加させることを株式の無償割当てとしました。

なお，株式分割については，設例202を参照して下さい。

発行済株式数が増加しても，会社の純資産の総額には変化がなく，株主側では，1株当たりの取得価格が低下するだけです。

〈計算〉　旧株の平均単価 $\cdots \frac{10,000,000円}{20,000株} = 500円$

　　　　新株の平均単価 $\cdots \frac{10,000,000円}{20,000株 + 4,000株} = 417円$

また，本設例では新株式が発行されたものとして説明していますが，株式発行会社の保有する自己株式が交付される場合も考えられます。この場合であっても，受取り側は1株当たりの取得価格が低下するだけで

あり，仕訳は発生しません。

この場合，株式の発行会社側では割当により減少した自己株式の帳簿価額と同額のその他資本剰余金を減少させる処理が行われます。

■関連法規……会社法第185条，第186条，会計計規第16条，所令第111条第2項

204 所有株式につき，株式消却があった

> 当社は非上場のG社株式10,000株（1株当たり帳簿価額80円）を長期間所有しているが，このたびG社の定款規定に基づき株式の強制取得による消却が行われることになった。G社の資本金は50,000,000円，発行済株式総数100万株，G社では1株当たり100円を現金払いして，10万株を消却した。当社の所有株式のうち，消却の対象となるのは1,000株である。

（借）現　　　金	89,790	（貸）その他有価証券	80,000
仮払法人税	10,210	その他有価証券売却益	20,000

【解　説】「株式の利益消却」の制度は，会社法では定款規定に基づく株式の強制取得とその取得した自己株式の消却という制度に整理が行われています。

株主側では，従来同様に金銭の交付を受ける点で何ら変化がありません。

帳簿価額1株80円のものを1株当たり100円で株式の発行会社が買い取りますので，差額20,000円（〔100円－80円〕×1,000株）は「その他有価証券売却益」となり，帳簿価額80,000円（80円×1,000株）のその他有価証券が減少します。

税法上は利益配当（減資の後に，同額を利益積立金からの資本組入れをしたと考えるため）とみなされますので，発行会社において所得税法の規定で計算した源泉所得税を控除した金額で現金が支払われます。

〈計算〉　みなし配当の金額＝（100円－50円(*)）×1,000株＝50,000円
　　　　　みなし配当の源泉所得税＝50,000円×20％＝10,000円

みなし配当の復興特別所得税＝50,000円×20％×2.1％＝210円

＊：消却時の税法上の1株当たり資本等の金額＝$\frac{50,000,000円}{1,000,000株}$＝50円

（本設例では資本積立金は0円と仮定しています。）

「仮払法人税」は法人税の前払いであり，決算時に確定する法人税額から控除されます。

(消費税) 有価証券の譲渡は資本の移転取引であるため，非課税です。

《表　示》　その他有価証券売却益は，原則として営業外収益に「有価証券売却益」として表示し，臨時的な場合に特別利益に表示します。

■関連法規……会社法第107条，第178条，法法第24条，第68条，所法第25条，第174条，第175条，財規第90条，財規ガイド90，財規第95条の2，消法第6条第1項，消法別表第2第2号，金融商品 Q&A68

205 減資により所有持株数が減少した

① 当社はH社の株式10,000株（帳簿価額1株80円）を長期間所有しているが，このたびH社は60％の有償減資を実施し1株当たり100円（資本金50円・資本積立金30円・利益積立金20円の構成とする）の払戻しを受けた。

② 当社はM社の株式を長期間所有しているが，M社は，株主総会において欠損金を補塡するために無償による資本減少（資本金を$\frac{1}{2}$とする）の決議を行った。

▶①の場合（有償減資）

（借）現　　　　金	575,496	（貸）その他有価証券	480,000
仮払法人税	24,504	その他有価証券売却益	120,000

▶②の場合（無償減資）

仕訳なし

【解　説】　減資とは、会社の資本金を法定の手続きによって減少させることで、株主に金銭を払い戻す有償減資と、金銭の払戻しのない無償減資とがあります。会社法では、株式会社の成立後に減少させることのできる資本金や準備金の額に制限を設けていません。しかし、減資を行うためには、原則として株主総会の特別決議が必要ですが、欠損補填の場合には普通決議によることができます。

有償減資は、配当負担の軽減、特定の株主との資本関係の解消などを目的として行われるのに対して、無償減資は、欠損金の補填などを目的として行われます。

《ポイント》　①有償減資は、株式の発行会社に対する株式の売却と同様に処理します。帳簿価額1株80円の株式を100円で売却しますので、差額の120,000円（10,000株×60％×(100円－80円)）は「その他有価証券売却益」となります。

なお、株式の発行会社側では交付金のうち利益積立金から構成される部分が所得税法上のみなし配当として、源泉所得税と復興特別所得税を控除し（(20円×10,000株×60％)×20.42％＝24,504円）、差額を現金で支払います。しかし、株主側のみなし配当は120,000円（(100円－80円)×6,000株）となるため、税金の計算上は留意が必要です（法人税法上のみなし配当は、金銭等の交付金が帳簿価額を超える場合に、その超過額のうち発行会社の資本等以外から成る部分が該当します）。なお、「仮払法人税」は法人税の前払いであり、決算時に確定する法人税額から控除されます。

無償減資は、株式の発行会社の財産自体には、何も変動をもたらさないため、仕訳は不要であり、みなし配当も生じません。ただし、会社の実質価値の減少に伴う所有株式の評価減（減損処理）の問題は別途考慮する必要があります。

(消費税)　有償による減資のために株式を譲渡する取引は資産の譲渡等に該当しないため、課税の対象外となります。

《表　示》　その他有価証券売却益は、原則として営業外収益に「有価証券売却益」として表示し、臨時的な場合に特別利益に表示します。

■関連法規……会社法第309条第2項第9号、第447条、法法第24条、第68条、所法第25条、第174条、第175条、財規第90条、第95条の2、財規ガイド90、95の2、消通5－2－9、金融商品Q&A68

206 満期保有目的の債券の評価を行った(償却原価法)

① 満期まで保有することを目的として期首にB社社債・額面10,000,000円を単価106円で購入したが、決算にて帳簿価額の減額修正処理をした。なお、社債額面と取得価額の差額はすべて金利調整差額とする。当事業年度開始から償還日までは36カ月である。

▶決算時

(借)満期保有目的債券利息 200,000 (貸)満期保有目的債券 200,000

〈計算〉 $\dfrac{10,000,000円}{100円} \times (106円 - 100円) = 600,000円$

$600,000円 \times \dfrac{12カ月}{36カ月} = 200,000円$

【解 説】 債券の発行時に割引発行や打歩発行を行った場合は、既に発行された債券の流通市場での債券利回りと市場金利との関係から、債券の取得価額は額面より高くなったり低くなったりします。この関係は以下のとおりです。

イ．債券の取得価額が額面より高くなる場合

債券の打歩発行の場合、債券利回りが市場金利より高い場合

ロ．債券の取得価額が額面より低くなる場合

債券の割引発行の場合、債券利回りが市場金利より低い場合

債券の償還は額面で行われるので、債券を額面より高く購入したり低く購入した場合に、そのままにして償還を受けると額面金額より高く購入した場合には償還損が、額面より低く購入した場合には償還益が償還時に一時に発生します。

しかし、この償還損益は本来、取得から償還までの金利の調整部分であり、各事業年度に合理的に期間配分すべき性格のものと考えられるため、取得から償還までの各事業年度にわたり帳簿価額の減額や、増額の処理を行わなければなりません。これが償却原価法です。

具体的方法には原則法としての利息法と、継続適用を条件として認められている簡便法としての定額法があり、本設例では定額法で計算して

います。従って，所有期間に基づく月数按分を行い，$\frac{12カ月}{36カ月}$で計算しました。

中小会計 満期保有目的の債券については取得原価をもって貸借対照表価額とします。ただし，取得価額と債券金額の差額が金利の調整と認められるときは償却原価法により処理します。

■関連法規……会社計規第5条，金融商品会計基準第16項，金融商品実務指針第70項，法法第61条の3，中小会計指針第19項

> ② 満期まで保有することを目的として期首にB社社債・額面10,000,000円を単価94円で購入したが，決算にて帳簿価額の増額修正をした。なお，社債額面と取得価額の差額はすべて金利調整差額とする。当事業年度開始から償還日までは36カ月である。

（借）満期保有目的債券　　200,000　　（貸）満期保有目的債券利息　　200,000

〈計算〉 $\frac{10,000,000円}{100円} \times (100円 - 94円) = 600,000円$

$600,000円 \times \frac{12カ月}{36カ月} = 200,000円$

【解　説】 本設例の場合，償還時に償還益の全額を計上するのではなく，取得から償還までの各事業年度にわたり月数按分の方法で利益を計上する方法です。

消費税 利付債の償還差損益は非課税です。従って，償還時に償還差損益の全額を非課税として計算するのが原則ですが，償却原価法を適用した部分の金額をその期に非課税の償還差損益として計算することも認められます。

《表　示》 「満期保有目的債券」は貸借対照表上，投資その他の資産の部に「投資有価証券」として表示し，「満期保有目的債券利息」は当該社債から生ずる「有価証券利息」に含めて営業外収益の区分に表示します。

■関連法規……会社計規第5条，財規第31条，第32条，第90条，財規ガイド90，
　　　　　　　法法第61条の3，消法第6条第1項，消法別表第2第3号，消令
　　　　　　　第10条第3項第6号，第48条，金融商品会計基準第16項，金融商

品実務指針第70項,消通9-1-19の2

207 投資信託を取得し,決算時の評価をした

① 長期保有目的で○○証券第3回株式ファンド(単位型の株式投資信託10,000,000口,1万口当たり基準価格11,000円)11,000,000円を証券会社を通じて購入し,代金を小切手で支払った。

(借)その他有価証券 11,000,000 　(貸)当 座 預 金 11,000,000

【解　説】　一般投資家から集めた資金を用いて,証券投資の専門家が分散投資し,これによる利益を投資家に分配するのが証券投資信託です。

投資信託は,次のような仕組みになっています。
① 証券投資信託会社(委託者)が信託銀行(受託者)との間で,受託者が委託者の指図に基づいて有価証券に投資する旨の信託契約を締結する。
② 証券投資信託会社が証券会社に投資信託の募集などの取扱いを委託する。
③ 証券会社は投資信託の募集をし,投資家(受益者)から払い込まれた資金を証券投資信託会社に引き渡す。
④ 引き渡された資金は,信託銀行に信託金として設定し,信託の受益権を分割し,受益証券として証券会社に発行する。
⑤ 受益証券は,投資家に交付され,投資家はその取得した受益証券の口数に応じて償還や収益の分配を受けることができる

投資信託は,追加設定の有無により単位ごとに独立運用して,新規資金流入が認められない単位型と,投資家から随時資金を集めて当初のファンドに追加する追加型があり,運用する有価証券の区分により,株式型と公社債型があります。

投資信託の取得価額には,購入手数料その他その購入に要した費用を含めます。

投資その他の資産―その1

消費税 投資信託の取得は資産の貸付けに類する取引であり、非課税です。また、単位型の場合、募集手数料は内枠方式（額面に含まれている）となっており信託財産から支払われるため、これに係る消費税は仕入税額控除の対象とすることができません。

> ② 上記設例の○○証券第3回株式ファンド（単位型の株式投資信託）10,000,000口の当社の決算日現在の1万口当たり基準価格は10,500円であり評価金額は10,500,000円であった。税効果会計を適用することとし、実効税率を計算簡略化のため30％とする。

（借）その他有価証券評価差額　　350,000　　（貸）その他有価証券　　500,000
　　　繰延税金資産　　　　　　　150,000

〈計算〉　評価差額…11,000,000円－10,500,000円＝500,000円
　　　　　税効果部分…500,000円×30％＝150,000円

【解　説】　証券投資信託については、決算日現在の証券取引所における取引所価格又は業界団体が公表する基準価格によって時価評価が行われます。この結果生じた評価差額は純資産の部の評価・換算差額等の区分に計上します（この方法以外にも評価差損だけを当期の損失として計上する方法があります。設例**199**参照）。なお、洗替方式を採用するために、翌期に反対仕訳を行って戻します。

《表　示》　その他有価証券は、貸借対照表上、投資その他の資産の部に「投資有価証券」として表示し、その他有価証券差額は、純資産の部の評価・換算差額等の区分に「その他有価証券評価差額金」として表示します。

■関連法規……時価算定会計基準、時価算定適用指針18項、財規第31条、第32条、
　　　　　　　第67条

208 投資信託の収益分配金を受入れし,償還時に処理を行った

> (1) 設例207の株式投資信託について,収益分配に係る計算書が到着したので,収益計上を行った(収益分配金600,000円,源泉所得税90,000円(国15%),復興特別所得税1,890円を控除した手取額を当座預金とした)。

① (計算期間末日)

　　(借) 未 収 入 金　　600,000　　(貸) その他有価証券受取配当金　　600,000

　(入金日)

　　(借) 当 座 預 金　　508,110　　(貸) 未 収 入 金　　600,000
　　　　 仮払法人税　　 91,890

② (現金基準)

　　(借) 当 座 預 金　　508,110　　(貸) その他有価証券受取配当金　　600,000
　　　　 仮払法人税　　 91,890

【解 説】 投資信託は,その終了までの期間内に何回かに分けて,運用収益の一部を分配金として受益者に配分しますが,これは実務上,「受取配当金」で処理します。この理由は,株式で運用するので運用益には配当金,譲渡益などが含まれますが,区分するのが実務上困難であるためです。

収益分配金の計上日は,計算期間末日(権利確定日)を原則(上記①の仕訳)としますが,継続適用を条件に入金日(現金基準)で計上(上記②の仕訳)することも認められています。現金基準は実務上の便宜を考えた処理ですが,計算期間末日に収益分配金を計上する原則的方法は,投資信託が期末に時価評価されることから,時価が収益分配金相当額を織り込んで,下落するため計上する必要があるとの考え方によります。

なお,源泉所得税と復興特別所得税は法人税の前払いとして,決算時に確定する法人税額から控除します。

投資その他の資産—その1

（消費税）証券投資信託の収益分配金は非課税です。

《表　示》　その他有価証券受取配当金は営業外収益の区分に「受取配当金」として表示します。

■関連法規……所法第24条，第174条，第175条，措法第9条の3，法法第68条，財規第90条，財規ガイド90，消法第6条第1項，消法別表第1第3号，消令第10条第3項第2号，法基通2－1－27，2－1－28，金融商品実務指針第96項，第287項

> (2) 設例207の投資信託が満期になり償還を受けた。償還金は11,500,000円であり，源泉所得税75,000円（国15％），復興特別所得税1,575円を差し引いた手取額は，当座預金に入金した。

（借）当 座 預 金　11,423,425　　（貸）その他有価証券　11,000,000
　　　仮払法人税　　　 76,575　　　　　その他有価証券受取配当金　　500,000

【解　説】　株式型の投資信託が償還された場合の処理は，受益証券の取得価額と償還金の差額を「受取配当金」とします。

　この理由は，運用損益の内容を区別するのが，実務上困難であることによります。なお，中途解約時の処理も，償還時と同様です。

（消費税）償還差益はその実質から収益分配金と同一であり，非課税です。

■関連法規……所法第24条，第174条，第175条，措法第9条の3，法法第68条，財規第90条，財規ガイド90，消法第6条第1項，消法別表第2第3号，消令第10条第3項第2号

209 REITの取得，収益計上，期末評価を行う

① 当社は余裕資金運用目的で証券会社を通じて1口60万円のREITを10口購入し普通預金から支払った（証券会社への手数料は省略）。
② 1口当たり6,000円の分配金が源泉所得税等を控除されて普通預金に入金した。
③ 決算時のREITの時価は1口61万円であった（実効税率を計算簡略化のため30％とする）。

① （借）その他有価証券　6,000,000　（貸）普 通 預 金　6,000,000

② （借）普 通 預 金　　　50,811　（貸）受取配当金　　60,000
　　　　仮払法人税　　　　9,189

〈計算〉60,000円×（源泉所得税15％＋復興特別所得税0.315％）＝9,189円

③ （借）その他有価証券　　100,000　（貸）その他有価証券評価差額　70,000
　　　　　　　　　　　　　　　　　　　繰延税金負債　　30,000

〈計算〉評価差額：（610,000円－600,000円）×10口＝100,000円
　　　　税効果：100,000円×30％＝30,000円

【解　説】　投資信託を分類すると、「運用会社」と「信託銀行」が信託契約を締結することで組成されるタイプと投資を目的とする法人を設立することで組成されるタイプがあります。前者は我が国における投資信託の多数で契約型であり、後者はREITが中心で会社型です。

この他にも追加購入が可能か否か（単位型，追加型），投資対象地域の別，投資対象資産の別（株式，債券，不動産，その他）などの観点での分類もできます。

最近は、証券会社等で販売される従来型の投資信託以外にも新たな種類の投資信託が取引されるようになりました。特に、証券取引所に上場されている、ETF，ETN，REITについてはその数が増加し、市場規模も拡大してきました。これらは、上場株式と同様に取引されています。

ETF (上場投資信託)	特定の株価指数等に連動するように運用され、受益権が金融商品取引所に上場されている。裏付け資産が保有されているもの。
ETN (上場投資証券)	信用力の高い金融機関により特定の指標に連動するように発行された債券ですが、金融機関は裏付け資産を保有しないもので、金融商品取引所に上場されている。ETFで組成が困難なものを対象としている。
REIT (不動産投資信託)	投資家から集めた資金で不動産を購入し、そこから生じる賃料や売却益を投資家に配当する投資信託で投資証券が金融商品取引所に上場されている。

　従来からの投資信託の仕組みについては設例207を参照して下さい。
　他方、会社型のREITは投資家から資金を集めて不動産などで運用することを目的として設立された「不動産投資法人」の発行する投資証券です。
　不動産投資法人は株式会社の株式と同様の投資証券を発行して投資家から資金を集め、金融機関等からの借入金なども合わせて不動産を購入し、賃借料や不動産売却による利益を投資家に分配する仕組みです。しかし、法律により資産運用は「資産運用会社」、資産の保管は「資産保管会社」一般事務は「事務受託会社」にそれぞれ委託され不動産投資法人は運営方針を決定する程度で実質的業務は禁止されています。
　このように、その仕組みは異なっておりますが、会計処理においてはETF、ETN、REITとも投資信託と同様に扱います。購入時に手数料が発生すると取得原価に含めます。会社の決算時には時価評価を行い、収益分配時には受取配当金等へ収益計上し、償還あるいは売却時には帳簿価額との差額を受取配当金や有価証券売却益として収益計上するため、上場株式と異なる点はありません。
《消費税》　有価証券の取得は非課税ですが、購入時の証券会社への手数料は課税取引です。収益分配金である配当金は非課税です。
《表　　示》　その他有価証券は貸借対照表上、投資その他資産の部に「投資有価証券」として表示し、その他有価証券評価差額は、純資産の部の評価・換算差額等の区分に「その他有価証券評価差額金」として表示します。

■関連法規……時価算定会計基準,時価算定適用指針18項,財規第31条,第32条,第67条

210 代用払込みの請求を行って新株予約権付社債を株式にした

保有しているA社新株予約権付社債の権利を行使し,A社株式を取得した。社債額面10,000,000円,権利行使価額150円,社債の帳簿価額10,500,000円。

(借)その他有価証券　10,499,900　　(貸)その他有価証券　10,500,000
　　　(株式)　　　　　　　　　　　　　　(新株予約権付社債)
　　現　　金　　　　　　100

【解　説】　新株予約権とは,あらかじめ定められた価額を払い込むことにより発行会社の株式を取得することができる権利のことであり,それだけを単独に発行することができます。

かつて発行されていたこの新株予約権(新株引受権)が付された各種の社債を整理すると,以下のとおりです。

従来の社債名称	現制度における社債名称	特　徴　等
非分離型新株引受権付社債	新株予約権付社債	新株予約権と社債のどちらか一方を単独で譲渡できない。
転換社債	新株予約権付社債	新株予約権付社債の一類型であり,新株予約権行使時の払込みを現金でなく社債で行うもの。
分離型新株引受権付社債	新株予約権(単独)と社債(単独)の二種	新株予約権と社債を同時に発行したに過ぎず「新株予約権付社債」ではない。

株式会社が長期の資金調達を目的として,不特定多数の投資家に対して発行した確定利付証券が社債ですが,これに所定の期間内に所定の条件で「発行会社の新株式の発行を請求できる権利」が付された社債が新

株予約権付社債です。このうち，新株予約権者から請求があった時に，新株予約権付社債の全額を償還することに代えて新株発行に際して払い込むべき金額の全額につき代用払込みがあったものとすることができるタイプが「代用払込みがあったとみなす新株予約権付社債」であり，従来の転換社債と実質が同一のものです。このような新株予約権付社債の取得価額は，社債の対価部分と新株予約権の対価部分とに区分せずに普通社債の取得に準じて処理し，権利を行使した時は株式に振り替えます。

新株予約権付社債は社債権者の請求により，新株式が発行されますが，この場合の計算は次のように行います。

〈計算〉 $\dfrac{(社債額面)\ 10,000,000円}{(権利行使価額)\ 150円} = 66,666$ 株

66,666株 × 150円 = 9,999,900円

10,000,000円 − 9,999,900円 = 100円（現金交付金）

つまり株式への転換は，端数の現金での交付金を除けば，新株予約権付社債の帳簿価額が，株式の帳簿価額へ振り替えられるだけのことです。しかし，保有する有価証券の内訳が新株予約権付社債から株式に変わっているため，この事実を帳簿上や管理台帳で明らかにすることが必要です。

(消費税) 新株予約権付社債の株式への転換は資産の譲渡等に該当しないため，課税対象外取引となります。

《表　示》　その他有価証券は，貸借対照表上，投資その他資産の部に「投資有価証券」として表示します。

■関連法規……会社法第280条第4項，金融商品会計基準第37項，第39項，財規第31条，第32条，旧商法による新株予約権及び新株等予約権付社債の会計処理に関する実務上の取扱い（実務対応報告第1号）

211 新株予約権と社債を購入し，権利行使をした

① 長期保有目的で同時に発行された新株予約権と社債を購入した。社債部分が6,000,000円，新株予約権が500,000円であり，小切手に

て支払った（新株予約権による新株の発行価額（行使価額）は500円とする）。

(借)その他有価証券　6,000,000　　(貸)当座預金　6,500,000
　　　(社債)
　　その他有価証券　　500,000
　　　(新株予約権)

【解　説】　社債と新株予約権とを同時に募集し，かつ同時に割り当てる場合には，それぞれの発行価額を合計した上で区分法を適用することが要求されています。この場合の区分方法は以下のように定められています。

① 社債及び新株予約権の発行価格又はそれらの合理的な見積額の比率で配分する方法
② 算定が容易な一方の対価を決定し，これを発行価額から差し引いて他方の対価を算定する方法
③ 社債及び新株予約権に市場価額がある場合に，その比率により区分する方法

そして社債の対価部分は普通社債の取得に準じて処理し，新株予約権の対価部分は有価証券の取得として処理します。

② 上記新株予約権につき，全額の権利を行使し新株式の交付を受けた。付与率は1：1であり，行使価額500円のため代金6,000,000円は小切手を振り出し支払った。

(借)その他有価証券　6,500,000　　(貸)当座預金　6,000,000
　　　(株式)　　　　　　　　　　　　その他有価証券　500,000
　　　　　　　　　　　　　　　　　　　(新株予約権)

〈計算〉　$\dfrac{新株予約権付社債の額面 \times 付与率}{行使価額}$ ＝権利行使によって受け取る株式数

$6,000,000$円 $\times \dfrac{1}{500円}$ ＝ 12,000株

12,000株 × 500円 ＝ 6,000,000円

【解　説】　新株予約権制度のもとでは，従来の非分離型新株引受権付

社債は「新株予約権付社債」となり、分離型新株引受権付社債の発行は「新株予約権と社債」とを同時に募集し、かつ同時に割り当てることにより行われます。

新株予約権を行使した場合には、支払った新株代金のほかに、新株予約権の帳簿価額が、新株式の取得価額として引き継がれます。

　　新株の取得価額＝権利行使による払込金額＋新株予約権の権利行使直前の帳簿価額

なお、権利行使期限が到来したときは権利が消滅するため当期の損失として処理します。

(消費税) 新発の社債の購入は、資産の貸付けに類する取引であり、非課税です。

■関連法規……会社法第280条、財規第31条、第32条、消法第6条第1項、消法別表第1第3号、金融商品会計基準第39項、(注15)、旧商法による新株予約権及び新株予約権付社債の会計処理に関する実務上の取扱い（実務対応報告第1号）

212 新株予約権だけを売却した

> 設例 211 ①と同一条件で、新株予約権のみを中途売却した。売却価額は550,000円で手数料等5,000円（消費税込）を差し引かれて代金は当座預金に入金した。

(借)当 座 預 金	545,000	(貸)その他有価証券 　　(新株予約権)	500,000
仮払消費税等	454	その他有価証券売却益	45,454

【解　説】　新株予約権は単独で売買の対象となります。その売却損益については、株式等の売却損益と同様に扱います。

(消費税) 新株予約権の売却は非課税ですが、売却に伴う売買委託手数料は課税の対象です。

《表　示》　その他有価証券売却益は損益計算書上、原則として営業外

収益の区分に「有価証券売却益」として表示します。

■**関連法規**……財規第90条, 財規ガイド90, 消法第6条第1項, 消法別表第2第2, 消通6－2－1, 金融商品Q&A68, 旧商法による新株予約権及び新株予約権付社債の会計処理に関する実務上の取扱い（対応報告第1号）

213 割引金融債の取得から満期償還までの処理を行った

① 2016年1月1日以後に発行された既発の第×回割引金融債・額面金額10,000,000円を9,400,000円で購入し, 小切手で支払った（発行価額は9,400,000円, 応募価額は9,510,268円とする）。

　　（借）その他有価証券　　9,400,000　　（貸）当　座　預　金　　9,400,000

【解　説】　割引債券とは発行時に額面金額以下で募集し, 発行から償還にいたる期間の途中では利息の支払いを行わず, 最終償還時に額面金額を弁済することを約した債券をいいます。割引債には, 割引金融債, 国庫短期証券, 割引社債などがあります。

　2016年1月1日以後に発行された既発の割引債を購入した場合は, 購入の代価が取得価額となります。

　なお, 2015年12月31日までに発行された割引債については, 新規の売出し時に額面金額以下で募集される割引金融債券は, 発行時に発行価額と額面金額との差額（将来受けるべき償還差益）に対する源泉所得税等（所得税が18％, 復興特別所得税（2013年1月1日から2037年末まで）が加算されて合計18.378％）を徴収します。また, 既発債の場合には源泉所得税等が売買価格に織り込まれています。従って, 取得時は有価証券の取得価額の中に源泉所得税等を含めて処理しておき, 償還を受けた時にそれを「仮払法人税」として処理する方法が採られます。税法上も源泉所得税等は元本所有期間に応じ, 償還を受けた事業年度の決算時に確定する法人税から控除します。しかし, 途中で売却した場合には税額控除できません。

投資その他の資産—その1

(消費税) 既発割引債券の取得は，有価証券の取得であり，非課税です。

《表　示》　その他有価証券は貸借対照表上，投資その他資産の部に「投資有価証券」として表示します。

■関連法規……法令第140条の2，措法第41条の12第4項，措令第26条の11，消法第6条第1項，消法別表第1第2号，財規第31条，第32条

② 上記の割引債の期末時の処理を行う。
［条件］額面10,000,000円，取得から償還までの期間30カ月，当期保有期間5カ月，当期末市場価格9,600,000円，実効税率を計算簡略化のため30％とする。

(1) (借)その他有価証券　　　100,000　　(貸)その他の有価証券利息　　100,000

(2) (借)その他有価証券　　　100,000　　(貸)その他有価証券評価差額金　70,000
　　　　　　　　　　　　　　　　　　　　　　繰延税金負債　　　　　　30,000

〈計算〉

(1) $(10,000,000円 - 9,400,000円) \times \dfrac{5カ月}{30カ月} = 100,000円$ …金利調整差額

(2) $9,600,000円 - (9,400,000円 + 100,000円) = 100,000円$ …評価差益
　　$100,000円 \times 30\% = 30,000円$ …税効果額
　　$100,000円 - 30,000円 = 70,000円$ …評価差額金

【解　説】「その他有価証券」として所有する割引債は期末時点で時価評価をしますが，金利調整差額部分がある場合には償却原価法を適用し，金利調整差額を帳簿価額に加減したうえで，(上記(1)の仕訳)時価評価(上記(2)の仕訳)を行います。上記(2)の仕訳は翌期首に洗替えにより逆仕訳を行って戻入れします。なお，税法上は時価評価を要しません。

(消費税) 有価証券利息の計上は非課税です。

《表　示》　その他有価証券利息は損益計算書上，営業外収益の区分に「有価証券利息」として表示します。

■関連法規……金融商品実務指針第73項，第74項，消法第6条第1項，消法別表第1第3号，消令第10条第3項第6号，消通6－3－1，財規第

90条，措法41の12の2第1項，第2項，第3項

> ③ 30カ月が経過し，上記①の割引債が満期償還され，当座預金とした。
> ［条件］現在の帳簿価額を9,980,000円とする（償却原価法を適用しているが時価評価部分を含まず）。

(借)当 座 預 金　10,000,000　　(貸)その他有価証券　9,980,000
　　　　　　　　　　　　　　　　　　　その他有価証券利息　20,000

【解　説】　2016年1月1日以後に発行される割引債については，発行時の源泉徴収は行われません。また，普通法人が償還を受ける場合は源泉徴収も行われません。償還を受けた事業年度に残りの償還益（各決算期で償却原価法により既に期間経過分を計上している）を「その他有価証券利息」として計上します。

　なお，2015年12月31日までに発行された割引債については，償還の際に取得時に支払った源泉所得税と復興特別所得税を当期法人税の前払分として仮払税金に計上します。ただし，税額控除には期間按分を要します。

(消費税)　有価証券利息は非課税です。

《表　　示》　その他有価証券利息は損益計算書上，営業外収益の区分に「有価証券利息」として表示します。

■関連法規……消法第6条第1項，消法別表第2第3号，消令第10条第3項第6号，
　　　　　　消通6-3-1，財規第90条

214 株式の累積投資（るいとう）を行った

> D証券会社で毎月50,000円の株式累積投資を始めた。口座管理料は3,300円（消費税込）とし，初回は現金払い，翌月から普通預金よりの自動引落しにした。

▶初回支払時

(借)仮 払 金	50,000	(貸)現 金	53,300
雑 費	3,000		
仮払消費税等	300		

▶翌月より

| (借)仮 払 金 | 50,000 | (貸)普 通 預 金 | 50,000 |

▶株式買付金

| (借)その他有価証券 | 100,000 | (貸)仮 払 金 | 100,000 |

（買付時の手数料に係る消費税は省略している。以下同様。）

▶配当金再投資時

| (借)その他有価証券 | 4,234 | (貸)その他有価証券受取配金 | 5,000 |
| 仮払法人税 | 766 | | |

[条件] 配当金を5,000円とする。源泉所得税及び復興特別所得税は，5,000円×15.315％＝766円。

▶期末時の時価評価

| (借)その他有価証券 | 200,000 | (貸)その他有価証券評価差額金 | 140,000 |
| | | 繰延税金負債 | 60,000 |

[条件] 期末時点の帳簿価額1,000,000円，時価1,200,000円，実効税率を計算簡略化のため30％とする。

〈計算〉 評価差額：1,200,000円－1,000,000円＝200,000円

税効果：200,000円×30％＝60,000円

【解　説】　株式の累積投資（るいとう）は，証券会社を通じて一定額を毎月継続して同一銘柄を買い付ける方法です。株価の高い時は買付株数が少なくなり，株価が低い時は買付株数が多くなることにより，結果として買入平均価格が「定株数購入する方法」より安くなるために，中長期的な株式投資に適した方法と考えられています。

その制度の概要は以下のものです。

対象銘柄	上場株式から選定
申込単位	1銘柄10,000円以上，1,000円単位
株式の名義	証券会社
議決権	証券会社が行使
配当金の処理	再投資
単位株の処理	単位株になれば引出可能

　会計処理としては，証券会社に対して金銭を支出した時点では株式を取得していないので，単なる預け金となり仮払金として処理し，取引報告書等により買付株式数・単価・手数料等が判明した時点でその他有価証券に計上します。また，受取配当金は再投資される仕組みであるため，源泉所得税を除いてその他有価証券に計上します。期末時に時価評価を行う点も他の株式と同様です。

　取引先の株式を毎月買い付ける「取引先グループ持株会」の会計処理についても上記と同様に行います。

(消費税)　証券会社の口座管理料，売買委託手数料には消費税が課税されます。受取配当金は株主としての地位に基づいて出資に対する配当として受け取るものであるため課税対象外となります。

《表　示》　その他有価証券は貸借対照表上，投資その他資産の部に「投資有価証券」として表示し，その他有価証券受取配当金は損益計算書上，営業外収益の区分に「受取配当金」として表示します。その他有価証券評価差額金と繰延税金負債については設例199を参照して下さい。

■関連法規……金融商品会計基準第7項，財規第31条，第32条，第90条，消通5-2-8

215　特定目的会社の出資証券を取得した

　賃貸用不動産を証券化した出資証券を2,000,000円で購入し，小切手で支払った。

(借)その他有価証券　2,000,000　　（貸)当 座 預 金　2,000,000

▶配当受取時

(借)現　　　　金　　79,580　　（貸)その他有価証券受取配当金　100,000
　　仮払法人税　　　20,420

［条件］年間1回5％の配当金（2,000,000円×5％＝100,000円）を現金で受け取る。源泉所得税及び復興特別所得税は100,000円×20.42％＝20,420円。

▶元本償還時

(借)当 座 預 金　2,000,000　　（貸)その他有価証券　2,000,000

【解　説】　資産の流動化に関する法律に規定する優先出資証券は、金融商品取引法第2条第1項第8号に該当するため有価証券として扱われます。

この場合の出資証券を発行する特定目的会社とは、「資産の流動化に関する法律」に基づき設立される社団をいい、不動産や住宅ローン債権等を証券化しようとする際にその「器」として設立されます。特定目的会社は、証券化の対象となる不動産等の資産を購入するための資金を調達するために、金融機関から借入したり、優先出資証券などの資産対応証券を発行します。本設例での仕組みの概略は以下のようなものです。

① 特定目的会社の設立
　↓
② 投資家に優先出資証券を売却
　↓
③ 賃貸用不動産の購入
　↓
④ 不動産賃貸収入より投資家に配当金を支払う
　↓
⑤ 資産流動化計画終了期日までに不動産を売却して償還する

なお、この証券は元本や配当が保証されているものでなく、あくまで実績により変動します。

会計処理としては、その他有価証券の処理を行えばよいと考えます

が，時価がないため決算時に特定目的会社の資産状態から減損処理の要否を検討する必要があると考えます。

(消費税) 出資行為は資産の譲渡には該当せず，また，受取配当金も課税対象外となります。

《表　　示》 その他有価証券は貸借対照表上，投資その他資産の部に「投資有価証券」として表示し，その他有価証券受取配当金は損益計算書上，営業外収益の区分に「受取配当金」として表示します。

■関連法規……資産の流動化に関する法律（平成10年法律第105号），消通5－2－8，財規第31条，第32条，第90条

216　子会社株式を取得し，決算で期末評価を行った

①　A社の発行済株式総数の100％にあたる50,000株の株式を1株当たり600円で取得し，代金は小切手で支払った。
②　A社は同業他社の新製品の開発により販売不振に陥り，財政状態が悪化し資産等を時価評価した結果，1株当たり純資産額が200円となった。

① 取得時

　　(借)子会社株式　30,000,000　　(貸)当 座 預 金　30,000,000

② 決算時

　　(借)子会社株式評価損　20,000,000　　(貸)子会社株式　20,000,000
〈計算〉（600円－200円）×50,000株＝20,000,000円

【解　　説】 子会社株式とは所有会社からみて，総株主の議決権の過半数を所有している会社の株式のことであり，財務及び営業又は事業の方針を決定する機関を支配している会社の株式が該当します。具体的には，①議決権の過半数を所有している場合，②議決権の40％以上50％以下でも下記のイ～ホの要件のうちどれかに該当する場合，③自分と同一内容の議決権を行使することに同意している者等の所有する議決権と合

わせて議決権の過半数を占めている場合があります。

- イ．自己の計算において所有している議決権と自己と出資，人事，資金，技術，取引等において緊密な関係があることにより自己の意思と同一の内容の議決権を行使すると認められる者及び自己の意思と同一の内容の議決権を行使することに同意している者が所有している議決権とを合わせて，他の会社等の議決権の過半数を占めていること。
- ロ．役員もしくは使用人である者，またこれらであった者で自己が他の会社等に財務及び営業又は事業の方針の決定に関して影響を与えることができる者が，当該他の会社等の取締役会その他これに準ずる機関の構成員の過半数を占めていること。
- ハ．他の会社等の重要な財務及営業又は事業の方針の決定を支配する契約等が存在すること。
- ニ．他の会社等の資金調達額（貸借対照表の負債の部に計上されているものに限る）の総額の過半について融資（債務の保証及び担保の提供を含む）を行っていること（自己と出資，人事，資金，技術，取引等において緊密な関係のある者が行う融資の額を合わせて資金調達額の総額の過半となる場合を含む）。
- ホ．その他，他の会社等の意思決定機関を支配していることが推測され得る事実が存在すること。

子会社株式は，取得価額をもって貸借対照表価額とします。しかし，市場価格のあるものについて時価が著しく下落し回復見込みがあると認められる場合以外には時価を貸借対照表価額とし，市場価格のないものについては，発行会社の財政状態の悪化により実質価額が著しく低下したときは，相当の減額をして評価差額を当期の損失に計上します。

なお，発行会社の実質価額は資産等の時価評価に基づく評価差額を加味して算定した純資産額であり，取得原価に比べて50％程度以上低下した場合に評価減します。なお，回復可能性が十分な証拠によって裏付けられる場合には，評価減をしないことが容認されています。

中小会計　子会社株式については，取得原価をもって貸借対照表価額とします。

子会社株式のうち市場価格のあるものについて，時価が著しく下落

たときは，回復する見込みがあると認められる場合を除き，時価をもって貸借対照表価額とし評価差額は当期の損失として処理します。また，市場価格のないものについては発行会社の財政状態の悪化により実質価額が著しく低下したときは，相当の減額を行い評価差額は当期の損失として処理しますが，回復可能性が十分な証拠によって裏付けられる場合には期末において相当の減額をしないことも認められており，会計基準と同様です。なお，法人税法に定める処理（94頁の会計処理一覧表参照）に拠った場合と比べて重要な差異がないと見込まれるときは，法人税法の取扱いに従うことが認められます。

(消費税) 有価証券の譲渡（相手側では取得）は非課税です。

《表　示》 子会社株式は貸借対照表上，投資その他の資産の部に「関係会社株式」として表示します。また，子会社株式評価損は損益計算書上，「関係会社株式評価損」として特別損失の部に計上します。

■関連法規……会計原則第三・五B，会社計規第2条，第5条，第74条，第82条，法令第68条第1項第2号ロ，財規第8条第4項，第31条，第32条，法通基9－1－9，消法第6条第1項，消法別表第2第2号，消通6－2－1，金融商品会計基準第17項，第20項，第21項，金融商品実務指針第91項，第92項，第285項，中小会計指針第19項，第22項

217 関連会社株式を取得し，決算で期末評価を行った

① 取引先の紹介でB社の発行済株式総数（議決権）の30％にあたる90,000株を1株当たり600円で取得し，代金は小切手で支払った。
② 数年後，B社の財政状態が著しく悪化したため決算時に減損処理を行った。この時のB社の1株当たり純資産額は100円とする。

① （借）関連会社株式　54,000,000　　（貸）当　座　預　金　54,000,000

② （借）関連会社株式評価損　45,000,000　　（貸）関連会社株式　45,000,000

〈計算〉 (600円－100円)×90,000株＝45,000,000円

【解　説】　関連会社株式とは，所有会社からみて，出資・人事・資金・技術・取引等の関係を通じて，子会社以外の他の会社の財務及び営業又は事業の方針の決定に対して重要な影響を与えることができる場合における当該子会社以外の他の会社の株式のことです。

具体的には，①議決権の20％以上を所有している場合，②議決権の15％以上20％未満でも下記のイ～ホの要件のどれかに該当する場合，③自分と同一内容の議決権行使に同意している者等の議決権と合わせた場合に議決権の20％以上を占めている場合が該当します。

イ．役員もしくは使用人である者，又はこれらであった者で自己が子会社以外の他の会社等の財務及び営業又は事業の方針の決定に関して影響を与えることができる者が，当該子会社以外の他の会社等の代表取締役，取締役又はこれらに準ずる役職に就任していること。
ロ．子会社以外の他の会社等に対して重要な融資を行っていること。
ハ．子会社以外の他の会社等に対して重要な技術を提供していること。
ニ．子会社以外の他の会社等との間に重要な販売，仕入その他の営業上又は事業上の取引があること。
ホ．その他子会社以外の他の会社等の財務及び営業又は事業の方針の決定に対して重要な影響を与えることができることが推測される事実が存在すること。

なお，類似する用語として「関係会社」がありますが，これは自社からみて「親会社」「子会社」「関連会社」「自社が他社の関連会社である場合における当該他社」を総称するものです。

関連会社株式は取得原価をもって貸借対照表価額とします。しかし，市場価額のあるものについて時価が著しく下落したときは，回復する見込みがあると認められる場合を除き，当該時価をもって貸借対照表価額とし，評価差額を当期の損失として処理します。また，市場価格のない株式は，当該株式の発行会社の財政状態の悪化により実質価額が著しく低下したときは，相当の減額を行い，評価差額は当期の損失として処理します。実質価額の著しい低下とは，少なくとも株式の実質価額が取得

原価に比べて50％程度以上に低下した場合をいいます。

なお，市場価格のない場合の実質価額の算定は資産等の時価評価に基づく評価差額を加味して判定し，回復可能性が十分な証拠によって裏付けられるのであれば，相当の減額をしないことも認められます。

中小会計 関連会社株式については，取得原価をもって貸借対照表価額とします。

関連会社株式のうち市場価格のあるものについて，時価が著しく下落したときは，回復する見込みがあると認められる場合を除き，時価をもって貸借対照表価額とし評価差額は当期の損失として処理します。また，市場価格のないものについては発行会社の財政状態の悪化により実質価額が著しく低下したときは，相当の減額を行い評価差額は当期の損失として処理します。ただし，回復可能性が十分な証拠によって裏付けられる場合には期末において相当の減額をしないことも認められており，会計基準と同様です。なお，法人税法に定める処理（94頁の会計処理一覧表参照）に拠った場合と比べて重要な差異がないと見込まれるときは，法人税法の取扱いに従うことが認められます。

消費税 有価証券の譲渡取引（相手側は取得）は非課税であり，評価減は資産の譲渡等に該当しないため課税対象外です。

《表　　示》 関連会社株式は貸借対照表の投資その他の資産の部に「関係会社株式」として表示します。また，関連会社株式評価損は損益計算書上，「関係会社株式評価損」として特別損失の部に表示します。

■関連法規……財規第8条第5項，第6項，第8項，第31条，第32条，会社計規第2条，第5条，第74条，第82条，金融商品会計基準第17項，第20項，第21項，金融商品実務指針第91項，第92項，第285項，中小会計指針第19項，第22項

218 出資金を拠出し，決算で期末評価を行った

① 地元の信用金庫との取引開始にあたり，同信用金庫に50,000円の出資を行うことになり，現金50,000円を支払った。

(借)	出 資 金	50,000	(貸)	現　　金	50,000

【解　説】　信用金庫，信用組合，中小企業協同組合等の組合，合名会社，合資会社の出資に伴う持分は，有価証券の形態をとらないため，出資金勘定で処理します。

　信用金庫の場合，株券の代わりに出資証券が発行されますが，これは出資金として計上します。なお，「金融商品に関する会計基準」第4項において出資証券は有価証券として扱われているため，会計処理は有価証券と同様に行います。

> ②　上記設例の信用金庫の決算書によると多額の損失が発生し，資本の欠損が生じたため，当社の決算日現在，出資金の実質価値は50％と見込まれた。ただし，資産に含み益があり，時価評価すれば欠損は解消する予定である。

仕訳なし

【解　説】　市場価格のない社債その他の債券以外の有価証券の貸借対照表価額は，取得原価により計上します。しかし市場価格のない株式について，その発行体の財政状態が資産等を時価評価し評価差額を加味して計算した純資産額が取得価額と比べて50％程度以上低下した場合には，相当の減額をすることから判断すると，実質的には株式と何ら変わらない出資金の評価についても株式と同様に考えるのが妥当です。

　本設例では，時価評価差額を加味した純資産額では資本欠損が解消しているので，評価損の計上は行いません。

(消費税)　信用金庫への出資は，資本取引と考えられるため，課税の対象外です。

《表　示》　出資金は貸借対照表上，投資その他の資産の部に「出資金」として表示します。

■関連法規……会社計規第5条，財規第31条，第32条，金融商品実務指針第92項

219 長期貸付けを行い,その後回収した

① 取引先に対し6,000,000円を期間3年間,期日一括返済の条件で貸付けすることになり,小切手で支払った(利息は省略する)。

　　(借)長期貸付金　6,000,000　　(貸)当座預金　6,000,000

【解　説】　民法上の金銭消費貸借契約及び準消費貸借契約に基づく貸付金のうち,貸借対照表日の翌日から起算して1年を超えて弁済期の到来する貸付金は,長期貸付金となります。従って,弁済期が1年以内に到来することが事前に明らかであれば,それは短期貸付金となります。

しかし,上記貸付金が取引先の都合で,1年以内に返済されることがあっても,それは長期貸付金の返済になります。

② 3年経過後,条件どおり上記設例の長期貸付金が返済され,当座預金に預け入れた。

　　(借)当座預金　6,000,000　　(貸)短期貸付金　6,000,000

【解　説】　前期の決算において,1年以内に弁済期限の到来する長期貸付金は,短期の貸付金勘定に振替えが行われますので,回収した時には,短期貸付金が減少します。

なお,本設例では省略していますが,貸付金の貸借対照表価額は取得価額から貸倒見積高に基づいて算定された貸倒引当金を控除した金額とされているため,決算において債務者の財政状態及び経営成績等を判定する必要があります。貸倒引当金については設例293を参照下さい。

|中小会計|　貸付金(金銭債権)の貸借対照表価額は取得価額を付しますが,取立不能のおそれがある場合にはその取立不能見込額を貸倒引当金として計上します。なお,「取立不能のおそれがある場合」とは債務者の財政状態,取立てのための費用及び手続きの困難さ等を総合し,社会通念に従って判断したときに回収不能のおそれがある場合です。

投資その他の資産―その1 281

(消費税) 利子を対価とする金銭の貸付けは,非課税です。

《表　示》 短期貸付金は貸借対照表上,原則として,流動資産の部の「その他」に含め,長期貸付金は投資その他の資産に「長期貸付金」として区分表示されます。

　中小会計指針では,営業上の債権以外の債権で,事業年度の末日から起算して1年以内に現金化できると認められるものは,流動資産の部に表示し,それ以外のものは,投資その他の資産の部に表示します。

■関連法規……会社計規第74条,財規第17条,第19条,第31条,第32条,消法第6条第1項,消法別表第2第3号,消令第10条第1項,消通6-3-1,金融商品会計基準第4項,第14項,中小会計指針第11項,第15項,第18項

220 外貨建長期金銭債権の期末評価を行った

当社は得意先に対して以下の条件で外貨建ての貸付けを行っているが,決算にあたり当該債権について評価替えを行うことにした(為替予約等はしていないものとする)。

貸付金額：1,000,000USドル
貸付期間：X1年4月1日～X3年3月31日
返済条件等：貸付期間満了時に一括返済
為替相場：貸付時のレート110円,当決算日のレート100円,

▶決算時

　(借)為 替 差 損　10,000,000　　(貸)長期貸付金　10,000,000

〈計算〉 (110円－100円)×1,000,000ドル＝10,000,000円

【解　説】 契約上の債権額が外国通貨で表示されている金銭債権が外貨建金銭債権です。外貨建金銭債権については,発生時の為替相場による円換算額をもって記録しますが,決算時の処理としては,決算時の為替相場により円換算額を算定します。

　為替予約等がある場合には,それが「金融商品に関する会計基準」Ⅵ

3のヘッジ会計の要件を充たす場合には、振当処理を採用できます。この場合の取得時又は発生時の円貨額と為替予約等による円貨額との差額については、予約時までに生じた為替相場の変動は予約日の属する事業年度の損益とし、残額は予約日の属する期から決済日の属する事業年度までの期間にわたって合理的に配分します。ただし、重要性のない場合には期間配分は不要です。

なお、税法上の扱いも同様の考え方によっていますが、以下のように法定の換算方法（※）が定められているため、長期外貨建権債務について期末時の為替相場により換算するためには届出が必要です。

	換算方法
短期外貨建債権債務	発生時換算法又は期末時換算法（※）
長期外貨建債権債務	発生時換算法（※）又は期末時換算法

（注）換算方法の選定について届出がない場合は、（※）の方法により換算することになります。

ここで用いる為替相場は、税法上は、T.T.M（電信売買相場の仲値）を原則とし、T.T.B（電信買相場）又は、T.T.S（電信売相場）は継続適用が適用の条件です。T.T.Bは債権の換算に使用し、T.T.Sは債務の換算に使用します。

中小会計 外貨建取引は原則として当該取引発生時の為替相場による円換算額をもって記録します。また、外貨建金銭債権についての決算時の処理は決算時の為替相場による円換算額を付します。ただし、長期（1年超）で重要性のない場合には取得時の為替相場により円換算額できます。

消費税 外貨建金銭債権の期末評価は資産の譲渡等に該当しないため、消費税の課税対象外です。

《表　示》　ここで発生した為替差損は原則として、営業外費用の区分に為替差損として表示します。

■関連法規……外貨基準一1、一2、外貨基準注解4、7、法法第61条の9、第61条の10、法令第122条の7、第122条の8、中小会計指針第76項、第77項、法基通13の2－2－5

221 投資不動産を購入した

> 当社は製造業を営んでいるが，このたび他社に賃貸する目的で土地20,000,000円を購入し，代金は小切手で支払った。

　　(借)投 資 土 地　20,000,000　　(貸)当 座 預 金　20,000,000

【解　説】　本来の営業の用に供するのではなく，賃貸などを目的としたり，投資を目的として不動産を取得した場合は投資不動産として処理します。

　従って，会社が事業目的として不動産の貸付けをする場合には，そのために購入した土地は有形固定資産となりますが，投資目的の場合には，それと区別して投資不動産として処理します。

　また，途中で使用目的を本来の営業用に変更したような場合には，投資不動産勘定から有形固定資産勘定へ振替仕訳を行います。

(消費税)　土地の譲渡取引は非課税取引です。

《表　示》　投資不動産は貸借対照表上，投資その他の資産の区分に「その他」として表示されますが，重要性がある場合には「投資土地」などの科目で表示します。重要性の乏しい場合を除き，賃貸等不動産の時価を注記します。

■関連法規……財規第33条，消法第6条第1項，消法別表第2第1号，賃貸等不動産の時価等の開示に関する会計基準（会計基準第20号）

222 更生債権等が発生した

> 当社の得意先であるA社が会社更生法の申請を行った。当社がA社に対し有する債権は売掛金2,000,000円であり，管財人等の情報に基づいて担保処分保証回収見込額を200,000円として決算時に貸倒引当金を設定した。

（借）更生債権	2,000,000	（貸）売　掛　金	2,000,000
貸倒引当金繰入	1,800,000	貸倒引当金	1,800,000

【解　説】　企業の主たる営業取引による売上代金等の未収額が売掛金です。売掛金は通常，営業循環の過程で短期間に回収されますが，相手企業の倒産などにより，通常の営業循環から外れて回収が滞った場合は，これを長期滞留債権として扱い「破産債権」「更生債権」などの科目で処理し，通常の売掛金等の債権と区別します。

　売掛金等の債権の貸借対照表価額は取得価額から貸倒引当金を控除した金額としますが，破産更生債権等については，債権額から担保の処分見込額及び保証による回収見込額を減額し，その残額を貸倒見積高として貸倒引当金を設定します（ここでは更生計画認可の決定前を想定して処理しています）。貸倒引当金については設例293をご参照下さい。

　なお税法上は，会社更生法の規定による更生計画認可が決定されると，その事実が発生した事業年度において，貸金等のうち弁済されない部分について貸倒損失として損金算入することが認められています。

(消費税)　更生債権への振替えや貸倒引当金の設定は，資産の譲渡等に該当しないため，課税対象外取引です。

《表　示》　更生債権は貸借対照表上，投資その他の資産の部に「更生債権」として表示します。

■関連法規……会計規第 5 条，第74条，財規第32条，法法第52条，法令第96条，
　　　　　　法基通 9 － 6 － 1 ，金融商品会計基準第 4 項，第14項，第28項

223　ビル賃借にあたり敷金を支払った

① 　当期首（X1/4/1）に，ビルの賃借契約にあたり敷金6,000,000円と 1 カ月分の家賃1,210,000円（消費税等込）を小切手で支払った。当社のビルの平均的な入居期間は 5 年と見積られている。借手（当社）の追加借入利子率年 8 ％（借手は貸手の計算利子率を知り得ない。）である。

▶契約時（X1/4/1）

(借)敷　　　金　　6,000,000　　(貸)当座預金　　7,210,000
　　支 払 家 賃　　1,100,000
　　仮払消費税等　　 110,000

> ②　上記の賃貸借契約書には、敷金のうち10％は、原状回復費用として契約期間満了時に返還されないという条項がある。

▶契約時（X1/4/1）

(借)仮払消費税等　　54,545　　(貸)敷　　　金　　54,545

〈計算〉　6,000,000円×10％＝600,000円
　　　　 600,000円×$\frac{10}{110}$＝54,545円

▶決算時（X2/3/31）

(借)敷金償却　　109,091　　(貸)敷　　　金　　109,091

〈計算〉　545,455円×$\frac{1年}{5年}$＝109,091円
　　　　（敷金のうち10％は600,000円－54,545円＝545,455円）

【解　説】　ビル等の賃借に際して契約に違反した場合等に備えて敷金を差入することがあります。これは通常契約満了時点で返還されるものですが、契約によっては、その一部が原状回復費用として、契約当初から返還されない旨、定められているものがあります。

　敷金が計上されているため、ここでは資産除去債務の負債計上及びこれに対応する除去費用の資産計上は行わない方法によることとしました。

　敷金のうち、原状回復費用に充てられるため返還が見込めないと認められるものは、同種の賃借建物等への平均的な入居期間で費用配分します。

　なお、税法によると賃貸人側では期間の経過その他当該賃貸借契約等の終了前における一定の事由の発生により返還しないこととなる部分の金額は、その返還しないこととなった日の属する事業年度の益金に算入

します。従って，契約時に返還しないことが明確な部分はその時点で全額を収入計上します。

(消費税) 建物・土地等の賃貸借契約において契約当初から返還されないことが明らかな敷金は，契約時点において課税取引として処理します。また，償却は課税対象外取引です。

《表　示》 敷金は，貸借対照表上，投資その他の資産の「その他」に含めて表示しますが，重要性がある場合には「敷金」等の科目で単独掲記します。

■関連法規……法令第14条第1項第6号ロ，法基通2－1－41，8－1－5，8－2－3，財規第31条，第32条，財規ガイド31－6，消法第2条第3項，消通9－1－23，金融商品実務指針第133項

【新リース会計基準】 敷金については，新リース会計基準においても従来通りの考え方を踏襲しています。差入敷金のうち，貸手から借手に将来返還される差入敷金については，取得原価で計上します。一方，将来返還されない差入敷金については，契約上定められている金額を使用権資産の取得価額に含めます。

▶契約時（X1/4/1）

(借)使用権資産	54,611,945	(貸)リース負債	54,611,945
(借)敷　　　金	5,400,000	(貸)当座預金	7,210,000
使用権資産	600,000		
リース負債	1,100,000		
仮払消費税等	110,000		

(借) 仮払消費税等	54,455	(貸) 使用権資産	54,455

〈計算〉　$6,000,000円 \times 10\% = 600,000円$
　　　　$600,000円 \times \dfrac{10}{110} = 54,545円$

▶決算時（X2/3/31）

(借)支払利息	300,387	(貸)未払利息	300,387
(借)減価償却費	10,922,389	(貸)減価償却累計額	10,922,389
(借)減価償却費	109,091	(貸)減価償却累計額	109,091

〈計算〉 54,611,945÷5年=10,922,389

545,455円×$\frac{1年}{5年}$=109,091円

（差入敷金のうち10%は600,000円－54,545円=545,455円）

単位：千円

回数	返済日	前期末元本	返済合計	元本分	利息	月末元本
1	X1/4/1	54,612	1,100	1,100	—	53,512
2	X1/5/1	53,512	1,100	743	357	52,769
3	X1/6/1	52,769	1,100	748	352	52,020
4	X1/7/1	52,020	1,100	753	347	51,267
5	X1/8/1	51,267	1,100	758	342	50,509
:	:	:	:	:	:	:
13	X2/4/1	45,058	1,100	800	300	44,258
:	:	:	:	:	:	:
56	X5/11/1	5,392	1,100	1,064	36	4,328
57	X5/12/1	4,328	1,100	1,071	29	3,256
58	X6/1/1	3,256	1,100	1,078	22	2,178
59	X6/2/1	2,178	1,100	1,085	15	1,093
60	X6/3/1	1,093	1,100	1,093	7	—

【解　説】　敷金については，貸手から借手に将来返還される部分については取得原価で「敷金」を計上することとなります。例題では②より，敷金6,000,000円のうち，10%が返還されない条項がありますので，90%は将来返還されます。したがって，5,400,000円（＝6,000,000×90%）は敷金として計上します。一方で，10%部分については返還されませんので，契約上定められている金額600,000円（＝6,000,000×10%）を「使用権資産」として計上することとなります。従来通り差入敷金のうち将来返還されない部分は償却しますが，新リース会計基準が適用されると敷金の償却ではなく，使用権資産の減価償却となる点に注意が必要です。

■関連法規……新リース会計基準適用指針第33項，第34項，BC64項

224 建設協力金を支払った

[前提条件]
1. A社(借手)は，X1年4月1日に，次の条件を含む契約を地主B社(貸手)と締結した。
   ① A社は，A社がテナントとして入居予定のビル建設に要する資金15,000,000円をB社に建設協力金として支払う。
   ② A社は，当該ビルの完成後に当該ビルに入居する。
2. 借手のリース期間及び建設協力金の回収期間　10年
3. 借手の支払利息　当初5年間は無利息，その後は年2％
4. 返済条件　X7年3月31日からX11年3月31日までの毎年3月31日に3,000,000円ずつを利息とともに返済
5. 割引率　5％(全ての期間において適用)
6. リース開始日　X1年4月1日
7. 借手の減価償却方法　定額法

▶X1年4月1日（建設協力金の支払日）

(借)長期貸付金	10,807,222	(貸)現金預金	15,000,000
長期前払賃料	4,192,778		

〈長期前払賃料の計算〉　建設協力金の支払額と返済期日までのキャッシュ・フローを割り引いた現在価値の差額とする。

15,000,000円 − 10,807,222円 = 4,192,778円

▶X2年3月31日（無利息期間の決算日）

(借)長期貸付金	540,361	(貸)受取利息	540,361
(借)支払賃料	419,278	(貸)長期前払賃料	419,278

〈支払賃料の計算〉　契約期間にわたり配分する。

4,192,778円 × 1年/10年 = 419,278円

▶ X7年3月31日（元本分割返済及び利息支払開始時）

（借）長期貸付金	389,653	（貸）受取利息	689,653
現金預金	300,000		
（借）現金預金	3,000,000	（貸）長期貸付金	3,000,000
（借）支払賃料	419,278	（貸）長期前払賃料	419,278

▶ X11年3月31日（最終償還期）

（借）長期貸付金	85,714	（貸）受取利息	145,714
現金預金	60,000		
（借）現金預金	3,000,000	（貸）長期貸付金	3,000,000
（借）支払賃料	419,276	（貸）長期前払賃料	419,276

■利息計上額及び長期貸付金の帳簿価額等のスケジュール

(単位：千円)

	キャッシュ・フロー A	うち元本回収 B	うち利息回収 C	利息計上額 D $=f' \times 0.05$	帳簿価額加算額 $e=d-c$	帳簿価額 f $=f'+e-b$
X1.4.1	△15,000					10,807
X2.3.31	—	—	—	540	540	11,348
X3.3.31	—	—	—	567	567	11,915
X4.3.31	—	—	—	596	596	12,511
X5.3.31	—	—	—	626	626	13,136
X6.3.31	—	—	—	657	657	13,793
X7.3.31	3,300	3,000	300	690	390	11,183
X8.3.31	3,240	3,000	240	559	319	8,502
X9.3.31	3,180	3,000	180	425	245	5,747
X10.3.31	3,120	3,000	120	287	167	2,914
X11.3.31	3,060	3,000	60	146	86	—

(注) f'は帳簿価額fの前期末残高を表す。

【解　説】　建設協力金とは，建物建設時に消費寄与する建物等の賃借に係る預託保証金であるため，金銭債権に分類されます。

　建設協力金の支払日に，差入企業である借手は，建設協力金の支払額と返済期日までのキャッシュ・フローを割り引いた現在価値の差額を長期前払賃料として計上します。返済期日までのキャッシュ・フローを割

り引いた現在価値は，預り企業である貸手から，差入企業である借手に将来返還される建設協力金及び受取利息の現在価値として長期貸付金に計上し，以下のように計算します。

$$\frac{0}{(1+0.05)} + \cdots + \frac{0}{(1+0.05)^5} + \frac{3,000,000+300,000}{(1+0.05)^6} + \cdots + \frac{3,000,000+60,000}{(1+0.05)^{10}}$$

$=10,807,222$円

　差入預託保証金である建設協力金は返済期日に回収されるため，当初の長期貸付金の時価と返済額との差額は，弁済期又は償還期に至るまで毎期一定の方法で受取利息として計上します。

　また，預り企業である貸手の支払能力から回収不能と見込まれる金額がある場合は，金融商品会計基準に従って貸倒引当金を設定します。

(消費税) 貸付金に係る利息は非課税です。

■関連法規……金融商品会計実務指針第10号

【新リース会計基準】　建設協力金を支払い，完成後に入居する契約であることから，差入企業である借手は当該建物を使用する権利を取得します。そのため，多くの場合，当該契約はリース契約に該当します。

　従来の建設協力金の仕訳で長期前払賃料として計上していた資産を，使用権資産として計上します。そして，従来は長期前払賃料を契約期間にわたり費用化していますが，使用権資産については，リース期間を耐用年数として減価償却費を計上します。

▶X1年4月1日（建設協力金の支払日）

　　(借)長期貸付金　10,807,222　　(貸)現 金 預 金　15,000,000
　　　　使用権資産　 4,192,778

〈使用権資産の計算〉建設協力金の支払額と返済期日までのキャッシュ・フローを割り引いた現在価値の差額とする。

　　15,000,000円－10,807,222円＝4,192,778円

▶X2年3月31日（無利息期間の決算日）

| (借)長期貸付金 | 540,361 | (貸)受取利息 | 540,361 |
| (借)減価償却費 | 419,278 | (貸)減価償却累計額 | 419,278 |

〈減価償却費の計算〉 リース期間及び建設協力金の回収期間を耐用年数とする。

4,192,778円 × 1年 /10年 = 419,278円

▶ X7年3月31日（元本分割返済及び利息支払開始時）

(借)長期貸付金	389,653	(貸)受取利息	689,653
現金預金	300,000		
(借)現金預金	3,000,000	(貸)長期貸付金	3,000,000
(借)減価償却費	419,278	(貸)減価償却累計額	419,278

▶ X11年3月31日（最終償還期）

(借)長期貸付金	85,714	(貸)受取利息	145,714
現金預金	60,000		
(借)現金預金	3,000,000	(貸)長期貸付金	3,000,000
(借)減価償却費	419,276	(貸)減価償却累計額	419,276
(借)減価償却累計額	4,192,778	(貸)使用権資産	4,192,778

なお、差入企業である借手が、建設協力金を支払う対象となった土地建物に抵当権を設定している場合、現在価値に割り引くための利子率は、原則としてリスク・フリー・レートを使用します。

■**関連法規**……金融商品会計基準第14項、新リース会計基準第26項、新リース会計基準適用指針第5項、第29項、第30項、第31項、第32項、第36項、第130項、BC60項、BC61項、BC62項、BC63項、金融商品会計実務指針第10項、消法第6条第1項、消法別表第2第3号

225 ゴルフクラブ会員権の購入と評価減を行った

> ① 営業部が社用で利用するため、預託金方式のゴルフ会員権（預託金額面5,000,000円）を33,000,000円（消費税3,000,000円を含む）で購入し、仲介業者への手数料550,000円（消費税50,000円を含む）と合わせて、小切手で支払った（法人会員として入会する予定である）。

　（借）ゴルフ会員権　30,500,000　　（貸）当 座 預 金　33,550,000
　　　　仮払消費税等　 3,050,000

【解　説】　ゴルフクラブ会員権には社団法人制、株主会員制、預託会員制、任意団体制など色々な種類があります。また、その内容は大まかな区別に従えば、プレー権と財産権とに分けられます。

しかし実務上、これらの内容に応じて個々の会員権を区別することは妥当ではなく、「ゴルフ会員権」として単独の科目で処理することが望ましいと考えられます。なお、仲介業者への手数料は、ゴルフクラブ会員権取得の付随費用として資産計上します。

ゴルフの会員権の会計処理については取得価額をもって貸借対照表価額としますが、時価のあるものは時価と比較し、時価のないものは会員権発行会社の実質価値と取得価額を比較して、著しく下落している場合には減損処理を行う必要があります。

> ② 上記ゴルフ会員権の相場が徐々に下落し、決算日現在で日刊新聞の相場によれば6,000,000円であった。回復の可能性はないものと判断された。

　（借）ゴルフ会員権評価損　24,500,000　　（貸）ゴルフ会員権　24,500,000

【解　説】　相場のあるゴルフ会員権は、その価額が取得価額と比較して50％程度以上下落している場合、評価減の検討対象とし、相場が回復することが合理的に立証できない限り相場まで評価を下げ、評価損を当

期の損失に計上します。

　預託保証金の時価の著しい下落については，預託保証金額を上回る部分は直接評価損を計上し，下回る部分については貸倒引当金を設定します。従って，本設例では，預託金までの金額は回収できるため貸倒引当金の設定を行いません。

中小会計　ゴルフ会員権は取得原価で評価します。ただし，計上金額の重要性が高い場合で以下の要件に該当する場合には減損処理が必要になります。

　① 時価があるもの…著しい時価の下落があったとき
　② 時価のないもの…発行会社の財政状態の著しい悪化があったとき

　なお，預託金方式の会員権で減損処理する場合には，帳簿価額が預託保証金を上回る金額はまず直接評価損を計上し，さらに時価が預託保証金を下回る場合には当該部分を債権の評価勘定として貸倒引当金を設定します。ただし，預託保証金が回収困難と判断された場合には直接減額ができます。

消費税　既に発行済みのゴルフクラブ会員権の譲渡は，株式形態のものは株式の譲渡に，預託金形態のものは金銭債権の譲渡に該当しますが，実態が優先プレー権であるところから非課税として扱われていないため課税取引に該当します。なお，ゴルフクラブが会員権を発行する場合は，出資金や預り金となり資産の譲渡に該当しないため，課税対象外取引となります。また，評価損の計上は資産の譲渡に該当しないため課税対象外取引です。

《表　示》　ゴルフクラブ会員権は貸借対照表上，金額的重要性があれば，投資その他の資産の部に「ゴルフ会員権」として区分掲記しますが，それ以外は，「その他」に含めます。ゴルフ会員権評価損は，金額的重要性がある場合には，その臨時的性格から特別損失の部に「ゴルフ会員権評価損」として表示します。

■関連法規……法基通9－7－11，財規第31条，第32条，消法第6条第1項，消法別表第2第2号，消通6－2－1，6－2－2，金融商品実務指針第135項，第311項，金融商品Q&A46，中小会計指針第38項

226 積立保険料を支払った

① 当社は，従来から役員を対象とした積立型の生命保険に加入しているが，このたび新任役員3名分の保険料6,000,000円を普通預金から支払った（受取人は当社である）。
なお，このうち4,800,000円は積立金部分である。

（借）積立保険料	4,800,000	（貸）普通預金	6,000,000
支払保険料	1,200,000		

② 本日，生命保険会社より配当金の通知が到着した。この内容によれば契約者配当金は100,000円であり，全額積立金に充当された。

（借）積立保険料	100,000	（貸）雑収入	100,000

【解　説】　役員，従業員に対する長期の生命保険（企業が受取人）や，設備等に対する長期損害保険に加入することがありますが，これらの保険には支払った保険料が掛捨てになるものと，積み立てられて満期到来時に返戻されるものの2種類があります。

支払保険料のうち，積立部分のものは，最終的に返戻されるものですから，積立保険料などの科目で資産計上し，掛捨てとなる部分の保険料は，費用として計上します。

(消費税)　保険料は資産計上されるか否かに関係なく非課税です。また，契約者に対する配当金も非課税です。

《表　示》　積立保険料で重要性がないものは貸借対照表上，投資その他の資産の部の「その他」に含めて表示します。

また，契約者配当金は，損益計算書上，受取配当金でなく，「雑収入」に含めて表示します。

■**関連法規**……会社計規第74条，財規第31条，第32条，第90条，法基通9－3－4，
9－3－5，9－3－5の2，9－3－6，消法第6条第1項，

消法別表第2第3号,消通6-3-1

227 抵当証券を取得した

> 2年満期の抵当証券10,000,000円を購入し,代金は小切手で支払った。

(借)その他有価証券　10,000,000　　(貸)当 座 預 金　10,000,000

【解　説】　抵当証券は,抵当証券会社が資金需要者に対して不動産を担保にして融資を行い,この不動産に付けられた抵当権を抵当証券として証券化し,投資家に分割して販売するもので,通常は抵当証券会社が利払いと元本の保証を行います。

抵当証券は「抵当証券法」に基づき発行される有価証券であり,金融商品取引法第2条第1項第16号の有価証券となるため,保有目的によって区別されます。従って,本設例では2年満期であるため,「その他有価証券」勘定とします。また,抵当証券は金融商品ですが,現状では国内に証券取引所のような市場がないため時価評価の対象とはしません。しかし,抵当証券会社の財政状態が著しく悪化した場合には,減損処理が必要な場合も考えられます。

なお,利付債券と同様に利息を受け取った場合には,受取利息勘定で処理します。

(消費税)　抵当証券の取得は利子を対価とする金銭の貸付けとして非課税です。

《表　示》　「その他有価証券」勘定で処理された抵当証券は,原則として貸借対照表上,投資その他の資産の「投資有価証券」に含めて表示します。

■関連法規……財規第31条,第32条,消法第6条第1項,消法別表第2第3号,
　　　　　　　消令第10条第3項第5号,金融商品実務指針第92項

228 自動車リサイクル料を支払った

　営業用に使用する目的で乗用車を購入し，その際にリサイクル料として総額36,600円を現金で支払った。内訳は資金管理料を6,600円，その他が30,000円であった（便宜上，車両部分は省略した）。

(借)リサイクル預託金	30,000	(貸)現　　　　金	36,600
車　両　費	6,000		
仮払消費税	600		

【解　説】　新車購入時や車検時にリサイクル料を支払います。これは将来，自動車を廃車処分する際に発生する解体処理費用をあらかじめ徴収しておくためです。支払ったリサイクル料のうち資金管理料金は管理法人が受け取りますが，それ以外（シュレッダーダスト料金・エアバック類料金・フロン類料金・情報管理料金）は実際に廃車処分されるまで前払いとして預託しているものです。従って，資金管理料は車両費等の費用として処理し預託金部分は資産計上します。

　なお，リサイクル料は車両所有者が負担していますので，預託金部分は車両売却時（廃車時ではない）には返還されるため相殺し，廃車時には費用（廃棄損）処理します。

(消費税)　リサイクル料のうち資金管理料部分は課税取引，初めて支払った預託金部分は課税対象外となり，すでにリサイクル料が支払われている場合の預託金は非課税取引です。なお，廃車時には解体処理が行われ，その費用となる預託金部分は課税取引です。

《表　示》リサイクル預託金は投資その他資産の部に「差入保証金」又は「リサイクル預託金」等として表示します。

■関連法規……消法第6条第1項，消法別表第2第4項

229 他社株転換社債（EB債）の取得から，期末評価，他社株による償還までの処理を行った

① 当社は，以下のように一定の条件でA株式会社の株式に転換される債券（EB債）20,000,000円を購入し，小切手で支払った。
（条件）・額面発行
・転換対象銘柄：上場会社A社株式
・償還方法：一時点の価格が一定の価格を超える場合は現金100％で償還，一定の価格以下の場合は上場会社A社株式の交付による償還

　（借）その他有価証券　20,000,000　　（貸）当 座 預 金　20,000,000

【解説】他社株転換社債（EB債　Exchangeable Bond）とは，社債にデリバティブが組み込まれた商品で，償還時に決められた期間内の株価変動によって，満期償還日に金銭の代わりに転換対象銘柄の他社株式が交付される条件がついた債券をいいます。EB債は会計上現物資産とデリバティブが組み合わされた複合金融商品に分類されます。複合金融商品は払込資本を増加させる可能性の有無により分類されます。

複合金融商品の分類	（例）
①払込資本を増加させる可能性のある部分を含む	新株予約権付社債
②払込資本を増加させる可能性のある部分を含まない	EB債

　EB債は払込資本を増加させる可能性のある部分を含まない複合金融商品であり，一定の要件に該当するものを除き，原則としてそれを構成する個々の金融資産に区分せず一体として処理します。

(消費税)　EB債の取得は，有価証券の取得であり，非課税です。
《表示》その他有価証券は貸借対照表上，投資その他資産の部に「投資有価証券」として表示します。
■関連法規……金融商品会計基準第40項，第117項，払込資本を増加させる可能性

のある部分を含まない複合金融商品に関する会計処理（適用指針第17号）第3項，第9項，消法第6条第1項，消法別表第2第2号

② 上記のEB債の期末時の処理を行う。
（条件）・デリバティブを区分して経理処理すべきであるが，現物資産とデリバティブを区分して時価を把握することができない
・EB債の期末時価は16,000,000円であった
・債券とデリバティブを区分せず，一体として時価評価を行い，継続して損益として処理している

（借）その他有価証券評価損　　4,000,000　　（貸）その他有価証券　　4,000,000
〈計算〉　20,000,000円－16,000,000円＝4,000,000円

【解説】契約の一方の当事者の払込資本を増加させる可能性のある部分を含まない複合金融商品は原則としてそれを構成する個々の金融資産に区分せず一体として処理します。しかし，複合金融商品の中には組込デリバティブのリスクが現物の金融資産に及ぶものがあります。デリバティブのリスクが現物の金融資産に及ぶにもかかわらず，デリバティブが時価評価されないことは適切でないため，以下のすべての要件を満たした場合は組み込まれたデリバティブを現物の金融資産と区分して時価評価し，評価差額を当期の損益として処理します。

① 組込デリバティブのリスクが現物の金融資産に及ぶ可能性がある
② 組込デリバティブと同一条件の独立したデリバティブがデリバティブの特徴を満たす
③ 複合金融商品について時価の変動による評価差額が損益に反映されない

これらのすべての要件を満たせばデリバティブを区分して時価評価することが必要ですが，債券に組み込まれているデリバティブがいくらであるか明示されていないケースも多くみられます。EB債に組み込まれたデリバティブの時価を区分して把握することができない場合は，EB

債全体を時価評価して，評価差額を当期の損益に計上することが認められています。

税務上も会計上と同様にEB債全体を時価評価して評価差額を当期の損金又は益金としているときは継続適用を条件として認められます。なお，この場合，翌期首において戻入処理が必要になります。

(消費税) 有価証券の評価損は，資産の譲渡等に該当しないため，課税対象外の取引です。

《表示》その他有価証券評価損は損益計算上，臨時的か否かにより，営業外費用か特別損失の区分に「有価証券評価損」として表示します。

中小会計 中小企業の会計に関する指針には複合金融商品の会計処理に関する直接の記載はありません。

■**関連法規**……払込資本を増加させる可能性のある部分を含まない複合金融商品に関する会計処理（適用指針第17号）第3項，第9項，法基通2－3－42(注3)，金融商品Q&A68

---

③ 上記のEB債について，翌期首に評価損の戻入処理を行った後，満期が到来し，契約条件によりA社株式により償還が行われた。

（条件）・EB債の償還に伴って取得するA社株式は14,000,000円

(借)その他有価証券	4,000,000	(貸)その他有価証券評価損	4,000,000
(借)その他有価証券 　　(A社株式)	14,000,000	(貸)その他有価証券 　　(EB債)	20,000,000
その他有価証券償還損	6,000,000		

【解説】債券とデリバティブを区分せず，一体として時価評価を行い，継続して損益として処理している場合，翌期首に戻入処理が必要になります。EB債の償還によりEB債がA社株式14,000,000円に転換されていますので，差額をその他有価証券償還損として計上します。

税務上，一体として時価評価した場合の償還による損益については明記されていませんが，取得時の資産の時価と取得の対価として支払った差額を損金に算入することが考えられます。

(消費税) その他有価証券償還損は，非課税です。

《**表示**》その他有価証券償還損は損益計算上,臨時的か否かにより,営業外費用か特別損失の区分に「その他有価証券償還損」として表示します。

■**関連法規**……法基通2-3-42(注3),法法第61の5第3項,消法第6条第1項,消法別表第2第3号,金融商品Q&A68

投資その他の資産―その2 (企業再編関係)

　世界的競争の時代を迎え，わが国企業においても企業再編の必要性が高まり，それに伴って法律や会計基準が整備されてきました。そこで，平成21年版から企業再編の主要なものを「その2」としてまとめることといたしました。ここで記載しているのは，以下の項目です。

・合併
・株式交換
・株式移転
・分割

　会計基準では，法律的形態での区別でなく経済実態により会計処理を整理しています。

　「企業結合…ある企業（事業）と他の企業（事業）とが1つの報告単位に統合されること」の場合には「企業結合に関する会計基準」が適用され，「事業分離…ある企業を構成する事業を他の企業（新設も含む）に移転すること」の場合には「事業分離等に関する会計基準」が適用されます。

　それらには，それぞれ以下のような法律的形態の企業再編行為が含まれています。

・企業結合…合併，株式交換，株式移転
・事業分離…会社分割，事業譲渡，現物出資

　なお，「企業結合」の場合には共同支配企業の形成と共通支配下の取引以外はパーチェス法（被取得企業（事業）の取得原価は取得対価となる財を結合日の時価で算定する方法）を採用することが原則です。

　また，「事業分離」の場合の分離元企業では，移転した事業に関する投資が清算された場合には移転損益を認識しますが，そうでない場合には移転損益を認識しません。

230 吸収合併を行った（合併存続会社の会計処理）

(取得企業が，被合併会社の株式をその他有価証券として既に所有している場合)

A社は，B社を以下の条件で吸収合併する。双方とも公開会社，決算日は3月末日，合併期日は4月1日。

合併存続会社はA社，B社株主に割り当てるA社の株式数36,000株，取得企業はA社とする。A社は過年度にB社株式を1株5円で20,000株（B社議決権比率10％）取得し，その他有価証券100,000円として計上している。

合併期日のA社株価40円，合併期日のB社株価10円，合併期日のB社資産の時価1,000,000円，取得の対価となる現金支出50,000円。

▶A社の会計処理
① B社株式の振戻し

| (借)その他有価証券評価差額金 | 100,000 | (貸)その他有価証券 (B社株式) | 100,000 |

期末に時価評価されているので，振り戻す。

〈計算〉 (10円－5円)×20,000株＝100,000円

② 合併受入仕訳

(借)諸 資 産	1,000,000	(貸)払 込 資 本	1,440,000
の れ ん	590,000	その他有価証券 (B社株式)	100,000
		現 金	50,000

〈計算〉 払込資本…合併公表日のA社株価40円×B社株主割当株数36,000株
(注) 払込資本の内訳科目は，会社法の規定に従って合併契約書にて決められる。

231 親子会社の合併を行った（共通支配下の取引）

> P社はX1年3月31日にS社の株式の80％を1,600,000円（便宜上，純資産と同額とする）で取得して子会社とした。P社はS社をX2年4月1日に吸収合併した。合併比率は1：1である。P社はS社の非支配株主（P社以外の株主20％部分）に時価600,000円のP社株式を発行し，新株発行に伴う増加すべき株主資本全額をその他資本剰余金とした。
>
> 合併期日前日の両社の個別貸借対照表は以下のとおり。
>
> P社
>
> | 諸資産 | 2,400,000 | 資本金 | 2,000,000 |
> |---|---|---|---|
> | S社株式 | 1,600,000 | 利益剰余金 | 2,000,000 |
>
> S社
>
> | 諸資産 | 3,000,000 | 資本金 | 2,000,000 |
> |---|---|---|---|
> | | | 利益剰余金 | 1,000,000 |

▶P社の仕訳

（借）諸資産（80％）	2,400,000	（貸）子会社S社株式	1,600,000
		抱き合わせ株式消滅差益	800,000
（借）諸資産（20％）	600,000	（貸）その他資本剰余金	600,000

S社から受け入れる資産・負債は，合併期日前日の適正な帳簿価額によります。また，受け入れた資産と負債の差額のうち株主資本の額を合併期日直前の持分比率により，親会社持分と非支配株主持分に按分します。

親会社持分相当額は，合併直前に保有していた子会社S社株式の適正な帳簿価額との差額を特別損益に計上します。

非支配株主持分相当額を払込資本（資本金又は資本剰余金）として処理します。増加すべき払込資本の内訳項目（資本金，資本準備金又はその他資本剰余金）は，会社法の規定に基づき決定します。

232 同一個人株主により支配されている会社同士が合併した（共通支配下の取引）

> A社（株主甲が60％所有，発行済株式数450,000株）はB社（株主甲が80％所有，発行済株式数250,000株）を吸収合併した。合併期日前日のA社とB社の個別貸借対照表は以下のとおり。
>
> A 社
>
> | | | | |
> |---|---|---|---|
> | 諸資産 | 400,000 | 資本金 | 200,000 |
> | | | 資本剰余金 | 100,000 |
> | | | 利益剰余金 | 100,000 |
>
> B 社
>
> | | | | |
> |---|---|---|---|
> | 諸資産 | 100,000 | 資本金 | 40,000 |
> | | | 資本剰余金 | 40,000 |
> | | | 利益剰余金 | 20,000 |
>
> 合併比率はB社株式1株に対してA社株式0.6株を交付する。A社はB社株主甲氏に120,000株（250,000株×80％×0.6），その他のB社株主に30,000株をそれぞれ交付した。

▶A社の仕訳

（借）諸 資 産	100,000	（貸）資 本 金	40,000
		資本剰余金	40,000
		利益剰余金	20,000

共通支配下の取引では，合併で受け入れた資産・負債を合併期日の前日に付された適正な帳簿価額により計上します。

233 子会社同士が合併した（共同支配企業の形成）

> A社の100％子会社X社を吸収合併消滅会社とし，B社の100％子会社Y社を吸収合併存続会社とする合併を行った。A社はX社株式の代わりにY社株式を300,000株取得した。
>
> この合併契約にはA社とB社の間においてY社を共同支配する契約が締結され，共同支配の形成と判定された。この結果，合併後のY社の持分比率はA社が60％（300,000株），B社が40％（200,000株）となった。
>
> 合併前日のX社とY社の個別貸借対照表は以下のとおり。
>
> X　社
>
> | 諸資産 | 900,000 | 資本金 | 600,000 |
> |---|---|---|---|
> | | | 利益剰余金 | 200,000 |
> | | | その他有価証券評価差額金 | 100,000 |
>
> Y　社
>
> | 諸資産 | 400,000 | 資本金 | 300,000 |
> |---|---|---|---|
> | | | 利益剰余金 | 60,000 |
> | | | その他有価証券評価差額金 | 40,000 |
>
> A社保有のX社株式の適正な帳簿価額600,000円，B社保有のY社株式の適正な帳簿価額は300,000円とする。

▶Y社の仕訳

（借）諸　資　産	900,000	（貸）払 込 資 本	800,000
		その他有価証券評価差額金	100,000

　合併前の資本金・利益剰余金の内訳科目をそのまま引継ぎができます。また，評価・換算差額は移転前の適正な帳簿価額をそのまま引き継ぎます。

▶A社の仕訳

```
(借)子会社株式    600,000    (貸)子会社株式    600,000
    (Y社)                      (X社)
```

移転したX社の帳簿価額をY社株式の取得価額とします。

▶B社の仕訳

```
(借)関係会社株式   300,000    (貸)子会社株式    300,000
    (Y社)                      (Y社)
```

共同支配しているため,子会社株式勘定から関係会社株式勘定となるだけです。

【設例230～233の解説】合併とは法律の規定に従って,2つ以上の会社が合体して1つの会社になることをいいます。会社財産のすべてを他の会社へ現物出資する場合や他社の発行済株式のすべてを取得しても経済的には合併と同一効果がありますが,それは法律的な意味での合併ではありません。

合併は当事者(各会社)の一部又は全部が解散して,その権利義務の一切が清算手続きを経ることなく,包括的に存続会社あるいは新設会社に移転されます。

合併は実務上,大部分が吸収合併の形で行われますが,新設合併もあります。吸収合併は法律的に,合併により消滅する会社の権利義務を合併により存続する会社に継承させる形式を採りますが,新設合併はすべての会社が消滅し,その権利義務のすべてを新設される新会社が引き継ぐ形式を採ります。

合併は原則として会社法の会社間では自由に行えますが,独占禁止法による場合や銀行や鉄道などの免許事業者の場合の特別法による場合,外国会社との合併などには制約があります。

[合併の手続き]

合併は以下のような手続きにより行われます。

1	合併契約の締結	一般的に取締役会決議を受けて，代表取締役が合併契約を締結する。
2	事前開示	株主や債権者の合併判断に資する目的で法務省令で定められた事項を開示する。
3	合併契約の承認	株主総会の特別決議により合併契約の承認を得る。
4	株主・新株予約権者の買取請求	合併反対株主の所有株式や新株予約権者の新株予約権を買取りするための手続きを行う。
5	債権者保護手続	債権者に催告を行い，かつ合併概要を公告する。
6	株券・新株予約権証書の提出手続	合併効力発生日の1カ月前までの公告と各人へ通知する。
7	事後開示	法務省令で定める事項を合併効力発生日より6カ月間本店にて開示する。
8	合併登記	本店所在地での登記
9	官庁への届出	独占禁止法・金融商品取引法・事業法などの規定による届出（必要な場合のみ）

合併の会計処理は「企業結合に関する会計基準」「事業分離等に関する会計基準」「企業結合会計基準及び事業分離等会計基準に関する適用指針」によります。

会計基準では法律的形式の違いにより会計処理を区別するのではなく，企業の経済実態から区別しています。基準が規定している企業結合は，①独立企業間の企業結合，②共同支配企業の形成，③共通支配下の取引（親子会社間の再編，子会社間の再編）に分類されます。合併についても，上記のいずれに属するのかより会計処理が決まります。企業結合の経済的実態から共同支配企業の形成と共通支配下の取引以外は「取得」と判定され，パーチェス法を採用して処理します。

パーチェス法は，被取得企業の取得原価は原則として取得時点の取得の対価となる財の時価を算定してそれを合算したものとする方法です。一方，共同支配企業の形成と共通支配下の取引はすべての結合当事企業の資産・負債・資本の適正な帳簿価額を引き継ぐ方法を採ります（従来は，これを持分プーリング法と称しましたが，平成20年12月改正で呼称も廃止されました）。

次に税法では,合併は適格合併または非適格合併の2つに分類されます。

この分類は,以下の要件に合致しているか否かにより決定されます(合併の態様によって要求される要件が異なっています)。

	要件
①	対価要件
②	株式継続保有要件
③	事業関連性要件
④	事業規模要件
⑤	特定役員経営参画要件
⑥	従業員引継要件
⑦	事業継続要件

適格合併では,被合併法人から合併法人に資産等を帳簿価額で引き継ぎ,利益積立金も引き継ぎます。また,被合併法人の株主への課税も,旧株と新株の交換と考えられているためありません。

非適格合併では,資産等を譲渡したと考えるため被合併法人で譲渡損益が発生します。被合併会社の利益積立金は合併存続会社へは引き継がれず,みなし配当の原資となります。また,被合併会社の株主への課税関係については,交付株式及び金銭等の価額のうち資本金等を超える部分はみなし配当とされ,資本金等と旧株の帳簿価額との差額は譲渡損益となります(金銭の交付がない場合には譲渡損益は繰延べ)。

(消費税) 合併は課税対象外取引です。

■関連法規……企業結合基準第17項,第23項,第38~39項,第41~43項,企業結合適用指針第29~30項,第46項,第184~185項,第201項,第204項,第206項,第254項,設例4,18,20,23,法法第2条12の8,会社法第5編第2章,第5章

234 株式交換を行い，会社を取得した（完全親会社の会計処理）

> A社を完全親会社（取得企業），B社を完全子会社とする株式交換（交換比率1：0.5）を行った。
> A社・B社とも発行済株式数は100,000株，A社はB社株主にA社株式を1株14円で交付する（交付株式の時価総額700,000円＝14円×100,000株×0.5）。株式交換日のB社保有の有価証券の時価は180,000円（帳簿価額150,000円），土地の時価は240,000円とする。A社は増加資本700,000円のうち資本金を100,000円とし，600,000円はその他資本剰余金とする。
> 株式交換日の直前のB社の個別貸借対照表は以下のとおり。
>
> B 社
>
> | | | | |
> |---|---:|---|---:|
> | 現金 | 100,000 | 資本金 | 100,000 |
> | その他有価証券 | 180,000 | 資本剰余金 | 100,000 |
> | 土地 | 100,000 | 利益剰余金 | 150,000 |
> | | | その他有価証券評価差額金 | 30,000 |

▶A社の個別財務諸表での仕訳

(借)子会社(B社)株式	700,000	(貸)資　本　金	100,000
		その他資本剰余金	600,000

取得とされたA社では，パーチェス法によりB社株式の取得原価を計上します（取得の対価となる財の企業結合日における時価で算定します）。

235 株式移転を行い，会社を取得した（完全親会社の会計処理）

> A社とB社は株式移転（交換比率1：0.5）により完全親会社C社を設立する。A社が取得企業，B社は被取得企業とする。
> A社株主には1株当たりC社株式1株を交付，B社株主には1株当

たりC社株式0.5株が交付される。A社の株式時価14円から計算したB社株主に交付した株式の時価は「14円×100,000株×0.5株＝700,000円」。A社・B社双方とも発行済株式数は100,000株、株式移転日のB社保有有価証券の時価は180,000円（帳簿価額150,000円），土地の時価は220,000円，株式移転設立完全親会社C社の増加資本1,200,000円は資本金300,000円と残りはその他資本剰余金とする。

A社・B社の個別財務諸表は以下のとおり。

A 社

現金	300,000	資本金	300,000
有価証券	180,000	資本剰余金	150,000
土地	150,000	利益剰余金	150,000
		その他有価証券評価差額金	30,000

B 社

現金	100,000	資本金	100,000
有価証券	180,000	資本剰余金	100,000
土地	100,000	利益剰余金	150,000
		その他有価証券評価差額金	30,000

▶C社における個別財務諸表の処理

(借) A 社 株 式　　600,000　　(貸) 資　本　金　　400,000
　　 B 社 株 式　　700,000　　　　 その他資本剰余金　900,000

（注）A社株式の取得価額はA社が取得企業であるため，適正な帳簿価額であるA社の株主資本額600,000円とする。

B社株式はパーチェス法により計算するので，B社の株主がC社に対する実際の議決権比率と同じ比率を保有するのに必要な数のA社株式をA社が交付したとみなして計算する。

100,000株×0.5÷(100,000株×1＋100,000株×0.5)≒33.3％
(150,000株×33.3％)×14円＝700,000円

【設例234 235の解説】株式交換とは，株式会社がその発行済株式の全部を

他の株式会社又は合同会社に取得させることであり、株式移転とは、1又は2以上の株式会社がその発行済株式の全部を新たに設立する株式会社に取得させることです。

これらは、株式交換が企業買収や既存の子会社を完全子会社（親会社出資100%の子会社）化するのに利用されること、一方、株式移転は既存の1社がその持株会社を創設する場合や既存の2社以上の会社が1つの持株会社のもとに経営統合する場合に利用されるところに特徴があります。

合併と異なるのは、合併が消滅会社の権利義務を包括的に承継するのに対して、完全子会社化は株式の承継になること、完全子会社は法人格は従来のまま残るため、親会社と会社運営上の諸規則等（例えば、賃金制度など）は統一の必然性がないことなどです。

次に法律的手続を整理すると、以下のようになります。

株式交換	株式移転
1．株式交換契約の締結 取締役会決議により代表取締役が契約	1．株式移転契約の締結 同左
2．事前開示 法務省令に定める事項を本店にて契約備置開始日から株式交換効力発生日後6カ月経過するまで開示（親子会社双方）	2．事前開示 同左（株式交換を移転と読み替える）
3．契約承認決議 親子会社双方の株主総会の特別決議（効力発生日の前日まで）	3．契約承認決議 同左
4．株主の株式買取請求 反対株主の買取請求手続きをとる	4．株主の株式買取請求 同左
5．新株予約権買取請求 親会社の新株予約権を付与するか買取請求を認めるもの	5．新株予約権買取請求 同左
6．債権者保護手続 公告と催告を行って異議申立可能を知らせる	6．債権者保護手続 同左

7．株券・新株予約権証書提出手続 完全子会社の株主に株券等を提出させる	7．株券・新株予約権証書提出手続 同左
8．事後開示 法務省令に定める事項を本店にて効力発効日より6カ月間開示（親子会社）	8．事後開示 同左
9．増加資本の登記 資本金や発行する株式総数等が変更される場合には親会社では登記する	9．株式移転登記 親会社は本店にて設立登記を行う

　以上のように，その手続きはほぼ同一内容です。

　株式交換，株式移転の会計処理は「企業結合に係る会計基準」「事業分離等に関する会計基準」「企業結合会計基準及び事業分離等会計基準に関する適用指針」に従って行います。

　株式交換は一般的に，完全親会社（株式交換によって子会社の発行済株式の全部を取得した親会社）が取得企業となるので，完全親会社の個別財務諸表ではパーチェス法を採用します。

　株式移転により共同持株会社を設立する場合に，いずれかの完全子会社が結合後に企業集団を実質的に支配する場合には取得と判定され，完全親会社の個別財務諸表では実質的支配を獲得した会社の株式は適正な帳簿価額により取得価額を計上し，他の子会社株式はパーチェス法で取得価額を計上します。

　税法では所定の条件に合致するか否かにより，適格株式交換・移転，非適格株式交換・移転の区別を行い，それによって課税関係が異なっています。

　適格株式交換・移転の場合には完全子法人への時価評価課税は行われず，完全親法人の株式受入れについて旧株主の帳簿価額の引継ぎが認められています。

　非適格株式交換・移転の場合には株式交換等の直前に完全子法人が所有する一定の資産について時価評価が行われ，評価損益課税が行われます。また完全親法人の株式受入価額について，完全子法人株式の時価での受入が行われます。

（消費税）　株式交換，株式移転は非課税取引です。

■関連法規……企業結合基準第17項,第23項,第38項,第41項,企業結合適用指針第110項,第111項,第121項,第122項,第182項,設例14,15,法法第2条12の17,12の18,会社法第5編第4章,第5章

236 吸収分割を行った(子会社化…吸収分割承継会社及び吸収分割会社の会計処理)

A社はA製品の製造業と販売業を営む会社である。X年3月31日に販売事業を吸収分割により,Y社の子会社B社(同種製品の販売会社。発行済株式数50,000株)に移転した。

X年3月31日のA社とB社の個別貸借対照表は以下のとおり。

A 社

| 販売事業資産 | 70,000,000 | 株主資本 | 160,000,000 |
| 製造事業資産 | 100,000,000 | 評価換算差額
(販売事業から発生) | 10,000,000 |

B 社

| 販売事業資産 | 18,000,000 | 株主資本 | 18,000,000 |

X年3月31日の各事業の諸資産の時価,各事業の時価は以下のとおり。
 A社:販売事業資産72,000,000円,販売事業時価80,000,000円
 B社:販売事業資産18,000,000円,販売事業時価20,000,000円
 A社は販売事業の対価としてB社株式200,000株(@400円,時価80,000,000円)を取得しB社を80%所有の子会社とした。

▶A社の仕訳

(借)子会社(B社)株 60,000,000   (貸)販売事業資産 70,000,000
   評価換算差額等 10,000,000

B社に移転した販売事業は投資を依然として継続しているため,移転損益は認識せずに,B社株式の取得価額は移転事業の株主資本相当額を

引き継ぎます。
▶B社の仕訳

(借)販売事業資産　70,000,000　　(貸)払 込 資 本　60,000,000
　　(A社より)　　　　　　　　　　　　評価換算差額等　10,000,000

B社では，A社と同様の考え方により払込資本を増加させます。

【解　説】　会社分割とは，会社法の規定によって会社の事業に関する権利義務の全部又は一部を他の会社へ承継させることであり，受皿会社を新設するのが新設分割，受皿会社が既存の会社である場合を吸収分割といいます。

権利義務の承継会社に制限はありませんが，分割される会社には株式会社と合同会社に限定されるとの制限があります。

会社分割の手続概要は以下のようになります。

1	吸収分割契約の締結又は新設分割計画の作成	取締役会決議に基づき代表取締役が吸収分割契約を締結します。新設分割の場合は分割計画が必要になりますので取締役会で承認される必要があります。
2	事前開示	法務省令で定める事項について本店にて分割効力発生日後6カ月を経過するまで事前開示が必要です（新設分割設立会社は事後開示のみで足ります）。
3	吸収分割契約又は新設分割計画の承認	株主総会の特別決議が必要です。
4	株主の株式買取請求	分割に反対する株主の株式買取請求が認められています。
5	新株予約権者の予約権買取請求	上記4と同様に新株予約権を保有している者の権利保護の制度があります。
6	債権者保護手続	分割に異議のある債権者の申立が認められています。
7	新株予約権証券提出手続	承継会社や新設会社が分割対価として新株予約権証を交付する場合には旧証券の提出が必要になります。
8	事後開示	法務省令に定められた事項を本店に効力発生日より6カ月間開示します。
9	分割登記	本店所在地で登記が必要です。

投資その他の資産―その2（企業再編関係） 315

| 10 | 公正取引委員会等への届出 | 独占禁止法・金融商品取引法・事業法等による届出が必要な場合があります。 |

会社分割を類型化すると，以下のようなものが考えられます。

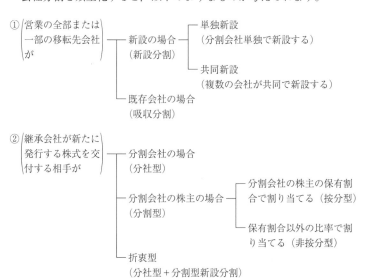

以上の類型を図示すると，以下の8つのケースが考えられます。

■新設分割

《分割前》

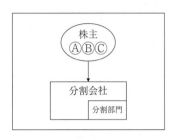

《分割後》

(1) 分社型の新設分割

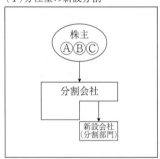

(2) 分割型の新設分割

(3) 折衷型(一部分割)の新設分割

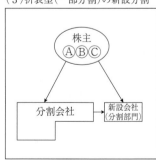

(4) 非按分型の新設分割

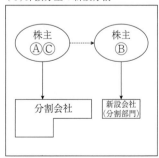

投資その他の資産―その2（企業再編関係）　317

■吸収分割

《分割前》

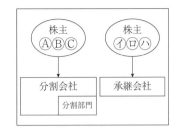

《分割後》

(5) 分社型の吸収分割

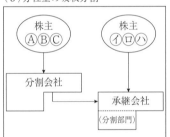

(6) 分割型の吸収分割

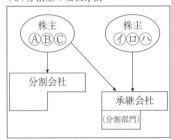

(7) 折衷型（一部分割）の吸収分割

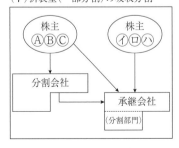

(8) 非按分型の吸収分割

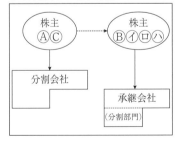

次に、会社分割の会計処理は「企業結合に関する会計基準」「事業分離等に関する会計基準」「企業結合会計基準及び事業分離等会計基準に関する適用指針」によります。

これによると、独立企業間における吸収分割は、一般的に吸収分割承継会社が移転する事業の支配を獲得するので、吸収分割承継会社を取得企業として取得(パーチェス法)の会計処理が行われます。また、吸収分割の分離元企業では、移転した事業に関する投資が清算されたとみる場合には移転により受け取った財の時価と移転事業に係る株主資本相当額との差額を移転損益として認識し、投資が継続しているとみる場合には移転損益は認識しません。

新設分割が共同支配企業の形成に該当しますと、共同支配企業は共同支配投資企業から移転する資産負債を移転直前の共同支配投資企業における適正な帳簿価額にて計上します。他方、共同支配投資企業は受け取った共同支配企業に対する投資の取得原価を移転した事業に係る株主資本相当額にて計上します。

また、企業集団内における分割のように、共通支配下の取引に該当しますと、移転する資産負債は移転直前の適正な帳簿価額により計上され、移転した資産負債の対価として交付される株式の取得価額は、当該資産負債の適正な帳簿価額により計上されます。

税法では諸条件に合致するものを適格分割とし、そうでない場合を非適格分割として区別します。非適格分割は分割法人から分割承継法人への資産等の移転は時価にて行われたものとされ、「分割法人の資産移転の譲渡損益」と、「分割型分割での株主に旧株の譲渡損益及びみなし配当」に対する課税関係が発生します。適格分割に該当すれば簿価による移転があったと考えるため、課税問題は発生しません。

(消費税) 会社分割は課税対象外取引です。

■関連法規……企業結合基準第38項、第41項、第43項、事業分離等会計基準第10項、第17項、企業結合適用指針第34〜38項、第87項、第98項、設例11-1、法法第2条12の11、会社法第5編第3章、第5章

237 所有する株式の発行会社が合併された（合併消滅会社株式の会計処理）

① 長期保有目的のA社株式について，A社がB社（非上場会社）に吸収合併されたことに伴い，A社株式を引き渡し代わりにB社株式を取得した。
[条件] A社株式10,000株，帳簿価額20,000,000円
　　　　受け取ったB社株式5,000株
　　　　A社もB社も，当社の子会社や関連会社に該当しない。

（借）その他有価証券　20,000,000　　（貸）その他有価証券　20,000,000
　　　（B社株式）　　　　　　　　　　　　（A社株式）

【解　説】　所有している株式の「発行会社」が，自社にとって子会社や関連会社に該当しない場合で，合併等の企業結合によっても結合後企業が引き続き，子会社や関連会社に該当しない場合には，被結合企業の株主（本設例の当社）は交換損益を認識せず，被結合企業の株式の結合直前の適正な帳簿価額を結合後企業の株式の取得価額とします。

② ①の条件を変更し，以下のような場合の処理を行う。
[条件] A社株式10,000株，帳簿価額20,000,000円
　　　　受け取ったB社株式10,000株，100円（1株当たり）の合併交付金（B社株式の時価を1株2,000円とする）

（借）その他有価証券　19,047,620　　（貸）その他有価証券　20,000,000
　　　（B社株式）　　　　　　　　　　　　（A社株式）
　　　現　　　金　　 1,000,000　　　　その他有価証券売却益　47,620

〈計算〉 A社株式帳簿価額 20,000,000円 × $\dfrac{\text{合併交付金 } 1,000,000円}{\text{合併交付金 } 1,000,000円 + \text{B社株式時価 } 20,000,000円}$ = 952,380円

1,000,000円 − 952,380円 = 47,620円

【解　説】　所有している株式の発行会社が当社にとって子会社や関連会社でない場合、企業結合によって現金等と結合企業の株式とに引き換えられた場合、現金等は新たな資産として、また結合企業の株式は残存部分として取り扱われます。

　この場合の旧株式の帳簿価額のうち現金等に対応する部分（結合企業の株式の時価と現金等の時価の比で按分）と現金等の時価との差額は当期の損益となります。

　ただし、結合企業の時価について市場価格がない場合には、結合企業か被結合企業の結合日前日の資産及び負債の時価評価額をもって計算しますが、それも困難な場合には、適正な帳簿価額を用いることができます。

(消費税)　有価証券の譲渡取引は非課税です。

《表　示》　その他有価証券は貸借対照表上、投資その他の資産の部に投資有価証券として、その他有価証券売却益は損益計算書上、営業外収益に「有価証券売却益」として表示します。

■関連法規……消法第6条第1項、消法別表第2第2、消通5-2-8、財規第90条、企業結合適用指針第267項、第280項、第284項、第292項

238　株式交換により新株式を取得した（完全子会社となる株式の会計処理）

　当社はS株式会社の株式を5,000株（帳簿価額4,000,000円）所有しているが、S社の株主総会において株式交換の方法でS社はP社の100％子会社となることが決定し、P社株式5,000株と交換した。他の条件は以下のとおりである。

①　S社の発行済株式総数500,000株、交換直前の1株当たり純資産価額は900円

②　S社株式対P社株式の交換比率は1対1とする。

③　P社はS社株主に対して1株30円の現金を交付した。P社の1株当たりの時価は1,000円（1,000円×5,000株＝5,000,000円）である。

▶当社（株主）の処理

（借）その他有価証券 　　（P社株式）	3,883,496	（貸）その他有価証券 　　（S社株式）	4,000,000
現　　金	150,000	その他有価証券売却益	33,496

〈計算〉　$150,000円 - 4,000,000円 \times \dfrac{150,000円}{5,000,000円 + 150,000円} = 33,496円$

【解　説】　株式交換制度の説明は，設例234を参照して下さい。株式交換という方法を採るにせよ当社側からみた場合，従来のその他有価証券として所有していたS社株式が現金とP社株式に引き換えられたにすぎないため，会計処理としては設例237の②の事例と同様に処理します。

(消費税)　有価証券の譲渡は資本の移転取引であるため非課税です。

《表　示》　その他有価証券は貸借対照表上，投資その他の資産の部に投資有価証券として，またその他有価証券売却益は損益計算書上，営業外収益に「有価証券売却益」として表示します。

■関連法規……企業結合適用指針第284項，財規第31条，第32条，第90条，金融商品Q&A68

239　株式移転に伴って新会社の株式を取得した（被結合企業株主の会計処理）

> 当社は事業再編のため，同業者と共同して株式移転の方法で持株会社P社を設立することにし，所有するS社株式のすべてを移転しP社株式を受け取った。
>
> ［条件］所有するS社株式5,000株，簿価4,000,000円，S社の発行済株式総数500,000株，移転直前の1株当たり純資産価額900円，S社株式1株に対してP社株式を1株交付する。

▶当社（株主）の処理

（借）その他有価証券 　　（P社株式）	4,000,000	（貸）その他有価証券 　　（S社株式）	4,000,000

交付金がない点を除くと，設例234の株式交換と同様の結果となります。

【解　説】　株式移転制度の説明は，設例235を参照して下さい。
　当社の場合，株式移転に伴って「株式移転完全子会社」の株主から「株式移転完全親会社」の株主に変更になっただけで，一般株主の立場に変化はありません。
　従って，会計処理としては，引き換えられたS社株式の企業結合直前の適正な帳簿価額をもってP社株式の取得価額とします。

(消費税)　有価証券の譲渡は資本の移転取引であるため非課税です。

《表　示》　その他有価証券は貸借対照表上，投資その他の資産の部に「投資有価証券」として表示します。

■関連法規……企業結合適用指針第280項，財規第31条，第32条

III 繰延資産

●繰延資産

繰延資産

繰延資産は，実務上「会社法」の規定によるものと，「法人税法」の規定によるものがあります。会社法の規定による繰延資産は貸借対照表の「繰延資産」の部に表示されるもので，「創立費」「開業費」「開発費」「株式交付費」「社債発行費」に限定されています。

それに対して，法人税の規定による繰延資産は上記の会社法の繰延資産の他に「その他の繰延資産」と称して①自己が便益を受ける公共的施設等の設置費用等，②資産を賃借するための費用等，③役務の提供を受けるための費用，④広告宣伝用資産の贈与のための費用，⑤その他自己が便益を受けるための費用があります。「その他の繰延資産」は税法固有の繰延資産と称されることもありますが，会計実務上は貸借対照表の「投資その他の資産」の部に「長期前払費用」として表示されることが多く見受けられます（貸借対照表上は繰延資産として計上しません）。

本書では，この他に「企業会計原則」注解15に規定されている特別の法令に基づいて繰延処理が認められている「災害損失」を取り上げています。

240 創立費の支払いと決算整理を行う

① 発起人が立替払いした設立登記費用・事務所賃借料等1,000,000円（消費税40,000円を含む）を現金で支払った（費用処理する）。

（借）創　立　費	960,000	（貸）現　　　金	1,000,000
仮払消費税等	40,000		

② ①のケースで繰延資産計上した場合，決算時に上記費用について5年間で定額法により償却を行った（便宜上，12カ月分とする）。

(借)創立費償却　　　192,000　　　(貸)創　立　費　　　192,000

〈計算〉　$960,000円 \times \dfrac{12カ月}{60カ月} = 192,000円$

【解　説】　創立費とは，会社の負担に帰すべき設立費用でその具体的内容としては，定款及び諸規則作成のための費用，株式募集その他のための広告費，株式申込証・目論見書・株券などの印刷費，創立事務所の賃借料，設立事務に使用する使用人の給料手当，金融機関の取扱手数料，証券会社の取扱手数料，創立総会に関する費用その他会社設立事務に関する必要な費用，発起人が受ける報酬で定款に記載して創立総会の承認を受けた金額並びに設立登記の登録免許税などがあります。

創立費は，原則として，支出時に営業外費用として処理します。ただし，創立費を繰延資産に計上することができますが，この場合には会社の成立のときから5年以内のその効果の及ぶ期間にわたり定額法により償却をします。なお，支出の効果が期待されなくなった場合には，未償却残高を一時的に償却しなければなりません。

なお，税務上は，会社法の規定する繰延資産（法人税法第14条第1項第1号〜5号に掲げているもの）について任意の償却期間を認めています。

中小会計　創立費は原則として費用処理します。なお，繰延資産として資産に計上することができます。資産計上したものは，会社成立後5年内に償却します。なお，支出の効果が期待されなくなった場合には一時に償却しなければなりません。

消費税　給料手当や登録免許税などを除き，創立費として支払った費用は課税取引となります。また，償却は課税対象外取引です。

《表　示》　資産計上した場合の創立費は繰延資産の部に「創立費」として表示します。

なお，償却額は貸借対照表上，繰延資産として計上した額から直接控除し，残額を創立費として表示します。また，償却額は「創立費償却」として創立費と同様に営業外費用の区分に計上します。

中小会計指針では，創立費は償却累計額を創立費から直接控除した残額を貸借対照表の繰延資産の部に表示します。損益計算書では，償却額が営業収益との対応関係がある場合には販売費及び一般管理費に，対応

関係がない場合には営業外費用に表示します。なお,効果が期待されなくなり一時償却が行われた場合には,原則として特別損失に表示します。

■**関連法規**……法令第14条,第64条,財規第36条,第37条,第38条,第93条,財規ガイド36,93,会社計規第74条,第84条,繰延資産の会計処理に関する当面の取扱い(対応報告第19号),減損会計適用指針第68項,中小会計指針第40項,第41項,第42項,第43項,第44項

241 開業費の発生と償却を行う

① 開業準備のために,特別に広告宣伝や市場調査を行った費用3,300,000円(消費税300,000円を含む)を現金で支払った。

(借)開 業 費　　3,000,000　　(貸)現　　　　金　　3,300,000
　　仮払消費税等　　 300,000

② ①のケースで繰延資産計上した場合に開業初年度の決算時に,上記費用について5年間で定額法により償却を行った(便宜上,12カ月分とする)。

(借)開業費償却　　600,000　　(貸)開 業 費　　600,000

〈計算〉 $3,000,000円 \times \dfrac{12カ月}{60カ月} = 600,000円$

【解　説】　開業費とは,土地・建物等の賃借料,広告宣伝費,通信交通費,事務用消耗品費,支払利子,使用人の給料,保険料,電気・ガス・水道料等で会社成立後営業開始までに支出した開業準備のための費用をいいます。

開業費は原則として支出時に営業外費用として処理し,販売費及び一

般管理費として処理することも認められます。ただし，繰延資産に計上することもでき，その場合には，開業のときから5年以内のその効果の及ぶ期間にわたって，定額法により償却をしなければなりません。

なお，支出の効果が期待されなくなった場合には，未償却残高を一時的に償却する必要があります。

[中小会計] 開業費は原則として費用処理します。なお，繰延資産として資産に計上することができます。資産計上したものは，開業後5年内に償却します。なお，支出の効果が期待されなくなった場合には一時に償却しなければなりません。

[消費税] 広告宣伝や市場調査の費用は課税取引となります。また，償却は課税対象外取引です。

《表　示》 繰延資産に計上した場合の開業費は貸借対照表上，繰延資産の区分に「開業費」として表示します。

なお，償却額は繰延資産として計上した額から直接控除し，残額を開業費として表示します。また，償却額は「開業費償却」として開業費と同様に営業外費用又は販売費及び一般管理費の区分に計上します。

中小会計指針では，開業費は償却累計額を開業費から直接控除した残額を貸借対照表の繰延資産の部に表示します。損益計算書では，償却額が営業収益との対応関係がある場合には販売費及び一般管理費に，対応関係がない場合には営業外費用に表示します。なお，効果が期待されなくなり一時償却が行われた場合には，原則として特別損失に表示します。

■関連法規……法令第14条，第64条，財規第36条，第37条，第38条，第93条，財規ガイド36，93，会社計規第74条，第84条，繰延資産の会計処理に関する当面の取扱い（対応報告第19号），減損会計適用指針第68項，中小会計指針第40項，第41項，第42項，第43項，第44項

242 株式交付費の支払いと決算整理を行う

① 新株を発行するため株券印刷費・募集費用等6,600,000円（消費税600,000円を含む）を小切手で支払った（費用処理する）。

（借）株式交付費　　6,000,000　　（貸）当座預金　　6,600,000
　　　仮払消費税等　　600,000

② ①のケースで繰延資産に計上した場合に、株式交付費について決算にあたり3年間で定額法により償却を行った（便宜上、12カ月分とする）。

（借）株式交付費償却　2,000,000　　（貸）株式交付費　　2,000,000

〈計算〉　$6,000,000円 \times \dfrac{12カ月}{36カ月} = 2,000,000円$

【解　説】　新株発行費又は自己株式処分費は株式交付費と称されますが、その具体的な内容としては、株式募集のための広告費、金融機関の取扱手数料、証券会社の取扱手数料、株式申込証・目論見書・株券などの印刷費、変更登記の登録免許税、その他株式の交付等のため直接支出した費用があります。

会社の設立の際に発行される株式の発行費は、「創立費」に含まれることになっているので、ここにいう株式交付費には含まれません。

株式交付費（新株の発行又は自己株式の処分に係る費用）は、原則として、支出時に営業外費用として処理します。ただし、企業規模の拡大のためにする資金調達などの財務活動に係る株式交付費については、繰延資産とすることができますが、この場合には、株式交付のときから3年以内のその効果の及ぶ期間にわたって、定額法により償却をしなければなりません。なお、株式分割や無償割当に係る費用は企業規模の拡大と関係しないため繰延資産に該当せず、支払時の費用として処理します。

中小会計　株式発行費及び新株予約権発行費は原則として費用処理しま

す。なお，繰延資産として資産計上することができます。資産計上したものは発行後3年内で償却します。

(消費税) 変更登記の登録税を除き，株券印刷費や募集費用は課税取引となります。また，株式交付費の償却額は課税対象外取引です。

《表　示》　株式交付費を繰延資産として計上した場合は，貸借対照表上の繰延資産の区分に「株式交付費」として表示します。なお，償却額は繰延資産として計上した額から直接控除し，残額を株式交付費として表示します。

また，償却額は「株式交付費償却」として営業外費用の区分に表示します。

中小会計指針では，株式発行費及び新株予約権発行費は償却累計額を新株発行費及び新株予約権発行費から直接控除した残額を貸借対照表の繰延資産の部に表示します。損益計算書では，償却額が営業収益との対応関係がある場合には販売費及び一般管理費に，対応関係がない場合には営業外費用に表示します。

■関連法規……法令第14条，第64条，財規第36条，第37条，第38条，第93条，財規ガイド36，93，会社計規第74条，第84条，繰延資産の会計処理に関する当面の取扱い（対応報告第19号），減損会計適用指針第68項，中小会計指針第40項，第41項，第42項，第43項，第44項

243　社債発行費及び社債発行差金の発生と決算整理を行う

① 当期首に社債額面総額200,000,000円・償却期限10年・額面100円につき98円の条件で社債を発行し，払込金の全額を当座預金とした。また，社債券の印刷費・登記費用など2,400,000円（消費税100,000円を含む）を小切手を振り出して支払った（社債発行費は費用処理する）。

（借）当 座 預 金　196,000,000　　（貸）社　　　　債　196,000,000

（借）社 債 発 行 費　　2,300,000　　（貸）当 座 預 金　　2,400,000
　　　仮払消費税等　　　100,000

② ①のケースで、社債発行費を繰延資産に計上し、決算時に10年間で定額法により償却を行った。

（借）社債発行費償却　　230,000　　（貸）社債発行費　　230,000

〈計算〉　$2,300,000円 \times \dfrac{12ヵ月}{120ヵ月} = 230,000円$

③　決算時に①の社債払込金額と社債金額との差額を10年間の定額法により処理した。

（借）社　債　利　息　　400,000　　（貸）社　　　　　債　　400,000

〈計算〉　$(200,000,000円 - 196,000,000円) \times \dfrac{12ヵ月}{120ヵ月} = 400,000円$

【解　説】　社債発行費とは、社債発行のために直接必要な費用です。その具体的内容としては、社債募集のための広告費、金融機関の取扱手数料、証券会社の取扱手数料、社債申込証・目論見書・社債券などの印刷費、社債の登記の登録免許税その他社債発行のために直接支出した費用です。

　社債発行費は、原則として、支出時に営業外費用として処理します。ただし、繰延資産として計上することもできます。この場合には、社債の償還までの期間にわたり利息法により償却しなければなりませんが、継続適用を条件に利息法でなく、定額法によることもできます。

　また、新株予約権の発行に係る費用についても資金調達などの財務活動に係るものは、社債発行費と同様に繰延資産として会計処理できますが、繰延資産に計上した場合には、新株予約権の発行のときから3年以内のその効果の及ぶ期間にわたって定額法により償却することになります。

　社債発行差金とは、社債権者に償還すべき金額の総額が社債の募集によって得た実額を超える場合の当該差額をいいます。

会社計算規則第6条第2項第2号では、払込みを受けた金額が債務額と異なる社債については、事業年度の末日における適正な価格を付することができるとされたことから、債務額との差額（社債発行差金に相当）を償却原価法によって処理します。

(注) 償却原価法とは、金融資産又は金融負債を債権又は債務額と異なる金額で計上した場合において、当該差額に相当する金額を弁済期又は償還期に至るまで毎期一定の方法で貸借対照表価額に加減する方法をいいます。

なお、この場合の当該加減額は受取利息又は支払利息に含めて処理します。

中小会計 社債発行費は原則として費用処理します。なお、繰延資産として資産計上することができます。資産計上したものは社債償還期間で償却します。

消費税 消費税の課税対象外の登録税を除いて社債発行費は、課税取引になります。また、社債発行費の償却費は課税対象外取引です。

《表　示》 社債発行費を繰延資産として計上する場合は、貸借対照表の繰延資産の部に「社債発行費」として表示します。

なお、償却額は繰延資産として計上した額から直接控除し、残額を社債発行費として表示します。また社債発行費償却額は、「社債発行費償却」として社債発行費、社債利息と同様に営業外費用の区分に表示します。

中小会計指針では、社債発行費は償却累計額を社債発行費から直接控除した残額を貸借対照表の繰延資産の部に表示します。損益計算書では、償却額が営業収益との対応関係がある場合には販売費及び一般管理費に、対応関係がない場合には営業外費用に表示します。

■関連法規……法令第14条、第64条、財規第36条、第37条、第38条、第93条、財規ガイド36、93、会社計規第74条、第84条、金融商品会計基準（注5）、繰延資産の会計処理に関する当面の取扱い（対応報告第19号）、減損会計適用指針第68項、中小会計指針第40項、第41項、第42項、第43項、第44項

244 開発費の発生と決算整理を行う

① 新規事業を開始し,市場開拓目的で特別に行った広告宣伝費用11,000,000円(消費税1,000,000円を含む)を,小切手を振り出して支払った(費用処理を行う)。

(借)開 発 費　10,000,000　　(貸)当 座 預 金　11,000,000
　　　仮払消費税等　 1,000,000

② ①のケースで繰延資産として計上した場合に決算時に,5年間で定額法で償却をした(便宜上,12カ月分とする)。

(借)開発費償却　2,000,000　　(貸)開 発 費　2,000,000

〈計算〉　$10,000,000円 \times \dfrac{12カ月}{60カ月} = 2,000,000円$

【解　説】　開発費とは,新技術又は新経営組織の採用,資源の開発,市場の開拓等のため支出した費用,生産能率の向上又は生産計画の変更等により,設備の大規模な配置替えを行った場合等の費用をいいます。ただし,経常費の性格を持つものは開発費に含まれません。また,繰延資産として計上できる開発費については研究開発費等に係る会計基準の適用範囲外とされています。

開発費は,原則として,支出時に売上原価又は販売費及び一般管理費として処理します。ただし,開発費を繰延資産として計上することもできますが,この場合には,支出した事業年度から5年以内のその効果の及ぶ期間にわたって,定額法その他の合理的な方法により規則的に償却しなければなりません。

また,支出の効果が期待されなくなった場合,例えば,採用した新技術の利用の中止,新規開拓した市場からの撤退などの事実が生じた場合には,未償却残高を一時に償却しなければなりません。

|中小会計| 開発費は原則として費用処理します。なお，繰延資産として資産計上することができます。資産計上したものは支出後5年間で償却します。

(消費税) 広告宣伝費用の支払取引は課税取引となります。また，開発費の償却額は課税対象外取引です。

《表　示》 開発費を繰延資産として計上した場合は，貸借対照表の繰延資産の部に「開発費」として表示します。なお，償却額は繰延資産として計上した額から直接控除し，残額を開発費として表示します。

また，償却額は「開発費償却」として表示しますが，その内容によって開発費と同様に売上原価又は販売費及び一般管理費の区分に計上します。

中小会計指針では，開発費は償却累計額を開発費から直接控除した残額を貸借対照表の繰延資産の部に表示します。損益計算書では，償却額が営業収益との対応関係がある場合には販売費及び一般管理費に，対応関係がない場合には営業外費用に表示します。なお，効果が期待されなくなり一時償却が行われた場合には，原則として特別損失に表示します。

■関連法規……法令第14条，第64条，財規第36条，第37条，第38条，第93条，財規ガイド36，93，会社計規第74条，第84条，研究開発会計基準三，繰延資産の会計処理に関する当面の取扱い（対応報告第19号），減損会計適用指針第68項，中小会計指針第40項，第41項，第42項，第43項，第44項

245 道路負担金の支出と決算整理を行う

① 当社の出入口に面した県の道路について，拡幅工事が行われることになった。当社はその拡幅工事により便益を受けることになるので，道路拡幅工事費の負担金を支払うことになった。県より1,320,000円（消費税120,000円を含む）の割当があったので，小切手を振り出して支払った。

| (借)道路負担金 | 1,200,000 | (貸)当座預金 | 1,320,000 |
| 仮払消費税等 | 120,000 | | |

> ② 決算時，上記の負担金について1年分の償却を行った。
> ［条件］道路はアスファルト敷。専用道路として使用していない。

| (借)道路負担金償却 | 300,000 | (貸)道路負担金 | 300,000 |

〈計算〉 $1,200,000円 \times \dfrac{1年}{10年 \times 40\%} = 300,000円$

（アスファルト敷舗装道路の耐用年数は10年）

【解　説】　税法上，自己が便益を受ける公共的施設の設置又は改良のために支出する費用は，繰延資産として処理することが要求されています。このような費用は会社法上，投資その他の資産の部に計上される「長期前払費用」としている例が多く見受けられます。

　実務上この償却は，税法の規定により，自己の専用とするものは法定耐用年数70％，それ以外であれば法定耐用年数の40％の耐用年数によっています。

消費税　特定の事業を実施する者が当該事業への参加者又は当該事業に係る受益者から受ける負担金，賦課金等については，当該事業の実施に伴う役務の提供との間に明白な対価関係があるかどうかによって課税売上であるかどうかを判定します。例えば，その判定が困難な国若しくは地方公共団体の有する公共的施設又は同業者団体等の有する共同的施設の設置又は改良のための負担金について，国，地方公共団体又は同業者団体等が課税売上に該当しないものとし，かつ，その負担金を支払う事業者がその支払を課税仕入れに該当しないこととしている場合には，これを認めることとなっています。

《表　示》　道路負担金は原則として，貸借対照表上，投資その他の資産の部の「長期前払費用」或いは「その他」に含めて表示します。
道路負担金償却は損益計算書上，原則として販売費及び一般管理費に「道路負担金償却」或いは「減価償却費」として表示します。

中小会計指針では、費用として処理しなかった税法固有の繰延資産は貸借対照表では「投資その他の資産」に長期前払費用等として計上します。損益計算書では、償却額が営業収益との対応関係がある場合には販売費及び一般管理費に、対応関係がない場合には営業外費用に表示します。

■関連法規……法令第14条、第64条、法基通8－1－3、8－2－3、財規第31条、第31条の2、第32条、会社計規第74条、消通5－5－6、中小会計指針第40項、第41項、第42項、第43項、第44項

246 建物賃借時の権利金の支払いとその償却を行う

① 営業所用の建物を賃借することになり、権利金（返還されないもの）として2,200,000円（消費税200,000円を含む）を小切手で支払った。
② 入居後3カ月で決算となったので権利金について償却を行った。

① 支払時

　（借）権　利　金　　2,000,000　　（貸）当 座 預 金　　2,200,000
　　　仮払消費税等　　　200,000

② 決算時

　（借）権利金償却　　　100,000　　（貸）権　利　金　　　100,000

〈計算〉 $2,000,000円 \times \dfrac{1年}{5年} \times \dfrac{3カ月}{12カ月} = 100,000円$

【解　説】　建物を賃借するために支払う権利金（返還されないもの）は、税法上は繰延資産に該当しますが、会社法上、「長期前払費用」として処理されることが多く見受けられます。

建物賃借時に支払う権利金（契約上、返還される敷金と異なり、返還されないもの）の態様は3種類あります。①「賃借建物の建設費用の大部分に相当し、建物の存続中、使用できる場合」、②「借家権として転売できる場合」、③「それら以外の場合」に区分され、各々の償却年数が定

められています。本設例では，最後の③の場合を想定して5年で償却計算をしました。

[消費税] 建物・土地等の賃貸借契約における返還されない権利金・礼金の支払は課税取引です。また，償却や評価損は課税対象外取引です。

《表　示》 権利金は，原則として貸借対照表上，投資その他の資産の部の「長期前払費用」あるいは「その他」に含めて表示します。

中小会計指針では，費用として処理しなかった税法固有の繰延資産は貸借対照表では「投資その他の資産」に長期前払費用等として計上します。損益計算書では，償却額が営業収益との対応関係がある場合には販売費及び一般管理費に，対応関係がない場合には営業外費用に表示します。

■関連法規……法令第14条，第64条，法基通 8 - 1 - 5 ， 8 - 2 - 3 ，財規第31条，第31条の 2 ，第32条，会社計規第74条，中小会計指針第40項，第41項，第42項，第43項，第44項

247 広告宣伝用資産の贈与とその償却を行う

① 本年5月に当社の特約店に対し新製品の広告宣伝用看板を寄贈した。なお，この看板の製作代金1,320,000円（消費税120,000円を含む）を小切手で支払った。
② 翌年3月の決算で償却を行った。

①支払時

　　（借）宣伝用資産　　1,200,000　　（貸）当 座 預 金　　1,320,000
　　　　仮払消費税等　　　120,000

②決算時

　　（借）宣伝用資産償却　　500,000　　（貸）宣伝用資産　　500,000

〈計算〉 $1,200,000円 \times \dfrac{1}{3年 \times \frac{7}{10}} \times \dfrac{10ヵ月}{12ヵ月} = 500,000円$

(看板の耐用年数は3年，耐用年数の計算上の端数は切り捨てる)

【解　説】　税法上，自己の製品等の広告宣伝の目的で，看板・ネオンサイン・どん帳・陳列棚等の資産を贈与した場合には，繰延資産となります。償却はその資産の耐用年数の$\frac{7}{10}$と定められています。

広告宣伝の用に供する資産を贈与したことにより生ずる費用は，税法上の繰延資産ですが，会社法上は「長期前払費用」として処理される例が多く見受けられます。

(消費税)　贈与する目的の広告宣伝用資産は，購入時に課税取引として仕入税額控除の対象です。なお，広告宣伝資産の贈与は負担付贈与でないため課税対象外取引です。また，償却は課税対象外取引です。

《表　示》　宣伝用資産は，原則として貸借対照表上，投資その他の資産の部の「長期前払費用」あるいは「その他」に含めて表示します。

中小会計指針では，費用として処理しなかった税法固有の繰延資産は貸借対照表では「投資その他の資産」に長期前払費用等として計上します。損益計算書では，償却額が営業収益との対応関係がある場合には販売費及び一般管理費に，対応関係がない場合には営業外費用に表示します。

■関連法規……法令第14条，第64条，法基通 8 - 1 - 8，8 - 2 - 3，財規第31条，第31条の 2，第32条，会社計規第74条，中小会計指針第40項，第41項，第42項，第43項，第44項

248　同業者団体への加入金を支払った

　企業規模の拡大により，当社も同業者団体に加入することになり，加入金2,200,000円（消費税200,000円を含む）を現金で支払った（期首時点とする）。なお，加入金は返還されるものでなく，他への譲渡もできないものである。

▶支出時

| (借)加 入 金 | 2,000,000 | (貸)現　　　金 | 2,200,000 |
| 仮払消費税等 | 200,000 | | |

▶決算時

(借)加入金償却　400,000　　(貸)加 入 金　400,000

〈計算〉 $\dfrac{2,000,000円}{5年} = 400,000円$

【解　説】　税法では同業者団体等への加入金は，構成員としての地位を他に譲渡できる場合や加入金が出資金の性格を持っている場合を除き，会員としてのサービスを受けるための権利金のようなものであることから，支出の効果が将来に及ぶと考え「税法上の繰延資産」として扱います。なお，その償却期間は5年間と定められています。

(消費税)　同業者団体等への加入金（返還しないものに限ります）は，当該同業者団体等がその構成員に対して行う役務の提供等との間に明白な対価関係があるかどうかによって課税売上であるかどうかを判定します。しかし，その判定が困難なものにつき，その同業者団体等が課税売上に該当しないものとし，かつ，その入会金を支払う事業者側もその支払を課税仕入れに該当しないこととしている場合には，これを認めることとなっています。

《表　示》　税法上の繰延資産である加入金は貸借対照表上，金額的重要性があれば「加入金」として表示し，それ以外の場合は長期前払費用として投資その他資産の部に表示します。

■関連法規……法基通8－1－11，8－2－3，財規第32条，消通5－5－4

249　災害（震災）損失を処理する

　震災により本社ビルが倒壊した。本社ビルの取得価額は600,000,000円であり，帳簿価額200,000,000円であった。

(借)減価償却累計額	400,000,000	(貸)建　　　物	600,000,000
建物滅失損	200,000,000		

【解　説】　企業会計原則注解15によれば，天災等により固定資産又は企業の営業活動に必須の手段たる資産の上に生じた損失が，その期の純利益又は当期未処分利益から当期の処分予定額を控除した金額をもって負担し得ない程度に巨額であって，特に法令をもって認められた場合には，これを経過的に貸借対照表の資産の部に記載して繰延経理することができると規定されています。

　本来，資産性のない損失を繰延処理することについては，問題視されていますが，企業会計原則でも明記しているように法令による特別の措置が講じられなければ，繰延処理はできません。

　過去における適用事例としては，「輸出硫安売掛金経理臨時措置法」と「医薬品副作用被害救済基金法」に基づく場合があります。また，鉄道事業法では国土交通大臣の認可を条件に損失の繰延処理を認めています。

　本設例の場合，法令の特例措置がないので原則どおり，建物の損失は全額当期において処理します。

〔消費税〕　臨時損失は資産の譲渡等に該当しないため，課税対象外の取引です。

《表　示》　建物滅失損は損益計算書上，特別損失に「建物滅失損」として表示します。

■関連法規……会計原則注解15，会社計規第88条第3項，財規第95条の3

Ⅳ 流動負債

- 支払手形
- 買掛金
- 短期借入金
- 未払金
- 未払費用
- その他の流動負債
- 流動負債の引当金

支払手形

250 買掛金の支払いのため約束手形を振り出した

　仕入先各社に対する買掛金の総額40,000,000円を支払うため、このうち15,000,000円は普通預金から各社の銀行口座に振り込み、残り25,000,000円については約束手形を振り出して支払った。

　　（借）買　掛　金　40,000,000　　（貸）支払手形　25,000,000
　　　　　　　　　　　　　　　　　　　　　普通預金　15,000,000

【解　説】　手形には約束手形と為替手形の2種類があります。約束手形とは、振出人が受取人に対して一定期日に一定金額を支払うことを約束する証券であり、為替手形は、振出人が引受人に対して一定の期日に一定の金額の支払いを委託する証券です。

　会計処理上は、約束手形の振出しと、為替手形の引受けとは区別しないで同様に手形支払義務の発生として取り扱います。

　仕入先との通常の営業取引によって生じた手形支払義務は「支払手形」勘定を用いて処理します。

中小会計　金銭債務である支払手形には債務額を付します。

消費税　取引対価の決済手段として約束手形を振り出す取引は課税の対象外です。

《表　示》　営業取引に基づいて支払義務の発生した手形は、期日の長短に関係なく「支払手形」として貸借対照表の流動負債の部に表示します。これは営業上の債権債務は営業循環基準により流動資産、流動負債として表示するためです。

　中小会計指針では、営業取引により生じた支払手形は流動負債の部に表示します。

■**関連法規**……手形法第75条、財規第47条、財規ガイド47-1、財規第49条、会社計規第75条、中小会計指針第45項、第46項

251 買掛金支払いのため為替手形の引受けを行った

> 買掛金残高20,000,000円のある仕入先A社より，為替手形額面10,000,000円(振出人A社，受取人B社)の引受けを求められたのでこれを引き受けた。

　(借)買　掛　金　10,000,000　　(貸)支 払 手 形　10,000,000

【解　説】　為替手形とは一定の期日に一定金額を一定の場所で指図人に支払うように，振出人が引受人に依託した証券です。実務上，為替手形の引受けは，振出人の作成した手形の「引受人」欄に署名と銀行への届出印を押印することで完了します。従って，為替手形の引受けは，約束手形の振出しと同様の支払義務が生じます。

なお，仕入先との通常の営業取引によって生じた手形支払義務は「支払手形」勘定を用いて処理します。

(消費税)　取引対価の決済手段として為替手形を引受けする取引は課税の対象外です。

《表　示》　営業取引に基づいて支払義務の発生した手形は，期日の長短に関係なく「支払手形」として貸借対照表の流動負債の部に表示します。これは営業上の債権債務は営業循環基準により流動資産，流動負債として表示することになっているためです。

■関連法規……手形法第21～29条，財規第47条，財規ガイド47－1，財規第49条，会社計規第75条

252 手形決済時の処理をする（期末日が休日の場合の期末日満期手形の処理）

> 当社振出しの約束手形総額30,000,000円が期末日に満期になった。ただし，期末日は休日であり銀行側は期末日の翌日に引落し処理をしている。

▶交換日

(借)支払手形　30,000,000　　(貸)当座預金　30,000,000

【解　説】　手形や小切手は，銀行を通じて取立てに出され，手形交換所での交換処理により銀行に支払いの要求があり，振出人の当座預金口座から引落しが行われます。

しかし満期日が休日の場合には，手形の交換処理は翌営業日に実施されるため，当座預金からの引落しは満期日ではなく，交換日に行われます。

そこで，期末日が休日の場合の期末日満期手形の会計処理については，2つの方法が考えられます。

① 満期日に入出金があったものとして処理する方法
② 交換日に入出金の処理をする方法

実務上は，どちらの方法も採用されています。

(消費税)　本設例は取引の決済であるため，課税対象外取引となります。

《表　示》　期末日が休日の場合の期末満期手形の金額に重要性がある場合には，上記のどの方法によったかの旨，並びにその金額を注記することが必要です。

■**関連法規**……監査・保証実務委員会実務指針第77号13項

253　取立てに回らなかった手形の処理をする

> 仕入先の都合で，満期日までに当社振出しの約束手形10,000,000円を取立てに出さなかったため，手形の返却を受け，代わりに10,000,000円を現金払いした。

(借)支払手形　10,000,000　　(貸)現　　　　金　10,000,000

【解　説】　手形は，その流通性を保護するために，期日まで(支払期日とこれに次ぐ2取引日)に手形交換所を通じて決済されなかったものは，

銀行では「呈示期間経過後」という理由で不渡りとして扱います。

しかし、それによって振出人の支払義務が消滅したわけではなく、約束手形の振出人に対する消滅時効（3年）が成立するまでは手形の支払義務があります。

そこで支払期日経過後においては、支払人（本設例では振出人）に直接支払いを請求するか、支払人が銀行に対して支払いを承認することにより銀行から支払いを受けるという方法により、手形代金を回収します。

(消費税) 本設例は取引の決済事例であり、課税対象外取引となります。

■関連法規……手形法第38条，第70条

254 車両購入のため手形の振出しを行った

営業用の車両6,600,000円（消費税600,000円を含む）を購入し、代金は約束手形を振り出した。なお、手形サイトが通常より長いため、利息100,000円を手形額面に含めた。

(借)車　　　両	6,000,000	(貸)設備支払手形	6,700,000
支 払 利 息	100,000
仮払消費税等	600,000

【解　説】　仕入先との間で発生する営業取引に基づく手形債務は「支払手形」勘定を用いますが、設備の建設、固定資産の購入等によって発生した手形債務は、通常の「支払手形」と区別して「設備支払手形」などの勘定を用います。

手形のサイトが長いものや、分割払いの手形を振り出す場合には支払総額の中に利息が加えられる場合があります。会計上、支払利息は金融費用と考えられているため、これを固定資産の取得価額とする処理は特別な場合を除いて行われません。

従って、支払利息を区別できる場合には、支払利息は費用に計上します。

消費税 車両の購入取引は課税取引ですが、利息は非課税となるため、車両代についてのみ消費税が発生します。

《表 示》 設備支払手形は、原則として貸借対照表上、流動負債の部の「その他」に含めて表示しますが、重要性がある場合には、「設備支払手形」として表示します。

■**関連法規**……手形法第75条,財規第47条,財規ガイド47-6,50,消法第6条第1項,消法別表第1第3号,消通6-3-1

255 支払手形の書替えを行った

当社の資金繰りの都合により、既にB社に対して振り出していた約束手形10,000,000円（すべて仕入代金）の支払期日をB社の了解を得て延長し、新たな約束手形と差換えした。
なお、利息として80,000円を現金で支払った。

（借）支払手形(旧)	10,000,000	（貸）支払手形(新)	10,000,000
支払利息	80,000	現　　金	80,000

【解　説】 支払手形の期日を延長して、新たな手形に差換えする場合には、従来の手形債務が一度消滅し、新たな手形支払義務が発生したものと考えて、上記のような仕訳を計上します。

消費税 手形の書替取引は課税対象外、利息の支払いは非課税取引です。

《表 示》 通常の営業取引に基づいて支払義務の発生した手形は、期日の長短に関係なく「支払手形」として貸借対照表の流動負債の部に表示します。これは営業上の債権債務は営業循環基準により流動資産、流動負債として表示するためです。

■**関連法規**……財規第47条,財規ガイド47-1,消法第6条第1項,消法別表第1第3号

256 担保差入手形の発生があった

当社は不動産開発会社である。当社が建設業者に発注したビルが完成したが、入居者が決まらないためビルの建設代金の一部700,000,000円についての支払いを建設業者に猶予してもらうこととした。この際に700,000,000円の約束手形を振り出し、担保として差し入れた。

仕訳なし

【解　説】　商業手形のように、売買代金の決済の目的として、手形の決済を前提にして利用するのが一般的な手形の利用方法ですが、当初から手形自体を担保物件として利用するのが、担保差入手形です。従って、本来の債務を弁済すれば担保として差入れした手形は取立てに出されることなく返却されます。

実務上、このような手形を振り出した場合には、仕訳は行いません。しかし、手形管理の上からは、支払手形記入帳にその旨の記載を行うことが必要です。

なお、営業取引上の保証金の代用として、決済日を定めない手形を担保として差し入れる場合も本設例と同様に取り扱います。

買 掛 金

257 掛仕入を行った（仮単価による仕入を含む）

　製品の製造のため材料を仕入れたが，代金2,200,000円（消費税200,000円を含む）は月末締め，翌月末現金払いとした。
　なお，このうち600,000円については仕入先と単価交渉中につき仮単価で計算している。

（借）仕　　　入	2,000,000	（貸）買　掛　金	2,200,000
仮払消費税等	200,000		

【解　説】　買掛金とは，仕入先との間の通常の取引に基づいて発生した営業上の未払金をいい，役務の受入れによる営業上の未払金を含みますが，固定資産の購入や建設のための未払金は含みません。

　仕入の計上（買掛金の計上）は，一般的に商品，原材料，役務等を企業内に受入れし，検収作業が完了した時点（検収基準）で行われます。納入された商品等について仕入先との間で単価が未決定の場合には，品物自体は生産・販売活動に利用可能な状態となっているため，仮単価で仕入に計上し，後日，正式な単価が決定した時に正確な単価に修正します。

中小会計　金銭債務である買掛金には債務額を付します。

消費税　材料の仕入取引は，資産の譲受けであり課税取引に該当します。なお，仮単価による仕入計上と後日における修正計算の扱いは，消費税でも法人税と同様に扱います。

《表　示》　買掛金は貸借対照表上，流動負債の部に「買掛金」として表示します。

　中小会計指針でも，営業取引により生じた買掛金は流動負債の部に表示します。

■関連法規……財規第47条，財規ガイド47－2，財規第49条，会社計規第75条，
　　　　　　　消通9－1－1，9－1－2，10－1－20，中小会計指針第45項，

第46項

258 買掛金を現金で支払った(銀行口座への振込み)

> 設例**256**の買掛金について,翌月末に支払日が到来したため,単価が決定している1,540,000円について普通預金から振込払いした。

(借)買 掛 金　1,540,000　　(貸)普 通 預 金　1,540,000

【解　説】　買掛金とは,仕入先との間の通常の取引に基づいて発生した営業上の未払金をいいます。

　販売目的の商品,製造目的の原材料等の仕入,また,役務の受入れの場合,実務上,その支払いは,締切日を定期的に定めそれまでの取引で発生した買掛金をまとめて,現金(仕入先企業の銀行口座への振込み)や手形で決済する方法によっています。

(消費税)　取引対価の決済として行われる取引であるため,課税の対象外です。

259 電子記録債権で買掛金を支払った

> ①　設例**257**の買掛金について,電子記録債権(当社には債務)とするため,1,540,000円を,取引銀行を通じて発生記録を行った。

▶当社

(借)買 掛 金　1,540,000　　(貸)電子記録債務　1,540,000

▶相手側

(借)電子記録債権　1,540,000　　(貸)売 掛 金　1,540,000

② 期日になり，同金額を普通預金から決済した（相手側も普通預金に入金した）。

▶当社

(借)電子記録債務　1,540,000　　(貸)普 通 預 金　1,540,000

▶相手側

(借)普 通 預 金　1,540,000　　(貸)電子記録債権　1,540,000

【解　説】　電子記録債権制度の目的や背景は，事業者（特に中小企業）の資金調達の円滑化等を図ることにあります。電子記録債権は従来の手形や売掛債権を電子化したものではなく，それらの問題点を克服した新しい金銭債権であり，電子債権記録機関の記録原簿に電子記録されたものです。特徴は電子データ送受信等で発生・譲渡などが可能で，記録原簿で管理されるため債権の存在・帰属が明確であり，分割も可能であることが挙げられます。

具体的取引のイメージは下記の図を参照して下さい。

■でんさいネットを利用した電子債権取引イメージ

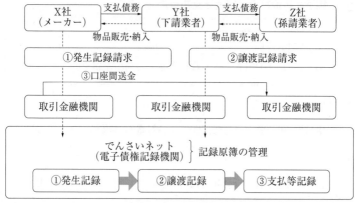

(参考：全銀電子債権ネットワークホームページ)

電子債権は従来の手形と比較しても記録事項は定型化され，債務者の単独手続きで発生すること，譲渡時には譲渡人の保証が付けられ，支払不能時には取引停止処分と同様の制度が整備されることから，ほとんど手形と同じです。

ところが，債務者側からすると手形のような事務処理負担がなく，印紙税の課税もなく，支払手段が一本化されるなどのメリットがあります。一方の債権者側では，ペーパーレスのため紛失・盗難のおそれがなく，必要に応じ期日前でも譲渡や割引ができ，取立手続きが不要であり，支払日に資金化できる（手形は交換日翌日）などのメリットがあります。

〈仕組みの概要〉

発生記録の請求方式	債務者請求方式…債務者側の発生記録請求を受けて記録機関が記録し，債権者へ通知する方式
	債権者請求方式…債権者側からの発生記録請求を受けて記録機関が債務者に承諾依頼通知を出し，債務者の承諾後に発生記録を行う方式
記録事項	債務者情報…名称・住所・決済口座
	債権者情報…名称・住所・決済口座
	債権金額，支払期日，決済方法，記録番号
	譲渡記録…譲受人名称・住所・決済口座
	分割記録…親債権と子債権の記録番号，子債権の債権者名称・住所・決済口座，債権金額
	保証記録…保証人名称・住所・決済口座・発生記録と同じ債務者情報
予約請求	1カ月先までの日付を指定して発生・譲渡・分割が可能
記録の制限	質権設定の記録はできない
	譲渡禁止の旨の記録はできない
	債権金額1万円未満の記録と100億円以上の記録はできない
	債権金額を日本円以外の通貨とする記録はできない
	支払方法を分割とする記録はできない

消費税 取引対価の決済として行われる取引であるため，課税の対象外です。

《表　示》　貸借対照表上は支払手形や買掛金とは区分掲記して「電子記録債務」として表示します。なお，重要性が乏しいときは支払手形に含めて表示できます。

■**関連法規**……電子記録債権に係る会計処理及び表示についての実務上の取扱い
　　　　　　　（対応報告第27号），財規第47条

260　買掛金を手形で支払った

> 材料等の仕入で発生した買掛金25,000,000円につき，支払日が到来したので各仕入先に約束手形を用意し，24,500,000円は各仕入先の持参した領収証と引換えに支払ったが，残りの500,000円の仕入先であるB社は集金に来なかった。

　　　(借)買　掛　金　24,500,000　　(貸)支 払 手 形　24,500,000

【解　説】　買掛金とは，仕入先との間の通常の取引に基づいて発生した営業上の未払金をいいます。

　実務上，買掛金は毎月の締切日を定め，それまでに発生した買掛債務を所定の日に手形や現金で決済する方法によっています。

　手形は法的に有価証券として扱われるため，郵送する場合は，郵送中の事故防止のため，書留扱いにするなど十分な注意が必要です。

　仕入先の都合で支払日に手形を受取りに来ないような場合がありますが，この場合に，用意した手形が近日中に集金されることが明らかであれば金庫に保管し，買掛金は未決済の状態にしておきます。

消費税　取引対価の決済として行われる手形の振出しは課税の対象外です。

261 買掛金を売掛金と相殺した

> 当社は大口得意先であるC社から有償支給材料の支給を受けて製品を製造し、C社に納入しているが、支給材料代金は製品代金の支払い時に相殺されて入金になる。
> 当月のC社に対する売掛金は15,000,000円であり、支給材料代10,000,000円を相殺され、差引き5,000,000円が当座預金に入金した。

　　(借)当 座 預 金　5,000,000　　(貸)売 掛 金　15,000,000
　　　　買　掛　金　10,000,000

【解　説】　買掛金は仕入先との間の通常の取引に基づいて発生する営業上の未払金です。しかし、得意先からの要請で得意先の支給する原材料を用いて製品を製造する場合があります。この場合には、材料代の支払いは自社の締切日と支払日に合わせて行われるのでなく、通常、得意先における締切日と得意先の買掛金の支払いに合わせて行われています。この際、支給材料代は得意先に対する製品の売上代金と相殺する形をとる場合が多いようです。

　当社は、材料を有償で仕入を行っているため材料代金は全額買掛金に計上し、製品は得意先に所定の価額で販売しているため、全額売掛金に計上されます。従って、相殺とは、買掛金の支払いに現金の授受を行わない取引であるといえます。

(消費税)　相殺取引は、本来ならば行われるはずの取引対価の授受を相互に省略するものであり、課税の対象外です。

262 仕入値引・割戻しがあった

> ① 先月S社より仕入れた商品のうち一部に品質不良品が含まれていたので、S社と交渉して220,000円(消費税20,000円を含む)の値引を了承させた。

② 仕入先S社より上半期の当社の仕入高に対して，S社の支給基準により440,000円（消費税40,000円を含む）の割戻しを行う旨の通知を受けた。

① (借)買　掛　金　　220,000　　(貸)仕 入 値 引　　200,000
　　　　　　　　　　　　　　　　　　　仮払消費税等　　 20,000

② (借)買　掛　金　　440,000　　(貸)仕入割戻し　　400,000
　　　　　　　　　　　　　　　　　　　仮払消費税等　　 40,000

【解　説】　仕入品の量目不足，品質不良，破損などの理由により仕入代価から減額することを「仕入値引」といいます。仕入値引は仕入品の欠陥により発生するものであり，画一的な会計処理を行うことはできないため，両当事者間で合意に達した時点で計上します。

　一方，販売会社より特約店などが商品の仕入を行う場合には，一定の期間を定めて仕入高などを基準として割戻しを受ける商慣習があります。これが「仕入割戻し」です。

　仕入割戻しを計上する時期は，その商品などの仕入を行った事業年度が原則です。商品などを仕入れたのが期末日直前で，仕入先より仕入割戻しの金額の通知を受けたのが期末日後であっても，仕入を行った事業年度に計上します。ただし，法人税法では仕入先より仕入割戻しの金額の通知を受けた事業年度において計上することが認められていることから，中小企業など税務基準により会計処理する会社ではこのような会計処理を採用することができます。

(消費税)　仕入値引・割戻し，返品などがある場合，当初の仕入の際に課税仕入れとして計算した消費税が過大となっているので，値引等に伴う消費税部分を控除する処理を行います。

《表　示》　「仕入値引」「仕入割戻し」は損益計算書上，総仕入高より直接控除するか，総仕入高から控除する形式で表示します。

■関連法規……財規第79条，財規ガイド79，法基通2－5－1，消法第32条第1項，消通12－1－10

263 仕入割引を受けた

> 仕入先S社に対する毎月の買掛金の支払いは、月末締切り、翌月末振出しの、3カ月満期の約束手形払いとする約定であったが、当月分についてはS社の要請によって翌月末に全額を現金により支払うことにした。
> そこで、S社と交渉の結果、「仕入割引」として110,000円(消費税10,000円を含む)を受けることで合意したので、買掛金月末残高15,000,000円から仕入割引110,000円を控除した残額を普通預金からS社の銀行口座に振込払いした。

(借)買　掛　金　15,000,000　　(貸)仕 入 割 引　　　100,000
　　　　　　　　　　　　　　　　　　普 通 預 金　14,890,000
　　　　　　　　　　　　　　　　　　仮払消費税等　　　 10,000

【解　説】　仕入割引は仕入代金を支払期日前に支払うことにより買掛金の一部を免除される金融収益であり、仕入商品の量目不足、品質不良、破損などの理由により仕入代価から減額される「仕入値引」とは性格が異なります。

仕入割引の計上時期は、実務上、取引当事者間で合意に達した時点で行われています。

(消費税)　消費税の取扱い上、仕入割引については仕入値引・割戻し、返品と同様に、課税仕入れに係る対価の返還として、その対価の返還等の金額に係る消費税額は、その課税期間の課税仕入れ等の税額から控除できます。

《表　示》　仕入割引は損益計算書上、営業外収益の部に「仕入割引」として区分掲記します。

■関連法規……財規第90条、財規ガイド79、90、消法第32条、消通12－1－4

264 工事未払金を計上し,支払いをした

① 当社は建設業を営んでいる。当月の工事に係る発生原価(消費税込)のうち,未払分は以下のとおりであった。
材料費　　5,500,000円
外注費　 11,000,000円
経　費　　1,100,000円
(合計)　 17,600,000円
② 当月末に支払期日の到来した経費500,000円を,小切手を振り出して支払った。なお,材料費と外注費はそれぞれ月末締切りで,翌々月末に約束手形で支払う条件となっている。

① (借)未成工事支出金　16,000,000　　(貸)工事未払金　17,600,000
　　　仮払消費税等　　 1,600,000

② (借)工事未払金　　　　500,000　　(貸)当座預金　　　 500,000

【解　説】　建設業において,材料貯蔵品の購入代金,下請契約に基づく外注工事代金,工事経費などの工事原価となる費用の未払額は「工事未払金」として処理します。

　工事未払金は,工事費用の未払額を記載するものであり,完成工事と未成工事の区別には関係なく確定債務額が計上されます。しかし,建設工事においては,工事は完成しているが,完成工事原価となるべき費用の全部又は一部が,当該事業年度終了の日までに確定していない場合に,その金額を同日の現況により適正に見積計上することがあります。このような工事費用の見積計上額は,厳密には確定債務ではありませんが,工事未払金に含めて計上するのが,建設業における会計慣行となっています。

(消費税)　工事原価の発生高は課税対象にならない給料・租税公課等を除き,いずれも課税取引に該当します。

《表　示》　工事未払金は貸借対照表上,流動負債の部に「工事未払金」

として区分掲記します。
- **■関連法規**……建設業法施行規則別記様式第15号及び第16号の国土交通大臣の定める勘定科目の分類を定める件

短期借入金

265 手形担保による借入とその返済取引を処理する

① 取引銀行より25,000,000円を借り入れ,利息200,000円を差し引かれた残額が当座預金に入金した。なお,この際に期間3カ月間の単名手形を担保として差し入れた。
② 借入日より3カ月間が経過し,借入金25,000,000円を小切手を振り出して返済した。

① (借)当 座 預 金　24,800,000　　(貸)短期借入金　25,000,000
　　　 支 払 利 息　　　200,000

② (借)短期借入金　25,000,000　　(貸)当 座 預 金　25,000,000

【解　説】　銀行から借入する際に銀行を受取人とする手形を,借入金の担保として振り出す場合がありますが,この手形を単名手形といいます。通常の約束手形の場合には,手形代金の受取人が振出人にとって商品の仕入先であったりするため,振出人の支払銀行が受取人となることはありませんが,単名手形は,手形代金の支払銀行と受取人(名宛人)が同一の銀行となります。手形の振出行為そのものはあくまで担保目的であるため,仕訳は行わずに借入金増加の仕訳のみを行います。

単名手形は,期日に借入金の返済が行われると,支払済みの印が押印され振出人に返却されます。

中小会計　金銭債務である借入金には債務額を付します。

消費税　利子を対価とする金銭の貸付(借手側からは借入金)取引は非課税です。

《表　示》　短期借入金は貸借対照表上,流動負債の部に「短期借入金」として区分表示します。また,支払利息は損益計算書上,営業外費用の部に「支払利息」として表示します。

中小会計指針では,営業上の金銭債務以外の金銭債務である借入金は

1年基準により，短期借入金は流動負債の部に，長期借入金は固定負債の部に表示します。

■関連法規……財規第49条，第93条，会社計規第75条，消法第6条第1項，消法別表第1第3号，消令第10条第1項，消通6－3－1，中小会計指針第45項，第46項

266 借入を継続するため担保手形の書替えを行った

> 設例265の借入金について，3カ月間が経過したが借入を継続することとし，担保手形を書き換え，新たに3カ月間の手形を振り出し差し換えることとし，利息175,000円を小切手を振り出して支払った。

(借)短期借入金　25,000,000 　(貸)短期借入金　25,000,000
　　支 払 利 息　　　175,000 　　　当 座 預 金　　　175,000

【解　説】　単名手形を担保とする借入は，あくまで手形の満期日までの短期借入金であるため，新たな手形への書替えは，新たな借入金の増加と従来の借入金の減少という意味の処理を行います。

この仕訳について，預金勘定等の資金の増加と減少（同額について）を伴う処理を行うこともあります。

(消費税)　利子を対価とする金銭の貸付（借手側からは借入金）取引は非課税です。

《表　示》　短期借入金は貸借対照表上，流動負債の部に「短期借入金」として区分表示します。また，支払利息は損益計算書上，営業外費用の部に「支払利息」として表示します。

■関連法規……財規第49条，第93条，会社計規第75条，消法第6条第1項，消法別表第2第3号，消令第10条第1項，消通6－3－1

267 証書による借入とその返済取引を処理する

① 取引銀行と100,000,000円を1年間借入する内容の金銭消費貸借契約を締結した。利息は年3％で借入金返済時に一括して支払う契約であり、借入金100,000,000円は全額当座預金に入金した。
② 返済期限が到来し、借入金100,000,000円と利息を合わせて小切手を振り出して返済した。

① （借）当 座 預 金 100,000,000　　（貸）短期借入金 100,000,000

② （借）短期借入金 100,000,000　　（貸）当 座 預 金 103,000,000
　　　支 払 利 息　　3,000,000

【解　説】　金銭消費貸借契約書による借入が「証書借入」です。短期資金を銀行から借入する場合、手形を担保とする方法（単名手形の振出し）の方が印紙税の軽減となるなどの理由から広く利用されています。また、証書借入は一般的に利息が後払いになりますが、手形を担保とする方法は利息が前払いとなる点に違いがあります。

　証書借入であるか、手形担保の方法によるかに関係なく、返済期限が決算期後1年以内に到来する借入金は「短期借入金」で処理します。

（消費税）　利子を対価とする金銭の貸付（借手側からは借入金）取引は非課税です。

《表　示》　短期借入金は、貸借対照表上、流動負債の部に「短期借入金」として区分表示します。また、支払利息は損益計算書上、営業外費用の部に「支払利息」として表示します。

■関連法規……財規第49条、第93条、会社計規第75条、消法第6条第1項、消法別表第1第3号、消令第10条第1項、消通6－3－1

268 「当座借越」が発生した（決算時の表示）

> 取引銀行との間で限度を60,000,000円とする当座借越契約を締結しているが，決算日現在の当座預金残高は20,000,000円の貸方残となっていた。この原因は，設備代金が当初の予算を超過したため，当座預金残高を超えて小切手を振り出したためであり，2カ月後には売上代金の入金により解消する予定である。

　　(借)当 座 預 金　20,000,000　　(貸)短期借入金　20,000,000

【解　説】　当座預金取引のある銀行との間で，一定の限度金額を定め，限度内であれば当座預金残高を超えて小切手や手形を振り出しても，それを銀行が支払うという契約が「当座借越契約」です。

　自社の当座預金口座に残高がないのに，振り出した小切手や手形を決済してくれるというのは，銀行が立替払いしていることに外ならず，それは銀行からの借入金と同様です。そこで，決算日に「当座借越」により当座預金の貸方残高が発生している場合には，短期借入金に振替処理します。

　「当座借越」は貸方残高を解消するまでの間，短期借入金と同様の利率により利息を支払います。

　なお，実務では，「当座借越契約」を上記のような当座預金残高の不足を一時的に立て替える目的として利用するだけでなく，新たな「借入金の枠」と位置付ける取引が行われています。この場合，当座預金と借入金は無関係であり，当座借越限度額内ならばいつでも借入・返済が自由に行える資金調達手段として利用されています。

(消費税)　利子を対価とする金銭の貸付（借手側からは借入金）取引は非課税です。

《表　示》　短期借入金は貸借対照表上，流動負債の部に「短期借入金」として区分表示します。

■関連法規……財規第49条，消法第6条第1項，消法別表第2第3号，消令第10条第1項，消通6－3－1

269 役員より借入を行った

> 当社は資金繰りの都合で,社長個人から10,000,000円を借入し,当座預金とした。返済は6カ月後の契約である。

(借)当 座 預 金　10,000,000　　(貸)役員短期借入金　10,000,000

【解　説】　借入による資金調達は通常,金融機関より行いますが,金融機関から借入ができない場合など,一般的な金融機関からの借入と異なる状況で行われるのが役員からの借入であり,中小企業で多く見受けられます。

金融機関からの借入金と,役員や株主からの借入金とでは,その条件が大きく異なる場合があり,特に役員の場合には,会社法上の自己取引規制もあることから,両者は区別して処理する必要があります。

(消費税)　利子を対価とする金銭の貸付(借手側からは借入金)取引は非課税です。

《表　示》　財務諸表等規則によると役員短期借入金は貸借対照表上,負債及び純資産の合計額の$\frac{5}{100}$を超える場合には,流動負債の部に「役員短期借入金」として区分表示しますが,$\frac{5}{100}$以下の場合には,流動負債の部の「その他」に含めて表示します。

なお,会社法では短期借入金に含めて表示し,役員からの金銭債務を注記します。

■関連法規……財規第50条,会社法第356条,第365条,会社計規第103条第8号,消法第6条第1項,消法別表第2第3号,消令第10条第1項,消通6-3-1

270 親会社から借入した

> ①　当社の親会社P社より運転資金として20,000,000円を借入し,全額当座預金とした。期間3カ月,利率5％で利息は後払いの条件で

ある。
② 3カ月が経過し,借入金と利息を親会社P社に対する売掛金と相殺した。

① (借)当座預金　20,000,000　　(貸)親会社短期借入金　20,000,000
② (借)親会社短期借入金　20,000,000　　(貸)売　掛　金　20,250,000
　　　支 払 利 息　　　250,000

【解　説】　親会社の立場から考えると,企業グループ全体としての必要資金をまとめて低利で資金調達し,グループ各社に貸付けすることで金融収益をあげることができます。

　一方,子会社の立場から考えると,金融機関からの借入は手間や費用がかかりますが,親会社からの借入は必要なつど随時に行える利便性があり,一般に担保を要求されることもありません。

　このようなことから,親会社から借入を行う場合がありますが,金融機関からの借入に比較して特別の条件等が付されていることがあるため,一般の借入金とし区別して親会社借入金として処理します。

(消費税)　利子を対価とする金銭の貸付(借手側からは借入金)取引は非課税です。また,売掛金と相殺する取引は,売掛金を決済手段に利用したもので課税の対象外です。

《表　示》　親会社短期借入金は貸借対照表上,重要性があれば流動負債の部に「親会社短期借入金」として区別して表示しますが,会社法上は短期借入金に含めて表示し親会社借入金の金額を注記する方法によります。

　また,支払利息は損益計算書上,営業外費用の部に「支払利息」として表示します。

■関連法規……会社計規第103条第6号,財規第50条,第93条,消法第6条第1項,
　　　　　　消法別表第2第3号,消令第10条第1項,消通6－3－1

271 インパクトローン（外貨建借入金…為替予約付）で借入した

① 取引銀行よりインパクトローンにより以下の条件で借入し，当座預金とした。
　・借入金額：2,000,000USドル
　・借入期間：3カ月（2月1日～4月30日）
　・利　　率：年3％・後払い
　借入金額は円貨で受け取ることにしたが，この時の為替レートは1USドル100円であった。また，返済時に必要となる外貨全額につき銀行との間で為替予約を1USドル98円で締結した（ヘッジ会計の要件を満たしているものとする）。
② 当社の決算日（3月31日）に未払利息の計上を行った。なお，うるう年ではない。

① (借)当 座 預 金　200,000,000　　(貸)短期借入金　196,000,000
　　　　　　　　　　　　　　　　　　　　為 替 差 益　　 4,000,000

〈計算〉　入金額＝2,000,000USドル×100円
　　　　返済すべき借入金＝2,000,000USドル×98円

② (借)支 払 利 息　　　963,667　　(貸)未 払 利 息　　　963,667

〈計算〉　2,000,000USドル×0.03×$\frac{59日}{360日}$×98円（予約レート）＝963,666.7円

【解　説】　現在，インパクトローンは外貨建借入金一般を意味するものとして用いられています。インパクトローンの仕組みは，外国為替公認銀行が東京ドル・コール市場からドルを調達して，これに一定の利ざやを上乗せし借入企業に貸し付けるものです。

借入企業が円貨で入金を希望する場合には当該ドルを東京外国為替市場で売却し，円に換えて貸付けをします。借入企業が返済時に円での返済を希望すると，東京外国為替市場においてドルを購入しそれを借入企

業に売却します。

外貨建借入金は為替相場の変動の影響を受けますので、そのリスクを回避するために取引開始時点で返済時の為替予約を締結し、損益を確定させることが行われています。この場合の会計処理は、「金融商品に関する会計基準」におけるヘッジ会計の要件を満たす場合には、為替予約の振当処理が認められることから、決算日における為替相場による評価替えは必要ありません。また、取引発生時の円貨額と為替予約による円貨額の差額の処理については、予約時までに発生した差額は予約日の属する期の損益とし、残額については期間配分を行います。ただし、重要性がなければ期間配分を要しません。

本設例では、重要性がないものとして処理しています。

また、決算日までに発生した支払利息についても、為替予約により円貨による支払金額が確定しているため日数計算により計上します。インパクトローンの場合、国際的商慣習により利息の計算は「1年を360日の日割、片端入れ、利息後払い」で行われています。

中小会計 外貨建取引は原則として当該取引発生時の為替相場による円換算額をもって記録します。また、外貨建金銭債務についての決算時の処理は決算時の為替相場による円換算額を付します。ただし、長期（1年超）で重要性のない場合には取得時の為替相場による円換算額を付すことができます。

消費税 円貨か外貨かの違いはありますが、利子を対価とする金銭の貸付（借手側からは借入金）取引は非課税です。

《表　示》 インパクトローンは貸借対照表上、流動負債の部に「短期借入金」として区分表示されます。為替差益は損益計算書上、為替差損と相殺して純額を営業外損益の部に「為替差益（損）」として表示します。

■関連法規……外貨基準一1、2(1)、外貨実務指針第28項、会社計規第75条、消法第6条第1項、消法別表第2第3号、消令第10条第1項、消通6-3-1、金融商品会計基準第4項、第31項、中小会計指針第77項、79項

272 長期借入金の1年内返済予定額の振替えと返済を行った

① 長期借入金につき決算時に計算した「今後1年以内に返済予定の借入金」は、800,000円であった。

（借）長期借入金　　　800,000　　（貸）1年内返済の長期借入金　　800,000

② 上記設例の長期借入金について、契約条件に従い返済を開始し、第1回目の返済金200,000円と利息40,000円を普通預金より支払った。

（借）1年内返済の長期借入金　　200,000　　（貸）普通預金　　240,000
　　　支払利息　　　　40,000

【解　説】　借入時の条件で返済期限が1年を超える借入金は、長期借入金として処理しますが、決算日の翌日から起算して1年以内に長期借入金の一部もしくは全部が返済される予定のものは、決算に際して「1年内返済の長期借入金」に振替処理します。

(消費税)　長期借入金からの振替取引は資産の譲渡等に該当しないため課税対象外取引であり、また、利子を対価とする金銭の貸付（借手側からは借入金）取引は非課税です。

《表　示》　1年内返済の長期借入金は貸借対照表上、流動負債の部に「1年内返済の長期借入金」として区分表示します。

■関連法規……財規第47条、財規ガイド47－6、財規第49条、会社計規第75条、消法第6条第1項、消法別表第1第3号、消令第10条第1項、消通6－3－1

未 払 金

273 未払金の計上(固定資産と通常の費用の未払金)と支払い

> ① 事務用の家具4,400,000円(消費税400,000円を含む)を購入したが,代金は月末払いとした。また,請求書の到着している光熱費の未払額は1,100,000円(消費税100,000円を含む)である。

```
(借)備      品   4,000,000    (貸)未 払 金   5,500,000
    光 熱 費   1,000,000
    仮払消費税等    500,000
```

【解　説】　未払金には販売費及び一般管理費に属する費用の未払金のような通常の取引に関連して発生する未払金だけでなく,固定資産や有価証券の購入のような通常の取引以外の取引に関連して発生する未払金も含めて処理します。

|中小会計|　金銭債務である未払金には債務額を付します。

(消費税)　備品は購入時,光熱費は計上時(消費時)に消費税が課税されます。

《表　示》　会社にとって,通常の取引並びに通常の取引以外の取引に関連して発生する未払債務で,一般に短期間に支払われるものは,貸借対照表上,流動負債の部に「未払金」として表示します。

　固定資産の購入等の未払金で金額的重要性がある場合には,「設備未払金」として表示することもあります。

　中小会計指針では,営業上の金銭債務以外の金銭債務である未払金は1年基準により長短を分け,短期未払金は流動負債の部に,長期未払金は固定負債の部に表示します。

■関連法規……会社計規第75条,財規第47条第5号,第6号,財規ガイド47-6,財規第49条,第50条,中小会計指針第46項,第47項

② 月末定時払いとして、買掛金8,000,000円、未払金6,000,000円を銀行振込みによって当座預金から支払った。振込手数料は44,000円（消費税4,000円を含む）である。

(借)買　掛　金　　8,000,000　　(貸)当座預金　14,044,000
　　未　払　金　　6,000,000
　　支払手数料　　　　40,000
　　仮払消費税等　　　　4,000

【解　説】一般的に、継続的な取引先に対する支払いは定時に行われます。この場合、主たる営業取引から発生した買掛金とそれ以外の未払金が一括して支払われます。

(消費税) 買掛金・未払金の決済取引は、資産の譲渡等ではないため課税の対象外となりますが、振込手数料については消費税が課税されます。

274 割賦購入未払金の発生と分割払いを行う

① 従業員食堂に設置するために、飲料の自動販売機を分割払いの契約で購入し、頭金を現金で支払った。
　1　自動販売機の代価：2,420,000円（消費税込）
　2　頭金：420,000円（200,000円＋消費税全額220,000円）
　3　残りは10回の分割払いであり、毎月末に支払利息を含む210,000円を現金払いする。
② 1回目の分割払いを行う。

① (借)器具備品　　2,200,000　　(貸)未　払　金　2,000,000
　　仮払消費税等　　220,000　　　　現　　　金　　420,000

② (借)未　払　金　　191,820　　(貸)現　　　金　　210,000
　　支払利息　　　　18,180

〈利息の計算（等差級数法）〉

$$(10+1) \times \frac{10}{2} = 55$$

$$(210,000円 \times 10回 - 2,000,000円) = 100,000円（支払利息全体）$$

1回目の利息…$100,000円 \times \frac{10}{55} = 18,180円$

2回目の利息…$100,000円 \times \frac{9}{55} = 16,362円$

【解　説】　固定資産を購入する際に分割払いの契約を行うことがあります。分割払いの場合，購入代価＋金融費用（利息相当額）が分割払金の総額となりますが，固定資産の取得価額には特別な場合を除いて，支払利息は含めません。そこで未払金として計上されるのは支払利息を除いた部分となり，分割払いのつど支払利息を計上する処理を行います。

なお割賦購入に際して，分割払いの約束手形を振り出す場合がありますが，この場合の利息相当額は前払利息で処理し，手形を決済するつど支払利息に振替処理します。頭金を現金とし，残額を手形とした場合の仕訳を示せば以下のとおりです。

(借)固定資産	2,200,000	(貸)支払手形	2,100,000
前払利息	100,000	現　　金	420,000
仮払消費税等	220,000		

（消費税）　割賦購入の場合でも通常の課税仕入れと同様に，購入時に消費税が全額課税されます。

《表　示》　未払金は貸借対照表上，返済期限が貸借対照表日の翌日から起算して1年以内に到来するものは，流動負債の部に，「未払金」として区分表示し，それ以外のものは原則として固定負債の部の「その他」に含めて表示します。

■関連法規……会社計規第75条，財規第47条，第49条，第51条，第52条，第53条

275 未払税金を計上し，翌期支払った

① 決算に際し，税金を見積計算したところ，法人税・住民税が3,100,000円，事業税が1,000,000円であった。

(借)法人税,住民税及び事業税　4,100,000　　(貸)未払法人税等　4,100,000

【解　説】　決算の結果，算定された利益を基に法人税法上の所得を算定し，税率を乗じたものが当該事業年度の法人税額ですが，住民税，事業税も法人税額や法人所得を基に計算します。そこから当該事業年度中に既に前払いしている予定納税額等を控除した金額が，当該決算時における未納税金となります。これらを処理する勘定が「未払法人税等」です。

なお，付加価値割と資本割によって計算された事業税は損益計算書上，販売費及び一般管理費に計上されますが，所得割部分の事業税は，税引前当期純利益金額（純損失金額）の次に「法人税，住民税及び事業税」として計上します。

[中小会計]　法人税，住民税及び事業税の未納額は相当額を流動負債に計上します。

(消費税)　税金の計上及び支払いは資産の譲渡等に該当しないため，課税対象外取引です。

《表　示》「未払法人税等」として貸借対照表の，流動負債の部に表示します。

■関連法規……会社計規第75条，第93条，財規第49条，第95条の5，法人税，住民税及び事業税等に関する会計基準（企業会計基準第27号），中小会計指針第59項

② 上記設例の税金について，翌期に申告書を作成し，小切手を振り出して納付したが確定納付した金額は，法人税及び住民税が3,280,000円，事業税が740,000円であった。

未払金　371

(借)未払法人税等	4,100,000	(貸)当座預金	4,020,000	
		法人税,住民税及び事業税	80,000	

【解　説】　決算時の税金見積計算を概算で行う場合，最終的な確定納付金額と一致しませんが，通常その差額は僅少ですので，納付日の属する事業年度の負担すべき税金に加減する方法により処理します。

なお，この方法によらず，差額を未払法人税等や未払事業税に振替処理する方法もありますが，見積計上額より確定納付額が多い場合には，未払法人税等や未払事業税が借方残として残るため，注意が必要です。

276 未払消費税を計上した

当社は消費税の会計処理方法として税抜処理を採用している。決算に際し支払うべき消費税（地方消費税を含む）を計算したところ，6,000,000円であった。

なお帳簿上の残高は，仮払消費税は7,300,100円，仮受消費税は10,900,200円であり，消費税等予定納税額として，期中に2,400,000円の支払いを行っている。

(借)仮受消費税等	10,900,200	(貸)仮払消費税等	4,900,100
		仮払消費税等 (予定納税額部分)	2,400,000
		未払消費税等	3,600,000
		雑　収　入	100

【解　説】　消費税の会計処理には，取引上発生した消費税を収益及び費用と区分して損益計算に影響させない税抜処理と，消費税を収益及び費用に含めて損益を計算する税込処理があります。

税抜処理を行う場合，仕入等に係る消費税は「仮払消費税等」へ，売上等に係る消費税は「仮受消費税等」に計上されます。

決算時に事業年度全体について支払うべき消費税は「仮受消費税等」

から「仮払消費税等」を控除して計算し，期中において予定納付した消費税をそれから控除したものが決算日における「未払消費税等」(今後納付すべき消費税)として処理されます。なお，計算上生じた端数は，雑収入または，雑損失として処理します。

(消費税) 未払消費税の計上は資産の譲渡等に該当しないため，課税対象外取引です。

《表　示》　未払消費税は貸借対照表上，流動負債の部に「未払消費税等」として区分表示します。ただし，重要性がない場合には，「未払金等」に含めます。

■関連法規……「消費税の会計処理について（中間報告）」(日本公認会計士協会)，財規第49条

277　未払配当金が発生し支払いをした

① 当社の株主総会において，繰越利益剰余金から460,000,000円の株主配当金を支払う決議がなされた。
② 株主配当金は，源泉所得税等（復興特別所得税を含む。20.42％とする）を控除して振込口座を指定されている株主分79,580,000円は指定口座に普通預金から振り込み，他の株主分286,488,000円は郵便局の窓口にて支払うため，当社の郵便局の口座に預金手形で預入れした。
③ 郵便局の窓口から株主に286,488,000円が支払われた。

① （借）繰越利益剰余金　460,000,000　　（貸）未払配当金　460,000,000

② （借）未払配当金　100,000,000　　（貸）普 通 預 金　79,580,000
　　　　　　　　　　　　　　　　　　　　　預 り 金　20,420,000

③ （借）未払配当金　360,000,000　　（貸）普 通 預 金　286,488,000
　　　　　　　　　　　　　　　　　　　　　預 り 金　73,512,000

【解　説】　会社法では株主に対する剰余金の配当は，株主総会の決議等に基づき，事業年度内にいつでも何回でも制限なく行うことができま

す。剰余金の配当を行う場合には株主総会において以下の決議が必要になります。
① 配当財産の種類及び帳簿価額の総額
② 株主に対する配当財産の割当に関する事項
③ 剰余金の配当の効力発生日

なお、取締役会設置会社は、1事業年度内に1回に限り、取締役会決議によって剰余金の配当を行うことができる旨の定款規定を定めることができます（いわゆる中間配当の制度）。

また、取締役会設置会社で、会計監査人を設置し、取締役の任期を1年と定め、監査役会設置会社、監査等委員会設置会社または指名委員会設置会社のいずれかであれば、定款で定めることにより、剰余金の分配を取締役会決議によって行うことができます。

会社法では、株主への利益配当、中間配当、資本及び準備金の減少に伴う払戻し、自己株式の有償取得について統一的に剰余金の分配と位置付け、財源規制をかけています。

これは、いつでも剰余金の配当を行えるため、配当の効力発生日における「その他資本剰余金」と「その他利益剰余金」の金額を計算し、これに所定の調整を行って分配可能額を計算することを意味します。まず、剰余金は最終事業年度末日の「その他資本剰余金」と「その他利益剰余金」の合計額に最終事業年度の末日後の剰余金の額の増減（**表1**を参照）を加減します。その後、**表2**のように臨時計算書類を作成する場合としない場合の違いはありますが、所定の項目を加減して分配可能額を計算します。

表1　剰余金の額の算定

最終事業年度末日時点	最終事業年度末日後の剰余金の上限（主要な増減項目）		
その他資本剰余金① その他利益剰余金②	増加項目③	自己株式処分差益	剰余金の額 ①+②+③−④
		資本金からの振替え	
		準備金からの振替え	
		吸収型再編に係る増加	
		吸収型再編に係る自己株式処分差損	

	減少項目④	自己株式処分差損	
		償却した自己株式の帳簿価額	
		配当財産の帳簿価額	
		配当に係る準備金積立	
		資本金への振替え	
		準備金への振替え	
		吸収型再編に係る減少	
		吸収型再編に係る自己株式処分差益	

表2　分配可能額の算定

〈臨時計算書類を作成しない場合〉

	最終事業年度末日時点	最終事業年度末日後, 配当の効力発生日まで	配当の効力発生日時点
増加項目			剰余金
減少項目 (主要項目)	その他有価証券評価差額金（差損額）(*)	処分した自己株式の対価の額	自己株式の帳簿価額
	土地再評価差額金（差損額）(*)		
	のれん等調整額に係る規制		純資産300万円基準に係る規制
	連結配当規制適用会社における規制		
	分配可能額		

〈臨時計算書類を作成する場合〉

	最終事業年度末日時点	最終事業年度末日後,最終の臨時計算期間末日まで	最終の臨時計算期間末日時点	最終事業年度末日後,配当の効力発生日まで	配当の効力発生日時点
増加項目		臨時計算書類の当期純利益			剰余金
減少項目（主要項目）	連結配当規制適用会社における規制	臨時計算書類の当期純損失	のれん等調整額に係る規制	処分した自己株式の対価の額	自己株式の帳簿価額
			その他有価証券評価差額金（差損額）(*)		純資産300万円基準に係る規制
			土地再評価差額金（差損額）(*)		
分配可能額					

＊：プラスの値を前提

　株主総会において株主配当金の議案が承認されると株主配当金は確定債務となるため，未払金であることを示す未払配当金として処理します。

　株主配当金の支払いについて，株主数の多い上場企業などではあらかじめ株主の指定する銀行口座に振込みする方法と郵便局の窓口で現金を支払う方法を併用しています。郵便局には現金又は預金手形（預金小切手）を預け入れます。郵便局に預け入れた分は，実際に郵便局の窓口から株主に配当金が支払われた段階で仕訳を計上します。すなわち，郵便局への預け入れ段階では，資金の口座移動に過ぎないため，仕訳を計上しない点に留意する必要があります。

(消費税)　剰余金の配当は資産の譲渡等に該当しないため，課税対象外取引です。

《表　　示》　決算日までに支払われない（株主が受取りに来ない）未払配当金は貸借対照表上，流動負債の部の「未払金」に含めて表示します。

■**関連法規**……会社法第453条，第459条，第461条，会社計規第156～158条，財規第47条，第49条

未払費用

278 未払費用の計上と翌期首の振戻し及び支払い

① 決算に際し,検針日以降の当期発生分の電力料2,500,000円を計測により計算し,費用計上した。
② 翌期首に振戻処理を行った。
③ 前期末に計測して計上した電力料を含む当月分の電力料として請求書3,300,000円(消費税300,000円を含む)が到着したので普通預金から支払った。

① (借)光 熱 費 2,500,000 (貸)未払費用 2,500,000

② (借)未払費用 2,500,000 (貸)光 熱 費 2,500,000

③ (借)光 熱 費 3,000,000 (貸)普通預金 3,300,000
　　　仮払消費税等   300,000

【解　説】 一定の契約に従い,継続して役務の提供を受ける場合,既に提供された役務に対して未だその対価の支払いが終わらないものを未払費用といいます。このようにして提供を受けた役務に対する対価は,時間の経過に伴い当期の費用として発生していますので,これを当期の損益計算書に計上するとともに貸借対照表の負債の部に計上する必要があります。

未払費用は契約による役務の提供によって発生した費用の未払額であるのに対して,請求書等の到着によって計上される未払金は確定債務であるので明確に区別する必要があります。

実務上,未払費用として計上されるものには,給料,社会保険料,支払利息,賃借料などがあります。

[中小会計] 重要性の乏しいものは,経過勘定(未払費用)として処理しなくてよいことになっています。

(消費税) 電力料のように検針日ごとにその使用量が確定される費用の

場合，仕入税額の計上は，費用が確定された時点で行います。

《表　示》　未払費用は貸借対照表上，流動負債の部に「未払費用」として区分表示します。

中小会計指針では，未払費用は流動負債として表示します。

■関連法規……会計原則注解5(3)，会社計規第75条，財規第48条，第49条，消通9-1-2，中小会計指針第31項，第32項

279　未払給料を計上し，翌月支払った

① 当社の給料締切日は毎月15日であるが，決算にあたり，16日から決算日までの半月分の給料6,000,000円を費用に計上した。

　（借）給　　　料　6,000,000　　（貸）未 払 費 用　6,000,000

② 上記未払費用につき，翌期首に再振替仕訳を行う。

　（借）未 払 費 用　6,000,000　　（貸）給　　　料　6,000,000

③ 給料日（25日）になり，当月分の給料（前期末の16日～当期首15日まで）から源泉税等3,600,000円を差引いて8,800,000円を普通預金から支払った。

　（借）給　　　料　12,400,000　　（貸）普 通 預 金　8,800,000
　　　　　　　　　　　　　　　　　　　　預 り 金　3,600,000

【解　説】　未払費用は，実務上，未払金との区別に混乱のみられる勘定科目です。相手勘定科目が費用となるもので，請求書は到着しているが未払いとなっているものを未払費用としている例が見受けられます。しかし未払費用は，一定の契約にしたがい，役務提供が継続して行われ

未払費用 379

るもののうち，既に提供された役務に対して，対価の支払いが終わらないものをいいます。給料賃金のほかに，支払利息や支払賃借料等が未払費用計上の対象となります。

決算で未払費用を計上すると，翌期首には再振替仕訳を行わなければ翌期の損益計算に影響しますので注意が必要です。

(消費税) 給料等を対価とする役務の提供は不課税であり，消費税の課税対象外です。

《表　示》 未払費用は貸借対照表上，流動負債の部に「未払費用」として区分表示します。

■関連法規……会計原則注解5(3)，会社計規第75条，財規第48条，第49条，消法第2条第1項第12号，消通11-1-2

280 未払社会保険料を計上し，翌月支払った

① 当社では当月給料に係る社会保険料を翌月末に納付しているが，決算にあたり健康保険料と厚生年金保険料の事業主負担分をそれぞれ1,000,000円及び1,200,000円と計算し，未払計上した。
② 翌月末に，社会保険料の請求書に基づき，従業員負担分と合算で4,400,000円を小切手で納付した。

① (借)法定福利費　2,200,000　　(貸)未 払 費 用　2,200,000

② (借)未 払 費 用　2,200,000　　(貸)当 座 預 金　4,400,000
　　　預　り　金　2,200,000

【解　説】 社会保険料のうち，健康保険料と厚生年金保険料は，当月の給与を基礎とした標準報酬月額から計算した金額を，翌月末までに支払います。

この場合の負担割合は被保険者と事業主が折半するように定められていますので，翌月の給料支払日に控除した被保険者からの預り分と同額を事業主が負担します。従って，給料を支給した場合には，その金額に

応じて健康保険料や厚生年金保険料の事業主負担部分が費用として発生しているため、未払費用を計上する必要があります。

(消費税) 社会保険料は政策的配慮から、非課税となっています。

《表　示》　未払費用は貸借対照表上、流動負債の部に「未払費用」として区分表示します。

■関連法規……会計原則注解5(3)、会社計規第75条、財規第48条、第49条、消法第6条第1項、消法別表第2第3号

281 未払利息を計上し、支払った

① 銀行からの借入金のうち、利息後払契約のものがある。借入元本200,000,000円、利率年3％、前回の利払日は2月末日、次回は5月末日の予定である。当社の決算日3月末日を迎え、未払利息を計上した。
② 翌期の5月末日に、3カ月間の利息を小切手を振り出して支払った。

① (借)支 払 利 息　　509,589　　(貸)未 払 費 用　　509,589

〈計算〉　$200,000,000円 \times 0.03 \times \dfrac{31日（3/1～3/31）}{365日} = 509,589.0円$

② 翌期首

(借)未 払 費 用　　509,589　　(貸)支 払 利 息　　509,589

支払時

(借)支 払 利 息　1,512,329　　(貸)当 座 預 金　1,512,329

〈計算〉　$200,000,000円 \times 0.03 \times \dfrac{92日（3/1～5/31）}{365日} = 1,512,328.7円$

【解　説】　借入金のうち、利息後払いの契約になっているものについては、直近の利払日から決算日までの利息は未だ支払期限が到来していませんが、既に費用としては発生しているため損益計算に反映させる必

要があり、その結果、未払費用が負債に計上されます。

(消費税) 利子を対価とする貸付（借手側からは借入金）取引は非課税となっています。

《表　示》 未払費用は貸借対照表上、流動負債の部に「未払費用」として区分表示します。

■関連法規……会計原則注解5(3)、会社計規第75条、財規第48条、第49条、消法第6条第1項、消法別表第2第3号、消令第10条第1項、消通6-3-1

282 未払賞与を計上し、翌期支払った

> 当社は10月決算法人であるが、12月に支給する従業員賞与は、支給対象期間（5月〜10月）に対応させて10月までの業績評価により個人別に確定させる。決算時に計算したその総額は17,500,000円であった。

▶決算時

　　(借)賞 与 手 当　17,500,000　　(貸)未 払 賞 与　17,500,000

【解　説】 従業員に対する賞与は、あらかじめ支払時期や支給対象期間が労使間の協定により、又は慣行により定まっているため、期間の経過によって発生する費用と考えることができます。そこで、当期に発生した賞与部分を決算時に費用として計上する必要があります。

(1) 支給額が確定している場合
　① 賞与支給額が支給対象期間に対応して算定されている場合は「未払費用」とする。
　② 賞与支給額が支給対象期間以外の基準に基づいて算定されている場合には「未払金」とする。
(2) 支給額が確定していない場合には「賞与引当金」とする。

なお、税法上の「未払賞与の損金算入の要件」については設例447を参照。

(消費税) 賞与は給料と同様に課税仕入れに該当しないため、課税の対

象外となります。

《表　示》　未払賞与は貸借対照表上，流動負債の部に「未払費用」として区分表示します。

■**関連法規**……未払従業員賞与の財務諸表における表示科目について（日本公認会計士協会リサーチ・センター審理情報 No. 15），会計原則注解5 (3)，会社計規第75条

その他の流動負債

283 前受金の受取りと，売上計上時の処理を行った

① 商品を販売する契約を締結したが，この際に手付金として2,000,000円を小切手で受け取り，直ちに当座預金とした。

(借)当 座 預 金　2,000,000　　(貸)前　受　金　2,000,000

② 上記契約に基づき，契約納期に商品6,600,000円（消費税含む）を納品し，残額は掛とした。

(借)売　掛　金　4,600,000　　(貸)売　　　上　6,000,000
　　前　受　金　2,000,000　　　　仮受消費税等　　600,000

【解　説】　商品や製品を販売する場合，納入日以前に売上代金の一部を手付金として，収授することがあります。このような場合に，前受金勘定で処理し，実際に納品が行われ売上計上される際に，売上代金に充当します。

(消費税)　課税売上の時期は商品の引渡し時点であるため，実務上，前受金受領時に消費税相当額を収授することがあっても，それは単なる預り金となります。

《表　示》　前受金は貸借対照表上，流動負債の部に「前受金」として区分表示します。

■関連法規……会社計規第75条，財規第47条，第49条，消通9－1－1

284 未成工事受入金の計上と,工事完成時の処理を行った

① 建設業を営む当社は,220,000,000円(消費税込)の工事を受注し発注者との間で契約を完了したが,この際に,手付金として66,000,000円(消費税6,000,000円を含む)を受領し当座預金とした。

(借)当 座 預 金　66,000,000　　(貸)未成工事受入金　60,000,000
　　　　　　　　　　　　　　　　　　仮受消費税等　　　6,000,000

② 工事に着手し,中間払金として,発注者から66,000,000円(消費税6,000,000円を含む)が当座預金に振り込まれた。

(借)当 座 預 金　66,000,000　　(貸)未成工事受入金　60,000,000
　　　　　　　　　　　　　　　　　　仮受消費税等　　　6,000,000

③ 工事が完成し,発注者に引き渡した。

(借)完成工事未収入金　88,000,000　　(貸)完成工事高　　200,000,000
　　未成工事受入金　120,000,000　　　　仮受消費税等　　　8,000,000

【解　説】　建設業の場合,工事期間が長期間になることが一般的で,請負業者側の資金負担が重くなるため,工事代金の一部を前払金や中間払い金として工事の完成前に収授することが行われています。このように,製造業の場合の前受金に相当するものを受け取った場合,「未成工事受入金」勘定で処理します。なお,工事が完成した場合には,工事の請負代金に充当するために振替処理を行います。

(消費税)　建設工事の場合,原則として課税売上の時期は完成引渡し時点ですが,未成工事受入金の入金時に消費税相当額も同時に収授する場合には,仮受消費税等として処理しておき,決算日に当該工事が未完成

であるときは，消費税相当額を預り金に振り替え，翌期に繰り越します。

《表　　示》　未成工事受入金は貸借対照表上，流動負債の部に「未成工事受入金」として区分表示します。

■**関連法規**……会社計規第75条，財規第47条，建設業法施行規則様式第十五号，第十六号，消通9－1－1，9－1－6

285　預り金が発生し，支払った

① 　25日の給料支給日に，源泉所得税300,000円，住民税100,000円，社会保険料（前月給料に係る分）200,000円を控除し，現金で1,400,000円を支給した。
　　なお，社会保険料の会社負担分は200,000円である。

(借)給　　　　料	2,000,000	(貸)源泉税等預り金	400,000
法定福利費	200,000	社会保険料預り金	200,000
		未 払 費 用	200,000
		現　　　　金	1,400,000

② 　上記設例の社会保険料は当月末に，源泉税と市民税は翌月10日にそれぞれ現金納付した。

(借)未 払 費 用	200,000	(貸)現　　　　金	400,000
社会保険料預り金	200,000		

(借)源泉税等預り金	400,000	(貸)現　　　　金	400,000

【**解　説**】　他人からいったん金銭を受け入れ，後日その者又は第三者に返還すべきものが「預り金」勘定で処理されます。

　源泉所得税や住民税は給料支給の際に給料より控除して会社が一括して納付する方法が制度化されているため，納付するまでの間は預り金と

して処理します。また、健康保険料や厚生年金保険料などの社会保険料については、会社と本人の負担割合が定められているため、本人からの控除分は預り金とし、会社の負担分は法定福利費として未払費用に計上します。

　社会保険料のうち、会社負担分を納付時に計上することも考えられますが、社会保険料の納付が翌月にズレ込むような場合には、会社負担分を給料支給日にあわせて未払計上しなければ当月（当期）の法定福利費（会社負担分）の計上が行われなくなるため、未払費用に計上する処理が行われます。

(消費税)　預り金の発生と支払取引は課税の対象外です。また、社会保険料の事業主負担分は非課税です。

《表　示》　預り金は貸借対照表上、流動負債の部に「預り金」として区分表示します。

■関連法規……会社計規第75条、財規第47条、第49条、財規ガイド49－1－10、
　　　　　　消法第6条第1項、消法別表第2第3号

286 従業員預り金（社内預金）の受入れと払出しを行った

　当社は社内預金制度を設けているが普通預金のみであり、預入れ、引出しは随時できることになっている。本日の預入れは200,000円、引出しは300,000円であった。

▶預入れ分

　（借）現　　　　金　　200,000　　（貸）従業員預り金　　200,000

▶引出し分

　（借）従業員預り金　　300,000　　（貸）現　　　　金　　300,000

【解　説】　社内預金制度は「貯蓄金管理に関する協定届」を労働基準監督署長に提出することにより設けられます。社内預金は金融機関の預貯金より高い利率のものが大部分であるところから、一般的に預入残高

に限度を設けています。また，労働組合との協定等に定められた社内預金の保全方法によって，社内預金残高に見合う預金等を担保として差入れしている事例もみられます。

社内預金は一般的に従業員預り金勘定で，預入れと払出しを処理し，利息の計上は年2回程度，元本へ組入れする方法で行われています。

(消費税) 預貯金は金融取引であることから非課税であり，利息が発生する社内預金についても非課税取引と考えられます。

《表　示》 社内預金は貸借対照表上，流動負債の部の「その他」に含めて表示しますが，金額的重要性がある場合には，「従業員預り金」として区分表示します。

■関連法規……財規第47条，第49条，財規ガイド49-1-10，財規第50条，消法第6条第1項，消法別表第2第3号，消令第10条第1項，消通6-3-1

287 前受家賃を受け取った（翌期処理を含む）

現在使用していない従業員用社宅を翌期首から取引先に賃貸する契約を締結し，決算月に契約による前家賃として，3カ月分1,800,000円を現金で受領した。

▶受領時

　　(借)現　　　金　1,800,000　　(貸)前 受 家 賃　1,800,000

▶翌期首

　　(借)前 受 家 賃　1,800,000　　(貸)受 取 家 賃　1,800,000

【解　説】　一定の契約に従い，継続して役務の提供を行う場合，未だ提供していない役務に対し支払いを受けた対価を前受収益といいます。つまり，役務を提供していないため当期の収益に計上しないで，前受家賃とします。なお翌期首には，再振替仕訳を計上します。

なお，前受収益は，主たる営業取引，例えば，商品の売買取引から生

じる商品代金の前受金とは性格が異なる点に留意が必要です。

中小会計 重要性の乏しいものは、経過勘定として処理しないことができます。

消費税 社宅を居住用として利用する場合は非課税ですが、事務所・店舗として利用する契約となっていれば課税取引となります。本設例は居住用とする場合に該当します。

《表　示》 前受家賃（前受収益）は貸借対照表上、流動負債の部に「前受収益」として区分表示します。

中小会計指針では、前受収益については1年基準（事業年度の末日後1年を超えて収益となるか否か）により流動負債の「前受収益」と固定負債の「長期前受収益」に区別します。

■関連法規……会計原則注解5(2)、会社計規第75条、財規第48条、第49条、法基通2－1－29、消法第6条第1項、消法別表第2第13号、中小会計指針第31項、第32項

288 仮受金が発生し、その後整理を行った

① 得意先A社より当座預金に2,500,000円の振込みがあったが、当社の担当者が休暇のため内容が不明であった。

(借) 当座預金　2,500,000　　(貸) 仮　受　金　2,500,000

② 後日、上記入金額の内容は、A社に対する売掛金3,000,000円より、当社への有償支給部品代500,000円を相殺し振り込まれたものと、判明した。

(借) 買　掛　金　　500,000　　(貸) 売　掛　金　3,000,000
　　 仮　受　金　2,500,000

【解　説】 相手勘定科目や金額が未確定である場合に、一時的に用い

る勘定が仮受金です。確定した場合に、直ちに仮受金より正しい勘定科目に振替処理を行います。

(消費税) 売掛金の回収として、或いは有償支給部品代の支払いとして金銭を授受する取引は、対価の決済のための授受であるため課税の対象外となります。

《表　示》 仮受金は貸借対照表上、流動負債の部の「その他」に含めて表示しますが、金額的重要性がある場合には「仮受金」として区分表示します。

■関連法規……財規第47条、財規ガイド47－6、財規第49条、第50条、財規ガイド50

289 預り保証金が発生した

> A社との間で当社製品の販売代理店契約（期間1年間）を締結し、取引保証金としてA社から20,000,000円を小切手で受け取った。

　　(借)現　　　金　20,000,000　　(貸)預り保証金　20,000,000

【解　説】 営業取引に関連する預り保証金で、入札保証金その他一般の取引慣行において短期間に返却されるものは、「預り保証金」で処理します。

　預り保証金は金銭だけでなく、有価証券が代用として用いられることもありますが、この場合には有価証券の時価や額面とは関係なく、保証金として収受すべき金額をもって、預り保証金に計上します。預った有価証券は、自社の保有する有価証券と区別するために「保管預り有価証券」などで処理します。

(消費税) 後日、返還することを前提にしている預り保証金は、資産の譲渡等に該当しないため、課税の対象外となります。

《表　示》 預り保証金は貸借対照表上、流動負債の部の「預り金」に含めて表示しますが、金額的重要性のあるものは、「預り保証金」として区分表示します。

■**関連法規**……会社計規第75条,財規第47条第5号,財規ガイド47-5,財規第49条,第50条

290 商品券を発行し,後日回収した

① 商品券500,000円を販売し,直ちに普通預金に預け入れた。
　この商品券500,000円のうち,10%の50,000円を非行使部分と見積もっている。
② 商品券による本日の商品の売上高は330,000円(消費税30,000円を含む)であった。

① (借)普 通 預 金　　500,000　　(貸)商　品　券　　500,000
② (借)商　品　券　　366,500　　(貸)売　　　　上　　300,000
　　　　　　　　　　　　　　　　　仮受消費税等　　 30,000
　　　　　　　　　　　　　　　　　雑　収　入(*)　 36,500

(*) 行使部分に比例した収益…非行使部分50,000円×行使割合73%=36,500
　　行使割合…330,000(税込)/(500,000−非行使部分50,000)=73%

【解　説】　商品券とは,その持参人にいつでも券面額と同額までの商品を引き渡すことを約束する証券であり,百貨店,チェーン店,小売店連合会などで広く用いられています。

　商品券を販売した時点では,未だ商品を顧客に引き渡していないため,一種の契約負債(前受金)と考え「商品券」で処理し,顧客に商品券と引換えに商品を渡した時点で売上に計上します。税法では商品券を販売した事業年度に売上計上することが一般的ですが,商品引渡時に売上計上する方法も認められます。

　②の場合に,他社が販売した共通商品券により商品を売り上げた場合,自社が販売した商品券と区別して,他社に対する債権を示す「他店商品券」勘定(資産)に計上し,後日精算することも行われています。

　商品券の非行使部分は,従来,多くの場合は時効や期限到来時点まで

売上計上しませんでしたが、収益認識基準適用後は、下記のタイミングで売上計上する必要があります。

・行使されることがないと考えられる部分……行使部分に比例して収益計上
・いずれは行使されると考えられる部分……顧客が残りの商品券を行使する可能性が極めて低くなった時点で収益計上

　法人税法も会計と基本的には同様ですが、商品券を販売した日から10年を経過した日に属する事業年度終了の時において非行使額がある場合には、一括で益金算入されます。ただし、行使部分に比例して益金算入された非行使額は除きます。

〔消費税〕　事業者が商品券を発行する取引は課税の対象外であり、顧客に商品を販売した時点で課税の対象となります。ただし、使用されない部分で使用部分に比例して収益計上した額は、課税対象外です。

《表　示》　商品券は貸借対照表上、流動負債の「契約負債」、「前受金」等に含めて表示しますが、金額的に重要性のあるものは「商品券」として区分表示します。

■関連法規……会社計規第75条、財規第47条、第49条、第50条、収益認識基準第11項、第78項、収益認識適用指針第54項、第55項、法基通2-1-39、消法第6条第1項、消法別表第2第4号、消通6-4-5、9-1-1

291 コマーシャル・ペーパーを発行し,期日に償還した

① コマーシャル・ペーパーを以下の条件で発行し,全額当座預金とした。なお,発行に伴うディーラー等の手数料については省略した。
　1　額　面：10億円
　2　発行日：3月1日
　3　償還日：5月31日
　4　割引率：年3％
　5　当社の決算日：3月31日
② 償還日が到来し,全額小切手を振り出して償還した。

① (借)当 座 預 金　992,438,357　　(貸)コマーシャル・ペーパー 1,000,000,000
　　　コマーシャル・ペーパー利息　　7,561,643

〈計算〉 $1,000,000,000円 × 0.03 × \frac{92日（3/1〜5/31）}{365日} = 7,561,643円$（円未満切捨て）

▶決算日

(借)前 払 利 息　5,013,698　　(貸)コマーシャル・ペーパー利息　5,013,698

〈計算〉 $7,561,643円 × \frac{61日（4/1〜5/31）}{92日} = 5,013,698円$

▶翌期首

(借)コマーシャル・ペーパー利息　5,013,698　　(貸)前 払 利 息　5,013,698

② (借)コマーシャル・ペーパー 1,000,000,000　　(貸)当 座 預 金 1,000,000,000

【解　説】　コマーシャル・ペーパー（以下,CPという）は,優良企業が機関投資家等から短期資金を調達するために国内で発行する無担保証券であり,単名の約束手形の形式をとるものです。

国内CPの内容は,

1　期間………原則自由
   2　利付方式…割引方式
   3　額面………原則自由
   4　発行方法…ディーラー（金融機関，証券会社）経由で機関投資家等に販売される
   5　金融機関，証券会社，短資会社を通じて売買できる
というものです。

　CPの会計処理については，CP発行時に「コマーシャル・ペーパー」として処理することが実務上多く見受けられます。CPは，金融手形に類似していますが，性格の異なる新型の資金調達手段と考えられるためです。また，CP券面額とディーラーへの売渡価格の差額は「コマーシャル・ペーパー利息」として処理しますが，決算日以降の利息部分は当期の費用とはなりませんので，「前払利息」として処理します。

　近年CPの無券面化が進み，従来のCPに代わり電子CPが発行されるようになりましたが，会計処理に変更はありません。

(消費税)　CP発行企業にとってCPの発行・償還は資産の譲渡等に該当せず，課税対象外取引となります。

《表　　示》　CPは貸借対照表上，流動負債の部の「その他」に含めて表示しますが，金額の重要性がある場合には，「コマーシャル・ペーパー」として区分表示します。

■関連法規……財規第47条, 第49条, 第50条, 消通6-2-1, コマーシャル・ペーパーの無券面化に伴う発行者の会計処理及び表示についての実務上の取扱い（対応報告第8号）

292　圧縮特別勘定を計上した

① 当社資材置場として利用していた土地が，県により収用されたが，近隣に同規模の土地があり，翌期中には購入できる見込みなので，譲渡益について圧縮特別勘定に繰り入れる処理を行った。
　　1　収用された土地の帳簿価額　　10,000,000円
　　2　収用による補償金（現金）　　200,000,000円

② 翌期に,資材置場として利用するための土地を240,000,000円で購入し,代金を小切手を振り出して支払った。

① (借)現　　　金 200,000,000　　(貸)土　　　地　10,000,000
　　　　　　　　　　　　　　　　　　　　未決算特別勘定 190,000,000

② (借)土　　　地　50,000,000　　(貸)当 座 預 金 240,000,000
　　　　未決算特別勘定 190,000,000

〈計算〉　圧縮限度額＝代替資産の取得価額×差益割合

$$差益割合 = \frac{対価補償金 - 譲渡資産の帳簿価額 - 譲渡経費}{対価補償金 - 譲渡経費}$$

【解　説】　収用等により資産を譲渡し代わりの資産を取得した場合,新たに取得した資産が,譲渡資産と同一種類,同一用途である等により,取得資産の価額として譲渡資産の帳簿価額を付すことが適当と認められる時には,税法の圧縮記帳の制度を用いて譲渡益相当額をその取得価額から控除する処理(直接減額処理)が認められます。

その際,収用等により資産を譲渡した事業年度に代わりの圧縮対象資産を取得できなかった場合の譲渡益相当額は「未決算特別勘定」として処理します。

税法上認められている圧縮記帳は,新たに取得した資産の取得価額から譲渡益相当額を控除するものであるため,取得原価主義の考え方からは原則的に容認できません。しかし,交換取引や交換取引に準ずる収用等の場合には,譲渡資産と取得資産を同一視できることから実質的に取引がなかったものと考え,会計処理として直接減額処理が容認されています。

(消費税)　土地の譲渡は非課税です。

《表　示》　未決算特別勘定は貸借対照表上,流動負債の部の「その他」に含めて表示しますが,金額的な重要性のあるものは,「未決算特別勘定」として区分表示します。

■関連法規……圧縮記帳に関する監査上の取扱い(監査委員会報告第43号),措法第64条,第64条の2,財規第47条,第49条,第50条,消法第6条

第1項，消法別表第1第1号

流動負債の引当金

293 貸倒引当金の計上と取崩しを行う

① 取引先A社が会社更生法の規定による更生手続きの開始申立てを行った。

当社のA社に対する売掛金は5,500,000円(消費税500,000円を含む)であるが、決算にあたり回収見込額を550,000円として貸倒引当金を設定した。

なお、上記の他に他の一般債権に対して過去の貸倒実績率で計算した貸倒引当金500,000円を計上した(税法と一致していたと仮定)。

② 翌期に会社更生法による更生計画の認可決定があり、当社の売掛金のうち、550,000円(消費税50,000円を含む)は分割回収が決定したが、残りは貸倒れとなることが決定した。

① (借)貸倒引当金繰入額　4,950,000　(貸)貸倒引当金　4,950,000
　　　貸倒引当金繰入額　　 500,000　　　貸倒引当金　　 500,000

〈計算〉 5,500,000円 − 550,000円 = 4,950,000円…破産更生債権

② (借)貸倒引当金　　　　4,950,000　(貸)売　掛　金　4,950,000
　　　仮受消費税等　　　　 450,000　　　貸倒引当金戻入額　450,000

〈計算〉 $4,950,000円 \times \dfrac{10}{110} = 450,000円$…破産更生債権に係る消費税額

▶税法による仕訳

(借)貸倒引当金繰入額　2,475,000　(貸)貸倒引当金　2,475,000
　　貸倒引当金繰入額　　 500,000　　　貸倒引当金　　 500,000

〈計算〉 (5,500,000円 − 550,000円) × 50% = 2,475,000円
　　　　…貸倒引当金繰入限度額

(借)貸 倒 損 失	2,025,000	(貸)売 掛 金	4,950,000
貸倒引当金	2,475,000		
仮受消費税等	450,000		

〈計算〉 4,950,000円−貸倒引当金2,475,000円−消費税額450,000円=2,025,000円
…貸倒損失

【解　説】　企業活動の結果生じた金銭債権は得意先等の倒産によって回収されないことがありますが，このような回収不能見込額を決算期末に見積り，費用計上する場合，債権を直接減額させないために計上されるのが貸倒引当金です。

　「金融商品に関する会計基準」では，債務者の財政状態及び経営成績等に応じて，債権を「一般債権」「貸倒懸念債権」「破産更生債権等」に区分し各々に応じて貸倒見積高を計算します。

　貸倒引当金の設定方法には，対象となった債権のグルーピングとの対応関係で個別引当法と総括引当法とがありますが，「一般債権」の場合には債権全体又は同種・同類の債権ごとに「債権の状況に応じて求めた過去の貸倒実績率等合理的な基準」によるとして，総括引当法が適用されます。

　従って，貸倒引当金の繰入れ，貸倒損失の発生やその後の回収に伴う貸倒引当金の取崩しの処理は，グルーピングした債権とそれに対応する貸倒引当金ごとに行います。

　次に，残る「貸倒懸念債権」と「破産更生債権等」は以下のような個別引当法が適用されます。

貸倒懸念債権	次のいずれかの方法による。 a．債権額から担保処分見込額及び保証による回収見込額を減額し，その残額について債務者の財政状態及び経営成績を考慮して算定する。 b．債権の回収元本や受取利息に係るキャッシュ・フローが合理的に見積り可能な場合には，当該キャッシュ・フローの合計額を約定利子率で割引計算した現在価値と債権金額との差額とする方法
破産更生債権等	債権額から担保の処分見込額及び保証による回収見込額を控除した残額とする。

本設例の場合，A社に対する売掛金は破産更生債権等であるため設例の②で回収が見込める金額を除き全額を貸倒引当金に計上します。

これに対して税法では，貸倒引当金は金銭債権を個別評価して計上した部分と過去の貸倒実績率に基づき計上した部分に区分されています。前者は，会社更生法による更生手続きの開始申立てやその決定，民事再生法による再生手続開始申立てやその決定，特別清算開始の申立てやその決定などの事由があった場合などその状況に応じて貸倒引当金の繰入限度額が定められています。本設例①の場合には決算日では更生計画が認可されていないため，回収見込額を除いた金額の50％である2,475,000円となります。

また，後者は，過去3年間の貸倒実績率を用いて貸倒引当金の繰入額を計算する方法です。なお，資本金1億円以下の中小企業の場合には設例294のように，後者の貸倒引当金部分について特例による計算ができます。

[中小会計] 回収不能見込額の算定方法は債務者の財政状態及び経営成績に応じて，一般債権・貸倒懸念債権・破産更生債権に区分しそれぞれについて，上記の解説と同一の方法により処理します。なお，法人税法の区分に基づいて算定される貸倒引当金繰入限度額が明らかに取立不能見込額に満たない場合を除き，平成23年度税制改正前の繰入限度額相当額をもって貸倒引当金とすることができます。

〈平成23年度税制改正前の法人税法による繰入限度額相当額算定方法〉

一括評価金銭債権に係る貸倒引当金は，適用法人が銀行，保険会社その他これらに準ずる法人及び中小法人などに限定されています。

・一括評価金銭債権…過去3年間の貸倒実績率又は法定繰入率によって算定されます。

・個別評価金銭債権
  ① 法律による長期棚上げ債権…債権金額のうち5年超で弁済される金額
  ② 債務超過1年以上の回収不能債権…債権金額
  ③ 破産申立て，更正手続等の開始申立て，手形取引停止処分があった場合等の債権…債権金額の50％部分

[消費税] 貸倒引当金繰入額は消費税では，課税対象外取引です。しか

し，本設例②のように法人税法上の貸倒れに該当することになった場合には，当該事業年度の課税売上に係る消費税額から貸倒債権に係る消費税額を控除します。

《**表　示**》　貸倒引当金は，貸借対照表上，該当する債権に応じて，流動資産の部或いは投資その他の資産から控除する方法で表示されます。また，通常の取引に基づいて発生した貸倒引当金繰入額は損益計算書上，異常なものを除き販売費及び一般管理費に，それ以外は営業外費用に「貸倒引当金繰入額」として区分表示します。

損益計算書上，債権の回収可能性がほとんどないと判断された場合，回収不能部分を貸倒損失として処理しますが，前期貸倒引当金残高までは引当金を取り崩し当該貸倒損失と相殺します。それでも貸倒損失が残る場合には，その債権の性格により原則として営業費用又は営業外費用として処理します。なお，貸倒損失として債権から直接減額をした後に，債権の帳簿価額を上回る回収があった場合には，原則として営業外収益として処理します。

貸倒損失と相殺した後に不要となった前期貸倒引当金残高があるときは，当期繰入額と相殺し，繰入額が多い場合にはその差額を営業費用又は営業外費用に計上します。この際，取崩額の方が多い場合には原則として営業費用又は営業外費用から控除するか営業外収益として処理します。

中小会計指針では，貸倒引当金は，原則として対象となった項目ごとに控除形式で表示しますが，流動資産又は投資その他の資産から一括して控除形式で表示する方法，又は対象となった項目から直接控除して注記することもできます。また，その計上は差額補充法が原則ですが，洗替法によることもできます。

■**関連法規**……会社計規第78条，財規第20条，第34条，第87条，第93条，法法第52条第1項，法令第96条第1項，消法第39条，消令第59条，消規第18条，金融商品会計基準第27項，第28項，過年度遡及会計基準55項，金融商品実務指針第116項，第117項，第122～125項，第302項，中小会計指針第18項

294 中小企業の貸倒引当金の繰入れ，取崩しを行う（税法の特例）

① 当社は，資本金40,000,000円の機械製造業であり，決算にあたり期末の債権25,000,000円に対して，税法に定める繰入率に基づき貸倒引当金を設定した。
　なお，貸倒引当金の前期繰越残高が125,000円ある。

（借）貸倒引当金繰入額　　75,000　　（貸）貸倒引当金　　75,000

〈計算〉 $\left(25,000,000円 \times \dfrac{8}{1,000}\right) - 125,000円 = 75,000円$

② 上記設例で，貸倒引当金の前期繰越残高が250,000円であった場合。他の条件を同一とした時の決算時の処理を行う。

（借）貸倒引当金　　50,000　　（貸）貸倒引当金戻入額　　50,000

〈計算〉 $250,000円 - \left(25,000,000円 \times \dfrac{8}{1,000}\right) = 50,000円$

③ 上記設例①で，期末の債権25,000,000円以外に2,500,000円の回収見込みのないと考えられる債権があった場合。他の条件を同一とした時の決算時の処理を行う。

（借）貸倒引当金繰入額　　2,575,000　　（貸）貸倒引当金　　2,575,000

〈計算〉 $\left\{\left(25,000,000円 \times \dfrac{8}{1,000}\right) - 125,000円\right\} + 2,500,000円 = 2,575,000円$

④ 翌期に,貸倒引当金の設定対象となっている売掛金27,500円(消費税2,500円を含む)が貸倒れとなった。

(借)貸倒引当金	25,000	(貸)売　掛　金	27,500
仮受消費税等	2,500		

【解　説】　税法に従って処理する場合,資本金1億円以下の中小企業の貸倒引当金は業種ごとに繰入率が定められており,製造業の場合は$\frac{8}{1,000}$です。

　なお,実務上,税法の繰入分以外に企業独自の判断に基づき回収見込みのない債権を,貸倒引当金に計上することが行われています。この場合には法人税申告書上で加算処理が必要となります。

(消費税)　貸倒引当金繰入れ・戻入れの取引は課税の対象外です。また,売掛金等が貸倒れとなった場合,貸倒れ発生事業年度の課税売上に係る消費税額から当該貸倒債権に係る消費税額を控除します。本設例では仕入税額控除とは内容が異なることから,仮受消費税勘定を用いました。

《表　示》　貸倒引当金は,貸借対照表上,該当する債権に応じて,流動資産の部或いは投資その他の資産から控除する方法で表示されます。また,通常の取引に基づいて発生した貸倒引当金繰入額は損益計算書上,異常なものを除き販売費及び一般管理費に,それ以外は営業外費用に「貸倒引当金繰入額」として区分表示します。

　また,貸倒引当金戻入額は営業費用又は営業外費用から控除するか営業外収益に「貸倒引当金戻入額」として区分表示しますが,金額的に重要性のない場合には,「その他」に含めて表示します。

■関連法規……会社計規第78条,財規第20条,第34条,第87条,第93条,法法第52条,法令第96条,措法第57条の9,措令第33条の7,消法第39条,消令第59条,消規第18条,金融商品実務指針第125項

295 賞与引当金の計上と支払い時の処理を行う

① 当社は３月決算法人である。従前より決算において，支給見込額基準で賞与引当金を設定してきたが，各人別に見積計算を行った結果，当期は総額17,250,000円の計上を行った。
支給対象期間：４月〜９月（12月支給）
　　　　　　　10月〜３月（７月支給）

（借）賞与引当金繰入額　17,250,000　　（貸）賞与引当金　17,250,000

② ７月に賞与17,500,000円を源泉所得税等2,000,000円を控除して，普通預金から各人の銀行口座に振込払いした。

（借）賞与引当金　17,250,000　　（貸）預　り　金　　2,000,000
　　　賞　　　与　　　250,000　　　　　普通預金　　15,500,000

【解　説】　従業員に対する賞与は給与の追加払いの性格を有していますが，一般に年間２回，夏と冬に支給されています。そこで就業規則で定めていたり，労働組合との協定で，賞与の支給が定められている場合には，当期の負担に属する金額を当期の費用として賞与引当金に繰入処理します。

なお，実務上の処理は以下のようになります（税法上の損金算入の要件については設例447を参照して下さい）。

支給額が確定している場合	① 賞与支給額が支給対象期間に対応して算定されている場合は「未払費用」とする。
	② 賞与支給額が支給対象期間以外の基準に基づいて算定されている場合には「未払金」とする。
支給額が確定していない場合	「賞与引当金」とする。この場合，税法では賞与引当金の計上が認められていないため，計上した賞与引当金の全額が税務申告上加算処理が必要となります。

流動負債の引当金　403

|中小会計|

・従業員賞与…賞与支給見込額のうち当期の負担に属する部分の金額は賞与引当金として計上します。支給対象期間が定まっている場合や慣行として賞与支給月が決まっているときは平成10年度改正前法人税法に規定した支給対象期間基準によって算定した金額が合理的である限り引当金の金額とすることができます。

・役員賞与……発生した会計期間の費用とします。当期の職務に係る役員賞与の支給を翌期開催の株主総会にて決議する場合には決議（支給）見込額を引当金に計上します。役員賞与引当金の設例は**424**を参照して下さい。

（消費税）賞与引当金繰入れ・取崩し及び賞与の支払取引は課税対象外取引です。

《表　示》　賞与引当金は貸借対照表上，流動負債の部に「賞与引当金」として区分表示します。賞与引当金繰入額は損益計算書上，当期製品製造原価の内訳科目或いは販売費及び一般管理費に「賞与引当金繰入額」として区分表示します。

　中小会計指針では，引当金は，その計上目的を示す適当な名称を付して記載することが必要です。また，引当金の繰入額は，その引当金の目的等に応じて，損益計算書の売上高の控除項目，製造原価，販売費及び一般管理費，営業外費用として，その内容を示す適当な項目に計上します。

■関連法規……会社計規第75条，財規第47条，第49条，第75条，第85条，未払従業員賞与の財務諸表における表示科目について（日本公認会計士協会リサーチ・センター審理情報 No. 15），中小会計指針第50項，第51項

296　修繕引当金の設定と取崩しを行う

① 当社では，工場の設備について数年に1回の割合で大規模な修繕を要するので，その際の修繕費を見積り，各事業年度の稼動時間と次の修繕を要するまでの耐久稼動時間の割合によって，修繕引当金

を設定している。
　当期の見積額は10,000,000円である。

　　(借)修繕引当金繰入額　10,000,000　　(貸)修繕引当金　10,000,000

② 翌期に修繕を実施し総額55,000,000円（消費税5,000,000円を含む）を小切手で支払った。修繕引当金の残高は40,000,000円である。

　　(借)修　繕　費　　10,000,000　　(貸)当座預金　55,000,000
　　　　修繕引当金　　40,000,000
　　　　仮払消費税等　 5,000,000

【解　説】　多額の修繕費の発生が周期的に見込まれ，その発生と操業時間等との関係が明確な場合には，当期に負担すべき修繕費を見積り，会社計算規則第6条の引当金として修繕引当金を計上することが行われています。

　修繕引当金は，税法上，その設定が認められていませんが，同種のもので特別修繕準備金は，特別の要件の下に船舶や溶鉱炉などの修繕に容認されています。しかし，これは限定的な業種の固定資産修繕のためのものであり，一般的な企業には該当しません。

中小会計　法的債務でなくても将来の支出に備えるための引当金は，金額に重要性の高いものがある場合，負債（引当金）とし計上することが必要です。

消費税　修繕引当金繰入れ・取崩しは課税対象外取引に該当しますが，修繕を実施した場合には修繕費が課税仕入れに該当します。

《表　示》　修繕引当金は貸借対照表上，修繕費支出の時期が貸借対照表日の翌日から起算して1年以内であるものは流動負債の部に，1年以上のものは固定負債の部に「修繕引当金」として区分表示します。

　修繕引当金繰入額は損益計算書上，当期製品製造原価の内訳科目或いは販売費及び一般管理費に「修繕引当金繰入額」として区分表示します。

中小会計指針では，引当金は，その計上目的を示す適当な名称を付して記載することが必要です。また，引当金の繰入額は，その引当金の目的等に応じて，損益計算書の売上高の控除項目，製造原価，販売費及び一般管理費，営業外費用として，その内容を示す適当な項目に計上します。

■関連法規……財規第47条，第49条，第52条，第75条，第85条，会社計規第6条，第75条，中小会計指針第49～51項

297 建設工事の補償サービス（製品の保証サービス）を行った

① 当社は建設業であり，決算に際して完成工事補償引当金を設定することにした。なお，過去の実績率を基に将来の見込額を検討し，完成工事高の1／1,000を用いることとした。当期の完成工事高は100億円である。

（借）完成工事補償引当金繰入額　10,000,000　　（貸）完成工事補償引当金　10,000,000

〈計算〉　110億円×1／1,000＝11,000,000円

② 翌期に，前期完成引渡工事の手直しが発生し，外注工事で5,500,000円（消費税500,000円を含む）を検収した。また，決算時に完成工事補償引当金を前年と同様に計上することにした。当期の完成工事高は110億円であった。

▶手直工事発生時

（借）完成工事補償引当金　5,000,000　　（貸）工事未払金　5,500,000
　　　仮払消費税等　　　　 500,000

▶決算時

　(借) 完成工事補償引当金繰入額　11,000,000　　(貸) 完成工事補償引当金　11,000,000

　(借) 完成工事補償引当金　5,000,000　　(貸) 完成工事補償引当金戻入額　5,000,000

〈計算〉　110億円×1／1,000＝11,000,000円

【解　説】　建設業，自動車製造業などでは，工事の引渡し後又は製品の販売後，一定期間当該工事や製品の補修を無償で行うことが契約で決められています。

このような財又はサービスに対する保証は，本体の契約に係る履行義務と同一の履行義務か否かにより，会計処理が異なります。本設例のように，工事や製品を無償で補修することが契約で決められている場合は，工事や製品が，契約で合意された仕様に従って適切に機能することを保証するものであるため，当該保証は工事や製品と同一の履行義務と捉えます。この場合は，保証に要する金額を製品保証等引当金（建設業の場合，「完成工事補償引当金」という（以下同様））に計上します。

一方，上記保証に加えて提供する保証サービス（顧客の責任での故障も修理する等）がある場合は，当該保証は工事・製品に係る履行義務とは別個の履行義務と捉えます。別個の保証サービスに係る金額は，通常，保証期間にわたり履行義務を充足していくと考えられます。したがって，保証サービス発生の起因となる取引が発生した時に，別個の保証サービスに係る金額全額を一旦「契約負債」に計上し，その後サービス保証期間にわたり売上に振り替えます。

法人税法の取扱いは，会計と同様です。法人税法では完成工事補償引当金の計上を認めていないため，計上額は申告に際して調整（加算処理）が必要になります。

〈保証サービスが製品の販売と別個の履行義務である場合〉

> 当社は製造業であり，小売店で販売される当社の製品には，顧客が希望した場合に有料で4年間の保証サービスを行っている。
> ×1年に，10,000円の製品に400円の保証サービスを付与して販売した。

・製品販売時

(借)売　掛　金	11,000	(貸)売　上　高	10,000
		仮受消費税等	1,000

・保証サービス付与時

(借)売　掛　金	440	(貸)売　上　高	400
		仮受消費税等	40
売　上　高	400	契　約　負　債	400

・×1年度決算時

(借)契　約　負　債	100	(貸)売　上　高	100

中小会計 　法的債務（条件付債務）である引当金は負債として計上しなければなりません。

消費税 　完成工事補償引当金繰入れ・取崩しの取引は課税の対象外ですが、補修費が発生した場合には課税仕入れに該当します。別個の履行義務である場合の保証サービスは、取引開始時に対価の全額が課税売上に該当します。

《表　示》　完成工事補償引当金は貸借対照表上、保証期間の長さに応じ貸借対照表日から起算して1年以内ならば流動負債の部に、1年以上であれば固定負債の部に「完成工事補償引当金」として区分表示します。契約負債も、保証期間の長さに応じ貸借対照表日から起算して1年以内ならば流動負債の部に、1年以上であれば固定負債の部に「契約負債」として区分表示します。

　完成工事補償引当金繰入額は損益計算書上、完成工事補償引当金戻入額と相殺の上、残額を当期製品製造原価の内訳科目或いは販売費及び一般管理費に「完成工事補償引当金繰入額」として区分表示します。

　完成工事補償引当金戻入額が完成工事補償引当金繰入額より多い場合には、相殺の上、原則として営業外収益の区分に「完成工事補償引当金戻入額」として表示します。

　中小会計指針では、引当金は、その計上目的を示す適当な名称を付して記載することが必要です。また、引当金の繰入額は、その引当金の目的等に応じて、損益計算書の売上高の控除項目、製造原価、販売費及び

一般管理費，営業外費用として，その内容を示す適当な項目に計上します。

■関連法規……財規第47条，第49条，第52条，第75条，第85条，第93条，収益認識基準第34項，収益認識適用指針第34～38項，建設業法施行規則様式第十五号，第十六号，中小会計指針第49～51項，法基通2－1－1の3，消法第28条第1項

298 返品権の付された取引を行った

当社がE商店に対して行っている売上取引には，返品権が付されている。当社は，前事業年度におけるE商店への売上高及び過去の実績から見積もった返品率及び粗利率から，返品高及びこれに係る売上原価を見積もった。
・前事業年度におけるE商店への売上高　20,000,000円（税抜），売上原価　18,000,000円（税抜）
・過去の実績から見積もった返品率及び粗利率　3%，10%
・当事業年度における返品高　500,000円（税抜）
当事業年度末までに，この他は返品期限が到来し，返品されないことが確定した。

① 前事業年度の販売時

(借)売　掛　金　22,000,000　　(貸)売　上　高　20,000,000
　　　　　　　　　　　　　　　　　仮受消費税等　 2,000,000
(借)売 上 原 価　18,000,000　　(貸)商　　　品　18,000,000
(借)売　上　高　　 600,000　　(貸)返金負債(*)　　600,000
(借)返 品 資 産　　 540,000　　(貸)売上原価(*)　　540,000

(*) 20,000,000×3／100＝600,000円…返品率による返品見込額
　　600,000×（1－10%）＝540,000円…返品見込額に係る売上原価

② 当事業年度の返品時

(借)返金負債	500,000	(貸)売掛金	550,000
仮受消費税等	50,000		

　実際の返品額だけ返金負債を減額するとともに，当該返品額に係る売掛金及び仮受消費税等も減額します。

③　決算期末（＝返品期限到来時）

(借)返金負債	100,000	(貸)売上高	100,000
(借)商　　品	450,000	(貸)売上原価	450,000
(借)売上原価	540,000	(貸)返品資産	540,000

　返品されないことが確定した100,000円は，返金負債から売上高に振り替えます。

　また，返品額500,000円に対応する売上原価を商品に振り替えるとともに，前事業年度に計上した返品資産全額を売上原価に振り戻します。

【解　説】　契約，商慣行等により返品権が付されている取引を行った場合，販売対価のうち返品により減少すると見込まれる金額を変動対価として取り扱い，売上から減額します。また，対応する原価を返品資産として計上します。返品時に，実際の返品額だけ返金負債を減額し，返品しないことが確定された時に，残りの返金負債及び返品資産を，それぞれ売上及び製品・商品又は売上原価に振り替えます。

　法人税法では販売時は減額前の収益全額が益金に，減額前の原価全額が損金に算入され，会計に比べて変動対価の分だけ益金及び損金が多くなります。従って，法人税法上，益金及び損金の加算調整が必要となり，会計上は税効果の対象となります。

　返品調整引当金の計上は認められなくなりました。法人税法でも，経過措置を設けたうえで2021年4月1日以後10年間にわたり段階的に廃止されます。

[中小会計]　従来の会計処理のように，「返品調整引当金」として負債計上することが可能です。

[消費税]　販売時に対価の総額が課税売上となる一方，売上げに係る対価の返還等の金額が確定した際に，消費税額を控除します。

《表　示》　返金負債は通常返品が1年以内であることから，貸借対照

表上,流動負債の部に「返金負債」等として区分表示します。

中小会計指針では,引当金は,その計上目的を示す適当な名称を付して記載することが必要です。また,引当金の繰入額は,その引当金の目的等に応じて,損益計算書の売上高の控除項目,製造原価,販売費及び一般管理費,営業外費用として,その内容を示す適当な項目に計上します。

■**関連法規**……財規第47条,第49条,収益認識基準第50項,第51項,同適用指針第23項,法法22条の2第5項,法令第99,法基通2-1-1の11,改正法附則9③,25,消法第28条第1項,中小会計指針第48～50項

299 売上値引を行った

①当期の得意先A社に対する売上高は,100,000,000円(税抜)であった。

　このうち,過去に値引した実績に基づいて算出した当期末時点の売上値引見積額は,3,000,000円である。

・当期の販売時

　(借)売　掛　金 110,000,000　(貸)売　上　高 100,000,000
　　　　　　　　　　　　　　　　　　仮受消費税等　 10,000,000

・当期末

　(借)売　上　高　3,000,000　(貸)返 金 負 債　3,000,000

② 翌期に売上値引が確定し,4,000,000円(税抜)値引した。

　(借)返 金 負 債　3,000,000　(貸)売　掛　金　4,400,000
　　　売上高(*1) 1,000,000
　　　仮受消費税等(*2) 400,000

売上値引に対応する仮受消費税は，値引が確定した際に全額認識します。

＊1：売上値引確定額4,000,000 − 売上値引見積額3,000,000
＊2：売上値引確定額4,000,000 × 消費税率10%

【解　説】　過去に値引した実績がある等により値引するリスクが高い場合に，販売対価のうち値引する可能性の高い金額は，変動対価として取り扱います。値引する可能性が高いと見込まれる金額を「返金負債」等として負債に計上し，売上を直接減額します（売上値引引当金の科目は使用しません）。値引が確定した時点で，返金負債および対応する仮受消費税等を取り崩します。

なお，法人税法の取扱いは会計とほぼ同様です。

(消費税)　販売時に対価の総額が課税売上となる一方，売上に係る対価の返還等の金額が確定した際に，消費税額を控除します。

《表　示》　売上値引はその性格から，1年以内に発生が予想されますので，貸借対照表上，流動負債の部に「契約負債」として区分表示します。

■関連法規……財規第47条，第49条，第72条，会社計規第75条，収益認識基準第50項～第55項，同適用指針第23項～26項，法法22条の2第5項，基通2−1−1の11，消法第28条第1項，消法第38条第1項，消令第58条，中小会計指針第49～51項

300　債務保証損失引当金を計上し，その後保証債務の履行が発生した

① 当社は主要得意先であるA社の銀行借入金1億円に対して連帯債務者となっているが，最近のA社の状況から判断して深刻な経営難の状態でありかつ再建の見通しがないと判断されたため，担保により保全されている金額を控除した残額5,000万円について債務保証損失引当金を引当計上した。

（借）債務保証損失引当金繰入額　50,000,000　　（貸）債務保証損失引当金　50,000,000

【解　説】　主たる債務者の財政状態の悪化等により，債務不履行となる可能性があり，その結果，保証人が保証債務を履行し，その履行に伴う求償債権が回収不能となる可能性が高い場合で，かつ，これによって生ずる損失額を合理的に見積ることができる場合には，保証人は，当期の負担に属する金額を債務保証損失引当金に計上する必要があります。

具体的には，主たる債務者が，法的，形式的な経営破たんの状態にある場合のほか，法的，形式的な経営破たんの事実は発生していないものの深刻な経営難の状態にあり，再建の見通しがない状況にあると認められるなど，実質的に経営破たんに陥っている場合，及び経営破たんの状況にはないが経営難の状態にあり，経営改善計画等の進捗状況が芳しくなく，今後，経営破たんに陥る可能性が高いと認められる場合には引当金の計上対象となります。

計上金額は，債務保証の総額から，主たる債務者の返済額及び担保により保全される額等の求償債権についての回収可能額を控除した額となります。

(消費税)　債務保証損失引当金の計上は課税対象外取引です。

《表　示》　債務保証損失引当金繰入額は損益計算書上，発生事由等に応じて営業外費用或いは特別損失に計上します。債務保証損失引当金は貸借対照表上，ワンイヤールールに従って流動負債或いは固定負債に区分表示します。

> ②　得意先A社は破たんし，取引銀行より当社へ保証債務の履行を要求され，担保物件の処分後に4,500万円を普通預金から支払った。A社に残余財産はないものとする。

(借)未 収 入 金　45,000,000　　(貸)普 通 預 金　45,000,000

(借)債務保証損失引当金　50,000,000　　(貸)債務保証損失引当金戻入額　50,000,000

(借)貸 倒 損 失　45,000,000　　(貸)未 収 入 金　45,000,000

【解　説】　債権者に対して保証債務を履行した場合，主たる債務者に対して求償債権が発生しますが（本設例では4,500万円），その債権は貸倒

損失又は貸倒引当金繰入額の対象となります。そして債務保証損失引当金の目的取崩と一連の会計処理であるため，両者を相殺して純額で表示します（本設例では債務保証損失引当金戻入額500万円）。

■関連法規……債務保証及び保証類似行為の会計処理及び表示に関する監査上の取扱い（監査・保証実務委員会報告第61号）第4項

301 ポイントの付与と行使を行った

> 当事業年度よりポイント制度を導入している。当事業年度に商品を100,000千円販売し，1％である1,000千円ポイントを付与した。
> 将来のポイント行使見込率は90％である。
> 翌事業年度に900千円商品を販売し，支払時に同額分のポイントが行使された。

▶商品販売時（ポイント付与時）

(借)売 掛 金 110,000,000　　(貸)売 上 高　99,108,028
　　　　　　　　　　　　　　　　　契 約 負 債　　 891,972
　　　　　　　　　　　　　　　　　仮受消費税等　10,000,000

〈計算〉

商品の独立販売価格…100,000,000円

ポイントの独立販売価格…100,000,000×1％×90％（行使見込率）＝900,000円

売上高…100,000,000×100,000,000／（100,000,000＋900,000）＝99,108,028

契約負債…100,000,000×900,000／（100,000,000＋900,000）＝891,972

＊取引価格100,000,000円を商品及びポイントの独立販売価格で按分します。
　仮受消費税等は，取引価格総額に対して課税されます。

▶ポイント行使時

(借)契 約 負 債　　891,972　　(貸)売 上 高　　　891,972

＊会計上は仮受消費税等を計上しませんが，消費税法上は，売上げに係る対価の返還等の金額900,000円に対する消費税等90,000円が控除されます。

【解　説】　ポイント制度が顧客にとって重要な権利に該当する場合，ポイントの付与は，既存のサービス提供契約とは別個の履行義務として捉えられます。この場合，商品とポイントの独立販売価格の比率に基づいて，取引価格を各履行義務（商品販売契約とポイントの付与）に配分します。ポイントの独立販売価格は，利用可能性を考慮します。配分されたポイント相当額は，商品販売時に「契約負債」として負債に計上し，売上から減額します。そして，ポイント行使時に契約負債を売上に振り替えます。

　法人税法では，一定の要件を満たす場合は会計と同様の処理となります。

(消費税)　販売時に取引価格の総額が課税売上となる一方，売上げに係る対価の返還等の金額が確定した際に，消費税額を控除します。

《表　示》　ポイントは，行使されるまでの期間に応じ，1年以内に行使が予想される金額は，貸借対照表上，流動負債の部に，1年超に行使が予想される金額は固定負債の部に，「契約負債」として区分表示します。

■関連法規……収益認識基準第65項，66項，68項，同適用指針第48項，50項，法基通2－1－1の7，消法第28条第1項

V 固定負債

- 社債・転換社債・新株予約権付社債
- 長期借入金
- 退職給付引当金
- 役員退職慰労引当金
- 預り敷金・保証金
- 資産除去債務

社債・転換社債・新株予約権付社債

302 社債を割引発行した

> 期首に社債額面100,000,000円を単価98円,期間5年,利率2％,利息年1回払い(後払い)の条件で発行し,手取金は当座預金とした。

(借)当座預金　98,000,000　　(貸)社　　債　98,000,000

【解　説】　「社債」は,株式会社が公衆から資金を調達するために多数の部分に分割した債務で,これについて有価証券(債券)を発行されるものをいいます。

なお,社債発行には額面による平価発行と,額面より低い金額で発行する割引発行,額面より高い金額で発行する打歩発行の3種があり,割引発行が一般的です。

社債は,債務額をもって貸借対照表価額としますが,社債を社債金額よりも低い価額又は高い価額で発行した場合など,収入に基づく金額と債務額とが異なる場合には,償却原価法に基づいて算定された価額をもって,貸借対照表価額とします。

《ポイント》　償却原価法とは,金融負債を債務額と異なる金額で計上した場合において,その差額に相当する金額を償還期に至るまで毎期一定の方法で取得価額に加減する方法をいいます。

(消費税)　社債の発行は,資産の譲渡等に該当しないため,消費税の課税対象外です。

《表　示》　社債の表示は,貸借対照表の固定負債の部に「社債」として表示します。

■関連法規……会社計規第6条第2項第2号,第75条第2項第2号イ,財規第52条第1項第1号,消法第6条第1項,消法別表第1第3号,金融商品会計基準第26項,同(注5)

303 社債の利息を計上した

> 設例302の社債を発行した会社が、第1回目の社債利息を支払った。

　(借)社 債 利 息　　2,000,000　　(貸)現 金 預 金　　2,000,000

〈計算〉　100,000,000円×0.02＝2,000,000円

【解　説】　「社債利息」は、社債を発行して、受け入れた資金に対する利息で、利子が確定しています。

　無記名社債では、通常、券面の下に利札がついており、利払期日、利息金額などが印刷されています。この利札と引き換えに利息が支払われます。

(消費税)　社債利息は消費税の非課税取引であり、消費税は課税されません。

《表　示》　社債利息は、損益計算書上、「営業外費用」の部に表示します。

■関連法規……財規第93条、財規ガイド93、消法第6条第1項、消法別表第2第3号

304 社債発行費を支払った

> 設例302の社債発行に際し、社債登記の登録税1,000,000円のほか、社債募集のための広告費、金融機関の取扱手数料、社債券等の印刷費その他社債発行のために、直接要した費用2,200,000円(消費税200,000円を含む)を支払った。

　(借)社債発行費　　3,000,000　　(貸)現 金 預 金　　3,200,000
　　　仮払消費税等　　 200,000

【解　説】　社債募集のための広告費，金融機関の取扱手数料，証券会社の取扱手数料，社債申込証・目論見証・社債券等の印刷費，社債の登記の登録免許税，その他社債発行のため直接支出した費用は，「社債発行費」で，原則として支出時に費用として処理します。

ただし，社債発行費を繰延資産に計上することができます。この場合には，社債の償還までの期間にわたり利息法により償却しなければなりません。なお，償却方法については，継続適用を条件として，定額法を採用することができます。

(消費税)　社債登録の登録税は税金であって，課税の対象外（資産の譲渡等に該当しない取引）であり，消費税は課税されませんが，それ以外の社債発行費は課税取引です。

《表　示》　繰延資産とした場合には，社債発行費は貸借対照表上，「繰延資産の部」に表示します。

305　社債払込額と社債金額との差額を償却原価法により処理した

設例302の社債を発行した会社が，社債発行後初めての決算を行い，社債払込額と社債金額との差額を償却原価法により処理した。

(借)支 払 利 息　　400,000　　(貸)社　　　　債　　400,000

〈計算〉　ここでいう支払利息は，社債払込額と社債金額との差額の償却額です。

$$2,000,000円 \times \frac{12カ月}{12カ月 \times 5年} = 400,000円$$

【解　説】　会計上は，金銭債務についても，その収入額と債務額とが異なる場合，その差額は一般に金利の調整という性格を有するため，償却原価法に基づいて算定された価額をもって貸借対照表価額とすることが適当です。会社法では，債務以外の適正な価額をもって負債の貸借対照表価額とすることができるとされているため，社債払込金額と社債金額との差額は償却原価法に基づいて加減します。

社債・転換社債・新株予約権付社債

《ポイント》 償却原価法とは,金融負債を債務額と異なる金額で計上した場合において,その差額に相当する金額を償還期に至るまで毎期一定の方法で取得価額に加減する方法をいいます。

(消費税) 支払利息は非課税であり,消費税は課税されません。

《表　示》 社債払込額と社債金額との差額の償却額は,支払利息として,損益計算書上,「営業外費用」の部に表示します。

■関連法規……会社計規第6条第2項第2号,第75条第2項第2号イ,金融商品会計基準第26項,第90項,繰延資産の会計処理に関する当面の取扱い(対応報告第19号)

306　社債を抽選償還した

設例302の社債に抽選償還の条件があるものとし,2年度末の社債利息支払時から1/4ずつの償還を行うものとする。支払いは普通預金から行う。

▶2年度末

(借)社　　　　債　25,000,000　(貸)普 通 預 金　25,000,000

(借)社 債 利 息　2,000,000　(貸)普 通 預 金　2,000,000

(借)支 払 利 息　571,428　(貸)社　　　　債　571,428

〈計算〉　社債利息=100,000,000円×0.02=2,000,000円

ここでいう支払利息は,社債払込額と社債金額との差額の償却額です。

$$支払利息=2,000,000円 \times \frac{100百万円}{(100+100+75+50+25)百万円}$$
$$=571,428円$$

なお3年目の社債利息は1,500,000円(75,000,000円×2%),支払利息は428,571円(2,000,000円×$\frac{75百万円}{(100+100+75+50+25)百万円}$)となります。

(消費税) 社債利息,支払利息は非課税ですので,消費税は課税されません。

■関連法規……財規第93条,財規ガイド93,消法第6条第1項,消法別表第2,

金融商品会計基準第26項，第90項

307 社債を買入償還した

> 設例302の社債が3年度末に50,000,000円相当額につき，単価99円で買入償還された場合（抽選償還の条件は最初からないものとする）。

（借）社　　　債	49,600,000	（貸）普 通 預 金	49,500,000
		社債償還益	100,000
（借）社 債 利 息	2,000,000	（貸）普 通 預 金	2,000,000

〈計算〉　買入償還社債の第3年度末帳簿価額

$98,000,000円 + 400,000円 \times 3 = 99,200,000円$

$99,200,000円 \times \dfrac{50百万円}{100百万円} = 49,600,000円$

買入償還額…$50,000,000円 \times 99\% = 49,500,000円$

【解　説】　社債は満期に償還する方法のほかに，抽選償還や買入償還の方法があります。

ここでの留意点は，社債払込額と社債金額との差額の償却額を社債の利用期間に応じて配分することです。抽選償還の場合には，利用期間全体に占める当該年度のウエイトを考えればよく，買入償還の場合には，償還部分に対応する社債払込額と社債金額との差額の未償却残高を一時に消去します。

(消費税)　社債の発行は，資産の譲渡等に該当しないため，消費税の対象外です。従って，社債償還益にも消費税は発生しません。社債利息及び支払利息（社債払込額と社債金額との差額の償却額）は，非課税取引であり，消費税は課税されません。

《表　　示》　社債払込額と社債金額との差額の未償却残高は，社債償還益として，損益計算書上「営業外費用」の部に表示します。

■関連法規……財規第93条，財規ガイド93，消法第6条第1項，消法別表第1，

社債・転換社債・新株予約権付社債

金融商品会計基準第26項,第90項

308 転換社債型新株予約権付社債を発行した（旧商法によるもの）

転換社債型新株予約権付社債を額面100,000,000円，新株予約権行使に伴う払込金額100円，年利率2％，期間5年，予約価格500円で発行した。当社が同じ利子率（2％）で同一償還期限の普通社債を発行する場合には，発行総額は98,000,000円（割引発行）となる。

なお，この社債については，社債と新株予約権がそれぞれ単独で存在しえないことが社債要項等に記載されている。

また，社債払込額と社債金額との差額は，償還期間で定額法により償却する。

(1) 発行時
① 原則法（一括法）

(借)現 金 預 金 100,000,000　　(貸)新株予約権付社債 100,000,000

② 区分法

(借)現 金 預 金　98,000,000　　(貸)社　　　債 100,000,000
　　社債発行差金　 2,000,000

(借)現 金 預 金　 2,000,000　　(貸)新株予約権　 2,000,000

(2) 決算時（1年後）
① 原則法（一括法）

(借)社 債 利 息　 2,000,000　　(貸)現 金 預 金　 2,000,000

② 区分法

(借)社 債 利 息　 2,000,000　　(貸)現 金 預 金　 2,000,000

(借)社債発行差金償却　　400,000　　(貸)社債発行差金　　400,000
　　（社債利息）

〈計算〉 $2,000,000円 \times \dfrac{12ヵ月}{60ヵ月} = 400,000円$

【解　説】　転換社債は，商法改正によりなくなり，新たに新株予約権付社債が設けられました。この新株予約権付社債のうち，従来の転換社債に似たものとして，新株予約権行使時の払込みを現金ではなく社債で行って「代用払込の請求があったとみなす新株予約権付社債」があります。

この新株予約権付社債については，転換社債と経済的実質が同一と考えられますので，転換社債と同様に，発行価額を社債の対価部分と新株予約権の対価部分とに区別せず普通社債に準じて処理する方法（一括法）が認められます。

また，代用払込みが認められる新株予約権付社債に準じて処理する方法（区分法）も認められます。

区分法では，新株予約権付社債の発行価額を普通社債の割引発行相当部分と新株予約権部分とに区分します。会社が同じ利子率（2％）で普通社債を発行する場合には，発行総額は98,000,000円（割引発行）となるため，額面との差額2,000,000円を新株予約権として処理します。

《ポイント》　新株予約権付社債とは，発行体の株を取得する権利（新株予約権）が付された社債です。新株予約権は，新株予約権者が権利を行使した時に，会社が新株を発行する義務又は新株の発行に代えて自己株式を移転する義務を負うものです。

(消費税)　新株予約権付社債の発行は，不課税取引（資産の譲渡等に該当しない取引）であり，消費税は発生しません。

《表　示》　新株予約権付社債については，貸借対照表上，固定負債の部に「新株予約権付社債」と表示します。新株予約権は貸借対照表上，純資産の部に表示します。

■関連法規……消法第6条第1項，消法別表第1，金融商品会計基準第36項，第38項，第112項，第113項，第114項，同（注15），実務対応報告1号，11号，19号，金融商品実務指針185－2，186，金融商品会計Q＆A，Q59－3，設例1

309 外貨建てで社債を発行し,長期の為替予約をした

> 当社は,1,000,000ドルの外貨建社債(利率年3％,期間5年)を額面で発行し,同時に5年後に返済する外貨につき予約を付した。
> 発行時の為替相場は1ドル110円で,予約レートは1ドル100円であった。

　　(借)現 金 預 金 110,000,000　　(貸)社　　　　債 110,000,000

　　(借)社　　　　債　10,000,000　　(貸)為 替 差 益　 2,000,000
　　　　　　　　　　　　　　　　　　　　　 長期前受収益　 8,000,000

〈計算〉

$$為替差額 = (110円 - 100円) \times 1,000,000ドル \times \frac{12カ月}{12カ月 \times 5年} = 2,000,000円$$

【解　説】　外貨建長期金銭債権債務等について為替予約が付された場合における取得時又は発生時の為替相場による円換算額と為替予約による円貨額との差額は,当該為替予約を行った日の属する期から決済日の属する期までの期間にわたって合理的な方法により配分し,各期の損益として処理します。

　ただし,その差額について重要性が乏しい場合には,その差額を予約日又は決済日の属する期の損益として処理することもできます。

(消費税)　社債の発行は,消費税の課税の対象外(資産の譲渡等に該当しない取引)であり,消費税は発生しません。また,為替差損益も資産の譲渡等の対価の額又は課税仕入れに係る支払対価の額に含まれないため,消費税は発生しません。

《表　示》　為替予約差額のうち次期以降に配分される金額は,貸借対照表上,資産の部に長期前払費用(為替差損の場合)か,負債の部に長期前受収益(為替差益の場合)として表示します。ただし,決算日から1年内に到来する期間に対応するものは,前払費用又は前受収益として表示します。

■関連法規……会社計規第75条第2項第2号イ,財規第52条第1項第1号,外貨

基準注解7,消法第6条第1項,消法別表第2第2号,消通10-1-7注3,外貨建実務指針第3～6項

長期借入金

310 銀行より資金の長期借入を行った

取引銀行との間で，100,000,000円を5年間借入する金銭消費貸借契約を締結し，当座預金とした。この借入の担保とするため，工場財団の登記費用等210,000円（うち110,000円は手数料（消費税含む）部分）を現金で支払った。

(借)当 座 預 金 100,000,000　　(貸)長期借入金 100,000,000
　　租 税 公 課　　　100,000　　　　現　　　金　　　210,000
　　支 払 手 数 料　　100,000
　　仮 払 消 費 税 等　　10,000

【解　説】　設備投資目的等で資金が長期間固定化する場合の資金調達は，有価証券や不動産を担保とした，証書借入の方法が広く行われています。このような返済期限が1年を超える借入金は，長期借入金勘定で処理します。

担保は，貸借対照表の注記事項ですが，所有権に変動がありませんので，仕訳はしません。

(消費税)　借入金取引は，資金の流れに関する取引で，資産の譲渡等には該当しませんので，課税の対象外となります。また，登記費用のうち登録免許税等の手数料以外の税金等も，資産の譲渡等ではありませんので，課税仕入れにはなりません。

《表　　示》　返済期限が1年超の借入金は，「長期借入金」として固定負債の部に表示します。

■関連法規……会社計規第75条第2項第2号ロ，財規第52条第1項第2号，消法第6条第1項，消令第10条，消法別表第1第3号

311 長期借入金の利息を計上した

当社（3月決算）の長期借入金については，利息が後払いとなっているため，A銀行の長期借入金200,000,000円の利息について，期末に3カ月分を未払計上した。
（金利年3％，支払日6月・12月）

（借）支 払 利 息　　1,479,452　　（貸）未 払 費 用　　1,479,452

〈計算〉　$200,000,000円 \times 0.03 \times \dfrac{90日}{365日} = 1,479,452円$

【解　説】　長期借入金は，金銭消費貸借契約証書による場合が多く，利息は対応期間後に後払方式で支払われるのが普通です。

なお，利払期が到来しないうちに期末となった場合には，その期間に発生した利息は未払費用に計上します。

(消費税)　借入金取引は，資金の流れに関する取引で，資産の譲渡等に課税する消費税の性格にはなじまないため，借入金の利息は非課税とされています。

■関連法規……財規第93条，財規ガイド93，消法第6条第1項，消法別表第2第3号

312 長期借入金の一部を返済した

長期借入金について，契約条件に従い返済を開始し，第1回目の返済金を1,000,000円と利息200,000円を当座預金より支払った。

（借）長期借入金　　1,000,000　　（貸）当 座 預 金　　1,200,000
　　　支 払 利 息　　　200,000

【解　説】　長期借入金の返済方法には，元金均等返済と元利均等返済

の両方がありますが,会社の場合は元金均等返済が通常で個人の場合は元利均等返済が一般的です。

なお,長期借入金の返済は銀行口座からの自動引落しが一般的ですが,その金額は元本返済額と利息額の合計であるため,その区分を明確にする必要があります。

(消費税) 長期借入金の返済による消滅には消費税は関係しません。

■関連法規……財規第93条,財規ガイド93,消法第6条第1項,消法別表第2第3号

313 長期借入金を短期借入金に振り替えた

分割返済長期借入金につき,決算時に計算した「今後1年以内に返済する借入金」は4,000,000円であった。

(借)長期借入金　4,000,000　　(貸)1年内返済予定　4,000,000
　　　　　　　　　　　　　　　　　　の長期借入金

【解　説】　分割返済の長期借入金は決算日において1年内に返済期の到来する部分があるため,一口の借入金について長期と短期の区分表示が必要となりますが,これは表示上の区分にとどめ,勘定面での振替区分は通常行われません。

(消費税) 長期借入金から短期借入金への単なる振替えであり,課税の対象外です。

《表　示》　決算日の翌日から起算して,1年以内に返済が予定される分は,「1年内返済予定の長期借入金」として表示します。

■関連法規……財規第49条第1項第14号,第51条,第52条第1項第2号

退職給付引当金

314 退職一時金制度における退職給付引当金を計算した〈1年度〉

当社は非積立型の退職一時金制度を採用している3月決算会社であるが,01年4月1日における数理計算の結果,01年4月1日の退職給付債務は50,000,000円,01年4月1日から02年3月31日までの勤務費用(S),利息費用(I)はそれぞれ3,500,000円,2,500,000円(割引率5%)と計算された。同期間における退職金支払額(P)は1,000,000円であった。

02年3月31日における数理計算による退職給付債務は55,000,000円と計算されたため,数理計算上の差異は発生しなかった。

なお,数理計算上の差異の費用処理については,翌期から平均残存勤務期間(この設例では15年で不変とする)にわたり定額法で処理する。

(借)退職給付費用	6,000,000	(貸)退職給付引当金	6,000,000
(借)退職給付引当金	1,000,000	(貸)現 金 預 金	1,000,000

	実際 01/4/1	退職給付費用	退職金支払額	予測 02/3/31	数理計算上の差異	実際 02/3/31
退職給付債務	(50,000,000)	S(3,500,000) I(2,500,000)	P1,000,000	(55,000,000)	0	(55,000,000)
未積立退職給付債務	(50,000,000)			(55,000,000)		(55,000,000)
未認識数理計算上の差異	0			0		0
退職給付引当金	(50,000,000)	(6,000,000)	1,000,000	(55,000,000)	0	(55,000,000)

【解 説】 退職給付とは,退職一時金や退職年金のように,一定期間にわたり労働を提供したこと等の事由に基づいて,退職以後に従業員に支給される給付をいいます。

退職給付会計では,数理計算による退職給付債務と退職給付費用の測定が基礎となっており,企業は各事業年度において,合理的方法によ

り,予想退職時期ごとに従業員に支給される退職給付の総額のうち,期末までに発生していると認められる額を計算し,これを一定の割引率を用いて現在価値に割り引いて退職給付債務を計算し,貸借対照表に退職給付引当金として計上します。このために,各事業年度決算では,各期ごとに発生すると認められる退職給付費用の額を,退職給付債務の計算に準じて計算し,退職給付引当金の繰入処理が必要です。

《ポイント》

・退職給付債務…一定の期間にわたり労働を提供したこと等の事由に基づいて,退職以後に従業員に支給される給付(退職給付)のうち期末時点までに発生していると認められるものをいい,割引計算により測定される。

・勤務費用(S)…当期の労働の対価として発生したと認められる退職給付の現在価値。

・利息費用(I)…期首の退職給付債務に割引率を乗じて計算される。

(消費税) 退職給付費用は,給与等を対価とする役務の提供に該当し不課税であり,消費税の課税対象外です。

■関連法規……会社計規第6条第2項第1号,財規第52条第3項,退職給付適用指針設例4-2

315 退職一時金制度における退職給付引当金を計算した〈2年度〉

設例**314**の会社の02年3月31日における数理計算の結果,02年4月1日から03年3月31日までの勤務費用(S),利息費用(I)はそれぞれ3,350,000円,2,750,000円と計算された。なお,同期間における退職金支払額(P)は1,100,000円であった。

03年3月31日における数理計算に用いる割引率は,重要な変動が生じたため前期の5%から6%に変更され,6%で数理計算された03年3月31日における退職給付債務は52,500,000円であった。これにより退職給付債務に係る数理計算上の差異7,500,000円(貸方差異)が発生した。

(借)退職給付費用　6,100,000　　（貸)退職給付引当金　6,100,000

(借)退職給付引当金　1,100,000　　（貸)現　金　預　金　1,100,000

	実際 02/4/1	退職給付費用	退職金支払額	予測 03/3/31	数理計算上の差異	実際 03/3/31
退職給付債務	(55,000,000)	S (3,350,000) I (2,750,000)	P 1,100,000	(60,000,000)	7,500,000	(52,500,000)
未積立退職給付債務	(55,000,000)			(60,000,000)		(52,500,000)
未認識数理計算上の差異 03/3/31発生分	0				*1 (7,500,000)	(7,500,000)
退職給付引当金	(55,000,000)	(6,100,000)	1,100,000	(60,000,000)	0	(60,000,000)

＊1：数理計算上の差異の発生額7,500,000円は，未認識整理計算上の差異として繰り延べられ，翌期から平均残存勤務期間15年にわたり費用処理（退職給付費用から控除）する。

【解　説】　数理計算上の差異は，年金資産の期待運用収益と実際の運用成果との差異，退職給付債務の数理計算に用いた見積数値と実積との差異及び見積数値の変更等により発生した差異で，平均残存勤務期間以内の一定の年数で償却することが認められています。

(消費税)　退職給付費用は，給与等を対価とする役務の提供に該当し不課税であり，消費税の課税対象外です。

■関連法規……会社計規第6条第2項第1号，財規第52条第3項，退職給付適用指針設例4－2

316 退職一時金制度における退職給付引当金を計算した〈3年度〉

設例314の会社の03年3月31日における数理計算の結果，03年4月1日から04年3月31日までの勤務費用（S），利息費用（I）はそれぞれ2,250,000円，3,150,000円と計算された。なお，同期間における退職金支払額（P）は1,150,000円であった。

この会社は，03年4月1日付で平均3％の給付水準の引上げを行った結果，退職給付債務の増加，すなわち過去勤務債務（PSC）の発生

が2,500,000円あった。過去勤務債務については発生年度別に5年間にわたり定額法で費用処理する。

04年3月31日における数理計算による退職給付債務は59,250,000円と計算された。

① 退職給付費用の計上

(借)退職給付費用　5,400,000　　(貸)退職給付引当金　5,400,000

② 未認識数理差異の費用処理

(借)退職給付引当金　500,000　　(貸)退職給付費用　500,000

③ 過去勤務債務の費用処理

(借)退職給付費用　500,000　　(貸)退職給付引当金　500,000

④ 退職一時金支払い時における処理

(借)退職給付引当金　1,150,000　　(貸)現 金 預 金　1,150,000

	実際 03/4/1	退職給付費用	退職金支払額	予測 04/3/31	数理計算上 の差異	実際 04/3/31
退職給付債務	(52,500,000)	S (2,250,000) I (3,150,000) PSC(2,500,000)	P 1,150,000	(59,250,000)	0	(59,250,000)
未積立退職給付債務	(52,500,000)			(59,250,000)		(59,250,000)
未認識数理計算上の差異 03/3/31発生分	(7,500,000)	500,000*1		(7,000,000)		(7,000,000)
未認識過去勤務費用 04/3/31発生分	0	PSC 2,500,000 (500,000)*2		2,000,000		2,000,000
退職給付引当金	(60,000,000)	(5,400,000)	1,150,000	(64,250,000)	0	(64,250,000)

＊1：未認識数理計算上の差異の費用処理額（退職給付費用控除額）
　　　　　　　　　　　　　　　　　7,500,000円÷15年＝500,000円
＊2：過去勤務費用（PSC）の費用処理額　　2,500,000円÷5年＝500,000円
　　　過去勤務費用は発生年度から費用処理され，残額は未認識過去勤務費用として繰り延べられる。

〈計算〉

・退職給付費用

勤務費用（S）＋利息費用（I）（期首退職給付債務×割引率）＝退職給付費用
2,250,000円＋52,500,000円×6.0％＝5,400,000円

【解　説】　過去勤務債務とは，退職給付水準の改訂等に起因して発生した退職給付債務のその改訂前の期間に係る増加（又は減少）部分をいい，退職給付に係る会計基準適用後に改訂した場合に発生し，平均残存勤務期間以内の一定の年数での償却が認められています。

(消費税)　退職給付費用は，給与等を対価とする役務の提供に該当し不課税であり，消費税の課税対象外です。

■関連法規……会社計規第6条第2項第1号，財規第52条第3項，退職給付適用
　　　　　　　指針設例4－2

317 退職年金制度における退職給付引当金を計算した〈1年度〉

　当社は従業員非拠出の確定給付企業年金制度を採用している3月決算会社であるが，01年4月1日における数理計算による退職給付債務は50,000,000円と計算された。直前期末における前払掛金又は未払掛金はなく，01年4月1日における年金資産の公正な評価額は35,000,000円であった。

　01年4月1日における数理計算の結果，01年4月1日からX2年3月31日までの勤務費用（S）は3,500,000円と計算され，割引率及び長期期待運用収益率ともに4.0％であった。また，当期における年金資産からの年金給付支払額（P）及び掛金拠出額（C）は1,000,000円と4,000,000円であった。

　02年3月31日における数理計算による退職給付債務は54,500,000円と計算され，年金資産の公正な評価額は40,500,000円であった。当年度における年金資産の実際運用収益率が，長期期待運用収益率4.0％を上回ったため数理計算上の差異1,100,000円が発生した。

　なお，数理計算上の差異の費用処理については，当期の発生額を翌

期から費用処理期間10年の定率法（0.206）で費用処理する方法を採用している。

① 退職給付費用の計上

(借)退職給付費用　4,100,000　　(貸)退職給付引当金　4,100,000

② 掛金拠出時における処理

(借)退職給付引当金　4,000,000　　(貸)現 金 預 金　4,000,000

	実際 01／4／1	退職給付費用	年金／掛金 支払額	予測 02／3／31	数理計算上 の差異	実際 02／3／31
退職給付債務	(50,000,000)	S (3,500,000) I (2,000,000)	P 1,000,000	(54,500,000)	0	(54,500,000)
年金資産	35,000,000	R 1,400,000	P (1,000,000) C 4,000,000	39,400,000	AGL 1,100,000	40,500,000
未積立退職給付債務	(15,000,000)			(15,100,000)		(14,000,000)
未認識数理計算上の差異					(1,100,000)*	(1,100,000)
退職給付引当金	(15,000,000)	(4,100,000)	4,000,000	(15,100,000)	0	(15,100,000)

＊：数理計算上の差異の発生額1,100,000円は，未認識数理計算上の差異として繰り延べられ，翌期から費用処理期間10年の定率法（0.206）により費用処理（退職給付費用から控除）する。

〈計算〉　利息費用（I）：期首退職給付債務×割引率

　　　　　50,000,000円×4.0％＝2,000,000円

　　　　期待運用収益相当額（R）：期首年金資産×長期期待運用収益率

　　　　　35,000,000円×4.0％＝1,400,000円

【解　説】　退職年金の場合の退職給付引当金は，退職給付債務に未だ費用化されていない過去勤務債務と数理計算上の差異を加減した額から年金資産の額を控除して算定します。なお，年金資産は，期末の公正な評価額によって計算します。

(消費税)　退職給付費用は，給与等を対価とする役務の提供に該当し不課税であり，消費税の課税対象外です。

434　Ⅴ—固定負債

■関連法規……会社計規第6条第2項第1号，財規第52条第3項，退職給付適用指針設例5-2

318 退職年金制度における退職給付引当金を計算した〈2年度〉

> 設例**317**の会社の02年3月31日における数理計算の結果，02年4月1日から03年3月31日までの勤務費用（S）は3,350,000円と計算された。なお，当期首の退職給付債務及び年金資産評価額は，それぞれ54,500,000円，40,500,000円であった。また，当期における年金資産からの年金給付支払額（P）及び掛金拠出額（C）は1,100,000円と4,250,000円であった。
>
> 03年3月31日における数理計算に用いる割引率は，重要な変動が生じたため4.0％から3.0％に変更された。03年3月31日において割引率3.0％で数理計算された退職給付債務は67,500,000円と計算され，退職給付債務に係る数理計算上の差異が8,570,000円発生した。また，当期における年金資産の実際運用収益率が，長期期待運用収益率4.0％を下回ったため，03年3月31日における公正な評価額は45,000,000円となり，年金資産に係る数理計算上の差異が270,000円発生した。
>
> なお，数理計算上の差異の費用処理については前期発生額は当期から，当期発生額は翌期から費用処理期間10年の定率法（0.206）で費用処理する方法を採用している。

① 退職給付費用の計上

　　（借）退職給付費用　3,910,000　　（貸）退職給付引当金　3,910,000

② 未認識数理差異の費用処理

　　（借）退職給付引当金　226,600　　（貸）退職給付費用　226,600

③ 掛金拠出時における処理

　　（借）退職給付引当金　4,250,000　　（貸）現金預金　4,250,000

退職給付引当金 435

	実際 02／4／1	退職給付費用	年金／掛金 支払額	予測 03／3／31	数理計算上 の差異	実際 03／3／31
退職給付債務	(54,500,000)	S (3,350,000) I (2,180,000)	P 1,000,000	(59,030,000)	AGL(8,470,000)	(67,500,000)
年金資産	40,500,000	R 1,620,000	P (1,100,000) C 4,250,000	45,270,000	AGL (270,000)	45,000,000
未積立退職給付債務	(14,000,000)			(13,760,000)		(22,500,000)
未認識数理計算上の差異	(1,100,000)	226,600*1		(873,400)	8,740,000*2	7,966,600
退職給付引当金	(15,100,000)	(3,683,400)	4,250,000	(14,633,400)	0	(14,633,400)

＊1：未認識数理計算上の差異の費用処理額（退職給付費用控除額）

$1,100,000 円 \times 0.206 = 226,600 円$

＊2：数理計算上の差異の発生額8,840,000円は，未認識数理計算上の差異として繰り延べられ，翌期から費用処理期間10年の定率法（0.206）により費用処理する。

〈計算〉

利息費用（I）：期首退職給付債務×割引率

$54,500,000 円 \times 4.0\% = 2,180,000 円$

期待運用収益相当額（R）：期首年金資産×長期期待運用収益率

$40,500,000 円 \times 4.0\% = 1,620,000 円$

退職給付費用：勤務費用(S)＋$\underset{(期首退職給付債務\times 割引率)}{利息費用（I）}$－$\underset{(期首年金資産\times 長期期待運用収益率)}{期待運用収益相当額（R）}$

$3,350,000 円 + 54,500,000 円 \times 4.0\% - 40,500,000 円 \times 4.0\% = 3,910,000 円$

【解　説】　前期から未だ費用化されていない数理計算上の差異として繰り延べられたものは，当期より一定の費用処理期間により費用処理されます。

(消費税)　退職給付費用は，給与等を対価とする役務の提供に該当し不課税であり，消費税の課税対象外です。

■関連法規……会社計規第6条第2項第1号，財規第52条第3項，退職給付適用指針設例5－2

319 退職年金制度における退職給付引当金を計算した〈3年度〉

設例**317**の会社の03年3月31日における数理計算の結果、03年4月1日から04年3月31日までの勤務費用（S）は2,850,000円と計算された。なお、当期首の退職給付債務及び年金資産評価額は、それぞれ67,500,000円、45,000,000円であった。また、当期における年金資産からの年金給付支払額（P）及び掛金拠出額（C）は1,150,000円と4,050,000円であった。

この会社は、03年4月1日付けで平均3.0%の給付水準の引上げを行った結果、退職給付債務の増加、すなわち過去勤務債務（PSC）の発生が3,375,000円あった。

04年3月31日における退職給付債務は74,600,000円であった。当期における年金資産の実際運用収益率が、長期期待運用収益率4.0%を下回って運用されたため、04年3月31日における年金資産の公正な評価額は48,900,000円となり、年金資産に係る数理計算上の差異が800,000円発生した。

なお、過去勤務費用については、発生年度別に発生年度における平均残存勤務期間（15年）にわたり定額法で費用処理する方法を採用している。

また、数理計算上の差異については当期の発生額については翌期から費用処理期間10年の定率法（0.206）で費用処理する方法を採用している。

① 退職給付費用の計上

　（借）退職給付費用　　3,075,000　　（貸）退職給付引当金　　3,075,000

② 未認識数理差異の費用処理

　（借）退職給付費用　　1,641,120　　（貸）退職給付引当金　　1,641,120

③ 過去勤務債務の費用処理

(借)退職給付費用　　225,000　　(貸)退職給付引当金　　225,000

④ 掛金拠出時における処理

(借)退職給付引当金　4,050,000　　(貸)現 金 預 金　4,050,000

	実際 03／4／1	退職給付費用	年金／掛金 支払額	予測 04／3／31	数理計算上 の差異	実際 04／3／31
退職給付債務	(67,500,000)	S (2,850,000) I (2,025,000) PSC(3,375,000)	P 1,150,000	(74,600,000)	0	(74,600,000)
年金資産	45,000,000	R 1,800,000	P (1,150,000) C 4,050,000	49,700,000	AGL(800,000)	48,900,000
未積立退職給付債務	(22,500,000)			(24,900,000)		(25,700,000)
未認識数理計算上の差異	7,966,600	(1,641,120)*1		6,325,480	800,000*3	7,125,480
未認識過去勤務費用 04／3／31発生分	0	PSC 3,375,000 (225,000)*2		3,150,000		3,150,000
退職給付引当金	(14,533,400)	(4,941,120)	4,050,000	15,424,520	0	(15,424,520)

＊1：数理計算上の差異の費用処理額：7,966,600円×0.206＝1,641,120円

＊2：過去勤務費用の費用処理額：3,375,000円÷15年＝225,000円

＊3：数理計算上の差異の発生額800,000円は，未認識数理計算上の差異として繰り延べられ，翌期から費用処理期間10年の定率法（0.206）により費用処理する。

〈計算〉

利息費用（I）：期首退職給付債務×割引率

67,500,000円×3.0％＝2,025,000円

期待運用収益相当額（R）：期首年金資産×長期期待運用収益率

45,000,000円×4.0％＝1,800,000円

退職給付費用：勤務費用(S)＋利息費用 (I)
(期首退職給付債務×割引率)－期待運用収益相当額 (R)
(期首年金資産×長期期待運用収益率)

2,850,000円＋67,500,000円×3.0％－45,000,000円×4.0％＝3,075,000円

【解　説】　過去勤務債務は，退職給付水準の改訂等に起因して発生し

た退職給付債務の増加又は減少部分をいい，平均残存勤務期間以内の一定の年数で償却されます。

(消費税) 退職給付費用は，給与等を対価とする役務の提供に該当し不課税であり，消費税の課税対象外です。

■関連法規……会社計規第6条第2項第1号，財規第52条第3項，退職給付適用指針設例5－2

320 年金資産が退職給付債務を超過した

退職年金制度を採用しているが，期首における退職給付債務は10,000,000円，年金資産の公正な評価額は9,000,000円，及び会計基準変更時差異は1,000,000円であった。

当期の勤務費用（S）は500,000円であり，割引率及び長期期待運用収益率は共に5.0％であった。期末における退職給付債務及び年金資産の公正な評価額は，それぞれ10,700,000円，10,750,000円であった。

また，当期における年金資産からの年金給付支払額（P）及び掛金拠出額（C）は300,000円と1,600,000円であった。

① 退職給付費用の計上

(借)退職給付費用　　550,000　　(貸)退職給付引当金　　550,000

② 掛金支払額の計上

(借)退職給付引当金　1,600,000　　(貸)現　金　預　金　1,600,000

③ 期末における処理

(借)前払年金費用　　50,000　　(貸)退職給付引当金　　50,000

	期首	退職給付費用	年金/掛金支払額	予測(期末)	数理計算上の差異	期末
退職給付債務	(10,000,000)	S(500,000) I(500,000)	P 300,000	(10,700,000)	0	(10,700,000)
年金資産	9,000,000	450,000	P(300,000) C 1,600,000	10,750,000	0	10,750,000
未積立退職給付債務	(1,000,000)			50,000		50,000
未認識数理上の差異	0			0		0
未認識過去勤務費用	0			0		0
退職給付引当金	(1,000,000)	(550,000)	1,600,000	50,000	0	50,000

【解　説】　退職給付費用は，退職給付引当金に計上します。次に，掛金支払額を退職給付引当金を取り崩して拠出します。退職給付引当金の借方残高を前払年金費用に計上します。退職給付会計においては，退職給付債務に未認識過去勤務債務及び未認識数理計算上の差異を加減した額から年金資産の額を控除した額を，退職給付引当金として計上します。

ただし，年金資産の額が退職給付債務に未認識過去勤務債務及び未認識数理計算上の差異を加減した額を超える場合には，その超過額を退職給付債務から控除できないものとして，前払年金費用として処理されます。

(消費税)　退職給付費用は，給与等を対価とする役務の提供に該当し不課税であり，消費税の課税対象外です。

■関連法規……会社計規第6条第2項第1号，第74条第3項第4号ニ，財規第32条第1項第12号，第52条第3項，退職給付会計基準13，同(注1)

321 簡便法により退職給付引当金を計算した（退職一時金制度のみの場合）

> 当社は，退職一時金制度のみで，期首と期末の自己都合要支給額は，それぞれ50,000,000円，55,000,000円であった。当期の退職金支払額は7,000,000円である。平均残存勤務期間は17年であった。また，昇給率は2％，割引率は3％である。
> なお，当社は従業員が300人未満で，退職給付引当金については簡便法を採用している。

① 期末自己都合要支給額を退職給付債務とする方法

(借)退職給付引当金　7,000,000　　(貸)現 金 預 金　7,000,000

(借)退職給付費用　12,000,000　　(貸)退職給付引当金　12,000,000

	期首	退職給付費用	退職金支払	期末
退職給付債務	(50,000,000)	12,000,000	7,000,000	(55,000,000)

〈計算〉

退職給付費用：55,000,000円－(50,000,000円－7,000,000円)＝12,000,000円

② 自己都合要支給額に昇給率係数及び割引率係数を乗じたものを退職給付債務とする方法

(借)退職給付引当金　7,000,000　　(貸)現 金 預 金　7,000,000

(借)退職給付費用　11,235,866　　(貸)退職給付引当金　11,235,866

	期首	退職給付費用	退職金支払	期末
退職給付債務	42,358,660	11,235,866	7,000,000	46,594,526

〈計算〉

期首の退職給付債務：50,000,000円×昇給率係数1.40024×割引率係数0.60502
＝42,358,660円

期末の退職給付債務：55,000,000円×1.40024×0.60502＝46,594,526円

退職給付費用：46,594,526円－(42,358,660円－7,000,000円)＝11,235,866円

【解　説】　従業員数が比較的少ない小規模な企業（300人未満）などにおいて，高い信頼性をもって数理計算上の見積りを行うことが困難である場合や退職給付の重要性が乏しい場合には，期末の退職給付の要支給額を用いた見積計算を行うなど，簡便な方法を用いて退職給付債務等を計算することが認められます。

　退職一時金制度における簡便法には，①退職給付に係る期末自己都合要支給額を退職給付債務とする方法，②退職給付に係る期末自己都合要支給額に，平均残存勤務期間に対応する割引率及び昇給率の各係数を乗じた額を退職給付債務とする方法，③一度，原則法で退職給付債務を計算し，自己都合要支給額との比較指数を算定しこれを用いて退職給付債務を算出する方法，などがあります。

　なお昇給率係数や割引率係数は，それぞれの係数表（退職給付適用指針資料1，2）により求められます。

中小会計　中小企業会計指針では，退職一時金制度の場合，①の方法を採用できるとし，確定給付型の企業年金制度であっても，通常，支給実績として従業員が退職時に一時金を選択することが多いため，退職一時金制度と同様に退職給付債務を計算することができます。

消費税　退職給付費用は，給与等を対価とする役務の提供に該当し不課税であり，消費税の課税対象外です。

■関連法規……会社計規第6条第2項第1号，財規第52条第3項，退職給付適用
　　　　　　　指針第47項，第48項，第49項，第50項，第109項，第112項，設例9.1，
　　　　　　　中小会計指針第55項

322 簡便法により退職給付引当金を計算した（企業年金制度のみの場合）

> 企業年金制度のみを採用しているが，年金財政計算上の数理債務は，直近1年前は10,000,000円，直近は12,000,000円で，年金資産の公正な評価額は，期首が7,500,000円，期末が9,300,000円であった。当期の掛金拠出額は1,000,000円であり，年金資産の運用益は800,000円である。
> なお，当社は従業員が300人未満で，退職給付引当金については簡便法を採用している。

① 企業年金を拠出した

(借)退職給付引当金　1,000,000　　(貸)現 金 預 金　1,000,000

② 退職給付費用を計上した

(借)退職給付費用　1,200,000　　(貸)退職給付引当金　1,200,000

	期首	退職給付費用	拠出金支払	期末
退職給付債務	(10,000,000)	(2,000,000)		(12,000,000)
年金資産	7,500,000	800,000	1,000,000	9,300,000
退職給付引当金	(2,500,000)	(1,200,000)	1,000,000	(2,700,000)

【解　説】　従業員数が比較的少ない小規模な企業（300人未満）などにおいて，合理的に数理計算上の見積りを行うことが困難である場合や退職給付の重要性が乏しい場合には，期末の退職給付の要支給額を用いた見積計算を行うなど，簡便な方法を用いて退職給付債務等を計算することが認められます。

企業年金制度における簡便法には，直近の年金財政計算上の数理債務をもって退職給付債務とする方法などがあります。設例では，年金財政計算上の数理債務を退職給付引当金とする方法によっているため，退職給付引当金は数理債務から年金資産の公正な評価額を控除した額となり

ます。

(消費税) 退職給付費用は，給与等を対価とする役務の提供に該当し不課税であり，消費税の課税対象外です。

■関連法規……会社計規第6条第2項第1号，財規第52条第3項，退職給付適用指針第47項，第48項，第49項，第50項，第109項，第112項，設例9.2

323 複数事業主制度により設立された企業年金に支払いを行った

> 当グループの一部の連結子会社では，複数の事業主により設立された企業年金制度（総合設立型厚生年金基金）を採用しているが，自社の拠出に対応する年金資産の額を合理的に計算することができない。
> 当期は，要拠出額として，2,000,000円を支払った。

(借)退職給付費用　2,000,000　　(貸)現 金 預 金　2,000,000

【解　説】　複数事業主制度においても原則として，事業主ごとに退職給付債務，年金資産を算定し退職給付会計を適用しなければならず，自社の負担に属する年金資産等の計算を行うときの合理的な基準としては，次に例示する額についての制度全体に占める各事業主に係る比率によることができるものとされています。

(1) 退職給付債務
(2) 年金財政計算における数理債務の額から，年金財政計算における未償却過去勤務債務を控除した額
(3) 年金財政計算における数理債務の額
(4) 掛金累計額
(5) 年金財政計算における資産分割の額

しかし，複数の事業主により設立された企業年金制度を採用している場合において，自社の拠出に対応する年金資産の額を合理的に計算することができない場合があります。この場合には，確定拠出制度に準じて，要拠出額を退職給付費用として計上します。

本設例では，自社の拠出に対応する年金資産の額を合理的に計算することができないため，要拠出額を退職給付費用として計上します。

(消費税) 退職給付費用は，給与等を対価とする役務の提供に該当し不課税であり，消費税の課税対象外です。

■**関連法規**……会社計規第6条第2項第1号，財規第52条第3項，退職給付適用指針63項，第64項，第118項，第119項，第119-2項，第120項，第121項，第127項

役員退職慰労引当金

324 役員退職慰労引当金を計上した

当社では,役員退職慰労金支給の内規に従って計算した当期末の役員退職慰労金の要支給額200,000,000円である。

また,前期末の役員退職金の要支給額は180,000,000円で,当期中に退職した役員はいなかった。

(借)役員退職慰労引当金繰入額　20,000,000　　(貸)役員退職慰労引当金　200,000,000
　　(販売費及び一般管理費)
　　利益剰余金期首残高　180,000,000

【解　説】　役員退職慰労金は役員の在職年数,支給に関する内規,過去の支給実績などから支給見込額の計算が可能であるために,役員の退職前において,在職した期間に相当する額を役員退職慰労引当金として計上します。

(消費税)　役員退職慰労引当金繰入額は,資産の譲渡等には該当しないため,消費税の課税対象外です。

《表　示》　役員退職慰労引当金は,貸借対照表上,固定負債の部に表示します。役員退職慰労引当金繰入額のうち,当期分20,000,000円は,損益計算書上,販売費及び一般管理費に,前期末までの不足分180,000,000円は,利益剰余金期首残高を修正します。

■関連法規……会社計規第75条第2項第2号ハ,監査・保証実務委員会実務指針第42号

325 役員退職慰労引当金を取り崩した

　任期満了で役員Aが退任し，株主総会の決議を得て退職金30,000,000円を小切手で支払った。当該役員に対する退職慰労引当金残高は25,000,000円である。また，役員退職慰労金に係る所得税及び復興特別所得税3,000,000円を源泉徴収した。

(借)役員退職慰労金	30,000,000	(貸)当座預金	27,000,000
		預り金	3,000,000
(借)役員退職慰労引当金	25,000,000	(貸)役員退職慰労引当金取崩額	25,000,000
(借)役員退職慰労引当金取崩額	25,000,000	(貸)役員退職慰労金	25,000,000

【解　説】　役員退職慰労金の支出は株主総会の決議を要するというのが会社法上，通説となっています。従って，任期途中で退任した役員については，株主総会の決議を経るまで退職慰労金が支出できないと考えられます。しかし税法上は，支給した日の属する事業年度での損金算入を認めています。

　役員退職慰労引当金は，役員個人別に計算されていますので，当該役員分の残高を全額取り崩します。

　なお，損益計算書上，役員退職慰労金と役員退職慰労引当金取崩額を相殺して表示する場合は，その相殺の仕訳を行います。

(消費税)　役員退職慰労金は，給与等を対価とする役務の提供に該当するため不課税であり，消費税の課税の対象とはなりません。また，役員退職慰労引当金取崩額は，資産の譲渡等には該当しないため，消費税の課税の対象とはなりません。

■関連法規……財規第52条第3項，法基通9－2－28，消法第2条第1項第12号，消通11－1－2

預り敷金・保証金

326 営業保証金を預かった

> 当社は，新たに取引を開始したA社から営業保証金10,000,000円を預った。この返済期日は3年後で，その後，取引が続く限り更新される予定である。

　　(借)現 金 預 金　10,000,000　　(貸)長期預り金　10,000,000

【解　説】　預り金のうち，その返済期限が1年を超えるものについては，流動負債である預り金と区分して，固定負債の「長期預り金」とします。

　長期預り金には，返済期限が1年を超える預り営業保証金や預り敷金があります。

(消費税)　営業保証金は，一種の預り金に該当するため，資産の貸付けの対価とはなりません。従って，消費税の課税対象外です。

《表　示》　長期預り金は，貸借対照表上，固定負債の部に表示します。
■関連法規……財規ガイド51

327 返還を要しない敷金を預かった

> 賃貸目的でビルを建設し，入居希望者より10年間の契約で，敷金10,000,000円を小切手で受け取ったが，この敷金のうち，2割である2,000,000円（消費税等181,818円を含む）は返済を要しないという契約であった。

　　(借)現 金 預 金　10,000,000　　(貸)長期預り金　　8,000,000
　　　　　　　　　　　　　　　　　　　　補償金収入　　1,818,182
　　　　　　　　　　　　　　　　　　　　仮受消費税等　　181,818

【解　説】　返還を要する敷金等は一時的な預り金と区別して,「長期預り金」勘定を用います。返還を要しない部分については,入金時点又はビルの貸付けを開始した時点で収益に計上します。

消費税　敷金は,一種の預り金に該当しますので,資産の貸付けの対価とはならず,消費税の課税対象外です。補償金収入は後日返還しないものであるため,資産の貸付けの対価に該当し,消費税が課税されます。

《表　示》　補償金収入は,損益計算書上,不動産業であれば営業収益,不動産業以外であれば営業外収益の部に計上します。

■関連法規……財規ガイド51,法基通2－1－41

328 預り敷金を返還した

当社の賃貸ビルの賃借人が移転することになり,預り敷金5,000,000円のうち,立替金で処理した原状復旧費用1,000,000円を差し引き,小切手で返還した。

　(借)長期預り金　　5,000,000　　(貸)立　替　金　1,000,000
　　　　　　　　　　　　　　　　　　　当 座 預 金　4,000,000

【解　説】　賃借人が移転等で退去する場合には,一般的に賃借部分を賃借開始時点の状況に復旧することが契約上定められています。この費用は賃借人の負担であるため,本設例のように預り敷金と相殺されることがあります。

本設例では,原状復旧工事が完了して修繕費の計上が先行していることを前提に,修繕費を立替金で処理しました。自社の資産の修繕ですが,実質的な負担がないという意味で立替金処理が正しい処理です。

消費税　敷金の返還及立替金との相殺は,消費税の課税の対象とはなりません。

資産除去債務

329 資産除去債務を計上した（取壊しを条件に店舗を取得した）

当社は，X00年4月1日に定期借地権の契約で土地を借り，店舗を建築し使用を開始した。

この店舗の取得原価は50,000,000円，耐用年数は10年であり，定期借地権の契約年数も10年であった。当社がこの店舗を除去するときの支出は10,000,000円と見積られている。

X10年3月31日にこの店舗が除去された。この店舗の除去に係る支出は11,000,000円であった。資産除去債務は，取得時にのみ発生するものとし，当社はこの店舗について残存価額0円で定額法により減価償却を行っている。割引率は1.0%とする。

当社の決算日は3月31日である。

1　X00年4月1日
▶店舗の取得と関連する資産除去債務の計上

(借)建　　　物　59,052,870　　(貸)現 金 預 金　50,000,000
　　　　　　　　　　　　　　　　　　資産除去債務　 9,052,870

〈計算〉　将来キャッシュ・フロー見積額
　　　　10,000,000円÷$(1.01)^{10}$≒9,052,870円

2　X01年3月31日（1年目）
▶時の経過による資産除去債務の増加

(借)利 息 費 用　　　90,529　　(貸)資産除去債務　　　90,529

〈計算〉　X00年4月1日における資産除去債務
　　　　9,052,870円×1.0%≒90,529円

▶店舗と資産計上した除去費用の減価償却

(借)減価償却費　5,905,287　　(貸)減価償却累計額　5,905,287

〈計算〉　　減価償却費　＋除去費用資産計上額
50,000,000円÷10年＋9,052,870円÷10年＝5,905,287円
(減価償却費は，定額法のため以下10年目まで同額である)

3　X02年3月31日（2年目）
▶時の経過による資産除去債務の増加

(借)利 息 費 用　91,434　　(貸)資産除去債務　91,434

〈計算〉　X01年3月31日における資産除去債務
(9,052,870円＋90,529円)×1.0%≒91,434円

▶店舗と資産計上した除去費用の減価償却

(借)減価償却費　5,905,287　　(貸)減価償却累計額　5,905,287

4　X03年3月31日（3年目）
▶時の経過による資産除去債務の増加

(借)利 息 費 用　92,348　　(貸)資産除去債務　92,348

〈計算〉　X02年3月31日における資産除去債務
(9,052,870円＋90,529円＋91,434円)×1.0%≒92,348円

▶店舗と資産計上した除去費用の減価償却

(借)減価償却費　5,905,287　　(貸)減価償却累計額　5,905,287

5　X10年3月31日（10年目）
▶時の経過による資産除去債務の増加

(借)利 息 費 用　99,010　　(貸)資産除去債務　99,010

〈計算〉 X09年3月31日における資産除去債務

(9,052,870円+90,529円+91,434円+92,348円+93,272円+94,205円
+95,147円+96,098円+97,059円+98,030円)×1.0%≒99,010円

▶店舗と資産計上した除去費用の減価償却

| (借)減価償却費 | 5,905,287 | (貸)減価償却累計額 | 5,905,287 |

▶店舗の除去及び資産除去債務の履行

(借)減価償却累計額	59,052,870	(貸)建 物	59,052,870
資産除去債務	10,000,000	現金預金	11,000,000
資産除去費用 (履行差額)	1,000,000		

【解　説】　資産除去債務の計上が求められるのは，有形固定資産（建設仮勘定，リース資産，投資不動産を含む）の除去に関する法律上の義務及びそれに準ずるものがある場合です。

　資産除去債務は，将来の資産除去債務履行時のキャッシュ・フローを割引計算し，計上します。対応する費用は，負債計上額と同額を対応する有形固定資産に計上します。

　資産除去までの各事業年度において，資産計上額を減価償却を通じて残存耐用年数にわたり費用配分し，また時の経過による調整額（利息費用）を発生時の費用として処理し，負債計上額を増加させます。

(消費税)　資産除去債務は，対価をもって行われる資産の譲渡等に該当しないため，消費税が課税されません。

《表　示》　資産除去債務は，「資産除去債務」等の適切な勘定科目で負債（流動固定区分はワンイヤールール）に計上します。除却費用に係る費用配分額と時の経過による調製額（利息費用）は，減価償却費と同じ区分に計上します。また資産除去債務残高と支出額の差額は，除去費用の費用配分額と同区分（原則，営業費用）に計上します。

■関連法規……資産除去債務会計基準第3項，第4項，第7項，第23項，第28項，資産除去債務適用指針設例1

330 資産除去債務が複数の有形固定資産から構成されていた

当社は、X00年4月1日に工場建物とその建物附属設備を取得し、一体として使用を開始した。

建物の取得原価は35,000,000円、耐用年数は20年であり、建物附属設備の取得原価は8,000,000円、耐用年数は10年である。建物はその使用後、除去する法的義務があり、建物附属設備は建物の除去に際し同時に除去される。ただし、建物附属設備は建物より短い周期で更新され、その際の建物附属設備のみの除去についての法的義務はない。当社が建物を除去するときの支出は2,000,000円、建物附属設備を除去するときの支出は1,000,000円と見積られている。X10年3月に建物附属設備を8,000,000円で更新した。

X20年3月31日に建物と建物附属設備が除去された。これらの設備の除去に係る支出は3,500,000円であった。当社はこれらの設備について残存価額0円で定額法により減価償却を行っている。

当社の決算日は3月31日である。なお、ここでは簡便化のため、時間価値の考慮（割引）はしていない。

(1) X00年4月1日
▶工場建物とその建物附属設備の取得と関連する資産除去債務の計上

(借)建　　　物	38,000,000	(貸)現 金 預 金	43,000,000
建物附属設備	8,000,000	資産除去債務	3,000,000

〈計算〉　工場建物の取得価額＋工場建物とその建物附属設備の除去費用資産計上額

35,000,000円＋2,000,000円＋1,000,000円＝38,000,000円

(2) X01年3月31日
▶工場建物、建物附属設備と資産計上した除去費用の減価償却

(借)減価償却費	2,700,000	(貸)減価償却累計額	2,700,000

〈計算〉 建物の減価償却費 ＋建物附属設備の減価償却費
38,000,000円÷20年 ＋ 8,000,000円÷10年 ＝2,700,000円

(3) X10年3月31日

▶建物附属設備の更新

(借)減価償却累計額	8,000,000	(貸)建物附属設備	8,000,000
資産除去費用 （履行差額）	1,000,000	現 金 預 金	9,000,000
建物附属設備	8,000,000		

(4) X20年3月31日

▶工場建物の除去

(借)減価償却累計額	46,000,000	(貸)建　　　　物	38,000,000
資産除去債務	3,000,000	建物附属設備	8,000,000
資産除去費用 （履行差額）	500,000	現 金 預 金	3,500,000

331 資産除去債務が使用のつど発生した

> 当社はX00年4月1日に機械装置（プラント設備）を取得し，使用を開始した。
> その設備の取得原価は5,000,000円，耐用年数は5年であり，当社にはその設備の使用後に除去する法的義務がある。当社がその設備を除去するときの支出は1,500,000円と見積られており，そのうち1,000,000円は設備の取得時点で発生し，500,000円については，その通常の使用における稼働時間に応じて立地している土地を汚染するため，毎期$\frac{1}{5}$（100,000円）ずつ発生する。
> 当社は，この設備について残存価額0円で定額法により減価償却を行っている。
> 当社の決算日は3月31日である。なお，ここでは簡便化のため時間価値の考慮（割引）はしていない。

(1) X00年4月1日

▶取得時点で発生する資産除去債務を負債として計上する

(借)機械装置	6,000,000	(貸)現金預金	5,000,000
		資産除去債務	1,000,000

(2) X01年3月31日

(借)減価償却費　1,200,000　　(貸)減価償却累計額　1,200,000

〈計算〉　プラント設備の減価償却費
　　　　6,000,000円÷5年＝1,200,000円

▶原則的な方法：使用のつど発生する資産除去債務を各期において計上する

(借)機械装置　　100,000　　(貸)資産除去債務　　100,000

これは，機械装置の耐用年数により，各期に費用配分する。

・別法：資産計上額と同額を費用処理する方法

(借)機械装置　　100,000　　(貸)資産除去債務　　100,000

(借)減価償却費　100,000　　(貸)減価償却累計額　100,000

【解説】　資産除去債務が有形固定資産の稼動等に従って，使用のつど発生する場合には，資産除去債務に対応する除去費用を各期においてそれぞれ資産計上し，関連する有形固定資産の残存耐用年数にわたり，各期に費用配分します。

なお，この場合には，上記の処理のほか，除去費用をいったん資産に計上し，その計上時期と同一の期間に，資産計上額と同額を費用処理することもできます。

(消費税)　資産除去債務は，対価を得て行われる資産の譲渡等に該当しないため，消費税が課税されません。

■関連法規……資産除去債務会計基準第8項，資産除去債務適用指針設例4

332 資産除去債務の見積りに変更があった

当社は、X00年4月1日に設備を取得し、使用を開始した。この設備の耐用年数は8年で、当社にはその設備を使用後に除去する法的義務がある。

当社は、X00年4月1日に資産除去債務として負担している金額を負債に計上し、有形固定資産の帳簿価額を同額増加させる処理を行った。当社は将来キャッシュ・フローの見積りと割引率を用いて、資産除去債務の割引価値を算定した。資産除去債務は、取得時にのみ発生し、取得後の増減は見積りの変更によるものである。当社は、その設備について残存価額0円で定額法により減価償却を行っている。当社の決算日は3月31日である。

なお、本設例では理解を容易にするため、設備の取得に関連する資産除去債務の会計処理のみを示すこととする。

年月日	除却費用見積額	割引率
X00.4.1	8年後の見積額は5,000,000円であった	1.0%
X01.3.31	7年後の見積額に変更はない。	1.0%
X02.3.31	6年後の見積額は6,000,000円に増加した	0.7%
X03.3.31	5年後の見積額に変更はない	0.5%
X04.3.31	4年後の見積額に変更はない	0.3%
X05.3.31	3年後の見積額に変更はない	0.3%
X06.3.31	2年後の見積額に変更はない	0.3%
X07.3.31	1年後の見積額に変更はない	0.3%
X08.3.31	実際除去費用6,000,000円を支払った	0.3%

(1) X00年4月1日（設備取得時）
▶設備の取得と関連する資産除去債務の計上

　　（借）有形固定資産　　4,617,416　　（貸）資産除去債務　　4,617,416

〈計算〉 将来キャッシュ・フロー見積額
5,000,000円÷$(1.01)^8$≒4,617,416円

(2) X01年3月31日（1年目）
▶時の経過による資産除去債務の増加

(借)利 息 費 用　　　46,174　　(貸)資産除去債務　　　46,174

〈計算〉 X00年4月1日における資産除去債務
4,617,416円×1.0%≒46,174円

▶資産計上した除去費用の減価償却

(借)減価償却費　　　577,177　　(貸)減価償却累計額　　577,177

〈計算〉 X00年4月1日における除去費用資産計上額
4,617,416円÷8年≒577,177円
（減価償却費は，定額法のため以下2年目まで同額である。）

(3) X02年3月31日（2年目）
▶時の経過による資産除去債務の増加

(借)利 息 費 用　　　46,636　　(貸)資産除去債務　　　46,636

〈計算〉 X01年3月31日における資産除去債務
(4,617,416円+46,174円)×1.0%≒46,636円

▶資産計上した除去費用の減価償却

(借)減価償却費　　　577,177　　(貸)減価償却累計額　　577,177

▶将来キャッシュ・フロー見積額の増加による資産除去債務の調整

(借)有形固定資産　　959,910　　(貸)資産除去債務　　　959,910

〈計算〉 将来キャッシュ・フロー見積額の増加
$$1,000,000円 ÷ (1.007)^6 ≒ 959,010円$$

(4) X03年3月31日（3年目）

| (借)利 息 費 用 | 53,858 | (貸)資産除去債務 | 53,858 |

〈計算〉 X02年3月31日における資産除去債務×加重平均割引率
$$(4,617,416円 + 46,174円 + 46,636円 + 959,010円) × 0.95\%$$
$$≒ 53,858円$$

《加重平均割引率》

当初予測将来キャッシュ・フロー×1% + X02年3月31日予測将来キャッシュ・フロー増加額×0.7%

$$= \frac{5,000,000円}{6,000,000円} × 1.0\% + \frac{1,000,000円}{6,000,000円} × 0.7\% = 0.95\%$$

▶資産計上した除去費用の減価償却

| (借)減価償却費 | 737,012 | (貸)減価償却累計額 | 737,012 |

〈計算〉 X00年に資産計上した除去費用 + X02年に資産計上した除去費用
$$4,617,416円 ÷ 8年 + 959,010円 ÷ 6年 ≒ 737,012円$$
（減価償却費は，定額法のため以下8年目まで同額である）

(5) X04年3月31日（4年目）

| (借)利 息 費 用 | 54,369 | (貸)資産除去債務 | 54,369 |

〈計算〉 X03年3月31日における資産除去債務×加重平均割引率0.95%
$$(4,617,416円 + 46,174円 + 46,636円 + 959,010円 + 53,858円)$$
$$× 0.95\% ≒ 54,369円$$

▶資産計上した除去費用の減価償却

| (借)減価償却費 | 737,012 | (貸)減価償却累計額 | 737,012 |

(6) X08年3月31日(8年目)

(借)利 息 費 用　　56,464　　(貸)資産除去債務　　56,464

〈計算〉　X07年3月31日における資産除去債務×加重平均割引率0.95%
(4,617,416円 + 46,174円 + 46,636円 + 959,010円 + 53,858円 + 54,369円 + 54,885円 + 55,406円 + 55,932円)×0.95% ≒ 56,464円

▶資産計上した除去費用の減価償却

(借)減価償却費　　737,012　　(貸)減価償却累計額　　737,012

▶資産除去債務の履行

(借)資産除去債務　　6,000,000　　(貸)現 金 預 金　　6,000,000

【解　説】　資産除去債務の割引前の将来キャッシュ・フローに重要な見積りの変更が生じた場合,その見積変更による調整額は,資産除去債務の帳簿価額及び関連する有形固定資産の帳簿価額に加減して処理します。資産除去債務が法令の改正等により新たに発生した場合も見積りの変更と同様に取り扱います。

　なお,割引前の将来キャッシュ・フローに重要な見積りの変更が生じ,そのキャッシュ・フローが増加する場合は,その時点の割引率を適用します。これに対し,そのキャッシュ・フローが減少する場合には,負債計上時の割引率を適用します。なお,過去に割引前の将来キャッシュ・フローの見積りが増加した場合で,減少部分に適用すべき割引率を特定できないときは,加重平均した割引率を適用します。

(消費税)　資産除去債務は,対価を得て行われる資産の譲渡等に該当しないため,消費税が課税されません。

■関連法規……資産除去債務会計基準第10項,第11項,第53項,資産除去債務適用指針設例5

VI 純資産

- 資本金
- 資本剰余金
- 利益剰余金
- 自己株式
- その他有価証券評価差額金
- 新株予約権

資 本 金

333 株式会社を設立した

> 株式会社の設立登記が完了し,発起人より株式払込金に相当する普通預金10,000,000円の引渡しを受けた。また,設立費用830,000円(うち手数料330,000円(消費税30,000円を含む))の請求を受けたので,普通預金から支払った。

(借)普通預金　10,000,000　　(貸)資　本　金　10,000,000

(借)創　立　費　　 800,000　　(貸)普通預金　　　830,000
　　 仮払消費税等　　30,000

【解　説】 法人の設立は,登記が完了した時点となりますので,その時点で初めて会社の資本金が発生します。

(消費税) 資本金の払込みは,資産の譲渡等には該当しませんので,消費税の課税の対象とはなりません。

設立費用については,手数料部分につき課税仕入れがありますので,この分の消費税が仕入税額控除の対象になります。

■関連法規……財規第36条,第37条第1項第1号,第60条,財規ガイド36第1項,会社法第25条,第34条

334 新株発行を伴う増資を行った

> 当社は,増資にあたり,普通株式を2,000株,1株70,000円の条件で発行することとした。申込期日は4月10日,払込期日は4月20日で,4月11日に銀行より申込証拠金の入金の連絡があり,4月20日に当座預金に振り替えた。資本金に組み入れない金額は払込額の$\frac{1}{2}$とする。

▶申込期日の翌日(4月11日)

(借)別 段 預 金 140,000,000　　(貸)新株式申込証拠金 140,000,000

▶払込期日(4月20日)

(借)新株式申込証拠金 140,000,000　　(貸)資　本　金 70,000,000
　　　　　　　　　　　　　　　　　　　　　株式払込剰余金 70,000,000
　　　　　　　　　　　　　　　　　　　　　(資本準備金)
(借)当 座 預 金 140,000,000　　(貸)別 段 預 金 140,000,000

※株式会社の資本金の額は,株式の発行に際して払込みをした額ですが,払込額の$\frac{1}{2}$を超えない額は資本金として計上しないことができます。この額は資本準備金として計上します。

【解　説】　設例では払込額のうち70,000,000円 (70,000円×$\frac{1}{2}$×2,000株)は,資本金でなく,株式払込剰余金に該当します。

　なお,株主となる効力発生日は,払込期日の翌日ではなく,払込期日であるため,払込期日に資本金を増加する処理をします。

(消費税)　資本金の払込みは,資産の譲渡等には該当しないため,消費税の課税対象外です。

《表　示》　株式払込剰余金は,資本準備金の1つであるため,貸借対照表上,純資産の部の株主資本の部,資本剰余金の区分に「資本準備金」として表示します。

■関連法規……財規第60条,第62条,会社法第199条第1項第4号,第209条,第445条第1〜3項

335 資本準備金の資本組入れによる増資を行った

　当社は,資本金1億円の株式会社であるが取締役会の決議により,資本準備金30,000,000円の資本組入れによる無償増資を行い,新株600株を発行した。

(借)資本準備金　30,000,000　　（貸)資　本　金　30,000,000

【解　説】　法定準備金には，資本準備金と利益準備金がありますが，どちらの準備金も資本組入れができます。

(消費税)　法定準備金の資本繰入れは，資産の譲渡等には該当しないため，消費税の課税対象とはなりません。

■関連法規……財規第60条，会社法第448条，会社計規第25条第1項第1号

336　その他資本剰余金の資本組入れによる増資を行った

当社は，株主総会により，その他資本剰余金20,000,000円の資本組入れを行うことにした。

(借)その他資本剰余金　20,000,000　　（貸)資　本　金　20,000,000

【解　説】　その他資本剰余金の資本組入れは，株主総会の決議の日に行われます。

なお，剰余金を資本に組み入れることができるのは，資本剰余金だけでなく，利益剰余金もできます。

《ポイント》　その他資本剰余金は，資本剰余金のうち会社法で定める資本準備金以外のものです。資本金及び資本剰余金の取崩しによって生じる剰余金（資本金及び資本準備金減少差益）及び自己株式処分差益が含まれます。

(消費税)　その他資本剰余金の資本組入れは，資産の譲渡等には該当しませんので，消費税の課税の対象とはなりません。

■関連法規……財規第60条，会社法第450条第1項，第2項，会社計規第25条第1項第2号

資本剰余金

337 有償減資を行った

> 当社は，資本金30,000,000円，発行済株数600株，1株の払込金額50,000円の株式会社であるが，株主総会の特別決議にて資本金を1/2にするため，発行済株数300株を1株50,000円にて市場から買い取り，消却することにした。

(借)自 己 株 式　15,000,000　　(貸)現 金 預 金　15,000,000

(借)資　本　金　15,000,000　　(貸)その他資本剰余金　15,000,000
　　　　　　　　　　　　　　　　　　（減資差益）

(借)その他資本剰余金　15,000,000　　(貸)自 己 株 式　15,000,000
　　（減資差益）

【解　説】　減資には，有償減資と無償減資がありますが，有償減資は資本の払戻しであり，無償減資は資本の切捨てです。本設例は会社規模の減少を目的として，余裕資金を株主に払い戻す有償減資ですが，例は少なく，通常は無償減資が一般的です。

　減資の方法には，株式数を減少させる方法と1株当たりの金額を減少させる方法がありますが，本設例では前者としました。

《ポイント》　その他資本剰余金は，資本剰余金のうち会社法で定める資本準備金以外のものです。資本金及び資本準備金の取崩しによって生じる剰余金（資本金及び資本準備金減少差益）及び自己株式処分差益が含まれます。

(消費税)　法人が株式の有償消却の方法により減資を行うために株主から自己株式を取得する場合は，資産の譲渡等には該当しないため，消費税の課税の対象とはなりません。

■関連法規……会社法第447条，会社計規第24条

338 資本準備金を取り崩し，その法的手続きが完了した

当社は，資本金が50,000,000円，資本準備金が25,000,000円，利益準備金が0円であるが，株主総会の決議により債権者保護手続きを経て，資本準備金を可能な限り取り崩し，その法的手続きも完了した。

(借)資本準備金　25,000,000　　(貸)その他資本剰余金　25,000,000
　　　　　　　　　　　　　　　　　　(資本準備金減少差益)

【解　説】　資本準備金の取崩しによって生じる剰余金は，取崩しの法的手続きが完了した時に，その他資本剰余金に計上します。

資本剰余金は，資本準備金と資本準備金以外の資本剰余金（以下，「その他資本剰余金」という）に区分します。

その他資本剰余金は，資本金及び資本準備金減少差益，自己株式処分差益等その内容を示す科目別に区分します。

(消費税)　資本準備金の取崩しは資産の譲渡等には該当しませんので，消費税の課税の対象とはなりません。

《表　示》　資本準備金減少差益は，貸借対照表の純資産の部の資本剰余金の区分に「その他資本剰余金」として表示されます。

■関連法規……会社法第448条第1項，第2項，自己株式会計基準第20項，第58項，第59項

339 株式払込剰余金が生じた

当社の発行可能株式総数は800株であり，設立にあたり発行する株式200株を1株100,000円で引き受け後，払い込まれて設立された。新株払込金は全額別段預金とした。なお，資本に組み入れない金額は払込金額の$\frac{1}{2}$とする。

▶払込期日

(借)別 段 預 金　20,000,000　　(貸)資　本　金　10,000,000
　　　　　　　　　　　　　　　　　　資本準備金　10,000,000
　　　　　　　　　　　　　　　　　　(株式払込剰余金)

【解　説】　株式払込剰余金は，払込金額から資本組入額を控除した金額ですが，発行価額の$\frac{1}{2}$までの金額をこの株式払込剰余金とすることができます。

(消費税)　資本金の払込みは，資産の譲渡等には該当しないため，消費税の課税の対象とはなりません。

《表　示》　株式払込剰余金は，資本剰余金の1つであるため，貸借対照表上，純資産の部の株主資本の部の資本剰余金の区分に「資本準備金」として表示します。

■関連法規……会社法第445条第1～3項

340　減資により減資差益が生じた

株主総会の特別決議により，資本金を30,000,000円減少し，うち20,000,000円をマイナスのその他利益剰余金の塡補に充当した。

(借)資　本　金　30,000,000　　(貸)その他利益剰余金　20,000,000
　　　　　　　　　　　　　　　　　　その他資本剰余金　10,000,000
　　　　　　　　　　　　　　　　　　(資本金減少差益)

【解　説】　資本金減少差益は，株式会社の資本金の減少に際し，減少した資本金額が株式の払戻しに要した額及びマイナスのその他利益剰余金の塡補に充てた額を超えた超過額をいいます。減資には，有償減資と無償減資がありますが，有償減資は資本の払戻しであり，無償減資は資本の切捨てです。

有償減資，無償減資いずれの場合も，資本金減少差益は，かつて株主によって払い込まれた資本金の一部であり，減資前には資本金であった

ものが，減資により形を変えて会社内に止まるものです。従って，資本金減少差益は，税法上も利益ではなく，資本積立金として課税の対象外となっています。

また，会社法では資本金の減少によって生じた減資差益は分配可能額に含められることになっています。

《ポイント》 その他資本剰余金は，資本剰余金のうち会社法で定める資本準備金以外のものです。資本金及び資本準備金の取崩しによって生じる剰余金（資本金及び資本準備金減少差益）及び自己株式処分差益が含まれます。

消費税 欠損填補のための減資は，資産の譲渡等には該当しませんので，消費税の課税の対象とはなりません。

《表　示》 資本金減少差益は，資本性の剰余金の1つですので，貸借対照表上，資本の部の資本剰余金の区分に「その他の資本剰余金」として表示します。

■関連法規……会社法第447条，第461条第2項，自己株式会計基準第20項，第58項，第59項，第61項

341 資本準備金を取り崩して配当した

当社は，資本準備金を50,000,000円取り崩して，30,000,000円の配当を行った。

（借）資本準備金　50,000,000　　（貸）その他資本剰余金　50,000,000
　　　　　　　　　　　　　　　　　　　　（資本準備金減少差益）

（借）その他資本剰余金　30,000,000　　（貸）未払配当金　30,000,000
　　　（資本準備金減少差益）

【解　説】 資本準備金の取崩しによって生じる剰余金は，取崩しの法的手続きが完了した時に，その他資本剰余金に計上されます。

その他資本剰余金の処分を行った場合は，株主資本等変動計算書には，その他利益剰余金の処分（又はマイナスの繰越利益剰余金の処理）に加えその他資本剰余金の処分を設けます。

《ポイント》 その他資本剰余金は，資本剰余金のうち会社法で定める資本準備金以外のものです。資本金及び資本準備金の取崩しによって生じる剰余金（資本金及び資本準備金減少差益）及び自己株式処分差益が含まれます。

(消費税) 資本準備金の取崩し及びその処分は，資産の譲渡等には該当しませんので，消費税の課税の対象とはなりません。

■**関連法規**……会社法第461条第2項，自己株式会計基準第20項，第58項，第59項

利益剰余金

342 マイナスのその他利益剰余金を塡補するため減資した

株主総会の普通決議により、その他利益剰余金△5,000,000円を減資により、解消することにした。

(借)資　本　金　5,000,000　　(貸)その他利益剰余金　5,000,000

【解　説】　会社の資本金を減少させることは、株式会社にとっては特別な場合であり、マイナスのその他利益剰余金を解消する場合はこの特別な場合に該当します。なお、本設例は、資本金の減少後、分配可能な剰余金が生じないケースなので、普通決議で差支えありません。

減資の方法には、株式数を減少させる方法と1株当たりの金額を減少させる方法とがありますが、本設例ではこの点については、省略しました。

(消費税)　欠損塡補のための減資は、資産の譲渡等には該当しないため、消費税の課税の対象とはなりません。

■関連法規……会社法第309条第2項第9号、第447条

343 合併により合併差益が生じた

A社を合併することになり、当社株式18,000,000円相当をA社株主に交付した。A社所有の土地の含み益を考慮して、土地はA社の帳簿価額より2,000,000円増額して受入れした。なお、A社の利益準備金、未処分利益は資本準備金としない。また、A社は、税抜きで消費税の会計処理を行っている。

〈A社の決算書〉

　　諸　資　産　50,000,000円（うち土地10,000,000円）
　　諸　負　債　26,000,000円

```
資 本 金   20,000,000円
資本準備金   1,000,000円
利益準備金   2,000,000円
未処分利益   1,000,000円
```

▶原則（非適格の場合）

(借)諸 資 産　52,000,000　　(貸)諸 負 債　26,000,000
　　　　　　　　　　　　　　　　資 本 金　18,000,000
　　　　　　　　　　　　　　　　資本準備金　 5,000,000
　　　　　　　　　　　　　　　　利益準備金　 2,000,000
　　　　　　　　　　　　　　　　その他利益剰余金　1,000,000

▶特例（適格の場合）

(借)諸 資 産　50,000,000　　(貸)諸 負 債　26,000,000
　　　　　　　　　　　　　　　　資 本 金　18,000,000
　　　　　　　　　　　　　　　　資本準備金　 3,000,000
　　　　　　　　　　　　　　　　利益準備金　 2,000,000
　　　　　　　　　　　　　　　　その他利益剰余金　1,000,000

【解　説】　税法上の合併の処理は，事業関連性要件を始めとする7つの適格組織再編成の要件に該当しない場合（非適格）と当該要件に該当する場合（適格）があります。

　原則である非適格の場合は，資産の移転については，すべて時価による資産の譲渡があったとみなされます。従って，被合併法人（A社）において移転資産の時価評価による譲渡損益が計上されるため，合併法人においては，課税対象となる従来の合併による受入資産の評価益からなる合併差益金は生じることはなく，被合併法人の利益積立金額も引き継ぎません。

　特例である適格の場合は，その組織再編成により資産を移転する前後で経済実態に実質的な変更がなく，従前の課税関係を継続させることが適当であるとして，移転資産の譲渡損益を繰り延べることになります。従って，適格合併による資産の移転については，帳簿価額による資産の

引継ぎがあったものとして，被合併法人は，その資産の移転による譲渡損益の計上を繰り延べます。なお，合併法人においては，移転資産は帳簿価額で引き継がれるため，課税対象となる従来の合併による受入資産の評価益からなる合併差益金は生じることはありません。また，合併法人は，被合併法人の利益積立金額を帳簿価額で引き継ぎます。

なお，資本金に組み入れる以外の金額は，取得の対価として株式を新たに発行している場合において，理論的には，払込剰余金的な性格として全額資本準備金として処理しますが，会社法上，利益準備金及び剰余金を引き継ぐことも可能となっています。

(消費税) 合併会社は，被合併会社の資産等を課税仕入れしたわけではないため，合併会社の消費税の課税の対象とはなりません。

《表　示》 資本準備金は，資本剰余金の部に，利益準備金及び未処分利益は利益剰余金の部にそれぞれ記載します。

344 配当して準備金を積み立てた

> 定時株主総会で現金配当1,000,000円の決議をした。剰余金は，その他利益剰余金（繰越利益剰余金）のうち600,000円，その他資本剰余金（減資差益）のうち400,000円を減少させた。なお，期末現在の資本金は10,000,000円で資本準備金は1,000,000円，利益準備金は1,200,000円であった。

（借）繰越利益剰余金	600,000	（貸）未払配当金	1,000,000
その他資本剰余金	400,000		
（借）繰越利益剰余金	60,000	（貸）利益準備金	60,000
その他資本剰余金	40,000	資本準備金	40,000

【解　説】 利益準備金は，資本準備金との合計額が資本金の$\frac{1}{4}$に達するまでは，分配した剰余金の額の$\frac{1}{10}$を積み立てる必要があります。

本設例では，資本準備金と利益準備金の合計額が2,200,000円と資本金の$\frac{1}{4}$に300,000円達していません。また，現金配当1,000,000円の$\frac{1}{10}$は

100,000円であり、この金額が準備金として積み立てる必要があります。積み立てられる準備金の内訳は、繰越剰余金600,000円、その他資本剰余金400,000円ですので、それぞれの配当原資であるその他利益剰余金、その他資本剰余金という減少する剰余金科目により、利益準備金60,000円、資本準備金40,000円となります。

(消費税) 利益準備金・資本準備金の積立ては、資産の譲渡等には該当しないため、消費税の課税の対象とはなりません。

■関連法規……会社法第445条第4項、会社計規第22条、第23条

345 法定準備金と任意積立金によりマイナスのその他利益剰余金を填補した

決算上、マイナスのその他利益剰余金5,000,000円が生じ、株主総会にてその填補が決議された。
当社には、別途積立金4,000,000円、利益準備金1,500,000円、資本準備金(株式払込剰余金)3,000,000円がある。

(借)別途積立金　　4,000,000　　(貸)繰越利益剰余金　5,000,000
　　利益準備金　　1,000,000

(消費税) 法定準備金による欠損の填補は、資産の譲渡等には該当しませんので、消費税の課税の対象とはなりません。

■関連法規……会社法第452条

346 国庫補助金を受け入れた

当社は、国から5,000,000円の補助金の交付を受け、同事業年度中にその交付目的に合った機械装置を6,600,000円(消費税600,000円を含む)で取得した。なお、この国庫補助金は返還を要しない。

(借)現 金 預 金	5,000,000	(貸)国庫補助金収入	5,000,000
(借)機 械 装 置 　　仮払消費税等	6,000,000 600,000	(貸)現 金 預 金	6,600,000
(借)繰越利益剰余金	3,500,000	(貸)国庫補助積立金	3,500,000
(借)法人税等調整額	1,500,000	(貸)繰延税金負債	1,500,000

〈計算〉　5,000,000円×30%(*)＝1,500,000円…税効果額

　　　　5,000,000円－1,500,000円＝3,500,000円…圧縮額

　　　　＊実効税率は30%とする。

【解　説】　国庫補助金（建設助成金ともいう）は，会社法上の準備金ではないため，いったん特別利益として計上し，その後決算確定の日までに剰余金処分により，任意積立金の１つとして積み立てます。

　税法では，国庫補助金を益金に算入されますが，その目的が資本的支出の場合，補助金の目的が達成されないおそれもあるので，圧縮記帳の特例を設けて課税の繰延べを認めています。

　なお，圧縮記帳の会計処理方法は，圧縮記帳（直接減額）方式と，決算確定の日までに圧縮積立金（国庫補助積立金）として積み立てる方法の２つがあります。圧縮積立金の積立額は税効果会計において「将来加算一時差異」となりますので，これに対応する「繰延税金負債」が固定負債の部に計上されます。

(消費税)　国庫補助金で一定の政策に基づいて支払われるものは，資産の譲渡等の対価ではないため，消費税の課税の対象とはなりません。また，資産の取得が課税仕入れに該当するか否かは，資産の取得のために支出した金額の源泉に関係ないため，国庫補助金を原資として資産の取得をした場合も課税仕入れに該当します。

　国庫補助金を剰余金処分方式によって積み立てた場合，会社法上は任意積立金となります。

■関連法規……会計原則第三・五，会計原則注解24，株主資本等変動計算書に関する会計基準の適用指針（適用指針第９号）第25項，法法第42条，法令第80条，措法第64条第１項，消法第２条第１項第12号，消通５－２－15，11－２－10

347 配当平均積立金を積み立てた

> 株主総会の決議により，配当平均積立金を2,000,000円設定した。

　(借)繰越利益剰余金　2,000,000　　(貸)配当平均積立金　2,000,000

【解　説】　配当平均積立金は，任意積立金のうち，特定の目的のため積み立てる目的積立金であり，定款又は株主総会の決議によって積み立てられます。配当平均積立金の目的は，毎期の配当を平均的に行えるようにすることで，不況期に備えて留保されるものです。

(消費税)　利益処分による配当平均積立金の積立ては，資産の譲渡等には該当しませんので，消費税の課税の対象とはなりません。

《表　示》　配当平均積立金の積立ては，株主資本等変動計算書の剰余金処分額の一項目として表示します。

■関連法規……会社法第452条，財規第65条第3項

348 配当平均積立金を取り崩した

> 株主総会の決議により，配当平均積立金が2,000,000円を取り崩された。

　(借)配当平均積立金　2,000,000　　(貸)繰越利益剰余金　2,000,000

【解　説】　目的積立金のその設定目的に従う取崩しは，事業年度中の取締役会の決議によって行うことができます。

　会社法では，配当は株主総会だけでなく，取締役会の決議でもできるため，配当平均積立金も株主総会の決議なしで期中に取り崩すことが可能です。

　ただし，取締役会で配当を決議する場合は，一定の要件が必要となります。

(消費税) 配当平均積立金の取崩しは、資産の譲渡等には該当しないため、消費税の課税の対象とはなりません。

《表　示》 配当平均積立金取崩額は、株主資本等変動計算書に任意積立金取崩額として表示します。

■関連法規……会社法第452条後段、第459条第1項第3号、会社計規第153条第2項、純資産会計基準第6項(2)、財規様式第7号、財規第101条、第102条

349 特別償却準備金を積み立てた

当社は、3月決算であるが、10月に特別償却の対象となる過疎地域にある工場に25,000,000円の機械装置（耐用年数10年、定率法による償却率0.200）を取得した。

なお、当該過疎地域における工業用機械等の特別償却限度割合は$\frac{10}{100}$である。

▶決算時

(借)減価償却費　2,500,000　　(貸)減価償却累計額　2,500,000

▶剰余金処分時

(借)繰越利益剰余金　1,750,000　　(貸)特別償却準備金　1,750,000

(借)法人税等調整額　750,000　　(貸)繰延税金負債　750,000

〈計算〉普通償却費 = 25,000,000円 × 0.200 × $\frac{6カ月}{12カ月}$ = 2,500,000円

特別償却費 = 25,000,000円 × $\frac{10}{100}$ = 2,500,000円

税効果額 = 2,500,000円 × 30%$^{(*)}$ = 750,000円

特別償却準備金 = 2,500,000円 − 750,000円 = 1,750,000円

＊：実効税率は30%とする。

【解　説】 租税特別措置法による特別償却（割増償却や一時償却）は、普

通償却限度額を超えて行われる減価償却で，実質は産業政策上の必要から減価償却の手続きにより行われる課税繰延べの制度であるため，一般には，正規の減価償却として会社法上の相当の償却には該当しないと考えられています。

税法上，特別償却額の損金算入を行うためには，特別償却実施額を，
① 固定資産の取得価額から控除する方法
② 損金経理の方法により特別償却準備金として積み立てる方法
③ 剰余金の処分により特別償却準備金として積み立てる方法

とする3つの方法がありますが，①及び②は企業会計上適当ではありません。③の当期の決算の確定の日までに剰余金処分により特別償却準備金として積み立てる方法により，純資産の部の株主資本の利益剰余金の内訳項目として計上するのが妥当な処理とされております。なお，③は税法上，特別償却準備金相当額を税務申告書で，課税所得から減算することになります。

また，特別償却準備金の積立額は，税効果会計において「将来加算一時差異」になりますので，これに対応する繰延税金負債が固定負債に計上されます。

(消費税) 特別償却準備金の積立ては，資産の譲渡等には該当しませんので，消費税の課税対象とはなりません。また，減価償却資産に係る消費税額は，その購入した期において仕入税額控除の対象となりますので，減価償却費は課税仕入れに係る支払対価に該当しません。

《表　示》　特別償却準備金は貸借対照表上，純資産の部のその他利益剰余金の1つとして表示します。

■関連法規……財規第101条，会社法第452条後段，会計計規第153条第2項，措法第52条の3第1項

350 特別償却準備金を税法の規定により取り崩した

前期に積み立てた税務上の特別償却準備金2,200,000円を税法の規定に基づき，剰余金処分により取り崩した。

なお，当該対象固定資産の耐用年数は10年で当期の月数は12カ月で

ある。

| (借)特別償却準備金 | 220,000 | (貸)繰越利益剰余金 | 220,000 |
| (借)繰延税金負債 | 94,285 | (貸)法人税等調整額 | 94,285 |

〈計算〉

$2,200,000円 \times \dfrac{12カ月}{84カ月} = 314,285円$ …特別償却準備金取崩対象額

$314,285円 \times 30\% = 94,285円$ …税効果額

$314,285円 - 94,285円 = 220,000円$ …特別償却準備金取崩額

【解 説】 特別償却準備金取崩額は,税法上の損金算入の恩典を受けるため,剰余金処分の方法で積み立てられたものの取崩額であり,繰入れの翌期から7年間(または,耐用年数が10年未満である場合は60と当該耐用年数に12を乗じた数とのいずれか少ない数)に均分して益金に算入されるものです。

なお,税法上の積立金である特別償却準備金の取崩しと積立ては法令の規定による剰余金の減少又は増加であり,「株主総会の決議を経ないで剰余金の項目に係る額の増加又は減少をすべき場合」に該当します。従って,株主資本等変動計算書のその他利益剰余金の欄に事業年度中の変動額として記載します。

(消費税) 特別償却準備金の取崩しは,資産の譲渡等には該当しないため,消費税の課税対象外です。

■関連法規……財規第101条,会社法第452条,会社計規第153条第2項,措法第52条の3第5項

351 別途積立金を積み立てた

株主総会の決議により,別途積立金を5,000,000円積み立てた。

(借)繰越利益剰余金　5,000,000　　（貸)別途積立金　5,000,000

【解　　説】　別途積立金は，任意積立金のうち，特に目的を特定せず，広く一般の使用に充当するために，株主総会の決議により，積み立てられるものです。

(消費税)　別途積立金の積立ては，資産の譲渡等には該当しませんので，消費税の課税の対象とはなりません。

《表　　示》　別途積立金の積立ては，株主資本等変動計算書のその他利益剰余金の変動額として表示します。

■関連法規……会社法第452条

352 別途積立金を取り崩して，欠損を塡補した

　株主総会の普通決議により，別途積立金を5,000,000円取り崩し，繰越利益剰余金のマイナスを補塡した。

(借)別途積立金取崩額　5,000,000　　（貸)繰越利益剰余金　5,000,000

【解　　説】　別途積立金は，目的積立金ではありませんので，その取崩しには株主総会の決議が必要となり，剰余金処分として処理することになります。

　欠損塡補（損失処理）も剰余金処分の1つとして取り扱われます。

(消費税)　別途積立金の取崩しは，資産の譲渡等には該当しませんので，消費税の課税の対象とはなりません。

《表　　示》　別途積立金取崩額は，株主資本等変動計算書のその他利益剰余金の変動額として表示します。

■関連法規……会社法第452条

自 己 株 式

353 株式の消却をするために自己株式を取得した

　当社では，定時株主総会において，株式の消却をするために自己株式を取得する決議を行い，これに基づいて期中に自己株式を23,000,000円取得した。その後，取締役会の決議により自己株式を消却した。なお，自己株式の消却に関して500,000円の付随費用を支払った。

▼取得時

　（借）自 己 株 式　23,000,000　　（貸）現 金 預 金　23,000,000

▼失効手続完了時

　（借）その他資本剰余金　23,000,000　　（貸）自 己 株 式　23,000,000

　（借）自己株式消却費　　　500,000　　（貸）現 金 預 金　　　500,000
　　　（営業外費用）

【解　説】　会社法では，自己株式は期間，数量等の制限なく保有できるため，株式の消却をするために自己株式を取得した場合も，単に自己株式として会計処理します。また，会社計算規則においては，消却の対象となった自己株式の帳簿価額を優先的にその他資本剰余金から減額することが規定されています。

　なお，自己株式の消却時の帳簿価額は，株式の種類ごとに，会社の定めた計算方法に従って算定されます。

　また，自己株式の取得，処分及び消却に関する付随費用は損益計算書の営業外費用に計上します。

　税務上は，自己株式の取得（市場購入等一定の場合を除く）はみなし配当事由に該当するため，交付金銭等が資本金等の額のうちその交付の起因となった株式等に対応する部分の金額を超える部分（みなし配当部分）がある場合には，源泉所得税を控除した金額で支払います。

▼みなし配当がある場合の取得時仕訳

(借)自 己 株 式　23,000,000　　(貸)現 金 預 金　21,366,400
　　　　　　　　　　　　　　　　　　預り源泉所得税　　1,633,600

〈計算〉

みなし配当の金額=23,000,000円-15,000,000円(*)=8,000,000円

みなし配当に係る源泉所得税=8,000,000円×20%=1,600,000円

みなし配当に係る復興特別所得税=8,000,000円×20%×2.1%=33,600円

*：本設例では，資本金等の額のうちその交付の起因となった株式等に対応する部分の金額を15,000,000円と仮定しています。

(消費税)　株式消却をするための自己株式の取得は，資産の譲渡等には該当しませんので，消費税の課税の対象とはなりません。

《表　　示》　自己株式の取得は，実質的に資本の払戻しとしての性格を有しているため，取得原価をもって純資産の部の株式資本の末尾において控除して表示します。自己株式の失効手続きが完了した時に，株主資本等変動計算書に「その他資本剰余金」の変動項目として記載します。

取締役会の決議により自己株式を消却する場合，決議後消却手続きを完了していない自己株式が貸借対照表日にあり，その自己株式に重要性がある場合には，その帳簿価額，種類及び株式数を貸借対照表に注記します。

■関連法規……自己株式会計基準第7項，第8項，第29～32項，自己株式適用指針第5項，会社計規第24条，財規第66条，第107条，法法第24条，所法第25条，174条，175条

354　定時株主総会決議に基づき，自己株式を取得した

当社は，定時株主総会の決議に基づき，株式市場から株式50万株を200,000,000円で購入し，代金と売買委託手数料299,750円（消費税27,250円を含む）は普通預金から支払った。

（借）自 己 株 式　200,000,000　　（貸）普 通 預 金　200,299,750
　　　売買委託手数料　　272,500
　　　仮払消費税等　　　 27,250

【解　説】　会社法では，株主総会の決議によって，①取得する株式の数（種類株式の場合は株式の種類及び数），②株式を取得するのと引換えに交付する金銭等の内容及びその総額，③株式を取得することができる期間（ただし，1年以内）を定め，分配可能額の範囲内で，株主との合意による自己株式の取得ができます。

自己株式の取得の方法には，上記のほか下記があります。

①	取得条項付株式において条件の達成により取得する場合
②	取得請求株式の取得請求に応じる場合
③	譲渡制限株式の譲渡を承認せずに会社が買い取る場合
④	全部取得条項付種類株式を総会決議に基づき取得する場合
⑤	単元未満株式の買取請求に応じる場合
⑥	他の会社の事業の全部を譲り受ける場合においてその他の会社が有する当該会社の株式を取得する場合
⑦	譲渡制限株式の相続人等に売渡請求した場合
⑧	合併後消滅する会社からその会社の株式を承継する場合
⑨	吸収分割をする会社からその会社の株式を承継する場合

どのような事由によって取得されたものでも会計処理を区別する理由がないため，取得原価をもって純資産の部の株主資本から控除されることになっています。なお，取得に伴う付随費用は，新株発行費が資本から減額できないと解されているため，損益取引である営業外費用として処理します。

税務上は，自己株式の取得（市場購入等一定の場合を除く）はみなし配当事由に該当するため，交付金銭等が資本金等の額のうちその交付の起因となった株式等に対応する部分の金額を超える部分（みなし配当部分）がある場合には，源泉所得税を控除した金額で支払います。（仕訳は設問**352**参照）

自己株式　481

(消費税)　有価証券の譲渡は資本の移転取引であるため非課税となっていることから、取得時に消費税は課税されません。なお、売買委託手数料には、消費税が課税されます。

《表　示》　期末に保有する自己株式は、純資産の部の株主資本の末尾に自己株式として一括して控除する形式で表示します。なお、期末の発行済株式の種類、総数、期末に保有する自己株式の種類及び株数を貸借対照表に注記します。

■関連法規……会社法第156条、第461条第2項、会社計規第24条、自己株式会計基準第7項、第8項、第14項、第29～32項、第50～54項、自己株式適用指針第5項、財規第66条、第107条、法法第24条、法令第23条第3項、所法第25条、第174条、第175条

355　自己株式を取引先に譲渡した

保有する自己株式（設例354）のうち10万株を1株410円で譲渡し、代金を普通預金とした。

(借)普通預金　41,000,000　　(貸)自己株式　40,000,000
　　　　　　　　　　　　　　　　その他資本剰余金　1,000,000

〈計算〉　$200,000,000円 \times \dfrac{100,000株}{500,000株} = 40,000,000円$

【解　説】　自己株式を他に譲渡することを、自己株式の処分といいますが、自己株式の処分には、以下の3つの場合が考えられます。

①	募集株式発行等の手続きによる自己株式の処分
②	吸収合併、株式交換及び吸収分割に際して、合併会社、完全親会社となる会社又は承継会社が、新株の発行に代えて自己株式を交付することによる処分
③	新株予約権の行使に伴う自己株式の交付による処分

本設例は上記①の場合に該当しますので、この場合の会計処理を適用します。会社法では、自己株式の処分は取得と一連の取引であり、処分は株主との間の資本取引と考えられることから、処分差額は損益計算書には計上せず、純資産の部の株式資本項目を直接増減することとされています。

(1) 自己株式処分差益（自己株式の処分の対価＞自己株式の帳簿価額の場合）
　…その他資本剰余金に計上する。
(2) 自己株式処分差損（自己株式の処分の対価＜自己株式の帳簿価額の場合）
　…その他資本剰余金から減額し、減額しきれない場合は、その他利益剰余金（繰越利益剰余金）から減額する。
(3) 自己株式処分差益と自己株式処分差損は、会計年度単位で相殺した上、上記(1)、(2)に基づき処理する。

次に処分時の自己株式の帳簿価額は、株式の種類ごとに、会社の定めた計算方法に従います。また、処分に伴う付随費用は設例354の取得で述べたのと同じ理由から営業外費用として処理します。

（消費税）有価証券の譲渡は資本の移転取引であり非課税であるため、消費税は課税されません。なお、売買委託手数料には、消費税が課税されます。

■関連法規……会社計規第24条第2項、自己株式会計基準第4～6項、第9～10項、第35～43項、自己株式適用指針第5項、財規第66条

356 吸収合併に際し自己株式を交付した

当社は同業のA社を吸収合併することとし，A社の株主に対して発行する当社株式のうち20％は設例354で取得したもののうち10万株を交付し，残りを新株式の発行とした。（便宜上，勘定科目を簡略した。）

A社の貸借対照表　　　（単位：千円）

資産	320,000	負債	100,000
		資本金	150,000
		資本準備金	50,000
		繰越利益剰余金	20,000

［条件］資産・負債は簿価で引き継ぐ。

```
(借)資      産 320,000,000   (貸)負      債 100,000,000
                              自 己 株 式  40,000,000 ①
                              自己株式処分差益 4,000,000 ③
                              (その他資本剰余金)
                              資  本  金 120,000,000 ⎫
                              資本準備金  40,000,000 ⎬ ④
                              繰越利益剰余金 16,000,000 ⎭
```

〈計算〉

① 自己株式の帳簿価額…$200,000,000円 \times \frac{100,000株}{500,000株} = 40,000,000円$（設例354より）

② 代用自己株式の対価…$220,000,000円 \times \frac{100,000株}{500,000株} = 44,000,000円$（20％部分を100,000株の代用自己株式で，残り80％は新株式の発行400,000株となる。）

③ 自己株式処分差益…$4,000,000円 (=②-①)$

④ 増加する資本金，資本準備金，繰越利益剰余金

A社資本金…$150,000,000円 \times \frac{新株発行数400,000株}{合併時に交付する株式総数500,000株} = 120,000,000円$

A社資本準備金…$50,000,000円 \times \frac{400,000株}{500,000株} = 40,000,000円$

A社繰越利益剰余金…20,000,000円 × $\frac{400,000株}{500,000株}$ = 16,000,000円

【解　説】　吸収合併・株式交換及び吸収分割に際して，合併会社，完全親会社となる会社又は承継会社が，新株の発行に代えて自己株式を交付することにより，自己株式を処分することがあります。この場合の自己株式を「代用自己株式」といいます。

この場合の会計処理は以下のとおりです。

① 　自己株式の処分対価（引き継がれる純資産額※のうち代用自己株式部分に相当する額）

※引き継がれる純資産額×代用自己株式総数／株式交付総数

② 　自己株式の帳簿価額（設例**354**で処理された金額）

③ 　自己株式処分差額（＝①－②）

ここで発生した③自己株式処分差額は設例**355**の自己株式を譲渡した場合と同様になり，純資産の部の項目を直接増減させます（具体的には差益の場合はその他資本剰余金に計上し，差損の場合はその他資本剰余金から減額する）。

なお，会社法では，代用自己株式を交付する会社は，原則として承継する純資産の金額から代用自己株式の帳簿価額及び合併交付金等を控除して増加する資本金の限度額を算出し，当該金額から増加する資本金の金額を控除して資本準備金を計上します。また，合併，分割においては被合併会社又は分割会社で計上されていた留保利益を引き継ぐこともできるとされています。

従って，これらの会社法の規定に代用自己株式の会計処理及び引き継がれる純資産のうち代用自己株式の処分の対価以外の金額の会計処理（代用自己株式がなく新株式を発行した場合に想定された純資産の部の各項目の増加額の比率で按分して計算するもの）が抵触する場合には，個別財務諸表上は会社法の規定に合わせる調整が必要になります。

(消費税)　有価証券の譲渡は資本の移転取引であり非課税であるため，消費税は課税されません。

■**関連法規**……自己株式会計基準第9項，自己株式適用指針第7項

357 保有する自己株式を消却した

> 保有する自己株式（設例354）のうち30万株を取締役会決議に基づきその他資本剰余金により消却することとし、消却手続が完了したので、会計処理を行った。

（借）その他資本剰余金 120,000,000　（貸）自 己 株 式 120,000,000

【解　説】　自己株式を消却した場合には、「資本金及び資本準備金減少差益」「自己株式処分差益」「繰越利益剰余金」のいずれから減額するのかについては、会社計算規則において優先的にその他資本剰余金から減額することが規定され、消却手続きが完了した時点で会計処理を行います。

なお、消却時の帳簿価額は、株式の種類ごとに、会社の定めた計算方法に従って算定すること、また、消却に関する付随費用は、営業外費用とすることも自己株式の処分（設例355）と同様の扱いとなります。

取締役会決議によって自己株式を消却する場合に、決議後消却手続きを完了していない自己株式が貸借対照表日に存在し、当該自己株式の帳簿価額又は株式数に重要性がある時は、その自己株式の帳簿価額、種類及び株式数を、貸借対照表に注記する必要があります。

(消費税)　自己株式の消却は資産の譲渡等に該当しないため課税の対象外です。

■関連法規……会社計規第24条第2項、第3項、自己株式会計基準第11項、第13〜14項、第44〜46項、第48項、財規第107条

358 自己株式の処分と新株の発行を同時に行った（Ⅰ）

> 株主総会で以下の事項を決議し、実行した。
> 1　募集株式の数　100,000株
> 　（うち新株の発行は90,000株、自己株式の処分は10,000株）

2 募集株式に関わる払込金額　5,000,000,000円
3 処分する自己株式の帳簿価額　1,000,000,000円

　新株の発行に対応する払込金額は，すべて資本金とし，処分に係る付随費用及び払込期日までの処理は考慮しないものとする。

(借)現金預金　5,000,000,000　　(貸)資　本　金　4,000,000,000
　　　　　　　　　　　　　　　　　　自己株式　1,000,000,000

〈計算〉

資本金 = 募集株式に関わる払込金額 × $\frac{\text{新株発行数}}{\text{募集株式発行数}}$ − 会社計算規則第14条第1項第4号により算出される額

4,000,000,000円 = 5,000,000,000円 × $\frac{90,000株}{100,000株}$ − 500,000,000円

会社計算規則第14条第1項第4号により算出される額 = 処分する自己株式の帳簿価額 − $\left(\frac{\text{募集株式に関わる払込金額} \times \text{自己株式処分数}}{\text{募集株式発行数}}\right)$

500,000,000円 = 1,000,000,000円 − $\left(\frac{5,000,000,000円 \times 10,000株}{100,000株}\right)$

【解　説】　自己株式の処分と新株の発行を同時に行った場合の増加すべき払込資本の内訳項目（資本金，資本準備金又はその他資本剰余金）は，会社法の規定に基づき上記の計算式により決定します。

　なお，会社計算規則第14条第1項第4号により算出される額が負の値となる場合，その差額はその他資本金剰余金の額の増加として処理します。

■関連法規……自己株式適用指針第11項，同設例1，会計計規第14条第1項第4号，同第2項第1号

359 自己株式の処分と新株の発行を同時に行った（Ⅱ）

　株主総会で以下の事項を決議し，実行した。
1 募集株式の数　100,000株
　（うち新株の発行は10,000株，自己株式の処分は90,000株）

2 募集株式に関わる払込金額　5,000,000,000円
3 処分する自己株式の帳簿価額　6,000,000,000円

(借)現 金 預 金　5,000,000,000　　(貸)自 己 株 式　6,000,000,000
　　その他資本剰余金　1,000,000,000

〈計算〉

減少するその他資本剰余金の額＝会社計算規則第14条第1項第4号により算出される額－（募集株式に関わる払込金額×$\frac{新株発行数}{募集株式発行数}$）

$1,000,000,000$円＝$1,500,000,000$円－（$5,000,000,000$円×$\frac{10,000株}{100,000株}$）

会社計算規則第14条第1項第4号により算出される額＝処分する自己株式の帳簿価額－（募集株式に関わる払込金額×$\frac{自己株式処分数}{募集株式発行数}$）

$1,500,000,000$円＝$6,000,000,000$円－（$5,000,000,000$円×$\frac{90,000株}{100,000株}$）

【解　説】　会社計算規則第14条第1項第4号により算出される額がゼロ以上であり、その金額が払込金額に新株発行の割合を乗じて得た金額を超えたため、資本金の金額は増加しません。このとき減少するその他資本剰余金の金額は、会社計算規則第14条第2項第1号により算出される金額となります。

■関連法規……自己株式適用指針第11項、同設例1、会社計規第14条第1項第4号、同第2項第1号

Ⅵ　純資産

その他有価証券評価差額金

360 その他有価証券の期末評価を行った

①当社で所有する上場Ｓ社株式50,000株（帳簿価額：1株500円）の期末現在の時価は1株510円であった。税効果会計を適用し，実効税率を計算簡略化のため30％とする。

（借）その他有価証券	500,000	（貸）その他有価証券評価差額金	350,000
		繰延税金負債	150,000

〈計算〉評価差額…（510円 − 500円）× 50,000株 = 500,000円
　　　　税効果部分…500,000円 × 30％ = 150,000円

▶翌期首

（借）その他有価証券評価差額金	350,000	（貸）その他有価証券	500,000
繰延税金負債	150,000		

（解説は設例199参照）

②他の条件を同一とし，時価が490円の場合。

（借）その他有価証券評価差額金	350,000	（貸）その他有価証券	500,000
繰延税金資産	150,000		

▶翌期首

（借）その他有価証券	500,000	（貸）その他有価証券評価差額金	350,000
		繰延税金資産	150,000

（解説は設例199参照）

新株予約権

361 新株予約権（ストック・オプション）の付与と権利行使があった

　当社は，X1年6月の株主総会において，部長以上の従業員40名に対して以下の条件のストック・オプションを付与することを決議し，同年7月1日に付与した。

［条件］
① ストック・オプションの数：従業員1名当たり100個（合計4,000個）で，ストック・オプションの一部行使はできないものとする。
② ストック・オプションの行使により与えられる株式の数：合計4,000株
③ ストック・オプションの行使時の払込金額：1株当たり50,000円
④ ストック・オプションの権利確定日：X3年6月末日
⑤ ストック・オプションの行使期間：X3年7月～X4年6月
⑥ 付与されたストック・オプションは，他者に譲渡できない。
⑦ 付与日におけるストック・オプションの公正な評価単価：5,000円／個
⑧ X1年6月のストック・オプション付与時点におけるX3年6月末までの退職による失効見込は5名で，X3年期末時点に4名に修正した。
⑨ X4年6月末までに実際に退職したのは，4名であった。
⑩ 年度ごとのストック・オプション数の実績は以下のとおりである。

	未行使数（残数）	失効数（累計）	行使分（累計）	退職者又は失効者	行使者
付与時	4,000	—	—		
×2年3月期	3,800	200		2人	
×3年3月期	3,700	300		1人	
×4年3月期	600	400	3,000	1人	30人
×5年3月期	—	600	3,400	2人	4人
計				6人	34人

⑪ 新株予約権が行使された際,新株を発行する場合には,権利行使に伴う払込金額及び行使された新株予約権の金額の合計額を資本金に計上する。

⑫ ストック・オプションの行使を受け,自己株式を交付する場合の自己株式の取得価額は1株当たり45,000円であったとする。

▶X2年3月期

(借)株式報酬費用　6,562,500　　(貸)新株予約権　6,562,500

5,000円／個×100個／名×(40名－5名)×$\frac{9カ月}{24カ月}$=6,562,500円

▶X3年3月期

(借)株式報酬費用　9,187,500　　(貸)新株予約権　9,187,500

5,000円／個×100個／名×(40名－4名)×$\frac{21カ月}{24カ月}$－6,562,500円＝9,187,500円

▶X4年3月期

(借)株式報酬費用　2,250,000　　(貸)新株予約権　2,250,000

5,000円／個×100個／名×(40名－4名)×$\frac{24カ月}{24カ月}$－(6,562,500円＋9,187,500円)＝2,250,000円

〈ストック・オプションの行使〉

① 新株を発行する場合

(借)現 金 預 金　150,000,000　　(貸)資　本　金　165,000,000
　　新株予約権　 15,000,000

・払込金額…100株／名×30名×50,000円／株＝150,000,000円
・行使されたストック・オプションの金額
　　　…100株／名×30名×5,000円／株＝15,000,000円

② 自己株式を処分する場合

(借)現 金 預 金 150,000,000　　(貸)自 己 株 式 135,000,000
　　新株予約権　 15,000,000　　　　自己株式処分差益　30,000,000

・払込金額…100株／名×30名×50,000円／株＝150,000,000円
・処分した自己株式の取得価額…100株／名×30名×45,000円／株＝135,000,000円
・行使されたストック・オプションの金額
　…100株／名×30名×5,000円／株＝15,000,000円

▶X5年3月期
〈ストック・オプションの行使…新株の発行〉

(借)現 金 預 金　20,000,000　　(貸)資 本 金　22,000,000
　　新株予約権　　2,000,000

・払込金額…100株／名×4名×50,000円／株＝20,000,000円
・行使されたストック・オプションの金額
　　　…100株／名×4名×5,000円／株＝2,000,000円

〈権利行使期間満了による新株予約権の失効〉

(借)新株予約権　1,000,000　　(貸)新株予約権戻入益　1,000,000

100個／名×2名×5,000円／個＝1,000,000円

【解　説】　ストック・オプションを付与し，これに応じて企業が従業員等から取得するサービスは，その取得に応じて費用として計上し，対応する金額を，ストック・オプションの権利の行使又は失効が確定するまでの間，貸借対照表の純資産の部に新株予約権として計上します。各会計期間における費用計上額は，ストック・オプションの公正な評価額のうち，対象勤務期間を基礎とする方法その他の合理的な方法に基づき当期に発生したと認められる額とします。ストック・オプションの公正な評価額は，公正な評価単価にストック・オプション数を乗じて算定します。

　ストック・オプションが権利行使され，これに対して新株を発行した場合には，新株予約権として計上した額のうち，その権利行使に対応する部分を払込資本に振り替えます。

なお，新株予約権の行使に伴い，その企業が自己株式を処分した場合には，自己株式の取得原価と，新株予約権の帳簿価額及び権利行使に伴う払込価額との差額は，自己株式処分差額として処理します。

権利不行使による失効が生じた場合には，新株予約権として計上した額のうち，その失効に対応する部分を利益として計上します。この会計処理は，その失効が確定した期に行います。

(消費税) 株式報酬費用は，給与等を対価とする役務の提供に該当し不課税であり，仕入税額控除の対象にはなりません。新株予約権は消費税の対象外（資産の譲渡等に該当しない取引）ですので，その権利未行使による新株予約権戻入益も消費税の課税の対象外であり，消費税は発生しません。

《表　示》　新株予約権は，貸借対照表の純資産の部に計上します。株式報酬費用は損益計算書に人件費の1つとして表示します。

■関連法規……ストック・オプション会計基準第4～8項，ストック・オプション適用指針設例1

362 新株予約権のうち，権利行使未済分があった

　新株予約権を5,000,000円発行したが，権利行使期間満了時に，新株予約権の権利不行使による失効分が，全体の30％だった。

(借)新株予約権　　1,500,000　　(貸)新株予約権戻入益　　1,500,000

〈計算〉　新株予約権戻入益…5,000,000円×30％＝1,500,000円

【解　説】　361のように，新株予約権の権利行使のある場合は，株式発行の対価性を有すると考えられますが，権利行使のない場合には，株式の発行を伴わないため，新株予約権の対価を株式発行の対価として受け入れた額と考えることはできません。したがって，利益として計上します。

(消費税) 新株予約権は，消費税の課税の対象外（資産の譲渡等に該当し

ない取引）であり，権利不行使による新株予約権戻入益も消費税の課税の対象外であるため，消費税は発生しません。

《表　示》　新株予約権戻入益は，損益計算書上，原則として「特別利益」の部に表示します。

■関連法規……ストック・オプション会計基準第9項

363　転換社債型新株予約権付社債の新株予約権が行使された

> 設例308において，社債発行後3年経過後に株価が600円となったので額面80,000,000円の新株予約権が行使された。資本に組み入れない金額は$\frac{1}{2}$とする。

① 原則法（一括法）

(借)現 金 預 金　80,000,000　　(貸)資　本　金　40,000,000
　　　　　　　　　　　　　　　　　　資本準備金　40,000,000

② 区分法

(借)現 金 預 金　80,000,000　　(貸)資　本　金　40,800,000
　　新株予約権　 1,600,000　　　　資本準備金　40,800,000

〈計算〉

① 一括法

資本に組み入れる金額 = 80,000,000円 × $\frac{1}{2}$ = 40,000,000円

資本準備金 = 80,000,000円 × $\frac{1}{2}$ = 40,000,000円

② 区分法

新株予約権の行使部分

2,000,000円 × $\frac{80,000,000円}{100,000,000円}$ = 1,600,000円

新株予約権のうち資本に組み入れる金額

1,600,000円 × 0.5 = 800,000円

【解　説】　新株予約権の行使による払込額の2分の1を資本金に，残

額を資本準備金に振り替えます。従って，新株予約権の行使は，発行会社にとっては株式の時価発行と同じ効果をもたらします。

(消費税) 新株予約権の行使及び株式払込剰余金の発生は，消費税の課税の対象外（資産の譲渡等に該当しない取引）です。

■関連法規……消法第6条第1項，消法別表第2，金融商品会計基準第36項，第38項，第112〜114項，同（注15）

364 社債と新株予約権とを同時に募集し，かつ両者を同時に割り当てた（転換社債型新株予約権付社債以外の新株予約権付社債の発行）

> 券面総額100,000,000円の社債と20,000,000円の新株予約権を同時に募集し，かつ，両者を同時に割り当てた。社債は額面100円につき80円，新株予約権証券は割当金額100円につき20円，入金額は当座預金とした。期間5年とする。

(借)当 座 預 金 100,000,000 　　(貸)社　　　　債　 80,000,000
　　　　　　　　　　　　　　　　　　　新株予約権　 20,000,000

【解　説】　社債と新株予約権とを同時に募集し，かつ両者を同時に割り当てる場合には，発行時に社債と新株予約権の募集価格が別個に付されているので，両者を区別して処理します。新株予約権証券は新株予約権を表章する有価証券です。

(消費税) 新株予約権付社債，新株予約権証券の発行は，消費税の課税の対象外（資産の譲渡等に該当しない取引）であり，消費税は発生しません。

《表　示》　新株予約権は，貸借対照表上純資産の部に表示します。

■関連法規……会社計規第6条第2項第2号，第75条第2項第2号イ，財規第52条第1項第1号，第68条，消法第6条第1項，消法別表第2，金融商品会計基準第38項，第114項

365 有償ストック・オプション（権利確定条件付き有償新株予約権）の付与と権利行使があった

　当社は，X1年6月の株主総会において，部長以上の従業員20名に対して以下の条件の権利確定条件付き有償新株予約権を付与することを決議し，同年7月1日に従業員20名から金銭が払い込まれ，当該従業員に権利確定条件付き有償新株予約権を付与した。

［条件］
① 権利確定条件付き有償新株予約権の数：従業員1名当たり10,000個（合計200,000個）で，新株予約権の一部行使はできないものとする。
② 権利確定条件付き有償新株予約権の行使により与えられる株式の数：合計200,000株
③ 権利確定条件付き有償新株予約権の行使時の払込金額：1株当たり500円
④ 権利確定条件付き有償新株予約権の権利確定日：X3年3月末日
⑤ 権利確定条件付き有償新株予約権の行使期間：X3年4月1日～X5年6月末日
⑥ 付与された権利確定条件付き有償新株予約権は，他者に譲渡できない。
⑦ 権利行使条件として，行使時に従業員の地位を有していること及び×3年3月期に中期経営計画における営業利益を達成していることを要する。
⑧ 付与日における権利確定条件付き有償新株予約権の業績条件を考慮しない公正な評価単価は100円／個であり，払込金額の合計額は2,000,000円である。
⑨ 付与日（X1年7月1日）において，権利確定が見込まれる権利確定条件付き有償新株予約権の数量は20,000個（見積失効数は180,000個）であることを十分な信頼性をもって見積ることができるものと仮定する。
⑩ X2年3月期において，権利不確定による失効数の見積りを変更する状況の変化はなかった。

⑪ X3年3月期において，営業利益が権利行使条件を充足することが明らかとなった。そのため，権利確定が見込まれる権利確定条件付き有償新株予約権の数量は200,000個であることが判明した。
⑫ X5年5月に20名全員が権利を行使した。
⑬ 権利確定条件付き有償新株予約権が行使された際，新株を発行する場合には，権利行使に伴う払込金額及び行使された権利確定条件付き有償新株予約権の金額の合計額を資本金に計上する。

▶X1年7月（付与日）

(借)現 金 預 金　2,000,000　(貸)新株予約権　2,000,000

▶X2年3月期
仕訳なし
（100円／個×20,000個－2,000,000円）×9カ月／21カ月＝0円

▶X3年3月期

(借)株式報酬費用　18,000,000　(貸)新株予約権　18,000,000

（100円／個×200,000個－2,000,000円）－×2年3月期までの費用計上額0円＝18,000,000円

▶X6年3月期

(借)現 金 預 金 100,000,000　(貸)資 本 金　120,000,000
　　新株予約権　20,000,000

払込金額…500円／個×10,000個／名×20名＝100,000,000円
権利行使された本新株予約権の金額…100円／個×10,000個／名×20名＝20,000,000円

【解　説】　権利確定条件付き有償新株予約権は，その付与に伴い従業員等が一定の額の金銭を企業に払い込むという特徴を除けば，引受先が従業員等に限定される点や権利確定条件が付されている点をはじめ，ストック・オプション基準を設定した当初に主に想定していたストック・オプション取引（付与に伴い従業員等が一定の額の金銭を企業に払い込まない

取引）と類似していることを踏まえ，ストック・オプション基準第4項から第7項に準拠した会計処理を定めた上で，以下の事項を追加しています。
① 権利確定条件付き有償新株予約権の付与に伴う従業員等からの払込金額を，純資産の部に新株予約権として計上する。
② 権利確定条件付き有償新株予約権の公正な評価額から払込金額を差し引いた金額に基づき，各会計期間における費用計上額を算定する。
③ 新株予約権として計上した払込金額は，権利不確定による失効に対応する部分を利益として計上する。

■関連法規……ストック・オプション会計基準第4項～第7項，従業員等に対して権利確定条件付き有償新株予約権を付与する取引に関する取扱い（対応報告第36号）第4項～第6項

366 取締役等の報酬等として新株の発行を行った（事前交付型）

A社は，X1年6月の株主総会において，会社法第361条に基づく報酬等としての募集株式の数の上限等を決議し，同日の取締役会において，取締役10名に対して報酬等として会社法第202条の2に基づく新株の発行を行うことを決議した。また，同年7月1日に取締役との間で契約を締結し，同日に株式を割り当てるとともに，割り当てた株式に対してX4年7月1日に解除される譲渡制限を付し，前日までに取締役が自己都合で退任した場合，当該取締役に割り当てた株式はすべて会社が無償取得することとした。

前提は，次のとおりである。
(1) 株式の数：取締役1名当たり1,000株
(2) 取締役と契約を締結したX1年7月1日を付与日とした。また，同日における株式の契約条件等に基づく調整を行った公正な評価単価は，9,000円／株であった。
(3) X1年7月の付与日において，X4年6月末までに1名の自己都合による退任に伴う株式の無償取得を見込んでいる。

(4) X4年3月期中に1名の自己都合による退任が発生した。X4年3月末に将来の退任見込みを修正し、X4年6月末までに自己都合による退任が追加で1名発生することを見込んだ。

(5) X4年4月からX4年6月末までに3名の自己都合による退任が発生した。

(6) 割り当てた株式数及び年度ごとの無償取得した株式数の実績は次のとおりである。

	割り当てた株式数	無償取得した株式数	摘要
割当日	10,000	—	
X2/3期	—	—	
X3/3期	—	—	
X4/3期	—	1,000	自己都合による退任1名
X5/3期	—	3,000	X4年6月末までに自己都合による退任3名

(7) 報酬費用に対応して計上する払込資本は、全額資本金とする。

(1) X2年3月期
① 新株の発行
仕訳なし

注 発行済株式総数が増加するが、資本を増加させる財産等の増加は生じていないため、払込資本は増加しない。

② 報酬費用の計上

(借)報酬費用 20,250,000　(貸)資本金 20,250,000

注1 9,000円／株×1,000株／名×(10名－1名)×9カ月(注5)／36カ月(注4) ＝20,250,000円

注2 期末時点において将来の退任見込みを修正する必要はないと想定している。

注3 年度通算で費用が計上されるため、対応する金額を資本金として計上する。

注4 対象勤務期間：36カ月(X1年7月―X4年6月)

注5 対象勤務期間のうちX2年3月末までの期間：9カ月(X1年7月―X

2年3月)

(2) X3年3月期
① 報酬費用の計上

(借)報酬費用　27,000,000　　(貸)資　本　金　27,000,000

注1　9,000円／株×1,000株／名×(10名－1名)×21カ月(注5)／36カ月(注4)－20,250,000＝27,000,000円
注2　期末時点において将来の退任見込みを修正する必要はないと想定している。
注3　年度通算で費用が計上されるため,対応する金額を資本金として計上する。
注4　対象勤務期間：36カ月(X1年7月―X4年6月)
注5　対象勤務期間のうちX3年3月末までの期間：21カ月(X1年7月―X3年3月)

(3) X4年3月期
① 報酬費用の計上

(借)報酬費用　18,750,000　　(貸)資　本　金　18,750,000

注1　9,000円／株×1,000株／名×(10名－2名(注3))×33カ月(注6)／36カ月(注5)－(20,250,000＋27,000,000)＝18,750,000円
注2　期中において取締役1名が自己都合により退任したため,自己株式の無償取得を行った。
注3　期末時点において将来の退任見込みを修正し,X4年6月末までに自己都合による退任が追加で1名発生することを見込んだ。
注4　年度通算で費用が計上されるため,対応する金額を資本金として計上する。
注5　対象勤務期間：36カ月(X1年7月―X4年6月)
注6　対象勤務期間のうちX4年3月末までの期間：33カ月(X1年7月―X4年3月)

② 没収による自己株式の無償取得
仕訳なし
注　取締役1名の退任に伴い,没収により自己株式1,000株を取得しているが,無償であるため,自己株式の数のみの増加として処理する。

(4) X5年3月期
① 報酬費用の戻入れ

(借)その他資本剰余金　12,000,000　　(貸)報酬費用　12,000,000

注1　9,000円/株×1,000株/名×(10名－4名)×36カ月(注6)/36カ月(注5)－(20,250,000＋27,000,000＋18,750,000)＝△12,000,000円

注2　期中において取締役3名が自己都合により退任したため,自己株式の無償取得を行った。

注3　権利確定日において退任数を実績に修正した。

注4　年度通算で過年度に計上した費用を戻し入れるため,対応する金額をその他資本剰余金から減額する。

注5　対象勤務期間：36カ月(X1年7月－X4年6月)

注6　対象勤務期間のうちX4年6月末までの期間：36カ月(X1年7月－X4年6月)

② 没収による自己株式の無償取得

仕訳なし

注　取締役3名の退任に伴い,没収により自己株式3,000株を取得しているが,無償であるため,自己株式の数のみの増加として処理する。

【解　説】　2019年12月に成立した「会社法の一部を改正する法律」(令和元年法律第70号)により,会社法第202条の2において,金融商品取引法第2条第16項に規定する金融商品取引所に上場されている株式を発行している株式会社が,取締役等の報酬等として株式の発行等をする場合には,金銭の払込み等を要しないことが新たに定められました。

取締役の報酬等として株式を無償交付する取引は,「事前交付型」と「事後交付型」があります。「事前交付型」は,取締役の報酬等として株式を無償交付する取引のうち,対象勤務期間の開始後速やかに,契約上の譲渡制限が付された株式の発行等が行われ,権利確定条件が達成された場合には譲渡制限が解除されるものの,権利確定条件が達成されない場合には企業が無償で株式を取得する取引をいい,「事後交付型」とは,取締役の報酬等として株式を無償交付する取引のうち,契約上,株式の発行等について権利確定条件が付されており,権利確定条件が達成された場合に株式の発行等が行われる取引をいいます。

取締役の報酬等として株式を無償交付する取引については,自社の株式を報酬として用いる点で,ストック・オプションと類似性があると考

えられます。ストック・オプション及び事後交付型と、事前交付型では株主となるタイミングが異なり、その差は提供されるサービスに対する対価の会計処理（純資産の部の株主資本以外の項目となるか株主資本となるか）に現れるものの、インセンティブ効果を期待して自社の株式又は株式オプションが付与される点では同様であるため、費用の認識や測定についてはストック・オプション会計基準の定めに準じています。

事前交付型による場合、取締役の報酬等として株式を無償交付する取引においては、株式を交付することによるインセンティブ効果によって、取締役等からサービスの提供を受けていると考えられることから、ストック・オプション会計基準に準じて、サービスの取得に応じて費用として計上し、費用の測定は株式の公正な評価額に基づき行います。割当日に取締役等は株主となり、譲渡が制限されているものの、配当請求権や議決権等の株主としての権利を有することになります。

ただし、新株を発行する場合、割当日においては、資本を増加させる財産等の増加は生じていないため、割当日においては払込資本を増加させず、取締役等からサービスの提供を受けることをもって、分割での払込みがなされていると考え、サービスの提供の都度、払込資本を認識します。ここで、年度の財務諸表において、年度通算で費用が計上される場合には、対応する金額を資本金又は資本準備金に計上します。一方、ストック・オプション会計基準の定めに準じて、権利確定条件（勤務条件や業績条件）の不達成による失効等の見積数に重要な変動が生じた場合には、見積数の変動に伴う差額を費用計上する（又は費用を戻し入れる）ことになり、年度通算で過年度に計上した費用を戻し入れる場合もあると考えられ、その場合には、対応する金額をその他資本剰余金から減額します。四半期会計期間においては、その他資本剰余金の計上又は減額として処理します。

事前交付型による新株発行の場合、権利確定条件が達成されない場合には、企業が無償で株式を取得し、自己株式の数のみの増加として処理します。

法人税においては、事前交付型の場合の報酬費用は譲渡制限が解除されたときに損金として認識されます。したがって、各事業年度の報酬費用計上時は税務上否認する調整が必要となり、譲渡制限が解除されたと

きに税務上認容する調整が必要となります。

また、報酬費用が役員に対するものである場合には、法人税法上の事前確定届出給与又は退職給与に該当する場合に限り損金算入可能となるため、譲渡制限解除(損金算入時点)の確認に加えて、報酬費用自体が税務上損金として認められるものであるかを確認することも必要です。

(消費税) 取締役の報酬等として株式を無償交付する取引は、給与等を対価とする役務の提供に該当し不課税であり、仕入税額控除の対象外です。

■関連法規……実務対応報告第41号「取締役の報酬等として株式を無償交付する取引に関する取扱い」5〜11項、設例1、法法第54条、法法第34条、消通11−1−2

367 取締役等の報酬等として自己株式を処分した(事前交付型)

A社は、X1年6月の株主総会において、会社法第361条に基づく報酬等としての募集株式の数の上限等を決議し、同日の取締役会において、取締役10名に対して報酬等として会社法第202条の2に基づく自己株式の処分を行うことを決議した。また、同年7月1日に取締役との間で契約を締結し、同日に株式を割り当てるとともに、割り当てた株式に対してX4年7月1日に解除される譲渡制限を付し、前日までに取締役が自己都合で退任した場合、当該取締役に割り当てた株式はすべて会社が無償取得することとした。

前提は、次のとおりである。
(1) 株式の数:取締役1名当たり1,000株
(2) 取締役と契約を締結したX1年7月1日を付与日とした。また、同日における株式の契約条件等に基づく調整を行った公正な評価単価は、9,000円/株であった。
(3) 交付した自己株式(10,000株)の帳簿価額の総額は80,000,000円である(単価8,000円/株)。

(4) X1年7月の付与日において，X4年6月末までに1名の自己都合による退任に伴う株式の無償取得を見込んでいる。
(5) X4年3月期中に1名の自己都合による退任が発生した。X4年3月末に将来の退任見込みを修正し，X4年6月末までに自己都合による退任が追加で1名発生することを見込んだ。
(6) X4年4月からX4年6月末までに3名の自己都合による退任が発生した。
(7) 割り当てた株式数及び年度ごとの無償取得した株式数の実績は次のとおりである。

	割り当てた株式数	無償取得した株式数	摘要
割当日	10,000	—	
X2/3期	—	—	
X3/3期	—	—	
X4/3期	—	1,000	自己都合による退任1名
X5/3期	—	3,000	X4年6月末までに自己都合による退任3名

(7) 報酬費用に対応して計上する払込資本は，全額資本金とする。

(1) X2年3月期
① 自己株式の処分

(借)その他資本剰余金　80,000,000　　(貸)自 己 株 式　80,000,000

注　割当日において，処分した自己株式の帳簿価額を減額するとともに，同額のその他資本剰余金を減額する。

② 報酬費用の計上

(借)報 酬 費 用　20,250,000　　(貸)その他資本剰余金　20,250,000

注1　9,000円／株×1,000株／名×(10名－1名)×9カ月(注5)／36カ月(注4)＝20,250,000円
注2　期末時点において将来の退任見込みを修正する必要はないと想定している。

注3　報酬費用に対応する金額をその他資本剰余金として計上する。

注4　対象勤務期間：36カ月（X1年7月—X4年6月）

注5　対象勤務期間のうちX2年3月末までの期間：9カ月（X1年7月—X2年3月）

(2) X3年3月期

① 報酬費用の計上

(借)報　酬　費　用　27,000,000　　(貸)その他資本剰余金　27,000,000

注1　9,000円／株×1,000株／名×（10名－1名）×21カ月（注5）／36カ月（注4）－20,250,000＝27,000,000円

注2　期末時点において将来の退任見込みを修正する必要はないと想定している。

注3　報酬費用に対応する金額をその他資本剰余金として計上する。

注4　対象勤務期間：36カ月（X1年7月—X4年6月）

注5　対象勤務期間のうちX3年3月末までの期間：21カ月（X1年7月—X3年3月）

(3) X4年3月期

① 報酬費用の計上

(借)報　酬　費　用　18,750,000　　(貸)その他資本剰余金　18,750,000

注1　9,000円／株×1,000株／名×（10名－2名（注3））×33カ月（注6）／36カ月（注5）－（20,250,000＋27,000,000）＝18,750,000円

注2　期中において取締役1名が自己都合により退任したため、自己株式の無償取得を行った。

注3　期末時点において将来の退任見込みを修正し、X4年6月末までに自己都合による退任が追加で1名発生することを見込んだ。

注4　報酬費用に対応する金額をその他資本剰余金として計上する。

注5　対象勤務期間：36カ月（X1年7月—X4年6月）

注6　対象勤務期間のうちX4年3月末までの期間：33カ月（X1年7月—X4年3月）

② 没収による自己株式の無償取得

(借)自　己　株　式　8,000,000　　(貸)その他資本剰余金　8,000,000

注　取締役1名の退任に伴い，没収による自己株式1,000株の無償取得が生じたため，割当日に減額した自己株式の帳簿価額のうち，無償取得した部分に相当する金額の自己株式（8,000円／株×1,000株＝8,000,000円）を増額し，同額のその他資本剰余金を増額する。

(4) X5年3月期
① 報酬費用の戻入れ

(借)その他資本剰余金　12,000,000　　(貸)報酬費用　12,000,000

注1　9,000円／株×1,000株／名×（10名－4名）×36カ月（注6）／36カ月（注5）－（20,250,000＋27,000,000＋18,750,000）＝△12,000,000円

注2　期中において取締役3名が自己都合により退任したため，自己株式の無償取得を行った。

注3　権利確定日において退任数を実績に修正した。

注4　費用の戻入れが生じており，対応する金額をその他資本剰余金から減額する。

注5　対象勤務期間：36カ月（X1年7月―X4年6月）

注6　対象勤務期間のうちX4年6月末までの期間：36カ月（X1年7月―X4年6月）

② 没収による自己株式の無償取得

(借)自　己　株　式　24,000,000　　(貸)その他資本剰余金　24,000,000

注　取締役3名の退任に伴い，没収による自己株式3,000株の無償取得が生じたため，割当日に減額した自己株式の帳簿価額のうち，無償取得した部分に相当する金額の自己株式（8,000円／株×3,000株＝24,000,000円）を増額し，同額のその他資本剰余金を増額する。

【解　説】　2019年12月に成立した「会社法の一部を改正する法律」（令和元年法律第70号）により，会社法第202条の2において，金融商品取引法第2条第16項に規定する金融商品取引所に上場されている株式を発行している株式会社が，取締役等の報酬等として株式の発行等をする場合には，金銭の払込み等を要しないことが新たに定められました。

取締役の報酬等として株式を無償交付する取引は，「事前交付型」と「事後交付型」があります。「事前交付型」は，取締役の報酬等として株

式を無償交付する取引のうち,対象勤務期間の開始後速やかに,契約上の譲渡制限が付された株式の発行等が行われ,権利確定条件が達成された場合には譲渡制限が解除されるものの,権利確定条件が達成されない場合には企業が無償で株式を取得する取引をいい,「事後交付型」とは,取締役の報酬等として株式を無償交付する取引のうち,契約上,株式の発行等について権利確定条件が付されており,権利確定条件が達成された場合に株式の発行等が行われる取引をいいます。

取締役の報酬等として株式を無償交付する取引については,自社の株式を報酬として用いる点で,ストック・オプションと類似性があると考えられます。ストック・オプション及び事後交付型と,事前交付型では株主となるタイミングが異なり,その差は提供されるサービスに対する対価の会計処理(純資産の部の株主資本以外の項目となるか株主資本となるか)に現れるものの,インセンティブ効果を期待して自社の株式又は株式オプションが付与される点では同様であるため,費用の認識や測定についてはストック・オプション会計基準の定めに準じています。

事前交付型による場合,取締役の報酬等として株式を無償交付する取引においては,株式を交付することによるインセンティブ効果によって,取締役等からサービスの提供を受けていると考えられることから,ストック・オプション会計基準に準じて,サービスの取得に応じて費用として計上し,費用の測定は株式の公正な評価額に基づき行います。割当日に取締役等は株主となり,譲渡が制限されているものの,配当請求権や議決権等の株主としての権利を有することになります。

ただし,自己株式を処分する場合,割当日において,処分した自己株式の帳簿価額を減額するとともに,同額のその他資本剰余金を減額します。なお,当該会計処理の結果,会計期間末においてその他資本剰余金の残高が負の値となった場合には,会計期間末において,その他資本剰余金の残高を零とし,当該負の値をその他利益剰余金(繰越利益剰余金)から減額します。取締役等に対して自己株式を処分し,これに応じて取締役等からサービスの提供を受けることをもって,分割での払込みがなされていると考え,サービスの提供の都度,払込資本を認識します。ここで,年度の財務諸表において,年度通算で費用が計上される場合には,対応する金額を資本金又は資本準備金に計上します。一方,ストッ

ク・オプション会計基準の定めに準じて、権利確定条件（勤務条件や業績条件）の不達成による失効等の見積数に重要な変動が生じた場合には、見積数の変動に伴う差額を費用計上する（又は費用を戻し入れる）ことになり、年度通算で過年度に計上した費用を戻し入れる場合もあると考えられ、その場合には、対応する金額をその他資本剰余金から減額します。四半期会計期間においては、その他資本剰余金の計上又は減額として処理します。

事前交付型による自己株式処分の場合、権利確定条件が達成されない場合には、企業が無償で株式を取得し、減額した自己株式の帳簿価額のうち、無償取得した部分に相当する額の自己株式を増額し、同額のその他資本剰余金を増額します。

法人税においては、事前交付型の場合の報酬費用は譲渡制限が解除されたときに損金として認識されます。したがって、各事業年度の報酬費用計上時は税務上否認する調整が必要となり、譲渡制限が解除されたときに税務上認容する調整が必要となります。

また、報酬費用が役員に対するものである場合には、法人税法上の事前確定届出給与又は退職給与に該当する場合に限り損金算入可能となるため、譲渡制限解除（損金算入時点）の確認に加えて、報酬費用自体が税務上損金として認められるものであるかを確認することも必要です。

(消費税) 取締役の報酬等として株式を無償交付する取引は、給与等を対価とする役務の提供に該当し不課税であり、仕入税額控除の対象外です。

■関連法規……実務対応報告第41号 「取締役の報酬等として株式を無償交付する取引に関する取扱い」6～8項、12～14項、設例1－2、法法第54条、法法第34条、消通11－1－2

368 取締役等の報酬等として新株の発行を行った（事後交付型）

A社は，X1年6月の株主総会において，会社法第361条に基づく報酬等としての募集株式の数の上限等を決議し，同日の取締役会において，取締役10名に対して報酬等として，一定の条件を達成した場合に，会社法第202条の2に基づく新株の発行を行うこととする契約を取締役と締結することを決議し，同年7月1日に取締役との間で条件について合意した契約を締結した。前提は，次のとおりである。
(1) 割り当てる株式の数：取締役1名当たり1,000株
(2) 割当ての条件：X1年7月1日からX4年6月30日の間，取締役として業務を行うこと
(3) 割当ての条件を達成できなかった場合，契約は失効する。
(4) 取締役と契約を締結したX1年7月1日を付与日とした。また，同日における株式の契約条件等に基づく調整を行った公正な評価単価は，6,000円／株であった。
(5) X1年7月の付与日において，X4年6月末までに1名の自己都合による退任に伴う失効を見込んでいる。
(6) X4年3月期中に1名の自己都合による退任が発生した。X4年3月末に将来の退任見込みを修正し，X4年6月末までに自己都合による退任が追加で1名発生することを見込んだ。
(7) X4年4月からX4年6月末までに3名の自己都合による退任が発生した。
(8) 権利確定した株式について，X4年7月に取締役会決議により新株を発行している。
(9) 割当予定の株式数及び年度ごとの失効した株式数の実績は次のとおりである。

	割り当てた株式数	無償取得した株式数	摘要
割当日	10,000	—	
X2/3期	10,000	—	
X3/3期	10,000	—	
X4/3期	9,000	1,000	自己都合による退任1名
X5/3期	6,000	3,000	X4年6月末までに自己都合による退任3名

(10) 新株の発行に伴って増加する払込資本は,全額資本金に計上する。

(1) X2年3月期
① 報酬費用の計上

(借)報 酬 費 用　13,500,000　　(貸)株式引受権　13,500,000

注1　6,000円／株×1,000株／名×(10名－1名)×9カ月(注5)／36カ月(注4)＝13,500,000円

注2　期末時点において将来の退任見込みを修正する必要はないと想定している。

注3　報酬費用に対応する金額を純資産の部の株主資本以外の項目に株式引受権として計上する。

注4　対象勤務期間：36カ月(X1年7月―X4年6月)

注5　対象勤務期間のうちX2年3月末までの期間：9カ月(X1年7月―X2年3月)

(2) X3年3月期
① 報酬費用の計上

(借)報 酬 費 用　18,000,000　　(貸)株式引受権　18,000,000

注1　6,000円／株×1,000株／名×(10名－1名)×21カ月(注5)／36カ月(注4)－13,500,000＝18,000,000円

注2　期末時点において将来の退任見込みを修正する必要はないと想定している。

510 Ⅵ—純資産

注3 報酬費用に対応する金額を純資産の部の株主資本以外の項目に株式引受権として計上する。

注4 対象勤務期間：36カ月（X1年7月—X4年6月）

注5 対象勤務期間のうちX3年3月末までの期間：21カ月（X1年7月—X3年3月）

(3) X4年3月期

① 報酬費用の計上

(借)報酬費用 12,500,000   (貸)株式引受権 12,500,000

注1 6,000円／株×1,000株／名×（10名−2名（注3））×33カ月（注6）／36カ月（注5）−（13,500,000＋18,000,000）＝12,500,000円

注2 期中において取締役1名が自己都合により退任したため、自己株式の無償取得を行った。

注3 期末時点において将来の退任見込みを修正し、X4年6月末までに自己都合による退任が追加で1名発生することを見込んだ。

注4 報酬費用に対応する金額を純資産の部の株主資本以外の項目に株式引受権として計上する。

注5 対象勤務期間：36カ月（X1年7月—X4年6月）

注6 対象勤務期間のうちX4年3月末までの期間：33カ月（X1年7月—X4年3月）

(4) X5年3月期

① 報酬費用の戻入れ

(借)株式引受権 8,000,000   (貸)報酬費用 8,000,000

注1 6,000円／株×1,000株／名×（10名−4名）×36カ月（注5）／36カ月（注4）−（13,500,000＋18,000,000＋12,500,000）＝△8,000,000円

注2 期中において取締役3名が自己都合により退任したため、権利確定日において退任数を実績に修正した。

注3 費用の戻入れが生じており、対応する金額を株式引受権から減額する。

注4 対象勤務期間：36カ月（X1年7月—X4年6月）

注5 対象勤務期間のうちX4年6月末までの期間：36カ月（X1年7月—X4年6月）

② 新株の発行

(借)株式引受権　36,000,000　　(貸)資　本　金　36,000,000

注　権利確定条件の達成に伴い新株を発行した時点で、対応する株式引受権の残高を資本金に振り替える。

【解　説】　2019年12月に成立した「会社法の一部を改正する法律」（令和元年法律第70号）により、会社法第202条の2において、金融商品取引法第2条第16項に規定する金融商品取引所に上場されている株式を発行している株式会社が、取締役等の報酬等として株式の発行等をする場合には、金銭の払込み等を要しないことが新たに定められました。

取締役の報酬等として株式を無償交付する取引は、「事前交付型」と「事後交付型」があります。「事前交付型」は、取締役の報酬等として株式を無償交付する取引のうち、対象勤務期間の開始後速やかに、契約上の譲渡制限が付された株式の発行等が行われ、権利確定条件が達成された場合には譲渡制限が解除されるものの、権利確定条件が達成されない場合には企業が無償で株式を取得する取引をいい、「事後交付型」とは、取締役の報酬等として株式を無償交付する取引のうち、契約上、株式の発行等について権利確定条件が付されており、権利確定条件が達成された場合に株式の発行等が行われる取引をいいます。

取締役の報酬等として株式を無償交付する取引については、自社の株式を報酬として用いる点で、ストック・オプションと類似性があると考えられます。ストック・オプション及び事後交付型と、事前交付型では株主となるタイミングが異なり、その差は提供されるサービスに対する対価の会計処理（純資産の部の株主資本以外の項目となるか株主資本となるか）に現れるものの、インセンティブ効果を期待して自社の株式又は株式オプションが付与される点では同様であるため、費用の認識や測定についてはストック・オプション会計基準の定めに準じています。

事後交付型による場合、取締役の報酬等として株式を無償交付する取引に関する契約を締結し、これに応じて企業が取締役等から取得するサービスは、サービスの取得に応じて費用を計上し、対応する金額は、株式の発行等が行われるまでの間、貸借対照表の純資産の部の株主資本以外の項目に株式引受権として計上します。割当日において、新株を発

行した場合には,株式引受権として計上した額を資本金又は資本準備金に振り替えます。一方,割当日において,自己株式を処分した場合には,自己株式の取得原価と,株式引受権の帳簿価額との差額を,自己株式処分差額として,その他資本剰余金に計上し,会計期間末においてその他資本剰余金の残高が負の値となった場合にはその他資本剰余金の残高を零とし,当該負の値をその他利益剰余金(繰越利益剰余金)から減額します。

法人税においては,事後交付型の場合の報酬費用は「債務が確定した日」において損金として認識されます。したがって,各事業年度の報酬費用計上時は税務上否認する調整が必要となり,「債務が確定した日」の属する事業年度において税務上認容する調整が必要となります。本設例の場合における「債務が確定した日」は,割当の条件よりX4年6月30日となります。

また,報酬費用が役員に対するものである場合には,法人税法上の事前確定届出給与,業績連動給与又は退職給与に該当する場合に限り損金算入可能となるため,譲渡制限解除(損金算入時点)の確認に加えて,報酬費用自体が税務上損金として認められるものであるかを確認することも必要です。

(消費税) 取締役の報酬等として株式を無償交付する取引は,給与等を対価とする役務の提供に該当し不課税であり,仕入税額控除の対象外です。

■関連法規……実務対応報告第41号 「取締役の報酬等として株式を無償交付する取引に関する取扱い」15～18項,設例2,法法第54条,法法第34条,消通11-1-2

Ⅶ 営業損益

- 売 上 高
- 仕 入 高
- 製 造 原 価
- 販売費及び一般管理費

売 上 高

369 商品・製品を販売した

① 得意先Y社より注文を受けたA商品10個・275,000円（消費税25,000円を含む）とB商品10個・220,000円（消費税20,000円を含む）を本日出荷した。
② 本日Y社よりA商品10個・275,000円（消費税25,000円を含む）とB商品10個・220,000円（消費税20,000円を含む）を受け取り、検収をした旨の通知を受けた。

1 原則的な会計処理（検収基準）
① 仕訳なし
② (借)売 掛 金　　495,000　　(貸)売 上 高　　450,000
　　　　　　　　　　　　　　　　　仮受消費税等　45,000

2 容認的な会計処理（出荷基準）
① (借)売 掛 金　　495,000　　(貸)売 上 高　　450,000
　　　　　　　　　　　　　　　　　仮受消費税等　45,000
② 仕訳なし

【解　説】2018年3月30日に企業会計基準第29号「収益認識に関する会計基準」（以下，「収益認識基準」）が公表，2020年3月31日に改正され，2021年4月1日以後に開始する事業年度より適用されています。収益認識基準では，原則として，約束した財又はサービスを顧客に移転することにより，履行義務を充足した時点に売上を計上します。商品・製品の販売の場合，通常，履行義務を充足する時点は顧客による検収時点であることが想定され，検収基準により収益を計上します。ただし，商品又は製品の国内販売取引に限り，出荷時から顧客への移転時までの期間が数日間程度であり，取引慣行に照らして合理的である場合は，商品の出荷時と顧客への移転時との収益計上額の違いの重要性は乏しいと考えられることから，出荷基準による収益計上が容認されます。

なお，法人税法の取扱いは会計と同様です。

中小会計 一般的販売契約における収益認識基準として，このほかに「引渡基準」が認められています。

(消費税) 商品，製品等の販売は対価を得て行われる資産の譲渡等に該当するため，消費税が課せられます。

■関連法規……財規第72条，収益認識基準第39項，第40項，収益認識適用指針第98項，第171項，法法第22条の2第2項，基通2－1－21の3，消法第2条第1項第8号，第4条第1項，消通5－1－3，9－1－1，9－1－2，中小会計指針第73項，74項

370 売上品につき値引を行った

L社に製品Yを1,000,000円（税抜）売り上げた。類似の製品Xの過去の販売実績から，50,000円（税抜）値引する可能性が高いと見込まれる。

後日，L社から一部品質不良品が含まれていた旨の連絡を受けて調査を行い，50,000円（税抜）の値引をすることでL社の了承を得た。

① 製品Yの販売時

(借)売 掛 金	1,100,000	(貸)売 上 高	1,000,000
		仮受消費税等	100,000
(借)売 上 高	50,000	(貸)返 金 負 債	50,000

② 値引時

(借)返 金 負 債	50,000	(貸)売 掛 金	55,000
仮受消費税等	5,000		

【解　説】 売上品の量目不足，品質不良，破損などの理由により代価から減額することを「売上値引」といいます。製品Xは品質不良，破損等のリスクが高く，過去に値引した実績があり，類似する製品Yも品質不良，破損等により販売後に値引するリスクが高い場合，製品Y

の販売対価のうち，値引きする可能性の高い部分を変動対価として取り扱います。すなわち，製品Yの販売時に，値引する可能性が高いと見込まれる金額を負債として計上し，売上を直接減額します。売上値引の科目は使用せず，減額する売上の相手科目として返金負債等を使用します。値引が確定した時点で返金負債及び対応する仮受消費税等を取り崩します。

なお，法人税法の取扱いは会計とほぼ同様です。

《ポイント》 売上値引とよく似た科目に「売上割引」がありますが，売上割引は売掛代金の回収を促進することを目的とした金融費用で営業外費用に属するものであり，売上値引とは性格が異なります。

(消費税) 販売時に対価の総額が課税売上となる一方，売上に係る対価の返還等の金額が確定した際に，消費税額を控除します。

■関連法規……財規第72条，収益認識基準第50項～55項，同適用指針第23項～26項，法法22条の2第5項，基通2-1-1の11，消法第28条第1項，第38条第1項，消通6-3-4，14-1-8

371 売上割戻しを行った

決算期末にあたり，当事業年度中のA社への売上高に対し，かねて取り決められた支給基準により売上割戻額を確定させ，A社に通知した（金額はすべて税抜）。
・期中のA社に対する売上高　　　　10,000,000円
・同時点の売上割戻予定額　　　　　　500,000円
・決算期末における売上割戻確定額　　450,000円

① 期中販売時

(借)売　掛　金　11,000,000　　(貸)売　上　高　10,000,000
　　　　　　　　　　　　　　　　　　仮受消費税等　1,000,000
(借)売　上　高　　 500,000　　(貸)返金負債　　　 500,000

② 売上割戻確定時

(借)返金負債	500,000	(貸)売　上　高	500,000
(借)売　上　高	450,000	(貸)売　掛　金	495,000
仮受消費税等	45,000		

【解　説】　販売会社が特約店などを通じて商品を販売する場合には，一定の期間を定めて各特約店の売上高などを基準として割戻しを行う商慣習があります。この一定期間に多量の取引をした得意先に対する売上代金の返戻額を「売上割戻し」といいます。

　売上割戻は，販売後に値引する可能性が高い変動対価として取り扱います。販売時に，予め取り決められた支給基準による売上割戻し予定額を見積り，売上から直接減額します。相手科目は，返金負債等の負債科目を使用します。売上割戻確定時は，販売時の仕訳を戻したうえで，売上割戻しの確定額を売上から減額します。

　なお，法人税法の取扱いは会計とほぼ同様ですが，売上割戻金額をその通知又は支払をした日の属する事業年度の収益の額から減額することも認められています。中小企業など税務基準に従って会計処理を行なっている企業では，このような会計処理を採用することができます。

(消費税)　販売時に対価の総額が課税売上となる一方，売上に係る対価の返還等の金額が確定した際に，消費税額を控除します。

■関連法規……財規第72条，収益認識基準第50項～第55項，同適用指針第23項～26項，法法22条の2第5項，基通2－1－1の11，2－1－1の12，2－5－1，消法第28条第1項，第38条第1項，消通14－1－9

372 売上割戻しを観劇招待により行った

　当社は卸売業を営んでいるが，決算にあたって，得意先に対して売上割戻しと同様の基準により，希望者を観劇に招待した。参加者は50人で，観劇に要した費用は1,650,000円（消費税150,000円を含む）であった。

（借）交　際　費	1,500,000	（貸）現　　　　金	1,650,000
仮払消費税等	150,000		

【解　説】　会計上，交際費は法人税法上の取扱いを基に処理する場合が多いと考えられます。法人税法上の取扱いでは，物品の交付又は旅行・観劇などへの招待が売上割戻しと同様の基準で行われるものであっても，それらに要する費用は「交際費」として取り扱われます。また，物品の交付による場合は，その物品が得意先で販売されるか，或いは固定資産として使用されることが明らかなものは「売上割戻し」として費用処理することができます。

(消費税)　課税売上について，返品，値引，割戻しによる売上に係る対価の返還等があった場合は，その対価の返還等の金額に係る消費税額について，当該課税期間の課税標準額に対する消費税額から控除することができます。しかし，売上割戻しの支払いに代えて得意先を観劇に招待した場合は，売上に係る対価の返還等ではなく，それに要した費用は交際費として課税仕入れに該当します。

《ポイント》　売上割戻しは，できるだけ金銭による支払いか，或いは事業用資産の交付によるべきです。

■関連法規……財規第84条，財規ガイド84，措通61の4（1）-4，消法第38条第1項，消通14-1-9

373 売上品が返品された

前事業年度においてE商店に20,000,000円（税抜）を売り上げた（売上原価は18,000,000円）。そのうち500,000円（税抜）につき返品する旨の通知があり、本日現品の送付を受けた。

なお、過去の実績から見積もった返品率及び粗利率は3％及び10％である。また、当事業年度末までに、この他は返品期限が到来し、返品されないことが確定した。

① 前事業年度における販売時

　　(借)売　掛　金　22,000,000　　(貸)売　上　高　20,000,000
　　　　　　　　　　　　　　　　　　　　仮受消費税等　 2,000,000
　　(借)売 上 原 価　18,000,000　　(貸)商　　　品　18,000,000
　　(借)売　上　高　　 600,000　　(貸)返金負債（＊）　600,000
　　(借)返 品 資 産　　 540,000　　(貸)売 上 原 価（＊）540,000

（＊）20,000,000×3／100＝600,000円…返品率による返品見込額
　　　600,000×（1－10％）＝540,000円…返品見込額に係る売上原価

② 返品時

　　(借)返 金 負 債　　 500,000　　(貸)売　掛　金　　 550,000
　　　　仮受消費税等　 　50,000

実際の返品額だけ返金負債を減額するとともに、当該返品額に係る売掛金及び仮受消費税等も減額します。

③ 決算期末（＝返品期限到来時）

　　(借)返 金 負 債　　 100,000　　(貸)売　上　高　　 100,000
　　(借)商　　　品　　 450,000　　(貸)売 上 原 価　　 450,000
　　(借)売 上 原 価　　 540,000　　(貸)返 品 資 産　　 540,000

返品されないことが確定した100,000円は、返金負債から売上高に振り替えます。

また，返品額500,000円に対応する売上原価を商品に振り替えるとともに，前事業年度に計上した返品資産全額を売上原価に振り戻します。

【解　説】　契約，商慣行等により返品権が付されている取引を行なった場合，販売対価のうち返品により減少すると見込まれる金額を変動対価として取り扱い，売上から減額します。相手科目は，返金負債等の負債科目を使用します。また，対応する原価を返品資産として計上します。返品時に，実際の返品額だけ返金負債を減額し，返品されないことが確定した時に，残りの返金負債及び返品資産を，それぞれ売上及び製品・商品又は売上原価に振り替えます。

　法人税法では，販売時は減額前の収益全額が益金に，減額前の原価全額が損金に算入され，会計に比べて変動対価の分だけ益金及び損金が増加します。従って，法人税法上，益金及び損金の加算調整が必要です。会計上は，税務との差異が税効果の対象となります。また，法人税法では返品された商品がどの事業年度に売上計上されたかに関係なく，返品の事実のあった日の事業年度に計上することも認められていることから，中小企業など税務基準により会計処理する会社ではこのような会計処理を採用することができます。

　なお，返品調整引当金の計上は認められなくなりました。法人税法でも，経過措置を設けたうえで2021年4月1日以後10年間にわたり段階的に廃止されます。

(消費税)　課税売上について，返品，値引，割戻しによる売上に係る対価の返還等があった場合は，その対価の返還等の金額に係る消費税額について，当該課税期間の課税標準額に対する消費税額から控除することができます。

■**関連法規**……財規第72条，収益認識基準第50項，第51項，同適用指針第23項，
　　　　　　　法法22条の2第5項，基通2－1－1の11，消法第28条第1項，
　　　　　　　第38条第1項

374 割賦販売を行った

> ① 20XX年2月にA商品（売価1,200,000円・原価900,000円，税抜）を12カ月の月賦（毎月の月賦支払金110,000円（税込））で販売し，現品を引き渡した。なお，現金で販売する場合の販売価格は，1,100,000円（税抜）である。
> ② 同年3月に第1回の賦払期が到来し，110,000円の入金があった。
> ③ 同年3月末に決算となった。
> なお，本取引は商品の引渡時から代金回収時までの期間が1年以内であるため，金利相当分を調整しないこととする。

① (借)割賦売掛金　　1,320,000　　(貸)売　上　高　　1,200,000
　　　　　　　　　　　　　　　　　　仮受消費税等　　　120,000
② (借)現　　　　金　　 110,000　　(貸)割賦売掛金　　　110,000
③ 仕訳なし

【解　説】　商品を売り上げ，代金を月賦又は年賦により支払いを受けることを，一定の約款に基づいて行う販売を「割賦販売」といいます。現行の会計基準においては，売上を計上する時点は，商品に対する支配が顧客に移転することにより履行義務を充足した時です。割賦販売の場合，代金の回収は複数回にわたって行ないますが，商品に対する支配が顧客に移転するのは，顧客に商品を引き渡した時の1回のみです。

通常，商品の引渡時から代金回収時まで長期にわたる割賦販売での販売価格には，現金での販売価格に金利相当分が上乗せされます。金融要素が含まれる割賦販売取引の収益は現金販売価格を反映する金額で計上し，金利相当分は別途調整します。ただし，商品の引渡時から代金回収時までの期間が1年以内であると見込まれる場合には，金利相当分を調整しないことができます。

法人税法も，収益認識基準に適用に伴い会計と同様の取扱いとし，経過措置を設けたうえで長期割賦販売を含めた延払基準による方法は廃止されました。

|中小会計| 割賦販売については商品を引き渡した日に売上の全額を計上するのが原則ですが,割賦金の回収期限の到来日又は割賦金の入金の日に売上計上することも認められています。

|消費税| 会計,法人税法と異なり,取引開始時に金利相当分も含めた割賦販売価格総額に対して課税されます。また,法人税法と同様に割賦基準による方法は廃止されました。

■**関連法規**……財規第72条,収益認識基準第39項,第57項,第58項,同適用指針第29項,法法22条の2第1項,基通2-1-1の9,平成30年改正法附則28,消法第28条第1項,中小会計指針第73項,第74項

375 委託販売を行った

① 当社は,S商店に販売委託のため仕入原価600,000円の商品を積送し,積送品代金700,000円(売値)の70%で荷為替手形を振り出し取引銀行で割引を受け,割引料3,000円を差し引いた手取金は当座預金とした。
② S商店より売上計算書が到着し,代金は当座預金に振り込まれた。
③ 当社は,自社でも第三者へこの商品を販売することができる。

売上高	700,000円
消費税(+)	70,000円
諸 掛(-) 引取運賃 11,000円(うち消費税1,000円)	
保管料 5,500円(うち消費税500円)	
雑費 5,500円(うち消費税500円)	
販売手数料 33,000円(うち消費税3,000円)	55,000円
荷為替手形金額(-)	490,000円
差引支払額	225,000円

①―1 商品送付時

(借)積 送 品　　600,000　　(貸)仕 入 高　　600,000

①―2 手形,銀行買受時

(借)受 取 手 形	490,000	(貸)契 約 負 債	490,000
(借)当 座 預 金	487,000	(貸)受 取 手 形	490,000
手形売却損	3,000		

② 顧客への商品引渡時

(借)契 約 負 債	490,000	(貸)積送品売上	700,000
当 座 預 金	225,000	仮受消費税等	70,000
販 売 費	50,000		
仮払消費税等	5,000		
(借)積送品売上原価	600,000	(貸)積 送 品	600,000

【解　説】「委託販売」とは，商品の販売を受託者に委託し，受託者が委託された商品の販売を委託者の計算において行う販売形態をいいます。現行の会計基準においては，売上を計上する時点は，商品に対する支配が顧客に移転することにより履行義務を充足した時です。委託販売の場合，まず，その契約が，委託者が受託者に商品を引き渡した時点で受託者が支配を獲得しているかどうかにより，委託販売契約に該当するか否かを判定します。委託者が受託者に商品を引き渡した時点で受託者が支配を獲得すれば，委託販売契約ではなく，委託者は受託者に商品を引き渡した時点で売上を計上します。このときの販売代金は，顧客への販売代金よりは低く，一定の収益を原価に上乗せした価格で受託者に販売することが考えられます。

　一方，委託者が受託者に商品を引き渡した時点で受託者が支配を獲得しなければ，委託販売契約に該当する可能性が高く，顧客に商品を引き渡した時点で売上を計上します。本設例は，これに該当します。

　契約が委託販売契約であることを示す指標として，例えば以下のものが挙げられます。

・受託者が商品等を顧客に販売するまで，又は決められた期間が満了するまで，委託者が商品等を支配していること
・委託者が，商品等の返還を請求することができること
・委託者が，第三者に商品等を販売することができること
・受託者が，商品等の対価を無条件に支払う義務を有していないこと

荷為替手形は銀行で買い取りを受けた時点で、手形債権の発生と消滅を同時に認識します。発生と消滅が同時のため省略することもありますが、為替手形を発行しているため、手形債権の発生を認識します。

法人税法の取扱いは会計とほぼ同様です。

中小会計 収益認識基準適用前と同様に、原則として、受託者が委託品を販売した日をもって売上計上します。ただし、売上計算書が販売のつど送付されてくる場合には、売上計算書が到着した日に委託品を販売したものとみなして売上計上を行うことができます。

消費税 商品の販売は、対価を得て行われる資産の譲渡等に該当し消費税が課税されます。消費税の納税義務は、資産の譲渡等をした時に成立します。したがって、委託販売契約である場合は委託者が顧客に商品等を引き渡した時の販売価格が、委託販売契約でない場合は委託者が受託者に商品等を引き渡した時の販売価格が、資産の譲渡等としての課税の対象になります。手形の割引料は非課税であり、委託販売諸掛には消費税が課税されます。

■関連法規……財規第72条、収益認識基準第37項、第39項、同適用指針第75項、第76項、法基通2－1－3、消法第28条第1項、中小会計指針第73項、第74項

売　上　高　525

376 受託販売を行った

① 当社はW商事（株）より商品（原価500,000円）の販売を委託され，本日，商品を受け取り，引取運賃11,000円（消費税1,000円を含む）を現金で支払った。
② 委託された商品の保管料5,500円（消費税500円を含む）の請求を受け現金で支払った。
③ W商事（株）より委託を受けた商品を，本日，A商店に600,000円にて売り渡し，代金は消費税60,000円とともに現金にて受け取った。
④ 本日，W商事（株）に対する売上計算書を作成し，当社の販売手数料33,000円（消費税3,000円を含む）並びに諸立替金16,500円（消費税1,500円を含む）を差し引き，W商事（株）の手取金610,500円を小切手にて送金した。

なお，当社は商品販売に対する主たる責任および在庫リスクを有さず，販売価格の決定はW商事（株）が行なっている。

売　上　高		600,000円
消　費　税（＋）		60,000円
諸　　　掛（－）		
引取運賃	11,000円（内消費税1,000円）	
保　管　料	5,500円（内消費税500円）	
販売手数料	33,000円（内消費税3,000円）	49,500円
差引支払額		610,500円

① （借）販 売 受 託　　11,000　　（貸）現　　　　金　　11,000
　　　（又は立替金）
② （借）販 売 受 託　　 5,500　　（貸）現　　　　金　　 5,500
　　　（又は立替金）
③ （借）現　　　　金　660,000　　（貸）販 売 受 託
　　　　　　　　　　　　　　　　　　　　（又は預り金）660,000
④ （借）販 売 受 託　643,500　　（貸）当 座 預 金　610,500

VII　営業損益

受取手数料	30,000
仮受消費税等	3,000

【解　説】　受託販売取引のように，受託者以外に他の当事者が顧客への財又はサービスの提供に関与している場合は，受託者が「本人」に該当するか「代理人」に該当するかを判定する必要があります。顧客に財又はサービスを提供する前に受託者が当該財又はサービスを支配している場合，受託者は本人に該当します。その場合は，顧客への売上及び委託者からの仕入を総額で計上します。

　財又はサービスを支配しているかどうか判定するための指標として，以下のものが挙げられます。

① 　財又はサービスの提供に対して主たる責任を有していること
② 　在庫リスクを有していること
③ 　財又はサービスの価格設定に裁量権を有していること

　財又はサービスを支配しておらず代理人に該当する場合は，第三者（＝委託者）のために回収する額は取引価格に含まれず，手数料収入として売上及び仕入を純額で表示します。本設例では，当社は商品の販売に対する主たる責任及び在庫リスクを有しておらず，商品の販売価格の設定に裁量権を有していないことから，代理人に該当します。

　販売手続を行う上で諸経費の立替金や売上代金等の預り金が発生しますが，これらは「販売受託」勘定によって一括整理し記録を行い，内訳は「販売受託元帳」（補助簿）によって委託者ごとに記録整理を行います。

消費税　商品等の販売の委託を受けて，委託された商品等の譲渡を行った場合は，受託者の販売代行行為が役務の提供に該当し，委託者より受け取る委託販売手数料は，役務提供の対価として消費税の課税の対象です。

■関連法規……財規第72条，収益認識基準第8項，収益認識適用指針第39～47項，
　　　　　　　消法第2条第1項第8号，第4条第1項，消通4－1－3，9－
　　　　　　　1－2，9－1－3，10－1－12

377 試用販売を行った

> ①　当社のE商品についてB社より試用の申込みがあったので、直ちにE商品（原価800,000円、売価900,000円及び消費税90,000円）を送付した。
> ②　1カ月後にB社より、E商品を買い取る旨の通知を受けた。

①	(借)試　送　品	800,000	(貸)仕　入　高	800,000
②	(借)売　掛　金	990,000	(貸)売　上　高	900,000
			仮受消費税等	90,000
	(借)試送品原価	800,000	(貸)試　送　品	800,000

【解　説】「試用販売」とは、商品を得意先に送付し、得意先が試用した後、買取りの意志表示によって成立する取引です。

つまり、得意先が買取りの意思を表示するまでは商品に対する支配が得意先に移転し履行義務が充足したとはいえず、買取りの意思表示によって売上を計上します。

中小会計　中小企業の会計も同じです。

消費税　商品、製品等の棚卸資産の販売は、資産の譲渡等に該当し消費税が課税されます。消費税の課税される時期は、棚卸資産の譲渡を行った日、すなわち引渡しを行った日であり、試用販売の場合は、得意先の買取りの意思表示があった日です。

■**関連法規**……会計原則注解 6（2），財規第72条，収益認識適用指針第83項，
　　　　　　消法第 2 条第 1 項第 8 号，第 4 条第 1 項，消通 9 － 1 － 1，9 －
　　　　　　1 － 2，中小会計指針第73項，第74項

378 予約販売を行った

① 毎月1冊刊行の予定で全10巻の百科事典の出版予約受付を行ったところ,100組の予約申込みがあり予約金1,100,000円(消費税100,000円を含む)を受け取った。
② 決算にあたって百科事典の納品状況を調査したところ,全10巻のうち未だ4巻が未刊行となっていた。

①	(借)現　　　　金	1,100,000	(貸)契 約 負 債	1,100,000
②	(借)契 約 負 債	660,000	(貸)売 上 高	600,000
			仮受消費税等	60,000

【解　説】「予約販売」は,あらかじめ代金の全部或いは一部を受け取り,商品の引渡し又は役務の提供などをその後の一定時期に行うものです。受け取った予約金は一旦契約負債として計上し,商品の引渡し又は役務の提供などを行なった時点,すなわち,顧客が商品に対する支配を獲得又は役務を享受した時点で,それに見合う部分を契約負債から売上に振り替えます。

決算にあたっては,予約金受取額のうち,決算日までに商品などの引渡しが完了した分だけを売上に計上し,残額は契約負債として翌期以降に繰り延べます。

中小会計　中小企業の会計も同じです。

消費税　商品,製品等の棚卸資産の販売は,資産の譲渡等に該当し消費税が課税されます。消費税が課税される時期は,商品,製品等の引渡しを行った日です。予約販売の場合では,決算日までに引渡しが完了した分について消費税が課税されます。

■関連法規……会計原則注解6(3),財規第72条,第47条第2の2号,収益認識基準第11項,第35項〜37項,第39項,第40項,法基通2−1−1,2−1−2,消法第2条第1項第8号,第4条第1項,消通9−1−1,9−1−2,中小会計指針第73項,第74項

379 有償支給取引を行った

① 当社は，材料を800,000円で仕入れ，外注加工委託先のB社に1,000,000円で有償支給した。この有償支給は，対価を得て行う資産の譲渡に該当するものとする。
② B社による加工後，当社は材料を1,200,000円で買い戻した（加工賃は200,000円）。
③ 決算を行った。
なお，収益認識基準を適用するのにあたり，原則的な処理を行うものとする。

〈買戻し義務がある場合〉

① (借)仕 入 高　　　800,000　　(貸)買 掛 金　　　880,000
　　　仮払消費税等　　 80,000
　　(借)未 収 入 金　1,000,000　　(貸)有償支給取引に　1,000,000
　　　　　　　　　　　　　　　　　　　係る負債(＊1)

② (借)仕 入 高　200,000(＊2)　(貸)買 掛 金　　1,220,000
　　　仮払消費税等　　 20,000
　　　有償支給取引　1,000,000
　　　に係る負債

③ (借)買 掛 金　1,000,000　　(貸)未 収 入 金　1,000,000

(＊1) 支給品を減少させず，支給品の譲渡に係る売上を計上しません。
(＊2) 加工賃分のみ仕入計上します。

〈買戻し義務がない場合〉

① (借)仕 入 高　　　800,000　　(貸)買 掛 金　　　880,000
　　　仮払消費税等　　 80,000
　　(借)未 収 入 金　1,080,000　　(貸)仕入高(＊3)　　800,000
　　　　　　　　　　　　　　　　　　仮払消費税等　　 80,000

			有償支給取引 に係る負債	200,000
②	(借)仕入高(*4)	1,000,000	(貸)買掛金(*5)	1,300,000
	仮払消費税等	100,000		
	有償支給取引 に係る負債	200,000		
③	(借)買掛金(*6)	1,080,000	(貸)未 収 入 金	1,080,000

(*3) 支給品を減少させますが,支給品の譲渡に係る売上を計上しません。

(*4) 材料取得原価800,000円+加工賃200,000円=1,000,000円

(*5) 支給品の買戻し額:仕入高1,000,000円+仮払消費税等100,000円+有償支給取引に係る負債の取崩額200,000円=1,300,000円

(*6) 未収入金と買掛金を相殺することにより,②の買掛金1,300,000円は220,000円に減少します。これは,加工賃分200,000円の買掛金に該当します。

【解 説】 有償支給取引は,材料等の支給品を外部の支給先に譲渡し,支給先で加工した後,当該支給先から支給品を購入する取引です。会計処理は,支給品の買戻し義務の有無により異なります。買戻し義務がある場合は,支給品に対する支配は外注先に移転していないため,支給品を減少させず支給品の譲渡に係る売上も計上しません。ただし,個別財務諸表では,支給先での在庫管理の煩雑性等の理由から,支給品を減少させる処理も認められています。一方,買戻し義務がない場合は,支給品は減少させますが,支給品の譲渡に係る売上を計上しません。

上記の仕訳のように,買戻し義務がある場合もない場合も,結果として,有償支給取引におけるB社の仕入は,①の材料仕入800,000円及び②の加工賃200,000円の合計1,000,000円となり,これに対応する買掛金1,100,000円が決算時に残ります。

法人税法では,当事者間で所有権の移転に関する実質的な合意が成立しており,支給元から支給先に所有権が移転していると認められる場合には,その時点で収益を認識すべきものと考えられます。この場合,会計上は収益計上しないため,法人税の申告書で加算の調整が必要になると考えられます。

(消費税) 実際の取引額を課税標準とするため,会計上収益を認識する

かどうかに関係なく,支給元において仮受消費税等を,支給先において仮払消費税等を計上すると考えられます。ただし,有償支給の場合であっても事業者がその支給に係る原材料等を自己の資産として管理しているときは,当該支給は,資産の譲渡に該当しないことに留意が必要です。買戻し義務があるときは自己の資産として管理しているときに該当すると考えられます。

■関連法規……収益認識適用指針第104項,第177～181項,消基通5－2－16

380 外貨建取引で売上を計上した

> 米国のH社と当社のC商品200,000USドルの輸出契約が成立し,信用状(L／C)が送られてきた。本日C商品の船積みを完了し,船会社より船荷証券(B／L)・船積書類を受け取った。直ちに,外貨建荷為替を取り組み,取引のある外国為替取扱銀行において,当日の為替相場(電信買相場)1USドル＝110円に基づき買取りを受け,割引料100,000円を差し引き,手取金21,900,000円は当座預金に入金した。

① 所有権移転時

(借)売 掛 金 22,000,000　　(貸)売 上 高 22,000,000

② 手形銀行買受時

(借)受 取 手 形 22,000,000　　(貸)売 掛 金 22,000,000
(借)当 座 預 金 21,900,000　　(貸)受 取 手 形 22,000,000
　　手形売却損　　 100,000

【解　説】　輸出取引の流れは,通常,次のとおりです。

輸出契約→信用状(L／C)受取り→船積み→船荷証券(B／L)受取り→荷為替取組み→買取依頼→入金

輸出取引は,所有権の移転時期などの取引条件や,国際商業会議所が策定した貿易条件の定義であるインコタームズに基づき,出荷基準,船積基準(船積みを完了した時点),通関日基準(輸出通関が完了した日),船

積書類作成日基準等，複数の売上計上基準があります。

国内における商品・製品の販売取引では，出荷時から支配の移転時までの期間が数日間程度と取引慣行に照らして合理的である場合は，出荷基準による売上計上が容認されます。

一方，輸出取引の場合は，船積み時（＝出荷時）から商品・製品に対する支配の移転時までの期間が長期にわたること，及び輸出品に係るリスクの負担先，保険契約等の取引条件等により，船積基準による売上を計上できない場合があります。そのため，所有権の移転時期を始めとした取引条件やインコタームズに基づいて収益の認識時期を検討する必要があります。法人税法の取扱いは，会計と同様です。

輸出取引の代金回収は，船荷証券を中心とする船積書類及び信用状（L／C）を添付し輸出業者が振り出した為替手形（荷為替手形）を，取引のある外国為替取扱銀行で買い取ってもらう方法，または取立を依頼する方法等により行われます。買取りにあたっては，割引利息と手数料が手形代金より差し引かれます。

一般的に，輸出業者が外国為替取扱銀行で荷為替手形の買取りを受けた時点で，手形債権の発生と消滅を同時に認識し，売上代金が入金したものとして処理します。

また，取引価額が外国通貨で表示される外貨建取引については「外貨建取引等会計処理基準」により，取引発生時の為替相場による円換算額または合理的な基礎に基づいて算定された平均相場等をもって記録します。

換算に使用される為替相場には，次の３つがあります。

T.T.S；電信売相場……………仕入その他費用又は負債の換算に用いる
T.T.B；電信買相場……………売上その他収益又は資産の換算に用いる
T.T.M；電信売買相場の仲値…法人税法において原則とされている方式

設例では，外貨を売却し円貨で支払いを受けていますので，T.T.B（電信買相場）により円転換されます。

（200,000ドル×110円）－割引料他100,000円＝21,900,000円

《ポイント》　T.T.S（電信売相場）とT.T.B（電信買相場）は，いずれも銀行からみた売・買の相場となっています。

中小会計　原則として外貨建取引等会計処理基準に基づいて会計処理を

行います。

(消費税) 国内から輸出取引として行われる売上に対する消費税は、その取引が輸出許可書等により輸出取引であることが証明されれば免税として取り扱われます。また、換算及び決済（円転換）により発生する為替差損益は消費税の課税の対象外です。

《表　示》「手形売却損」は営業外費用の区分に表示します。

■関連法規……財規第72条、第93条、収益認識基準第39項、第40項、収益認識適用指針第98項、第171項、法法第22条の2第1項、第2項、外貨基準一1、一3、法基通2-1-21の3、法基通13の2-1-2、消法第7条第1項、消規第5条、消通10-1-7、金融商品実務指針第34項、中小会計指針第76～80項

381 完全に履行義務を充足した時点に完成工事高を計上した（工事完成基準による売上計上）

> F化学工業より受注した工場建物の一部拡張工事一式（工期3ヵ月）が完成し、本日、引渡しを完了した。工期3ヵ月は、当社の基準では「ごく短い」期間に該当する。
>
> 　請負代金額　　3,300,000円（消費税300,000円を含む）
> 　工事原価総額　2,500,000円
> 　前　受　金　　1,000,000円

(借)完成工事未収入金	2,300,000	(貸)完成工事高	3,000,000
未成工事受入金	1,000,000	仮受消費税等	300,000
(借)完成工事原価	2,500,000	(貸)未成工事支出金	2,500,000

【解　説】　2021年4月1日以後開始する事業年度からの収益認識基準の適用により、工事契約会計基準は廃止されました。収益認識基準では、工事契約の場合は、工事の進捗に応じて資産（成果物）の価値が増加し、それに応じて顧客が資産を支配します。つまり、一定の期間にわたり、資産を移転して履行義務を充足させることにより収益を認識する

ため、実質的に従来の工事進行基準と同様の処理を行います。

ただし、工期がごく短い場合には、通常、金額的な重要性が乏しい場合が多いと想定されることから、完全に履行義務を充足した時点、すなわち、工事が完成し、その引渡しが完了した日に収益を認識することができます。

「ごく短い」とする期間を、例えば1年とするか3カ月とするかは、各企業の実態に応じて判断します。

工事が完成する前に受け取った請負代金は、「契約負債（未成工事受入金）」として処理し、工事の完成時に「完成工事高」に振り替えます。請負代金の未収額のうち、発注先に対して無条件に受け取る権利があるもの（法的な請求権があるもの）は、顧客との契約から生じた債権に該当し、「完成工事未収入金」として計上します。一方、一定の期間にわたり工事の進捗度に応じて計上される未収入額は、無条件で受け取る権利があるわけではないため、「契約資産」として計上します。

また、工事の施工に伴って発生した材料費、労務費、外注費及び経費は「未成工事支出金」勘定に累積しておき、工事が完成した時に「完成工事原価」に振り替えます。

法人税法においても、基本的に会計と同様の処理が認められています。

中小会計　原則として、旧工事契約会計基準と同様に、工事進行基準又は工事完成基準に基づいて会計処理を行います。

消費税　請負による建設工事等の完成・引渡しは、資産の譲渡等に該当し、消費税が課税されます。完全に履行義務を充足した時点で収益を認識する場合は、工事が完成し引渡しを行った時に、工事価格に対し、消費税が課税されます。

■関連法規……会計原則注解7、財規第72条、収益認識基準第10項～12項、第38項、第39項、第136項、同適用指針第95項、168項、建設業法施行規則様式第十五号、第十六号、法基通2－1－21の4、法基通2－2－5、消法第2条第1項第8号、第4条第1項、消通9－1－5、9－1－6、中小会計指針第74項

382 一定の期間にわたり，履行義務の充足に応じて完成工事高を計上した（工事進行基準による売上計上）

D化学工業より，研究所建物の建設工事を受注した。請負代金額は330,000,000円（消費税30,000,000円を含む）で，工事原価総額の見積額は270,000,000円である。工期は着工後3年間の予定であり，着工事業年度（X1年度）の発生工事原価は100,000,000円であった。

X2年度において，一部設計変更があり請負代金額は55,000,000円（消費税5,000,000円を含む）増額され，385,000,000円（消費税35,000,000円を含む）となった。これに伴って工事原価総額の見積額も42,500,000円増加し312,500,000円となった。X2年度の発生工事原価は140,000,000円であった。

X3年度において，予定どおり工事を完成し発注者に引渡しを行った。X3年度における発生工事原価は72,500,000円であった。

なお，各事業年度における工事原価の発生額，工事進捗度等は次のとおりである。

（単位：千円）

	X1年度	X2年度	X3年度
（工事収益）			
当初請負金額	300,000	300,000	300,000
変更額	—	50,000	50,000
工事収益総額	300,000	350,000	350,000
（工事原価）			
過年度発生工事原価	—	100,000	240,000
当年度発生工事原価	100,000	140,000	72,500
発生工事原価総額	100,000	240,000	312,500
工事原価総額の見積額	270,000	312,500	312,500
（工事進捗度）＊	37%	77%	100%

＊工事進捗度の見積りは原価比例法によっている。

▶X1年度末

(借)完成工事未収入金 122,100,000　(貸)完成工事高 111,000,000
　　　　　　　　　　　　　　　　　　　仮受消費税等　　11,100,000
(借)完成工事原価　100,000,000　(貸)未成工事支出金 100,000,000

〈計算〉300,000,000円×100,000,000円／270,000,000円（37%）＝111,000,000円
　　…X1年度完成工事高
　　100,000,000円…X1年度発生工事原価

▶X2年度末

(借)完成工事未収入金 174,350,000　(貸)完成工事高 158,500,000
　　　　　　　　　　　　　　　　　　　仮受消費税等　　15,850,000
(借)完成工事原価　140,000,000　(貸)未成工事支出金 140,000,000

〈計算〉（300,000,000円＋50,000,000円）×240,000,000円／312,500,000円（77%）
　　＝269,500,000円…累計完成工事高
　　269,500,000円－X1年度完成工事高111,000,000円＝158,500,000円
　　…X2年度完成工事高
　　140,000,000円…X2年度発生工事原価

▶X3年度末

(借)完成工事未収入金　88,550,000　(貸)完成工事高　80,500,000
　　　　　　　　　　　　　　　　　　　仮受消費税等　　 8,050,000
(借)完成工事原価　 72,500,000　(貸)未成工事支出金　72,500,000

〈計算〉350,000,000円－X2年度末計完成工事高269,500,000円＝80,500,000円
　　…X3年度完成工事高
　　72,500,000円…X3年度発生工事原価

【解　説】　2021年4月1日以後開始する事業年度からの収益認識基準の適用により，工事契約会計基準は廃止されました。収益認識基準では，工事契約の場合は，工事の進捗に応じて資産（成果物）の価値が増加し，それに応じて顧客が資産を支配します。つまり，一定の期間にわたり，資産を移転して履行義務を充足させることにより収益を認識するため，実質的に従来の工事進行基準と同様の処理を行います。

具体的には,「原価比例法」を用いて,工事契約ごとに次の算式によって当該工事の各事業年度の「完成工事高」を算出します。

工事収益総額(請負金額)× 発生工事原価累計額／工事原価総額の見積額－既計上完成工事高＝各事業年度の完成工事高

また,各事業年度の発生工事原価は,原則として全額「完成工事原価」として計上します。

法人税法においても,基本的に会計と同様の処理が認められています。

|中小会計| 原則として,旧工事契約会計基準と同様に,工事進行基準又は工事完成基準に基づいて会計処理を行います。

(消費税) 消費税法においては,法人税法上の条件に該当し,一定の期間にわたり,工事の進捗に応じて算出した完成工事高を計上して経理処理を行っている場合は,この完成工事高に対し,消費税を計算し計上することができます。なお,法人税法上で同様の方法により経理している場合であっても,消費税では当該工事の譲渡の時期を,完成引渡しのあった日とすることも認められています。

《表　示》 一定の期間にわたり,工事の進捗に応じて算出される工事収益と工事原価は,それぞれ「完成工事高」と「完成工事原価」として損益計算書に計上します。請負代金の未収額のうち,発注先に対して無条件に受け取る権利があるもの(法的な請求権があるもの)は「完成工事未収入金」として,一定の期間にわたり工事の進捗度に応じて計上される未収入額は,「契約資産」として,それぞれ貸借対照表の流動資産の区分に表示します。

■関連法規……会計原則注解7,財規第17条第1項2号～3の2号,第72条,第75条,収益認識基準第10項,第12項,第38項,第41～44項,建設業法施行規則様式第十五号,第十六号,法法第64条,法令第129条,法基通2－1－21の4,2－1－21の5,2－1－21の6,消法第2条第1項第8号,第4条第1項,第17条,消通9－4－1,中小会計指針第73項,第74項

383 原価回収基準により売上を計上した

X1年度に，G化学工業より工場の建設工事を受注した。請負代金額は440,000,000円（消費税40,000,000円を含む）であるが，X1年度の決算の時点では，実行予算の作成が未了のため，工事原価総額の見積額が明示されていなかった。X2年度に実行予算の作成が完了し，工事原価総額の見積額は360,000,000円である。X1年度及びX2年度の発生工事原価は，それぞれ25,000,000円，227,000,000円である。なお，発生した原価は全て回収することが見込まれる。

▶X1年度

(借)完成工事原価	25,000,000	(貸)未成工事支出金	25,000,000
(借)完成工事未収入金	27,500,000	(貸)完成工事高	25,000,000
		仮受消費税等	2,500,000

▶X2年度

(借)完成工事原価	227,000,000	(貸)未成工事支出金	227,000,000
(借)完成工事未収入金	280,500,000	(貸)完成工事高	255,000,000
		仮受消費税等	25,500,000

〈計算〉 400,000,000×70％（＊）＝280,000,000…X2年度累計完成工事高
（＊）工事進捗度の見積り（原価比例法）
{25,000,000＋227,000,000（X2年度累計発生工事原価）}÷360,000,000＝70％
280,000,000－25,000,000＝255,000,000…X2年度完成工事高

【解　説】 履行義務の充足に係る進捗度を合理的に見積ることができないものの，当該履行義務を充足する際に発生する費用を回収することが見込まれる場合は，回収することが見込まれる原価の額と同額売上を計上します（原価回収基準）。

ただし，契約の初期段階において，進捗度を合理的に見積ることができない場合は，当該契約の初期段階には売上を計上しないことも認められています。いずれにおいても，履行義務の充足に係る進捗度を合理的

に見積ることができるようになった時からは，当該進捗度に基づいて売上を計上する必要があります。

　法人税法の取扱いは会計と同様です。

|中小会計|　原則として，旧工事契約会計基準と同様に，工事進行基準又は工事完成基準に基づいて会計処理を行います。

(消費税)　消費税法においては，法人税法上の条件に該当し，一定の期間にわたり，工事の進捗に応じて算出した完成工事高を計上して経理処理を行っている場合は，この完成工事高に対し，消費税を計算し計上することができます。なお，法人税法上で同様の方法により経理している場合であっても，消費税では当該工事の譲渡の時期を，完成引渡しのあった日とすることも認められています。

《表　示》　一定の期間にわたり，工事の進捗に応じて算出される工事収益と工事原価は，それぞれ「完成工事高」と「完成工事原価」として損益計算書に計上します。請負代金の未収額のうち，発注先に対して無条件に受け取る権利があるもの（法的な請求権があるもの）は「完成工事未収入金」として，一定の期間にわたり工事の進捗度に応じて計上される未収入額は，「契約資産」として，それぞれ貸借対照表の流動資産の区分に表示します。

■関連法規……財規第17条第1項2号～3の2号，第72条，第75条，収益認識基準第10項，第12項，第15項，第45項，収益認識適用指針第99項，建設業法施行規則様式第十五号，第十六号，法法第64条，法令第129条，法基通2－1－21の5（注）2，3，消法第2条第1項第8号，第4条第1項，第17条，消通9－4－1，中小会計指針第73項

540　Ⅶ―営 業 損 益

384　工事進行基準適用工事に工事損失引当金を計上する

　N自動車工業より，工場敷地内の鉄骨製の製品搬出用の桟橋建設工事を受注した。請負代金額は550,000,000円（消費税50,000,000円を含む）で，工事原価総額の見積額は450,000,000円である。工期は着工後3年間の予定であり，着工事業年度（X1年度）の発生工事原価は150,000,000円であった。

　X2年度に入り，主要材料である鋼材価格が急騰し，工事原価総額の見積額は550,000,000円となり，50,000,000円の工事損失が発生することが判明したため，直ちに，発注者に請負金額の増額を要請したが認められなかった。X2年度の発生工事原価は250,000,000円であった。

　X3年度において，予定どおり工事を完成し発注者に引渡しを行った。X3年度における発生工事原価は150,000,000円であった。

　なお，各事業年度における工事原価の発生額，工事進捗度等は次のとおりである。

（単位：千円）

	X1年度	X2年度	X3年度
（工事収益）			
当初請負金額	500,000	500,000	500,000
変更額	―	―	―
工事収益総額	500,000	500,000	500,000
（工事原価）			
過年度発生工事原価	―	150,000	400,000
当年度発生工事原価	150,000	250,000	150,000
発生工事原価総額	150,000	400,000	550,000
工事原価総額の見積額	450,000	550,000	550,000
（工事進捗度）＊	33%	73%	100%

＊工事進捗度の見積りは原価比例法によっている。

▶ X1年度末

(借)完成工事未収入金 181,500,000	(貸)完成工事高 165,000,000
	仮受消費税等 16,500,000
(借)完成工事原価 150,000,000	(貸)未成工事支出金 150,000,000

〈計算〉 500,000,000円×150,000,000円／450,000,000円（33％）＝165,000,000円
…X1年度完成工事高

150,000,000円…X1年度発生工事原価

▶ X2年度末

(借)完成工事未収入金 220,000,000	(貸)完成工事高 200,000,000
	仮受消費税等 20,000,000
(借)完成工事原価 250,000,000	(貸)未成工事支出金 250,000,000
(借)完成工事原価 15,000,000	(貸)工事損失引当金 15,000,000

〈計算〉 500,000,000円×400,000,000円／550,000,000円（73％）＝365,000,000円
…累計完成工事高

365,000,000円－X1年度完成工事高165,000,000円＝200,000,000円
…X2年度完成工事高

見積工事損失50,000,000円－（X1年度工事利益－15,000,000円）－
（X2年度工事損失50,000,000円）＝15,000,000円…工事損失引当金

250,000,000円…X2年度発生工事原価

▶ X3年度末

(借)完成工事未収入金 148,500,000	(貸)完成工事高 135,000,000
	仮受消費税等 13,500,000
(借)完成工事原価 150,000,000	(貸)未成工事支出金 150,000,000
(借)工事損失引当金 15,000,000	(貸)完成工事原価 15,000,000

〈計算〉 500,000,000円－X2年度末累計完成工事高365,000,000円＝135,000,000
円…X3年度完成工事高

150,000,000円…X3年度発生工事原価

【解　説】　工事契約について，工事原価総額等が工事収益総額を超過する可能性が高く，かつ，その金額を合理的に見積ることができる場合

には，その超過すると見込まれる額のうち，当該工事契約に関して既に計上された損益の額を控除した残額を，工事損失が見込まれた期の損失として処理し，工事損失引当金を計上します。

　法人税法上は，工事損失引当金は損金算入が認められていませんので，工事損失引当金が計上される場合には税務上は申告調整（加算）が必要です。

(消費税) 消費税法においては，法人税法上の条件に該当し，一定の期間にわたり，工事の進捗に応じて算出した完成工事高を計上して経理処理を行っている場合は，この完成工事高に対し，消費税を計算し計上することができます。なお，法人税法上で同様の方法により経理している場合であっても，消費税では当該工事の譲渡の時期を，完成引渡しのあった日とすることも認められています。

《表　　示》　一定の期間にわたり，工事の進捗に応じて算出される工事収益と工事原価は，それぞれ「完成工事高」と「完成工事原価」として損益計算書に計上します。請負代金の未収額のうち，発注先に対して無条件に受け取る権利があるもの（法的な請求権があるもの）は「完成工事未収入金」として，一定の期間にわたり工事の進捗度に応じて計上される未収入額は，「契約資産」として，それぞれ貸借対照表の流動資産の区分に表示します。

　工事損失引当金の繰入額は完成工事原価に含め，工事損失引当金の残高は流動負債の区分に表示します。

■関連法規……会計原則注解7，財規第17条第1項2号～3の2号，第47条4号，第72条，第75条，収益認識基準第10項，第12項，収益認識基準適用指針第90項，建設業法施行規則様式第十五号，第十六号，法法第64条，法令第129条，法基通2－4－19，消法第2条第1項第8号，第4条第1項，第17条，消通9－4－1，9－4－2

売　上　高　543

385 共同企業体（JV）による工事について完成工事高の計上を行った

　Y市発注の下水道工事を，代表者（スポンサー）である当社とB社，C社の3社による共同企業体（JV）により受注し，共同施工を行うこととなった。

共同企業体の請負代金額　55,000,000円（消費税5,000,000円を含む）
　工事原価総額の見積額　42,500,000円
　工　期　　　　　　　　3カ年
　共同企業体構成員会社の出資比率　当社50%，B社30%，C社20%

　工事収益の計上基準は工事進行基準であり，着工事業年度（X1年度）のJVの発生工事原価は15,000,000円であった。

　X2年度のJVの発生工事原価は20,000,000円であった。

　X3年度に予定どおり工事を完成し発注者に引渡しを行った。X3年度のJVの発生工事原価は7,500,000円であった。

　なお各事業年度におけるJVの工事収益，工事原価，工事進捗度等は次のとおりである。

（単位：千円）

	X1年度	X2年度	X3年度
（工事収益）			
当初請負金額	50,000	50,000	50,000
変更額	—	—	—
工事収益総額	50,000	50,000	50,000
（工事原価）			
過年度発生工事原価	—	15,000	35,000
当年度発生工事原価	15,000	20,000	7,500
発生工事原価総額	15,000	35,000	42,500
工事原価総額の見積額	42,500	42,500	42,500
（工事進捗度）＊	35%	82%	100%

544 Ⅶ—営業損益

> ＊工事進捗度の見積りは原価比例法によっている。

▶ X1年度末

(借)完成工事未収入金　9,625,000　(貸)完成工事高　8,750,000
　　　　　　　　　　　　　　　　　　　仮受消費税等　　875,000
(借)完成工事原価　　　7,500,000　(貸)未成工事支出金＊　7,500,000

〈計算〉　50,000,000円×(15,000,000円／42,500,000円)(35%)＝17,500,000円
　　　　…JV完成工事高

　　　　17,500,000円×50%＝8,750,000円…当社完成工事高

　　　　15,000,000円×50%＝7,500,000円…当社完成工事原価

＊未成工事支出金はJV出資金請求書より税抜方式で計上されている。

▶ X2年度末

(借)完成工事未収入金　12,925,000　(貸)完成工事高　11,750,000
　　　　　　　　　　　　　　　　　　　仮受消費税等　　1,175,000
(借)完成工事原価　　　10,000,000　(貸)未成工事支出金　10,000,000

〈計算〉　50,000,000円×(35,000,000円／42,500,000円)(82%)＝41,000,000円
　　　　…JV累計完成工事高

　　　　41,000,000円－X1年度完成工事高17,500,000円＝23,500,000円
　　　　…JV完成工事高

　　　　23,500,000円×50%＝11,750,000円…当社完成工事高

　　　　20,000,000円×50%＝10,000,000円…当社完成工事原価

▶ X3年度末

(借)完成工事未収入金　4,950,000　(貸)完成工事高　4,500,000
　　　　　　　　　　　　　　　　　　　仮受消費税等　　450,000
(借)完成工事原価　　　3,750,000　(貸)未成工事支出金　3,750,000

〈計算〉　50,000,000円×(42,500,000円／42,500,000円)(100%)＝50,000,000円
　　　　…JV累計完成工事高

　　　　50,000,000円－既計上完成工事高(17,500,000円＋23,500,000円)＝

9,000,000円…JV完成工事高

9,000,000円×50%=4,500,000円…当社完成工事高

7,500,000円×50%=3,750,000円…当社完成工事原価

【解　説】　共同企業体（JV：ジョイント・ベンチャー）とは，建設業において複数の建設業者が共同で工事の施工を行うもので，各構成員が資金，技術を出し合うことにより総合的な施工能力の増大を図ることを目的とした事業方式です。

　共同企業体による工事の会計処理は，「持分基準」によって行うことが原則です。持分基準とは，構成員各社が，それぞれ定められた出資比率により完成工事高と完成工事原価の計上を行うという基準です。

　設例では，代表者である当社の出資比率は50％ですので，共同企業体の請負金額の50％をもって，当社の「完成工事高」として計上し，共同企業体の発生工事原価の50％をもって，当社の「完成工事原価」として計上しています。

(消費税)　JV工事に係る消費税は，構成員である個々の会社が申告納税します。消費税法においては，法人税法上の条件に該当し，一定の期間にわたり，工事の進捗に応じて算出した完成工事高を計上して経理処理を行っている場合は，この完成工事高に対し，消費税を計算し計上することができます。なお，法人税法上で同様の方法により経理している場合であっても，消費税では当該工事の譲渡の時期を，完成引渡しのあった日とすることも認められています。

■**関連法規**……会計原則注解7，財規第17条第1項2号〜3の2号，第72条，第75条，収益認識基準第10項，第12項，第38項，第41〜44項，建設業法施行規則様式第十六号，法法第64条，法令第129条，法基通2－1－21の4，2－1－21の5，2－1－21の6，消法第2条1項第8号，第4条第1項，第17条，消通9－4－1，9－4－2

386 ソフトウェアの受注制作を行った

　当社は，汎用のソフトウェアの制作・販売と，顧客の仕様によるソフトウェアの制作請負を業としているが，このたびS薬品より新工場建設に伴う資材管理システムの制作を受注した。請負代金額は55,000,000円（消費税5,000,000円を含む）で，制作原価総額の見積額は40,000,000円である。工期は2年3カ月の予定であり，着手事業年度（X1年度）の発生制作原価は15,000,000円であった。

　X2年度において，一部想定外の仕様変更が発生し，制作原価総額の見積額は6,000,000円増加し46,000,000円となることが判明した。発注者に請負金額の増額を要請したが認められなかった。X2年度の発生制作原価は20,000,000円であった。

　X3年度において，予定どおりソフトウェアの制作を完了し，発注者であるS薬品によるテストにも合格し，資材管理システムの引渡しを完了した。X3年度における発生制作原価は11,000,000円であった。

　なお，各事業年度における制作原価の発生額，制作進捗度等は次のとおりである。

（単位：千円）

	X1年度	X2年度	X3年度
（制作収益）			
当初請負金額	50,000	50,000	50,000
変更額	—	—	—
制作収益総額	50,000	50,000	50,000
（制作原価）			
過年度発生制作原価	—	15,000	35,000
当期発生制作原価	15,000	20,000	11,000
発生制作原価総額	15,000	35,000	46,000
制作原価総額の見積額	40,000	46,000	46,000
（制作進捗度）＊	37.5%	76%	100%

＊制作進捗度の見積りは原価比例法によっている。

▶X1年度末

 （借）ソフト制作未収入金　20,625,000　　（貸）ソフト制作収益　18,750,000
              仮受消費税等　1,875,000
 （借）ソフト制作原価　15,000,000　　（貸）仕　掛　品　15,000,000

〈計算〉　50,000,000×（15,000,000円／40,000,000円）(37.5%)＝18,750,000円

  …X1年度制作収益

  15,000,000円…X1年度発生制作原価

▶X2年度末

 （借）ソフト制作未収入金　21,175,000　　（貸）ソフト制作収益　19,250,000
              仮受消費税等　1,925,000
 （借）ソフト制作原価　20,000,000　　（貸）仕　掛　品　20,000,000

〈計算〉　50,000,000×（35,000,000円／46,000,000円）(76%)＝38,000,000円

  …累計制作収益

  38,000,000円−X1年度制作収益18,750,000円＝19,250,000円

  …X2年度制作収益

  20,000,000円…X2年度発生制作原価

▶X3年度末

 （借）ソフト制作未収入金　13,200,000　　（貸）ソフト制作収益　12,000,000
              仮受消費税等　1,200,000
 （借）ソフト制作原価　11,000,000　　（貸）仕　掛　品　11,000,000

〈計算〉　50,000,000円−X2年度末累計制作収益38,000,000円　＝12,000,000円

  …X3年度制作収益

  11,000,000円…X3年度発生制作原価

【解　説】　ソフトウェアとは，コンピュータに一定の仕事を行わせるためのプログラム等をいい，システム仕様書，フローチャート，操作マニュアル等も含みます。

ソフトウェアは、制作目的によって、販売目的のソフトウェアと自社利用のソフトウェアに区分され、販売目的のソフトウェアは更に受注制作のソフトウェアと市場販売目的のソフトウェアに区分されます。

受注制作のソフトウェアとは顧客の仕様により個別のソフトウェアの作成を受注し制作を行うものをいい、通常は請負契約の形態によるものと考えられます。

ソフトウェア請負契約は工事契約の場合と同様に、契約期間にわたり制作を進めるにつれて資産（成果物）の価値が増加し、それに応じて顧客が資産を支配します。つまり、一定の期間にわたり、資産を移転して履行義務を充足させることにより収益を認識するため、実質的に従来の工事進行基準と同様の処理を行います。

一般的には、「原価比例法」を用いて、請負契約ごとに次の算式によって当該契約の各事業年度の「制作収益」を算出します。

制作収益総額（請負金額）×発生制作原価累計額／制作原価総額の見積－既計上制作収益＝各事業年度の制作収益

ただし、制作期間がごく短い場合には、通常金額的な重要性が乏しい場合が多いと想定されることから、完全に履行義務を充足した時点、すなわち、ソフトウェアが完成し、その引渡しが完了した日に収益を認識することができます。

「ごく短い」とする期間を、例えば1年とするか3カ月とするかは、各企業の実態に応じて判断します。

ソフトウェアの制作原価は、原価計算基準に基づいて、個別原価計算の方法によって受注番号別に発生原価を、労務費、外注費及び経費に分類・集計し計算します。

各事業年度の発生制作原価は、原則として全額「制作原価」として計上します。

法人税法の取扱いは基本的に会計と同様です。

中小会計 ソフトウェア制作についても、原則として、旧工事契約会計基準と同様に、工事進行基準又は工事完成基準に基づいて会計処理を行います。

消費税 消費税法においては、法人税法上の条件に該当し、一定の期間にわたり、制作の進捗に応じて算出した制作収益を計上して経理処理

を行っている場合は，この制作収益に対し，消費税を計算し計上することができます。なお，法人税法上で同様の方法により経理している場合であっても，消費税では当該ソフトウェアの譲渡の時期を，完成引渡しのあった日とすることも認められています。

《表　示》　一定の期間にわたり，制作の進捗に応じて算出される制作収益と制作原価は，それぞれ「売上高」と「売上原価」として損益計算書に計上します。請負代金の未収額のうち，発注先に対して無条件に受け取る権利があるもの（法的な請求権があるもの）は「売掛金」として，一定の期間にわたり制作の進捗度に応じて計上される未収入額は，「契約資産」として，それぞれ貸借対照表の流動資産の区分に表示します。

■**関連法規**……会計原則注解7，財規第17条第1項2号〜3の2号，第72条，第75条，収益認識基準第10項，第12項，第38項，第41〜44項，研究開発会計基準四，財規第72条，第75条，法法第64条，法令第129条，法基通2－1－21の4，2－1－21の5，2－1－21の6，消法第2条第1項第8号，第4条第1項，第17条，消通9－4－1，9－4－2，中小会計指針第73項，第74項

387　金品引換券付販売を行った

　当店は商品の販売にあたり，販売価額10,000円について1点のサービス券を購入者に交付することにしており，顧客よりこのサービス券の呈示があった時は，1点につき売価100円相当の商品と引き換えることとしている。

　顧客Aに商品1,000,000円を売上げ，100点分10,000円のサービス券を付与した。サービス券100点分は将来全て引き換えられると見込まれる。

　後日，顧客Aに商品10,000円を売り上げ，支払いにあたりサービス券100枚（100点）10,000円分の呈示を受けた。

▼商品販売時(サービス券付与時)

(借)現金預金	1,100,000	(貸)売 上 高	990,099
		契 約 負 債	9,901
		(貸)仮受消費税等	100,000

〈計算〉

売上高…1,000,000×1,000,000(※1)/(1,000,000(※1)+10,000(※2))
=990,099

契約負債…1,000,000×10,000(※2)/(1,000,000(※1)+10,000(※2))
=9,901

(※1)商品の独立販売価格…1,000,000円

(※2)サービス券の独立販売価格…100点×100円=10,000円

　取引価格1,000,000円を商品及びサービス券の独立販売価格で按分します。仮受消費税等は,取引価格総額に対して課税されます。

▼サービス券呈示時

(借)契約負債	9,901	(貸)売 上 高	9,901

　会計上は仮受消費税等を計上しませんが,消費税法上は,売上に係る対価の返還等の金額10,000円に対する消費税等1,000円が控除されます。

【解　説】　ポイント制度と同様に,金品引換券が顧客にとって重要な権利に該当する場合,金品引換券の付与は,既存の商品販売契約とは別個の履行義務として捉えられます。この場合,商品と金品引換券の独立販売価格の比率に基づいて,取引価格を各履行義務(商品販売契約と金品引換券の付与)に配分します。金品引換券の独立販売価格は,利用可能性を考慮します。配分された金品引換券相当額は,商品販売時に契約負債として計上し,売上から減額します。そして,金券の引換時に契約負債を売上に振り替えます。

　法人税法では,一定の要件を満たす場合は会計と同様の処理となります。

(消費税)　消費税法では販売時に取引価格の総額が課税売上となる一方,売上に係る対価の返還等の金額が確定した際に,消費税額を控除し

ます。

《表　示》金品引換券相当額のうち，1年以内に呈示が見込まれる分は流動負債の部に，1年超に呈示が見込まれる分は固定負債の部に，「契約負債」として表示します。

■関連法規……財規第47条2の2号，第72条，収益認識基準第11条，第65項，66項，68項，同適用指針第48項，50項，法基通2－1－1の7，消法第28条第1項

388　店舗の賃貸料を受け取った

　店舗用建物をE商店に貸し付け，月初に家賃として165,000円（消費税15,000円を含む）を受け取った。

(借)現　　　　金	165,000	(貸)受取賃貸料	150,000
		仮受消費税等	15,000

【解　説】　不動産の賃貸料のような賃貸借契約に基づく収益は，経過した期間に対応する額を計上するのが原則です。

　実務的には，賃貸料は賃貸借契約による支払期日，すなわち月ごと，或いは年以下の合理的な期間ごとに収益計上を行うことが必要です。

(消費税)　住宅の貸付けは非課税となっていますが，店舗用建物の貸付けは使用料を対価とする資産の譲渡等に該当し，消費税が課税されます。

　なお，店舗併設住宅の場合は住宅部分は非課税です。

■関連法規……財規第90条，財規ガイド90，法基通2－1－29，消法第2条第1項第8号，第4条第1項，第6条第1項，消法別表第2，消通6－13－5

389 賃貸料について紛争がある…供託金の処理

D商店に倉庫用建物を賃貸借契約に基づいて、月額110,000円（消費税10,000円を含む）で賃貸していたが、不況を理由として今月より賃貸料を88,000円（消費税8,000円を含む）に引き下げるよう申入れがあった。当社がこれを断ったところ、D商店は当月分の賃貸料として88,000円を供託する手続きを行った。

（借)未 収 入 金	88,000	（貸)受取賃貸料	80,000
		仮受消費税等	8,000

【解　説】　賃貸料などの額について紛争がある場合には契約の内容、相手方の供託した金額などを考慮した上で、合理的な金額を見積って計上します。

(消費税)　倉庫用建物の賃貸は使用料を対価とする資産の譲渡等に該当し、消費税が課税されます。

■関連法規……財規第90条、財規ガイド90、法基通2－1－29（注）、消法第2条第1項第8号、第4条第1項、第6条第1項、消法別表第2、消通9－1－20（注）

390 不動産取引の仲介料を受け取った

① 当社は不動産の売買等の仲介・斡旋を主たる事業としているが、かねて仲介を行っていたF社所有の土地建物をD社に売却する件について、本日、両者間の契約が成立した。この仲介業務により当社が受け取る報酬額は契約により10,000,000円となっている。
② 本日、F社とD社間の代金授受並びに、土地建物の所有権移転登記が完了し、仲介料10,000,000円及び消費税1,000,000円が、普通預金に振り込まれた。

① 仕訳なし
② (借)普 通 預 金　11,000,000　　(貸)手数料収入　10,000,000
　　　　　　　　　　　　　　　　　　　仮受消費税等　 1,000,000

【解　説】　不動産の売買等の仲介・斡旋に係る売上は，媒介契約などで定められたすべての業務が完了した時点が，履行義務を充足した時点です。すなわち，一般的には物件の引渡しが完了した時点で売上を計上することが合理的です。これに対して，法人税法では，原則として，仲介・斡旋により受ける報酬の額は，不動産売買等に係る契約が成立した日の属する事業年度の益金の額に算入することとされています。ただし，継続処理を前提として，物件の引渡完了日（完了日前に実際に収受した金額があるときは，当該金額についてはその収受した日）の属する事業年度の益金に算入することも認められています。

(消費税)　不動産取引の仲介は，不動産売買の仲介・斡旋という役務の提供として資産の譲渡等に該当しますので，土地の売買に関連する取引であっても消費税が課税されます。課税の時期は法人税法の取扱いと同様です。

《表　示》　不動産の売買等の仲介・斡旋を主たる事業としている場合には，手数料収入は営業損益の構成項目として表示します。

■関連法規……財規第72条，収益認識基準第17項（5），35項，法基通2－1－21の9，消法第2条第1項第8号，第4条第1項，消通5－5－1，6－1－6

仕 入 高

391 商品を仕入れた

F商店に注文した商品165,000円（消費税15,000円を含む）が到着した。

(借)仕　入　高　　　150,000　　(貸)買　掛　金　　　165,000
　　仮払消費税等　　 15,000

【解　説】　物品販売業において商品の売買取引を行った場合は，繰越商品勘定，仕入勘定，仕入値引・戻し高勘定，売上勘定，売上値引・戻り高勘定，売上原価勘定の6勘定を用いて売上総利益を計算する会計処理方法があります。

(消費税)　商品の仕入は課税仕入れに該当するため，課税仕入れに係る消費税額は，その課税期間の課税標準額に対する消費税額から控除されます。従って，仕入にあたって支払った消費税額は仮払消費税等として処理します。

■**関連法規**……財規第79条，消法第2条第1項第12号，第30条第1項

392 商品の仕入を行い，仕入に要した諸掛りを支払った

D商店に注文した商品220,000円（消費税20,000円を含む）が到着し，引取運賃5,500円（消費税500円を含む）を現金で支払った。

(借)仕　入　高　　　205,000　　(貸)買　掛　金　　　220,000
　　仮払消費税等　　 20,500　　　　現　　　金　　　　5,500

【解　説】　商品の購入原価は，次の①及び②の金額の合計額とするのが原則です。

①　商品の購入代価に引取運賃，荷役費，運送保険料，購入手数料，

関税などの引取費用を加算した金額

② 商品を販売の用に供するために直接要した費用、即ち購入事務、検収、整理、選別、手入れ、保管などに要した費用の額

ただし、上記①の購入代価以外の費用及び②に属する費用については、これらの費用が少額で重要性が乏しい場合には、商品の購入原価に算入しないことも考えられます。②に属する費用が少額で重要性が乏しいかを判定する基準として、会計上明確な基準はありません。個々の企業の判断により、一定の基準を設けることが考えられます。

なお、法人税法では、少額として「購入代価の概ね3％以内の金額」が示されています。

(消費税) 商品の仕入及び引取運賃の支払いは、課税仕入れに該当するため、課税仕入れに係る消費税額は、その課税期間の課税標準額に対する消費税額から控除されます。従って、仕入にあたって支払った消費税額は仮払消費税等として処理します。

■**関連法規**……棚卸資産基準第6−2項、原価基準第2章第2節11(四)、財規第79条、法令第32条第1項、法基通5−1−1、消法第2条第1項第12号、第30条第1項

393 仕入値引を受けた

先にD社より仕入れた商品220,000円のうちに、一部品質不良品が含まれていたため、早速D社に連絡し、10,000円の値引を受けることとなった。

| (借)買 掛 金 | 10,000 | (貸)仕 入 値 引 | 9,091 |
| | | 仮払消費税等 | 909 |

〈計算〉 $10,000円 \times \dfrac{10}{110} = 909円$ …消費税額

【**解 説**】 仕入商品の量目不足、品質不良、破損などの理由により代価から減額を受けることを「仕入値引」といいます。仕入値引は仕入商

品の欠陥により発生し、画一的な会計処理を行うことはできないため、両当事者間で合意に達した時点で計上します。

《ポイント》 「仕入値引」とよく似た科目に「仕入割引」がありますが、仕入割引は仕入代金の期日前支払いにより買掛金の一部が免除される金融収益で、営業外収益に属するため、仕入値引とは性格が異なります。

(消費税) 仕入について、返品をし、又は値引、割戻しを受け、課税仕入れに係る対価の一部又は全部の返還を受けた場合は、その対価の返還等の金額に係る消費税額は、その課税期間の課税仕入れ等の税額から控除します。従って、返品、値引、割戻し額に対する消費税額は仮払消費税等（貸方）として処理します。

《表　示》 仕入値引は損益計算書上では、総仕入高から直接控除するか、あるいは総仕入高から控除する形式で表示します。

■関連法規……財規第79条、財規ガイド79、消法第32条第1項

394　仕入割戻しを受けた

> 仕入先であるＹ社より、当年3月までの1年間における当店の仕入高に対し30,000円の割戻しを行う旨の通知を受けた。

（借）買　掛　金	30,000	（貸）仕入割戻し	27,273
		仮払消費税等	2,727

〈計算〉 $30,000円 \times \frac{10}{110} = 2,727円$…消費税額

【解　説】 販売会社より特約店などが商品の仕入を行う場合には、一定の期間を定めて仕入高などを基準として割戻しを受ける商慣習があります。この一定期間に多量の取引をした購入先に対する仕入金額の返戻額を仕入割戻しといいます。

仕入割戻しを計上する時期は、その商品などを仕入れた事業年度が原則です。商品などを仕入れたのが期末日直前で、仕入先より仕入割戻しの金額の通知を受けたのが期末日後であっても、決算において可能な限

り，仕入れた事業年度に計上します。ただし，法人税法では一定の場合には仕入先より仕入割戻しの金額の通知を受けた事業年度において計上することが認められていることから，中小企業など税務基準により会計処理する会社ではこのような会計処理を採用することができる場合もあります。

(消費税) 仕入について，返品をし，又は値引，割戻しを受け，課税仕入れに係る対価の一部又は全部の返還を受けた場合は，その対価の返還等の金額に係る消費税額は，その課税期間の課税仕入れ等の税額から控除します。従って，返品，値引，割戻し額に対する消費税額は仮払消費税等（貸方）として処理します。

《表　示》「仕入割戻し」は，「仕入値引」に準じて取り扱うものとされているため，損益計算書上では総仕入高から直接控除し商品仕入高として表示するか，あるいは総仕入高から控除する形式で表示します。

■関連法規……財規第79条，財規ガイド79，法基通2－5－1，消法第32条第1項，消通12－1－10

395 仕入れた商品を返品した

F商店より仕入れた商品のうち20,000円の不良品が発見されたため，直ちに返品した。

(借)買　掛　金	20,000	(貸)仕入戻し高	18,182
		仮払消費税等	1,818

〈計算〉　$20,000円 \times \dfrac{10}{110} = 1,818円$…消費税額

【解　説】　仕入れた商品を返品した場合は「仕入戻し高」として処理します。

(消費税) 仕入について，返品をし，又は値引，割戻しを受け，課税仕入れに係る対価の一部又は全部の返還を受けた場合は，その対価の返還等の金額に係る消費税額は，その課税期間の課税仕入れ等の税額から控除します。

従って，返品，値引，割戻し額に対する消費税額は仮払消費税等（貸方）として処理します。

《表　示》「仕入戻し高」は「仕入値引」と同様の表示を行うことになっており，損益計算書上では，総仕入高から直接控除し商品仕入高として表示するか，あるいは総仕入高から控除する形式で表示します。

■関連法規……財規第79条，消法第32条第1項

396 販売用の土地を取得した

当社は不動産の販売等を主たる業務としている。このたび，販売用の目的で土地1,000坪を500,000,000円にて購入し，代金を小切手にて支払った。

　（借）販売用不動産 500,000,000　　（貸）当 座 預 金 500,000,000

【解　説】　一般事業会社が，自社の営業の用に供する目的ではなく，賃貸又は転売することを目的として取得した土地は「投資不動産」の科目により固定資産として会計処理を行います。

しかし，不動産の販売を主たる営業の目的とする不動産販売会社が，他に転売するために取得した土地は「販売用不動産」の科目で商品に準じ流動資産として会計処理を行います。

消費税　土地の譲渡は非課税であり，消費税は課税されません。

■関連法規……財規第15条第5号，財規ガイド15-5，財規第32条第1項第14号，
　　　　　　　第33条，消法第6条第1項，消法別表第2

397 外貨建取引で仕入を行った

① 米国のG社と電子部品100,000USドルの輸入契約が成立したため直ちに信用状（L／C）を開設し，海上保険の申込みを行い保険料30,000円を現金で支払った。

② 本日,船会社より貨物が到着した旨の通知があり,取引のある外国為替取扱銀行からも船積書類到着の通知があったため,銀行にて100,000USドルの一覧払いの手形の決済を小切手を振り出して行い,船積書類を受け取った。

なお,本日の為替相場T.T.S(電信売相場)は1USドル＝105円であった。

③ 早速,上記船積書類を乙仲(通関業者)に渡し通関業務を依頼し,本日貨物を受け取った。

なお,輸入関税と通関業務手数料計150,000円及び消費税15,000円を小切手にて支払った。

① (借)仕 入 高　　30,000　　(貸)現　　　金　　30,000

② (借)未 着 品　10,500,000　　(貸)当 座 預 金　10,500,000

③ (借)仕 入 高　10,650,000　　(貸)未 着 品　10,500,000
　　　　　　　　　　　　　　　　　　当 座 預 金　　150,000
　　　仮払消費税等　　15,000　　　当 座 預 金　　15,000

【解 説】 輸入取引の流れは,通常,次のとおりです。

商品の輸入のため支払った保険料,関税,手数料などを商品の仕入価額に含めることは国内取引の場合と同様です。次に手形を決済し船荷証券(B／L)等の船積書類を受け取った時は,貨物の所有権は荷受人に移転しますが,手許商品と区別するための「未着品」として記録を行います。そして,実際に貨物を受け取った時に仕入勘定に振り替えます。

また,外貨建取引は,取引発生時の為替相場による円換算額をもって記録します。設例では外貨を購入して手形の決済を行っているため,仕入価額は当日のT.T.S(電信売相場)による実際支払額(円貨)により計上します。

560　Ⅶ—営業損益

[中小会計]　原則として，外貨建取引等会計処理基準に基づいて会計処理を行います。

(消費税)　保険料は非課税であり，消費税は課税されません。保税地域から引き取られる外国貨物には消費税が課せられます。この場合の課税標準は，関税課税価格に消費税以外の個別消費税（石油関係諸税，酒税，たばこ税等）及び関税の額に相当する金額を加算した額です。また，消費税の納税義務者は外国貨物を保税地域からの引取者であり，その引取りの時までに申告書を提出し，引取りに係る消費税額を納付しなければなりません。

■関連法規……外貨基準一1，消法第4条第2項，第6条第1項，消法別表第2第3号，消法第5条第2項，第28条第4項，第47条，第50条

398　仕入れた商品を営業所へ移動させた

　先に仕入れた商品200,000円を秋田営業所へ移管するためN運輸に輸送を依頼し，運賃8,800円（消費税800円を含む）を現金で支払った。

(借)仕　入　高	8,000	(貸)現　　　金	8,800
仮払消費税等	800		

【解　説】　商品の購入原価には，それらの引取りに要した費用及びそれらを消費したり，販売の用に供するため直接要したすべての費用が含まれます。

　これらの付随費用が少額で重要性が乏しい場合には，商品の購入原価に算入しないことも考えられます。少額で重要性が乏しいかどうかを判定する基準としては，会計上明確な基準はありません。個々の企業の判断により，一定の基準を設けることが考えられます。

　なお，法人税法では，少額として「購入代価の概ね3％以内の金額」が示されています。

(消費税)　運賃の支払いは，貨物の運送という役務の提供に対する対価の支払いであり，課税仕入れに該当するため，消費税が課税されます。

消費税の会計処理には，税込方式と税抜方式とがありますが，一般的には損益計算に影響を及ぼさない税抜方式が望ましいとされています。設例では，税抜方式により仮払消費税等800円を計上しています。

■関連法規……棚卸資産基準第6－2項,原価基準第2章第2節11四,財規第79条,法令第32条第1項,法基通5－1－1,消法第2条第1項第12号,消通5－5－1

399 仕入れた商品を保管するために倉庫を借りた

> K商店に注文した商品550,000円（消費税50,000円を含む）が到着したが，当社の都合で1週間後に引き取ることとなったため，N運輸に保管を依頼し，保管料5,500円（消費税500円を含む）を現金で支払った。

(借)仕　入　高	505,000	(貸)買　掛　金	550,000
仮払消費税等	50,500	現　　　金	5,500

【解　説】　商品の購入原価には，それらの引取りに要した費用及びそれらを消費したり，販売の用に供するため直接用した費用の額が含まれます。商品の保管料も販売の用に供するため直接用した費用に該当します。

　これらの付随費用が少額で重要性が乏しい場合には，商品の購入原価に算入しないことも考えられます。少額で重要性が乏しいかどうかを判定する基準としては，会計上明確な基準はありません。個々の企業の判断により，一定の基準を設けることが考えられます。

　なお，法人税法では，少額として「購入代価の概ね3％以内の金額」が示されています。

(消費税)　商品の仕入は課税仕入れに該当するため，消費税が課税されます。貨物の保管料の支払いは，貨物の保管という役務の提供に対する対価の支払いであり，課税仕入れに該当するため，消費税が課税されます。

■関連法規……棚卸資産基準第6－2項,原価基準第2章第2節11四,財規第79条,

法令第32条第1項，法基通5－1－1，消法第2条第1項第8号，第12号，消通5－5－1

400 販売用の土地を購入し，登記費用等を支払った

> 当社は不動産の販売等を主たる業務としているが，このたび，販売用の目的で土地100坪を50,000,000円で購入し，代金は不動産登記のための登録免許税300,000円及び司法書士に対する報酬110,000円（消費税10,000円を含む）とともに小切手で支払った。

（借）販売用不動産	50,400,000	（貸）当 座 預 金	50,400,811
仮払消費税等	10,000	預 り 金	9,189

【解　説】　不動産会社が転売するために取得した土地は「販売用不動産」として会計処理を行います（設例396参照）。販売用不動産は棚卸資産に該当するため，その購入原価には原則として購入代価のほか，購入に要した引取費用及びこれを販売の用に供するため直接要した費用が含まれます。

ただし，法人税法上は，不動産取得税，登録免許税その他の登記費用については，取得価額に含めずに「租税公課」として費用処理することが認められています。

また司法書士の業務に関する報酬の支払いに際しては，各人別に，

（1回の支払金額－10,000円）×税率10.21％＝所得税及び復興特別所得税

で計算した所得税及び復興特別所得税を控除した額について支払いを行います。

(消費税)　土地の譲渡及び貸付けは，非課税とされており，消費税は課税されません。国，地方公共団体等が行う役務の提供で，登記，登録等の手数料等は非課税です。また，登録免許税の支払いは課税仕入れに該当しないため，消費税の課税の対象外です。司法書士に対する報酬は，登記手続き等の役務の提供に対する対価の支払いとして課税仕入れに該当するため，消費税が課税されます。

■**関連法規**……財規第15条第5号,財規ガイド15-5,法基通5-1-1,5-1-1の2,消法第6条第1項,消法別表第2第1号,第5号,消通6-5-1,所法第204条,同第205条,所令第322条,復興財確法第28条

401 遠隔地より商品を買い付けた

① 沖縄のN商会に注文していた商品について,3月末横浜港着の予定で船積みを完了した旨の通知があり,本日銀行より,この代金330,000円(消費税30,000円を含む)に対し30日後払いのN商会振出しの荷為替手形の呈示があったため,これを引き受け船荷証券を受け取った。
② 本日,買い入れた商品330,000円(消費税30,000円を含む)が到着したため,引取運賃11,000円(消費税1,000円を含む)を現金で支払い貨物を受け取った。

① (借)未 着 品　　330,000　　(貸)支 払 手 形　　330,000

② (借)仕 入 高　　310,000　　(貸)未 着 品　　330,000
　　　仮払消費税等　　31,000　　　　現　　金　　11,000

【**解　説**】　遠隔地より商品を購入し,運送途上にある商品を「未着品」といいます。荷為替手形の引受けをして貨物引換証又は船荷証券を入手した場合,貨物の所有権は荷受人に移転しますが,手許の他の商品と区別するため「未着品」として処理しておき,貨物を実際に受け取った時に「商品」或いは「仕入」勘定に振り替えます。また,荷為替手形の支払人は手形の引受けをすると手形の支払義務を負うことになり,手形債務が発生しますので「支払手形」として計上します。

(消費税)　商品の仕入は,課税仕入れに該当するため,消費税が課税されます。引取運賃の支払いは,貨物の運送という役務の提供に対する対価の支払いで,課税仕入れに該当するため,消費税が課税されます。

■**関連法規**……財規第79条,消法第2条第1項第12号,第30条第1項,消通11-

1-1

402 売上原価を計算し,売上総利益を計上する

> 期末決算にあたって,商品の仕入,売上に係る勘定残高は次のとおりであった。
> 繰越商品200,000円,仕入1,500,000円,仕入値引・戻し高100,000円,売上2,000,000円,売上値引・戻り高200,000円,運賃50,000円,保険料30,000円,関税35,000円,期末商品棚卸高230,000円,

① 商品の前期繰越高を売上原価勘定に振り替える。

(借)売 上 原 価　　200,000　　(貸)繰 越 商 品　　200,000

② 仕入値引・戻し高を売上原価勘定に振り替える。

(借)仕入値引・戻し高　100,000　　(貸)売 上 原 価　　100,000

③ 商品の引取費用を仕入勘定に振り替える。

(借)仕 入 高　　115,000　　(貸)運　　　賃　　50,000
　　　　　　　　　　　　　　　　保　険　料　　30,000
　　　　　　　　　　　　　　　　関　　　税　　35,000

④ 仕入勘定残高を売上原価勘定に振り替える。

(借)売 上 原 価　1,615,000　　(貸)仕 入 高　1,615,000

⑤ 商品の期末棚卸高を振り替え,売上原価を算出する。

(借)繰 越 商 品　　230,000　　(貸)売 上 原 価　　230,000

⑥ 当期の売上原価を損益勘定に振り替える。

(借)損　　　益　1,485,000　　(貸)売 上 原 価　1,485,000

⑦ 売上値引・戻り高を売上勘定へ振り替え純売上高を算出する。

| (借)売　　　上 | 200,000 | (貸)売上値引・戻り高 | 200,000 |

⑧ 当期の純売上高を損益勘定に振り替える。

| (借)売　　　上 | 1,800,000 | (貸)損　　　益 | 1,800,000 |

【解　説】 物品販売業において商品の売買取引を行った場合は，繰越商品勘定，仕入勘定，仕入値引・戻し高勘定，売上勘定，売上値引・戻り高勘定，売上原価勘定の6勘定を用いて売上総利益を計算する会計処理方法があります。

このうち，売上，売上原価，損益の仕訳を各勘定に記録すると，下記のとおりです。

売　上　高

⑦売上値引・戻り高	200,000	当期売上高	2,000,000
⑧損　　　益	1,800,000		
	2,000,000		2,000,000

売　上　原　価

①繰越商品	200,000	②仕入値引・戻し高	100,000
④仕入高	1,615,000	⑤繰越商品	230,000
		⑥損　　　益	1,485,000
	1,815,000		1,815,000

損　益

| ⑥売上原価 | 1,485,000 | ⑧売上高 | 1,800,000 |

損益勘定の売上と売上原価の差額である315,000円が売上総利益です。

消費税 消費税の会計処理には，税込方式と税抜方式がありますが，一般的には損益計算に影響を及ぼさない税抜方式が適当とされています。これまでの設例では，すべて税抜方式により会計処理することを前提としています。従って，上記の諸勘定残高は計上時に税抜処理されているため，特に消費税の会計処理を行う必要はありません。

VII―営業損益

製造原価

403 原材料,購入部品を仕入れた

① 本日,N商事に発注していた亜鉛材10トン・1,100,000円(消費税100,000円を含む)が搬入された。
② Fダイカストより,部品300個・@1,000円,330,000円(消費税30,000円を含む)が納入された。

① (借)原 材 料　1,000,000　　(貸)買 掛 金　1,100,000
　　　仮払消費税等　　100,000

② (借)購 入 部 品　　300,000　　(貸)買 掛 金　　330,000
　　　仮払消費税等　　 30,000

【解　説】　原料,材料,購入部品などを購入した場合は,まず資産勘定である「原材料」,「購入部品」などとして計上し,次に製造のため製造工程に出庫するつど,原材料,購入部品勘定より製造勘定に「原材料費」や「購入部品費」として振替処理を行います。
《ポイント》　原材料,購入部品などを製造のため製造工程に出庫する際に,出庫伝票などによって出庫数量,出庫金額を把握していない場合は,出庫のつど,原材料費や購入部品費を計算し製造勘定に振り替えることはできません。このような場合は,決算期末に原材料や購入部品の実際棚卸高によって,原材料や購入部品の消費高を逆算する方法により製造勘定に振り替えます。
(消費税)　原料,材料,購入部品等の購入は,課税仕入れに該当するため,消費税が課税されます。課税仕入れに係る消費税額は,その課税期間の課税標準額に対する消費税額から控除されます。従って,購入にあたって支払った消費税は仮払消費税等として処理します。
■関連法規……消法第2条第1項第12号,第30条第1項

404 原材料,購入部品を出庫した

> 本日,生産のため工場へ亜鉛材9トン・900,000円,並びに購入部品250個・250,000円を出庫した。

(借)材料費(製造勘定) (又は原材料費)	900,000	(貸)原 材 料	900,000
材料費(製造勘定) (又は購入部品費)	250,000	購 入 部 品	250,000

【解　説】 製造工程へ原材料や購入部品などを出庫した場合は,「原材料費」,「購入部品費」として製造勘定へ振り替えます。このように,製造勘定の借方には,出庫し消費された材料費,発生した労務費,経費が記録されます。そして毎月,製造勘定の貸方には製品勘定への完成品振替高が記録されて,製造勘定の残高は仕掛品残高を示します。

	製　　造	
前期繰越高	当期製品製造原価 (製品勘定へ振替)	
当期材料費		
当期労務費		
当 期 経 費	期末仕掛品棚卸高	

(消費税) 倉庫に保管されている原材料,購入部品は,購入時に税抜処理され,消費税抜きの金額となっています。従って,これらの出庫にあたっては特に消費税の会計処理を行う必要はありません。

■関連法規……原価基準第2章第2節10

405 賃金・給料を支払った

> 当社の賃金・給料は20日締切りで25日支払いとなっている。当月分の労務賃金並びに職員給料は下記のとおりであり,所得税等700,000

円を控除し2,000,000円を現金で支給した。

工員賃金	1,500,000円
資材課職員給料	300,000円
総務課職員給料	500,000円
営業課職員給料	400,000円
合　　計	2,700,000円

(借)労　務　費 　　（製造勘定）	1,500,000	(貸)現　　　金	2,000,000
労　務　費 　　（製造間接費勘定）	300,000	預　り　金	700,000
給 料 手 当 　　（販管費）	900,000		

【解　説】　直接製造活動が行われている製造部門の工具の賃金は、「労務費」として製造勘定に計上します。資材課、労務課などの部門の職員の給料は各製品の生産のため共通して発生するため、直接的に一定の製品の生産に結びつけることができないため「労務費」として製造間接費勘定に計上し、総務課及び営業課の職員の給料は売上と直接対応しないため販売費及び一般管理費として処理します。

製造間接費勘定に計上された間接費は、各製品の生産に要した加工工数等に基づいて製品に配賦します。

(消費税)　給与等（俸給、給料、賃金）を対価とする役務の提供は、事業として対価を得て行われる役務の提供に該当しないため不課税であり、消費税の課税対象外です。

■関連法規……原価基準第2章第2節12、消法第2条第1項第12号、消通11-1-2、所法第28条第1項、第183条

406　外注品の納品があった

当社の協力会社であるCダイカスト㈱に、亜鉛材を無償支給して加工を依頼していたダイカスト部品100個の加工が完了し納品されたた

> め，外注加工費110,000円（消費税10,000円を含む）を支払った。

（借）経費(製造勘定)	100,000	（貸）買　掛　金	110,000
(又は外注加工賃)			
仮払消費税等	10,000		

【解　説】　材料を無償支給し，部品として加工し納品を受ける場合は，加工賃分を「外注加工賃」として製造勘定に計上します。

　外注加工賃とは，製造工業において自社の製品の生産に必要とされる部品の製作のため，材料，部品等を協力会社へ無償で提供し，加工を依頼することにより発生する経費をいいます。

　材料を協力会社が負担し，部品として加工し納品を受ける場合には購入代価により「購入部品」として資産計上します。

(消費税)　外注加工賃は，課税仕入れに該当するため，消費税が課税されます。課税仕入れに係る消費税額は，その課税期間の課税標準に対する消費税額から控除されます。従って，外注加工賃に含めて支払った消費税は仮払消費税等として処理します。

■関連法規……原価基準第2章第2節10，消法第2条第1項第12号，第30条第1項

407　製造間接費が発生した

> 製造部門において発生した当月の間接費用は下記のとおりであった。
> 　電力料　　　　　　　　　165,000円（消費税15,000円を含む）
> 　ガス・水道料　　　　　　 66,000円（消費税6,000円を含む）
> 　租税公課　　　　　　　　 30,000円
> 　運賃　　　　　　　　　　 49,500円（消費税4,500円を含む）
> 　減価償却費月割額　　　　100,000円
> 　賞与引当金月割額　　　　500,000円
> 　退職給付引当金月割額　　100,000円

(借)経　費 (製造間接費勘定)	285,000	(貸)未 払 費 用	310,500	
仮払消費税等	25,500			

(借)経　費 (製造間接費勘定)	100,000	(貸)減価償却累計額	100,000	

(借)労　務　費 (製造間接費勘定)	500,000	(貸)賞与引当金	500,000	

(借)労　務　費 (製造間接費勘定)	100,000	(貸)退職給付引当金	100,000	

【解　説】　月々に製造部門において発生する電力料、ガス・水道料などの諸経費及び減価償却費の月割額は「経費」として製造間接費勘定に計上します。また、賞与引当金の月割額及び退職給付引当金の月割額は「労務費」として製造間接費勘定に計上します。

　月々の発生する諸経費については、製品の生産との関連で直接的に結びつくものは製造勘定へ経費として計上します。各製品の生産のため共通して発生するものについては、製造間接費勘定に計上し一定の配賦基準により製品に配賦するため、配賦した時に製造勘定へ振り替えます。

(消費税)　電力料、ガス水道料、運賃は課税仕入れに該当しますので、消費税が課税されますが、租税公課及び月割費用については消費税は課税されません。

■関連法規……原価基準第2章第4節33、消法第2条第1項第12号

408　製品が完成した

　当月において生産中であった下記3件の製品のうち2つの製品が完成したので、直接材料費、直接労務費、直接経費については、それぞれの原価計算元帳に集計された金額により、製造間接費については製品単位当たりの製造工数に基づいて、1時間当たり7,000円の予定配賦費率により各製品に配賦し、それぞれの製造原価を算出し製品勘定へ振替えを行った。

製造指図書	数量(個)	直接材料費(円)	直接労務費(円)	直接経費(円)	単位当たり工数(h)	製造間接費配賦額(円)	製造原価合計(円)	進捗度(%)
#1001	100	500,000	700,000	50,000	0.5	(*1) 350,000	1,600,000	100
#1002	150	300,000	500,000	30,000	0.4	(*2) 420,000	1,250,000	100
#1003	100	350,000	300,000	20,000	0.3	(*3) 168,000	838,000	80

* 1 : 0.5×100個×7,000円 = 350,000円
* 2 : 0.4×150個×7,000円 = 420,000円
* 3 : 0.3×100個×0.8×7,000円 = 168,000円 (0.8 = 進捗度)

(借)製　　　品　2,850,000　　(貸)製造勘定　2,850,000

【解　説】　製造勘定の借方には，原価の発生が製品の生産との関連で直接的に認識できる直接費，即ち直接材料費，直接労務費，直接経費が計上されます。また，原価の発生が直接製品の生産との関連で把握できない間接費（間接材料費，間接労務費，間接経費）については，一度製造間接費勘定に計上した上で，一定の配賦基準により製品，仕掛品に対する配賦額を計算し製造勘定の借方に振り替えます。

一方，製造勘定の内訳記録補助簿として原価計算元帳があり，製造指図書別に直接費が集計されます。製造間接費については設例のように，その製品の生産のために要した労働時間（工数）などを基準として製品，仕掛品に配賦を行います。

完成した製品については，毎月末に原価計算元帳の記録に基づいて，製品ごとに集計された製造原価をもって製品勘定へ振替えを行います。この結果，製造勘定の残高は仕掛品残高を示します。

以上の勘定の記録関係を図示すると下記のようになります。

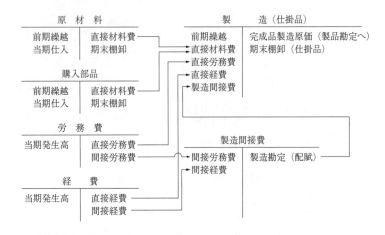

(消費税) 製品の完成・振替えは，単なる製造勘定から製品勘定への振替処理であり，資産の譲渡等には該当しないため，消費税の課税関係はありません。

■**関連法規**……原価基準第2章第4節33

販売費及び一般管理費

[販売手数料]

409 販売奨励金を支払った

> 当社では，新商品の販路拡張に貢献のあった特約店にその貢献度合いに応じて販売奨励金を支払っている。当期のA社に対する売上高，売上割戻しは以下のとおりである。
> ・期中のA社に対する売上高　　　10,000,000円
> ・同時点の売上割戻し予定額　　　　500,000円
> ・決算期末における売上割戻し確定額　450,000円

① 期中の販売時

(借)売　掛　金　11,000,000　　(貸)売　上　高　10,000,000
　　　　　　　　　　　　　　　　　　仮受消費税等　1,000,000

(借)売　上　高　　　500,000　　(貸)返 金 負 債　　 550,000
　　仮受消費税等　　　50,000

② 売上割戻し確定時

(借)返 金 負 債　　 550,000　　(貸)売　上　高　　 500,000
　　　　　　　　　　　　　　　　　　仮受消費税等　　　50,000

(借)売　上　高　　　450,000　　(貸)売　掛　金　　 495,000
　　仮受消費税等　　　45,000

【解　説】　販売奨励金は，販売への協力度合いに応じて支払われる売上促進費であり，売上割戻しの性格を有します。売上割戻しは，販売後に値引きする可能性が高い変動対価として取り扱います。販売時に，予め取り決められた支給基準による売上割戻し予定額を見積り，売上から直接減額します。相手科目は，返金負債等の負債科目を使用します。売上割戻確定時は，販売時の仕訳を戻したうえで，売上割戻しの確定額を

売上から減額します。

　法人税法の取扱いは会計とほぼ同様ですが，売上割戻し金額をその通知又は支払をした日の属する事業年度の収益の額から減額することも認められています。中小企業など税務基準に従って会計処理を行っている企業では，このような会計処理を採用することができます。

　なお，販売手数料は，売上高の何パーセントと初めから決まっており歩合給のようなものであるのに対し，販売奨励金は同じ売上高比例でも，新商品の販路拡張や市場占拠率の拡大といった営業政策目的のために使われるものです。

(消費税)　販売時に対価の総額が課税売上となる一方，売上に係る対価の返還等の金額が確定した際に，消費税額を控除します。

《表　示》　販売奨励金は，通常1年以内に支払われるため，流動負債の部に「返金負債」等として表示します。

■関連法規……収益認識基準第50項〜第55項，同適用指針第23項〜26項，法法22
　　　　　　　条の2第5項，基通2−1−1の11，2−1−1の12，措通61の
　　　　　　　4（1）−3，61の4（1）−7，消法第28条第1項，第38条第
　　　　　　　1項，消通14−1−2

410　新商品のサンプルを購入した

　自社の販売員が新商品の紹介に用いるサンプル1個1,000円のものを500個，計550,000円（消費税50,000円を含む）を購入し，代金を支払った。

（借）販売促進費	500,000	（貸）現 金 預 金	550,000
仮払消費税等	50,000		

【解　説】　「販売促進費」は，販売促進活動において発生する費用であり，広義では広告宣伝費を含めますが，通常は狭義に用いられます。

　狭義の販売促進費は，広義の販売促進活動から，人的販売活動，広告及び宣伝活動を除いたその他の活動，例えば，陳列，実演，見本配布，

販売費及び一般管理費［販売手数料］　575

コンテスト，プレミアム，展示会，ショー，見本市，特売，販売店援助などの費用をいいます。

　なお，不特定多数の者に対する見本品，試供品の供与に通常要する費用は交際費にはなりません。

《消費税》　販売促進等のために得意先等に配布されるサンプル，試作品等に係る仕入は，課税仕入れに該当するため，仕入税額控除の対象です。
《表　　示》　販売促進費は損益計算書上，「販売費及び一般管理費」の1つとして表示します。

■関連法規……消通11－2－14，措通61の4(1)－9

411　委託販売に伴う販売手数料を計上した

> 委託販売先であるA社から前月の売上明細書が送付された。その明細は売上高2,200,000円，販売経費33,000円，販売手数料165,000円であった。なお，これらの金額はすべて消費税込みである。

　　（借）積送未収金　　2,200,000　　（貸）積送品売上　　2,000,000
　　　　　　　　　　　　　　　　　　　　仮受消費税等　　　200,000
　　（借）販 売 経 費　　　 30,000　　（貸）積送未収金　　　198,000
　　　　販売手数料　　　 150,000
　　　　仮払消費税等　　　18,000

【解　説】　現行の会計基準においては，売上を計上する時点は，商品に対する支配が顧客に移転することにより履行義務を充足した時です。他人に商品の販売を委託する場合，まず，その契約が，受託者に商品を引き渡した時点で受託者が支配を獲得するかどうかにより，委託販売契約に該当するか否かを判定します。受託者が支配を獲得すれば，委託販売契約には該当せず，委託者は受託者に商品を引き渡した時点で売上を計上します。そのため，受託者が顧客に販売するのに要した諸費用は受託者が計上し，委託者は計上しません。

　一方，受託者が支配を獲得しなければ，委託販売契約に該当する可能

性が高く，顧客への引渡時点で売上を計上します。本設例はこれに該当します。したがって，従来と同様，委託者は顧客への販売に要した諸費用を計上します。

契約が委託販売契約であることを示す指標として，例えば以下のものが挙げられます。
・受託者が商品等を顧客に販売するまで，又は決められた期間が満了するまで，委託者が商品等を支配していること
・委託者が，商品等の返還を請求することができること
・委託者が，第三者に商品等を販売することができること
・受託者が，商品等の対価を無条件に支払う義務を有していないこと
法人税法の取扱いは会計と同様です。

(消費税) 委託販売契約でない場合は，顧客への販売に要した諸費用は，受託者の課税仕入れに該当し，仕入税額控除の対象となります。

《表　示》「販売手数料」は損益計算書上，「販売費及び一般管理費」の1つとして表示します。

■関連法規……会計原則注解6（1），収益認識基準第39項，同適用指針第75項，第76項，法基通2－1－3，消通9－1－3

412 販売の情報提供料を支払った

当社では，情報提供者に契約額の1％を支払う慣行がある。友人から紹介された相手と取引が成立したので，契約額10,000,000円の1％の紹介料110,000円（消費税10,000円を含む）を謝礼として支払った。

(借)販売手数料	100,000	(貸)現 金 預 金	110,000
仮払消費税等	10,000		

【解　説】　税法では，情報の提供を業としていない者（取引相手の従業員を除く）に対して情報提供等の対価として金品を交付した場合でも，次の要件をすべて満たせば，交際費ではなく「販売手数料」に該当します。

① その金品の交付があらかじめ締結された契約に基づくものであること
② その内容が契約において具体的であり、かつ、これに基づき実際に役務提供を受けていること
③ 交付した金品の価額が、その提供された役務の内容に照らし相当と認められること

なお、情報の提供を業としている者に対する支払いは、すべて販売手数料に該当します。

(消費税) 販売手数料は、受託者の役務提供の対価として支払われるもので、課税仕入れに該当するため、仕入税額控除の対象です。

《表　示》「販売手数料」は損益計算書上、「販売費及び一般管理費」の1つとして表示します。

■関連法規……措通61の4(1)-8

413 特約店等のセールスマンに手数料を支払った

特約店等のセールスマン（所得税法上の外交員）に対し、契約に基づき今月の売上に応じた販売手数料715,000円（消費税65,000円を含む）を支払った。

(借)販売手数料	650,000	(貸)現　金　預　金	660,887
仮払消費税等	65,000	預　り　金	54,113

〈計算〉

源泉所得税額＝(650,000円－120,000円)×10.21％＝54,113円…預り金処理

【解　説】 外交員に対する報酬については、所得税法により次の金額を源泉徴収する必要があります。

｛その月中の支払金額－(120,000円－その月中の給与等の額)｝×10.21％
＝徴収税額

セールスマンに対し，契約に基づき売上に応じて支払ったものは，すべて「販売手数料」となります。

(消費税) 特約店等のセールスマンに販売奨励金を直接支払う場合は，そのセールスマンの役務の提供の対価として支払うものであり，売上に係る対価の返還等には該当せず，課税仕入れに該当するため，仕入税額控除の対象です。

■関連法規……所法第205条第2号，所令第322条，措通61の4(1)-13

414 新規の販売代理店を獲得するための費用を支出した

> 当社はメーカーであるが，他社の販売代理店を当社専属にすることに成功し，10の代理店に3,300,000円（消費税300,000円を含む）ずつを契約金として支払った。

(借)販売手数料　30,000,000　　(貸)現 金 預 金　33,000,000
　　仮払消費税等　3,000,000

【解　説】　税法では，下請工場，特約店，代理店等となるため，又はこれらにするための運動費等の費用は交際費等に該当します。

これに対し，取引関係を結ぶことが決まって，その相手方である事業者に対して，金銭又は事業用資産を交付する場合のその費用は交際費等に該当しません。これは，特約店等として今後，自社の製品等を販売してもらうための，いわば支度金のようなものであることから，「販売手数料」として販売奨励金に準じて交際費等に該当しません。

(消費税) 販売手数料は，受託者の役務提供の対価として支払われるもので，課税仕入れに該当するため，販売手数料に係る消費税等は仕入税額控除の対象です。

■関連法規……措通61の4(1)-15(2)

415 販売代理店等の従業員の健康診断費用を負担した

> 従業員を対象に健康診断を行っているが,販売促進を目的として当社の専門店,代理店等の全従業員を対象に無料で健康診断を受けさせている。専門店等の従業員に要した健康診断費用は330,000円(消費税30,000円を含む)であった。

(借)販売奨励金	300,000	(貸)現 金 預 金	330,000
仮払消費税等	30,000		

【解　説】　税法では,会社が特約店等の従業員を被保険者とするいわゆる掛捨ての生命保険の保険料を負担した場合には,販売奨励金等の変形として交際費等に該当しません。

従って,専門店,代理店等の全従業員を対象に販売促進を目的として負担した健康診断費用は,掛捨保険料を負担した場合と同様に取り扱うことが相当ですので「販売奨励金」等に該当し,交際費等には該当しないと考えられます。

(消費税)　従業員の健康診断費用は,課税仕入れに該当するため,本件の場合も同様に仕入税額控除の対象です。

《表　示》　販売奨励金は損益計算書上,「販売費及び一般管理費」の1つとして表示します。

■関連法規……措通61の4(1)−7

[発送運賃, 保管料]

416 発送運賃を支払った

当月の引取運賃1,320,000円（消費税120,000円を含む），発送運賃3,300,000円（消費税300,000円を含む）を支払った。
なお，引取運賃には営業所間の移管費150,000円（消費税抜），荷造費50,000円（消費税抜）を含み，これらは仕入額の１％以下であった。

(借)荷造運送費	3,200,000	(貸)現金預金	4,620,000
仕　　　　入	1,000,000		
仮払消費税等	420,000		

〈計算〉・荷造運送費：発送運賃3,000,000円＋移管費150,000円＋
　　　　　　　　　　荷造費50,000円＝3,200,000円
　　　　・仕入：引取運賃1,200,000円－移管費150,000円－荷造費50,000円＝
　　　　　　　　1,000,000円

【解　説】　得意先への商品の荷造費及び発送運賃は，荷造運送費等として経費に計上します。

仕入商品の引取運賃は，原則として仕入商品の取得価額に含めるのが原則ですが，購入代価に対して少額である場合には，その取得原価に算入しないことも考えられます。少額か否かについての会計上の定めはありませんが，税法上，営業所間の移管費や荷造費については，購入代価の概ね３％以下である時は「荷造運送費」として処理できます。

(消費税)　荷造運送費は，課税仕入れであり，引取運賃が仕入商品の取得価額になる場合であっても課税仕入れに該当するため，仕入税額控除の対象です。

《表　示》　荷造運送費は損益計算書上，「販売費及び一般管理費」の１つとして表示します。

■関連法規……法令第32条第１項，法基通５－１－１，消法第30条第１項

販売費及び一般管理費［発送運賃，保管料］ 581

417 保管料を支払った

A倉庫に商品を預け，保管料330,000円（消費税30,000円を含む）を小切手で支払った。

(借)保　管　料　　300,000　　(貸)当 座 預 金　　330,000
　　仮払消費税等　　 30,000

【解　説】　完成品を客先に届けるまでの間，一時他社の倉庫を借りて保管しておく場合があります。このための保管料，倉庫料は，「保管料」又は「賃借料」として処理します。
(消費税)　保管料は，保管業者の役務提供の対価として支払われるもので，課税仕入れに該当するため，保管料に係る消費税等は仕入税額控除の対象です。
《表　示》　保管料は損益計算書上，「販売費及び一般管理費」の1つとして表示します。
■関連法規……消法第30条第1項

418 特定時期に売るものの保管費用を支払った

当社は洋菓子店である。クリスマスケーキ約80,000,000円を9月頃から作り始め，完成品を倉庫に保管した。11月末までの保管費用2,200,000円（消費税200,000円を含む）を支払った。

(借)保　管　料　 2,000,000　　(貸)現 金 預 金　2,200,000
　　仮払消費税等　 200,000

【解　説】　会計上，一般に完成品に係る保管料は経費として販売費及び一般管理費に計上されます。税務上は，特定の時期に一度に売る目的で，早くから作って保管しておくための費用は，少額な場合（その棚卸

資産の取得原価の概ね3％以内)を除き，原則として取得原価の中に含めます。

(消費税) 保管費用は課税仕入れに該当するため，それが商品の取得価額になる場合であっても，課税仕入れとなり，保管料に係る消費税等は仕入税額控除の対象です。

■**関連法規**……法令第32条第1項第1号，法基通5－1－3，消法第30条第1項

419 備品購入に伴って引取運賃を支払った

大型コンピュータを購入し，購入代金11,000,000円（消費税1,000,000円を含む）と引取運賃550,000円（消費税50,000円を含む），運送保険料50,000円を支払った。

(借)什 器 備 品　10,550,000　　(貸)現 金 預 金　11,600,000
　　仮払消費税等　 1,050,000

【解　説】　固定資産購入に伴う引取運賃や運送保険料等の付随費用は，当該固定資産の取得価額に算入します。

(消費税)　固定資産及び引取運賃の消費税は課税仕入れに該当しますが，運送保険料は，消費税法において保険料を対価とする役務の提供は非課税のため，課税仕入れとならず，仕入税額控除の対象にはなりません。

なお，この運送保険料が，運送会社と保険会社との契約に係るもので支払運賃に含まれ，区別されていないときは，保険料を含む金額が課税仕入れに係る支払対価となり，仕入税額控除の対象です。

■**関連法規**……法令第54条第1項第1号，消法第30条第1項，第6条第1項，消法別表第1第3号

[役員報酬]

420 役員報酬を支出した

> 株主総会の決議による役員報酬限度額は,取締役が月額50,000,000円,監査役が月額10,000,000円である。
> 今月,取締役に40,000,000円,監査役に9,000,000円支払った。なお,支払にあたり源泉税等16,000,000円を控除した。

(借)役員報酬　49,000,000　　(貸)現金預金　33,000,000
　　　　　　　　　　　　　　　　　預　り　金　16,000,000

【解　説】　役員報酬は取締役及び監査役の職務執行の対価として支給されるもので,株主総会の承認を得た限度内で所定の手続きを経て適法に支給されなければなりません。会社法では,役員報酬は定款又は株主総会の決議による支給限度額を超えてはならないとされています(形式基準)。税法では,役員報酬が支給限度額を超える分は,損金と認められません。

また,役員報酬が,その役員の職務内容,その会社の収益状況及び類似会社の役員報酬等からみて,その役員の職務の対価として不相当に過大な部分は損金とはなりません(実質基準)。

さらに,不正な行為によって支出した役員報酬についても損金に算入されません。

従って,取締役,監査役に対し,定款又は株主総会の決議による支給限度額の範囲内で,かつ不相応に過大でない場合には,その支給額は役員報酬として損金となります。

(消費税)　役員報酬は,給与等を対価とする役務の提供に該当し不課税であり,仕入税額控除の対象外です。

《表　示》　役員報酬は損益計算書上,「販売費及び一般管理費」の1つとして表示します。

■関連法規……会社法第361条,法法第34条,法令第69条,消法第2条第1項第12号,消通11-1-2

421 株主総会で役員報酬の支給限度額を定めなかった

> 役員報酬について定款の定めも株主総会の決議もないが,取締役に月額51,000,000円,監査役に月額9,000,000円支払っている。なお,支払にあたり源泉税等18,000,000円を控除した。

(借)役員報酬　60,000,000　　(貸)現金預金　42,000,000
　　　　　　　　　　　　　　　　預　り　金　18,000,000

【解　説】　役員報酬は,会計上,会社の費用ですが,税法上,不相応に過大な部分は損金になりません。これは,役員に支給した額が,その役員の職務内容,その会社の収益及び使用人に対する給与の支給状況,類似会社の役員報酬等からみて,その役員の職務の対価として不相当に過大な部分は損金とされないためです。従って,役員報酬について定款の定めも株主総会の決議もなければ,形式基準からは過大かどうか判別できないため,より実質基準が重視されます。

また,簿外の収益から役員に対して金銭の支払いがある場合にも損金に算入されません。

(消費税)　役員報酬は,給与等を対価とする役務の提供に該当し不課税であり,仕入税額控除の対象外です。

■関連法規……会社法第361条,法法第34条,法令第69条,消法第2条第1項第12号,消通11-1-2

422 使用人兼務役員に給料と役員報酬を支払った

取締役工場長に700,000円の給料と100,000円の役員報酬を支払った。なお、支払にあたり源泉税等240,000円を控除した。

(借)役員報酬　　　100,000　　(貸)現金預金　　560,000
　　給料手当　　　700,000　　　　預り金　　　240,000
　　（製造原価）

【解　説】　使用人兼務役員の給与については、株主総会等で「役員報酬の限度額は使用人兼務役員の使用人としての職務に対する報酬を除く」と定めているケースがあります。この場合、使用人としての給与は、役員報酬とは別に使用人としての職務に応じて会計処理されます。

　また、使用人兼務役員の役員報酬が過大かどうかは、報酬総額から使用人分報酬の適正額を控除して判定します。なお、この使用人分報酬の適正額は、その使用人兼務役員が現に従事している職務と概ね類似する職務に従事する使用人に対して支給した給料の額に相当する額が原則とされています。

　従って、使用人分報酬の適正額を超えた金額は過大報酬と判定され、税法上は、損金とは認められません。

(消費税)　役員報酬及び給料手当は、給与等を対価とする役務の提供に該当し不課税であり、仕入税額控除の対象外です。

■関連法規……会社法第361条、法令第69条、法基通9－2－5、9－2－6、9－2－7、9－2－23、消法第2条第1項第12号、消通11－1－2

423 役員報酬を期中で増額した

当社は3月決算であるが、6月末の総会で役員報酬限度額を年額100,000,000円から130,000,000円に増額し4月分より適用する旨決議した。

この結果、4月より役員報酬月額を8,000,000円から9,000,000円に増額し、その差額を7月分に含めて支給した。なお、支払にあたり源泉税等3,600,000円を控除した。

(借)役 員 報 酬	12,000,000	(貸)現 金 預 金	8,400,000
		預 り 金	3,600,000

〈計算〉 7月分　　　9,000,000円
　　　　4〜6月分　3,000,000円 (1,000,000円×3カ月)
　　　　計　　　　12,000,000円

【解　説】 定時株主総会において、遡及して役員報酬限度額を増額する決議をし、それを期初に遡って適用する場合、その遡及差額として一括支給される額は、役員報酬として取り扱われます。この場合、原則的には事後に支給したもので定期同額給与に該当しないため、税法上は臨時の報酬として賞与とみなされ、損金とはなりません。これは、役員報酬は職務執行期間開始前にその職務に対する報酬の額が定期同額に定められているなど支給時期、支給金額が事前に定められているものに限られるためです。

《ポイント》 税法上、役員報酬として認めてもらうためには、定時株主総会において今後の役員の職務に対する報酬について、事前に支給時期、支給金額を定期同額に定める必要があります。

(消費税) 役員報酬は、給与等を対価とする役務の提供に該当し不課税であり、仕入税額控除の対象外です。

■関連法規……法法第34条第1項第1号、消法第2条第1項第12号、消通11−1−2、会社法第361条

販売費及び一般管理費［役員報酬］　587

424　役員賞与を株主総会の決議事項とした

> 役員10名の当期の職務に係る役員賞与10,000,000円を株主総会の決議事項とし，決算にあたり同額を引当金として計上した。

　　（借）役員賞与引当金繰入額　10,000,000　　　（貸）役員賞与引当金　10,000,000

【解　説】　役員賞与は，発生時に費用として会計処理しますが，役員賞与を株主総会の決議事項とする場合には，その支給は株主総会の決議が前提となりますので，その決議事項とする額又はその見込額を原則として引当金に計上します。

(消費税)　役員賞与は，給与等を対価とする役務の提供に該当し不課税であり，仕入税額控除の対象外です。

■関連法規……役員賞与に関する会計基準第3項，第13項，会社法第361条，消法第2条第1項第12号，消通11-1-2

425　役員賞与を費用として処理した

> 役員10名の当期の職務に係る役員賞与10,000,000円を取締役会で支給する決議をした。

　　（借）役 員 賞 与　10,000,000　　　（貸）未払役員報酬等　10,000,000

【解　説】　役員報酬と同様に，役員賞与は職務執行の対価として会社から役員へ支払われるものであることから，発生時に費用として会計処理します。
　なお，役員賞与は，税法上は臨時の役員報酬に該当するため，損金とはなりません。

(消費税)　役員賞与は，給与等を対価とする役務の提供に該当し不課税であり，仕入税額控除の対象外です。

■関連法規……役員賞与に関する会計基準第3項，会社法第361条，消法第2条第

426 非常勤役員に対し年2回役員報酬を支給した

> 非常勤役員に対しては,役員報酬が少ないため毎月支給せず,6月と12月の年2回に分けて支給することにしており,この6月に2,000,000円支払った。なお,支払にあたり源泉税等600,000円を控除した。

(借)役 員 報 酬　2,000,000　　(貸)現 金 預 金　1,400,000
　　　　　　　　　　　　　　　　　　預　り　金　　 600,000

【解　説】　非常勤の取締役又は監査役に対し,他に定期の給与を支給しない場合に,継続して毎年所定の時期に定額を支給する旨の定めに基づいて,同族会社に該当しない法人が支給するものは,事前確定届出給与として損金の額に算入することができます。なお,同族会社が支給する給与にあっては,一定の時期までに所轄税務署長へ「事前確定届出給与に関する届出書」を提出したものに限られます。

《ポイント》　年2回の役員報酬支給額が,利益の一定割合といった算式で計算される場合は,原則として損金不算入の役員賞与となりますが,年俸制の役員報酬のうちの一部として支払う場合は,定期同額の要件を満たしませんが損金算入できます。なお,この場合でも「事前確定届出給与に関する届出書」の提出が必要です。

また,会社法で認められている業績連動型報酬については,一定の要件を満たせば税法でも損金算入が認められますが,上場会社のうち指名委員会等設置会社など,ごく一部の企業に限られています。

消費税　役員報酬は,給与等を対価とする役務の提供に該当し不課税であり,仕入税額控除の対象とはなりません。

■関連法規……会社法第361条,法法第34条第1項第1号,第2号,法令第69条第1項,第2項,法基通9-2-12,消法第2条第1項第12号,消通11-1-2

427 社内で通称「専務」、「常務」と呼ばれている使用人兼務役員に賞与を支払った

実際には使用人兼務役員である平取締役A, Bに対し「専務」「常務」の肩書を付けて呼んでおり、名刺にもこの肩書を入れている。
取締役A, Bに対し使用人分の夏の賞与を各1,000,000円支払った。なお、支払にあたり源泉税等600,000円を控除した。

(借)賞 与 手 当　2,000,000　　(貸)現 金 預 金　1,400,000
　　　　　　　　　　　　　　　　　　預　り　金　　600,000

【解　説】　使用人兼務役員とされない役員としての専務・常務とは、定款又は取締役会の決議等により専務等としての職制上の地位が付与された役員をいいます。従って、自称専務、通称常務のように職制上は単なる使用人兼務の平取締役であるものは、その実質で取り扱われます。そこで使用人兼務役員であるA, Bに対する使用人分賞与は、税法上、役員賞与とはならず、損金の額に算入されます。

(消費税)　役員賞与は、給与等を対価とする役務の提供に該当し不課税であり、仕入税額控除の対象外です。

■関連法規……会社法第361条, 法令第71条第1項第2号, 消法第2条第1項第12号, 消通11－1－2

428 常務昇格者に使用人兼務期間の賞与を支払った

当社は3月決算会社であるが、6月末の定時株主総会で取締役営業部長Aが常務取締役になった。一般の従業員に対して前年12月から5月までの賞与を7月に支給したが、7月にAに対し1,600,000円の賞与を支給した。なお、支払にあたり源泉税等480,000円を控除した。

```
(借)賞与手当  1,600,000    (貸)現金預金  1,120,000
                              預 り 金    480,000
```

【解　説】　A常務取締役に支給する賞与は，使用人兼務であった期間に対応する賞与であり，また，常務としての職務遂行期間も極めて短いことから，使用人兼務分賞与であることが明らかであると判断されるため，税法上も損金の額に算入されます。

消費税　役員賞与は，給与等を対価とする役務の提供に該当し不課税であり，仕入税額控除の対象外です。

■関連法規……会社法第361条，消法第2条第1項第12号，消通11－1－2，法基通9－2－27

429　役員報酬を20日で締め切り25日に支払った

　役員報酬も従業員給料と同じく，20日締切りの25日支払いにしている。役員報酬を7名合計で，月額12,000,000円を期末月の25日において支払った。なお，支払にあたり源泉税等3,600,000円を控除した。

```
(借)役員報酬  12,000,000    (貸)現金預金  8,400,000
                               預 り 金  3,600,000
```

【解　説】　役員報酬は，従業員の給料とは異なり，労働の対価ではなく，委任の対価であって，その債務は計算期間満了時まで確定しませんので，日割計算で未払計上できません。従って，役員報酬は未払費用で処理されることはないと考えられます。

消費税　役員報酬は，給与等を対価とする役務の提供に該当し不課税であり，仕入税額控除の対象外です。

■関連法規……会社法第361条，消法第2条第1項第12号

430 海外在勤役員に対して滞在手当を支出した

> 海外にある支店,出張所等に勤務する役員5名に対して支給する滞在手当等を今月1,000,000円支給した。なお,源泉税等は発生しなかった。
> また,当社の役員報酬の支給は,支給限度額の100%に達しており,滞在手当等を役員報酬に含めると限度を超過することになる。

　　(借)給 料 手 当　1,000,000　　(貸)現 金 預 金　1,000,000

【解　説】　会社が海外に勤務する役員に対して支給する滞在手当等の金額を役員の報酬限度額に含めていない場合には,海外勤務の特殊事情により税法上,これを役員報酬の額に含めません。また,所得税法上もこの滞在手当は非課税となります。

(消費税)　給料手当は,給与等を対価とする役務の提供に該当し不課税であり,仕入税額控除の対象外です。

■関連法規……法基通9−2−25,所法第9条第1項第7号,所令第22条,消法第2条第1項第12号

431 役員へ毎月定額の渡し切り交際費を支給した

> 営業担当役員数名に対し,渡し切り交際費として,毎月1,000,000円を役員報酬とは別に支給した。

　　(借)役 員 報 酬　1,000,000　　(貸)現 金 預 金　1,000,000

【解　説】　渡し切り交際費は,税法上は,本来交際費に該当しますが,領収書等がなく会社の業務の遂行上直接必要なものと認定される資料に欠けるものであるため,むしろ役員に対する経済的利益の供与として報酬と見るのが妥当と判断されます。

また，この渡し切り交際費は毎月定額であって，臨時的なものではありませんので，役員賞与とはならないと思われます。

なお，役員報酬と判断される場合には源泉徴収の対象になりますが，実務上は渡し切り交際費の支給時に源泉徴収せず，毎月の役員報酬の支給から源泉徴収するか，年末調整により源泉徴収額を精算する場合が多いと考えられます。

(消費税) 渡し切り交際費は，交際費ではなく役員報酬とみなされ，役員報酬は給与等を対価とする役務の提供に該当し不課税であり，仕入税額控除の対象外です。

■関連法規……法基通9－2－9(9)，措通61の4(1)－12(3)，所基通28－4，消法第2条第1項第12号

432 役員に対する生命保険料を1年分支払った

役員を被保険者及び保険金受取人とする養老保険に加入して，年払契約の保険料1年分150,000円を支払った。

(借)役員報酬　　150,000　　(貸)現金預金　　150,000

【解　説】　役員が被保険者で保険金受取人である生命保険契約を結びその保険料を会社が負担した場合は，その保険料はその役員に対する経済的利益となり，税法上，役員報酬又は役員賞与に該当します。ただし，その保険料が月額300円以下の場合は，役員報酬に該当しません。

この場合，その経済的利益が役員報酬か賞与かという区分は，この利益が定期的か臨時的かにより判断されます。

なお，生命保険料の年払いは月払いに比して割安であって，月払いの変形と考えられますので，経常的に発生する費用として，役員報酬となります。

(消費税) 法人が役員又は従業員を被保険者とする生命保険に加入している場合に支払われる保険料については，消費税の性格から課税対象とすることになじまないものとして非課税であり，仕入税額控除の対象外

です。
■関連法規……法基通9-2-9⑿, 所基通36-32, 消法別表第2第3号, 消法第2条第1項第12号

433 役員が受講した研修会の受講料・教材費等を会社が負担した

役員が受講した経営者研修会（期間1年間）の受講料を月額110,000円（消費税10,000円を含む），入学金・教材費を550,000円（消費税50,000円を含む）支払った。
なお，当社の役員報酬は，仮に各月の受講料を加えても限度額を超えていない。

（借）役 員 報 酬　　600,000　　（貸）現 金 預 金　　660,000
　　　仮払消費税等　　 60,000

【解　説】　経営者研修会費用は，役員の業務の遂行上直接必要なものを除き，その役員に対する給与に該当します。

従って，毎月の受講料は定期の給与ですので役員報酬となりますが，入学金・教材費等は臨時的な給与ですので，税法上，損金に算入されません。

(消 費 税)　法人が役員の研修会費用等を支払い，それが所得税法上給与所得に該当するものであっても，それが課税仕入れに該当するかどうかは，所得税の課税対象か否かにかかわらないとされているため，この研修会費用等は課税仕入れに該当し，研修会費用に係る消費税等は仕入税額控除の対象です。
■関連法規……法基通9-2-9⑽, 消法第2条第1項第12号, 消通11-2-1

434 同族会社で代表者の妻に賞与を支払った

代表者が発行済株式の70％を所有する同族会社で，代表者の妻に冬季の賞与500,000円を支給した。なお，支払にあたり源泉税等150,000円を控除した。
代表者の妻は，会社の株式は全く所有せず，会社法上の取締役でもなく，経理事務を担当している。

(借)賞 与 手 当　　500,000　　(貸)現 金 預 金　　350,000
　　　　　　　　　　　　　　　　　　預 り 金　　150,000

【解　説】　代表者の妻は，同族会社である会社の主要な株主グループの一員ですが，経理事務をしているだけで会社の経営に従事していると認められないため，法人税法上，役員とはみなされません。従って，この代表者の妻に対する賞与は税法上も損金となります。
しかし，役員の親族である使用人に対する賞与（給与の一種であるため）はその額が過大である場合，損金に算入されません。

(消費税)　賞与手当は，給与等を対価とする役務の提供に該当し不課税であり，仕入税額控除の対象外です。

■関連法規……法法第2条第15号，法令第7条，第71条第1項第5号，消法第2条第1項第12号

435 役員の冠婚葬祭費用を会社が支払った

社長の長男である専務の結婚式費用5,500,000円（消費税500,000円を含む）を，式の参列者の大部分が当社の役員・従業員・取引先等なので，会社が支払った。

(借)役 員 報 酬　5,000,000　　(貸)現 金 預 金　5,500,000

仮払消費税等　　　　500,000

【解　説】　結婚式の費用は，長男に対する賞与であり会社の交際費とはなりません。結婚式・披露宴は，本来私的行事であって，役員個人が負担すべき費用であるため，その役員に対する報酬（ただし，税務上，定期同額ではないため損金とはならない）となります。

　なお，披露宴に会社の取引先等を招待しても，それは専務又は社長の社会的地位によるものであって，会社の業務遂行上必要な行事ではないので，交際費にはなりません。

（消費税）　冠婚葬祭費用は，役務の提供の対価として課税仕入れに係る支払対価に該当し，これが法人税法上又は所得税法上，役員報酬とされるか否かにかかわらず，冠婚葬祭費用に係る消費税等は仕入税額控除の対象です。

■関連法規……法基通9－2－9⑽，消通11－2－1

436　役員に創業記念品を交付した

　創立記念日に役員15名全員に，創業記念品として一律に11,000円（消費税1,000円を含む）のボールペンを交付した。

（借）福利厚生費　　　150,000　　（貸）現 金 預 金　　　165,000
　　　仮払消費税等　　 15,000

【解　説】　会社が役員に対し経済的な利益の供与をした場合においても，それが所得税法上，経済的な利益として課税されないものであって，かつ，当該会社がその役員に対する給与として経理しなかった場合には，税法上，給与又は賞与として取り扱われません。

　給与とされない経済的利益は次のものです。

① 創業記念品等で処分見込額が10,000円以下

② 金銭貸付で利子相当額が年額5,000円以下

③ 会社が月額300円以下の保険料を負担した場合

(消費税) 創業記念品の購入は,課税資産の購入であり,購入に係る消費税等は仕入税額控除の対象です。

■関連法規……法基通9-2-10,所基通36-22,36-28,36-32,消通11-2-1

437 出向先の会社が支出する給与負担金に賞与が含まれていた

> 当社の役員Aは,出向元の会社甲社の使用人で,甲社ではAに対し毎月の給与600,000円のほか,6月と12月に1,200,000円ずつの賞与を支給している。
> 当社は毎月800,000円を甲社に給与負担金として払っている。

(借)役 員 報 酬   600,000   (貸)現 金 預 金   800,000
　　役 員 賞 与   200,000

〈計算〉 賞与相当額=(800,000円-600,000円)×12カ月=2,400,000円

【解 説】 当社が出向元の会社甲社に毎月支出している給与負担金800,000円のうち,甲社がAに支給する毎月の給与600,000円に達するまでの金額は役員報酬で,それを超える部分の金額200,000円は賞与に係る負担金として取り扱われます。なお,この役員賞与が損金の額に算入されるか否かは,その役員が出向先で使用人兼務役員かどうか等により判定されます。

(消費税) 役員報酬及び役員賞与は,給与等を対価とする役務の提供に該当し不課税であり,仕入税額控除の対象外です。

■関連法規……会社法第361条,法法第34条,法基通9-2-45,9-2-46,消法第2条第1項第12号

販売費及び一般管理費 ［給料手当］

［給料手当］

438 従業員に給料手当を支払った

従業員に今月分の給料を支払った。その内訳は給料総額5,700,000円，源泉所得税860,000円，住民税570,000円，健康保険・厚生年金保険料390,000円であった。

　(借)給 料 手 当　5,700,000　　(貸)現 金 預 金　3,880,000
　　　　　　　　　　　　　　　　　　預　り　金　1,820,000

〈計算〉　源泉所得税860,000円＋住民税570,000円＋健康保険・厚生年金保険料390,000円＝預り金1,820,000円

【解　説】　従業員の給料手当は，総額で処理されます。従って，手取額に社会保険料，税金等の諸控除預り金を合計した金額です。
　従業員の給料手当は，原則として損金に算入されますが，役員の親族である従業員に対する過大なものについては損金の額に算入されません。

(消費税)　給料手当は，給与等を対価とする役務の提供に該当し不課税であり，仕入税額控除の対象外です。
■関連法規……法法第36条，消法第2条第1項第12号

439 本社・支店及び工場に勤務する従業員の給料を支払った

本社・支店に勤務する従業員に7,500,000円，工場に勤務する従業員に5,600,000円を，諸控除金分2,570,000円を差引いて支払った。

```
(借)給料手当  7,500,000    (貸)現金預金  10,530,000
    労 務 費  5,600,000        預 り 金   2,570,000
   (製造原価)
```

【解　説】　販売費及び一般管理費となる給料手当は，本社及び支店に勤務する従業員などに対して支給される給料及び諸手当で，工場に勤務する従業員の人件費は，製造原価の労務費で処理されます。

《表　示》　本店・支店に勤務する従業員の人件費は，損益計算書の販売費及び一般管理費の「給料手当」として，工場に勤務する従業員の人件費は，製造原価明細書の「労務費」として表示します。

(消費税)　給料手当及び労務費は，給与等を対価とする役務の提供に該当し不課税であり，仕入税額控除の対象外です。

■関連法規……財規第75条第2項，第84条，財規ガイド75-2，84，消法第2条第1項第12号，消通11-1-2

440　パート・アルバイトに給与を支払った

> パートとアルバイト5人に，今月分の給料550,000円を源泉税等35,000円控除して支払った。

```
(借)雑      給   550,000    (貸)現金預金   515,000
                                預 り 金    35,000
```

【解　説】　パートやアルバイト等の臨時の従業員に対して支払った給与や諸手当は，正社員に対して支払う給料手当と区別して管理する場合に雑給という勘定科目を用います。

　なお，正社員の給与と区分せず，給料手当勘定で一括して処理する場合もあります。

(消費税)　雑給は，給与等を対価とする役務の提供に該当し不課税であり，仕入税額控除の対象外です。

■関連法規……消法第2条第1項第12号

441 時間外手当を支払った

> 当社では，管理職以外の従業員については，時間外手当が付くことになっており，今月も本給5,700,000円にプラスして時間外手当860,000円を支給した。なお，支払にあたり源泉税等1,800,000円を控除した。

　　(借)給 料 手 当　6,560,000　　(貸)現 金 預 金　4,760,000
　　　　　　　　　　　　　　　　　　　　預 り 金　1,800,000

〈計算〉　給料手当＝本給＋時間外手当
　　　　　　　　　＝5,700,000円＋860,000円
　　　　　　　　　＝6,560,000円

【解　　説】　時間外手当も給料と同様に，会社が従業員の働きに対し支払う賃金であるため，給料と併せて「給料手当」勘定で処理されます。

消費税　給料手当（時間外手当を含む）は，給与等を対価とする役務の提供に該当し不課税であり，仕入税額控除の対象外です。

■関連法規……消法第2条第1項第12号，消通11－1－2

442 給料の未払分を計上した

> 当社は，給料を20日締切り，25日払いとして，支払い時に給料手当として費用計上している。今月は決算であるが，21日から末日までの給料は2,800,000円であった。

　　(借)給 料 手 当　2,800,000　　(貸)未 払 費 用　2,800,000

【解　　説】　給料手当については，通常支給時の費用として計上していても，期末決算においては，給料手当の締切日以後期末日までの発生額

を計算して未払費用に計上しなければなりません。

(消費税) 給料手当は、給与等を対価とする役務の提供に該当し不課税であり、仕入税額控除の対象外です。

■**関連法規**……財規第48条、第49条第1項第6号、消法第2条第1項第12号、消通11－1－2

443 出向社員に対する給与較差分を支出した

当社では、子会社に使用人Aを出向させているが、出向先の給与水準が低いため、その較差を補填する意味で毎月負担金150,000円を出向先の会社に支払っている。

　(借)給料手当　　150,000　　(貸)現金預金　　150,000

【解　説】　出向した使用人の給与は、出向先において労務を提供するものであるため、本来は全額出向先法人が負担すべきものです。しかし、出向元法人も出向者と依然として雇用契約がありますので、出向元法人も出向者に対し従来どおりの給与水準を保証する義務があります。

従って、出向先法人の給与水準が出向元法人より低いため出向元法人が出向者の給与の較差補填のために支出する金額は、税法上、出向元法人の損金となります。

(消費税) 給料手当は、給与等を対価とする役務の提供に該当し不課税であり、仕入税額控除の対象外です。

■**関連法規**……法基通9－2－47、消法第2条第1項第12号、消通11－1－2

444 出向社員に対する給与を出向元法人が全額負担した

当社では、関連会社に使用人Aを出向させているが、最近、当該関連会社の業績が非常に悪化したため、当月より出向者Aの給与全額350,000円を当社が負担することになった。

なお，従来は，関連会社が300,000円，当社が給与較差分50,000円を出向者Aに支給していた。

```
(借)給 料 手 当    50,000    (貸)未 払 金    350,000
   寄 付 金     300,000
```

【解　説】　出向元法人が負担する給与較差補填金は税法上，損金の額に算入されますが，関連会社の業績が悪化したために，当社が関連会社に代わって負担することになる金額は，一般的には給与債務の肩代りという関連会社に対する資金援助として寄付金と判断されます。

(消費税)　給料手当は，給与等を対価とする役務の提供に該当し不課税であり，仕入税額控除の対象外です。また，寄付金も本来的に対価性がなく，仕入税額控除の対象外です。

■関連法規……消法第2条第1項第12号，消通5－2－14，11－1－2

[賞 与]

445 賞与を支給した

従業員に賞与17,500,000円を，諸控除預り金1,800,000円を差し引いて支給した。

(借)従業員賞与　17,500,000　　(貸)現 金 預 金　15,700,000
　　(又は給料手当)
　　　　　　　　　　　　　　　　　預　り　金　 1,800,000

【解　説】　従業員賞与は，従業員に臨時的に支給される賃金です。給与と賞与のいずれに該当するか明確でない場合は，次のいずれかに該当するものを賞与とします。
　① 会社の業績（利益の多少）によって支給されるもの
　② 支給額，支給基準が定められていないもの
　③ 支給期が定められていないもの

(消費税)　従業員賞与は，給与等を対価とする役務の提供に該当し不課税であり，仕入税額控除の対象外です。

■関連法規……財規第84条，財規ガイド84，消法第2条第1項第12号，消通11-1-2

446 執行役員に対して賞与を支払った

当社は，取締役ではない執行役員Aに対して夏季賞与1,500,000円を銀行振込みで支払った。なお，支払いにあたり源泉税等450,000円を控除した。

(借)従業員賞与　1,500,000　　(貸)現 金 預 金　1,050,000

販売費及び一般管理費［賞　与］

預　り　金　　450,000

【解　説】　取締役を兼務しない執行役員は，通常税務上の役員に該当しないと判断されますので，その賞与の支給は使用人に対する賞与となり，原則として損金算入されます。

　法人と雇用契約関係に立つ執行役員は，法人税法上の役員の定義には原則として該当しません。また，法人と委任契約関係に立つ使用人でない執行役員は，法人税法上の役員の定義「使用人以外の者でその法人の経営に従事しているもの」（みなし役員）に該当するか否かが問題となります。従って，執行役員がみなし役員に該当するとされた場合，支給する賞与は役員に対する賞与となり，事前確定届出給与又は業績連動給与に該当しなければ損金不算入となります。

(消費税)　従業員賞与は，給与等を対価とする役務の提供に該当し不課税であり，仕入税額控除の対象外です。

■関連法規……財規第84条，財規ガイド84，法法第2条第15号，法令第7条，法基通9－2－1，消法第2条第1項第12号，消通11－1－2

447　賞与を未払計上した

　当社は11月決算であるが，12月10日払いの冬季賞与の金額が従業員全員各人別に確定した。その賞与総額は5,850,000円であった。

　（借）従業員賞与　　5,850,000　　（貸）未 払 費 用　　5,850,000

【解　説】　財務諸表の作成時において支給額が確定している場合の未払従業員賞与は，賞与引当金ではなく，次の科目を使います。

| 未払費用 | 財務諸表の作成時において従業員への賞与支給額が確定しており，当該支給額が支給対象期間に対応して算定されている場合 |

未払金	財務諸表の作成時において従業員への賞与支給額が確定しているが,当該支給額が支給対象期間以外の臨時的な要因に基づいて算定されたもの(例えば,成功報酬的賞与等)である場合

(注) 従業員への賞与支給額が確定している場合としては,個々の従業員への賞与支給額が確定している場合のほか,例えば,賞与の支給率,支給月数,支給総額が確定している場合等が含まれる。

なお,税法上は,
 a. その支給額を各人別に,かつ同時期に支給を受けるすべての使用人に対して通知をしていること
 b. aの通知をした金額を当該通知をしたすべての使用人に対し当該通知をした日の属する期終了の日の翌日から1月以内に支払っていること
 c. その支給額につきaの通知をした日の属する期において損金経理をしていること
等が損金算入の要件となります。

なお,このaの要件について支給日に在職する使用人にのみ賞与を支給することとしている場合は,未払賞与の額は損金の額に算入されません。

(消費税) 従業員賞与は,給与等を対価とする役務の提供に該当し不課税であり,仕入税額控除の対象外です。

■**関連法規**……リサーチ・センター審理情報 No.15,法令第72条の3,法基通2-2-12,9-2-43,消法第2条第1項第12号,消通11-1-2

[退職金, 退職給付引当金繰入額]

448 退職金を支払った

> 社員Aが退職し, 退職金10,000,000円を支払った。なお, 源泉税等は発生しなかった。

　　(借)退　職　金　10,000,000　　(貸)現 金 預 金　10,000,000

【解　説】　退職金は, 従業員の過去勤務の対価として, 会社を辞める時に支払われるものです。支給された退職金は, 退職金勘定に計上されます。

《表　示》　退職金は, 本社・支店に勤務する従業員であれば損益計算書の「販売費及び一般管理費」として, 工場に勤務する従業員であれば製造原価明細書の「労務費」として表示します。

(消費税)　退職金は, 給与等を対価とする役務の提供に該当し不課税であり, 仕入税額控除の対象外です。

■関連法規……消法第2条第1項第12号, 消通11－1－2

449 執行役員になる使用人に退職金を支払った

> 当社は, 執行役員制度を導入し, 今回使用人から取締役を兼務しない執行役員に就任する者に対し, 退職金25,000,000円を, 源泉税等1,000,000円を控除して支払った。なお, 退職給付引当金はなかったものとする。

　　(借)退　職　金　25,000,000　　(貸)現 金 預 金　24,000,000
　　　　　　　　　　　　　　　　　　　　預　り　金　 1,000,000

【解　説】　会計上，使用人が執行役員に就任する場合に，会社が使用人に過去の勤務の対価として支給する退職金は退職金勘定に計上されます。

　税務上は，取締役に選任されず，単に使用人が執行役員に就任しただけでは，その就任の際に支給される退職金は退職給与とは取り扱われません。しかし，次の場合には，退職給与として取扱われます。
① 執行役員が法人の使用人（職制上使用人としての地位のみを有する者に限ります）以外の者で，その法人の経営に従事しているものに該当する場合
② 執行役員との契約が委任契約又はこれに類するものである等，一定の執行役員制度の下で支払われる場合

　なお，退職金を受け取る使用人が役員の親族であるなど特殊関係使用人である場合，その退職金の税務上の取扱いに応じて，退職金のうち，使用人給与又は退職給与として相当であると認められる金額を超える部分の金額は損金に算入されません。

(消費税)　退職金は，給与等を対価とする役務の提供に該当し不課税であり，仕入税額控除の対象外です。

■関連法規……法法第36条，法令第7条，第72条，第72条の2，法基通9－2－36，所基通30－2の2，消法第2条第1項第12号，消通11－1－2

450　退職一時金と年金の両方を支給した

　社員Aに対し，退職一時金10,000,000円と退職年金1,000,000円を支払った。退職年金は，毎年1,000,000円ずつ10年間支給する。なお，退職一時金に源泉税等は発生しなかったが，退職年金に76,575円の源泉所得税が発生した。

```
(借)退 職 金　20,000,000　　(貸)現 金 預 金　10,923,425
　　　　　　　　　　　　　　　　　預 り 金　　　 76,575
```

　　　　　　　　　　　　　　　　未　払　金　　1,000,000
　　　　　　　　　　　　　　　長期未払金　　8,000,000

【解　説】　退職年金は，税法上，支給すべき時の損金となりますので，退職時の損金算入額は11,000,000円となります。

(消費税)　退職金は，給与等を対価とする役務の提供に該当し不課税であり，仕入税額控除の対象外です。

■関連法規……法基通9－2－29，消法第2条第1項第12号，消通11－1－2

451　退職金を3回に分けて支払った

　社員Aの退職金は，15,000,000円であるが，支給を3回分割とし，その第1回分5,000,000円を支払った。なお，源泉税等は発生しなかった。

　(借)退　職　金　15,000,000　　(貸)現 金 預 金　5,000,000
　　　　　　　　　　　　　　　　　　　未　払　金　10,000,000

【解　説】　従業員の退職金は，その従業員が実際に退職した期の費用となります。従って，退職一時金の分割払いについては，その未払部分を含めて一括して費用の額に算入されます。

(消費税)　退職金は，給与等を対価とする役務の提供に該当し不課税であり，仕入税額控除の対象外です。

■関連法規……消法第2条第1項第12号，消通11－1－2

452　出向先の会社が退職給与の負担金を支出した

　当社は，当期に親会社から出向者3名（うち1名は当社で役員に就任）を受け入れた。

この出向者の退職金の当社負担分として、当社は出向期間における自己都合による退職金要支給額の増加額の$\frac{1}{2}$を負担することになり、当期末に1,000,000円を親会社へ支出した。

(借)退職給与負担金　1,000,000　　(貸)現 金 預 金　1,000,000

【解　説】　出向者の出向期間中は、その役務提供を受けるのは出向先法人であるため、出向者の給与、賞与だけでなく、出向期間中の退職金の増加分も出向先法人が負担すべきものです。

　従って、出向者3名（役員も含む）に係る退職給与負担金が、あらかじめ定めた負担区分に基づき合理的に計算された金額を定期的に出向元法人に支出している場合には、税法上、その支出時において損金となります。

《ポイント》　この退職給与の負担金の支出は、毎月、毎期等定期的であることを要し、任意の時期に負担するものは、この取扱いにある損金処理が認められません。

《表　示》　退職給与負担金も退職金と同様に、本社・支店に勤務する従業員であれば損益計算書の「販売費及び一般管理費」として、工場に勤務する従業員であれば製造原価明細書の「労務費」として表示します。

(消費税)　退職給与負担金は、給与等を対価とする役務の提供に該当し不課税であり、仕入税額控除の対象外です。

■関連法規……法基通9－2－48、消法第2条第1項第12号、消通11－1－2

453　転籍した社員に対し退職金を支払った

　当社では、従業員Aを子会社に役員として8年前に転籍させたが、その際退職金は支給しなかった。当期にAが子会社を退職することになり、その退職金を当社と子会社の在職年数で按分して、当社分15,000,000円を支払った。

なお、退職給与規程は両社とも同じで、按分計算の基になる退職金には役員分としての加算額は含まれていない。

(借)退 職 金 15,000,000 　(貸)現 金 預 金 15,000,000

【解　説】　転籍した使用人の退職金について、転籍前の法人の在職年数を通算して支給することにしている場合には、その負担区分等に基づいて支給した退職金は、たとえ相手方法人を経て間接支給したとしても、それぞれの法人の退職金として税法上、損金となります。

なお、その支給した退職金のうち、明らかに相手方法人の支給すべきものと認められる部分の金額については、相手方法人に対する贈与として取り扱われます。

(消費税)　退職金は、給与等を対価とする役務の提供に該当し不課税であり、仕入税額控除の対象外です。

■関連法規……法基通9－2－52、消法第2条第1項第12号、消通11－1－2

454 定年延長に伴い退職金を打切り支給した

定年延長に伴い退職金規程を改訂して、旧定年に到達した使用人5名に対し退職金50,000,000円を打切り支給した。なお、源泉税等は発生しなかった。

また、旧定年後の退職金の計算には旧定年までの在職年数は加味しないことにしている。

(借)退 職 金 50,000,000 　(貸)現 金 預 金 50,000,000

【解　説】　定年延長に伴い旧定年時に打切り支給される退職金は、その者が引き続き在職する以上退職金の前払いとも考えられ、退職金とはいい難いものです。

しかし、所得税法上、この支給額を退職金として課税しないと従業員個人にとって所得税法上非常に不利になること、この打切り支給が労使

双方の合意によるものであることから，税法上，退職金として損金計上できます。

[消費税] 退職金は，給与等を対価とする役務の提供に該当し不課税であり，仕入税額控除の対象外です。

■関連法規……所基通30－2，消法第2条第1項第12号，消通11－1－2

455 中小企業退職金共済の掛金を支払った

> 当社は，中小企業退職金共済制度に加入しているが，当期分の要拠出額1,000,000円を支払った。

　　（借）退職給付費用　　1,000,000　　（貸）現 金 預 金　　1,000,000

【解　説】　中小企業退職金共済制度，特定退職金共済制度及び確定拠出年金制度のように拠出以後に追加的な負担が生じない外部拠出型の制度については，その制度に基づく要拠出額である掛金をもって費用処理します。

[中小会計] 税法では，会社がその使用人等のために支出する中小企業退職金共済事業団に対する掛金については，現実に納付又は払込みをした日の属する事業年度の損金となり，未払部分については，たとえ未払部分に係る期間を経過しても損金の額に算入できません。

　この共済契約に係る被共済者には使用人のほか，会社の役員で部長，支店長等のような使用人としての職務を有している者も含まれ，その掛金も給与として取り扱われることなく，保険料の額に計上されます。

　なお，この掛金は，使用人等の退職金の支払いに備えて拠出するものであるため，保険料ではなく退職給付費用として処理されます。

[消費税] 損害共済契約に係る共済掛金は，保険料と同様に非課税であり，仕入税額控除の対象外です。

■関連法規……所令第64条，法令第135条，法基通9－3－1，消法第6条第1項，
　　　　　　　消法別表第2第3号,消令第10条第3項第13号,消基通6－3－3，
　　　　　　　中小会計指針第56項

456 役員退職慰労金を支払った

> 6月定時の株主総会で退任した取締役Aの退職慰労金20,000,000円の支給が決まり、直ちに支払われた。なお、支払いにあたり源泉税等2,000,000円を控除した。

(借)役員退職慰労金　20,000,000　　(貸)現 金 預 金　18,000,000
　　　　　　　　　　　　　　　　　　　　預 り 金　 2,000,000

【解　説】　役員退職慰労金は、退任した取締役等の在職中の職務執行の対価として株主総会の決議に基づいて支給される慰労金です。

役員退職慰労金の税法上の損金計上の時期は、その役員が実際に退職し株主総会の決議等により退職慰労金が具体的に確定した事業年度を原則としますが、支給した日の事業年度で損金計上した時も認められます。このため、役員退職慰労金が具体的に確定する前に取締役会の決議により未払金に計上しても、その時点では損金とはならず、支払いをした時点の損金となります。

《表　示》　損益計算書上、役員退職慰労金は、通常は従業員の退職金とともに販売費及び一般管理費の「退職金」で表示します。

(消費税)　役員退職慰労金は、給与等を対価とする役務の提供に該当し不課税であり、仕入税額控除の対象外です。

■関連法規……会社法第361条、会社施規第82条、法基通9－2－28、消法第2条
　　　　　　第1項第12号、消通11－1－2

457 執行役員になる取締役に退職慰労金を支払った

> 当社は、取締役を退任し執行役員になる者に対し株主総会の決議を経た上で退職慰労金20,000,000円を現金で支払った。なお、支払いにあたり源泉税等2,000,000円を控除した。

(借)役員退職慰労金 20,000,000　(貸)現 金 預 金 18,000,000
　　　　　　　　　　　　　　　　　預 り 金　2,000,000

【解　説】　会社法上の取締役を退任し，その役員退職慰労金が株主総会で決議のうえ支給されるもので，実質的にも取締役を退任したならば，執行役員に就任しても，その役員退職慰労金は損金算入できると考えられます。ただし，役員退職慰労金が不相当に高額ならば損金算入されないことはいうまでもありません。

　なお，執行役員がみなし役員として税務上の役員に該当する場合には，会社法上の取締役を退任しても，税務上の役員の身分には変更がないため，その役員退職慰労金の損金算入は認められないと考えられます。

(消費税)　役員退職慰労金は，給与等を対価とする役務の提供に該当し不課税であり，仕入税額控除の対象外です。

■関連法規……会社法第361条，法基通9-2-28，消法第2条第1項第12号，消通11-1-2

458　死亡退職した役員に弔慰金を支払った

　会社の創立者である会長（月額報酬1,000,000円）が死亡し，取締役会で死亡退職金とは別に弔慰金5,000,000円を遺族に支払った。

(借)福利厚生費　5,000,000　(貸)未 払 金　5,000,000

【解　説】　死亡退職した役員の遺族に支払った弔慰金のうち，社会通念上妥当な金額は，税法上，死亡退職金とは別に支払時の損金にできます。この設例では，これに該当するとしました。

　ここで「弔慰金等として妥当な金額」の範囲は，下記の事項を勘案した恣意的にならない金額です。

① 死亡した役員に支給していた報酬額（相続税法では，業務上以外の死亡の場合，月額報酬の6カ月以下であれば，退職手当金等ではなく，弔慰

金等として取り扱われる)
② 法人の規模
③ 一般使用人に支給する弔慰金等の額
④ 同種，同規模の法人の弔慰金等の支給額

(消費税) 役員，従業員に金銭で給付する祝金，弔慰金等は不課税であり，仕入税額控除の対象外です。

■関連法規……法法第34条，法令第70条，相基通3-20，消通5-2-14

459 役員退職慰労金を仮払経理した

社長の死亡を受け，葬儀費用等に充ててもらうため，10,000,000円を退職慰労金の仮払いとして遺族に支払った。なお，源泉税等は発生しなかった。
また，この仮払退職慰労金を含め，役員退職慰労金については定時株主総会において，支給方法，金額について承認を得る予定である。

(借) 仮 払 金 10,000,000　　(貸) 現 金 預 金 10,000,000

【解　説】　税法では，会社が役員退職慰労金を支給した日の属する事業年度においてその支給した額につき損金経理できます。

ただし，会社法上では，株主総会の決議等によりその額が具体的に確定した日の属する事業年度の費用となるため，支出した期では仮払金のままとなります。

■関連法規……会社法第361条，法基通9-2-28

460 役員退職慰労金を分割して支払った

役員退職金の支払いについての株主総会の決議があり，30,000,000円を3年分割払いとして，その1年目10,000,000円を，源泉税等1,000,000円を控除して支払った。

(借)役員退職慰労金　30,000,000　　(貸)現 金 預 金　9,000,000
　　　　　　　　　　　　　　　　　　　預　り　金　1,000,000
　　　　　　　　　　　　　　　　　　　未　払　金　10,000,000
　　　　　　　　　　　　　　　　　　　長期未払金　10,000,000

【解　説】　役員退職慰労金は，株主総会の決議等により具体的に確定した日の属する事業年度の損金となります。従って，退職一時金の分割払いについては，その未払部分を含めて一括して損金の額に算入することができます。なお，未払部分については，未払いとする理由が明らかで，支払時期（実務上3年以内）が具体的に定められていることが必要です。

(消費税)　役員退職慰労金は，給与等を対価とする役務に該当し不課税であり，仕入税額控除の対象外です。

■関連法規……会社法第361条，法基通9－2－28，消法第2条第1項第12号，消通11－1－2

461 役員退職年金を支払った

退職した役員に対し，役員退職慰労金30,000,000円を支払うことを株主総会で決議し，それを10年間の年金払いとして，その第1回分3,000,000円を，源泉税等400,000円を控除して支払った。

(借)役員退職慰労金　30,000,000　　(貸)現 金 預 金　2,600,000

　　　　　　　　　　　預　り　金　　　400,000
　　　　　　　　　　　未　払　金　　3,000,000
　　　　　　　　　　　長期未払金　 24,000,000

【解　説】　税法上は，会社が退職した役員又は使用人に対して支給する退職年金は，それを支給すべき時の損金の額に算入すべきものとされています。従って，その年金の総額を計算して未払金等に計上した場合においても，この未払金等に相当する金額は損金の額に算入できません。税法上は，役員退職年金を翌期以降支払いの都度，支払額を別表上減算して損金の額に算入します。

　なお，会計上は，株主総会での承認時などに，その総額が費用に計上されます。

(消費税)　役員退職慰労金は，給与等を対価とする役務に該当し不課税であり，仕入税額控除の対象外です。

■関連法規……会社法第361条，法基通9－2－28，9－2－29，消法第2条第1項第12号，消通11－1－2

462 役員退職慰労引当金を計上した

　当社は，当期に役員退職慰労金に係る内規を定めたことにより，支給見込額を合理的に算出できるようになった。当該内規に基づく当期末の役員退職慰労金の要支給額20,000,000円の全額につき，引当金を計上した。また，当社は役員退職慰労引当金に係る繰延税金資産について回収可能性があると判断し，計上した。

　（借）役員退職慰労引当金繰入額　20,000,000　　（貸）役員退職慰労引当金　20,000,000

　（借）繰延税金資産　　　6,000,000　　（貸）法人税等調整額　　6,000,000

　〈計算〉　税効果額　20,000,000円×30%(*)＝6,000,000円
　　　　　＊：実効税率は30%とする。

【解　説】　役員退職慰労金の支給は株主総会による承認決議を前提とするため，株主総会の承認決議前の段階では，法律上は債務ではないものの，会計上は引当金の性格を有するものとされています。

従って，実務上は，以下の事項を満たす場合には，各事業年度の負担相当額を役員退職慰労引当金に繰り入れ，期末要支給額の全額を引当金として計上する必要があります。

①	役員退職慰労金の支給に関する内規に基づき（在任期間・担当職務等を勘案して）支給見込額が合理的に算出されること
②	当該内規に基づく支給実績があり，このような状況が将来にわたって存続すること（設立間もない会社等のように支給実績がない場合においては，内規に基づいた支給額を支払うことが合理的に予測される場合を含む）

一方，税法上，役員退職慰労金は支払時又は株主総会で決議された時に損金に算入され，役員退職慰労引当金を繰り入れた時点では損金に算入できないため，役員退職慰労引当金の全額が損金不算入となります。役員退職慰労引当金の取崩時に，税務上課税所得の減少をもたらすため，税効果会計における将来減算一時差異に該当します。従って，役員退職慰労引当金に係る繰延税金資産が回収可能と見込まれる場合，当該繰延税金資産を計上する必要となります。

(消費税)　役員退職慰労引当金繰入額は資産の譲渡等には該当しないため，仕入税額控除の対象外です。

■関連法規……会社法第361条，会計原則注解18，租税特別措置法上の準備金及び特別法上の引当金又は準備金並びに役員退職慰労引当金等に関する監査上の取扱い3(1)，法基通9－2－28，消法第2条第1項第12号，消通11－1－2，税効果適用指針第7項，第84項

463　役員退職慰労引当金を取り崩して役員退職金を支払った

当社は，役員の退職慰労金に充てるため，役員退職慰労金の期末要支給額の全額を役員退職慰労引当金として設定している。

今回役員の退職があったので，退任役員に退職慰労金を支払うこと及び支給額につき株主総会の承認を経て，役員退職慰労金50,000,000

円を，源泉税等8,000,000円を控除して支払った。なお，前期末の役員退職慰労引当金は120,000,000円であった。

また，当社は，役員退職慰労引当金に係る繰延税金資産について回収可能性がないと判断し，計上していない。

(借)役員退職慰労引当金	50,000,000	(貸)役員退職慰労引当金取崩額	50,000,000
(借)役員退職慰労金	50,000,000	(貸)現 金 預 金	42,000,000
		預 り 金	8,000,000
(借)役員退職慰労引当金取崩額	50,000,000	(貸)役員退職慰労金	50,000,000

【解　説】　税法では，役員退職慰労金が損金に算入されるためには，支給すべき役員退職慰労金が確定した事業年度において，損失又は費用として経理することを要件としています。上記の場合，役員退職慰労引当金取崩額を当期利益に含めた場合は，課税済みの利益ですので法人税法上，申告書別表四で減算します。

なお，会計上処理する場合には，役員退職慰労金と役員退職慰労引当金取崩額が相殺されるため，役員退職慰労引当金の減少額について申告書別表四で減算処理します。

(消費税)　役員退職慰労金は，給与等を対価とする役務の提供に該当し不課税であり，仕入税額控除の対象外です。

■関連法規……会社法第361条，法基通9－2－28，消法第2条第1項第12号，消通11－1－2

464　常勤役員から非常勤役員になった時に，役員退職慰労金を支払った

当社の常務取締役Aは定時株主総会で取締役を退任し非常勤の監査役に就任したので，取締役の役員退職慰労金として30,000,000円を支払うことにした。

なお，役員報酬月額は常務の時の50％となった。

(借)役員退職慰労金　30,000,000　　（貸)未　払　金　30,000,000

【解　説】　役員が分掌変更等によりその地位又は職務が激変し，実質的に退職したと同様の事情がある場合には，その役員に対し支払った退職給与は税法上，役員退職慰労金として取り扱われます。

この場合，以下のような事実が必要です（なお，下記いずれの場合も，変更後も実質的に経営上主要な地位を占めている等，一定の場合を除く）。

① 　常勤役員が非常勤役員になったこと
② 　取締役が監査役になったこと（監査役は常勤であっても差し支えない）
③ 　分掌変更等の後における報酬が激減（概ね50％以上の減少）したこと

本設例の場合，上記の要件により実質的に退職したのと同様の事情にあると認められる場合，その退職慰労金は支給時の損金として算入できます。

(消費税)　役員退職慰労金は，給与等を対価とする役務の提供に該当し不課税であり，仕入税額控除の対象外です。

■関連法規……会社法第361条，法基通9－2－32，消法第2条第1項第12号，消通11－1－2

465 出向先法人が出向元法人を退職した出向役員の退職金の一部を負担した

当社の取締役Aは親会社からの出向者であったが，このたび，Aが親会社を定年退職することになり，親会社が支給した退職金のうち，出向期間に係る部分10,000,000円を当社が親会社に支払った。

なお，Aは親会社では役員ではなく，当社では引き続き取締役として勤務する。

(借)退職給与負担金　10,000,000　　（貸)現　金　預　金　10,000,000

【解　説】　出向者が出向元を退職する際に支給を受けた退職金は，出

販売費及び一般管理費［退職金，退職給付引当金繰入額］　619

向先が負担した分を含め正当に所得税の課税を受け，また出向先としても，その退職金のうち，出向期間に対応する金額を清算するために出向元に支出したので，それは支出時点の費用であり，将来に繰り延べるべき理由はないと判断されます。

(消費税)　退職給与負担金は，給与等を対価とする役務の提供に該当し不課税であり，仕入税額控除の対象外です。

■関連法規……法基通9－2－49, 消法第2条第1項第12号，消通11－1－2

466　出向役員の退職年金の一部を出向先法人が負担した

> 当社の取締役Aは，親会社からの出向者で，親会社では使用人であるため退職年金に加入しており，当社は定められた負担区分に基づき，その掛金の額の今年度分500,000円を親会社に支払った。
> なお，掛金のうち事務費に相当するものはなかった。

　　(借)退職年金掛金　　500,000　　(貸)現 金 預 金　　500,000

【解　説】　退職年金契約を締結している法人では，その契約に基づき支出する掛金又は保険料は税法上，損金に算入されます。従って，出向先法人がその出向者に係る退職年金の掛金又は保険料をその負担区分に基づいて出向元法人に支出した場合も，その実質に着目して，同様に取り扱うこととされています。

　なお，当社においてAが役員であるか否かは，退職年金契約の性質から考慮する必要はないと思われます。

(消費税)　消費税において，退職年金契約に係る保険料を対価とする役務提供は，非課税であり，仕入税額控除の対象外です。

　なお，この場合支払保険料のうち，事務費に相当する部分の金額は，課税仕入れに該当するため，仕入税額控除の対象です。

■関連法規……法令第135条，法基通9－2－51, 消法第6条第1項，消法別表第2第3号

467 退任した取締役が引き続き使用人として勤務した

　株主総会において退任取締役Aの退職金の支給について決議をした。しかし，後任者がいないため引き続き1年間ほど使用人として勤務してもらうことにして，株主総会で承認を受けた。なお，同人の役員退職慰労金20,000,000円は，約1年後の使用人としての退職日に支給することにした。

　　（借）役員退職慰労金　20,000,000　　（貸）未　払　金　20,000,000

【解　説】　役員退職慰労金は直ちに支払われなくとも，役員退職慰労金として適正な金額であれば，株主総会決議の日の属する事業年度において損金経理をした場合，これが認められます。

　取締役が役員退任後も使用人として勤務を継続しても，法律上，従来の委任関係が解消して新たに雇用関係になったもので，問題はないと判断されます。

(消費税)　役員退職慰労金は，給与等を対価とする役務の提供に該当し不課税であり，仕入税額控除の対象外です。

■関連法規……会社法第361条，法基通9-2-28，消法第2条第1項第12号，消通11-1-2

[研究開発費・ソフトウェア]

468 新製品の開発に多額の費用を要した

> 当社は、新製品の開発をしており、当月において、これに関連して給料手当15,000,000円、原材料費3,000,000円、固定資産の減価償却費3,800,000円、製造間接費配賦額1,000,000円が発生した。

(借)研究開発費	22,800,000	(貸)給料手当	15,000,000
		原材料費	3,000,000
		減価償却費	3,800,000
		製造間接費	1,000,000

【解　説】　研究開発費は、発生時には将来の収益を獲得できるか否か不明であるため、資産に計上することなく発生時の費用として処理します。また、研究開発費は、新製品の計画・設計又は既存製品の著しい改良等のために発生する費用であり、一般的には原価性がないと考えられるため、通常、一般管理費として計上します。

なお、研究開発費には、人件費、原材料費、固定資産の減価償却費及び間接費の配賦額等、研究開発のために費消されたすべての原価が含まれます。

《表　示》　研究開発費は、当期製造費用として処理したものを除き、一般管理費としてその科目名を付して記載します。

(消費税)　各費用科目から研究開発費への振替えは、単なる勘定科目の振替えであり、仕入税額控除の対象外です。

■関連法規……研究開発会計基準二,三、研究開発実務指針第3項、第4項、研究開発Q&A1

469 委託研究に係る費用を検収した

当社は，新製品の試作品の設計をA社に委託し，その費用2,200,000円（消費税200,000円を含む）を検収した。

(借)研究開発費　　2,000,000　　(貸)未　払　金　2,200,000
　　仮払消費税等　　 200,000

【解　説】　委託研究については，一般的に，研究の成果は委託者側に帰属するものと考えられますので，委託研究に係る費用はすべて発生時に費用処理されます。従って，契約金等は前渡金として処理されますが，契約に基づき委託した研究開発の内容については，検収等を行い，役務の提供を受けたことが確定した時点で，費用として処理します。

(消費税)　委託研究費は，役務の提供の対価であり，課税仕入れに該当するため，委託研究費に係る消費税額は仕入税額控除の対象です。

《表　示》　研究開発費は，当期製造費用として処理したものを除き，一般管理費としてその科目名を付して記載します。

■関連法規……研究開発実務指針第3項，研究開発Q&A 2

470 特定の研究開発目的にのみ使用する機械装置を購入した

当社は，バイオ関係の特定の研究専用に5,500,000円（消費税500,000円を含む）の測定機を掛で購入したが，この測定機は他の目的に使用できないものである。なお，この研究は2年以上続く見込みである。

(借)研究開発費　　5,000,000　　(貸)未　払　金　5,500,000
　　仮払消費税等　　 500,000

【解　説】　特定の研究開発目的にのみ使用され，他の目的に使用できない機械装置や特許権等を取得した場合の原価は，取得時の研究開発費

販売費及び一般管理費［研究開発費・ソフトウェア］　623

として処理されます。特定の研究開発目的にのみ使用され，他の目的に使用できないとは，特定の研究専用の測定機等で，研究開発の所期の目的を達成した後には他の用途に転用することができず，廃棄してしまうようなことをいいます。

　なお，特定の研究開発目的にしか使用できない資産については，仮に研究開発の期間が1年超であっても，その機械装置等の取得時に取得価額の全額を研究開発費として処理します。

（消費税）　測定機の購入は，課税仕入れに該当するため仕入税額控除の対象です。

■関連法規……研究開発実務指針第5項，第28項，研究開発Q&A 6

471　研究開発の結果として販売可能な試作品が得られた

　当社は，新製品を開発中であるが，その過程で販売可能な試作品5,000,000円（原価内訳：給料手当2,000,000円，材料費2,500,000円，減価償却費500,000円）が得られた。

　　（借）研究開発費　　5,000,000　　（貸）給 料 手 当　　2,000,000
　　　　　　　　　　　　　　　　　　　　　 材　料　費　　2,500,000
　　　　　　　　　　　　　　　　　　　　　 減価償却費　　　 500,000

【解　説】　研究開発の結果として良品の試作品が得られる場合が考えられますが，この試作品は，あくまでも研究開発の結果，副次的に得られたものであり，通常，研究開発の目的を達成した時点で廃棄されるため，研究開発費に含めて処理します。

（消費税）　各費用科目から研究開発費への振替えは，単なる勘定科目の振替えであり，仕入税額控除の対象外です。

《表　示》　研究開発費は，当期製造費用として処理したものを除き，一般管理費としてその科目名を付して記載します。

■関連法規……研究開発Q&A 4

472 市場販売目的のソフトウェアが完成した

市場販売目的のソフトウェアの最初の製品マスターが完成したが、ここまでに給料手当が15,000,000円発生した。

(借)研究開発費　15,000,000　　(貸)給料手当　15,000,000

【解　説】　市場販売目的のソフトウェアである製品マスターの制作費については、「最初に製品化された製品マスターの完成までの費用及び製品マスター又は購入したソフトウェアに対する著しい改良に要した費用」が研究開発費に該当するため費用処理され、これ以降の制作費を資産として計上します。

最初に製品化された製品マスターの完成時点は、具体的には、①製品性を判断できる程度のプロトタイプが完成していること、②プロトタイプを制作しない場合は、製品として販売するための重要な機能が完成しており、かつ重要な不具合を解消していること、とされています。

(消費税)　費用科目から研究開発費への振替えは、単なる勘定科目の振替えであり、仕入税額控除の対象外です。

■関連法規……研究開発実務指針第8項、第32項、研究開発Q&A10

473 購入したソフトウェアに改良等を加えた

購入したソフトウェアの機能を改良、強化するために主要なプログラムの大半を再制作し、その費用（人件費）25,000,000円が発生した。

また、この購入したソフトウェアの操作性を向上するための費用（人件費）2,000,000円が発生した。

さらに、改良したソフトウェアのバグ取り等の機能維持に要した費用（人件費）150,000円が発生した。

▶著しい機能の改良に要した費用

　(借)研究開発費　25,000,000　　(貸)給 料 手 当　25,000,000

▶著しくない機能の改良等に要した費用

　(借)ソフトウェア　2,000,000　　(貸)給 料 手 当　2,000,000
　　　(無形固定資産)

▶機能維持に要した費用

　(借)電算関係費　　　150,000　　(貸)給 料 手 当　　　150,000

【解　説】　製品マスター又は購入したソフトウェアの機能の改良・強化を行う制作活動のための費用は，原則として資産に計上されます。ただし，著しい改良と認められる場合は，著しい改良が終了するまでは研究開発の終了時点に達していないこととなるため，研究開発費として処理します。

　ここでいう著しい改良とは，設例の場合のほか，ソフトウェアが動作する環境を変更・追加するために大幅な修正が必要になる場合等が挙げられます。

　なお，バグ取り，ウイルス防止等の修復・維持・保全のための費用は，ソフトウェアの機能維持に要した費用として，発生時の費用となりますが研究開発費ではありません。

(消 費 税)　給料手当から研究開発費等への振替えは，単なる勘定科目の振替えであり，仕入税額控除の対象外です。

《表　示》　研究開発費は，当期製造費用として処理したものを除き，一般管理費としてその科目名を付して記載します。ソフトウェアは，無形固定資産として計上します。

■関連法規……研究開発実務指針第9項，第10項，第33項，第34項，研究開発
　　　　　　　Q&A11, 12

474 ソフトウェアの操作をトレーニングするための費用が発生した

> 外部から購入した会計に関するソフトウェアの操作をトレーニングするための費用110,000円（消費税10,000円を含む）を小切手で支払った。

（借）電算関係費　　　100,000　　（貸）当座預金　　　110,000
　　　仮払消費税等　　　 10,000

【解　説】　トレーニングのための費用やデータをコンバートするための費用は，ソフトウェアを利用するための環境を整備し有効利用を図るための費用であって，原則としてソフトウェアそのものの価値を高める性格の費用ではありません。従って，その費用は発生時の費用となりますが研究開発費とはなりません。

(消費税)　トレーニングを受ける費用は，役務の提供の対価であり，課税仕入れに該当するため，仕入税額控除の対象です。

■関連法規……研究開発実務指針第16項，第40項

475 自動制御ソフトウェア付の機械装置を購入した

> 自動制御ソフトウェア付の機械装置を22,000,000円（消費税2,000,000円を含む）で購入し，代金は手形で支払った。なお，ソフトウェア部分の価額は5,500,000円（消費税500,000円を含む）であった。

（借）機械装置　　20,000,000　　（貸）設備支払手形　22,000,000
　　　仮払消費税等　2,000,000

【解　説】　有機的一体として機能する機器組込みソフトウェア（機械又は器具備品等に組み込まれているソフトウェア）は独立した科目として区分するのではなく，その機械等の取得原価に算入し，「機械及び装置」等の科目を用いて処理します。区分しない理由は，機器組込みソフトウェ

販売費及び一般管理費［研究開発費・ソフトウェア］ 627

アは，両者が別個では何ら機能せず一体としてはじめて機能するもので，経済的耐用年数も両者に相互関連性が高いと考えられるためです。

なお，機械等の購入時にソフトウェア交換が，契約により予定され，新旧ソフトウェアの購入価格が明確な場合には，ソフトウェア部分を区分して処理することも考えられます。

(消費税) 機械装置の購入は，課税仕入れに該当するため，その購入に係る消費税等は，仕入税額控除の対象です。

■関連法規……研究開発実務指針第17項，第41項，研究開発 Q&A17

476 市場販売目的のソフトウェアを減価償却した

> 無形固定資産として計上した市場販売目的のソフトウェア（制作費21,000,000円）をX1期より減価償却した。このソフトウェアの見込有効期間における見込販売数量は2,000個で，X1期の販売実績は800個であった。なお，X2期及びX3期の見込販売数量は，700個，500個で実績も同じであった。また，X1期の見込販売単価は10,000円で，X2期は7,000円，X3期は4,000円で，実績も同じであった。

1．見込販売数量に基づき減価償却した場合
▶X1期

(借)減価償却費　8,400,000　　(貸)ソフトウェア　8,400,000

▶X2期

(借)減価償却費　7,350,000　　(貸)ソフトウェア　7,350,000

▶X3期

(借)減価償却費　5,250,000　　(貸)ソフトウェア　5,250,000

2. 見込販売収益に基づき減価償却した場合

▶ X1期

(借)減価償却費　11,275,168　　(貸)ソフトウェア　11,275,168

▶ X2期

(借)減価償却費　6,906,040　　(貸)ソフトウェア　6,906,040

▶ X3期

(借)減価償却費　2,818,792　　(貸)ソフトウェア　2,818,792

〈計算〉

1. 見込販売数量に基づく減価償却費

$$\text{ソフトウェアの未償却残高} \times \frac{\text{各期の実績販売数量}}{\text{各期の実績販売数量}+\text{各期末の見込販売数量}} = \text{各期の減価償却費}$$

X1期：$21,000,000 \times \dfrac{800\text{個}}{800\text{個}+1,200\text{個}} = 8,400,000$円

・残存有効期間に基づく均等配分額

$21,000,000\text{円} \times \dfrac{1}{3} = 7,000,000\text{円}$

8,400,000円＞7,000,000円であるので8,400,000円

X2期：$(21,000,000\text{円}-8,400,000\text{円}) \times \dfrac{700\text{個}}{700\text{個}+500\text{個}} = 7,350,000$円

・残存有効期間に基づく均等配分額

$(21,000,000\text{円}-8,400,000\text{円}) \times \dfrac{1}{2} = 6,300,000$円

7,350,000円＞6,300,000円であるので7,350,000円

X3期：$21,000,000\text{円}-8,400,000\text{円}-7,350,000\text{円}=5,250,000$円

2. 見込販売収益に基づく減価償却費

$$\text{ソフトウェアの未償却残高} \times \frac{\text{各期の実績販売収益}}{\text{各期の実績販売収益}+\text{各期末の見込販売収益}} = \text{各期の減価償却費}$$

X1期：$21,000,000\text{円} \times \dfrac{800\text{個}\times 10,000\text{円}}{800\text{個}\times 10,000\text{円}+700\text{個}\times 7,000\text{円}+500\text{個}\times 4,000\text{円}}$

$= 11,275,168$円

・残存有効期間に基づく均等配分額

$21,000,000円 \times \dfrac{1}{3} = 7,000,000円$

$11,275,168円 > 7,000,000円$であるので$11,275,168円$

X2期：$(21,000,000円 - 11,275,168円) \times \dfrac{700個 \times 7,000円}{700個 \times 7,000円 + 500個 \times 4,000円}$

$= 6,906,040円$

・残存有効期間に基づく均等配分額

$(21,000,000円 - 11,275,168円) \times \dfrac{1}{2} = 4,862,416円$

$6,906,040円 > 4,862,416円$であるので$6,906,040円$

X3期：$21,000,000円 - 11,275,168円 - 6,906,040円 = 2,818,792円$

【解　説】　市場販売目的のソフトウェアは，見込販売数量又は見込販売収益に基づいて償却されます。ただし，毎期の償却額は，残存有効期間に基づく均等配分額を下回ってはならないとされているため，毎期の償却額は，見込販売数量又は見込販売収益に基づく償却額と，上記均等配分額とを比較し，いずれか大きい額を計上します。この場合，当初における販売可能な有効期間は，原則として3年以内の年数とし，3年を超える年数の時は合理的な根拠に基づくことが必要です。

なお，販売が進むにつれて販売価格が下落する性格を有するソフトウェアの場合には，販売収益に基づく減価償却の方法を採用することにより収益との合理的な対応が図られます。

税務上は複写して販売するための原本の耐用年数は3年，その他のソフトウェアの耐用年数は5年となります。

(消費税)　減価償却資産に係る消費税額は，当該資産を購入した期において課税されるため，減価償却費は課税仕入れに該当せず，仕入税額控除の対象外です。

■関連法規……研究開発実務指針第18項，第42項，設例1，研究開発Q&A21，
　　　　　　　耐年省令別表3

477 自社利用のソフトウェアを減価償却した

X1期首に取得した自社利用のソフトウェア15,000,000円を無形固定資産に計上し、減価償却した。取得時におけるそのソフトウェアの見込利用可能期間は5年であったが、X3期末に利用可能期間の見直しを行ったところ、X3期を含めた残存利用可能期間は2年であることが判明した。

▶X1期,X2期

(借)減価償却費　3,000,000　(貸)ソフトウェア　3,000,000

▶X3期,X4期

(借)減価償却費　4,500,000　(貸)ソフトウェア　4,500,000

〈計算〉　前期末の未償却残高 × $\dfrac{当期の期間}{当期を含む見直し後の残存利用可能期間}$

＝各期の減価償却額

X1期：$15,000,000 円 \times \dfrac{1}{5} = 3,000,000 円$

X2期：$(15,000,000 円 - 3,000,000 円) \times \dfrac{1}{4} = 3,000,000 円$

X3期：$(15,000,000 円 - 3,000,000 円 \times 2) \times \dfrac{1}{2} = 4,500,000 円$

X4期：$(15,000,000 円 - 3,000,000 円 \times 2 - 4,500,000 円) \times \dfrac{1}{1} = 4,500,000 円$

【解　説】　自社利用ソフトウェアの減価償却の方法は、一般的には、定額法による償却が合理的です。償却の基礎となる耐用年数は、そのソフトウェアの利用可能期間によるべきですが、原則として5年以内の年数とし、5年を超える場合には、合理的な根拠に基づくことが必要です。

また、利用可能期間は毎期見直すことが必要で、見直しの結果、耐用年数を変更する場合には、会計上の見積りの変更として当期及び当該ソフトウェアの残存耐用年数にわたる将来の期間の損益で認識することとなります。なお、この場合、過去に定めた耐用年数がその時点での合理

的な見積りに基づくものでない場合には,会計上の見積りの変更ではなく過去の誤謬の訂正に該当することに留意が必要です。

　税務上は複写して販売するための原本以外のソフトウェアの耐用年数は5年となります。

(消費税) 減価償却資産に係る消費税額は,当該資産を購入した期において課税されるため,減価償却費は課税仕入れに該当せず,仕入税額控除の対象外です。

■**関連法規**……研究開発実務指針第21項,第45項,設例6,研究開発Q&A23,耐年省令別表3

[教育訓練費]

478 従業員を講習会に出席させ、費用を会社が負担した

外部の講習会へ従業員を出席させ、その費用55,000円（消費税5,000円を含む）を支払った。

(借)教育訓練費	50,000	(貸)現　金　預　金	55,000
(福利厚生費)			
仮払消費税等	5,000		

【解　説】　会社の業務上、必要な技術や知識を入手するために従業員を講習会に参加させる費用は、教育訓練費とします。

(消費税)　講習会費用は、役務の提供の対価として支払われるものであるため、課税仕入れに該当し、その費用に係る消費税等は仕入税額控除の対象です。

■関連法規……消法第2条第1項第12号、消通11－2－1

479 社外の会場を借りて中堅管理職の研修を行った

中堅管理職の研修のため、社外に会場を借りて研修会を行い、その会場費55,000円（消費税5,000円を含む）、出席者の交通費38,500円（消費税3,500円を含む）を支払った。

(借)教育訓練費	85,000	(貸)現　金　預　金	93,500
仮払消費税等	8,500		

【解　説】　社外に会場を借りる費用は、賃借料で、研修会の参加者に支払う交通費はすべて教育訓練に付随した費用ですので、教育訓練費となります。

なお，賃借料，旅費交通費で処理しても差し支えありません。

(消費税) 研修会の会場費及び出席者の交通費は，役務の提供の対価として支払われるものであるため課税仕入れに該当し，その費用に係る消費税等は仕入税額控除の対象です。

■**関連法規**……消法第2条第1項第12号，消通11－2－1

480 資格取得費を会社が支出した

> 危険物取扱いの担当者を講習会に参加させ，危険物取扱主任者の資格を取らせた。この講習会費55,000円（消費税5,000円を含む）を会社が支払った。

(借)教育訓練費	50,000	(貸)現 金 預 金	55,000
（福利厚生費）			
仮払消費税等	5,000		

【解　説】　ボイラー技士，衛生管理者，危険物取扱主任者など，特別な資格をもつ者が会社に必要な場合には，その資格を取らせるための費用は教育訓練費となります。これらの資格は，取得した者のものですが，会社の必要上取らせたものですので，個人の利益とみなして給与とすることはしないとされています。

　自動車の運転免許については，極めて一般的な資格ですので，営業や運搬など業務にどうしても必要な場合以外は，個人に対する給与とみなされます。

(消費税) 講習会費用は，役務の提供の対価として支払われるものであるため，課税仕入れに該当し，その費用に係る消費税等は仕入税額控除の対象です。

■**関連法規**……所基通36－29の2，消法第2条第1項第12号，消通11－2－1

[法定福利費]

481 健康保険料,厚生年金保険料の会社負担額を計上した

　今月分の健康保険料,厚生年金保険料の会社負担分をそれぞれ230,000円,350,000円を未払計上した。

　　(借)法定福利費　　580,000　　(貸)未 払 費 用　　580,000

【解　説】　健康保険料・厚生年金保険料は,健康保険法等により加入が強制されており,標準報酬月額に基づいて計算され,被保険者(本人)と事業主(会社)が半分ずつ負担し,今月分を翌月末までに納付します。

　これらの事業主負担分は,納付時又は計算対象月に全額損金処理できます。

消費税　消費税において法定保険料等を対価とする役務の提供は,非課税であるため,仕入税額控除の対象外です。

《表　示》　この費用科目を福利厚生費に含めるか,法定福利費として区分するかは会社の判断ですが,管理の面からは独立科目の法定福利費が望まれます。

■関連法規……法基通9－3－2,消法第6条第1項,消法別表第2第3号

482 健康保険料,厚生年金保険料を納付した

　前月分の健康保険料(本人負担分230,000円,会社負担分230,000円)及び厚生年金保険料(本人負担分350,000円,会社負担分350,000円)を今月末日に支払った。なお,本人負担分は今月の給料より預り,会社負担分は前月に未払計上している。

(借)預 り 金　　　580,000　　　(貸)現 金 預 金　　1,160,000
　　未 払 費 用　　　580,000

〈計算〉　未払費用＝健康保険料会社負担分＋厚生年金保険料会社負担分
　　　　　　　　＝230,000円＋350,000円
　　　　　　　　＝580,000円
　　　　預り金＝健康保険料本人負担分＋厚生年金保険料本人負担分
　　　　　　　＝230,000円＋350,000円
　　　　　　　＝580,000円

【解　説】　前月分の健康保険料と厚生年金保険料については，前月分の給料に基づき計算し，今月の給料から天引控除した本人分と会社負担分を併せて，今月末日までに納付します。従って，会社負担分は前月末に未払費用に計上されています。

(消費税)　預り金及び未払費用の支払いには，消費税は関係ありません。

483　労働保険料を概算納付した

　当社は，3月決算であるが，4月に概算労働保険料4,500,000円を一括納付した。この概算保険料のうち，被保険者負担分は800,000円であった。

(借)法 定 福 利 費　3,700,000　　(貸)現 金 預 金　4,500,000
　　立　替　金　　　　800,000

【解　説】　概算労働保険料は，被保険者負担分は立替金で，それ以外の金額（会社負担分）は，税法上，納付時の損金とすることができます。
　これは，雇用保険及び労働者災害補償保険のいわゆる労働保険のうち，会社負担分については，その支払期間が1年以内であること等から，1年以内の短期前払費用として，納付時の損金となるためです。
　被保険者負担分は，納付時に立替金等として処理し，被保険者から徴

収した時に立替金等を取り崩します。

(消費税) 消費税において法定保険料等(労働保険料も含む)を対価とする役務の提供は、非課税であるため、仕入税額控除の対象外です。

■**関連法規**……法基通2－2－14, 9－3－3, 消法第6条第1項, 消法別表第2第3号

販売費及び一般管理費［福利厚生費］　637

［福利厚生費］

484　社員に出産祝金を贈呈した

> 社員が出産したので，慶弔金規程に基づき50,000円を支払った。

　（借）福利厚生費　　　　50,000　　（貸）現 金 預 金　　　　50,000

【解　　説】　従業員の結婚・出産等の祝金や死亡・病気等の香典・見舞金を贈った場合には，福利厚生費として処理します。この場合において，その従業員のポストから社会通念上相当と認められる金額は，従業員の給与にはなりません。従って，福利厚生費として処理されます。

(消費税)　従業員に金銭で給付する祝金，見舞金等は，課税仕入れに該当しないため，仕入税額控除の対象外です。

■関連法規……所基通28－5，9－23，消通5－2－14

485　社員の実母の死亡に対し花輪と香典を贈った

> 社員の実母が亡くなったので，慶弔規程に基づき22,000円（消費税2,000円を含む）の花輪と弔慰金30,000円を贈った。

　（借）福利厚生費　　　　50,000　　（貸）現 金 預 金　　　　52,000
　　　仮払消費税等　　　　 2,000

【解　　説】　役員，従業員の慶弔禍福で，慶弔規程に基づいて支出されるものは福利厚生費として処理されます。

　なお，社会通念上相当と認められる金額は，従業員の給与として所得税の対象としなくてよいとされています。

(消費税)　従業員に金銭で給付する祝金，弔慰金等は，課税仕入れに該当しないため，仕入税額控除の対象外です。花輪は課税仕入れに該当

し，その費用に係る消費税等は仕入税額控除の対象です。
■関連法規……所基通28－5，9－23，消法第2条第1項第12号，消通5－2－14，11－2－1

486 従業員の定期検診を行った

> 40歳未満の従業員については，定期検診，40歳以上の役員・従業員については，成人病予防のため人間ドックによる検診を行い，その費用をそれぞれ165,000円（消費税15,000円を含む），220,000円（消費税20,000円を含む）を支払った。

（借）福利厚生費　　350,000　　（貸）現 金 預 金　　385,000
　　　仮払消費税等　 35,000

【解　説】　役員，従業員の健康管理の目的で行った定期健康診断及び成人病の検査のための費用は，福利厚生費となります。

なお，社員全員でなくても，一定年齢以上は誰でも検診を受けることができる場合には，その費用を全額会社が負担しても，受診者への給与ではなく，会社の福利厚生費で処理できます。

(消 費 税)　従業員の健康診断料は，課税仕入れに該当するため，その費用に係る消費税等は仕入税額控除の対象です。
■関連法規……消法第2条第1項第12号，消通11－2－1

487 医療医薬品を会社が購入した

> 保健室にカゼ薬等，医療医薬品を110,000円（消費税10,000円を含む）を購入した。

販売費及び一般管理費［福利厚生費］　639

| (借)福利厚生費 | 100,000 | (貸)現 金 預 金 | 110,000 |
| 仮払消費税等 | 10,000 | | |

【解　説】　会社が，役員及び従業員の医務衛生のために支出した費用は福利厚生費となるため，この医療医薬品の購入代金も福利厚生費で処理します。

(消費税)　従業員の医療医薬品の購入費用は，健康保険法等に基づく医療としての資産の譲受けに該当しないことから課税仕入れに該当します。したがって，その費用に係る消費税等は仕入税額控除の対象です。

■関連法規……消法第2条第1項第12号，消通11－2－1，6－6－2

488 制服を支給した

> 従業員全員（100名）に制服を着用させることにして，1着33,000円（消費税3,000円を含む）のものを120着購入し，100着を支給した。残り20着は，今後入社する者又は補充用として保存する。

(借)福利厚生費	3,000,000	(貸)現 金 預 金	3,960,000
貯　蔵　品	600,000		
仮払消費税等	360,000		

【解　説】　職務上，制服を着用すべき者がその使用者から支給される制服その他の身回品は，所得税法上課税されないため，現物給与とはなりませんので，福利厚生費となります。

　未使用の制服は，事務用消耗品のように購入時の費用とはなりません。購入時の費用となるのは，毎年概ね一定数量を購入し，かつ，経常的に消費するものに限られますが，制服はこれに該当しません。

　従って，未使用の制服は，貯蔵品とすることが妥当です。

(消費税)　従業員の制服等，法人が直接購入して給付するものは，課税仕入れに該当するため，その費用に係る消費税等は仕入税額控除の対象です。また，貯蔵品となったものについても，購入した日の属する課税

489 給食費の一部を会社が負担した

> 社員食堂の経営を外部に委託し、材料費・人件費込みで1食当たり440円（消費税40円を含む）を支払い、従業員からは275円（消費税25円を含む）徴収している。当月は、従業員100名に計2,000食を給食した。
> なお、本人負担分は当月の給与より控除している。

① 本人負担金を給与より控除した。

(借)未 払 給 料　　550,000　　(貸)雑　収　入　　500,000
　　　　　　　　　　　　　　　　　　（食堂売上）
　　　　　　　　　　　　　　　　　仮受消費税等　　 50,000

〈計算〉　275円×2,000食＝550,000円

② 食堂へ給食代金を支払った。

(借)福利厚生費　　800,000　　(貸)現 金 預 金　　880,000
　　仮払消費税等　 80,000

③ 雑収入と福利厚生費を相殺する。

(借)雑　収　入　　500,000　　(貸)福利厚生費　　500,000
　　（食堂売上）

〈計算〉　本人負担額＝250円×2,000食＝500,000円

【解　説】　給食費の補助金は、本来、福利厚生費ですが、税法上、非課税の範囲を超える場合は従業員の給与所得となります。

非課税の範囲は、本設例のように使用者が調理して支給する場合は、その食事の材料等に要する直接費（人件費・水道光熱費を除く）の50％以上徴収し、1人当たりの会社負担額が月額3,500円以下です。

販売費及び一般管理費［福利厚生費］ 641

 本設例では，1人当たりの会社負担額が3,000円〈20食×(400円－250円)〉となっており，実費400円の50％以上の給食費250円を徴収しているため問題ありません。

(消費税) 従業員に有償で食事を提供した場合に，従業員から受領する食事代は，資産の譲渡等の対価に該当します。また，外部の委託業者に支払った材料費，人件費は課税仕入れに該当し，その費用に係る消費税等は仕入税額控除の対象となります。

■関連法規……所基通36－38，36－38の2，消法第2条第1項第12号，消通11－2－1

490 外部の食堂と契約し，食事代の一部を会社が負担した

> 外部の食堂と契約し，1食550円（消費税50円を含む）のうち165円（消費税15円を含む）を会社が補助している。当社の社員は100名で当月の出勤日数は20日で1,100,000円を当該食堂へ支払った。

① 本人負担分を給与より控除した。

　　(借)未 払 給 料　　770,000　　(貸)雑　収　入　　700,000
　　　　　　　　　　　　　　　　　　　　仮受消費税等　　 70,000

〈計算〉 (550円－165円)×100名×20日＝770,000円

② 食堂へ給食代金を支払った。

　　(借)福利厚生費　1,000,000　　(貸)現 金 預 金　1,100,000
　　　　仮払消費税等　 100,000

③ 雑収入と福利厚生費を相殺する。

　　(借)雑　収　入　　700,000　　(貸)福利厚生費　　700,000

〈計算〉 本人負担額＝(500円－150円)×2,000食＝700,000円

【解　説】　外部から購入した給食に対する会社補助額が，1食当たり50％以下で月額3,500円以下である場合には，社員への現物給与は非課税扱いとなります。本設例では，1人当たり3,000円（20食×150円）の補助でどちらの要件も満たしていますので，福利厚生費となり，従業員の源泉所得税の問題も生じません。

(消費税)　従業員に有償で食事を提供した場合に，従業員から受領する食事代は課税資産の譲渡等の対価に該当します。また，外部の食事に支払った食事代は課税仕入れに該当するため，その費用に係る消費税等は仕入税額控除の対象です。

■関連法規……所基通36-38，36-38の2，消法第2条第1項第12号，消通11-2-1

491 残業した従業員に夜食を出した

　残業時の食事代として，飲食店での食事代55,000円（消費税5,000円を含む）を会社が負担して支払った。

（借）福利厚生費	50,000	（貸）現 金 預 金	55,000
仮払消費税等	5,000		

【解　説】　使用者が，残業又は宿直もしくは日直をした者（その者の通常の勤務時間外における勤務としてこれらの勤務を行った者に限る）に対し，これらの勤務をすることにより支給する食事については，源泉所得税の対象にしなくて差し支えありません。

　従って，残業時の食事代は給料手当でなく，福利厚生費となります。

(消費税)　残業時の食事代等，法人が直接購入して給付するものは，課税仕入れに該当しますので，その費用に係る消費税等は仕入税額控除の対象となります。

■関連法規……所基通36-24，消法第2条第1項第12号，消通11-2-1

492 会社の寮の水道光熱費を会社が負担した

> 会社の寮の水道光熱費77,000円（消費税7,000円を含む）を会社が負担して支払った。なお，各人ごとの水道光熱費はメーターがなく明らかでなかった。

(借)水道光熱費 （又は福利施設負担費）	70,000	(貸)現 金 預 金	77,000
仮払消費税等	7,000		

【解　説】　会社の寮の電気・ガス・水道等の料金は，本来その寮に居住する役員又は使用人が負担すべきですが，その料金が寮に居住するために通常必要なもので，かつ，各人ごとに使用金額が明らかでない場合には，会社が負担しても所得税は課されません。

　従って，このような場合は，会社の水道光熱費となります。また，この科目を目的別分類により福利施設負担費とすることもできます。

(消費税)　会社の寮の水道光熱費等，法人が直接契約して負担するものは，課税仕入れに該当するため，その費用に係る消費税等は仕入税額控除の対象です。

■関連法規……所基通36-26，消法第2条第1項第12号，消通11-2-1

493 海外へ慰安旅行に行った

> 社員旅行で4泊5日のサイパンへ行くことになり，全社員の60％にあたる30名が参加した。会社ではこの旅行費用1人当たり100,000円の総額3,000,000円を負担した。なお，この旅行費用には国内宿泊費，国内運賃等は含まれていない。

(借)福利厚生費　　3,000,000　　(貸)現 金 預 金　3,000,000

【解　説】　法人が社員のレクリエーションのために社会通念上，一般に行われている慰安旅行の費用を負担した場合，その旅行に参加した社員が受ける経済的利益は，原則として福利厚生費となります。

しかし，税法上は海外旅行の場合は次の2つの要件が必要とされています。

① 期間が4泊5日（現地の滞在日数）以内
② 旅行に参加する役員又は使用人の数が全従業員数（工場・支店単位でもよい）の50％以上

(消費税)　消費税においては，海外旅行の費用は，国内において行う資産の譲渡等に該当しないため，仕入税額控除の対象外です。

■関連法規……所基通36-30，平12年課法2-15・課所4-24消法第4条第1項，第3項，第7条第1項第3号

494 慰安旅行の不参加者に金銭を支払った

社員100名のうち78名が参加した国内の慰安旅行の費用1,540,000円（消費税140,000円を含む）を全額会社が負担したが，このほか，自己都合で参加しなかった者22名に対し一律12,000円を金銭で支払った。なお，支払にあたり源泉税等360,000円を控除した。

(借)給 料 手 当	1,200,000	(貸)現 金 預 金	1,444,000
福利厚生費	464,000	預　り　金	360,000
仮払消費税等	140,000		

〈計算〉

・給与手当とみなされるもの

　100名×12,000円＝1,200,000円

・全体の費用

　1,400,000円＋140,000円（消費税）＋12,000円×22名＝1,804,000円

【解　説】　会社の慰安旅行において，自己都合で参加しなかった者に

まで金銭を支給した場合には,不参加者だけでなく参加者についても,不参加者に支払った金銭相当額が給与とされ,源泉所得税の対象となります。

(消費税) 国内の慰安旅行の費用は,国内における役務の提供の対価として課税仕入れに該当し,これが給料手当として所得税が課されるか否かにかかわらないとされています。従って,その費用に係る消費税等は仕入税額控除の対象です。

■関連法規……所基通36-30,36-50,消法第2条第1項第12号,消通11-2-1

495 永年勤続者に慰安旅行費用を支給した

勤続10年,20年の社員には55,000円(消費税5,000円を含む)相当の国内旅行クーポン券を贈呈することにしている。当期は,国内旅行クーポン券を1,100,000円(消費税100,000円を含む)贈呈した。

(借)福利厚生費　　1,000,000　　(貸)現 金 預 金　1,100,000
　　 仮払消費税等　　 100,000

【解　説】　永年勤続表彰の経済的利益は,次の2つの要件を満たせば,源泉所得税の徴収の必要はなく,福利厚生費となります。

① 利益額が,その社員等の勤続期間等に照らし,社会通念上相当と認められること
② 表彰が概ね10年以上の勤続年数の人を対象にし,2回目は概ね5年以上の間をおくこと

(消費税) 旅行クーポン券は,物品切手等に該当しますので,物品又は役務の引換給付を受けた時にその事業者の課税仕入れとなり,これを購入した時には課税仕入れとはなりません。しかし,法人が永年勤続者に支給するために旅行クーポン券を購入する場合は,その旅行クーポン券について法人が自ら役務の引換給付を受けるものと同じ状況にあることから,法人の課税仕入れとなり,仕入税額控除の対象としてよいとされ

ています。

■**関連法規**……所基通36-21,消法第6条第1項,消法別表第2第4号ハ,消令第11条,消通11-3-7

496 社員集会所に係る費用を支払った

社員集会所を維持するためにかかった費用,ガス・水道・電気代等110,000円(消費税10,000円を含む)と管理人給料250,000円,雑誌・図書・新聞代33,000円(消費税3,000円を含む)を支払った。なお,支払にあたり源泉税等75,000円を控除した。

(借)水道光熱費	100,000	(貸)現 金 預 金	318,000
給 料 手 当	250,000	預 り 金	75,000
図 書 費	30,000		
仮払消費税等	13,000		

【解 説】 福利厚生施設としての社員集会所を維持・運営する費用は,全額会社の費用となりますが,これを福利施設負担費といった1本の勘定科目で処理する方法と発生する費用ごとに形態別の科目により処理する方法の2つがあります。

本設例では,形態別分類の勘定科目により処理していますが,1本の勘定科目で処理しますと次のようになります。

(借)福利施設負担費	380,000	(貸)現 金 預 金	393,000
仮払消費税等	13,000		

(消費税) 水道光熱費及び図書費等は,課税仕入れに該当し,その費用に係る消費税等は仕入税額控除の対象です。なお給料手当は不課税であり,仕入税額控除の対象外です。

■**関連法規**……所基通36-26,消法第2条第1項第12号,消通11-2-1

497 互助会に補助金を支出した

社員の相互扶助団体である互助会が当月分の活動費として支出した550,000円（消費税50,000円を含む）を補助金として負担した。なお，当社はこの互助会の活動経費の相当部分を負担し，かつ事業運営に参画している。

（借）福利厚生費　　　500,000　　（貸）現 金 預 金　　550,000
　　　仮払消費税等　　　50,000

【解　説】　会社の役員や従業員で組織され，主に親睦，福利厚生に関する事業を行う互助会について，その経費の相当部分を会社が負担し，かつ，会社の役員又は従業員で一定の資格を有する者が当然に当該互助会の役員に選出されるなど，一定の場合には，会社が補助したその団体経費は会社の経費となり，福利厚生費として処理することが可能です。ただし，団体経費のうち交際費や寄付金等に該当する経費は，会社側でも福利厚生費ではなく交際費や寄付金等として処理する必要があります。

なお，期末において補助金が残った場合には，現金と福利厚生費の戻入処理が必要です。

(消費税)　事業経費の相当部分を法人が負担し，その事業運営等に参画している互助会に対する補助金は，単に互助会への支出時には課税仕入れとはならず，その補助金で実際に課税仕入れを行った時に消費税が課税されます。

■関連法規……法基通14－1－4，消通1－2－4

498 社内のスポーツクラブに補助金を支出した

> 社内のスポーツクラブに対し、期初に当期分の補助金880,000円（消費税80,000円を含む）を支給したが、期末に55,000円残った。

▶支給時

(借)福利厚生費	800,000	(貸)現 金 預 金	880,000
仮払消費税等	80,000		

▶期末時

(借)現 金 預 金	55,000	(貸)福利厚生費	50,000
		仮払消費税等	5,000

【解　説】　会社が、社内のスポーツ部や文化部等に対し負担する活動費は、当該クラブ等に社内の希望者は誰でも参加できる状態であり、社会通念上妥当な金額である等の要件を満たしていれば実態判断により福利厚生費として認められます。一方、そうではない場合には給与又は交際費等として認定される可能性があります。

　福利厚生費に該当する場合で、その活動費を年度の予算として期初に一括して支給し、期末において残った場合には、現金と福利厚生費の戻入処理が必要です。

(消費税)　社内のスポーツクラブ等で、活動経費の大半を法人が負担し、かつ、法人がその活動計画に参加している場合の補助金は、単にクラブへの支出時には課税仕入れとはならず、その補助金で実際に課税仕入れを行った時に消費税が課税されます。

■関連法規……消通1－2－4

販売費及び一般管理費［福利厚生費］ 649

499 スポーツ用具を購入した

> 従業員用に1点当たり100,000円未満のスポーツ用具を880,000円（消費税80,000円を含む）購入した。

（借）福利厚生費	800,000	（貸）現金預金	880,000
仮払消費税等	80,000		

【解　説】　スポーツ用具自体は，什器備品ですが，1点当たり100,000円未満であるため，少額減価償却資産又は固定資産に計上しなくてよく，また，従業員の保健慰安等の目的に使用されるものであるため，消耗備品費とせず，福利厚生費として処理します。

(消費税)　スポーツ用具等，法人が直接購入して給付するものは，課税仕入れに該当するため，その費用に係る消費税等は仕入税額控除の対象です。

■関連法規……法令第133条，消法第2条第1項第12号，消通11-2-1

500 スポーツクラブの入会金と会費を支払った

> 役員・従業員の福利厚生を目的に，スポーツクラブと契約し，法人会員として入会金1,000,000円，年会費165,000円（消費税15,000円を含む）を支払った。
>
> なお，この入会金は脱退等に際し返還される。

（借）レジャー施設利用権	1,000,000	（貸）現金預金	1,165,000
福利厚生費	150,000		
仮払消費税等	15,000		

【解　説】　スポーツクラブの入会金は，社外のレジャークラブと契約したもので，従業員の福利厚生のために利用されるものです。

①法人会員として入会する場合	入会金は資産として計上される（ただし，特定の役員又は従業員が専ら会社の業務と関係なく利用し，入会金を負担すべきと認められる場合は，当該役員又は従業員の給与とする）。
②個人会員として入会する場合	入会金は個人会員たる特定の役員又は従業員に対する給与とする（ただし，入会金を法人が資産に計上し，会社の業務の遂行上必要な入会であり，会社が負担すべきと認められる場合を除く）。

　なお，レジャークラブの年会費等は，その利用目的により交際費，福利厚生費又は給与となります。レジャークラブとは，宿泊施設，体育施設，遊技施設その他のレジャー施設を会員に利用させることを目的とするクラブで，ゴルフクラブ以外のものをいいます。

　また，会員に有効期間があり，脱退時に返金されない入会金は，長期前払費用として処理することができます。

(消費税)　役員・従業員の福利厚生用スポーツクラブ等の入会金，年会費等は課税仕入れに該当するため，その費用に係る消費税等は仕入税額控除の対象です。ただし，入会金等で脱退等に際し返還される金額は課税仕入れにはならないため，仕入税額控除の対象外です。

《表　示》　レジャー施設利用権は，貸借対照表上，「投資その他の資産」の部に表示します。

■関連法規……法基通9－7－13の2，所基通36－34の3，消法第2条第1項第12号，消通11－2－5

501　スポーツクラブの入場料の一部を会社が負担した

　スポーツクラブと契約し，割引入場券を受け取り，従業員に配った。月末に，当該スポーツクラブから入場券の割引差額の請求があり，63,800円（消費税5,800円を含む）を支払った。

(借)福利厚生費　　　58,000　　(貸)現金預金　　　63,800

仮払消費税等　　　　5,800

【解　説】　レジャークラブの使用料を会社が負担した場合には，その利用目的等を勘案して，その費用の性格に応じて交際費等又は福利厚生費もしくは給料手当となります。

　本設例の場合は，従業員の福利厚生を目的としていますので，福利厚生費となります。

　また，割引分を直接レジャークラブに支払わないで各人に現金で支給すると給与所得となるおそれがありますので，その場合，領収証等で支出内容を明らかにしておく必要があります。

(消費税)　従業員の福利厚生用スポーツクラブ等の使用料等は，課税仕入れに該当するため，その費用に係る消費税等は仕入税額控除の対象です。

■関連法規……所基通36-34の3，消法第2条第1項第12号，消通11-2-1

502　大阪・関西万博の入場券を購入した

> 法人が大阪・関西万博の入場券6,700円（税込）／枚を100枚購入し，取引先等に交付した。

(1) 販売促進等の目的で当該入場券のみを取引先、下請先、孫請先に交付する場合

●入場券の購入時

　　(借)販売促進費　　670,000　　(貸)買　掛　金　　670,000

●入場券の使用時

　　(仕訳なし)

【解　説】　大阪・関西万博の入場券の購入費用に係る税務上の取扱いは，国税庁が文章回答事例「2025年日本国際博覧会（大阪・関西万博）に係る費用の税務上の取扱いについて」を公表しており，2005年日本国際

博覧会(愛・地球博)と同様の取扱いになることが示されています。

2005年日本国際博覧会(愛・地球博)に係る文書回答事例では、法人が販売促進等の目的で当該入場券のみを取引先等に交付する場合の当該入場券の購入費用は、交際費等に該当せず、販売促進費等に該当する旨が示されています。なお、大阪・関西万博は日本の最先端技術の発信などを目的とした国家的なプロジェクトとして開催されるもので、企業がその入場券を購入し、取引先等に交付することは、大阪・関西万博に参加・貢献しているとの企業イメージを与えることを意図しているものであり、企業イメージの向上という販売促進や広告宣伝等の一環と考えられるため、交際費等には該当しないと考えられます。

(消費税) 大阪・関西万博の入場券は、消費税法における物品切手等に該当します。物品切手等の発行時は不課税とされており、仕入税額控除の対象外です。実際に物品切手等を使用して物品又は役務の提供と引き換えた時に仕入税額控除の対象となります。

本設例では、入場券の購入時は不課税となります。また、取引先が入場券を使用した時は取引先が仕入税額控除の適用を受けるため、チケットを交付した法人においては仕入税額控除の適用を受けることはできません。

(2) 従業員の慰安会、レクリェーション等として見学させるために交付する場合
●入場券の購入時

　(借)前 払 費 用　　670,000　　(貸)買 掛 金　　670,000

●入場券の使用時

　(借)福利厚生費　　609,091　　(貸)前 払 費 用　　670,000
　　　仮払消費税等　　60,909

【解　説】 2005年日本国際博覧会(愛・地球博)に係る文書回答事例では、企業等が従業員の慰安会、レクリェーション等として博覧会を見学させる場合の当該入場券の購入費用及びその見学のために通常要する交通費、宿泊費等については、福利厚生費に該当する旨が示されていま

す。なお，従業員の家族を含めて実施した場合も同様とされています。

　なお，一般的に福利厚生費として処理するためには，入場券を希望する全従業員を対象に交付し，交付を希望しない従業員に対し入場券の代わりに金銭を給付する等の対応は行わないこと，そして入場券は購入企業において従業員又はその家族が使用することを条件に交付するものとし（転売や他人への譲渡は禁止）従業員が実際に使用したことについて事後的に報告させるといった対応が前提になると考えます。

　なお，法人税法上，原則として入場券の購入費用は入場券を使用した時点で損金算入することになります。ただし，入場券を従業員に交付した時点で損金算入することも認められています。本設例では，購入時は前払費用として経理し，使用時に福利厚生費として損金算入処理しています。

(消費税)　大阪・関西万博の入場券は，消費税法における物品切手等に該当します。物品切手等の発行時は不課税とされており，仕入税額控除の対象外です。実際に物品切手等を使用して物品又は役務の提供と引き換えた時に仕入税額控除の対象となります。

　本設例では，入場券の購入時は不課税となります。また，従業員が実際に使用した段階で仕入税額控除の適用を受けることになりますので，使用時に仮払消費税等を計上します。

　なお，仕入税額控除の適用を受けるためには，当該入場券に係るインボイスを保存すると同時に，従業員が実際に使用したことについて事後的に報告を受けるなどの対応が必要となります。インボイス保存については，万博協会が入場チケット購入時に交付する「入場チケットのインボイスに関する資料」に適格請求書発行事業者の名称や登録番号が記載されているため，同資料とチケットIDリスト（チケット購入時にCSVデータで提供される英数字10桁のIDリスト）を保存しておくことで仕入税額控除の適用要件であるインボイスの保存要件を満たすことになります。

(3)　関係会社の従業員に交付する場合
●入場券の購入時

　　(借)寄　附　金　　670,000　　(貸)買　掛　金　　670,000

●入場券の使用時

（仕訳なし）

【解　説】　関係会社の従業員に対する入場券の交付は，一般的に，本来関係会社が負担するべき自社の従業員に対する福利厚生のための費用を親会社が関係会社に代わって負担しているものと考えられ，販売促進等の目的で入場券を交付するものとは認められませんので，寄附金に該当するものと考えられます。

　一方，販売促進や広告宣伝のために，下請先若しくは孫請先又はグループ会社の取引先などに広く入場券を交付する中で，関係会社に対しても入場券のみを交付する場合には，上記(1)のとおり，企業イメージの向上という販売促進や広告宣伝等の一環に該当し，購入費用は販売促進費等に該当する考えられます。

(消費税)　大阪・関西万博の入場券は，消費税法における物品切手等に該当します。物品切手等の発行時は不課税とされており，仕入税額控除の対象外です。実際に物品切手等を使用して物品又は役務の提供と引き換えた時に仕入税額控除の対象となります。

　本設例では，入場券の購入時は不課税となります。また，関係会社の従業員が入場券を使用した時は関係会社が仕入税額控除の適用を受けるため，チケットを交付した法人においては仕入税額控除の適用を受けることはできません。

■関連法規……国税庁質疑応答事例「2025年日本国際博覧会（大阪・関西万博）に係る費用の税務上の取扱いについて」，国税庁質疑応答事例「2005年日本国際博覧会の参加者が支出する費用の税務上の取扱いについて」，税務研究会税務通信「大阪・関西万博　入場券購入費用の取扱い①」「大阪・関西万博　入場券購入費用の取扱い②」

販売費及び一般管理費［福利厚生費］ 655

503 労働組合にレクリエーション費用を援助した

> 労働組合が主催し，組合の役員と組合員等が参加する運動会に援助金として200,000円支給した。

　（借）寄　付　金　　　200,000　　（貸）現 金 預 金　　　200,000

【解　説】　使用者たる法人が，労働組合に対しレクリエーション費用を援助することは，その援助によって反対給付を期待し得ないものであって，金銭の無償贈与となり，法人税法上の寄付となります。

　なお，この場合の寄付金は，「その他の寄付金」になりますので，他の「その他の寄付金」と合計して損金算入限度額の範囲内で損金に算入されます。

(消費税)　労働組合主催の運動会は，同組合の自主的運営に委ねられていることから，法人と一体とは認められません。また，この場合，法人が支給する援助金は，資産の譲渡等の対価に該当しないため，原則として課税仕入れにはならず，仕入税額控除の対象外です。

■関連法規……法法第37条，労組法第2条，消通5－2－14

504 運動会を開催し，外注先の従業員も参加させた

> 会社主催の社員運動会の会場賃借料55,000円（消費税5,000円を含む），飲料・食事代220,000円（消費税20,000円を含む）を支払った。
> なお，この運動会には当社の従業員とその家族だけでなく，専属の外注先の従業員とその家族も参加した。

　（借）福利厚生費　　　250,000　　（貸）現 金 預 金　　　275,000
　　　　仮払消費税等　　 25,000

【解　説】　社員とその家族の慰労のための運動会の費用は，支出の目

Ⅶ　営業損益

的から福利厚生費として処理します。

専属の外注先の従業員を参加させた場合にも，自社の従業員と同様に福利厚生費とします。

(消費税) 会社主催の社員運動会に係る費用は，課税仕入れとなるため，その費用に係る消費税等は仕入税額控除の対象です。

■関連法規……所基通36-30

505 従業員であった者の慶弔，禍福に金品を支給した

> 当社には退職者に対する慶弔規程はないが，半年前に退職した従業員が死亡したため，従業員の場合と同様に遺族に対し見舞金100,000円を贈った。

(借)福利厚生費　　100,000　　(貸)現金預金　　100,000

【解　説】　従業員及び従業員であった者又はその親族等の慶弔，禍福に際し一定の基準に従って支給される金品に要する費用は，賞与又は交際費等に含まれません。

また，慶弔金等が一定の基準に従って支給された場合でも，その金額が社会通念上相当と認められる金額を超える時は，支給を受けた従業員等に対する給与等になります。

(消費税) 従業員に金銭で給付する祝金，見舞金等は，資産の譲渡等の対価ではなく課税仕入れに該当しないため，仕入税額控除の対象外です。

■関連法規……措通61の4(1)-10(2)，所令第30条，所基通9-23，28-5，消通5-2-14

[広告宣伝費]

506 1年分の広告掲載料を支払った

> 野立て看板に今後1年分の広告掲載料1,320,000円（消費税120,000円を含む）を5月に支払った。
> なお，当社は3月決算会社である。

（借）広告宣伝費	1,200,000	（貸）現 金 預 金	1,320,000
仮払消費税等	120,000		

【解　説】　広告宣伝費とは，不特定多数の者を対象として，その視聴に訴えることによって，商品あるいは会社の宣伝効果を狙うための費用です。

野立て看板や広告塔を長期間借りた場合，契約時に1年分を一括払いすることがありますが，この場合，原則的には，決算期末に未経過分を前払費用に計上する必要があります。

しかし税法上，支払日から1年以内の分の前払費用については，継続適用を条件に一括して損金の額に算入することも認められています。

(消費税)　野立て看板への広告掲載料は，広告宣伝という役務の提供の対価として支払うものであり，課税仕入れに該当するため，その費用に係る消費税等は仕入税額控除の対象です。

なお，1年以内の前払費用について，法人税上，支払った期の損金の額としているときは，その課税仕入れに係る消費税額についても，その支出した期において消費税が課税されるとされていますので，仕入税額控除の対象です。

■関連法規……法基通2－2－14，消法第2条第1項第12号，消通11－3－8

507 会社のパンフレットを作成した

> 当社は3月決算であるが，会社のパンフレット（1部550円（消費税50円を含む））を1,000部購入したが，期末に300部残った。

（借）広告宣伝費	500,000	（貸）現 金 預 金	550,000
仮払消費税等	50,000		

〈計算〉 $550円 \times 1,000部 \times \dfrac{10}{110} = 50,000円$

【解 説】 会社のパンフレット，カタログ，マッチ，ダイレクトメール等は，原則として配布時に損金となりますが，事業年度ごとに概ね一定数量を取得し，かつ，経常的に消費する場合には，継続適用を前提に購入時の損金とすることも税法上認められています。

(消費税) パンフレットの購入費用は，課税仕入れに該当するため，その費用に係る消費税等は仕入税額控除の対象です。

■関連法規……法基通2-2-15, 消法第2条第1項第12号

508 宣伝用のカレンダー，手帳等を作成し配付した

> 当社では，年末に翌年度のカレンダー，手帳を作成し，得意先等に配布した。これらに要した代金990,000円（消費税90,000円を含む）は，振込送金した。

（借）広告宣伝費	900,000	（貸）現 金 預 金	990,000
仮払消費税等	90,000		

【解 説】 カレンダー，手帳，扇子，うちわ，手ぬぐい等，多数の者に配布することを目的とし，主として広告宣伝的効果を意図する物品で，その価額が少額のものについては，交際費から除かれ，広告宣伝費

販売費及び一般管理費［広告宣伝費］　659

となります。

(消費税)　カレンダー，手帳，扇子等の作成費用は，課税仕入れに該当するため，その費用に係る消費税等は仕入税額控除の対象です。

■関連法規……措令第37条の5第2項，措通61の4(1)-20，消法第2条第1項第12号

509　ラジオ，テレビの放送料を支払った

> ラジオ，テレビでスポット広告を行うことになり，来月以降3カ月分の放送料5,500,000円（消費税500,000円を含む）を支払った。

(借)広告宣伝費　　5,000,000　　(貸)現金預金　　5,500,000
　　仮払消費税等　　 500,000

【解　説】　ラジオやテレビを使う広告宣伝費は，契約で料金が決められているため，実際に放送された時点で費用計上すべきです。

(消費税)　ラジオ，テレビの広告放送料は，課税仕入れに該当するため，その費用に係る消費税等は仕入税額控除の対象です。

■関連法規……消法第2条第1項第12号

510　見本品，試供品を配付した

> 新商品のキャンペーンを行い，来訪者に配布する新商品の見本品1,000個（1個当たり仕入価格330円（消費税30円を含む））を仕入れたが，100個残った。

(借)広告宣伝費　　270,000　　(貸)現金預金　　330,000
　　商　　　品　　 30,000
　　仮払消費税　　 30,000

【解　説】　見本品・試供品については，広告宣伝用であっても，その受払い管理を行い，未使用分は在庫としなければなりません。

(消費税)　商品の購入は課税仕入れに該当するため，購入にあたって支払った消費税は仮払消費税等として処理します。

■関連法規……消法第2条第1項第12号，第30条第1項

511 ホームページの制作費を支出した

> 当社では，会社及び商品の宣伝のためにホームページを作成することにした。専門業者に依頼し，1,100,000円（うち，消費税100,000円）を振り込んだ。なお，ホームページは新商品や会社の最新状況をPRのために日々更新することを想定し，商品の検索機能やオンラインショッピング機能など，複雑な機能は含まれていない。

　(借)広告宣伝費　　1,000,000　　(貸)普通預金　1,100,000
　　　仮払消費税　　　100,000

【解　説】　会計上，会社の事業内容や商品の宣伝のために使用し，複雑な機能が含まれていないホームページの作成を専門業者に依頼した場合，その支出した費用は，広告宣伝費として費用計上します。

他方，そのホームページの内容が，高度な機能を有し，将来の収益獲得または費用削減が確実であることが認められる場合，自社利用のソフトウェアとして計上し，耐用年数の期間に渡って費用処理することも考えられます。例えば，ホームページに「会員用のログイン・パスワード機能や自社のデータベースと連携した商品の検索機能・オンラインショッピング機能」を備え，将来の収益獲得または費用削減が確実であると認められる場合，ソフトウェアとして資産計上し，利用可能期間に渡って，減価償却費を計上する必要があります。自社利用のソフトウェアとして計上した場合の処理は，195の設例をご参照ください。

(消費税)　ホームページの制作費用は，課税仕入れに該当するため，仕入税額控除の対象です。

■**関連法規**……消法第2条第1項第12号,法令第13条,耐年省令別表第三,第八,財規第27条,第28条,研究開発会計基準四,(注解4),研究開発実務指針第6項,第14項,第21項,中小会計指針第37項

［交 際 費］

512 得意先を宴席に招待した

　得意先の担当取締役及び部長を宴席に招待し，その代金110,000円（消費税10,000円を含む）を支払った。当社は資本金5億円であり，参加者は，当社の3名を含め総勢5名であった。

　(借)交　際　費　　　100,000　　(貸)現 金 預 金　　　110,000
　　　仮払消費税等　　　 10,000

【解　説】　交際費等とは，交際費，接待費，機密費その他の費用で，法人が，その得意先・仕入先その他事業に関係のある者等に対する接待，供応，慰安，贈答その他これらに類する行為のために支出するものをいいます。

　なお，従業員の慰安のために行われる運動会，演芸会，旅行費用等は，福利厚生費であり，交際費等には該当しません。

　また，一定の事項を記載した書類を保存している場合における1人当たり10,000円以下の飲食費（社内飲食費を除く）等も交際費等から除外されます。ここでいう書類に記載すべき一定の事項は，次のとおりです（下記の接待飲食費に係る損金算入の特例においても同じ）。

　① 飲食のあった年月日
　② 飲食に参加した得意先等の氏名又は名称とその関係
　③ 飲食に参加した人数
　④ 飲食費用の額，店名，所在地
　⑤ その他飲食費であることを明らかにするために必要な事項

《ポイント》　交際費等の損金不算入制度

　交際費等の額は，原則として，その全額が損金不算入とされていますが，次の特例が設けられています。

　［接待飲食費に係る損金算入の特例］

　一定の事項を記載した書類の保存を要件に，接待飲食費（社内飲食費

を除く)の50％まで損金に算入できます(2027年3月31日までの間に開始する事業年度まで。なお、2020年4月1日以後に開始する事業年度は、事業年度終了の日における資本金の額又は出資金の額が100億円を超える法人は当該特例の対象外)。

[中小法人に係る損金算入の特例]

中小法人(資本金が1億円以下の法人等。ただし、大法人(資本金が5億円以上の法人等)の100％子法人等、一定の場合は除く)については、上記のほか、定額控除限度額 $\left(800万円 \times \dfrac{事業年度月数}{12}\right)$ と接待飲食費の50％までのいずれかの損金算入を選択適用できます(2027年3月31日までの間に開始する事業年度まで)。

設例では1人当たり20,000円(消費税抜き)の飲食費であることから交際費等に該当します。また、資本金が5億円であることから中小法人に係る損金算入の特例は適用されませんが、接待飲食費に係る損金算入の特例を適用し、50％まで損金算入が認められます。

(消費税) 宴席の費用は、通常課税仕入れであるため、その費用に係る消費税等は仕入税額控除の対象です。

■関連法規……措法第61条の4第1項、第2項、第3項、第6項、措令第37条の5第1項、措規21の18の4、法規59,62,67、消法第2条第1項第12号

513 旅行に招待し、併せて会議を行った

> 3日間の予定で特約店の店長を熱海に招待して、新製品の販売会議を2日間開催し会議終了後の1日伊豆の観光地を案内した。旅費・宿泊費は1,650,000円(消費税150,000円を含む)で、最終日の観光に要した費用は220,000円(消費税20,000円を含む)であった。

(借)会 議 費	1,500,000		(貸)現 金 預 金	1,870,000
交 際 費	200,000			
仮払消費税等	170,000			

【解 説】 税法上、製造業者等が特約店その他の販売業者を旅行、観

劇等に招待し，併せて新製品の説明，販売技術の研究等の会議を開催した場合において，その会議が会議としての実体を備えていると認められる時は，会議に通常要すると認められる費用は，交際費等に含めないとされています。

従って，会議に出席するための往復の旅費，会議開催地での通常の宿泊費等は，会議に通常必要な費用といえます。

(消費税) 会議費用及び観光旅行費用は，課税仕入れに該当するため，その費用に係る消費税等は仕入税額控除の対象です。

■関連法規……措通61の4(1)-16，消法第2条第1項第12号

514 ホテルで展示会を開いた

当社は，呉服の卸小売業を営む会社であるが，このたび，ホテルに得意先を招待して季節商品の展示会を開催した。遠隔地の得意先については，往復の交通費や宿泊費550,000円（消費税50,000円を含む）を負担し，また，招待者全員に陶磁器の手土産550,000円（消費税50,000円を含む）を持たせた。

(借)販売促進費	500,000	(貸)現金預金	1,100,000
交際費	500,000		
仮払消費税等	100,000		

【解　説】　税法上，往復の交通費及び宿泊費については，相手方を接待，供応，慰安等する性格が希薄であるため，交通又は食事もしくは宿泊のために通常要する費用は販売促進費であって，交際費等に該当しません。

しかし，宴会や手土産費用は，接待，供応，贈答そのものであって，交際費等に該当します。

(消費税) 得意先を接待した旅費，宿泊費や土産代は，課税仕入れに該当するため，その費用に係る消費税等は仕入税額控除の対象です。

■関連法規……措通61の4(1)-17(3)，消法第2条第1項第12号

515 売上割戻しに代えて物品の交付をした

> 衣料品の卸売業を営む当社では,衣料品の小売業を営む得意先に当期中の売上5,000,000円につき1本2,950円(消費税抜)のワインが2本入った1箱(2本セット化粧箱入。当該1箱が通常の取引単位とする)6,490円(消費税590円を含む)を贈ることとし,合計200箱贈った。

```
(借)交 際 費    1,180,000   (貸)現金預金    1,298,000
   仮払消費税等     118,000
```

【解　説】　税法上,売上割戻しに代えて物品の交付をする場合の費用は,原則として,その物品を交付した時の交際費等として取り扱われます。ただし,この場合でも,その物品が事業用資産であるか少額物品(3,000円以下)であり,その交付の基準が売上割戻しと同一である時は,交際費等に該当しないとされています。

　本設例では,ワインは得意先の事業用資産に該当せず,また,少額物品かどうかは通常の取引単位で判断され,会社の交付したワイン1箱は少額物品にも該当しないことから,その交付費用は交際費等となります。

《ポイント》事業用資産とは,その物品が得意先である事業者において棚卸資産もしくは固定資産として,販売もしくは使用することが明らかな物品をいいます。

　少額物品とは,その購入単価が概ね3,000円以下の物品をいいます。

(消費税)　消費税における売上割戻しは,金銭により得意先に対して支払う割戻しをいい,売上割戻しとして事業用資産を交付しても,売上対価の返還等には該当しません。

　本設例の場合,事業用資産の交付にもあたりませんが,贈答品として課税仕入れに該当するため,その費用に係る消費税等は仕入税額控除の対象です。

■関連法規……措通61の4(1)-4,消法第2条第1項第12号,第38条第1項

516 同業者団体の親睦クラブの会費を支払った

> 同業者団体の親睦クラブの経常会費（法人会員）50,000円を支払った。

(借)交　際　費　　　50,000　　(貸)現 金 預 金　　　50,000

【解　説】　同業者団体の親睦クラブは，税法上の社交団体に該当すると考えられます。社交団体の経常会費は，その入会金が交際費にあたる場合には交際費とし，その入会金が給与にあたる場合には会員たる特定の役員又は使用人に対する給与に該当します。

　経常会費以外の費用は，その費用が会社の業務遂行上必要なものと認められる場合は交際費に該当し，会員たる特定の役員又は使用人の負担すべきものと認められる場合は，当該役員又は使用人に対する給与に該当します。

(消費税)　同業者団体，組合等が，団体としての通常の業務運営のために経常的に要する費用を賄うために徴収する会費は，対価性がないため，仕入税額控除の対象外です。

■関連法規……法基通9－7－14及び15，消通5－5－3，11－2－6

517 業界団体の記念式典費用の負担額を支出した

> 同業者団体に創立30周年記念式典のための費用（宴会費用及び記念品代）を特別会費として220,000円（消費税20,000円を含む）支出した。
> なお，その団体では，その式典費用を当事業年度において支出している。

(借)交　際　費　　　200,000　　(貸)現 金 預 金　　　220,000
　　仮払消費税等　　 20,000

【解　説】　税法上，交際費等は会社による直接支出か間接支出を問わ

販売費及び一般管理費［交　際　費］　667

ないため，同業者の団体等が接待，供応，慰安，贈答その他これらに類する行為をしてその費用を会社が負担した場合においても，その会社の交際費等として扱われます。

　なお，同業者団体等の会員相互の懇親等を目的として支出する会費は，前払費用とし，受け入れた団体が接待，供応等のために実際に支出した時に交際費等として処理します。

[消費税]　名目が会費等であっても，それが実質的に出版物の購読料や映画・演劇等の入場料等と認められる時は，その会費等は資産の譲渡等の対価に該当するため，記念式典費用のための特別会費も課税仕入れに該当し，その費用に係る消費税等は仕入税額控除の対象です。

■関連法規……措通61の4⑴-23⑵，法基通9-7-15の3⑵，消法第2条第1項第12号，消通5-5-3，11-2-6

518　創立20周年パーティー等を行った

　創立20周年のパーティーを，ホテルに取引先，同業者，従業員等を招いて行い，その会場費，宴会費等16,500,000円（消費税1,500,000円を含む）を支出した。

　なお，上記のうち従業員に対応する分は5,500,000円（消費税500,000円を含む）で，招待者からの祝儀は3,000,000円であった。

```
(借)交 際 費    15,000,000    (貸)現 金 預 金  16,500,000
    仮払消費税等   1,500,000
(借)現 金 預 金   3,000,000    (貸)雑 収 入    3,000,000
```

【解　説】　税法上は創立記念パーティー等に要した費用から従業員に対応する分や祝儀を控除することは認められないため，その全額が交際費になります。

　従業員も交際費でいう「事業に関係のある者」に該当し，かつ，設例のパーティー等が社内の行事ではないため，従業員分を福利厚生費とすることはできません。

また，交際費の支出と祝儀の受領は別の行為と考えられるため，祝儀を支出した当該費用より控除することは認められないため，パーティーに要した費用は全額が交際費となり，祝儀は雑収入として計上します。

(消費税) パーティー費用は，課税仕入れに該当し，その費用に係る消費税等は仕入税額控除の対象です。また，祝儀は，資産の譲渡等の対価には該当しないため，消費税は課税されません。

■関連法規……措法第61条の4第6項，措通61の4(1)-15(1)，61の4(1)-10(1)，61の4(1)-22，消法第2条第1項第12号，消通5-2-14

519 社長就任パーティーを行った

新社長の就任記念パーティーを，都内の有名ホテルに関係取引先を招待して行ったが，そのパーティー費用と招待者に贈った記念品代11,000,000円（消費税1,000,000円を含む）を支払った。

(借)交　際　費　10,000,000　　(貸)現金預金　11,000,000
　　仮払消費税等　1,000,000

【解　説】　税法上は，社長の就任記念パーティーが会社の業務遂行上必要なものであり，通常要する程度のものであれば，パーティー開催に要した費用，すなわち会場費，飲食費，記念品代などは交際費等として取り扱います。

なお，会社の規模，事業内容等からみて，就任記念パーティーとして明らかに常識を超えた豪華なものや，社長の個人的色彩の強いものについては役員報酬（賞与）として取り扱われる場合もあります。

(消費税) パーティー費用は，課税仕入れに該当するため，その費用に係る消費税等は仕入税額控除の対象です。

■関連法規……措法第61条の4第6項，措令第37条の5第2項，措通61の4(1)-15(1)，消法第2条第1項第12号

販売費及び一般管理費［交　際　費］　669

520　得意先の支店に新築祝金を贈った

> 得意先の支店新築に際し，新築祝いとして現金100,000円を贈った。

```
 (借)交　際　費　　100,000　　(貸)現 金 預 金　　100,000
```

【解　説】　税法上は，会社が行う金品の贈与は，事業に直接関係のない者に対するものが寄付金，事業に直接関係のある者に対するものが交際費等となり，その区分が明らかでないものは寄付金として取り扱われます。

　従って，得意先の支店の新築という慶弔に際して支出するものは，会社の得意先，仕入先等社外の者の慶弔，禍福に際し支出する金品等の費用に該当し，交際費等となります。

(消費税)　金銭で給付する祝金，見舞金及び香典等は，資産の譲渡等の対価ではなく，課税仕入れに該当しないため，仕入税額控除の対象外です。

■関連法規……措通61の4⑴-15⑶，消法第2条第1項第12号，消通5-2-14

521　お中元として事業用資産を贈答した

> 得意先に対し，お中元として当社の取扱商品である事務用機器（電子手帳，購入単価8,800円（消費税800円を含む））を100個贈呈した。

```
 (借)交　際　費　　800,000　　(貸)現 金 預 金　　880,000
    仮払消費税等　  80,000
```

【解　説】　法人が，得意先に対して物品を交付した場合は，税法上，下記の例外を除き，交際費となります。

① 事業用資産又は少額物品を交付する場合（ただし，その交付の基準が金銭による売上割戻し等の算定基準と同一である場合に限る）

② 景品付販売などにより交付する景品について，当該景品が少額物品であり，かつ，その種類及び金額が確認できる場合
③ 販売促進の目的で，特定の地域の得意先に販売奨励金等として事業用資産を交付する場合

本設例の事務用機器は事業用資産となりますが，お中元として交付したものであるため，上記の例外のどれにも該当せず，交際費に該当します。

(消費税) お中元等として贈る品物の購入は通常，課税仕入れですので，その費用に係る消費税等は仕入税額控除の対象です。

■関連法規……措法第61条の4第6項，措通61の4(1)-3，61の4(1)-4，61の4(1)-7，消法第2条第1項第12号

522 創業者である元会長の社葬費用を負担した

> 創業者である元会長が死亡したため，個人の葬儀とは別に，社葬を行い，その会葬費一式3,300,000円（消費税300,000円を含む）をA葬儀社に支払った。
> なお，香典は2,500,000円集まった。

(借)福利厚生費　　3,000,000　　(貸)現 金 預 金　　3,300,000
　　仮払消費税等　　　300,000

【解　説】　税法では，会社が，その役員又は従業員が死亡したため社葬を行い，その費用を負担した場合，その社葬を行うことが社会通念上相当と認められる時，その負担額のうち社葬のために通常要すると認められる金額は，支出した期の損金に計上されます。

社葬を行うことが社会通念上相当かどうかは，死亡した役員等の死亡の事情，生前における会社に対する貢献度合い等を総合的に勘案して判断されます。社葬のために通常要する費用には，密葬費用，墓石，仏壇，戒名料等の明らかに遺族が負担すべき費用は含まれません。

また，香典については，会葬者が故人の冥福を祈るために持参したも

販売費及び一般管理費［交際費］

のであるため，遺族の収入とし，会社の収入にしなくても差し支えありません。

(消費税) 社葬費用は，課税仕入れに該当するため，その費用に係る消費税等は仕入税額控除の対象です。

■関連法規……法基通9－7－19，措通61の4(1)－1，消法第2条第1項第12号

523 勲章受章に伴う祝賀会費用の一部を負担した

会長が長年にわたり業界発展に寄与したとして勲章を受けたことに伴って，会費制の祝賀会が催された。その際，当社の取引先を併せて招待したため，当社がその祝賀会についての費用の一部不足額550,000円（消費税50,000円を含む）を支払った。

(借)交 際 費　　500,000　　(貸)現 金 預 金　　550,000
　　仮払消費税等　 50,000

【解　説】　勲章受章は会長個人に対するものですが，本設例の場合，受章の原因は会社の業務に密接に関係しています。従って，会社の負担分は，会長の受章を契機に会社が業務に関連する人々を招待するための費用と考えられます。また，個人関連費用はその大部分が出席した個人の会費により賄われているため，個人的費用を会社が負担したのではなく，不足分が税法上，交際費となります。

(消費税) 会社が負担した祝賀会費用は，課税仕入れに該当するため，その費用に係る消費税等は仕入税額控除の対象です。

■関連法規……措通61の4(1)－15，消法第2条第1項第12号

524 社内での幹部会議後に飲食を供した

月1回の取締役会後にその会議室で会食を行っている。その会食は夕食とビール1本程度で役員15名で44,000円（消費税4,000円を含む）の

支出であった。

```
(借)会 議 費      40,000    (貸)現 金 預 金    44,000
   仮払消費税等     4,000
```

【解　説】　税法上は，会議に際して社内又は通常会議を行う場所において通常供与される昼食の程度を超えない飲食物等の接待に要する費用は，「会議に関連して，茶菓，弁当その他これらに類する飲食物を供与するために通常要する費用」として交際費等に含まれない費用とされています。

　従って，会議に関連して少量の酒類を伴う簡単な会食をしても，これらは会議に関連して通常要する費用として交際費等に含まれません。

(消費税)　会議に伴う飲食費用は，課税仕入れに該当するため，その費用に係る消費税等は仕入税額控除の対象です。

■関連法規……措通61の4(1)-21，措令第37条の5第2項，消法第2条第1項第12号

525　従業員のゴルフコンペの費用を負担した

> 法人会員になっているゴルフ場に年会費110,000円（消費税10,000円を含む）を支払い，また，役員と使用人の親睦のためのゴルフコンペを開催し，その費用550,000円（消費税50,000円を含む）を支払った。

```
(借)交 際 費     100,000    (貸)現 金 預 金   660,000
   給 料 手 当   500,000
   仮払消費税等    60,000
```

【解　説】　会社がゴルフクラブに法人会員として入会している場合（ただし，特定の者が業務に関係なく利用し，その者の給与とされる場合を除く）に支出する年会費，年極めロッカー料その他の費用（プレーの費用は除く）は，税法上，すべて交際費となります。

販売費及び一般管理費［交　際　費］　673

　次に，プレーする場合に直接要する費用については，その費用が法人の業務遂行上必要なものは交際費となり，そうでないものはプレーした役員又は使用人に対する給与になります。

　なお，役員報酬又は給与と判断される場合には源泉徴収の対象になりますが，実務上は費用の支払時に源泉徴収せず，毎月の役員報酬又は給与の支給から源泉徴収するか，年末調整により源泉徴収額を精算する場合が多いと考えられます。

(消 費 税)　ゴルフクラブの年会費やゴルフコンペの費用は，課税仕入れに該当するため，その費用に係る消費税等は仕入税額控除の対象です。なお，処理科目が給料手当であっても実質がゴルフコンペの費用であれば，課税仕入れに該当し，その費用に係る消費税等は仕入税額控除の対象です。

■関連法規……措法第61条の4第6項，法基通9－7－11，9－7－13，申告書
　　　　　　別表十五，消法第2条第1項第12号，消通11－2－1

526　工事の騒音問題の解決金を支払った

　当社の新社屋の建設工事から生じる騒音についての苦情を解決するため，地元の町内会員を旅行に招待し，それに要する費用として550,000円（消費税50,000を含む）を支払った。

　　(借)交　際　費　　　500,000　　(貸)現　金　預　金　　550,000
　　　　仮払消費税等　　　50,000

【解　説】　建設業者等が高層ビル，マンション等の建設に当たり，周辺の住民の同意を得ることを目的に，当該住民又はその関係者を対象に旅行，観劇等に招待する又は酒食を提供するために要した費用は，税務上，交際費等に該当します。

　周辺の住民が受ける日照妨害，風害，電波障害等による損害を補償するために当該住民に交付する金品は，交際費等に該当しません。

　なお，固定資産の取得価額に含まれる交際費等（ここで「原価算入額」

という)も，交際費等の損金不算入額の計算対象になります。その結果，損金不算入額が生じた場合，当該原価算入額のうち損金不算入額相当額を限度として，固定資産の帳簿価額を申告調整により減額できます。

(消費税) 建物等の建設にあたり支出する騒音の解決金等の近隣対策費は，消費税法上，資産の譲渡等の対価に該当しないため，仕入税額控除の対象外です。

■関連法規……措法第61条の4第4項，措通61の4(1)−15(7)，61の4(2)−7，申告書別表十五，消通5−2−10

527 野球場のシーズン予約席料を支払った

野球場の予約席を確保し，シーズン予約席料として1,100,000円（消費税100,000円を含む）を支払った。この予約席であるボックスシートの裏面には当社名の看板が取り付けられており，野球入場券は得意先に配付している。

(借)交　際　費　　1,000,000　　(貸)現 金 預 金　　1,100,000
　　仮払消費税等　　　100,000

【解　説】 野球場のシーズン予約席料は，シーズン中における野球観覧を目的とした席料で，その予約席であるボックスシート裏面に社名看板が提示されているからといっても，それは観客の便宜のためのものであり，不特定多数の者に対する広告宣伝効果を意図したものとは認められません。

また，その野球入場券を取引先に贈答しているため，そのために支出した費用は税務上，交際費等に該当します。

(消費税) 野球場の予約席料は，野球観戦に係る役務の提供を受けるために支出するものであり，課税仕入れに係る支払対価となり，その費用に係る消費税等は仕入税額控除の対象です。また，課税仕入れの時期は観戦の日ですが，開幕日に課税仕入れがあったものとすることも認めら

販売費及び一般管理費［交　際　費］

れます。
■関連法規……昭和46年6月12日裁決，措通61の4(1)-15(4)，消法第2条第1項第12号

528　不動産販売業者が手数料を情報提供者に支払った

> 当社は不動産販売業者であるが，不動産の物件の紹介者Ａ（仲介を業としている者ではなく，地区の有力者）に対し，手数料550,000円（消費税50,000円を含む）を支払った。
> なお，この支払手数料に関する社内規約はなく，金額はそのつど，物件や紹介者の社会的地位を考えて決定している。

（借）交　際　費　　　500,000　　（貸）現 金 預 金　　　550,000
　　　仮払消費税等　　　 50,000

【解　説】　当社では，支払手数料に対する社内規約がないこと及び社外の者に対して物件紹介に係る支払額を明示していないことから，当社の支払手数料はあらかじめ締結された契約等に基づくものとは認められません。また，対価性の面からも紹介した物件価額や紹介者の社会的地位を考慮して手数料を決定しているため，単なる謝礼としての性格が強いといえます。

従って，この手数料は税務上，交際費となります。

(消 費 税)　法人税において交際費とされる情報提供料であっても情報の提供等，具体的な役務の対価があれば課税仕入れに該当するため，その費用に係る消費税等は仕入税額控除の対象です。

■関連法規……措通61の4(1)-8，消法第2条第1項第12号

529 交際費を他社に一部負担させた

> 仕入先の協賛を得て,得意先を旅行に招待したが,その旅行費用2,750,000円(消費税250,000円を含む)は当社と仕入先とが折半して支払った。

```
(借)交 際 費    1,250,000    (貸)現 金 預 金    1,375,000
    仮払消費税等    125,000
```

【解 説】 税法上,交際費は,直接支出したものか間接支出したものかを問わないため,2以上の会社が共同して接待,供応,慰安,贈答その他これらに類する行為をして,その費用を分担した場合においては,各社ごとの負担額が交際費となります。

しかし,この取扱いは,あらかじめ分担額の取決めが明らかにされているなど,仕入先がその旅行の協賛者になっていることがはっきりしており,いわば仕入先との共同的な交際費の支出であると認められる場合に限り適用されます。

(消費税) 会社が負担した得意先の旅行費用は,課税仕入れに該当するため,その費用に係る消費税等は仕入税額控除の対象です。

■関連法規……措通61の4(1)-23(1),消法第2条第1項第12号

530 交際費を未払い又は仮払いで処理した

> 当社は3月決算であるが,3月分のクラブでの飲食費165,000円(消費税15,000円を含む)は,翌4月に請求を受けて支払うことにしている。

```
(借)交 際 費    150,000    (貸)未 払 金    165,000
    仮払消費税等    15,000
```

【解 説】 税法上,交際費等の損金算入時期は,接待,供応,慰安,

贈答その他これらに類する行為のあった時をいいますので、これらに要した費用を実際に支出したか否か、又は損金に算入したか否かは問われません。

　従って、当期中の接待に係る交際費等で未だ請求されていないものについては、決算にあたっては相手方に照会するなどの方法によりその金額を把握して、当期中の支出交際費等の金額に加算する必要があり、また、仮払経理したものについても同様に当期中の支出交際費等の金額に加算する必要があります。

(消費税)　クラブでの飲食費等の交際費は、課税仕入れに該当するため、その費用に係る消費税等は仕入税額控除の対象です。また、課税仕入れの時期は、役務の提供を受けた日ですので、未払いであっても差支えありません。

■**関連法規**……措通61の4(1)-24(2)、消法第2条第1項第12号、消通11-3-1

[貸倒損失，貸倒引当金繰入額]

531 売上債権が回収不能となった

> 当社の得意先A社が倒産し，売掛金8,250,000円（消費税750,000円を含む）が回収不能となった。A社の資産状況，支払能力からみて全額を回収できないことは明らかである。なお，この売掛金は課税資産の譲渡に係るものであった。

　（借）貸 倒 損 失　　7,500,000　　（貸）売　掛　金　　8,250,000
　　　　仮受消費税等　　　750,000

【解　説】　売掛債権や貸付金その他の債権が，債務者の資産状況，支払能力からみてその全額を回収できないと認められるに至った場合には，税務上，貸倒損失として損金処理ができます。なお，現実に貸倒れになったかどうかは事実認定の問題です。また，貸倒れは，法律的に売掛金等が消滅する場合には，自動的に損金算入されますが，その他の場合には，損金経理が前提条件です。

　回収不能となった売掛金，貸付金等について担保がある場合には，その担保物件を処分した後でなければ貸倒れとして損金の額に算入することはできません。

（消費税）　売掛金について貸倒れが生じた場合，その売掛金が課税資産の譲渡に係るものであるときは，その回収不能となった売掛金に含まれる消費税額を，貸倒れとなった期の納付すべき消費税額から控除します。

《表　示》　貸倒損失は，損益計算書上，次のとおり表示します。
　①　営業上の取引に基づいて発生した債権に対するもの：販売費
　②　①，③以外のもの：営業外費用
　③　臨時かつ巨額のもの：特別損失

■関連法規……法基通9－6－1，9－6－2，金融商品実務指針第116項，第117項，消法第39条第1項，中小会計指針第17項

販売費及び一般管理費［貸倒損失，貸倒引当金繰入額］　679

532 債権者集会により債権を切り捨てた

> 得意先A社が倒産し，債権者集会により各債権者は，債権の一律7割を切り捨てることを決定した。当社はA社に対し，5,775,000円（消費税525,000円を含む）の売掛金を有している。なお，この売掛金は課税資産の譲渡に係るものであった。

　　（借）貸 倒 損 失　　3,675,000　　（貸）売 掛 金　　4,042,500
　　　　　仮受消費税等　　　367,500

〈計算〉　　　債権額　　　　消費税　　切捨割合　　貸倒損失
　　　　（5,775,000円 − 525,000円）× 70％ ＝ 3,675,000円

【解　説】　法人税法では，債権者集会の協議決定で合理的な基準による債務者の負債整理の定めにより，切り捨てられることとなった部分の金額は，その事実のあった事業年度の貸倒損失として処理します。

　この場合，その債権は法律的に消滅するため，会社の損金経理の有無にかかわらず，損金として取り扱われます。

　この法律的に金銭債権が消滅する場合は，上記以外にも，次のようなケースがあります。

①	会社更生法による更生計画の認可の決定により，切り捨てられる部分の金額
②	会社法上の特別清算に係る協定の認可，整理計画の決定，民事再生法による再生計画の決定によって切り捨てられる部分の金額
③	法令の規定による整理手続きによらない関係者の協議決定で，切り捨てられることとなった部分の金額 　イ．上記の債権者集会の場合 　ロ．行政機関，金融機関その他第三者の斡旋による当事者間の協議により締結された契約で，その内容がイに準ずるもの
④	債務者の債務超過の状態が相当期間継続し，その貸金等の弁済を受けるこ

> とができないと認められる場合に，その債務者に対し書面より明らかにした債務免除額

(消費税) 売掛金について貸倒れが生じた場合，その売掛金が課税資産の譲渡に係るものであるときは，その回収不能となった売掛金に含まれる消費税額を，貸倒れとなった期の納付すべき消費税額から控除します。

《表　示》　貸倒損失は，損益計算書上次のとおり表示します。
① 営業上の取引に基づいて発生した債権に対するもの：販売費
② ①，③以外のもの：営業外費用
③ 臨時かつ巨額のもの：特別損失

■関連法規……法基通9－6－1，金融商品実務指針第116項，第117項，消法第39条第1項，中小会計指針第17項

533 受取手形が不渡りとなった（個別評価による貸倒引当金）

> 得意先A社は，不渡手形を出し，倒産した。当社は同社に対し，受取手形3,300,000円（消費税300,000円を含む），売掛金5,500,000円（消費税500,000円を含む）の債権を保有していたが，回収不能となった。
> なお，A社は手形交換所において取引停止処分を受けている。
> 当社は資本金1億円以下の法人である。

(借)貸倒引当金繰入額　4,400,000　　(貸)貸倒引当金　4,400,000

〈計算〉
　（受取手形3,300,000円＋売掛金5,500,000円）×個別評価による繰入率50％
　＝4,400,000円

【解　説】「その他一括して評価する金銭債権」に対する貸倒引当金は，中小法人等，銀行，保険会社等，リース債権等を有する一定の法人に限

販売費及び一般管理費〔貸倒損失，貸倒引当金繰入額〕

り，損金算入が認められています。

　個別評価する金銭債権に対する貸倒引当金の繰入限度額は，①弁済の猶予又は賦払による場合と，②実質基準による場合，及び③形式基準により設定する場合等があります。

　③の形式基準においては，次に掲げるような事実が取引先に発生した場合は，損金経理することで発生した事業年度に，個別評価金銭債権の額の50％を損金算入できます。

　1　会社更生法による更生手続きの開始の申立て
　2　民事再生法による再生手続きの開始の申立て
　3　破産法による破産の申立て
　4　特別清算開始の申立て
　5　手形交換所における取引停止の処分
　6　電子記録債権法による取引停止の処分

個別評価する債権に係る繰入限度額の対象となる貸金等の額は，その債務者に対する貸金等から次の金額を控除したものです。

　a．債務者から受け入れた金額で相殺できるもの（支払手形は含まれない）
　b．担保権（質権・抵当権等）のある部分
　c．金融機関・保証機関により保証されている部分
　d．第三者振出しの回し手形

《消費税》　個別設定による貸倒引当金繰入額は，貸倒れが発生したことによる損金算入額ではないため，消費税に関しては貸倒れに係る消費税額の控除の適用はありません。

《表　　示》　個別設定による貸倒引当金は，貸借対照表上「貸倒引当金」として表示します。従って，その繰入額も，損益計算書上「貸倒引当金繰入額」として表示します。

　①　営業上の取引に基づいて発生した債権に対するもの：販売費
　②　①，③以外のもの：営業外費用
　③　臨時かつ巨額のもの：特別損失

■関連法規……法法第52条第1項，第2項，法令第96条第1項，第4項，第5項，
　　　　　　　法基通11－2－2～11－2－11,金融商品会計基準第27項，第28項，
　　　　　　　金融商品実務指針第110～118項，中小会計指針第18項

534 貸倒引当金繰入額を計上した

> 当社は資本金1億円以下の中小法人であるが，期末に税法基準により貸倒引当金3,800,000円を繰り入れた。
> なお，期首の貸倒引当金4,500,000円はそのままであった。

① 差額処理方式

(借)貸倒引当金　　　700,000　　(貸)貸倒引当金戻入額　　700,000

② 洗替処理方式

(借)貸倒引当金繰入額　3,800,000　　(貸)貸倒引当金　　3,800,000

(借)貸倒引当金　　4,500,000　　(貸)貸倒引当金戻入額　4,500,000

【解　説】　貸倒引当金は，売掛金や貸付金の期末残高のうち貸倒見込額として計上した金額をいいます。

貸倒引当金の繰入方式は，①差額処理方式と，②洗替処理方式があり，法人税法上は②が原則ですが，①も確定申告書に明細書を添付して，その相殺前の金額に基づく繰入れであることを明らかにすることにより認められています。適正表示の面からは，差額処理方式が望まれます。

[中小会計]　中小企業においては，法人税法の区分に基づいて算定される貸倒引当金繰入限度額が明らかに取立不能見込額に満たない場合を除き，繰入限度額相当額をもって貸倒引当金とすることができます。

[消費税]　貸倒引当金繰入額及び貸倒引当金戻入額は，資産の譲渡等には該当しないため，仕入税額控除の対象外です。

《表　示》　貸倒引当金の貸借対照表上の表示は，原則として対象となった各項目ごとに控除形式で表示します。ただし，流動資産又は投資その他の資産から一括して控除形式で表示する方法，又は対象となった項目から直接控除して注記する方法によることもできます。貸倒引当金繰入額は，営業債権に関するものは販売費及び一般管理費に，営業外債権に関するものは営業外費用に計上します。

販売費及び一般管理費［貸倒損失，貸倒引当金繰入額］

貸倒引当金戻入額は，原則として営業費用又は営業外費用から控除するか営業外収益として表示します。

■関連法規……財規第87条，ガイド87，金融商品実務指針第122〜125項，中小会計指針第18項，過年度遡及会計基準第55項

535 貸倒引当金繰入額を計上した（一括評価による貸倒引当金）

当社は資本金50,000,000円で小売店を営んでいるが，当期末において売上債権は480,000,000円，貸付金は100,000,000円で，実質的に債権と認められないものは120,000,000円であった。

なお，金銭債権に不渡手形等の個別評価による貸倒引当金はなく，過去3年間の貸倒実績による繰入れは0.0050であった。

（借）貸倒引当金繰入額　4,600,000　　（貸）貸倒引当金　4,600,000

〈計算〉

（売上債権480,000,000円＋貸付金100,000,000円−実質的に債権と認められないもの120,000,000円）×法定繰入率 $\dfrac{10}{1,000}$ ＝4,600,000円

【解　説】　資本金1億円以下の中小法人に対する貸倒引当金の繰入限度額（一括評価する分）については，実績率（過去3年の貸倒実績率）と法定繰入率のいずれか大きい繰入率を採用することができます。

なお，貸倒実績率で貸倒引当金を計算するときは，実質的に債権とみられない額を一括評価金銭債権額から控除しません。

また，資本金の額が1億円以下の中小法人であっても，100％グループ内の複数の大法人に発行済株式の全部を保有されている法人には，一括して評価する金銭債権に対する貸倒引当金の繰入れは認められていません。

更に，資本金の額が1億円以下の中小法人であっても，大法人並みの所得があると認められる法人（適用除外事業者※）は，下記の法定繰入率は適用されません。

卸・小売業	$\frac{10}{1,000}$	割賦小売業	$\frac{7}{1,000}$
製造業	$\frac{8}{1,000}$	その他の事業	$\frac{6}{1,000}$
金融保険業	$\frac{3}{1,000}$		

※適用除外事業者……その事業年度開始の日前3年以内に終了した各事業年度の所得の金額の年平均額が15億円を超える法人等

中小会計 中小企業においては，法人税法の区分に基づいて算定される貸倒引当金繰入限度額が明らかに取立不能見込額に満たない場合を除き，繰入限度額相当額をもって貸倒引当金とすることができます。

消費税 貸倒引当金繰入額は，資産の譲渡等には該当しないため，仕入税額控除の対象外です。

《表　示》 貸倒引当金の貸借対照表上の表示は，原則として対象となった各項目ごとに控除形式で表示します。ただし，流動資産又は投資その他の資産から一括して控除形式で表示する方法，又は対象となった項目から直接控除して注記する方法によることもできます。貸倒引当金繰入額は，営業債権に関するものは販売費及び一般管理費に，営業外債権に関するものは営業外費用に計上します。

■関連法規……法法第52条第2項，法令第96条第6項，法基通11-2-16〜11-2-20，措法第57条の9第1項，措令第33条の7第2項〜第4項，措通57の9-1，57の9-1の2，金融商品会計基準第28項，金融商品実務指針第110項，第122項，中小会計指針第18項

536 取引停止後，一定期間弁済がなかった

当社は3月決算法人である。月末締め翌月末払いの条件でA社と取引を続けてきたが，A社の経営状態が悪化したため，一昨年の12月に取引を停止し，その翌年1月末にサイト60日の手形を受領した。A社に対するこの受取手形は11,000,000円(消費税1,000,000円を含む)であっ

た。なお，この売掛債権は課税資産の譲渡に係るものであった。

```
(借)貸 倒 損 失    9,999,999   (貸)受 取 手 形   10,999,999
   仮受消費税等    1,000,000
```

【解　説】　継続的な取引を行っていた債務者の資産状況や支払能力が悪化したため取引を停止し，その取引停止をした時以後1年以上経過した場合には，その債務者に対する売掛債権に備忘価額を付し，法人税法上，その残額を損金経理により貸倒損失とすることが認められます。通常の営業活動により発生する売掛債権が対象となり，貸付金などは対象となりません。

　本設例の場合，最後の弁済期である手形の支払期日も前年の3月末であり，当期末までに1年以上経過しているため，備忘価額1円とし残額を損金とする貸倒損失の計上が認められます。

(消費税)　売掛金について貸倒れが生じた場合，その売掛金が課税資産の譲渡に係るものであるときは，その回収不能となった売掛金に含まれる消費税額を，貸倒れとなった期の納付すべき消費税額から控除します。

《表　示》　貸倒損失は，損益計算書上次のとおり表示します。
　①　営業上の取引に基づいて発生した債権に対するもの：販売費
　②　①，③以外のもの：営業外費用
　③　臨時かつ巨額のもの：特別損失

■関連法規……法基通9－6－3（1），同（注），消法第39条第1項，消通14－2－1，金融商品実務指針第112～114項

537 保証債務の履行により銀行借入金を肩代りした

　当社は，子会社の銀行借入金につき債務保証していたが，子会社の業績悪化のため，その銀行借入金残高50,000,000円を当社が肩代りして子会社を解散することにした。この銀行借入金は5年返済で，本年分10,000,000円を支払った。

▶会計上の処理

　　（借）貸 倒 損 失　50,000,000　　（貸）現 金 預 金　10,000,000
　　　　　　　　　　　　　　　　　　　　　借　 入　 金　40,000,000

▶法人税法上の処理

　　（借）貸 倒 損 失　10,000,000　　（貸）現 金 預 金　10,000,000

【解　説】　会社が，子会社の解散等により，やむを得ず債務の引受けをした場合は，法人税法上，寄付金となりません。

　また，法人税法上は，連帯保証等の保証債務は，これを履行するまでは偶発債務であるため，現実に，これを履行するまでは貸倒れの対象となりません。この場合の履行とは，債務の肩代りではなく，実際にその肩代りにより返済することをいうため，法人税法上は返済相当額が貸倒損失となり，会計上と異なります。

(消費税)　保証債務の履行による銀行借入金の肩代りは，資産の譲渡等には該当しないため，仕入税額控除の対象外です。

《表　示》　貸倒損失は，損益計算書上次のとおり表示します。
　①　営業上の取引に基づいて発生した債権に対するもの：販売費
　②　①，③以外のもの：営業外費用
　③　臨時かつ巨額のもの：特別損失

■関連法規……法基通9-4-1，9-6-2

538 回収不能な債権に担保物件があった

得意先Aと継続的な取引を行っていたが，Aの資産状況，支払能力が悪化したため取引を停止した。その後1年以上経過し，売掛金33,000,000円（消費税3,000,000円を含む）は回収不能と判断された。この債権については，処分見込価額20,000,000円の土地を担保に取っている。なお，この売掛金は課税資産の譲渡に係るものであった。

▶会計上の処理

(借)貸 倒 損 失　13,000,000　　(貸)売 掛 金　13,000,000

〈計算〉　債権額　　　処分見込額
　　　　33,000,000 − 20,000,000 = 13,000,000

▶法人税法上の処理
　仕訳なし

【解　説】　債権について，その債務者の資産状況，支払能力等からみてその金額が回収できないことが明らかになった場合は，その明らかになった期において貸倒損失として費用処理すべきです。

この場合，法人税法上はその債権について担保物件がある時は，その担保物件を処分した後でなければ貸倒損失として損金経理できません。これは，金銭債権について評価損の計上が禁止されているためです。

従って，会計上は貸倒損失を計上しますが，法人税法上は損金算入が認められません。

(消費税)　課税資産の譲渡等の税込価額の全部又は一部が回収できなくなったときは，その課税期間の課税標準額に対する消費税額から，回収できなくなった課税資産の譲渡等の税込価額に係る消費税額を控除できます。ただし，課税資産の譲渡等の税込価額の全部又は一部を回収できなくなったということは，担保物件の処分や債権放棄の手続きを行った等の回収できないことが確定したことをいい，明らかに回収不能と認め

られる事実がない場合は,貸倒れに係る消費税額の控除はできません。
《表　示》　貸倒損失は,損益計算書上次のとおり表示します。
① 営業上の取引に基づいて発生した債権に対するもの:販売費
② ①以外のもの:営業外費用
③ 臨時かつ巨額のもの:特別損失

■関連法規……法法第33条第1項,法基通9－6－2,9－6－3,消法第39条第1項,消令第59条,消規第18条,消通14－2－1,金融商品実務指針第112～114項,123項

539　下請先との取引停止にあたり債権を放棄した

当社は,下請先A社(特殊関係なし)との取引を打ち切ることにし,材料の有償支給代金1,100,000円(消費税100,000円を含む)を放棄した。これは,当社との取引のためにA社が調達した設備等の補償に充てるためのものである。
なお,A社の経営は順調である。

(借)補　償　費　1,100,000　　(貸)未 収 入 金　1,100,000

【解　説】　債権放棄による貸倒損失の計上は,債務者の債務超過が長期間継続し,その貸金の弁済を受けることができないため,書面により債務免除を行った場合のみ認められます。しかし,これが債務者に対し明らかに贈与とみなされる時は寄付金とされます。

本設例は,A社に対し贈与の意思をもって債権を放棄したものではないことから寄付金とはなりませんが,営業政策上の費用と認められるため法人税法上は損金処理します。

(消費税)　営業補償金や設備補償金等は権利の消滅に係る補償金ではなく,資産の譲渡等の対価たる補償金には該当しないため,仕入税額控除の対象外です。

《表　示》　補償費は通常営業外費用に計上されますが,臨時かつ巨額の場合などには,特別損失として計上される場合があります。

■関連法規……法法第37条第8項,法基通9－6－1(4),消通5－2－10

540 貸倒損失とした売掛債権について債務引受けがあった

> 当社は,A社に対する債権について,前期に5,000,000円貸倒損失を計上したが,今度,A社の親会社が債務引受けをすることが決定した。

　仕訳なし

【解　説】　貸倒損失とした後になって,その債務者の業績が回復した時や第三者の債務引受けがあった場合等の後発的な事由については,会計上は実際に弁済を受けるまではその貸倒損失とした債権について修正処理しないことが多く見受けられます。従って,法人税法上もこの処理が認められると考えられます。

　また,貸倒損失に計上した債権が実際に弁済を受けた時は,償却債権取立益として収益に計上します。

(消費税)　仕訳を伴う会計事実の発生ではないため,消費税の課税対象外です。

■関連法規……法法第22条第4項

541 債権金額の一部を放棄した

> 当社が20,000,000円貸し付けている会社が債務超過を相当期間継続しているため,5,000,000円を回収限度として,残り15,000,000円は書面により債務免除した。

　(借)貸 倒 損 失　15,000,000　　(貸)貸　付　金　15,000,000

【解　説】　貸金等が回収不能であるかどうかは,債務者の支払能力等の実情により判定します。しかし,債務者の債務超過の状態が相当期間

継続し，その貸金等の弁済を受けることができないと認められる場合において，その債務者に対し書面により明らかにされた債務免除額は，貸金等が法律的に消滅するため，法人税法上，会社の損金経理の有無にかかわらず，その事実の発生した期に損金の額に算入されます。

ただし，回収の見込みがある時は，貸倒処理は認められず，寄付金となる場合があります。

(消費税) 消費税の取扱いにおいて，貸倒れに係る消費税額の控除対象となる債権は，課税資産の譲渡等に係る売掛金等に限られるため，貸付金の貸倒れは消費税の課税の対象外です。

《表　示》　貸倒損失は，損益計算書上次のとおり表示する。
① 営業上の取引に基づいて発生した債権に対するもの：販売費
② ①以外のもの：営業外費用
③ 臨時かつ巨額のもの：特別損失

■関連法規……法基通9－6－1，9－6－2，9－6－3，金融商品実務指針
　　　　　　第112～114項

542 個人保証のある貸金に貸倒引当金を設定した

中小法人である当社が受け取ったA社振出しの手形10,000,000円が不渡りとなり，手形交換所で取引停止となったが，A社に対する債権については同社の代表者の個人保証を取っていた。

当社は，個別評価による貸倒引当金を設定した。

　　(借)貸倒引当金繰入額　　5,000,000　　(貸)貸倒引当金　　5,000,000

【解　説】　個別評価による貸倒引当金の対象となる金銭債権の額から，質権，抵当権等によって担保されている金額を控除します。本設例では，個人保証が質権，抵当権等に該当するか否かという点が問題になります。個人保証は，第三者の資産状態を判断しなければならないという金額の見積りの困難さ等を考慮し，該当しないものとすべきです。

従って本設例の場合，不渡手形の金額10,000,000円の50％である

5,000,000円を個別評価による貸倒引当金として計上します。

(消費税) 貸倒引当金繰入額は，貸倒れが発生したことによる損金算入額ではないので，消費税においては貸倒れに係る消費税の控除の適用はありません。

《表　示》 個別設定による貸倒引当金は，貸借対照表上「貸倒引当金」として表示します。従って，その繰入額も，損益計算書上「貸倒引当金繰入額」として表示します。

■関連法規……法法第52条第1項，法令第96条第1項，法規第25条の3，金融商品実務指針第114項

543　後順位の抵当権がある債権に貸倒引当金を設定した

> 中小法人である当社が5,000,000円の貸付金を持つA社に，破産の申立てがあった。当社はA社に対し抵当権を有するが第2順位で，担保物の処分により当社が受け取れる分配金は1,000,000円である。

　(借)貸倒引当金繰入額　2,000,000　　(貸)貸倒引当金　2,000,000

〈計算〉（貸付金5,000,000円－担保処分分配金1,000,000円）
　　　　×個別評価による繰入率50％＝2,000,000円

【解　説】 個別評価により金銭債権に貸倒引当金を設定する場合に，下記の金額がある時は，その金額を金銭債権の額から控除します。
① 債務者から受け入れた金額があるため実質的に金銭債権とみられない金額
② 質権，抵当権等によって担保されている部分の金額（本設例の場合）
③ 金融機関又は保証機関による保証債務の履行等により取立ての見込みがあると認められる部分
④ 第三者振出手形

(消費税) 貸倒引当金繰入額は，貸倒れが発生したことによる損金算入

額ではないため,消費税においては貸倒れに係る消費税額の控除の適用はありません。

《表　示》　個別設定による貸倒引当金は,貸借対照表上「貸倒引当金」として表示します。従って,その繰入額も,損益計算書上「貸倒引当金繰入額」として表示します。

■**関連法規**……法法第52条第1項,法令第96条第1項第3号,法規第25条の3,
　　　　　　　法基通11－2－5,11－2－10,金融商品実務指針第116項,第117項

販売費及び一般管理費［旅費・交通費，車両費，海外渡航費］　693

［旅費・交通費，車両費，海外渡航費］

544 近くの得意先までの往復電車賃を支払った

> 従業員が近くの得意先まで集金に行った時の往復電車賃の精算を行い，880円（消費税80円を含む）を支払った。

| (借)旅費交通費 | 800 | (貸)現 金 預 金 | 880 |
| 仮払消費税等 | 80 | | |

【解　説】　役員，従業員が業務を遂行するために会社以外の場所に移動するための費用を旅費交通費といいます。
　一般的に遠隔地に出張して旅費規程によって支給される金額は旅費で，近くに移動した実費は交通費で処理し，両方を統合して旅費交通費で表示されます。

(消費税)　旅費交通費は，課税仕入れに該当するため，その費用に係る消費税等は仕入税額控除の対象です。

■関連法規……消法第2条第1項第12号，消通11－6－4

545 出張旅費規程により宿泊，日当，旅費を支払った

> 社員Aの海外出張に対し仮払金400,000円を支給したが，帰国後旅費規程に基づいて精算された。旅費280,000円，宿泊料80,000円，日当30,000円で，残金10,000円を現金で受け取った。旅費等は全て海外で発生したものである。

| (借)旅費交通費 | 390,000 | (貸)仮 払 　金 | 400,000 |
| 現 金 預 金 | 10,000 | | |

〈計算〉 旅費交通費 = 旅費 + 宿泊費 + 日当
　　　　　　　　　= 280,000円 + 80,000円 + 30,000円 = 390,000円

【解　説】　適正な出張費は，税務上，給与所得とはみなされず，旅費交通費となります。そのためには，旅費規程自体が，同業種・同規模の会社の実態と比較して，相当なものであり，かつ使用人・役員等のバランスが取れていることが必要です。

(消費税)　海外出張旅費は，輸出免税或いは国外取引に該当し消費税が課されないため，原則として仕入税額控除の対象外です。

■関連法規……所法第9条第1項第4号，所基通9-3，9-4，37-17，消法第7条第1項第3号，消通7-2-4，11-6-4

546 通勤定期代を支給した

> 通勤交通費を全額支給しているが，社員Aの月額定期代176,000円（消費税16,000円を含む）と，社員Bの月額定期代44,000円（消費税4,000円を含む）を支払った。なお，支払いにあたり源泉税等3,000円を控除した。

① 給与所得課税分と非課税分（月額150,000円）を区分する場合

　a．社員A

(借)給料手当	10,000	(貸)現金預金	173,000
旅費交通費	150,000	預り金	3,000
仮払消費税等	16,000		

　b．社員B

(借)旅費交通費	40,000	(貸)現金預金	44,000
仮払消費税等	4,000		

② すべて給与所得課税対象とする場合

(借)給料手当	200,000	(貸)現金預金	217,000

| 仮払消費税等 | 20,000 | 預 り 金 | 3,000 |

③ 会計仕訳上は給与所得課税対象を明示しない場合

| (借)旅費交通費 | 200,000 | (貸)現 金 預 金 | 217,000 |
| 仮払消費税等 | 20,000 | 預 り 金 | 3,000 |

【解　説】　① 通勤交通費は，所得税法で定める金額（月額150,000円）までは給与所得としては課税されません。従って，150,000円を超える分は給料として源泉所得税の対象です。なお，グリーン車の料金は150,000円以下でも給与所得として課税対象となります。

② 通勤交通費を旅費交通費とせずに給料手当として，源泉所得税の計算対象から非課税部分をはずす方法もあります。

③ 月額150,000円を超えた通勤交通費を給料手当とせずに，所得税法上だけ源泉徴収する方法もあります。

(消費税)　通勤交通費は，課税仕入れに該当するため，仕入税額控除の対象です。また，所得税法上，給与所得とされる通勤手当（150,000円超等）であっても，実際に通勤のために支出する費用である場合には，課税仕入れに該当するため，仕入税額控除の対象です。

■関連法規……所法第9条第1項第5号，所令第20条の2，消通11-6-5

547 業務遂行上，必要かどうか不明な海外渡航があった

> 当社の役員が，今回旅行代理店が募集する米国への観光旅行に参加し，併せて米国の取引業者と商談を行った。観光旅行代金の700,000円と別途商談に要した費用150,000円を支払った。
> なお，この旅行費用には，国内におけるものはなかった。
> また，支払にあたり源泉税等210,000円を控除した。

| (借)役 員 報 酬 | 700,000 | (貸)現 金 預 金 | 640,000 |
| 旅 費 交 通 費 | 150,000 | 預 り 金 | 210,000 |

【解　説】　役員又は使用人の海外渡航が業務の遂行上必要なものかどうかは、実質的に判定されますが、次の旅行は原則として、業務遂行上必要な海外渡航に該当しないとされています。

① 観光渡航の許可を得て行う旅行
② 観光旅行業者が行う団体旅行
③ 同業者団体等が主催して行う団体旅行で主として観光目的と認められるもの

本設例は②に該当するため、法人税法上、役員に対する給与すなわち役員報酬となります。この場合の給与は臨時的なものであり、賞与として取り扱われます。役員に対する賞与は損金の額に算入できませんが、業務に直接関連する部分は旅費交通費として処理します。

(消費税)　海外旅行費用は、輸出免税或いは国外取引に該当し消費税が課されないため、原則として仕入税額控除の対象外です。

■関連法規……法基通9－7－6、9－7－7、9－7－10、所法第9条第1項第4号、所基通37－17、消法第7条第1項第3号、消通7－2－4、11－6－4

548　業務と観光を併せて行った海外渡航費を支払った

> 当社の社長は、合弁契約の締結のため海外渡航し、その際に観光旅行をしたが、その往復の旅費500,000円と、観光旅行代250,000円及び日当、宿泊料及び支度金300,000円を支払った。支払いにあたり、源泉税等75,000円を控除した。
> 観光時は日当はつかず、観光時の宿泊料も観光旅行代に含まれている。なお、国内における旅費、宿泊料、日当はなかった。

(借)役員報酬	250,000	(貸)現金預金	975,000
旅費交通費	800,000	預り金	75,000

【解　説】　業務と観光を併せて旅行した場合は、海外渡航費を業務と観光に合理的に区分します。前者は法人税法上損金ですが、後者は役員

販売費及び一般管理費［旅費・交通費，車両費，海外渡航費］

の場合，損金とならない役員報酬，すなわち役員賞与として処理します。業務と観光の区分は，その旅行期間比等により按分されます。

なお，海外渡航の直接の動機が業務であれば往復旅費は業務用として処理します。

(消費税) 海外渡航費は，輸出免税或いは国外取引に該当し消費税が課されないため，原則として仕入税額控除の対象外です。

■関連法規……法基通9－7－6，9－7－9，9－7－10，所法第9条第1項第4号，消法第7条第1項第3号，消通7－2－4，11－6－4

549 車両燃料タンクに補給した

会社の車両に燃料を補給し，その代金22,000円（消費税2,000円を含む）を支払った。

(借)車　両　費	20,000	(貸)現　金　預　金	22,000
仮払消費税等	2,000		

【解　説】　会社保有の自動車の燃料代は，動力燃料費といった費用でも処理できますが，自動車関係の費用をすべて集計して，車両費で処理するのも1つの方法です。

なお，自動車の燃料を自社の地下貯蔵タンクに保有している場合には，その燃料購入高を全額費用にはできず，期末残高を貯蔵品に計上します。これは自動車の燃料代は通常の消耗品よりも重要性が高いため，取得時に損金に算入することができないためです。

(消費税) 自動車の燃料代は，課税仕入れに該当するため，その費用に係る消費税等は仕入税額控除の対象です。

■関連法規……消法第2条第1項第12号

550 車検費用を支払った

> 会社保有の車両が車検を受けたため、その費用156,000円を支払った。内訳は、自賠責保険料50,000円、自動車重量税印紙代等40,000円、車検代行手数料他66,000円（消費税込）であった。

(借)車　両　費　　　150,000　　(貸)現 金 預 金　　　156,000
　　仮払消費税等　　　　6,000

【解　説】　車検費用には、自賠責保険料や重量税及び修繕費といったものが含まれていますが、これらを個々に区分しないで、車両費といった1つの科目で処理することも可能です。

　車両費には、工場関係のものとそれ以外のものとがあり、前者は製造経費又は製造間接経費、後者は販売費及び一般管理費の一項目として処理します。

(消 費 税)　車検費用のうち、自賠責保険料や自動車重量税印紙代は非課税取引に該当し、消費税はかかりませんが、車検代行手数料は課税取引に該当するため、その費用に係る消費税等は仕入税額控除の対象です。
■関連法規……消法第2条第1項第12号

551 社員のマイカー使用による費用を支払った

> 当社では、社員のマイカーを社用に借り上げた場合、その走行距離に応じて使用料を支払うことにしており、今月分38,500円（消費税3,500円を含む）を支払った。

(借)旅費交通費　　　35,000　　(貸)現 金 預 金　　　38,500
　　仮払消費税等　　　3,500

【解　説】　マイカー借上代は、社員のマイカーを会社業務に使用した

場に,利用度に応じて社員に支払う賃借料であり,一般的には(社用走行キロメートル)×(1キロメートル当たり単価)で算出されます。この使用料は,あくまで実費負担ということであれば会社は旅費交通費として処理でき,社員も所得が発生せず税務的な問題も生じません。

(消費税) 旅費交通費は,日当や出張手当が課税仕入れに該当することから,社員のマイカー使用料も当然に課税仕入れに該当し,その費用に係る消費税等は仕入税額控除の対象です。

■**関連法規**……所法第9条第1項第4号,消法第2条第1項第12号,消通11-2-1

552 新社屋完成パーティーの招待客の交通費を支払った

新社屋が完成したため,その披露のパーティーを催し,招待客の交通費の実費1,980,000円(消費税込)を支払った。

(借)交 際 費 1,800,000 (貸)現 金 預 金 1,980,000
　　仮払消費税等　 180,000

【解　説】 創立記念日,工場新築パーティー及び接待ゴルフ等の交通費として招待客に支払ったものは,たとえ実額支給であっても交際費となり,旅費交通費となりません。

ただし,販売店会議に出席した得意先の旅費・宿泊費は,会議費となり,新製品・季節商品の展示即売会に招待した得意先の旅費・宿泊費は,広告宣伝費となります。なぜなら,これらの費用は交際費というより,会議の目的の達成や展示会の成功のために有力な得意先の参加を働きかける費用であるためです。

(消費税) 勘定科目上は交際費であっても,実際は交通費の実額支給であれば,課税仕入れに該当するため,その費用に係る消費税等は仕入税額控除の対象です。

■**関連法規**……消法第2条第1項第12号

[通 信 費]

553 電話料等が自動引落しされた

> 電話料，電話機器使用料等の通信費165,000円（消費税15,000円を含む）が，当社の普通預金口座より自動引落しされた。ただし，電話機器のレンタル料55,000円（消費税5,000円を含む）が含まれている。

（借）通　信　費	100,000	（貸）現 金 預 金	165,000
賃　借　料	50,000		
仮払消費税等	15,000		

【解　説】　通信費とは，電話料，電報料，郵便料，各種通信設備の使用料です。従って，電話料，電話機器使用料のうち，通話料，通信回線使用料等は通信費で処理し，電話機器のレンタル料は賃借料で処理します。なお，普通預金口座から電話局への自動支払いは，その引き落とされた日付で銀行預金勘定からの支払いとすべきです。

　通信費には，工場関係のものとそれ以外のものとがあり，前者は製造経費又は製造間接費，後者は販売費及び一般管理費の一項目として処理します。

(消 費 税)　電話料，電話機器使用料等の通信費及び電話機器のレンタル料は，課税仕入れに該当するため，その費用に係る消費税等は仕入税額控除の対象です。

■関連法規……消法第2条第1項第12号

554 専用回線使用料を支払った

> コンピュータの専用回線使用料の今月分253,000円（消費税23,000円を含む）が，銀行預金口座から自動引落しされた。

販売費及び一般管理費［通 信 費］ 701

| (借)通 信 費 | 230,000 | (貸)現 金 預 金 | 253,000 |
| 仮払消費税等 | 23,000 | | |

【解 説】 コンピュータの専用回線使用料は，コンピュータ関係費として処理する方法もありますが，その利用目的はデータ通信であって，通信に重点があるので，通信費とすべきです。

(消費税) コンピュータの専用回線使用料は通信費であり，課税仕入れに該当するため，その費用に係る消費税等は仕入税額控除の対象です。

■関連法規……消法第2条第1項第12号

555 ダイレクトメール発送の郵便料金を支払った

バーゲンセールのダイレクトメールを500社に発送し，その郵便料金110,000円（消費税10,000円を含む）を支払った。

| (借)広告宣伝費 | 100,000 | (貸)現 金 預 金 | 110,000 |
| 仮払消費税等 | 10,000 | | |

【解 説】 郵便料金自体は，通信費ですが，支出の目的からみて広告宣伝費の方がより適切な科目といえます。また，予算対比の面からも広告宣伝費が妥当です。

(消費税) 郵便料金は，課税仕入れに該当するため，その費用に係る消費税等は仕入税額控除の対象です。

■関連法規……消法第2条第1項第12号

556 購入した収入印紙，郵便切手・商品券で期末未使用があった

期中に収入印紙300,000円，郵便切手110,000円（消費税10,000円を含む），商品券165,000円（消費税15,000円を含む。自社で使用する）

を購入したが、期末にそれぞれ100,000円、33,000円（消費税3,000円を含む）、55,000円（消費税5,000円を含む）相当分が残った。

▶期中

(借)租税公課	300,000	(貸)現金預金	575,000
通信費	100,000		
消耗品費	150,000		
仮払消費税等	25,000		

▶期末

(借)貯蔵品	180,000	(貸)租税公課	100,000
		通信費	30,000
		消耗品費	50,000

【解説】収入印紙は、印紙税の納付のために購入するもので、購入時に租税公課となり、期末に残った印紙は翌期の費用となるもので貯蔵品に計上します。

郵便切手・商品券も同様に、期中購入時にはそれぞれ通信費・消耗品費となり、期末に残った分は貯蔵品に計上します。

(消費税) 収入印紙は、印紙税の納付のために購入するもので、資産の譲渡等に該当しないため、課税仕入れにはならず、仕入税額控除の対象外です。

郵便切手・商品券等は、その譲渡が非課税とされる郵便切手類又は物品切手等に該当するため、その購入時は課税仕入れに該当しませんが、それを使用して役務の提供の引受給付を受けたとき課税仕入れに該当するため、仕入税額控除の対象です。

ただし、購入した郵便切手類又は物品切手等で自ら引換給付を受けるものについて、継続してその対価を支払った日の属する課税期間における課税仕入れとしているときは、これを認めるとされています。

■**関連法規**……会計原則注解5（1），消法第6条第1項，消法別表第1第4号イ，ハ，消通11-3-7

557 通信用箋,封筒等が期末に残った

　期中に通信用箋,封筒を330,000円購入したが,そのうち264,000円分を使用し,期末に66,000円分が残った。当該通信用箋及び封筒の取得価額に重要性はない。なお,金額はすべて10％の消費税込みである。

| （借）通 信 費 | 300,000 | （貸）現 金 預 金 | 330,000 |
| 仮払消費税等 | 30,000 | | |

【解　説】　事務用消耗品その他これに準ずる棚卸資産は,通常短期間で消費されるため,購入時に費用計上します。ただし,期末時点で未使用であり,重要性のあるものは,貯蔵品に計上します。会計上,この重要性について明確な基準はなく,各企業において,量的・質的な観点により判断することが考えられます。

　法人税法上は,これらの取得価額は,原則としてその棚卸資産を消費した期の損金の額に算入します。ただし,毎期概ね一定数量を取得し,かつ,経常的に消費している事務用消耗品等については,その取得価額を継続的に取得時の損金に算入している場合は,貯蔵品にしなくてもよいとされています。

　設例では,購入した通信用箋,封筒に金額的重要性はないため,期末に残った66,000円を貯蔵品に振り替える必要はありません。

（消費税）　事務用消耗品等の消耗品費は,消費税法上購入した課税期間において仕入税額控除の対象となりますので,これを通信費勘定で処理しても同様です。

■関連法規……棚卸資産会計基準3項,法基通2－2－15

［図　書　費］

558 新聞を購読し，図書を購入した

> 今月分の新聞購読料54,000円（消費税4,000円を含む）及び経理部に必要な専門書10冊44,000円（消費税4,000円を含む）を購入し，その代金を支払った。

```
（借）新聞図書費      90,000    （貸）現 金 預 金      98,000
    仮払消費税等      8,000
```

【解　説】　新聞の購読料や書籍及び雑誌等の購入費用は「新聞図書費」や「図書印刷費」等の勘定科目で処理されます。

　図書費には，工場関係のものとそれ以外のものとがあり，前者は製造経費又は製造間接経費，後者は販売費及び一般管理費の一科目として処理します。

(消費税)　新聞・雑誌・書籍代は，課税仕入れに該当するため，その費用に係る消費税等は仕入税額控除の対象です。

　軽減税率制度の実施により，飲食料品の他に，週2回以上発行される「新聞」の定期購読料も軽減税率（8％）の対象です。

■関連法規……消法第2条第1項第12号

559 雑誌購読料1年分を前払いした

> 3月決算の当社は，10月から購読している雑誌の購読料1年分の55,000円（消費税5,000円を含む）を支払った。

```
（借）新聞図書費      50,000    （貸）現 金 預 金      55,000
    仮払消費税等      5,000
```

【解　説】　雑誌購読料のうち，期末においてまだ提供を受けていない分25,000円分については，本来は当期の費用となりません。しかし，未経過分の費用の重要性が乏しい場合は，当期の費用とすることが可能です。会計上は，この重要性について明確な基準はなく，各企業において量的・質的な観点により判断することが考えられます。

　一方，法人税法上は1年以内の前払費用を継続的に支払った年度の損金としている場合は，損金の額に算入することが認められています。

(消費税)　1年以内の前払費用について，法人税上，支払った期の損金の額としている時は，その課税仕入れに係る消費税額についても，その支出した期において仕入税額控除の対象となることとされています。

■関連法規……法基通2－2－14，消通11－3－8

[保 険 料]

国税庁は，解約ありきの節税目的となる長期平準定期保険や逓増定期保険等の保険商品について，問題になるつど個別にその適正化を図ってきました。その後も国税庁と生命保険会社との間でのいたちごっこが続いたことから，2019年6月に法人税基本通達を改正し，2019年7月8日以後の定期保険及び第三分野保険の保険料（保険金又は給付金の受取人が法人の場合）の取扱いを変更しました。

改正後の通達では，定期保険と第三分野保険の保険料の取扱いが1つにまとめられ（定期保険等という），定期保険等の保険料に相当多額の前払部分の保険料が含まれている場合の取扱いが新設されました。この取扱いは，2019年7月8日以後の契約分から適用されています。

また，保険期間が終身で保険料の払込期間が有期の定期保険等の取扱い及び解約返戻金のない短期払いの定期保険等の取扱いについても明確化されました。これらは2019年10月8日以後の契約分から適用されています。

さらに，法人が契約者，役員又は従業員（これらの親族を含む）を被保険者とする特約を付した養老保険，定期保険，第三分野保険又は定期付養老保険等に加入し，特約に係る保険料を支払った場合は，その特約の内容（養老保険又は定期保険，相当多額の前払部分の保険料が含まれている定期保険等）に応じて保険料を処理します。

560 本社ビルの火災保険料を支払った

> 本社ビルについて1億円の火災保険を掛け，1年分の保険料500,000円を支払った。

（借）支払保険料　　　500,000　　（貸）現金預金　　　500,000

【解　説】　保険料は，保険契約に基づき保険会社に対して支払うものです。保険は，会社資産の不慮の事故に備えて掛けるもので，建物，機

械，製品などの火災保険，運送保険，盗難保険等があります。

火災保険料は，工場の建物，機械装置，備品，原材料に係わるものは「製造経費」，工場以外の建物，備品，商品に係わるものは「販売費及び一般管理費」として処理されます。

保険料は前払いとされる場合が多いですが，保険料総額の重要性が乏しい場合は，一括で費用計上することが可能です。会計上は，この重要性について明確な基準はなく，各企業において，量的・質的な観点により判断することが考えられます。

一方，法人税法上は，1年分の保険料であれば，継続処理を前提に支払時の損金とすることも認められています。

(消費税) 保険料は非課税となっており，仕入税額控除の対象にはなりません。

■関連法規……消法第6条第1項，消法別表第2第3号，消通11-3-8

561 長期の損害保険の保険料を支払った

工場建物について保険金額50,000,000円，保険期間5年間の長期損害保険契約を締結し，今年分の保険料600,000円を支払った。
なお，保険金10,000,000円当たりの保険料中の積立保険料の額は76,000円だった。

(借)保険料積立金　　380,000　　(貸)現　金　預　金　　600,000
　　支払保険料　　　220,000

〈計算〉　保険料積立金 $= 50,000,000円 \times \dfrac{76,000円}{10,000,000円} = 380,000円$

【解　説】　会計上多くの場合，保険料積立金に関する会計処理は法人税法上の処理に従います。法人税法では，法人が，保険期間が3年以上で，かつ保険期間満了後に満期返戻金を支払う旨の定めのある損害保険契約について保険料を支払った場合は，その支払った保険料の額のうち，積立保険料に相当する部分の金額は保険期間の満了又は保険契約の

解除もしくは失効の時までは資産に計上します。また，その他の部分の金額は，期間の経過に応じて損金の額に算入されます。

(消費税) 保険料は非課税となっており，仕入税額控除の対象外です。

《表　示》 保険料積立金は，貸借対照表上，投資その他の資産の部に記載されます。

■関連法規……法基通2－2－14, 9－3－9, 消法第6条第1項, 消法別表第2第3号

562 従業員に生命保険を掛け，保険料を支払った（養老保険の場合）

> 従業員を被保険者とし，生存保険金の受取人を従業員，死亡保険金の受取人を従業員の遺族とする養老保険に加入し，半年分の保険料100,000円を支払った。なお，支払にあたり源泉税等30,000円を控除した。

(借)給料手当	100,000	(貸)現金預金	70,000
		預り金	30,000

【解　説】 法人税法では，死亡保険金及び生存保険金のいずれについても被保険者又はその遺族が受取人になっている場合には，その支払った保険料は，被保険者たる役員又は使用人に対する給与とされます。

また，この場合の保険料相当額の給与は，一般に「定期の給与」に該当するものと解されていますので，役員の場合も役員報酬として過大にならない限り，法人税法上，損金の額に算入されます。

《ポイント》「養老保険」は，一定期間内に被保険者が死亡した場合に死亡保険金が支払われ，満期のときに死亡保険金と同額の生存保険金（満期保険金）が支払われます。

(消費税) 保険料は消費税法上，非課税取引であり，また，給料手当は人件費として課税仕入れにならないため，どちらにしても仕入税額控除の対象外です。

■関連法規……法基通9－3－4（2），9－2－9(12), 消法第2条第1項第12号,

販売費及び一般管理費［保　険　料］

第6条第1項，消法別表第1第3号

563 従業員に生命保険を掛け，保険料を支払った（定期保険の場合）

> 従業員を被保険者とし，死亡保険金の受取人を会社とする定期保険に加入し，半年分の保険料100,000円を支払った。

（借）支払保険料　　　100,000　　（貸）現 金 預 金　　　100,000

【解　説】　会社が，自己を契約者とし，役員又は使用人（これらの者の親族を含む）を被保険者とする定期保険に加入してその保険料を支払った場合には，死亡保険金の受取人が当該会社であるときはその支払った保険料の額は，期間の経過に応じて損金の額に算入されます。

　定期保険は，満期保険金がないため，基本的には支払った保険料は会社の損金か，被保険者への給与（死亡保険金の受取人が被保険者の遺族で役員等のみを被保険者とする場合）かのいずれかになります。ただし，保険期間が3年以上で最高解約返戻率（その保険の保険期間を通じて解約返戻率が最も高い割合となる期間におけるその割合）が50％を超える場合には，最高解約返戻率の高さに応じて，一定期間にわたり支払保険料の一部を資産計上する場合があります。

《ポイント》「定期保険」とは，一定期間内に被保険者が死亡した場合にのみ支払われる生命保険（死亡保険）をいい，養老保険のような満期保険金がないため，この保険料の中身はいわゆる掛捨ての危険保険料と付加保険料のみです。

（消費税）　保険料は，非課税であり，仕入税額控除の対象外です。

■関連法規……法基通9−3−5，9−3−5の2，消法第6条第1項，消法別表第2第3号

564 従業員に生命保険を掛け,保険料を支払った(定期付養老保険の場合)

> 保険料が区分されていない定期付養老保険に加入している。この度,保険金受取人が会社で被保険者が従業員の定期付養老保険の保険料50,000円を支払った。

(借)保険料積立金　　　50,000　　(貸)現 金 預 金　　　50,000

【解　説】　定期付養老保険料の額が,養老保険に係る保険料と定期保険に係る保険料とに区分されていない場合には,その全体を養老保険に係る保険料とみなして取り扱われます。

　従って,保険金の受取人が会社になっている場合には,養老保険の貯蓄性に着目して,その支払った保険料については,保険事故の発生又は保険契約の解除もしくは失効により,その保険契約が終了する時までは資産として計上します。

(消費税)　保険料及び保険料積立金は非課税であり,仕入税額控除の対象外です。

《表　示》　保険料積立金は,貸借対照表上,投資その他の資産の部に記載されます。

■関連法規……法基通9-3-6,9-3-4,消法第6条第1項,消法別表第
　　　　　　　2第3号

565 役員にのみ生命保険を掛け,保険料を支払った(養老保険の場合)

> 役員のみを被保険者とし,死亡保険金の受取人を役員の遺族,生存保険金の受取人を会社とする養老保険に加入し,半年分の保険料100,000円を支払った。
> なお,支払いにあたり源泉税等15,000円を控除した。

| (借)保険料積立金 | 50,000 | (貸)現金預金 | 85,000 |
| 役員報酬 | 50,000 | 預り金 | 15,000 |

【解　説】　死亡保険金の受取人が被保険者の遺族で，生存保険金の受取人が保険料を支払った会社である場合には，その支払った保険料のうち，その1/2に相当する金額は保険事故の発生等により保険契約が終了する時まで資産に計上し，残額は期間の経過に応じて費用になります。

ただし，役員又は部課長その他特定の使用人のみが被保険者の場合には，当該残額はその役員等に対する給与となります。

従って，本設例の場合は，保険料のうち1/2を資産に計上し，残りの1/2を役員報酬に計上しています。

なお，この場合の給与としての保険料は，一般に「定期の給与」に該当するものと解されるため，被保険者が役員である場合も，その保険料を含めて過大報酬にならない限り，法人の所得計算上，損金の額に算入されます。

(消費税)　保険料積立金は非課税であり，役員報酬も人件費として課税仕入れにならないため，いずれも仕入税額控除の対象外です。

《表　示》　保険料積立金は，貸借対照表上，投資その他の資産の部に記載されます。

■関連法規……法基通9－3－4（3），消法第2条第1項第12号，第6条第1項，消法別表第2第3号

566　役員にのみ生命保険を掛け，保険料を支払った（定期保険の場合）

取締役のみを被保険者とし，死亡保険金の受取人を当該取締役の遺族とする定期保険に加入し，半年分の保険料100,000円を支払った。なお，支払にあたり源泉税等30,000円を控除した。

| (借)役員報酬 | 100,000 | (貸)現金預金 | 70,000 |

| | | | 預 り 金 | 30,000 |

【解　説】　会社が，自己を契約者とし，役員又は使用人を被保険者とする定期保険に加入してその保険料を支払った場合で，死亡保険金の受取人が被保険者の遺族である場合は，その支払った保険料の額は，期間の経過に応じて損金の額に算入されます。

　ただし，役員又は部課長その他特定の使用人（これらの親族を含む）のみを被保険者としている場合には，当該保険料の額は，当該役員又は使用人に対する給与に該当します。

　従って，本設例の場合は，保険料全額が役員報酬に該当します。

(消費税)　保険料は非課税であり，また，役員報酬は人件費として課税仕入れに該当しないため，いずれにしても仕入税額控除の対象外です。

■関連法規……法基通9－3－5，消法第2条第1項第12号，第6条第1項，消法別表第2第3号

567　役員にのみ生命保険を掛け，保険料を支払った（定期付養老保険の場合）

　被保険者が役員で，死亡保険金の受取人が遺族，生存保険金の受取人が会社の定期付養老保険に加入し，保険料50,000円を支払ったが，そのうち30,000円は定期保険部分であった。
　なお，支払いにあたり源泉税等12,000円を控除した。

| (借)保険料積立金 | 10,000 | (貸)現 金 預 金 | 38,000 |
| 役 員 報 酬 | 40,000 | 預 り 金 | 12,000 |

【解　説】　定期付養老保険の保険料が，生命保険証券又は保険料払込案内書等において養老保険に係る保険料と定期保険に係る保険料とに明確に区分されている場合には，それぞれの保険料について養老保険又は定期保険に係る保険料の取扱いによることとされています。

　従って，本設例の場合は，養老保険部分の保険料の1／2（10,000円）

を資産に計上し，その残りの1／2（10,000円）と定期保険部分の保険料（30,000円）を役員報酬に計上しています。

(消費税) 保険料積立金は非課税であり，役員報酬も人件費として課税仕入れに該当しないため，仕入税額控除の対象外です。

《表　示》　保険料積立金は，貸借対照表上，投資その他の資産の部に記載されます。

■関連法規……法基通9－3－6，9－3－4，9－3－5，消法第2条第1項第12号，第6条第1項，消法別表第2第3号

568　会社が保険金受取人である養老保険の保険料を支払った

役員を被保険者とし，保険金の受取人を会社とする養老保険に加入し，半年分の保険料100,000円を支払った。

　　（借）保険料積立金　　　100,000　　（貸）現　金　預　金　　100,000

【解　説】　死亡保険金及び生存保険金とも会社が受取人になっている場合には，養老保険の貯蓄性に着目して，その支払った保険料については，その保険契約が終了するまで資産として計上します。

(消費税) 保険料及び保険料積立金は非課税であり，仕入税額控除の対象外です。

《表　示》　保険料積立金は，貸借対照表上，投資その他の資産の部に記載されます。

■関連法規……法基通9－3－4(1)，消法第6条第1項，消法別表第2第3号

569　傷害特約保険料を支払った

従業員を被保険者とし，保険金の受取人を会社とする傷害特約付の養老保険に加入し，主契約分の保険料50,000円と傷害特約分の保険料10,000円を支払った。

| (借)保険料積立金 | 50,000 | (貸)現 金 預 金 | 60,000 |
| 支払保険料 | 10,000 | | |

【解　説】　会社が，自己を契約者とし，役員又は使用人を被保険者とする傷害特約等の特約を付した養老保険，定期保険又は定期付養老保険に加入した場合には，その特約保険料は期間の経過に応じて損金の額に算入されます。

　ただし，役員又は部課長その他特定の使用人のみを傷害特約等に係る給付金の受取人としている場合には，その保険料の額は，その役員又は使用人に対する給与となります。

(消費税)　保険料及び保険料積立金は非課税であり，仕入税額控除の対象外です。

《表　　示》　保険料積立金は，貸借対照表上，投資その他の資産の部に記載されます。

■関連法規……法基通9－3－6の2，消法第6条第1項，消法別表第2第3号

570　個人年金保険料を支払った

　保険金受取人が会社で，役員及び使用人を被保険者とする個人年金保険に加入し，その保険料100,000円を支払った。

| (借)保険料積立金 | 100,000 | (貸)現 金 預 金 | 100,000 |

【解　説】　個人年金保険の保険料は，死亡保険金及び年金の受取人が会社の場合には，費用ではなく資産として計上します。

　一方，死亡保険金及び年金の両方の受取人が被保険者又はその遺族の場合には，被保険者である役員又は使用人に対する給与に該当します。

　また，個人年金保険の保険料は，死亡保険金の受取人が被保険者の遺族，年金の受取人が会社の場合には，90％が資産に計上され，残り10％が期間の経過に応じて損金に算入されます。

　この場合，役員又は部課長その他特定の使用人（親族を含む）のみを

販売費及び一般管理費［保　険　料］　715

被保険者としている場合には，保険料の部分はその役員等に対する給与に該当します。

《ポイント》　法人税法上，個人年金保険とは，法人が，自己を契約者とし，役員又は使用人（これらの者の親族を含む）を被保険者として加入した生命保険で，その保険契約に係る年金支払開始日に被保険者が生存している時に所定の期間中，年金がその保険契約に係る年金受取人に支払われるもので，掛金等が損金の額に算入される退職年金及び養老保険以外のものをいうとされています。

(消費税)　保険料及び保険料積立金は非課税であり，仕入税額控除の対象外です。

《表　　示》　保険料積立金は，貸借対照表上，投資その他の資産の部に記載されます。

■**関連法規**……平2直審4−19「法人が契約する個人年金保険に係る法人税の取扱いについて」，消法第6条第1項，消法別表第2第3号

571　長期平準定期保険料を支払った

> 役員・使用人の退職金に充てるため，当社を契約者・保険金受取人とし，役員・使用人を被保険者とする保険期間30年の生命保険に当期より加入している。今年分の保険料500,000円を支払ったが，この保険は長期平準定期保険に該当し，最高解約返戻率は70%である。

① 当期（保険加入1年目）〜12年目まで

(借)前払保険料	200,000	(貸)現 金 預 金	500,000
支払保険料	300,000		

※資産計上期間…保険期間30年×40％＝12年
　1年分の資産計上額…500,000円×40％＝200,000円
　12年目までの前払保険料累計額…200,000×12＝2,400,000円

② 13年目〜22年目

(借)支払保険料	500,000	(貸)現 金 預 金	500,000

※下表の資産計上期間および取崩期間のいずれにも該当しないため,保険料の全額を費用計上します。

③ 23年目～30年目（保険期間終了まで）

(借)支払保険料　　800,000　　(貸)現金預金　　500,000
　　　　　　　　　　　　　　　　　前払保険料　　300,000

※取崩期間…30年×75％＝22.5年→23年目以降（端数切上げ）
　1年分資産取崩額…前払保険料累計額2,400,000円÷取崩期間8年＝300,000円

【解　説】　会社が，自己を契約者とし役員・使用人を被保険者とする，保険期間が3年以上の定期保険又は第三分野保険で，最高解約返戻率が50％超のものに加入し保険料を支払った時は，以下のとおり取り扱われます。

(1) 当事業年度が下表の資産計上期間に該当する場合には，当期分支払保険料のうち下表の資産計上額を資産に計上し，残額を費用に計上する。
(2) 当事業年度が下表の資産計上期間および取崩期間のいずれにも該当しない場合には，当期分支払保険料の全額を費用に計上する。
(3) 当事業年度が下表の取崩期間に該当する場合には，当期分支払保険料の全額を費用計上するとともに，(1)の資産計上累計額を取崩期間の経過に応じて均等に取崩し，対応する金額を費用に計上する。

保険金受取人が役員又は部課長その他特定の使用人のみの場合には，支払保険料ではなくその役員等に対する給与となります。

区分	資産計上期間	資産計上額	取崩期間
最高解約返戻率50％超70％以下	保険期間の開始の日から，当該保険期間の100分の40相当期間を経過する日まで	当期分支払保険料の額に100分の40を乗じて計算した金額	保険期間の100分の75相当期間経過後から，保険期間の終了の日まで
最高解約返戻率70％超85％以下		当期分支払保険料の額に100分の60を乗じて計算した金額	

最高解約返戻率 85%超	保険期間の開始の日から，最高解約返戻率となる期間（当該期間経過後の各期間において，その期間における解約返戻金相当額からその直前の期間における解約返戻金相当額を控除した金額を年換算保険料相当額で除した割合が100分の70を超える期間がある場合には，その超えることとなる期間）の終了の日まで （注） 上記の資産計上期間が5年未満となる場合には，保険期間の開始の日から，5年を経過する日まで（保険期間が10年未満の場合には，保険期間の開始の日から，当該保険期間の100分の50相当期間を経過する日まで）とする。	当期分支払保険料の額に最高解約返戻率の100分の70（保険期間の開始の日から10年を経過する日までは，100分の90）を乗じて計算した金額	解約返戻金相当額が最も高い金額となる期間（資産計上期間がこの表の資産計上期間の欄に掲げる（注）に該当する場合には，当該（注）による資産計上期間）経過後から，保険期間の終了の日まで

　ただし，最高解約返戻率が70％以下で，かつ年換算保険料相当額が30万円以下の保険に係る保険料を支払った場合には，原則として期間の経過に応じて費用に計上します。
《ポイント》　長期平準定期保険とは，法人が自己を契約者とし，役員又は使用人を被保険者として加入した定期保険のうち，その保険期間満了の時における年齢が70歳を超え，かつ，その保険に加入した時における被保険者の年齢に保険期間の2倍に相当する数を加えた数が105を超えるものをいいます。特に保険期間が長いことが特徴です。

消費税 保険料及びその前払分は非課税であり，仕入税額控除の対象外です。

■関連法規……法基通9－3－5，9－3－5の2，9－3－6，平20課法2－3，
　　　　　　消法第6条第1項，消法別表第2第3号

572 終身保険を支払い，解約した

> 役員の退職金に充てるため，当社を契約者・保険金受取人とし，当該役員を被保険者とする終身保険に加入した。保険料は年1,000千円で，保険料払込期間は30年とした。30年後解約し，解約返戻金29,000千円を受け取った。

① 毎年の保険料支払時

　(借)保険料積立金　1,000,000　　(貸)現金預金　1,000,000

② 30年後の解約返戻金受取時

　(借)現 金 預 金　29,000,000　　(貸)保険料積立金　30,000,000
　　　雑　損　失　 1,000,000

【解　説】　終身保険は，保険期間が一生続き，死亡保険金は何歳で亡くなっても支払われる保険です。従って，終身保険は必ず死亡保険金を受け取ることができる貯蓄性の高い保険ですので，保険料は全額資産に計上します。

　解約した場合には，保険料積立金を取り崩し，解約返戻金との差額を雑収入，又は雑損失とします。

消費税 保険料及び保険料積立金・雑損失は非課税であり，仕入税額控除の対象外です。

《表　示》　保険料積立金は，貸借対照表上，投資その他の資産の部に記載されます。

販売費及び一般管理費 [保 険 料] 719

573 逓増定期保険を支払い,解約した

> 役員の退職金に充てるため,当社を契約者・保険金受取人とし,当該役員を被保険者とする逓増定期保険に加入した。その逓増定期保険は,加入年齢62歳,満了時年齢92歳,当初保険金1億円(20年目に5億円まで逓増),保険料払込期間は30年で,毎年の保険料5,000千円を支払った。
> 20年経過後に解約し,解約返戻金60,000千円を受け取った。

① 保険期間前半6割の期間(18年間)の保険料支払時

(借)支払保険料　1,250,000　　(貸)現 金 預 金　5,000,000
　　前払保険料　3,750,000

② 保険期間後半4割の期間(19年目以降)の保険料支払時

(借)支払保険料　10,625,000　　(貸)現 金 預 金　5,000,000
　　　　　　　　　　　　　　　　　前払保険料　5,625,000

③ 20年経過後の解約時

(借)現 金 預 金　60,000,000　　(貸)前払保険料　56,250,000
　　　　　　　　　　　　　　　　　雑　収　入　3,750,000

〈計算〉 ① 支払保険料:$5,000,000円 \times \frac{1}{4} = 1,250,000円$

前払保険料:$5,000,000円 \times \frac{3}{4} = 3,750,000円$

② 前払保険料取崩額:$3,750,000円 \times \frac{6}{4} = 5,625,000円$

③ 20年経過後の前払保険料:$3,750,000円 \times 18(年) - 5,625,000円 \times 2(年) = 56,250,000円$

【解　説】 逓増定期保険は,保険期間の経過により保険金額が5倍までの範囲で増加する定期保険のうち,保険期間満了時における被保険者

の年齢が45歳を超えるものをいいます。

逓増定期保険の保険料の損金算入割合は，以下の通りです。

年齢・期間	前半6割の期間	後半4割の期間
①保険期間満了時の年齢が45歳超（ただし，②又は③に該当しないこと）	保険料の 2分の1を損金算入 2分の1を資産計上	・保険料の全額を損金算入 ・前半6割の期間中に資産計上した前払保険料を均等に取り崩して損金算入
②保険期間満了時の年齢が70歳超，かつ加入年齢＋（保険期間×2倍）が95歳超（ただし，③に該当しないこと）	保険料の 3分の1を損金算入 3分の2を資産計上	
③保険期間満了時の年齢が80歳超，かつ加入年齢＋（保険期間×2倍）が120歳超	保険料の 4分の1を損金算入 4分の3を資産計上	

(消費税) 保険料及びその前払分は非課税であり，仕入税額控除の対象外です。

■関連法規……法基通9－3－5，9－3－5の2，9－3－6，平20課法2－3

574 特別条件特約に係る保険料を支払った

役員又は使用人を被保険者，会社を保険金受取人とする特別条件付養老保険に加入し，保険料100,000円を払ったが，そのうち，特別条件特約に係る部分は20,000円だった。

(借)保険料積立金	80,000	(貸)現 金 預 金	100,000
支払保険料	20,000		

【解　説】　特別条件特約とは，高血圧・心臓病・肥満の人，漁船の乗組員，石材業従事者等のように死亡率が他の人よりも経験的にみて高いとみられる人について，割増しの保険料を負担させる特約をいいます。

特別保険料は単年度ごとに清算されており，特別保険料に係る解約返戻金はないことから，その支出時の損金となります。

(消費税)　保険料及び保険料積立金は非課税であり，仕入税額控除の対象外です。

《表　示》　保険料積立金は，貸借対照表上，投資その他の資産の部に記載されます。

■関連法規……法基通9－3－4，消法第6条第1項，消法別表第2第3号

575　賃借建物に保険を付し，その保険料を支払った

> 賃借している建物等に係る長期保険契約について火災保険料50,000円（1年分）を支払っているが，当該建物等の所有者が保険契約者及び被保険者となっている。なお，保険料のうちに積立保険料はない。

　　(借)不動産賃借料　　　50,000　　(貸)現金預金　　　50,000

【解　説】　法人が賃借している建物等の長期損害保険契約について，法人が保険契約者となり，当該建物等の所有者が被保険者となっている場合には，支払った保険料は，積立保険料となるべきものを除き，期間の経過に応じて損金の額に算入されます。

当該建物等の所有者が保険契約者及び被保険者になっている場合には，保険料支払人である法人（賃借人）は，損害保険金の請求権及び満期返戻金等の請求権のいずれも有しないため，その支払保険料の全額を建物等の賃借料とします。

(消費税)　建物賃貸借契約上，火災保険料が明示されている場合には，その保険料相当分については非課税となり，仕入税額控除の対象外です。

■関連法規……法基通9－3－10，9－3－9，消法第6条第1項，消法別表第

2第3号

576 役員又は使用人所有の建物等に保険を付し，その保険料を支払った

社長の自宅を賃借し，社宅として社長に使用させているが，その建物につき，社長が被保険者とする長期の損害保険契約を当社が締結した。当期の保険料は50,000円で，うち15,000円は積立保険料である。

| (借)保険料積立金 | 15,000 | (貸)現 金 預 金 | 39,500 |
| 役 員 報 酬 | 35,000 | 預 り 金 | 10,500 |

【解　説】　法人がその役員又は使用人の所有する建物等に係る長期の損害保険契約につき，法人が保険契約者となり，当該役員又は使用人が被保険者となっている場合には，保険料の額のうち，保険料積立金に相当する部分の金額は資産に計上し，その他の部分の金額は当該役員又は使用人に対する給与に計上します。

(消費税)　保険料積立金は非課税であり，役員報酬も人件費として課税仕入れにならないため，いずれも仕入税額控除の対象外です。

《表　示》　保険料積立金は，貸借対照表上，投資その他の資産の部に記載されます。

■関連法規……法基通9－3－11，9－3－10，消法第2条第1項第12号，第6
　　　　　　　条第1項，消法別表第2第3号

[賃 借 料]

577 本社ビルの賃借料を支払った

> 当社は，X1年4月1日を開始日とする本社ビルに係る5年間の賃貸契約を締結した。毎月の賃料は2,000,000円（前払い）である。なお，賃貸契約満了後に移転する予定であるが，原状回復義務等はない。
>
> 借手（当社）の追加借入利子率年10%（借手は貸手の計算利子率を知り得ない。）である。また，当社の決算日は3月31日である。

（借）地 代 家 賃　2,000,000　　（貸）現 金 預 金　2,200,000
　　　仮払消費税等　　 200,000

【解　説】　地代家賃は，土地，建物を借りて使っている場合に賃貸人に使用の対価として支払うものです。

地代家賃を前払いしたときは，原則として前払費用に計上します。ただし，毎期継続的に，前払いしたときに費用計上している場合は，前払費用に振り替えた場合と年間の費用計上額は同額であるため，前払費用に振り替えないことが認められる場合も考えられます。

法人税法上は，継続して支払った日から1年以内の分を支払った期の費用としている時は，その処理も認められます。

(消費税)　建物の貸付けは，非課税とされる住宅の貸付けを除き消費税が課されるため，支払家賃は課税仕入れに該当し，その費用に係る消費税等は仕入税額控除の対象です。

■関連法規……法基通2－2－14，消法第2条第1項第12号，消通11－3－8

【新リース会計基準】

借手はリース開始日に，原則として，リース開始日において未払である借手のリース料からこれに含まれている利息相当額の合理的な見積額を控除し，現在価値により算定する方法に従い算定された額によりリース負債を計上します。

また,当該リース負債にリース開始日までに支払った借手のリース料,付随費用及び資産除去債務に対応する除去費用を加算し,受け取ったリース・インセンティブを控除した額により使用権資産を計上します。

契約上の諸条件に照らして原資産の所有権が借手に移転すると認められるリース以外のリースに係る使用権資産の減価償却費は,定額法等の減価償却方法の中から企業の実態に応じたものを選択適用した方法により算定し,原資産を自ら所有していたと仮定した場合に適用する減価償却方法と同一の方法により減価償却費を算定する必要はありません。この場合,原則として,借手のリース期間を耐用年数とし,残存価額をゼロとします。

▶X1年4月1日(リース開始日・第1回目支払日)

(借)使用権資産　94,915千円(※1)　(貸)リース負債　94,915千円
(借)リース負債　2,000千円　(貸)現金預金　2,000千円

(※1)〈リース負債及び使用権資産の計算〉

$$2,000千円 + \frac{2,000千円}{(1+0.1 \times 1/12)} + \cdots + \frac{2,000千円}{(1+0.1 \times 1/12)^{59}} = 94,915千円$$

▶X1年5月1日(第2回目支払日)

(借)リース負債　1,226千円　(貸)現金預金　2,000千円
(借)支払利息　774千円

▶X1年6月30日(第1四半期決算日)

(借)減価償却費　4,746千円(※2)　(貸)減価償却累計額　4,746千円

(※2)〈減価償却費の計算〉リース期間を耐用年数とする。
　94,915千円×1年/5年×3カ月/12カ月=4,746千円

販売費及び一般管理費 [賃　借　料]　725

(単位：千円)

回数	返済日	前期末元本	返済合計	元本分	利息	月末元本
1	X1/4/1	94,915	2,000	2,000	0	92,915
2	X1/5/1	92,915	2,000	1,226	774	91,689
3	X1/6/1	91,689	2,000	1,236	764	90,454
4	X1/7/1	90,454	2,000	1,246	754	89,207
5	X1/8/1	89,207	2,000	1,257	743	87,951
⋮	⋮	⋮	⋮	⋮	⋮	⋮
56	X5/11/1	9,755	2,000	1,919	81	7,836
57	X5/12/1	7,836	2,000	1,935	65	5,901
58	X6/1/1	5,901	2,000	1,951	49	3,951
59	X6/2/1	3,951	2,000	1,967	33	1,983
60	X6/3/1	1,983	2,000	1,983	17	0

■**関連法規**……新リース会計基準第33～34項，36項，38項，新リース適用指針第18～19項，第37～39項，設例9，設例9－1

578　コンピュータのリース料を支払った

> 当社では，コンピュータ（法定耐用年数5年）を，3年リースで賃借し，毎月のリース料は220,000円で，3年後以降2年間のリース料は月額22,000円で再リースする。1年目のリース料2,640,000円を支払った。なお，再リース期間は解約不能のリース期間には含めず，本取引は，ファイナンス・リース取引に該当しない。
> また，上記の金額は，すべて10％の消費税込みの金額である。

▶X2年3月31日（1年目決算日・当初リース・少額リース）

　　(借)賃　借　料　　2,400,000　　　(貸)現 金 預 金　　2,640,000
　　　　仮払消費税等　　 240,000

▶X5年3月31日（4年目決算日・再リース・少額リース）

(借)賃　借　料　　　200,000　　(貸)現 金 預 金　　　220,000
　　仮払消費税等　　　 20,000

【解　説】　リース取引であっても，中途解約が可能，又は借手がリース物件からもたらされる経済的利益を実質的に享受でき，かつ，使用に伴って生じるコストを実質的に負担するとは言えない場合は，ファイナンス・リース取引に該当せず，オペレーティング・リース取引に該当します。従って，通常の賃貸借取引に係る方法に準じて会計処理を行います。

(消費税)　賃借料やリース料は，原則として課税仕入れに係る支払対価に該当しますが，ファイナンス・リースのリース料のうち金利及び保険料相当額が契約において明確に区分されているときは，金利及び保険料相当額は非課税となるため，その分は仕入税額控除の対象外です。

■関連法規……リース会計基準第5項，第6項，消法第6条第1項，第30条，消通9－1－20

【新リース会計基準】　新リース会計基準においても少額リースの簡便的な取扱いが認められています。簡便的な取扱いを適用した場合，会計処理は従来と変わりません。

　また，新リース会計基準においては，リース開始日に再リース期間を借手のリース期間に含めていない場合，当初のリースとは独立したリースとして会計処理することができます。我が国の再リースは一般的に，当初の月額リース料程度の年間リース料により行われる1年間のリースであるという特徴があります。そのため，再リースについて，当初のリースとは独立したリースとして処理する場合，短期リースや少額リースとして扱うことが多いと考えられます。その場合には従来通り，定額法により費用処理します。

　なお，契約当初の仕訳処理については577「本社ビルの賃借料を支払った」を参照して下さい。

■関連法規……新リース会計基準BC27項，適用指針第22項，第23項，第52項，BC81項

579 家賃を1年分手形にて前払いした

> 当社は3月決算会社であるが、10月に本社を移転し、10月から翌年9月までの1年分の家賃6,765,000円（消費税615,000円を含む）を手形にて一括前払いした。
> なお、従来は前月末までに当月の家賃を1カ月分前払いしていた。

　　（借）地代家賃　　6,150,000　　（貸）支払手形　　6,765,000
　　　　　仮払消費税等　　615,000

【解　説】　将来提供を受ける役務に係るものは、原則として前払費用に計上します。ただし、その金額の重要性が乏しい場合は、前払費用に振り替えずに一括で費用計上する場合もあります。会計上は、この重要性について明確な基準はなく、各企業において、量的・質的な観点により判断することが考えられます。

　法人税法上は、その支払った日から1年以内に提供を受ける役務に係るものを支払った場合には、継続適用を条件に損金算入が認められます。なお、「支払った場合」には、支払手段としての手形の振出しも含まれると解されます。

(消費税)　建物の貸付けは、非課税とされる住宅の貸付けを除き消費税が課されるため、支払家賃は課税仕入れに該当し、仕入税額控除の対象です。1年以内の前払費用について、法人税上支払った期の損金の額としている時は、その課税仕入れに係る消費税額についても、その支出した期において控除対象とします。

■関連法規……法基通2－2－14、消法第6条第1項、消法別表第2第13号、消通11－3－8

580 権利金の支払いを伴う地代を支払った

> 当社は、A社より工場用地1,000㎡を賃借し、借地権の対価として

> 50,000,000円，1年分の地代として3,700,000円支払った。
> なお，この土地の評価は下記のとおりであった。
> ① 相続税評価額　　　　　　　　　100,000,000円
> ② 相続税評価額の過去3年の平均　　90,000,000円
> ③ 時価　　　　　　　　　　　　　150,000,000円

(借)借　地　権　50,000,000　　(貸)現金預金　53,700,000
　　支払地代　　 3,700,000

〈計算〉　$50,000,000円 \times \dfrac{90,000,000円}{150,000,000円} = 30,000,000円$（収受した権利金）

　　　　$(90,000,000円 - 30,000,000円) \times 0.06 = 3,600,000円$（相当の地代）

【解　説】　土地の使用の対価として，通常権利金等を収受する取引上の慣行がある場合において，その権利金等の収受に代え，土地（借地権者にあっては借地権）の価額に照らし，その使用の対価として，「相当の地代」を収受している時は，その土地の使用に係る取引は，正常な取引条件でなされたものとして，権利金の贈与があったものとはしません。

なお，相当の地代は，次の算式で算出されますが，本設例では，実際の地代がこれを上回っているため，権利金の不足等の問題は生じません。

(土地の更地価額(＊1)−収受した権利金(＊2))×$\dfrac{6}{100}$＝相当の地代

　＊1：次のいずれでもよい。
　　　① 更地としての「通常の取引価額（取得時価）」
　　　② 公示価格等から合理的に算定した価額
　　　③ 相続税評価額（過去3年間の平均額でもよい）
　＊2：その権利金又は特別の経済的な利益の額×近傍類地の公示価格等又は相続税評価額 / 当該土地の更地としての通常の取引価額

(消費税)　消費税において，土地そのもの又は借地権のように土地の上に存する権利の譲渡及び貸付け（貸付期間が1月未満の場合等を除く）は，

非課税であるため,借地権及び支払地代は仕入税額控除の対象外です。
　なお,貸付期間が1年未満の場合及び駐車場その他の施設の利用に伴って土地が利用される場合の地代は,課税仕入れに該当し,仕入税額控除の対象です。

■**関連法規**……法令第137条,法基通13－1－2,平元直法2－2「法人税の借地権課税における相当の地代の取扱いについて」,消法第6条第1項,消法別表第2第1号,消令第8条,消通6－1－4,6－1－5

[水道光熱費]

581 水道・ガス・電気代を支払った

当月分の水道代61,600円, ガス代8,800円及び電気代205,700円が, それぞれ銀行口座より自動引落しされた。これらはすべて10％の消費税込みの金額である。

（借）水道光熱費　　　251,000　　（貸）現 金 預 金　　276,100
　　　仮払消費税等　　　 25,100

〈計算〉 $(61{,}600円+8{,}800円+205{,}700円) \times \dfrac{10}{110} = 25{,}100円$

【解　説】　水道光熱費は, 水道料, ガス代, 電気代等の費用をいいます。水道光熱費の消費額については, 料金算定のための検針日と会計計算のための検針日が一致する時は「支払経費」, 両者が一致しない時は「測定経費」として把握されます。

　水道光熱費には, 工場関係のものとそれ以外のものとがあり, 前者は「製造経費」又は「製造間接経費」, 後者は「販売費及び一般管理費」の一科目として処理されます。

(消費税) 法人が電力会社等に支払う電力料などには消費税が課税されるため, 水道光熱費は課税仕入れに該当し, 仕入税額控除の対象です。

■関連法規……消法第2条第1項第12号

582 期末に電力料金を未払計上した

当社は, 照明及び冷暖房を電気で行っているため, 毎月の電力料金が大きくなっているが, 決算月である当月も検針後電力料金が583,000円（消費税53,000円を含む）あった。

| (借)水道光熱費 | 530,000 | (貸)未 払 費 用 | 583,000 |
| 仮払消費税等 | 53,000 | | |

【解　説】　水道光熱費であっても,金額的に重要である場合には,給料手当や地代家賃等と同様に未払分があるならば,検針等により未払分を未払費用に計上すべきです。

消費税　水道光熱費は,未払いであっても検針等により数量が確認できる分までは,課税仕入れとして,その費用に係る消費税等は仕入税額控除の対象です。

■関連法規……財規第48条,消法第2条第1項第12号

[消耗品費,消耗器具備品費]

583 事務用品を購入した

> コピー用紙及び筆記用具等をまとめて165,000円(消費税15,000円を含む)購入し,代金を支払った。

(借)事務用品費	150,000	(貸)現 金 預 金	165,000
仮払消費税等	15,000		

【解 説】 事務用消耗品,包装材料,広告宣伝用印刷物及び見本品等は,期末に未使用のものは貯蔵品に振り替えます。ただし,重要性が乏しい場合は,貯蔵品に振り替えないことも認められます。会計上は,この重要性について明確な基準はなく,各企業において,量的・質的な観点により判断することが考えられます。

　法人税法上も,継続して購入した期に費用に計上している場合は損金算入が認められます。

(消費税) 事務用品費等の消耗品費は,購入した課税期間において,その費用に係る消費税等は仕入税額控除の対象です。

■関連法規……法基通2－2－15,消法第2条第1項第12号,第30条第1項

584 事務用品の一部が期末に在庫となった

> コピー用紙及び筆記用具等をまとめて165,000円(消費税15,000円を含む)購入したが,期末にそのうち110,000円(消費税10,000円を含む)分が残った。

(借)貯 蔵 品	100,000	(貸)事務用品費	100,000

【解 説】 事務用消耗品,包装材料,広告宣伝用印刷物及び見本品等

が，期末に未使用分が残った場合，貯蔵品に振り替えます。ただし，重要性が乏しい場合は，貯蔵品に振り替えないことも認められます。会計上は，この重要性について明確な基準はなく，各企業において，量的・質的な観点により判断することが考えられます。

しかし法人税法上，これらの消耗品等は，各事業年度に概ね一定数量を取得して，経常的に消費するものであるため，継続して購入した期に費用に計上している場合は，貯蔵品としない方法も認められます。

(消費税) 事務用品費等の消耗品費は，消費税法上購入した課税期間において消費税が課税されるため，貯蔵品は仕入税額控除の対象外です。

■関連法規……法基通2－2－15

585 未使用の会社案内書があった

> 1部当たり550円（消費税50円を含む）の会社案内書を2年ぶりに2,000部作ったが，期末に1,500部残った。会社案内書は質的に重要性があると判断している。

(借)貯　蔵　品　　750,000　　(貸)事務用品費　　750,000

〈計算〉　500円×1,500部＝750,000円

【解　説】　会社案内書は，販売活動及び一般管理活動に伴い消費される短期的費用財の性格をもっていますので消耗品といえます。従って，期末において未使用のものは貯蔵品に振り替えます。ただし，重要性が乏しい場合は，貯蔵品に振り替えないことも認められます。会計上は，この重要性について明確な基準はなく，各企業において，量的・質的な観点により判断することが考えられます。

法人税法上は，事務用消耗品，広告宣伝用印刷物，見本品その他これらに準じる貯蔵品で，各事業年度に概ね一定数量を取得して，経常的に消費するものは，毎期継続することを条件に取得時に費用処理が認められます。

(消費税) 事務用品費等の消耗品費は，消費税法上購入した課税期間において消費税が課税されるため，貯蔵品には消費税は関係しません。
■関連法規……法基通2－2－15

586 非常用食料品を購入した

地震等の災害時に備えて，賞味期間5年の非常食1,000食分を1,080,000円（消費税80,000円を含む）で購入した。

(借)消 耗 品 費　　1,000,000　　(貸)現 金 預 金　　1,080,000
　　仮払消費税等　　　 80,000

【解　説】　非常用食料品は，その物理的特性からみて，一種の消耗品と認められます。消耗品は，使用を開始した時をもって費用化され，期末に未使用のものは貯蔵品となります。しかし，非常食は備蓄することが本来の用途ですので，備蓄を開始した時をもって事業の用に供したと判断されます。従って，非常食は，購入すると同時に備蓄されますので，その購入費用は，全額購入時において費用となります。

(消費税) 消耗品費の消費税等は，消費税法上購入した課税期間において仕入税額控除の対象です。

　飲食料品（酒類・外食を除く）及び週2回以上発行される新聞の定期購読契約は軽減税率である8％が適用されます。
■関連法規……消法第2条第1項第12号，第30条第1項

587 新築ビルの各室にカーテン及びエアコンを取り付けた

4階建て20室の本社ビルを新築し，各室にカーテンとエアコンを取り付けた。1カ所当たり55,000円（消費税5,000円を含む）のもの40カ

所（1室2カ所）で計2,200,000円のカーテン代と，1台当たり198,000円（消費税18,000円を含む）のもの20台で計3,960,000円のエアコン代を支払った。

（借）器具備品 　　（一括償却資産）	2,000,000	（貸）現金預金	6,160,000
建物附属設備	3,600,000		
仮払消費税等	560,000		

【解　説】　法人税法では，カーテンは，1枚では機能せず，1室で数枚が組み合わされ機能しますので，取得価額100,000円未満かどうかは，1室ごとのその取得価額で判定すべきです。なお，一時に損金算入できる少額減価償却資産については，取得価額が10万円未満ですが，20万円未満の資産については，事業年度ごとに一括して3年間で償却することができます。

　エアコンは，建物附属設備に該当し，また，建物と同時に取得したものですので，1台ごとに取得価額を判定するのではなく，20台を一式とみるべきで，少額減価償却資産とはなりません。

(消費税)　消耗品費及び減価償却資産に係る消費税額は，その購入の日の属する課税期間において仕入税額控除の対象です。

■関連法規……法令第133条，133条の2第1項，法基通7－1－11，消法第30条第1項，消通11－3－3

588　30万円未満のコピー・プリンター複合機を購入した

当社は，資本金8,000万円の大法人の子会社ではない法人である。当期の6月に，308,000円（消費税28,000円を含む）のコピー・プリンター複合機を現金で購入した。

(借)消耗器具備品費	280,000	(貸)現 金 預 金	308,000
仮払消費税等	28,000		

【解　説】　中小企業者（大法人の子会社を除く資本金1億円以下の法人）には，一時に損金算入できる少額減価償却資産に関して，10万円ではなく30万円基準の特例が設けられています。

　年間300万円までなら，30万円未満の減価償却資産は，一時に損金算入することができます。この特例は，2022年3月31日までの取得等が時限とされていましたが，令和4年税制改正により，2024年3月31日までの取得等に時限が延長されました。また，対象資産から貸付け（主要な事業として行われるものを除く）の用に供した減価償却資産が除外されました。更に，これに加えて，2022年4月1日以後に開始する事業年度からは，対象法人から通算法人が除外されました。

消費税　消耗器具備品費に係る消費税額は，その購入した日の属する課税期間において仕入税額控除の対象です。

■関連法規……措法第67条の5，措法第28条の2，措令第39条の28，消法第30条
　　　　　　　第1項，消通11-3-3

[修繕費,修繕引当金繰入額]

589 自動車の点検整備を行った

> 自動車の点検整備があり,オイル交換や磨耗部品等の取替え等に198,000円(消費税18,000円を含む)を修理工場に支払った。

(借)修 繕 費	180,000	(貸)現 金 預 金	198,000
仮払消費税等	18,000		

【解 説】 実務上,修繕費と資本的支出との区分は難しいため,法人税法上,以下のようなものを修繕費とすることが認められています。
(1) 20万円未満の少額支出である場合
(2) 周期の短い(概ね3年以内)費用である場合
(3) 資本的支出であるか修繕費であるかが明らかでない場合で下記のいずれかに該当するとき
  ① 600,000円未満の支出
  ② 前期末における取得価額の概ね10%相当額以下の支出
本設例の場合,明らかに修繕費と認められます。

(消費税) 修繕費は,課税仕入れに該当するため,その費用に係る消費税等は仕入税額控除の対象です。
■関連法規……法基通7-8-3,7-8-4,消法第2条第1項第12号

590 償却資産の損傷部分を取り替えた

> 木造建物(前期末取得価額4,000,000円)の木製窓枠を,損傷が著しいためすべてアルミサッシに替え,1,100,000円(消費税100,000円を含む)支払った。木製窓枠のままだと取替費用は550,000円(消費税50,000円を含む)の見積りであった。

(借)建 物	500,000	(貸)現金預金	1,100,000
修 繕 費	500,000		
仮払消費税等	100,000		

【解 説】 法人税法では，固定資産の修理，改良等のために支出した金額のうち，その価値を高め，又はその耐久性を増すこととなる部分に対応する金額が資本的支出となり，例えば，下記のものが該当します。

①	建物の避難階段の取付等物理的に付加した部分に係る費用の額
②	用途変更のための模様替え等改造又は改装に直接要した費用の額
③	機械の部品を特に品質又は機能の高いものに取り替えた場合の通常の取替費用を超える額

本設例においては，上記③に該当するため，木製とアルミサッシの差額500,000円が資本的支出として建物勘定で処理されます。

《ポイント》 建物の増築，建築物の拡張・延長等は，建物等の取得にあたります。

消費税 固定資産の購入及び修繕費は，課税仕入れに該当するため，その費用に係る消費税等は仕入税額控除の対象です。

■関連法規……法令第132条，法基通7-8-1，消法第2条第1項第12号

591 修理，改良等によって使用可能年数が延長した

工場建物に大規模な修理，改良を行い，使用可能年数を延長した。この代金は16,500,000円（消費税1,500,000円を含む）であり，取得時の予測使用年数は35年，現在までの経過年数は17年，修理後の使用可能年数は25年である。

| (借)建 物 | 4,200,000 | (貸)現金預金 | 16,500,000 |
| 修 繕 費 | 10,800,000 | | |

販売費及び一般管理費［修繕費，修繕引当金繰入額］ 739

　　仮払消費税等　　1,500,000

〈計算〉　$15,000,000円 \times \dfrac{25年 - (35年 - 17年)}{25年} = 4,200,000円$（資本的支出）

【解　説】　法人税法では，法人が修理，改良その他いかなる名義をもってしても，固定資産について支出する金額で，次に該当するもの（そのいずれにも該当する場合は，いずれか多い金額）は資本的支出となり，損金算入は認められません。

① 支出によりその固定資産の使用可能期間を延長せしめる部分に対応する金額

$$支出金額 \times \dfrac{支出後の使用可能年数 - 支出しなかった場合の使用可能年数}{支出後の使用可能年数} = 資本的支出$$

② 支出によりその固定資産の価額を増加せしめる部分に対応する金額

$$支出直後の価額 - 通常の管理，修理をしていた場合の支出時の価額 = 資本的支出$$

本設例の場合，①で計算され，4,200,000円を資本的支出として建物勘定で処理します。

(消費税)　固定資産の購入及び修繕費は，課税仕入れに該当するため，その費用に係る消費税等は仕入税額控除の対象です。

■関連法規……法令第132条，消法第2条第1項第12号

592　建物を解体移築した

木造事務所を5,500,000円（消費税500,000円を含む）かけて解体移築したが，旧資材は約75％が再使用できるもので，それらをそのまま利用して前の建物とほぼ同一のものを再建築した。

　　(借)修　繕　費　　5,000,000　　(貸)現　金　預　金　　5,500,000

| 仮払消費税等 | 500,000 |

【解　説】　法人税法では，建物を解体移築するにあたって，旧資材の70％以上が再使用できる場合で，その旧資材をそのまま利用して前の建物と同一の規模及び構造の建物を再建築する場合は，その移築に要した費用は修繕費となるとされています。

　この要件を満たさないで解体移築した費用は，その建物に新たに付加された部分は建物の取得価額に算入され，それ以外は，使用可能期間を延長させない限り一時の損金となります。また，建物の解体移築に伴い除却された部分の未償却残額は，損金の額に算入されます。

(消費税)　修繕費は，課税仕入れに該当するため，その費用に係る消費税等は仕入税額控除の対象です。

■関連法規……法基通7－8－2(1)，消法第2条第1項第12号

593 集中生産のため機械装置を移設した

　集中生産のため，A工場の機械装置（帳簿価額35,000,000円）をB工場に移設し，この移設に要した費用，解体費1,100,000円，運搬費1,650,000円，据付費2,750,000円を支払った。これらの費用はすべて10％の消費税込みである。

　なお，旧据付費の未償却残額は300,000円であった。

(借)機 械 装 置	4,000,000	(貸)現 金 預 金	5,500,000
解 体 費	1,000,000		
仮払消費税等	500,000		

| (借)固定資産除却損 | 300,000 | (貸)機 械 装 置 | 300,000 |

〈計算〉　移設費＞移設直前の帳簿価額の10％

　　　　1,500,000円（税抜）＋2,500,000円（税抜）＞35,000,000円×10％

【解　説】　集中生産又はより良い立地条件において生産を行うため機

販売費及び一般管理費［修繕費，修繕引当金繰入額］ 741

械装置を他の事業場に移設した場合（新規導入に伴う場合を除く）は，運賃，据付費等の移設費（解体費を除く）は機械装置の取得価額に算入されます。ただし，解体費及び旧据付費（評価ベース）は法人税法上，損金となります。

なお，運賃，据付費等の移設費が当該機械装置の移設直前の帳簿価額の10％以下である場合は，旧据付費ではなく，この移設費が損金となります。

(消費税) 固定資産の購入及び解体費は，課税仕入れに該当するため，仕入税額控除の対象です。固定資産除却損は課税仕入れに該当しないため，仕入税額控除の対象外です。

■関連法規……法基通7－3－12，7－8－2(2)，消法第2条第1項第12号

594 駐車場用土地に砂利を敷いた

> 駐車場にしている土地に水たまりができているため，砂利，砕石を敷き，その代金550,000円（消費税50,000円を含む）を支払った。

```
(借) 修  繕  費      500,000    (貸) 現 金 預 金      550,000
    仮払消費税等       50,000
```

【解　説】　法人税法では，現に使用している土地の水はけを良くする等のために行う砂利，砕石等の敷設に要した費用の額及び砂利道又は砂利路面に砂利，砕石等を補充するために要した費用は，修繕費として取り扱います。

ただし，新たに他から取得した土地又は未利用地を事業の用に供するにあたって敷設する砂利，砕石等は，修繕費ではなく，石敷の舗装道路及び舗装路面として構築物として取り扱います。

(消費税) 修繕費は，課税仕入れに該当するため，その費用に係る消費税等は仕入税額控除の対象です。

■関連法規……法基通7－8－2(5)，耐通2－3－13，消法第2条第1項第12号

595 外壁を塗り替えた

> 工場建物(前期末取得価額150,000,000円)の外壁の塗装落ちが激しいため,外壁全体につき修復工事と同時に耐水性の高い特殊ペンキ塗装をし,それらの代金13,200,000円(消費税1,200,000円を含む)を支払った。
> なお,通常のペンキで塗装した場合の工事代は,11,000,000円(消費税1,000,000円を含む)であった。

(借)建　　　　物　　2,000,000　　(貸)現 金 預 金　13,200,000
　　修 繕 費　10,000,000
　　仮払消費税等　　1,200,000

【解　説】法人税法では,建物の外壁の補修等は,外壁(モルタル壁等)の一部がはげ落ちたため,その部分とその周辺の塗替えに要する程度の費用ならば修繕費となりますが,壁の全面について修復工事を加え,しかも耐水性等の優れた特殊ペンキ塗装を実施している場合には,通常の維持補修の程度を超えていると考えられます。

従って,通常の維持補修に要する費用を超える部分の金額は資本的支出となります。

(消費税)　固定資産の購入及び修繕費は,課税仕入れに該当するため,その費用に係る消費税等は仕入税額控除の対象です。

■関連法規……法令第132条,法基通7－8－1(3),消法第2条第1項第12号

596 前期末取得価額の10%未満の改良を行った

> 工場用建物(前期末取得価額13,000,000円)の修理・改良等を行い,1,320,000円(消費税120,000円を含む)を支払った。
> ただし,この修理・改良等は,資本的支出か修繕費か区分ができな

いものであった。

(借)修　繕　費　1,200,000　　(貸)現金預金　1,320,000
　　仮払消費税等　120,000

【解　説】　修理・改良等のために要した費用の額のうちに資本的支出か修繕費か明らかでない金額がある場合に，その金額が下記のいずれかに該当する時は，法人税法上，修繕費として損金算入することができます。
①　その金額が600,000円に満たない場合
②　その金額がその修理・改良等に係る固定資産の前期末における取得価額の概ね10％相当額以下である場合

本設例は，この②に該当します。

消費税　修繕費は，課税仕入れに該当するため，その費用に係る消費税等は仕入税額控除の対象です。

■関連法規……法基通7－8－4，7－8－5，消法第2条第1項第12号

597　前期末取得価額の10％超の修理を行った

工場用建物（前期末取得価額10,000,000円）の修理・改良等を行い，3,300,000円（消費税300,000円）を支払った。
ただし，この修理・改良等は，資本的支出か修繕費か区分できないものであった。

(借)建　　　物　2,100,000　　(貸)現　金　預　金　3,300,000
　　修　繕　費　　900,000
　　仮払消費税等　300,000

【解　説】　法人税法では，固定資産についての修理・改良等の金額が資本的支出か修繕費か不明な場合で，その固定資産の前期末取得価額の

10％超である場合には、次の基準による処理が認められます。

会社が継続して、修理・改良のための費用のうち、区分が不明の金額の30％相当額と当該固定資産の前期末取得価額の10％相当額とのいずれか少ない金額を修繕費とし、残額を資本的支出として処理している時は、法人税法上これを認めるとされています。

従って、本設例では、支出額3,000,000円（消費税抜）の30％が、前期末取得価額10,000,000円の10％より少ないため、前者の900,000円が修繕費となります。

(消費税) 固定資産の購入及び修繕費は、課税仕入れに該当するため、その費用に係る消費税等は仕入税額控除の対象です。

■関連法規……法基通7－8－5、消法第2条第1項第12号

598 周期の短い改良費用を支出した

> 機械装置につき修理・改良を行い、2,200,000円（消費税200,000円を含む）を支出した。この機械装置については、3年前においても修理・改良を行っていた。

| (借)修 繕 費 | 2,000,000 | (貸)現 金 預 金 | 2,200,000 |
| 仮払消費税等 | 200,000 | | |

【解　説】法人税法では、1つの計画に基づき同一の固定資産について行う修理・改良等が概ね3年以内を周期として行われることが過去の実績その他の事情から明らかである場合には、その改良等の内容にかかわらず形式的に、その支出額を修繕費とすることができます。

(消費税) 修繕費は、課税仕入れに該当するため、その費用に係る消費税等は仕入税額控除の対象です。

■関連法規……法基通7－8－3(2)、消法第2条第1項第12号

販売費及び一般管理費［修繕費，修繕引当金繰入額］

599 600,000円未満の改良を行った

> 機械装置の修理・改良を行い627,000円（消費税57,000円を含む）を支出した。この修理・改良は，資本的支出か修繕費か区分できないものであった。

　(借)修　繕　費　　570,000　　(貸)現 金 預 金　　627,000
　　　仮払消費税等　 57,000

【解　説】　法人税法では，固定資産についての修理・改良等の金額が資本的支出か修繕費か不明な場合で，その金額が600,000円に満たない場合には，それを修繕費として損金処理することができます。
　従って，本設例では，支出額570,000円全額が修繕費となります。
(消 費 税)　修繕費は，課税仕入れに該当するため，その費用に係る消費税等は仕入税額控除の対象です。
■関連法規……法基通7－8－4(1)，消法第2条第1項第12号

600 災害により損傷した固定資産を修理した

> 台風により損傷した工場用建物の修理・改良を行い5,500,000円（消費税500,000円を含む）を支出したが，このうち3,300,000円（消費税300,000円を含む）だけは明らかに原状回復に要した費用と認められた。

　(借)修　繕　費　 3,600,000　　(貸)現 金 預 金　5,500,000
　　　建　　　物　 1,400,000
　　　仮払消費税等　 500,000

〈消費税抜の計算〉3,000,000円＋2,000,000円（不明部分）×30％＝3,600,000
　　　　　　　円…修繕費

【解　説】　法人税法では，固定資産の修理・改良等のために支出した金額のうち，災害等によりき損した固定資産につき，その原状を回復するために要したと認められる部分の金額は修繕費となります。

　また，災害等によりき損した固定資産について，支出した費用の額のうちに資本的支出か修繕費か不明なものがある場合に，その支出額の30％相当額を修繕費とし，残額を資本的支出として経理することが認められます。

　従って，本設例では，資本的支出か修繕費か不明な支出額の30％である600,000円（消費税抜）と明らかに修繕費である3,000,000円（消費税抜）を合わせて修繕費としています。

(消費税)　固定資産の購入及び修繕費は，課税仕入れに該当するため，その費用に係る消費税等は仕入税額控除の対象です。

■関連法規……法基通7－8－6，消法第2条第1項第12号

601　1つの修理・改良等の費用が2期にまたがった

> 550,000円（消費税50,000円を含む）の予算で製造ラインの修理・改良を行っているが，その一部209,000円（消費税19,000円を含む）分を検収した時点で決算期が到来した。

(借)修　繕　費	190,000	(貸)未　払　金	209,000
仮払消費税等	19,000		

【解　説】　法人税法では，一の計画に基づき同一の固定資産について行う修理・改良等が2以上の事業年度にわたって行われる時は，各年度に要した費用で判定します。

　従って，その年度の修理等の額が200,000円未満ならば修繕費となります。

(消費税)　修繕費は，課税仕入れに該当するため，その費用に係る消費税等は仕入税額控除の対象です。

■関連法規……法基通7－8－3(1)，消法第2条第1項第12号

販売費及び一般管理費［修繕費，修繕引当金繰入額］ 747

602 補償金により固定資産を改良した

当社は，近くの工場より騒音被害に対する補償金2,000,000円の交付を受け，事務所用建物に二重窓の工事を行い，1,980,000円（消費税180,000円を含む）を支払った。

(借)修　繕　費　　1,800,000　　(貸)現 金 預 金　　1,980,000
　　仮払消費税等　　　180,000

【解　説】　法人税法では，固定資産に電波障害，日照妨害，風害，騒音等による機能低下があったことにより原因者から機能復旧のための補償金の交付を受けた場合に，その補償金で固定資産の取得又は改良した時は，機能復旧のための支出と認められる金額は，修繕費等として損金とすることができます。

なお，その補償金の交付に代えて，その原因者から機能復旧のための固定資産の交付を受け，又はその原因者がその固定資産の改良を行った場合についても，同様です。

(消費税)　修繕費は，課税仕入れに該当するため，その費用に係る消費税等は仕入税額控除の対象です。

■関連法規……法基通7－8－7，消法第2条第1項第12号

603 定期検査のため準備金を設定した

当社は大型船舶を保有しているが，前期に定期検査を受け，25,000,000円（消費税抜）の修繕費が発生したため，次回の定期検査を受けるための修繕に備えて準備金を設定した。

(借)特別修繕準備金繰入額　3,750,000　　(貸)特別修繕準備金　3,750,000

〈計算〉 $25,000,000円 \times \dfrac{3}{4} \times \dfrac{12カ月}{60カ月} = 3,750,000円$

$$前回の特別修繕費 \times \dfrac{3}{4} \times \dfrac{事業年度の月数}{大型船舶\,(60)} = 繰入限度額$$

【解　説】　特別修繕準備金は特定の固定資産（船舶・溶鉱炉・貯油槽等）について特別の修繕を要する費用の支出に備えるために積立てが認められるものです。

　法人税法上の特別修繕引当金は既に廃止されましたが，租税特別措置法上の特別修繕準備金は存置されています。準備金の繰入限度額は，特別の修繕のために要した費用の$\dfrac{3}{4}$と定められています。

(消費税)　特別修繕準備金繰入額は，資産の譲渡等には該当しないため，仕入税額控除の対象外です。

《表　示》　貸借対照表において，「特別修繕準備金」は固定負債の次の別の区分又は純資産の部に表示します。

■**関連法規**……措法第57条の8，措令第33条の6，措規第21条の14，平10改正法
　　法附則第7条，平14改正法法附則第7条

［租税公課］

604 固定資産税，都市計画税を納付した

> 納税通知書に基づき，固定資産税3,000,000円，都市計画税750,000円を納付した。

　（借）租 税 公 課　　3,750,000　　（貸）現 金 預 金　　3,750,000

【解　説】　都市計画税は，毎年1月1日（賦課期日）現在において，都市計画区域のうち市街化区域内に所在する土地・家屋について，その所在地の市町村より，その所有者に課される税です。

　法人税法では，固定資産税・都市計画税は，賦課決定日の損金となるため，納税通知書が届いた日に損金の額に算入できますが，実際には納付した期においても損金として処理が可能です。

（消費税）　固定資産税等の租税の納付は，資産の譲渡等に該当しないため，仕入税額控除の対象外です。

《表　示》　工場の土地建物，機械装置等に係るものは製造原価明細書においての「租税公課」に，それ以外は損益計算書において，販売費及び一般管理費の「租税公課」に計上されます。

■関連法規……法基通 9 - 5 - 1 (2)

605 固定資産税の納税通知書が遅れた

> 4月決算である当社は，例年納税通知書が送付される4月に固定資産税を全額費用処理しているが，今年は固定資産税の評価換えのため5月に1,800,000円の納税通知書が送付された。

▶決算時の仕訳

(借)租 税 公 課　1,800,000　　(貸)未 払 金　1,800,000

【解　説】　固定資産税は、法人税法上原則として、賦課決定のあった期の損金になるとされていますが、納税告知が遅れる場合があります。4月決算会社で納税通知書により固定資産税を費用計上している場合、それが遅れると当期は費用が計上できなくなり、会計処理の継続性から不合理となります。

また、固定資産税は、1月1日の保有資産につき4月に賦課決定され、その金額は固定資産課税台帳を縦覧して把握できるため、納税通知書が遅れても、固定資産税は未払計上が可能です。

(消費税)　固定資産税等の租税の未払計上は、資産の譲渡等に該当しないため、仕入税額控除の対象外です。

■**関連法規**……法基通9－5－1(2)、昭45官審（法）16

606 自動車税を納付した

会社所有の乗用車の今年分の自動車税50,000円を納付した。

(借)租 税 公 課　　50,000　　(貸)現 金 預 金　　50,000

【解　説】　自動車税は、自動車の所有者に対し、その自動車の主たる定置場所在地の都道府県により課される税金です。自動車税の賦課期日は4月1日であり、賦課決定日の損金となります。年の中途に自動車を取得したり、廃車したりした場合は、発生月の翌月から月割計算によって課税又は還付されます。

(消費税)　自動車税等の租税の納付は、資産の譲渡等に該当しないため、仕入税額控除の対象外です。

■**関連法規**……地法第145条第1項、第150条第1項、法基通9－5－1(2)

販売費及び一般管理費［租税公課］ 751

607 不動産取得税を納付した

> 本社社屋を建築し，その不動産取得税1,500,000円を納付した。

　　（借）租 税 公 課　　1,500,000　　（貸）現 金 預 金　　1,500,000

【解　説】　不動産取得税は，不動産の取得に対し，その不動産所在の都道府県により，その不動産の取得者に課される税金です。

　不動産取得税は，固定資産の取得に関連して支出するものですが，法人税法上，固定資産の取得価額に算入しないことができます。従って，不動産取得税は「租税公課」として，処理されます。

(消費税)　不動産取得税等の租税の納付は，資産の譲渡等に該当しないため，仕入税額控除の対象外です。また，不動産取得税を固定資産の取得価額に算入している場合であっても，課税仕入れには該当しないため，仕入税額控除の対象外です。

■関連法規……地法第73条，第73条の2，法基通7-3-3の2(1)イ

608 印紙税，登録免許税を支払った

> 銀行借入のため契約書用印紙代300,000円と，抵当権の設定登記の登録免許税250,000円を支払った。

　　（借）租 税 公 課　　　550,000　　（貸）現 金 預 金　　　550,000

【解　説】　印紙税は，印紙税法に規定され課税文書の作成者に課税される国税で，原則として課税文書に収入印紙を貼付し消印することにより納付します。

　登録免許税は，登録免許税法により，登記（不動産，商業等），登録，特許，免許，許可，認可等を受ける場合に課せられる国税です。この税の納税方法は，現金納付を原則としますが，金額が30,000円以下の時や

特別な場合は、印紙の貼付で行うこともできます。

　法人税法では、固定資産の取得に伴って納付する登録免許税は、その取得価額に含めても、損金算入してもよいとされています。

(消費税) 印紙税、登録免許税等の租税の納付は、資産の譲渡等の対価に該当しないため、仕入税額控除の対象外です。また、登録免許税を固定資産の取得価額に算入している場合であっても、この租税は課税仕入れには該当しないため、仕入税額控除の対象外です。

■関連法規……法基通7－3－3の2(1)ニ

609　源泉所得税を追徴処分により納付した

　当社は、源泉所得税の調査において、使用人社宅の家賃が安すぎることから、通常支払うべき対価との差額が給与にあたるとして、源泉所得税の追徴処分を受け、3,000,000円を支払った。
　当社は各人に源泉所得税を求償しないことにしている。

　　(借)租 税 公 課　　3,000,000　　(貸)現 金 預 金　　3,000,000

【解　説】　法人税法では、徴収洩れしていた源泉所得税を強制徴収された場合に、それを租税公課として費用処理した時は、配当、給与等について追加支払いがされたものと取り扱われます。

　従って、社宅に適正家賃との差額があった者が使用人のみの場合は、全額損金となりますが、役員が含まれていると役員賞与の追加支払いとなり、その分は損金算入が認められません。

(消費税) 使用人の源泉所得税を会社が肩代りして支払った場合、この税金の実質は、使用人に対する給与となりますが、消費税法上は給与等も課税仕入れにならないため、仕入税額控除の対象外です。

■関連法規……所法第221条、法法第34条第2項、法基通9－5－3、消法第2条
　　　　　　　第1項第12号、消通11－1－2

610 外国で罰金を課された

> 米国の支店が刑事事件の被告となり，米国政府に罰金350,000円を支払った。

(借)租 税 公 課　　350,000　　(貸)現 金 預 金　　350,000

【解　説】　法人税法では，外国の政府又は地方公共団体によって課される罰金又は科料は，損金に算入するとわが国の法人税の減収を招く事態が生じるため，損金不算入となります。

　この損金不算入となる制裁金は，裁判手続き（刑事訴訟手続き）を経て課される「罰金又は科料」に相当するものだけでなく，外国の行政当局が課する「過料」も対象となります。

　また，司法取引により支払われたものも，裁判手続き（刑事訴訟手続き）を経て課される「罰金又は科料」に相当するものに該当するため，損金に算入できません。

(消費税)　消費税は，国内取引にのみ課せられ，外国での取引は課税対象外であるため，仕入税額控除の対象外です。また，国内であっても罰金，反則金は，資産の譲渡等の対価に該当しないため，課税仕入れにはならず，仕入税額控除の対象外です。

■関連法規……法法第55条第4項，法基通9－5－13

611 違法駐車により交通反則金，レッカー車代を支払った

> 当社の従業員が業務中駐車違反をし，交通反則金50,000円のほか，レッカー車代及び駐車料金77,000円（消費税7,000円を含む）が徴収され，会社が負担した。

(借)罰 科 金　　50,000　　(貸)現 金 預 金　　127,000

```
旅費交通費        70,000
仮払消費税等       7,000
```

【解　説】　会社がその役員又は使用人に対して課された罰金，交通反則金等を負担した場合，その罰金等が会社の業務遂行に関連するものである時は，法人税法上，会社の損金とならず，業務遂行中以外のものである時はその役員又は使用人に対する給与とされます。

消費税　罰金，反則金は，資産の譲渡等の対価に該当しないため，課税仕入れにならず，仕入税額控除の対象外です。レッカー車及び駐車料金についても罰金，反則金に準じたものとして資産の譲渡等の対価に該当しないため，課税仕入れに該当せず，仕入税額控除の対象外です。

■関連法規……法法第55条第4項，法基通9－5－13

612 障害者雇用納付金を支払った

当社は，雇用している障害者の数が基準に達していないため，障害者雇用納付金150,000円を支払った。

```
(借)租 税 公 課   150,000   (貸)現 金 預 金   150,000
```

【解　説】　障害者雇用納付金は，会社が障害者を全雇用者の一定割合以上雇用していない場合に課されるもので，特別の給付に対する反対給付の性質をもたず，一方的に課されるものですので，租税公課となります。

また，租税公課には工場関係のものとそれ以外のものとがあり，前者は「製造経費」，後者は「販売費及び一般管理費」として処理されます。

従って，障害者雇用納付金は販売費及び一般管理費の「租税公課」で処理します。

消費税　障害者雇用納付金は，資産の譲渡等の対価に該当しないため，仕入税額控除の対象外です。

■関連法規……法基通9－5－7(3)

[諸 会 費]

613 同業者団体への入会金を支払った

> 当社は,同業者団体の親睦クラブへ入会し,法人会員としての入会金300,000円を支払った。この入会金は返還されず,また,資産の譲渡等の対価に該当しない旨の通知が同業者団体からあった。

(借)交 際 費　　300,000　　(貸)現 金 預 金　　300,000

【解　説】 ゴルフクラブ及びレジャークラブ以外の社交団体に対する入会金は,ゴルフクラブやレジャークラブのような譲渡性がないので,法人税法では,その支出の内容等に応じて交際費(法人会員の場合)又は会員たる役員等に対する給与(個人会員の場合)として取り扱われます。

法人会員制度がないため個人会員として入会した場合において,その入会が法人の業務の遂行上必要であると認められる時は,その入会金は交際費とされます。

(消費税) 同業者団体の会費,入会金が,通常の業務運営のために経常的に要する経費を賄い,それによって団体の存立を図るものとして課税資産の譲渡等の対価に該当しないとしているときは,その入会金は課税仕入れに該当しないため,仕入税額控除の対象外です。

■関連法規……法基通9-7-14,消通5-5-4,11-2-4

614 同業者団体の通常会費を支払った

> 所属する同業者団体に対し,その業務運営に要する経常的な費用の分担金を毎期支払っているが,3月に当期分100,000円を支払った。

(借)会　　　　費　　100,000　　(貸)現 金 預 金　　100,000

【解　説】　会社が毎期負担する会費が，同業者団体等の構成員のために行う広報活動，調査研究，研修指導，福利厚生その他同業者団体としての通常の業務運営のために経常的に要する費用の分担額である場合には，法人税法上，その支出した期の損金の額に算入されます。

ただし，その同業者団体等においてその受け入れた通常会費につき不相当な多額の剰余金が生じていると認められる場合には，その剰余金が生じた時以後の通常会費は，その剰余金が適正な額になるまでは，前払費用として損金に算入しません。

(消費税)　同業者団体の会費等が，通常の業務運営のために経常的に要する経費を賄い，それによって団体の存立を図るものとして資産の譲渡等の対価に該当しないとしているときは，その会費は課税仕入れに該当しないため，仕入税額控除の対象外です。

■関連法規……法基通9－7－15の3(1)，消通5－5－3，11－2－4

615　同業者団体の特別会費を支払った

　所属する同業者団体が会館を改築することになり，そのための特別会費330,000円（消費税30,000円を含む）を支払った。

① 会社が団体へ支払った時

　　(借)前 払 費 用　　330,000　　(貸)現 金 預 金　　330,000

② 団体が会館改築費を支払った旨の通知を受けた時

　　(借)共同施設負担金　　300,000　　(貸)前 払 費 用　　330,000
　　　　仮払消費税等　　　 30,000

【解　説】　法人税法では，会社が，同業者団体に特別会費を支出した時点でまず前払費用とし，その後，当該同業者団体がこれを支出した日にその使途に応じて，会社がその支出をしたものとして取り扱われます。

従って，会費を支出した会社の側では，その会費が会館の改築費に充

販売費及び一般管理費［諸　会　費］　757

てられた場合は、その支出額につき、「共同施設負担金」(法人税法上の繰延資産) として処理しなければなりません。

[消費税]　法人税法上の繰延資産となる特別会費は、これを支出する法人がその会館等を使用することにより便益を受けることから対価性が認められ、消費税においても、原則として課税仕入れに該当するため、仕入税額控除の対象です。

《表　　示》　共同施設負担金は、貸借対照表上「投資その他の資産」に表示します。

■関連法規……法令第14条第1項第6号イ、法基通9－7－15の3（2）、8－1－4、消通5－5－3

616　商店街の共同施設の分担金を支払った

商店街のアーチ、街灯が古くなったので、新しいものに取り替えることになり、その分担金440,000円（消費税40,000円を含む）を支払った。

| (借)共同施設負担金 | 400,000 | (貸)現 金 預 金 | 440,000 |
| 仮払消費税等 | 40,000 | | |

【解　説】　会社が、その所属する協会、組合、商店街等の行う共同的施設の建設又は改良に要する費用の負担金は、法人税法上の繰延資産となり、支出時の費用とはなりません。

この場合の共同的施設には、例えば、共同展示場、共同宿泊所、所属する協会等の会館等のほか、商店街における共同のアーケード、日よけ、アーチ、すずらん灯等が該当します。

[消費税]　アーチ等の設置は、負担金を支出する法人も直接便益を受けるものであり、対価性が認められるため、消費税においてはその負担金は原則として課税仕入れに該当するため、その費用に係る消費税等は仕入税額控除の対象です。

《表　　示》　共同施設負担金は、貸借対照表上「投資その他の資産」に表示します。

■**関連法規**……法令第14条第1項第6号イ，法基通8－1－4，消法第2条第1項第12号，消通11－2－7

［寄　付　金］

617 社会福祉団体に金銭を贈呈した

> 当社では，中央共同募金会に現金500,000円を贈呈し，費用処理した。

(借) 寄　付　金　　500,000　　(貸) 現 金 預 金　　500,000

【解　説】　寄付金とは，物の贈与及びサービスの無償の提供をいい，反対給付のない支出です。法人税法上は，寄付金，拠出金，見舞金その他いずれの名義をもってするかを問わず，金銭その他の資産や経済的利益の贈与又は無償の供与をいいます。

　また，法人税法上，寄付金は寄付そのものが事業活動と直接関連しないため，公益的な性格を有するものを除き，一定の枠の範囲内でしか損金算入が認められていません。

　本設例の中央共同募金会に対する寄付金は，指定寄付金（公益法人等に対する寄付金で，公益のための一定の要件を満たすものとして財務大臣が指定した寄付金）として，全額損金算入が認められます。これは損金経理（費用処理）ではなく，剰余金の処分により経理した場合も同じです。

(消費税)　寄付金は，本来任意の支出であって対価性がなく，金銭により直接贈与する寄付金は，資産又はサービス等を購入していません。そのため，寄付金は，課税仕入れに該当せず，仕入税額控除の対象にはなりません。

《表　示》　寄付金は，事業の遂行に直接関連を有しない支出であるため，損益計算書上，営業外費用でも表示できますが，一般的には販売費及び一般管理費で表示されます。

■関連法規……法法第37条第7項，第3項，第4項，法令第73条第1項，消通5

618 国又は地方公共団体へ金銭を贈呈した

市が図書館を設立することになり，その図書館建設のための後援会に1,000,000円金銭を贈呈した。

(借)寄　付　金　1,000,000　　(貸)現　金　預　金　1,000,000

【解　説】　法人税法上，国又は地方公共団体に対する寄付金は，全額損金算入が認められます。

同様に，国立又は公立の学校等の施設の建設，拡張等の目的をもって設立された後援会等に対する寄付金であっても，その施設完成後は遅滞なく国等に帰属することが明らかなものは，全額損金算入が認められます。

ただし，国等に対して採納の手続きを経た寄付金であっても，その寄付金が特定の団体に交付されることが明らかで，最終的には国等に帰属しないものである時は，国等に対する寄付金には該当しません。

なお，これは損金経理（費用処理）でなく，剰余金の処分により経理した場合も同様です。

(消費税)　寄付金は，本来任意の支出であって対価性がなく，金銭により直接贈与する寄付金は，資産又はサービス等を購入していません。そのため，寄付金は，課税仕入れに該当せず，仕入税額控除の対象外です。

■関連法規……法法第37条第3項，第4項，法基通9－4－3，9－4－4，消通5－2－14

619 社長の出身校に寄付をした

当社は同族会社であるが，地方にある社長の母校の国立大学に対し500,000円の寄付をした。

> 当社とその大学とは，社長の母校というだけで他に何ら事業上の関係はない。

　　（借）寄　付　金　　500,000　　（貸）現 金 預 金　　500,000

【解　説】　社長がその大学の卒業生であることのみを理由として支出した寄付金は，本来社長個人が負担すべき費用を会社が負担したものと認められるため，法人税法上は，社長に対する給与（賞与）として取り扱われます。

　会計上は，寄付金に該当するため，申告調整します。

(消費税)　金銭による寄付金であっても，役員賞与であっても，いずれも課税仕入れには該当しないため，仕入税額控除の対象外です。

■関連法規……法法第37条第4項，法基通9－4－3，9－4－2の2，消通5－2－14

620 政治献金と政治家のパーティー券に支出した

> ある政治団体に対し政治資金規正法の適用を受けた政治献金1,000,000円を支出し，同時にその団体主催のパーティー券500,000円分を購入した。
> なお，パーティーには出席していない。

　　（借）寄　付　金　1,500,000　　（貸）現 金 預 金　1,500,000

【解　説】　法人税法上，事業に直接関係のない者に対して金銭，物品等の贈与をした場合において，それが寄付金であるか交際費等であるかは個々の実態によりますが，金銭による贈与は原則として寄付金となり，次のものも寄付金に該当します。

① 社会事業団体，政治団体に対する拠出金
② 神社の祭礼等の寄贈金

従って，政治献金は寄付金となり，また，政党等が政治資金を賄うために実施するパーティーの会費も政治献金と類似する性質であるため，寄付金に該当します。

(消費税) 政治献金は金銭による寄付金の1つで対価性がなく，課税仕入れに該当しないため，仕入税額控除の対象外です。政党パーティー券の購入費用も，パーティーに出席しなければ政治献金と同様に課税仕入れに係る支払対価に該当しないため，仕入税額控除の対象外です。

しかし，法人がパーティーに出席し，その政治家等との懇親を図ることを目的として，実際に飲食等の引換給付を受ける場合は，課税仕入れに係る支払対価処理も認められるため，仕入税額控除の対象です。

■関連法規……法法第37条第3項，第4項，第7項，措通61の4（1）-2，消通5-2-14

621 寄付金を手形で支払った

　当社は3月決算であるが，3月末に地元の中学校の体育館改築資金として，1カ月後期日の約束手形を振り出して800,000円寄付した。

　　(借)寄　付　金　　800,000　　(貸)支 払 手 形　　800,000

【解　説】　手形による寄付金も，会計上は当期の寄付金ですが，法人税法上は，その手形が決済されるまでは支出がなかったものとして取り扱われるため，当期の寄付金とはなりません。従って，法人税法上は，申告調整を行う必要があります。

　法人税法上，寄付金の支出の時期については現実に金銭を支払った時（金銭以外の資産については，引渡し又は所有権移転の時）とされています。

(消費税) 寄付金は，本来任意の支出であって，対価性がなく，課税仕入れに該当しないため，仕入税額控除の対象外です。

■関連法規……法令第78条，法基通9-4-2の4，消通5-2-14

販売費及び一般管理費［寄　付　金］　763

622　慈善団体を通じて災害義捐金を支出した

> 日本赤十字社に協力している慈善事業団体を通じ，国内及び国外の被災地に対する災害義捐金として，それぞれ1,000,000円の寄付をした。

　　(借)寄　付　金　2,000,000　　(貸)現 金 預 金　2,000,000

【解　　説】　原則として，国内の被災地に対するものは国等に対する寄付金として法人税法上全額，損金算入が認められますが，国外の被災地に対するものは一般の寄付金として取り扱われます。

　ただし，海外の災害に際して，募金団体から最終的に日本赤十字社に対して拠出されることが募金趣意書等において明らかにされている義援金等については，特定公益増進法人である日本赤十字社に対する寄付金となります。

(消費税)　寄付金は，本来任意の支出であって，対価性がなく，課税仕入れに該当しないため，仕入税額控除の対象外です。

■関連法規……法基通9－4－6，消通5－2－14

623　不良貸付金を無利息とした

> 業積不振の子会社に対し，倒産を防止するために合理的な再建計画に基づいて緊急に10,000,000円を無利息で貸し付けた。
> なお，当社の調達金利は年利3％であった。

　　(借)貸　付　金　10,000,000　　(貸)現 金 預 金　10,000,000
　　受取利息については，仕訳なし

【解　　説】　通常の場合，無利息又は低利息での貸付けは，法人税法上，原則として通常金利との差額が寄付金となります。100％親子会社間でグループ法人税制を適用している場合についても法人税法上，寄付金と

なりますが、この場合は全額損金不算入となります。

しかし、子会社の倒産を防止するため緊急に行う資金の貸付けで合理的な再建計画に基づく場合においては、無利息融資又は低利息融資により子会社に供与する経済的利益は、法人税法上、寄付金に該当しません。これは、融資を受けた子会社に通常の金利負担を求めるならば、せっかく再建しようとしている子会社の前途に重い負担を強いることになるためです。また、100％親子会社間でグループ法人税制を適用している場合についても同様の取扱いとなるものと考えられます。

(消費税) 貸付金は寄付金とはならないため、消費税は関係ありません。また、寄付金とされても、対価性はなく、課税仕入れに該当しないため、仕入税額控除の対象外です。

■関連法規……法法第37条第2項、第3項、第7項、法基通9－4－2

624 資産を低額で譲渡した

　経営不振の子会社の再建を図るため、時価50,000,000円の土地を帳簿価額8,000,000円で譲渡し、子会社の担保物件に充てさせた。

▶当　社

```
(借)現 金 預 金   8,000,000    (貸)土      地   8,000,000
    寄  付  金  42,000,000        固定資産売却益  42,000,000
```

▶子会社

```
(借)土      地  50,000,000    (貸)現 金 預 金   8,000,000
                                  受  贈  益  42,000,000
```

【解　説】　債務保証の履行といった特段の事情がない限り時価による譲渡があったものとされ、時価と帳簿価額との差額は、当社においては譲渡益及び寄付金を、子会社においては受贈益を計上する必要があります。つまり、法人税法では、無償による資産の譲渡も益金を構成することとされており、資産を時価より低い価額で譲渡した場合の時価との差

額についても同様です。100％親子会社間でグループ法人税制を適用している場合についても同様の取扱いとなりますが、この場合は法人税法上、親会社においては寄付金が全額損金不算入となり、子会社においては受贈益が全額益金不算入として取り扱われます。

(消費税) 資産を低額譲渡した場合、その時価と対価の差額が子会社の援助等の目的であれば寄付金部分が生じますが、この部分はもともと資産の譲渡等の対価ではないので課税対象外の取引となり、仕入税額控除の対象にはなりません。また、土地の譲渡は非課税であるため、消費税は課税されません。

■関連法規……法法第22条第2項、第37条第2項、第7項、第8項、消通5－2－14

625 子会社等を整理して損失を負担した

経営不振で再建が困難な子会社A社の経営権を譲渡するにあたり、A社に対する貸付金80,000,000円を放棄した。

(借)関係会社整理損　80,000,000　　(貸)貸　付　金　80,000,000

【解　説】　債権放棄及び債務の引受けが、今後、より大きな損失の生ずることを回避するためにやむを得ず行われたものであり、かつ、社会通念上も妥当なものと是認されるような事情がある時は、寄付金として取り扱われません。

親会社が子会社の整理のために行う債権の放棄、債務の引受けその他の損失負担については、一概にこれを単純な贈与と決めつけることは必ずしも実態に即さないことから、法人税法上もこれを寄付金として取り扱いません。

(消費税) 貸倒れに係る消費税額の控除対象となる債権は、課税資産の譲渡等に係る売掛金等に限られるため、貸付金の貸倒れについては、仕入税額控除の対象外です。

■関連法規……法基通9－4－1、消法第39条第1項

626 親会社が子会社の開業準備をした使用人の人件費を負担した

今期子会社を設立し，その会社が営業を開始するまでの期間中，会社の開業準備に経験のある当社の従業員を派遣してその業務にあたらせたが，その期間中の人件費3,000,000円を当社が負担した。

(借)寄　付　金　3,000,000　　(貸)給与手当　3,000,000

【解　説】　親会社がたとえ子会社のためとはいえ，自己の負担において子会社の開業準備行為を行うことは，資産の贈与又は経済的な利益の供与となり，法人税法上，寄付金の扱いを受けます。

従って，親会社の従業員が，子会社の開業準備行為を行った場合，その給与等のうち，実質的に子会社が負担すべきと認められる金額は寄付金として取り扱われます。

(消費税)　寄付をした現物が，支出時に非課税仕入れ（給料手当）となるサービスである場合は，そのサービスへの支出が非課税取引となるため，寄付金は仕入税額控除の対象外です。

■関連法規……法法第37条第7項，第8項，消通5－2－14

627 外国の国立大学に寄付を行った

外国の国立大学に10,000,000円の寄付をした。

(借)寄　付　金　10,000,000　　(貸)現金預金　10,000,000

【解　説】　法人税法上，外国又は外国の地方公共団体に対する寄付金は，「国等に対する寄付金」ではなく，「その他の寄付金」となるため，全額は損金の額に算入されません。

国等に対する寄付金が，全額損金に算入されるのは，その支出の効果が課税権者たる国等に帰属し，納税したのと同様になり，支出した法人

が損金に算入しても,国等の歳入を損なうことにはならないと考えられているためです。

このような趣旨から外国又は外国の地方公共団体に対する寄付金を考えると,その寄付金は支出先の外国等に帰属し,わが国等に収納されませんので,全額は損金に算入されません。

消費税 寄付金は,国内・国外へを問わず本来任意の支出であって対価性がなく,課税仕入れに該当しないため,仕入税額控除の対象外です。

■関連法規……法法第37条1項,第3項,第4項,法基通9－4－3,消通5－2－14

628 特定公益増進法人に対して寄付をした

毎期,試験研究機関(特定公益増進法人)に対して,多額の寄付をしているが,今期も1,500,000円支出し,指定寄付金500,000円,その他寄付金800,000円を支出した。

なお,当期の一般寄付金の損金算入限度額は1,000,000円であった。

(借)寄 付 金　2,800,000　　(貸)現 金 預 金　2,800,000

〈計算〉

特定公益増進法人に対する寄付金1,500,000円＞一般寄付金限度額1,000,000円…Ⓐ

① 損金不算入の対象となる寄付金の額

　(支出寄付金)　(指定寄付金)　　　Ⓐ　　　　　Ⓑ
　2,800,000円　－　500,000円　－　1,000,000円　＝　1,300,000円

② 損金不算入額

　　　Ⓑ　　　(一般寄付金限度額)
　1,300,000円　－　1,000,000円　＝　300,000円

【解　説】　法人税法上,特定公益増進法人に対する寄付金のうち,一

般の寄付金の損金算入限度額相当額については，寄付金の損金不算入額の計算の対象となる寄付金の額に含めません。この結果，本設例において寄付金の損金不算入額は300,000円となります。

この取扱いは確定申告書に，寄付金の額に算入されない金額を記載するとともに，その明細書を添付し，かつ，必要な書類を保存している場合に限って認められるものです。

また，特定公益増進法人に対する寄付金については損金経理（費用処理）ではなく，剰余金の処分により処理した場合でも損金の額に算入できます。

《ポイント》 寄付金の損金算入限度額は，以下のとおりです。

・一般寄付金

(資本金等×2.5/1,000＋所得金額×2.5/100) ×1／4

・特定公益増進法人等に対する寄付金

(資本金等×3.75/1,000＋所得金額×6.25/100) ×1／2

(消費税) 寄付金は，本来任意の支出であって対価性がなく，課税仕入れに該当しないため，仕入税額控除の対象外です。

■**関連法規**……法法第37条第3項，第4項，第7項，法令第73条第1項，法規第24条，消通5－2－14

[減価償却費]

629 本社ビルの減価償却を行った

当社は3月決算である。当期の5月に取得価額550,000,000円（消費税抜）の本社ビル（鉄筋コンクリート造）が落成し、同月中に使用を開始したが、期末に耐用年数50年で減価償却を行った。

（借）減価償却費　10,083,333　　（貸）減価償却累計額　10,083,333

〈計算〉　定額法…550,000,000円×0.020（耐用年数50年の定額法による償却率）
　　　　　×11カ月/12カ月＝10,083,333円

【解　説】　減価償却とは、固定資産に投じた支出額を使用中の事業年度の費用として配分する会計手続きであり、そのためには、固定資産の耐用年数を決め、減価を適正に見積って減価償却額を規則的に配分しなければなりません。

減価償却費は、有形固定資産に適用される原価配分手続きにより配分された額を処理する勘定で、減価償却法により算定されます。

減価償却法は、有形固定資産の取得原価をその利用期間における各事業年度に配分し、期間損益計算上の減価償却費を算定する方法であり、定額法、級数法、定率法、比例法などがあります。

法人税法では、建物の償却方法は定額法だけしか認められません。ただし、1998年3月31日以前に取得した建物については従来どおり定率法の選択も認められます。

また、法人税法では、2007年4月1日以降に取得した建物については、「法定」耐用年数経過時点における残存価額が0円となる償却率により、法定耐用年数にわたって均等に償却する「定額法」が採用されています。

（消費税）　減価償却資産に係る消費税額は、その購入した課税期間において仕入税額控除されるため、減価償却費は課税仕入れに該当せず、仕

入税額控除の対象外です。

《表　示》

a．固定資産が製造用のものの場合…………製造原価
b．固定資産が製造用以外のものの場合……販管費
c．投資用不動産に係るものの場合…………営業外費用
d．税法上の割増償却，特別償却の場合……剰余金処分

■**関連法規**……法令第48条の２，消法第30条，消通11－３－３

630　200%定率法による減価償却を行った

　当社は３月決算である。当期の10月１日に乗用車（耐用年数６年，定額法の償却率（$\frac{1}{耐用年数}$）を２倍した償却率0.333）を3,000,000円（消費税抜）で購入し使っているが，200％定率法により期末に減価償却を行った。
　なお，保証率は0.09911で，改定償却率は0.334である。

▶第１期

（借）減価償却費	499,500	（貸）減価償却累計額	499,500

▶第２期

（借）減価償却費	832,666	（貸）減価償却累計額	832,666

▶第３期

（借）減価償却費	555,388	（貸）減価償却累計額	555,388

▶第４期

（借）減価償却費	370,444	（貸）減価償却累計額	370,444

▶第５期

（借）減価償却費	247,828	（貸）減価償却累計額	247,828

▶第6期

| (借)減価償却費 | 247,828 | (貸)減価償却累計額 | 247,828 |

▶第7期

| (借)減価償却費 | 246,345 | (貸)減価償却累計額 | 246,345 |

〈計算〉

・第1期：3,000,000円×0.333×6カ月/12カ月＝499,500円
・第2期：(3,000,000円－499,500円)×0.333＝832,666円
・第3期：(3,000,000円－499,500円－832,666円)×0.333＝555,388円
・第4期：(3,000,000円－499,500円－832,666円－555,388円)×0.333＝370,444円
・第5期：(3,000,000円－499,500円－832,666円－555,388円－370,444円)×0.333＝247,086円

　　償却保証額＝取得価額×保証率
　　　　　　　3,000,000円×0.09911＝297,330円
　　　　　　247,086円＜297,330円であるため，
　　改定取得価額＝3,000,000円－499,500円－832,666円－555,388円－370,444円＝742,002円
　　　　　　　　　　改定償却率
　　　　742,002円× 0.334 ＝247,828円
・第6期：742,002円× 0.334 ＝247,828円
・第7期：742,002円－247,828円×2－1円＝246,345円

【解　説】　定率法は，減価償却資産の取得価額（第2回以後の償却は，取得価額から既に償却した額を控除した額）にその償却費が毎月一定の割合で逓減するように，その資産の耐用年数に応じた償却率を乗じて計算した金額を各事業年度の償却限度額として償却する方法です。

　200％定率法は，まず，定額法の償却率（1／耐用年数）を2倍した率を償却率とする定率法により償却費を計算し，この償却費が，耐用年数から経過年数を控除した期間内にその時の帳簿価額を定額法で全額償却すると仮定して計算した償却費を下回る時に，償却方法を定率法から定

額法に切り替えて，備忘価額まで償却します。

　この200％定率法は，2012年4月1日以後に取得した減価償却資産について適用されています。
① 期中供用資産の償却額
　取得価額×定額法償却率×供用月から期末までの月数/12カ月
② 減価償却費の計算
　イ．定率法による償却費＞定額法による償却費
　　期首簿価（未償却残額）×定率法償却費
　ロ．定率法による償却費＜定額法による償却費
　　切替え時の期首簿価（改定取得価額）×改定償却率

　なお，法人で償却方法を税務署に届出をしない場合には，車両の法定償却方法は定率法によります。

(消費税) 減価償却資産に係る消費税額は，その資産を購入した期において課税されるため，減価償却費は課税仕入れに該当せず，仕入税額控除の対象外です。

■関連法規……法令第48条の2，第48条の2第5項第1号，第2号イ，耐年省令
　　　　　　別表10，消法第30条，消通11－3－3

631 定額法による減価償却を行った

当社は3月決算である。当期の10月1日に乗用車3,000,000円（消費税抜）（耐用年数6年，定額法償却率0.167）を購入し使っているが，定額法により期末に減価償却を行った。

（借）減価償却費　　250,500　　（貸）減価償却累計額　　250,500

〈計算〉　$3,000,000円 \times 0.167 \times \dfrac{6カ月}{12カ月} = 250,500円$

【解　説】　法人税法上，定額法は，減価償却資産の取得価額から残存価額を0円として，償却費が毎年同一となるように，資産の耐用年数に応じた償却率を乗じて計算した金額を，各事業年度の償却限度額として

償却する方法です。

取得価額×定額法償却率×供用月から期末までの月数／12カ月

(消費税) 減価償却資産に係る消費税額は，その資産を購入した期において課税されるため，減価償却費は課税仕入れに該当せず，仕入税額控除の対象外です。

■関連法規……法令第48条の2，消法第30条，消通11－3－3

632 取得価額200,000円未満のパソコンを購入した

> 198,000円（消費税18,000円を含む）のパソコンを購入し，その日より使用したが，期末に一括して3年間で償却することにした。

〈購入時〉

（借）器具備品 （一括償却資産）	180,000	（貸）現金預金	198,000
仮払消費税等	18,000		

〈期末時〉

（借）減価償却費	60,000	（貸）器具備品	60,000

〈計算〉 一括償却対象額 × $\dfrac{\text{当該事業年度の月数}}{36 \text{カ月}}$

180,000円 × $\dfrac{12 \text{カ月}}{36 \text{カ月}}$ = 60,000円

【解　説】　法人税法上，使用している減価償却資産で，取得価額が100,000円未満のものは固定資産に計上せず，一時に費用処理できます。また，10万円以上20万円未満の資産は，事業年度ごとに一括して3年間で償却する方法が選択できます。

　会計上は，これら少額減価償却資産を従来通り，固定資産に計上せず，一時に費用処理することもできますが，青色申告法人である資本金1億円以下の中小企業者は1個又は1組30万円未満の減価償却資産を年

合計300万円を限度として取得した場合を除き，税務上の損金処理が認められないため税務申告において課税所得に加算する必要があります。この処理を採用した場合の仕訳は以下のようになります。

(借)消耗器具備品費	180,000	(貸)現金預金	198,000
仮払消費税等	18,000		

消費税 　減価償却資産に係る消費税額は，その資産を購入した期において課税されるため，減価償却費は課税仕入れに該当せず，仕入税額控除の対象外です。

■関連法規……法令第133条，第133条の２，法基通７－１－11，消法第30条，消通11－３－３

633 中古自動車を取得し，定額法で減価償却を行った

３月決算の当社では，当期の10月１日に中古乗用車（４年経過，耐用年数２年の定額法償却率0.5）を1,000,000円（消費税抜）で購入し，期末に減価償却を行った。

(借)減価償却費	250,000	(貸)減価償却累計額	250,000

〈計算〉　（６年－４年）＋（４年×20%）→２年

$$1,000,000円 \times 0.5 \times \frac{6ヵ月}{12ヵ月} = 250,000円$$

【解　説】　法人税法では，中古資産の耐用年数は，原則として，その事業の用に供した時以後の使用可能期間（残存耐用年数）を見積ったものです。その見積りが困難な場合には簡便法により算定し，次のいずれかの方法により残存耐用年数を計算します。

① 法定耐用年数の全部が経過したもの
　　法定耐用年数×20% ＝残存耐用年数(*)
② 法定耐用年数の一部を経過したもの
（法定耐用年数－経過年数）＋（経過年数×20%）＝残存耐用年数(*)

＊：1年未満切捨て，2年未満の場合2年

(消費税) 減価償却資産に係る消費税額は，その資産を購入した期において課税されるため，減価償却費は課税仕入れに該当せず，仕入税額控除の対象外です。

■関連法規……法令第48の2，耐年省令第3条第1項，耐通1－5－1，消法第30条，消通11－3－3

634 中古資産購入後に多額の改良を加えた

> 3月決算の当社では，当期の10月1日に中古乗用車（4年経過，耐用年数2年の定率法償却率1.000）を1,000,000円（消費税抜）で購入し，直ちに改良費600,000円（消費税抜）をかけて11月より使用したが，期末に定率法で減価償却を行った。
> 再取得価額は3,000,000円と見積られた。

(借)減価償却費　　　666,667　　(貸)減価償却累計額　　　666,667

〈計算〉

$$(1{,}000{,}000円 + 600{,}000円) \div \left(\frac{1{,}000{,}000円}{2} + \frac{600{,}000円}{6}\right) = 2年$$

（1年未満の端数切捨て）

$$1{,}600{,}000円 \times 1.000 \times \frac{5カ月}{12カ月} = 666{,}667円$$

$$3{,}000{,}000円 \times \frac{1}{2} > 600{,}000円 \cdots 改良費は再取得価額の50\%以下$$

【解　説】　法人税法では，中古資産の改良等の金額は，その資産の取得価額に算入されます。また，改良のための支出が中古資産の取得価額の50％を超える場合には，中古資産の残存耐用年数の簡便法は採用できませんが，次の算式により残存耐用年数を計算できます。

その中古資産の取得価額（改良費を含む）÷（その中古資産の取得価額（改良費を含まない)／その中古資産につき簡便法により算定した残存耐用年数 ＋ その中古資産の改良費の額／その中古資産に係る法定耐用年数）

改良費が再取得価額の50％を超える時は，法定耐用年数が適用されま

す。

なお、再取得価額とは、その資産を新品として取得する場合の価額です。

(消費税) 減価償却資産に係る消費税額は、その資産を購入した期において課税されるため、減価償却費は課税仕入れに該当せず、仕入税額控除の対象外です。

■関連法規……法令第48条の2、第55条、耐年省令第3条第1項ただし書、耐通1-5-2、1-5-6、消法第30条、消通11-3-3

635 稼動休止資産等があった

当社（3月決算）の当期の4月に購入した機械装置A（簿価5,000,000円（消費税抜）、耐用年数10年、定率法償却率0.200）は、当期は3カ月しか稼動しなかった。

ただし、休止期間中も必要な維持補修を行い、いつでも稼動し得る状態にある。

(借)減価償却費　1,000,000　　(貸)減価償却累計額　1,000,000

〈計算〉 5,000,000円×0.200×12カ月/12カ月＝1,000,000円

【解　説】　法人税法上、減価償却は、減価償却資産を事業用に使用する日からできることとされています。ただし、次の資産は外形的には事業の用に使用している状態とはいえませんが、減価償却ができます。

① 稼動休止中の資産…休止期間中必要な維持補修が行われ、いつでも稼動し得る状態にあるもの
② 移設中の資産………移設期間がその移設のために通常要する期間であると認められる場合
③ 建設中の資産………建設仮勘定として表示されている場合でも、その完成した部分が事業の用に供されている時
④ 常備する専用部品…本体を事業の用に供するために必要不可欠な

ものとして常備され,繰り返し使用される専用の部品

消費税 減価償却資産に係る消費税額は,その資産を購入した期において課税されるため,減価償却費は課税仕入れに該当せず,仕入税額控除の対象外です。

■関連法規……法令第48条の2,法基通7－1－3,7－1－4,7－1－4の2,消法第30条,消通11－3－3

636 取得価額の95%まで減価償却した固定資産があった

> 鉄筋コンクリート造の建物(耐用年数45年,旧定率法償却率0.050,取得価額20,000,000円,期首簿価1,000,000円(消費税抜))は,前期までに取得価額の95%まで減価償却したが,当期においても減価償却を行った。この建物は1998年3月31日以前に取得したものである。

(借)減価償却費　　200,000　　(貸)減価償却累計額　　200,000

〈計算〉 1,000,000円÷5年＝200,000円

【解　説】 1998年3月31日以前に取得した減価償却資産のうち,償却可能限度額(取得価額の95%相当額)まで償却が進んだ既存資産については,償却が終了した事業年度等の翌事業年度以後5年間での均等償却による損金算入が可能です。

なお,1998年4月1日以後に取得する建物の償却方法は定額法のみです。本設例の場合は,それ以前に取得した建物ですので,定率法を選択したものとしました。

消費税 減価償却資産に係る消費税額は,その資産を購入した期において課税されるため,減価償却費は課税仕入れに該当せず,仕入税額控除の対象外です。

■関連法規……法令第48条第1項第1号イ,第61条第1項,第2項,消法第30条,消通11－3－3

637 償却資産の使途を変更した

> 鉄筋コンクリート造の建物（耐用年数50年，旧定率法償却率0.045，期首簿価8,700,000円（消費税抜））を事業年度の中途で，工場用（耐用年数25年，旧定率法償却率0.088）に転用し，減価償却を行った。この建物は1998年3月31日以前に取得したものである。

（借）減価償却費　　　765,600　　（貸）減価償却累計額　　　765,600

〈計算〉　8,700,000円×0.088＝765,600円

【解　説】　法人税法では，減価償却資産を，事業年度の中途で従来の用途から他の用途に転用した場合には，原則として，転用前と転用後に区分して，償却限度額を計算します。

しかし，期首から転用資産の全部について転用後の耐用年数により償却限度額を計算することも認められています。ただし，同一年度で二以上の転用資産がある場合には，どちらか一方の方法に統一して処理しなければなりません。

なお，1998年4月1日以後に取得する建物の償却方法は定額法のみですが，本設例の場合はそれ以前に取得した建物ですので，定率法を選択したものとしました。また，当然，250％定率法及び200％定率法は適用されません。

(消費税)　減価償却資産に係る消費税額は，その購入した期において課税されるため，減価償却費は課税仕入れに該当せず，仕入税額控除の対象外です。

■**関連法規**……法令第48条第1項第1号イ，法基通7－4－2，消法第30条，消通11－3－3

販売費及び一般管理費［減価償却費］

638 定額法を200％定率法に変更した

> 器具備品（取得価額1,000,000円，期首簿価833,000円，耐用年数6年）の償却方法を当期より従来の定額法（償却率0.167）から200％定率法（償却率0.333）に変更して減価償却を行った。耐用年数6年の200％定率法の保証率は0.09911で改定償却率は0.334である。

　（借）減価償却費　　　277,389　　（貸）減価償却累計額　　　277,389

〈計算〉　833,000円×0.333＝277,389円

　　　　1,000,000円×0.09911＝99,110円…償却保証額

【解　説】　法人税法では，減価償却資産の償却方法を定額法から200％定率法に変更した場合の償却限度額は，変更時の期首帳簿価額に耐用年数（経過年数にかかわらず法定耐用年数）に応じた定率法の償却率を乗じて算出します。

　なお，当期は，当期償却額が償却保証額を上回っているため，改定償却率は適用されません。

(消費税)　減価償却資産に係る消費税額は，その資産を購入した期において課税されるため，減価償却費は課税仕入れに該当せず，仕入税額控除の対象外です。

■関連法規……法令第48条の2，法基通7－4－3，消法第30条，消通11－3－3

639 200％定率法を定額法に変更した

> 前期に取得した器具備品（取得価額1,000,000円，期首簿価667,000円，耐用年数6年）の償却方法を当期より従来の200％定率法（耐用年数6年の償却率0.333）から定額法（耐用年数4年の償却率0.250）に変更して減

(借)減価償却費　166,750　　(貸)減価償却累計額　166,750

〈計算〉　期首簿価667,000円×耐用年数4年の定額法償却率0.250＝166,750円
　　　　　法定耐用年数6年－経過年数（2年未満の場合は2年）2年＝4年

【解　説】　減価償却資産の償却方法を200％定率法から定額法に変更した場合は、期首簿価を取得価額とみなし、次のいずれかの耐用年数に応ずる償却率より計算します。
① その減価償却資産の法定耐用年数
② 法定耐用年数－経過年数（2年未満の場合は2年）

(消費税)　減価償却資産に係る消費税額は、その資産を購入した期において課税されるため、減価償却費は課税仕入れに該当せず、仕入税額控除の対象外です。

■関連法規……法令第48条の2、法基通7－4－4、消法第30条、消通11－3－3

640　決算期が1年未満の時に200％定率法で減価償却をした

当社は、1年決算の会社であるが、決算期を変更するため、当期は6ヵ月の変則決算となる。帳簿価額87,500,000円（消費税抜）の機械装置で従来は耐用年数10年の200％定率法（償却率0.200）で減価償却を行っていた。

(借)減価償却費　8,750,000　　(貸)減価償却累計額　8,750,000

〈計算〉　87,500,000円×0.100＝8,750,000円
　　　　　耐用年数10年の償却率0.200×その決算期の月数6ヵ月÷12ヵ月＝

0.100

【解　説】　法人税法では、決算期が1年に満たない場合の定率法の償却率は、その資産の耐用年数に対応する償却率を基礎として次により計算します。

　　償却率×その決算期の月数÷12カ月

　従って、本設例の償却率は0.100で、減価償却額は8,750,000円となります。

　なお、定額法の場合も、その資産の定額法の償却率にその決算期の月数を乗じこれを12分したものによります。

(消費税)　減価償却資産に係る消費税額は、その資産を購入した期において課税されるため、減価償却費は課税仕入れに該当せず、仕入税額控除の対象外です。

■関連法規……法令第48条の2，耐省令第4条第2項，耐通5－1－1，消法第30条，消通11－3－3

641　2007年3月31日以前に取得した固定資産の資本的支出を減価償却した

当社（3月決算）は、2007年3月31日以前に取得した機械装置（耐用年数20年、旧定率法償却率0.109、取得価額6,000,000円、帳簿価額946,661円（消費税抜））に10月1日1,000,000円（消費税抜）の資本的支出を行ったが、これを定率法により減価償却した（200％定率法償却率0.100）。

① 資本的支出を新たに同種類・同耐用年数の資産を取得したものとする方法（原則）

　　（借）減価償却費　　　153,186　　（貸）減価償却累計額　　　153,186

〈計算〉　$946,661円 \times 0.109 \times \dfrac{12カ月}{12カ月} = 103,186円$

$$1,000,000円 \times 0.100 \times \frac{6カ月}{12カ月} = 50,000円$$

$$103,186円 + 50,000円 = 153,186円$$

② 資本的支出をその対象固定資産に加算する方法（特例）

(借) 減価償却費　　154,874　　(貸) 減価償却累計額　　154,874

〈計算〉

$$946,661円 \times 0.109 \times \frac{6カ月}{12カ月} = 51,593円$$

$$\{(946,661円 - 51,593円) + 1,000,000円\} \times 0.109 \times \frac{6カ月}{12カ月} = 103,281円$$

$$51,593円 + 103,281円 = 154,874円$$

【解　説】

① 原則的な方法

　既存の固定資産に対して2007年4月1日以後に資本的支出（固定資産の使用可能期間又は価額を増加させる部分の支出）を行った場合，その資本的支出は，その支出金額を固有の取得価額として，元の固定資産と種類及び耐用年数を同じくする固定資産を新たに取得したものとして，償却します。

　元の固定資産本体については，この資本的支出を行った後においても，現に採用されている償却方法により，償却を継続して行います。

　また，期の中途で資本的支出を行った場合の償却限度額は，原則として，次のように算定します。

$$資本的支出の償却限度額 \times \frac{事業の用に供した日からその決算期終了の日までの期間の月数}{その決算期の月数}$$

(注) 上記算式における月数は，暦に従って計算し1月に満たない端数を生じたときは，これを1月とします。

② 特例的な方法

　イ．2007年3月31日以前に取得した固定資産に資本的支出を行った場合

　　　資本的支出を行った決算期において，従来どおり，資本的支出の

対象である固定資産の取得価額に,この資本的支出を加算することができます。

ただし,この加算を行った場合は,2007年3月31日以前に取得した固定資産の種類,耐用年数及び償却方法に基づいて,加算を行った資本的支出部分も含めた固定資産全体の償却を行います。

なお,いったん,固定資産全体に対して,その決算期の償却費の計上を行った場合には,翌期以降において,資本的支出を新たに取得したものとして償却する方法を採用することはできません。

ロ. 2007年4月1日から2012年3月31日までに取得した定率法を採用している既存の固定資産に,2012年4月1日以降に資本的支出を行った場合

2012年4月1日以降は200%定率法に変更されたため,資本的支出の対象資産である既存の固定資産(旧固定資産)と資本的支出(追加固定資産)について定率法を採用している場合であっても,適用される償却率が異なることから,合算することは認められていません。

なお,200%定率法が適用された2012年4月1日以後取得した固定資産に資本的支出を行った場合は,両方の資産が200%定率法で償却されますので,翌期開始の時に両資産を合算することが認められます。

(消費税) 減価償却資産に係る消費税額は,その資産を購入した期において課税されるため,減価償却費は課税仕入れに該当せず,仕入税額控除の対象外です。

■関連法規……法令第55条第1項,第2項,第5項,第58条,第59条,第61条第1項第1号,消法第30条,消通11-3-3

642 特別償却をした翌期に定額法により減価償却をした

当社は青色申告法人であるが,前期に10,000,000円(消費税抜)の公害防止用設備(耐用年数10年)を取得し,1,600,000円特別償却したが,当期も定額法で減価償却を行った。

(借)減価償却費　1,000,000　　（貸)減価償却累計額　1,000,000

〈計算〉　10,000,000円×0.10＝1,000,000円

【解　説】　法人税法上，定額法の償却限度額は，

取得価額×定額法による法定耐用年数の償却率

とされています。租税特別措置法の初年度特別償却の規定を適用しても翌年度以降における定額法による償却限度額の計算上，取得価額から特別償却費を控除するという規定はありません。従って，原則どおり償却計算できます。

(消費税)　減価償却資産に係る消費税額は，その資産を購入した期において課税されるため，減価償却費は課税仕入れに該当せず，仕入税額控除の対象外です。

■関連法規……法令第48条の2,耐年省令第5条,耐年省令別表第10,措法第43条,
　　　　　　消法第30条,消通11－3－3

643 増加償却をした

　当社は，自動車部品を製造しているが，当期中は2交替で毎日16時間操業したが，当業界の通常の使用時間は8時間であるので，増加償却した。当期の機械装置の普通償却限度額（定率法）は8,500,000円であった。

(借)減価償却費　10,880,000　　（貸)減価償却累計額　10,880,000

〈計算〉　$8,500,000円 \times (1 + \frac{35}{1,000} \times 8 時間) = 10,880,000円$

【解　説】　法人税法では，会社が，所有する機械装置（定額法又は定率法を採用しているものに限る）の使用時間がその機械装置の平均的な使用時間を超える場合には，次の算式による金額を償却限度額に追加できま

す。

　通常の償却限度額×（1＋増加償却割合）

　増加償却割合＝35/1,000×（その機械装置の1日当たりの超過使用
　　　　　　　　時間数）

(注) 1. 増加償却割合は，小数点以下第2位未満の端数は切上げ，10％に満たない場合は適用しない。

　　 2. 1日当たりの超過使用時間とは，次に掲げる時間のうち，法人の選択したいずれかの時間をいう。

　　　A 〔個々の機械装置のその期における1日当たりの平均超過使用時間〕×〔その機械装置の取得価額のうち，その個々の機械装置の取得価額の占める割合〕

　　　　＝1日当たりの超過使用時間

　　　B 〔その機械装置に属する個々の機械装置のその期における1日当たり平均超過使用時間の合計額〕×〔その期におけるその個々の機械装置の総数〕

　　　　＝1日当たりの超過使用時間

　　 3. ただし，このうちに貸与を受けている資産がある時は，その資産を除いたところで超過使用時間を計算する。

　増加償却を行う場合，「定率法の償却率」による償却から「改定償却率」による償却に切り替わる際の判定にあたっては，既に行った償却費の累計額（過年度に行った「増加償却額」も含む）を控除した後の期首簿価を算定の基礎として行います。

　すなわち，過年度の増加償却額の累積額も控除した期首簿価に「定率法の償却率」を乗じて計算した「調整前償却額」が，その固定資産の取得価額に「保証率」を乗じて計算した「償却保証額」に満たない場合において計算方法の切替えが行われます。当期の判定にあたっては，当期の増加償却前の金額で行われます。

　また，上記の算式により減価償却をする場合には，その旨等を記載した書類を，申告書の提出期限までに税務署長に提出し，かつ，その平均的な使用時間を超えて使用したことを証する書類を保存していることが必要です。

消費税　減価償却資産に係る消費税額は，その資産を購入した期において課税されるため，減価償却費は課税仕入れに該当せず，仕入税額控

644 チェーン店への加盟一時金を支払った

> フランチャイズのチェーン店に加盟し，11,000,000円（消費税1,000,000円を含む）の加盟一時金を支払った。この契約期間は10年間であった。

▶支払時

　（借）長期前払費用　10,000,000　　（貸）現 金 預 金　11,000,000
　　　　仮払消費税等　 1,000,000

▶決算時

　（借）加入金償却　2,000,000　　（貸）長期前払費用　4,000,000
　　　　前 払 費 用　2,000,000

【解　説】　フランチャイズの本部への加盟一時金は，経営に関する指導等種々のサービスの提供を受けるための権利金等と考えられ，その契約期間も1年以上ですので，法人税法上の繰延資産とするのが相当であるため，支出時の費用とはなりません。

　この加盟一時金の償却期間は，法人税基本通達に定められていないため，適正に見積ることになりますが，これに類似するノウハウ設定契約に係る一時金の償却期間（5年）の取扱いを考慮して5年で償却することが相当です。

（消費税）　フランチャイズのチェーン店に加盟するために支出する一時金（加入金）は，チェーン店等の経営に関する指導，助言，全国的な広告宣伝，一括仕入等の役務の提供を受けるために支出するものであり，課税仕入れに該当するため，一時金に係る消費税等は仕入税額控除の対象です。

加入金は，その支出した期において消費税が課税されているため，その償却費については課税仕入れに該当せず，仕入税額控除の対象外です。

■関連法規……法令第14条第1項第6号ハ，第64条第1項第2号，法基通8-1-6，8-2-1，消通11-3-3

645 未償却権利金のある賃借建物が改築された

> 　相当の権利金を支払って店舗を賃借してきたが，大家の都合で店舗が改築されることになった。改築された店舗に入居したが，権利金の未償却残額は8,000,000円あり，新たに権利金は徴収されなかった。

　仕訳なし

【解　説】　建物を賃借するために支出する権利金，立退料その他の費用は法人税法上の繰延資産に該当します。本設例の場合，従前の権利金の未償却残額は新しい建物の権利金に充当されたとみるべきであるため，一時の費用とすることは認められません。

　改築建物に入居後も実質的には前の建物を引き続き賃借しているのと同様であるため，従来の償却期間（5年）により償却可能と考えられます。

(消費税)　仕訳がないため，消費税は関係ありません。

■関連法規……法令第14条第1項第6号ロ，法基通8-1-5（1），8-2-3

646 長期分割払いの繰延資産を償却した

> 　商店街のアーチ設置のための負担金770,000円（消費税70,000円を含む）を7年均等年賦で支払うことにし，その工事着工後の今年，その第1回分の110,000円を支出した。

(借)共同施設負担金	100,000	(貸)現 金 預 金	110,000
(費用)			
仮払消費税等	10,000		

【解　説】　法人税法では，会社が公共的な施設又は共同的施設の設置又は改良に係る負担金で法人税法上の繰延資産になるものを支出した場合，その負担金が次のいずれにも該当する時は，その負担金はその支出した期の損金にすることができます。

① その負担金が，その負担金に係る繰延資産の償却期間（本設例のものは5年）に相当する期間以上にわたり分割して徴収されるものであること

② その分割して徴収される負担金が概ね均等額であること

③ その負担金の徴収が概ねその支出に係る施設の工事の着工後に開始されること

(消費税)　アーチ等の設置は，負担金を支出する法人も直接便益を受けるものであり，対価性が認められます。その負担金は原則として課税仕入れとして取り扱うため，負担金に係る消費税等は仕入税額控除の対象です。

■関連法規……法令第14条第1項第6号イ，法基通8－1－4，8－2－3，8－3－3，8－3－4，消法第2条第1項第12号，消通11－2－7

［雑費その他］

647 費用科目にない支出があった

> 新たに主取引銀行の貸金庫を借りることになり，その貸金庫代1年分55,000円（消費税5,000円を含む）を支払った。

（借）雑　　　　費	50,000	（貸）現 金 預 金	55,000
仮払消費税等	5,000		

【解　説】　会社が設定している勘定科目にない費用科目で，まれにしか発生せず，かつ金額的にも重要でないものについては，雑費で処理します。具体的には，講演会の講師に対する謝礼，茶菓代，清掃代，損害賠償金等です。

なお，雑費の総額は少額であることが望ましいとされています。

消費税　前払いの賃借料のうち，その対応する期間が1年以内の短期前払費用に係る課税仕入れは，その支出した日の属する課税期間において行ったものとして取り扱われるため，賃借料に係る消費税等は，仕入税額控除の対象です。

■関連法規……消通11－3－8

648 従業員が起こした事故の損害賠償金を会社が支払った

> 従業員が仕事中に人身事故を起こしたため，相手方に損害賠償金5,000,000円を支払った。
> なお，従業員に故意又は重過失はなかった。

（借）補　償　金	5,000,000	（貸）現 金 預 金	5,000,000

【解　説】　会社の役員又は使用人のした行為によって他人に与えた損

害について，会社が損害賠償金を支出した場合は，法人税法上，次によります。
　① 会社の業務遂行に関連する行為で，故意又は重過失がない場合は，その損害賠償金は給与以外の損金となる。
　② 会社の業務遂行に関連する行為で，故意又は重過失がある場合，また，業務遂行に関連しない場合には，その損害賠償金に相当する金額は役員又は使用人に対する債権とする。

(消費税) 損害賠償金は，原則として資産の譲渡等の対価に該当しないため，仕入税額控除の対象外です。

■関連法規……法基通9－7－16，消通5－2－5

649 税理士，公認会計士，弁護士等の報酬を支払った

> 公認会計士に顧問料として月55,000円（消費税額5,000円を含む）支払うことになり，源泉所得税を控除して当月分を支払った。

(借)支払手数料	50,000	(貸)現 金 預 金	49,895
仮払消費税等	5,000	預　り　金	5,105

〈計算〉　源泉所得税預り金＝50,000円×10.21％＝5,105円

【解　説】 弁護士，公認会計士，税理士，弁理士等に支払う顧問料，業務委託報酬等は，支払手数料として処理されます。所得税法上，この手数料には所得税の源泉徴収（1回の支払金額1,000,000円以下は10.21％，1,000,000円超の部分は20.42％）の義務があり，控除した所得税は預り金として，翌月10日までに納付します。

(消費税) 税理士，コンサルタント等に対する報酬は役務の提供の対価であり，課税仕入れに該当するため，手数料に係る消費税等は仕入税額控除の対象です。また，税理士，コンサルタント等の報酬に係る源泉徴収は，消費税の額が明確に区分されている場合は，消費税の額を含まずに源泉徴収を行うことができます。

販売費及び一般管理費［雑費その他］

■**関連法規**……所法第204条，第205条，所令第320条第2項，第322条

650 コンサルタントと契約し，報酬を支払った

> 経営コンサルタントに経営指導を受ける契約（期間1年）を締結し，報酬総額3,000,000円（消費税額が明示されていない）のうち，半額の1,500,000円について源泉所得税を控除して支払った。

（借）支払手数料	1,363,636	（貸）現 金 預 金	1,295,800
仮払消費税等	136,364	預 り 金	204,200

〈計算〉　源泉所得税預り金＝1,000,000円×10.21％＋500,000円×20.42％＝204,200円

【解　説】　所得税法では，1回の支払金額が1,000,000円以下の支払手数料については10.21％，1,000,000円超の部分は20.42％の源泉所得税を徴収する義務がありますので，預り金は204,200円となります。

コンサルタントが会社組織である場合には，所得税を源泉徴収する必要はありません。

(消費税)　税理士，コンサルタント等に対する報酬は，役務の提供の対価であり，課税仕入れに該当するため，その報酬に係る消費税等は仕入税額控除の対象です。また，税理士，コンサルタント等の報酬に係る源泉徴収の対象となる金額は，消費税相当額も役務提供の対価の一要素という考え方から，原則として，消費税相当額を含む対価の総額とされています。従って，本設例では報酬に係る消費税額が明示されていないため，原則どおり消費税を含んだ報酬総額を源泉徴収の対象としています。

■**関連法規**……所法第204条，第205条，所令第320条第1項

651 司法書士, 土地家屋調査士の報酬を支払った

> 登記が完了したため, 司法書士に110,000円(消費税額10,000円を含む), 土地家屋調査士に55,000円(消費税額5,000円を含む)の支払手数料を, 所定の源泉所得税を控除して支払った。

(借)支払手数料	150,000	(貸)現 金 預 金	151,727
仮払消費税等	15,000	預 り 金	13,273

〈計算〉 源泉所得税預り金

司法書士……………(100,000円-10,000円)×10.21%=9,189円
土地家屋調査士…(50,000円-10,000円)×10.21%=4,084円
合計 13,273円

【解 説】 所得税法では, 司法書士, 土地家屋調査士, 海事代理士の業務に関する報酬については, 各人別に,

(1回の支払金額-10,000円)×税率10.21% = 源泉所得税

で計算した源泉所得税を徴収して預り金で処理します。

(消費税) 司法書士等に対する報酬は, 役務の提供の対価であり, 課税仕入れに該当するため, その報酬に係る消費税等は仕入税額控除の対象です。また, 司法書士等の報酬に係る源泉徴収は, 消費税の額が明確に区分されている場合は, 消費税の額を含まない金額で源泉徴収を行うことができます。

■関連法規……所法第204条, 第205条, 所令第322条

652 ゴルフ会員権の名義書換料を支払った

> 得意先接待のためAゴルフクラブの記名式法人会員権を保有し, 代表者を記名者としていたが, 今回代表者が代わったため, 記名者を新しい代表者に変更し, 名義書換料1,100,000円(消費税100,000円を含む)

を支払った。

(借)交 際 費	1,000,000	(貸)現 金 預 金	1,100,000
仮払消費税等	100,000		

【解　説】　法人税法では会社がゴルフクラブに支出する年会費，年極めロッカー料，名義書換料その他の費用は，その入会金が資産に計上されている時は交際費とし，その入会金が給与とされている場合は会員たる役員又は使用人に対する給与として処理します。

　本設例の場合は，ゴルフクラブへの入会が会社の業務遂行上必要なものとして入会金が資産に計上されていると判断されますので，名義書換料は交際費となります。

[消費税]　ゴルフクラブの会員権の名義書換料は，その施設を利用するための対価と認められますので，消費税においては課税仕入れに該当するものとして取り扱われ，その費用に係る消費税等は仕入税額控除の対象です。

■関連法規……法基通9-7-13

653　特許権の出願費用を支払った

特許権を出願するために，弁理士に登録費用1,050,000円（消費税50,000円，登録免許税500,000円含む）を，所定の源泉所得税を控除して支払った。

(借)租 税 公 課	500,000	(貸)現 金 預 金	998,950
支 払 手 数 料	500,000	預 り 金	51,050
仮払消費税等	50,000		

〈計算〉　源泉所得税預り金＝500,000円×10.21％＝51,050円

【解　説】　法人税法では自己の行った試験研究に基づく特許権の出願料や工業所有権その他登録のために要する費用の額は，研究・開発に含まれないため，特許権等の取得価額に算入されません。

　また，弁理士に支払った手数料からは，所得税を源泉徴収して預り金で処理します。

(消費税)　登録免許税，印紙税等の租税の納付は，資産の譲渡等に該当しないため，仕入税額控除の対象外です。弁理士に対する報酬は役務の提供の対価であり，課税仕入れに該当するため，仕入税額控除の対象です。

■関連法規……所法第204条，研究開発実務指針第26項

VIII 営業外損益

- 営業外収益
  - 営業外費用

営業外収益

654 定期預金が満期となった

定期預金1,000,000円が満期となり，1,025,406円が普通預金口座に入金した。なお，利息は30,000円であり，利息からは，所得税（15％）4,500円及び復興特別所得税（0.315％）94円が控除されている。

（借）普通預金	1,025,406	（貸）定期預金	1,000,000
仮払法人税	4,594	受取利息	30,000

【解　説】　貸付金，預金，貯金及び有価証券の利息の収益計上については，利息の計算期間の経過に応じて当期に発生した額を当期の収益として計上するのが原則です。ただし，税法では利息収入が主たる事業収入ではない一般事業を営む会社の場合は，その支払期日が1年以内の一定期間ごとに到来するものについては，このような厳密な発生主義に基づく期間対応計算ではなく，利払期日の到来するつど収益計上することが認められています。

従って，銀行から送付される利息計算書の国税・地方税の区分に基づいて正確に集計しておくことが必要です。仕訳では，受取利息と源泉所得税等を相殺せず，総額で計上します。

[中小会計]　貸付金，預貯金等から生じる利息の内，重要性の乏しいものについては，発生主義に基づく厳密な期間対応計算でなく，利払期日の到来するつど収益を計上することが認められるものと考えます。

[消費税]　預金又は貯金の利息は非課税となっています。

《表　示》　預金利息は「受取利息」として営業外収益の部に表示します。法人税法等に基づき，税額控除の適用を受ける場合には，仮払法人税及び仮払地方税は，決算期において「法人税，住民税及び事業税」に含めて処理します。

■関連法規……財規第90条，所法第174条，第175条，復興財確法第8～10条，第26条～28条，第33条第2項，第49条，法法第68条第1項，法令第

営業外収益　797

140条の2，法基通2－1－24，消法第6条第1項，消法別表第2第3号，消令第10条第3項第1号，消通6－3－1(1)，金融商品実務指針第95項，中小会計指針第31項(2)，法人税，住民税及び事業税等に関する会計基準13項

655 保有社債の利札を銀行で現金化した

　利払期日の到来した保有社債の利札（額面25,000円）を銀行において現金化し，所得税（15％）3,750円，復興特別所得税（0.315％）78円，を差し引き，21,172円を当座預金に預け入れた。なお，この社債は，満期保有目的債券として分類されている。

（借）当 座 預 金　　21,172　　（貸）満期保有目的債券利息　　25,000
　　　仮払法人税　　　3,828

【解　説】　社債の利札（りふだ）とは，公社債について各利払期ごとに利息の支払いを約束した有価証券です。普通，社債券の下部に利札が利払回数分だけ付属しており，利払期日が到来した利札は，切り離して銀行において，現金化することができます。

　従って，期末に保有している利払期日の到来した利札は，現金等価物として現金勘定に含めます。

《ポイント》

消費税　国債，地方債，社債，新株予約権付社債，貸付金，預金，貯金に係る利息は非課税です。

《表　示》　満期保有目的債券利息は，「有価証券利息」として営業外収益の区分に表示します。

■関連法規……財規第90条，財規ガイド15－1－1，90，所法第174条，第175条，復興財確法第8～10条，第26～28条，第33条第2項，法法第68条第1項，法令第140条の2，法基通16－2－2，消法第6条第1項，消法別表第2第3号，消通6－3－1(1)

656 貸付金利息が入金した

> 取引先A社に対する貸付金5,000,000円について,本日,四半期分(90日間)の利息が当座預金に入金された。利率は年5.84%である。

(借)当 座 預 金　　72,000　　(貸)受 取 利 息　　72,000

〈計算〉　$5,000,000円 \times 5.84\% \times \frac{90日}{365日} = 72,000円$

【解　説】　貸付金利息は貸付金利率と貸付期間により計算されます。貸付金利息は,所得税の源泉徴収対象とならないため,所得税等の源泉徴収は行われません。

(消費税)　貸付金の利子は非課税です。

《表　示》　貸付金利息は,「受取利息」として,営業外収益の区分に表示します。

■関連法規……財規第90条,法基通2－1－24,所法第23条,第181条,消法第6条第1項,消法別表第2第3号,消令第10条第1項,消通6－3－1(1)

657 協力会社の要請で手形の割引に応じた

> ① 協力会社より当面の資金繰りのため同社が保有する約束手形(額面10,000,000円)の割引の要請を受け,割引料日歩2銭,期間30日の計算により,割引料60,000円を手形額面より差し引き,残額を小切手を振り出して支払った。
> ② 満期日に上記手形代金を受け取り,直ちに当座預金に入金した。

① (借)営業外受取手形　9,940,000　　(貸)当 座 預 金　　9,940,000

② (借)当 座 預 金　10,000,000　　(貸)営業外受取手形　9,940,000

受 取 利 息　　　60,000

【解　説】　割引要請により，満期日までの金利相当額（割引料）を手形額面金額より差し引いた金額で手形を取得した場合は，その取得価額により「営業外受取手形」として計上します。

手形額面金額と取得価額との差額は，償却原価法により受取利息として満期日までの期間の経過に応じて計上しますが，設例では期をまたいでいないため，手形代金の支払いを受けた時に計上します。

中小会計　支払日までの金利を反映して債権金額と異なる価額で債権を取得したときは，償却原価法に基づいて算定された価額をもって計上しますが，差額に重要性が乏しい場合には，決済時点において差額を損益として計上します。

消費税　手形の割引は利子を対価とする金銭の貸付けとして非課税であり，支払期日までの期間に応じて受け取る「割引料」も非課税として処理します。

《表　示》　受け取った手形は，通常の営業取引により取得した手形と区別するため「営業外受取手形」として表示します。受取利息は，「受取利息」として営業外収益の区分に表示します。

■関連法規……財規第19条，財規ガイド19，財規第90条，会計原則注解23，金融商品会計基準第14項，金融商品実務指針第105項，第251項，第252項，会社計規第5条第5項，法基通2-1-34，消法第6条第1項，消法別表第2第3号，消令第10条第3項第7号，消通6-3-1(9)，中小会計指針第12項

658　貸付金の利払日前に決算日を迎えた

当社は取引先A社に対し，利率年5.84％，利払日が2月，5月，8月，11月の各月末の条件で，5,000,000円の貸付けを行っている。本日（3月31日）決算日を迎えた。

（借）未 収 利 息　　24,800　　（貸）受 取 利 息　　24,800

〈計算〉 $5,000,000円 \times 5.84\% \times \dfrac{31日}{365日} = 24,800円$

【解　説】　貸付金利息は，原則として期間の経過に応じて，収益として計上します（発生主義）。従って，期末には当期に属する未収分を計上する必要があります。

しかし，利息額の重要性が乏しい場合には，利息が入金した日に収益として計上することも考えられます（現金基準）。税法では，利息の支払期日が1年以内の一定期間ごとに到来するものについては，利払期の到来するつど収益として計上する「利払期基準」によることが認められています。

貸付金利息は，所得税の源泉徴収対象とはなりませんので，所得税等の源泉徴収は行われません。

(消費税)　貸付金は利子を対価とする金銭等の貸付けに該当するため非課税であり，その利息も非課税として処理します。

《表　示》　貸付金利息は，「受取利息」として営業外収益の区分に表示します。未収利息は，「未収収益」として流動資産の区分に表示します。

■関連法規……財規第90条，第17条，法基通2－1－24，所法第23条，第181条，消法第6条第1項，消法別表第2第3号，消令第10条第1項，消通6－3－1(1)

659　既発社債の購入時，利払時，売却時の処理を行った

① 売買目的で既発のA社債（額面10,000,000円）を単価90円で購入し，購入代金9,000,000円，経過利息40,000円から所得税等6,126円を差し引き33,874円，売買委託手数料74,000円及び売買委託手数料に対する消費税7,400円を当座預金より証券会社へ支払った。

```
（借）売買目的有価証券　9,074,000　　（貸）当 座 預 金　9,115,274
　　　仮　払　金　　　　　 33,874
　　　仮払消費税等　　　　　7,400
```

② 上記A社債の利払日が到来し、今回の利息額90,000円から所得税等13,783円を差し引き、76,217円が当座預金に入金した。

(借)当座預金	76,217	(貸)売買目的有価証券利息	56,126
仮払法人税	13,783	仮払金	33,874

〈計算〉　90,000円×15.315％＝13,783円…所得税等
　　　　90,000円－13,783円＝76,217円…入金額

③ 上記A社債を単価110円で売却し、経過利息24,000円、売買委託手数料86,500円、売買委託手数料に対する消費税8,650円を精算し、手取り金額10,928,850円が当座預金に入金した。

(借)当座預金	10,928,850	(貸)売買目的有価証券	9,074,000
仮払消費税等	8,650	売買目的有価証券利息	24,000
		売買目的有価証券売却益	1,839,500

〈計算〉　11,000,000円－9,074,000円－86,500円＝1,839,500円…売却益

【解　説】　① 既発の公社債を購入する場合、前保有者の保有期間に対応する利息分を経過利息として支払います。これは利払日に精算されますので仮払金、又は前払金、立替金等の科目で処理します。

また、経過利息は通常、源泉所得税等相当額15.315％分を控除して支払います。なお、売買委託手数料は、購入のための付随費用として社債の取得原価に含めます。

② 今回の利息額90,000円から前社債保有者の保有期間に対する経過利息33,874円を差し引いた金額56,126円が有価証券利息として計上すべき金額です。これは利払日に入金した金額76,217円より、前社債保有者の保有期間に対する経過利息33,874円を差し引いた金額42,343円に、今回の利息額90,000円に対する所得税等を加えた金額、42,343円＋13,783円＝56,126円と合致します。

③ 売却時には，売却代金のほかに利払日から売却時までの経過利息24,000円を受け取ります。この金額は，所得税等控除後の金額で，事実上，所得税等を負担していますが，証券会社を通して売却した相手方は，源泉徴収義務者ではありませんので，税額控除の対象とはなりません。従って，手取金額を有価証券利息として計上します。有価証券売却益は，売買委託手数料を差し引いた純額で計上します。

(消費税) 社債の譲渡は，非課税とされる有価証券等の譲渡に該当するため，消費税は課税されません。また，社債に係る利息も非課税として処理します。

証券会社に対する売買委託手数料は，有価証券等の取引の仲介という役務の提供の対価として，課税仕入れに該当しますので，消費税が課税されます。

《表　　示》　売買目的で保有する社債の利息は，「有価証券利息」として，営業外収益の区分に表示します。売買目的で保有する社債の売却益は，一般事業会社では「有価証券売却益」として，営業外収益に表示しますが，有価証券の売買を主たる事業としている場合は，営業損益の構成項目として表示します。

■関連法規……財規第90条，所法第174条，第175条，復興財確法第8〜10条，第26〜28条，第33条第2項，第49条，法法第68条第1項，法令第119条第1項第1号，第140条の2，法基通2-3-5，2-3-10，16-2-2，消法第6条第1項，消法別表第2第2号，第3号，消通6-2-1(1)，6-3-1(1)，金融商品Q&A68，債券税制の見直し及び新日銀ネットの稼働等に伴う業務規程等の一部改正について（東京証券取引所）

660 所有株式の配当を受け取った

> A社の配当金50,000円の内，所得税等7,657円を差し引いた42,343円が当座預金に振り込まれた。
> なお，A社の株式（上場）は，その他有価証券として分類されている。

```
(借)当 座 預 金      42,343    (貸)その他有価証券配当金    50,000
   仮払法人税        7,657
```

〈計算〉　50,000円×15％＝7,500円…所得税
　　　　50,000円×0.315％＝157円…復興特別所得税

【解　説】　配当金の支払に株式数比例配分方式を利用する公開会社が増えています。株式数比例配分方式とは，保有するすべての銘柄の配当金を，証券会社の口座で受け取る方法です。同一の銘柄を複数の証券会社で保有している場合，それぞれの保有株式数に応じて配当金が各証券会社の口座に振分けて入金されます。

　配当金の所得税及び復興特別税は，法人税の前払いに該当するため，「仮払法人税」として計上しておき，期末決算において法人税額より控除します。ただし，元本である株式の保有期間に対応する部分のみが税額控除の対象となるため，元本である株式が期中に取得したものである場合は，控除されない部分が生じることがあります。

　また，配当等の源泉徴収税率は，本則では20％ですが，政策的考慮に基づく特例措置により，上場株式等の配当等については，15％（個人のみ他に住民税5％）の税率が2014年1月1日以後支払いを受けるものについて適用されます。ただし，2013年1月1日から復興財源確保法が施行されていますので，15.315％が適用されることになります。

[中小会計]　配当金については継続適用を条件として，実際に配当金が入金した日の属する事業年度に計上する現金基準によることも認められています。

(消費税)　剰余金の配当は，株主又は出資者としての地位に基づいて出資に対する配当として受け取るものであり，資産の譲渡等の対価には該当しないため，消費税の課税の対象外です。

《表　示》　その他有価証券配当金は，「受取配当金」として，営業外収益の区分に表示します。

■関連法規……財規第90条，財規ガイド15－1－1，所法第174条，第175条，第181条，第182条，復興財確法第8～10条，第26～28条，第33条第2項，第49条，法法第68条第1項，法令第140条の2，消通5－2－8，金融商品実務指針第94項，法人税，住民税及び事業税等に

関する会計基準13項

661 所有株式を売却した

　売買目的で保有していたＣ上場株式10,000株（簿価3,028,000円）を1株500円で売却し，売買委託手数料52,250円（消費税4,750円を含む）を差し引き4,947,750円が証券会社より当座預金に入金した。

（借）当 座 預 金	4,947,750	（貸）売買目的有価証券	3,028,000
仮払消費税等	4,750	売買目的有価証券売却益	1,924,500

【解　説】　時価の変動による利益を得る目的で保有している株式の売却益は，売買目的有価証券売却益勘定を用いて処理します。売買目的有価証券売却益は，売却価額から簿価，売買委託手数料を差し引いた純額で計上します。

(消費税)　売買委託手数料は有価証券の取引の仲介という役務の提供の対価として消費税が課税されます。支払った消費税は税抜方式によって仮払消費税等として計上します。

　株式の譲渡は，有価証券等の譲渡に該当しますので非課税であり，消費税は課税されません。

《表　示》　売買目的有価証券売却益は，有価証券の売買を主たる事業としている場合は営業損益の構成項目となりますが，それ以外の場合は営業外収益の区分に「有価証券売却益」として表示します。

■関連法規……財規第90条，財規ガイド90，消法第6条第1項，消法別表第2第2号，消通6－2－1(1)，金融商品実務指針設例3，金融商品Q&A68

662 決算日に未収の配当金がある

> 決算にあたり，B社株式（上場）の配当金200,000円（所得税＋復興特別所得税30,630円差引き）が未入金となっている。なお，既に株主総会の配当決定通知書は届いている。
> なお，B社の株式は，その他有価証券として分類されている。

（借）未 収 入 金　　169,370　　（貸）その他有価証券配当金　　200,000
　　　仮払法人税　　 30,630

【解　説】　未収の株式配当金は，株主総会決議のあった日の属する事業年度の収益に計上することができます。株式配当金は，未収であっても金額が確定していれば，対応する源泉所得税は，その期の法人税額より控除することができるため，仮払法人税として計上します。復興特別所得税は課税事業年度を除いて所得税とみなされるため「仮払法人税」として計上しておき，期末決算において法人税額より控除します。

　また，配当金は通常要する期間内に支払いを受けるものであれば，継続適用を条件として，実際に配当金が入金した日の属する事業年度に計上する現金基準によることも認められています。

　なお，株式配当金領収書又は配当金郵便振替通知書が送られている場合は，現金により配当金を受け取ったものとして処理します。

(消費税)　剰余金の配当は，株主又は出資者としての地位に基づいて，出資に対する配当として受け取るものであり，資産の譲渡等の対価に該当しないため，消費税の課税の対象外です。

《表　示》　その他有価証券配当金は，「受取配当金」として営業外利益の区分に表示します。

■関連法規……会社法第454条，財規第15条第12号，財規ガイド15-12，所法第174条，第175条，復興財確法第8～10条，第26～28条，第33条第2項，第49条，法法第68条第1項，法令第140条の2，法基通2-1-27，2-1-28，16-2-2，消通5-2-8，金融商品実務指針第94項，法人税，住民税及び事業税等に関する会計基準13

項

663 中間配当を受け取った

> 保有しているB社株式（上場）を20,000株について，本日，1株につき4円の中間配当金が，所得税等15.315％を控除され当座預金に振り込まれた。
> なお，B社の株式は，その他有価証券として分類されている。

（借）当 座 預 金　　67,748　　（貸）その他有価証券配当金　　80,000
　　　仮払法人税　　12,252

【解　説】　中間配当とは，1年決算の取締役会設置会社が定款の定めにより1事業年度の途中において1回を限度として，取締役会決議に基づいて行うことができる剰余金の配当です。会社法上，株主総会の決議に基づいて行われる剰余金の配当と区別されています。

中間配当は，取締役会決議のあった日の属する会計年度に収益として計上することができますが，継続適用を条件として，現金基準によることも認められています。

また，配当等の源泉徴収税率は，本則では20％ですが，政策的考慮に基づく特例措置により，上場株式等の配当等については，15％（個人のみ他に住民税5％）の軽減税率が2014年1月1日以後支払いを受けるべきものについて適用されています。また，復興財源確保法が2013年1月1日から施行されていますので，これを考慮すると15.315％となります。

なお，源泉所得税については，法人税の前払いに該当するため「仮払法人税」として計上し，期末決算において法人税額より控除します。復興特別所得税は法人税の額から控除されるべき所得税とみなされますので「仮払法人税」として計上しておき，期末決算において法人税額より控除します。

(消費税)　中間配当も利益の配当と同様に，株主としての地位に基づいて出資に対する配当として，受け取るものであり，資産の譲渡等の対価

営業外収益 807

に該当しないため,消費税の課税の対象外です。
《表　示》　その他有価証券配当金は,「受取配当金」として営業外収益の区分に表示します。
■関連法規……会社法第454条第5項,法基通2－1－27,2－1－28,所法第174条,第175条,復興財確法第8～10条,第26～28条,第33条第2項,第49条,法法第68条第1項,法令第140条の2,消通5－2－8,金融商品実務指針第94項,法人税,住民税及び事業税等に関する会計基準13項

664　所有株式につき剰余金の配当と株式分割が行われた

> 当社は,A社の株式(上場)10,000株を保有している。本日,A社の株主総会決議に基づき配当金として,所得税15,000円及び復興特別所得税315円を差し引いた84,685円が当座預金に入金した。
> 同時に,1株を1.1株とする株式分割が取締役会決議に基づき行われた。
> なお,A社の株式は,その他有価証券として分類されている。

（借）当 座 預 金　　84,685　　（貸）その他有価証券配当金　　100,000
　　　仮払法人税　　15,315

【解　説】　株式分割は,株式の発行会社が株主総会(取締役会設置会社にあっては取締役会)の決議により発行株式数を増加し,株主に対し持株数に応じて無償で新株を交付するものです。設例では,株式分割が行われると所有株式数は,1,000株増加し,11,000株となりますが,1株当たりの帳簿価額は,新たに取得する株式数に応じて修正されることになり,A社の株式に関する帳簿価額の総額に増減は生じませんので仕訳は行いません。

以上の理由によって,設例では,現金による配当についてのみ仕訳処理を行います。

また,配当等の源泉徴収税率は,本則では20％ですが,政策的考慮に

基づく特例措置により、上場株式等の配当等については、15％（個人のみ他に住民税5％）の軽減税率が2014年1月1日以後支払いを受けるべきものについて適用されています。また、復興財源確保法が2013年1月1日から施行されていますので、これを考慮すると15.315％となります。

なお、配当所得につき徴収される源泉所得税は、法人税の前払いに該当するため、「仮払法人税」として計上しておき、期末決算において法人税額より控除します。復興特別所得税は法人税の額から控除されるべき所得税とみなされますので「仮払法人税」として計上しておき、期末決算において法人税額より控除します。

(消費税) 剰余金の配当は、株主又は出資者の地位に基づいて、出資に対する配当として受け取るものでありますから、資産の譲渡等の対価に該当しませんので、消費税の課税の対象とはなりません。

《表　　示》　その他有価証券配当金は、「受取配当金」として、営業外収益の区分に表示します。

■関連法規……財規第90条、会社法第183条、第215条第3項、第453条、第454条、所法第174条、第175条、所令第110条、措法第9条の3、復興財確法第8～10条、第26～28条、第33条第2項、第49条、法法第68条第1項、法令第140条の2、法基通2－1－27、2－1－28、消通5－2－8、金融商品実務指針第94項、法人税、住民税及び事業税等に関する会計基準13項

665 仕入割引を受けた

　当社の仕入先に対する支払条件は月末締め3カ月後払いとなっているが、仕入先D社からの早期支払要請により、前月末締めの買掛金5,000,000円について、仕入割引額として50,000円を差し引き当座預金より支払った。

（借）買　掛　金　5,000,000　　（貸）当座預金　4,950,000
　　　　　　　　　　　　　　　　　　仕入割引　　　45,455

		仮払消費税等	4,545

【解　説】　仕入割引とは，仕入代金の支払期日前の支払いに対する買掛金の一部割引額をいい，仕入先に早期に資金を提供したことによる金融収益です。

　従って，仕入品の数量不足，品質不良により仕入代価から控除される仕入値引や，多額又は多量の仕入を行ったことに対する仕入代金の割戻しである仕入割戻しとは会計処理上区別を要します。

消費税　仕入割引は，会計上は金融収益として営業外収益とされていますが，消費税の取扱いにおいては，仕入値引・割戻し同様，仕入に係る対価の返還等に該当するため，その対価の返還等の金額に係る消費税額は，仮払消費税等の戻りとして処理します。

〈計算〉　$50{,}000円 \times \dfrac{10}{110} = 4{,}545円$…割引に係る消費税額

《表　示》　仕入割引は，営業外収益の区分に「仕入割引」として表示します。

■関連法規……財規第79条，財規ガイド79，財規第90条，財規ガイド90，消法第32条，消通6 - 3 - 4，12 - 1 - 4

666　自社ビルの一部を賃貸した

　当社のビルの１階部分を店舗としてＤ社と賃貸借契約を締結し，１カ月分の家賃550,000円（消費税50,000円を含む）と敷金5,000,000円が当座預金に振り込まれた。なお，契約期間は５年で，敷金の20％は修繕費として返還しない契約となっている。

（借）当 座 預 金	5,550,000	（貸）預 り 保 証 金	4,000,000
		受 取 地 代 家 賃	1,409,091
		仮 受 消 費 税 等	140,909

【解　説】　敷金の20％は契約により返還しないことが確定しています

ので，受取地代家賃に含めて収益として計上します。また，税法においても返還しないことが確定した日の属する期の収益となります。

(消費税) 建物の賃貸は，住宅の賃貸を除き資産の貸付けに該当するため，消費税が課税されます。また，敷金のうち返還しない部分は権利の設定の対価として，資産の譲渡等の対価に該当し，消費税が課税されます。

〈計算〉 50,000円 + 5,000,000円 × 20% × $\frac{10}{110}$ = 140,909円…消費税額

《表　示》 預り保証金は，固定負債の区分の「その他」に含めて表示し，その金額が負債と純資産の合計額の$\frac{5}{100}$を超える場合は「預り保証金」として表示します。

また，受取地代家賃は，不動産の賃貸が本業でない場合は，営業外収益の区分に「投資不動産賃貸料」として表示します。

■関連法規……財規第52条，第53条，第90条，財規ガイド90，消法第2条第1項第8号，第4条第1項，消通5-4-3

667 保険期間満了により，満期返戻金を受け取った

従業員Aを被保険者として加入していた養老保険が，満期となり満期返戻金5,000,000円が当座預金口座に入金した。このAの養老保険について資産計上している保険料積立金の金額は4,000,000円である。

(借)当 座 預 金　5,000,000　　(貸)保険料積立金　4,000,000
　　　　　　　　　　　　　　　　　　雑　収　入　1,000,000

【解　説】 養老保険とは，被保険者が死亡した場合に死亡保険金が支払われ，保険期間満了の日に被保険者が生存している場合は，満期返戻金が支払われる生命保険です。税法上，養老保険には貯蓄性があるため，会社が受取人である場合は，保険金又は満期返戻金が支払われるか，又は中途解約するまで，保険料（掛金）は，「保険料積立金」として資産計上します。

従って，設例のように満期返戻金が支払われた場合は，満期返戻金から保険料積立金を差し引いて，差額を雑収入として計上します。

【消費税】 保険は，保険料を対価とする役務の提供に該当するため非課税であり，満期返戻金についても消費税は課税されません。

《表　示》 受取保険料は「雑収入」として，営業外収益の区分に表示します。

■関連法規……財規第90条，法基通9－3－4，消法第6条第1項，消法別表第2第3号，消通6－3－1(4)

668　生命保険金を受け取った

　当社では，全役員を被保険者として，定期保険に加入している。このたび役員Bの死亡により，保険金10,000,000円が当座預金に入金した。なお，当該役員分の保険料の未経過分50,000円が前払費用勘定に計上されていた。

　　(借)当 座 預 金　10,000,000　　(貸)雑　収　入　9,950,000
　　　　　　　　　　　　　　　　　　　　前 払 費 用　　 50,000

【解　説】 定期保険とは，一定期間内に被保険者が死亡した場合のみ保険金が支払われる，いわゆる掛捨て保険です。養老保険のように満期返戻金がないため，貯蓄性がなく，保険料は，期間の経過に応じて費用として計上します。

　従って，受け取った保険金は雑収入として計上します。

　前払保険料が計上されている場合は，保険金の入金時に全額戻入れ処理します。

【消費税】 生命保険の死亡保険金は，保険契約に基づいて保険事故の発生に伴い受け取るものであり，資産の譲渡等の対価には該当しないため，消費税の課税対象外です。

《表　示》 受取保険金は，「雑収入」として営業外収益の区分に表示します。

■関連法規……財規第90条,法基通9－3－5,消通5－2－4

669 従業員の生命保険料の集金事務手数料を受け取った

当月の給与より控除した従業員50名分の生命保険料800,000円から,集金事務手数料3％（税込）を控除して,保険会社へ当座預金より支払った。

```
(借)預　り　金    800,000   (貸)当 座 預 金   776,000
                                  雑　収　入     21,818
                                  仮受消費税等    2,182
```

【解　説】　会社と生命保険会社との契約により、従業員が団体扱いで加入した生命保険の保険料を会社が給与から控除して保険会社へ支払う場合、保険料に一定率を乗じた額を手数料として受け取ります。受け取った手数料は雑収入で処理します。

(消費税)　集金事務手数料は、役務の提供の対価に該当するため、消費税が課税されます。

《表　示》　生命保険料集金事務手数料は、営業外収益の区分に「雑収入」として表示します。

■関連法規……財規第90条,消法第2条第1項第8号,第4条第1項,消通6－3－2

670 引越祝いに絵画を受け取った

引越祝いとして、取引先から時価1,000,000円の10号の絵画が贈られた。

```
(借)什 器 備 品   1,000,000   (貸)雑　収　入   1,000,000
```

【解　説】　絵画は，固定資産として器具・備品に含まれます。絵画の贈与を受けた場合は，時価を基準として適正な評価を行い，収益に計上します。通常，金額の重要性が乏しい場合は「雑収入」に計上します。

美術品等が減価償却資産であるかどうかの判定は，2014年12月31日以前に取得した美術品であるか，2015年1月1日以降に取得した美術品であるかにより異なります。

2014年12月31日以前に取得した美術品については，美術年鑑等に登録されている作者の作品であるか，取得価格が20万円以上であるかにより判定を行います。

2015年1月1日以降に取得した美術品については，美術品で歴史的価値又は希少価値を有し，代替性のないものは非減価償却資産に該当します。

なお，取得価額1点100万円未満である美術品等は原則として減価償却資産として取り扱います。また，取得価額が1点100万円以上であっても時の経過によりその価値が減少することが明らかなものは，減価償却資産として取り扱うことが可能であり，100万円未満であっても時の経過によりその価値が減少しないことが明らかなものは減価償却資産に該当しないものとして扱います。

(消費税)　無償による資産の譲受けは，資産の譲渡等の対価には該当しないため，消費税の課税対象外です。

《表　示》　雑収入は営業外収益の区分に「雑収入」又は「その他の収益」と表示します。ただし，その金額が営業外収益の10％を超えるものは，「固定資産受贈益」などの独立した科目により計上します。

■関連法規……財規第90条，法基通7－1－1，消法第2条第1項第8号，第4条第1項，消通5－1－2，5－2－14

671 祝儀として金一封を受け取った

当社が請け負った建築工事が完成し，竣工式において発注者より祝儀として50,000円が贈られた。

(借)現　　金　　50,000　　（貸)雑　収　入　　50,000

【解　説】　祭事・式典において贈られた金銭はすべて雑収入に計上します。

当方が祝品を持って行った場合は，祝品代金は雑収入と相殺しないで交際費として計上します。

消費税　一般的な寄付金，祝金，見舞金等は資産の譲渡等の対価に該当しないため，消費税の課税の対象外です。

■関連法規……財規第90条，法法第22条第2項，消法第2条第1項第8号，第4条第1項，消通5-2-14

672 新型コロナウイルス感染症特例措置を活用し，雇用調整助成金を受け取った

新型コロナウイルス感染症防止のために，店舗の営業を停止した。営業停止期間中に支払った従業員の休業手当等1,000,000円を補填するため雇用調整助成金の申請を行った。後日，支給決定額1,000,000円が当座預金に振り込まれた。

(借)当座預金　1,000,000　　（貸)雑　収　入　1,000,000

【解　説】　雇用調整助成金について新型コロナウイルス感染症特例処置措置が設けられています。

当該助成金は，対象事業者が新型コロナウイルス感染症の影響を受ける事業主が要件とされ，解雇等を行わない場合の助成額の上乗せが行われる等，休業賃金などの発生と補助金の交付に一定の関連性が認められるものの，補助金の交付を受けない場合にも給与等の支払いが必要となることに変わりなく，給与等の支払いと助成金の受給は別個の取引として会計処理することが適当と考えられます。なお，助成金については，交付が決定された日の属する事業年度に計上します。ただし，経費を補填するために法令の規定等に基づき交付されるものであり，あらかじめ

その交付を受けるために必要な手続をしている場合には，その経費が発生した事業年度中に助成金等の交付決定がされていないとしても，その経費と助成金等の収益が対応するように，その助成金等の収益計上時期はその経費が発生した日の属する事業年度として取り扱うこととしています。

(消費税) 雇用調整助成金のように特定の政策目的の実現を図るための給付金は資産の譲渡等の対価には該当しないため，消費税の課税対象外です。

《表　示》　雇用調整助成金は，営業外収益の区分に「雑収入」又は「その他の収益」として表示します。ただし，金額的に重要性があるものについては「雇用調整助成金」などの独立した科目により計上します。

■関連法規……財規第90条，法法22，法基通2－1－42，消法第2条第1項8号，消通5－2－15

673 大阪・関西万博の入場券をもらった

> 法人が取引先から大阪・関西万博の入場券6,700円（税込）／枚を100枚受け取った。
> 50枚は従業員等へ配布し，実際に使用されたが，残りの50枚は使用されなかった。

●入場券を受け取った時

| (借)貯　蔵　品 | 670,000 | (貸)雑　収　入 | 670,000 |

●入場券の使用時

| (借)福利厚生費 | 304,546 | (貸)貯　蔵　品 | 335,000 |
| 　　仮払消費税等 | 30,454 | | |

●大阪・関西万博閉幕時点

| (借)雑　損　失 | 335,000 | (貸)貯　蔵　品 | 335,000 |

【解　説】　大阪・関西万博の入場券を取引先等から交付を受けた場合には，資産計上する必要があります。入場券の交付を受けた時点では雑収入として資産計上します。その後，従業員に福利厚生目的で交付した場合には，設例502の(2)と同様の処理となります。なお，交付を受けた入場券が使用されなかった場合は，大阪・関西万博の閉幕時点において雑損失として処理することになります。

(消費税)　取引先等から無償で入場券の交付を受けたことによる雑収入は，消費税の対象外です。従業員が実際に使用した段階で仕入税額控除の適用を受けることになりますので，使用時に仮払消費税等を計上します。交付を受けた入場券が使用されなかった場合は，仕入税額控除の対象外です。

営業外費用

674 借入金利息を支払った

取引銀行において10,000,000円の手形借入を行い,満期日まで(92日間)の利息を差し引かれ,手取金が当座預金に入金した。利率は年2.92%である。

```
(借)当 座 預 金    9,926,400    (貸)短期借入金   10,000,000
   支 払 利 息       73,600
```

〈計算〉 $10,000,000円 \times 2.92\% \times \dfrac{92日}{365日} = 73,600円$

【解 説】 手形借入とは,借用証書の代わりに銀行を受取人とする約束手形を銀行に差し入れる借入方法です。手形借入は,証書借入に比べ手続きが簡単なことから,原則として短期資金の借入に利用されます。借入金利息は,借入日と手形の満期日の両方に利息がかかる両端入れにより計算され,借入時に差し引かれます。

(消費税) 借入金利息は非課税であり,消費税は課税されません。

《表 示》 借入金利息は,営業外費用の区分に「支払利息」として表示します。

■関連法規……財規第93条,消法第6条第1項,消法別表第2第3号,消令第10条第1項,消通6-3-1(1)

675 決算時に当期に対応する利息が未払いである

決算にあたり,借入金利息につき調査したところ,未だ支払期日が到来していない借入金利息のうち,当期に対応する分が50,000円あった。

(借)支払利息　　　50,000　　（貸)未払費用　　　50,000

【解　説】　利息の支払期日前に決算日を迎えた場合は，当期に対応する分を未払利息として計上します。

(消費税)　借入金利息は非課税であり，消費税は課税されません。

《表　示》　借入金利息は，営業外費用の区分に「支払利息」として表示します。また，未払利息は流動負債の区分に「未払費用」として表示します。

■関連法規……財規第49条，第93条，消法第6条第1項，消法別表第2第3号，消令第10条第1項，消通6-3-1(1)

676　役員に銀行借入の保証料を支払った

社長を保証人として銀行から借入を行って，その保証の対価として社長に100,000円を支払った。

なお，この保証料の額は，信用保証協会に債務保証を頼んだ場合と同額であった。

(借)支払保証料　　100,000　　（貸)現金預金　　100,000

【解　説】　会社が社長に支払った保証料の額が妥当なものである場合には，役員報酬ではなく支払保証料として処理します。

これは，債務の保証を第三者に依頼する場合や信用保証協会に債務保証を頼んだ場合には，その対価として保証料等を支払うことから，保証人である社長にその危険負担の対価として保証料を支払うのも同様であるためです。

なお，適正な保証料の額は，信用保証協会の保証料の金額等が参考になるものと考えられます。

(消費税)　保証料は，非課税取引であり，仕入税額控除の対象にはなりません。

《表　示》　金融機関等からの借入に際して支払う保証料は，資金調達

コストとして支払利息と同じ金融費用ですので営業外費用として表示します。

■関連法規……消法第6条第1項,消法別表第2第3号,消通6-3-1(12)

677 手形を銀行で割り引いた

> 手持ちのA社振出しの約束手形（額面10,000,000円）をB銀行で割り引き,割引料49,600円を差し引き9,950,400円が当座預金に入金した。
> なお,当該約束手形については,額面に対して1％(100,000円)の貸倒引当金が設定されている。

① (借)当 座 預 金　9,950,400　　(貸)割 引 手 形　10,000,000
　　　手形売却損　　　49,600

② (借)当 座 預 金　9,950,400　　(貸)受 取 手 形　10,000,000
　　　手形売却損　　　49,600
　　　割引手形義務見返　10,000,000　　割引手形義務　10,000,000

③ (借)当 座 預 金　9,950,400　　(貸)受 取 手 形　10,000,000
　　　手形売却損　　　49,600
　　　保証債務費用　　100,000　　保 証 債 務　　　100,000
　　　貸倒引当金　　　100,000　　貸倒引当金戻入　　100,000

【解　説】　割引手形の会計処理には，①評価勘定による方法，②対照勘定による方法，③偶発債務（保証債務）を時価評価して計上する方法の3通りの処理方法があります。

　手形割引とは，商業取引に基づいて振り出された手形を，満期日までの利息相当額（割引料）を差し引いた金額で手形の所持人が銀行へ裏書譲渡する取引です。手形割引の法的性質については，売買取引説と消費貸借説とがありますが，銀行取引約定書では，売買取引として構成されています。裏書譲渡であるため，不渡りとなった場合は，手形の遡求義務か，或いは銀行取引約定に基づく買戻し義務が発生します。従って，

割引に付した手形の金額は、満期日に決済されるまで貸借対照表に注記します。なお、偶発債務を示すための①評価勘定と②対照勘定は、内部処理用の勘定ですから、外部に公表される貸借対照表上には記載されません（手形の割引については、**59**「手形を割引した」を参照して下さい）。

割引料の計算方法は以下のとおりです。

割引料＝手形額面金額×割引率（年率）× $\frac{割引日数（両端入れ）}{365日}$

(消費税) 手形の割引は利子を対価とする金銭の貸付け（依頼者側－借入）として非課税であり、満期日までの期間に応じて支払う「割引料」も非課税です。ただし、割引料とは別に支払う「手数料」は消費税の課税の対象です。

《表　示》 手形売却損は、営業外費用の区分に「手形譲渡損」として表示します。受取手形は、貸借対照表上、割引手形を含まない金額で表示し、割引手形の残高は貸借対照表に「受取手形割引高」として注記します。③により「保証債務」が計上されている場合は、「受取手形割引高」から保証債務の額を控除した額を注記します。

■**関連法規**……財規第93条、第58条、会計計規第103条第5号、手形法第43条、消法第6条第1項、消法別表第2第3号、消令第10条第3項第7号、消通6－3－1(9)、金融商品実務指針第136項、設例16

678　割引料が当座預金から引き落とされた

先日割り引いた約束手形10,000,000円の割引料60,000円が、本日、当座預金より引き落とされた。

| （借）手形売却損 | 60,000 | （貸）当座預金 | 60,000 |

【解　説】 銀行によっては割引料が天引きされず、割引の実行日後に当座預金から引き落とされることがあります。その場合、割引実行時には手形の額面金額で当座預金に入金します。

(消費税) 手形の割引は利子を対価とする金銭の貸付け（依頼者側－借入）として非課税であり、満期日までの期間に応じて支払う「割引料」

も非課税に該当します。

ただし、割引料とは別に支払う「手数料」は消費税の課税対象です。

《表　示》　手形売却損は「手形譲渡損」として営業外費用の区分に表示します。

■関連法規……財規第93条、消法第6条第1項、消法別表第2第3号、消令第10条第3項第7号、消通6-3-1(9)

679　社債利息が引き落とされた

> 本日、当社発行の社債3,000,000,000円に係る利息45,000,000円、利払取扱手数料297,000円（消費税27,000円を含む）が当座預金より引き落とされた。

```
(借)社 債 利 息   45,000,000    (貸)当 座 預 金   45,297,000
    支払手数料       270,000
    仮払消費税等      27,000
```

【解　説】　社債利息は、取扱銀行において利払期日の3日前に取扱手数料とともに当座預金より引き落とされます。実務上、この引落時点で全額社債利息に計上します。社債利息に係る源泉所得税等は、取扱銀行が徴収及び納付を行うため、社債発行会社は源泉所得税等についての預り金は計上しません。

(消費税)　社債は利子を対価とする金銭の貸付け（発行者側―借入）として非課税であり、社債利息の支払いも非課税であり、消費税は課税されません。ただし、取扱銀行に支払う業務委託手数料は消費税の課税対象です。

《表　示》　社債利息は、営業外費用の区分に「社債利息」として表示します。

■関連法規……財規第93条、財規ガイド93、所法第181条、消法第6条第1項、消法別表第2第3号、消通6-3-1(1)

680 社債利息の利払日前に決算を迎えた

当社は額面3,000,000,000円の社債を発行しており，5月と11月末の年2回を利払日としている。本日，決算日にあたり社債利息の調査を行ったところ，12月から3月までの経過利息は30,000,000円であった。

なお，当社の決算日は3月31日である。

　　（借）社 債 利 息　30,000,000　　（貸）未払社債利息　30,000,000

【解　説】　社債利息は，通常，後払いとなりますので，決算時に期間の経過に対応して当期の費用となる分を「未払社債利息」として計上します。

(消費税)　社債は，利子を対価とする金銭の貸付け（発行者側―借入）として非課税であり，社債利息も非課税となっており，消費税は課税されません。

■関連法規……財規第48条，第93条，会計原則注解5(3)，消法第6条第1項，消法別表第1第3号，消通6－3－1(1)

681 貸付金に対する貸倒引当金を設定した

決算にあたり，営業取引とは関連のないA社に対する貸付金10,000,000円の回収可能性について検討した結果，このうち5,000,000円については回収の見込みがほとんどないと認められるので，同額の貸倒引当金を設定した。

　　（借）貸倒引当金繰入額　5,000,000　　（貸）貸倒引当金　5,000,000

【解　説】　売掛金・受取手形などの通常の営業取引に基づいて発生した債権に対する貸倒引当金繰入額は，販売費に計上しますが，通常の営

業取引以外の取引に基づいて発生した債権に対する貸倒引当金繰入額は，営業外費用として処理します。

ただし，営業上の必要に基づいて経常的に発生する，得意先又は仕入先に対する貸付金等に対するものについては，販売費として処理します。

[中小会計] 債権について取立不能のおそれがある場合には，その取立不能見込額を貸倒引当金として計上します。

[消費税] 貸倒引当金の繰入れは，課税資産の譲渡等の税込価額の全部又は一部が回収できなくなったことには該当しないため，貸倒れに係る消費税額の控除対象外です。

■関連法規……財規第87条，財規ガイド87，財規第93条，金融商品実務指針第113項，第123項～125項，消法第39条第1項，消令第59条，中小会計指針第18項

682 決算時に創立費の償却を行った

決算にあたって，前期に繰延資産として計上した創立費について1,000,000円の償却を行った。なお創立費（当初計上額5,000,000円）については，会社の成立のときから5年以内に定額法により償却を行うこととしている。

　（借）創立費償却　1,000,000　　（貸）創　立　費　1,000,000

〈計算〉　$5,000,000円 \times \dfrac{12ヵ月}{60ヵ月} = 1,000,000円$…当期償却額

【解　説】　創立費とは，会社の負担に帰すべき設立費用であり，原則として支出時に費用として処理します。ただし，創立費は繰延資産として計上することができます。この場合には，会社の成立のときから5年以内のその効果の及ぶ期間にわたって，定額法により償却をします。創立費の償却については240を参照して下さい。

[消費税] 繰延資産の償却額については，繰延資産自体の計上時に税抜処理されているため，消費税の会計処理を行う必要はありません。

《表　示》 創立費の償却額は，「創立費償却」として営業外費用の区分に表示します。

■**関連法規**……会社法第28条第4号，会社施規第5条，繰延資産の会計処理に関する当面の取扱い（対応報告第19号），財規第36条，財規ガイド36，財規第37条，第38条，第93条，財規ガイド93，法法第2条第24号，法令第14条第1項，法基通8－1－1，消法第2条第1項第12号，第30条第1項，消通11－3－4

683 決算時に有価証券の評価損益を計上した

当社は，一般事業会社であり保有する株式はすべて「その他有価証券」の区分に分類している。決算時において保有している株式は上場株式であり，銘柄，数量，取得原価及び決算日の取引価格の終値（時価）は下記のとおりである。

銘柄	数量	取得原価	決算日の終値
A株式	3,000株	1,800円	1,500円
B株式	2,000	500	400
C株式	2,000	1,000	1,500

① 評価差損の計上

(借)繰延税金資産　　　　　330,000　　(貸)その他有価証券　　1,100,000
　　その他有価証券評価差損　770,000

〈計算〉

評価差額：(1,500円－1,800円) ×3,000株＝△900,000円…A株式
　　　　　(400円－500円) ×2,000株＝△200,000円………B株式

税効果額(繰延税金資産):

$$(\triangle 900,000円 + \triangle 200,000円) \times 30\%^{(*)} = \triangle 330,000円$$

評価差損:$(\triangle 900,000円 + \triangle 200,000円) - \triangle 330,000円 = \triangle 770,000円$

　＊：実効税率は30%とする。

② 評価差益の計上

（借)その他有価証券	1,000,000	（貸)繰延税金負債	300,000
		その他有価証券評価差益	700,000

〈計算〉

評価差額:$(1,500円 - 1,000円) \times 2,000株 = 1,000,000円$…C株式

税効果額(繰延税金負債):$1,000,000円 \times 30\%^{(*)} = 300,000円$

評価差益:$1,000,000円 - 300,000円 = 700,000円$

　＊：実効税率は30%とする。

③ 評価差額金の計上

（借)その他有価証券評価差益	700,000	（貸)その他有価証券評価差損	770,000
その他有価証券評価差額金	70,000		

④ 繰延税金資産と繰延税金負債との相殺

（借)繰延税金負債	300,000	（貸)繰延税金資産	300,000

【解　説】「その他有価証券」とは売買目的有価証券,満期保有目的の債券,子会社株式及び関連会社株式以外の有価証券をいいます。

　その他有価証券は,金融商品会計基準により時価評価することとされています。そして,時価評価することによって生ずる評価差額は洗替方式に基づいて,「全部純資産直入法」か「部分純資産直入法」のいずれかの方法により処理します。設例では,全部純資産直入法により会計処理を行っています。

① A株式及びB株式については,時価が取得原価を下回っているため評価差損が計上されます。しかし,税法ではその他有価証券について原価法により評価した金額とするため,その他有価証券の帳簿価額と

税務上の資産計上額との間に差額（一時差異）が生じるため、税効果会計を適用して税効果額を控除した上で評価差損を計上します。
② C株式については、時価が取得原価を上回っていますので、評価差益については税効果額を控除した上で計上します。
③ 評価差額は、評価差益と評価差損との純額により「その他有価証券評価差額金」として純資産の部に計上します。
④ 繰延税金資産と繰延税金負債は相殺し、繰延税金資産30,000円は投資その他の資産として計上します。

以上の評価差額金及び繰延税金資産は、洗替方式により翌期首において振り戻し、帳簿価額を取得原価とするため、翌期首で次の仕訳を計上する必要があります。

（借）その他有価証券	100,000	（貸）繰延税金資産	30,000
		その他有価証券評価差額金	70,000

中小会計 評価差額の計上については、中小会計も同じです。

消費税 有価証券について時価法に基づいて計上される評価差額は、資産の譲渡等には該当しないため、消費税の課税対象外です。

《表　示》 設例のように評価差額（評価差益及び評価差損）の合計額を純資産の部に計上する「全部純資産直入法」による場合は、評価差額は評価差益部分と評価差損部分との純額により、純資産の部の株主資本の次に別に評価・換算差額等の区分を設け、「その他有価証券評価差額金」として計上します。

また、評価差益は純資産の部に計上し、評価差損は当期の損失として処理する「部分純資産直入法」による場合は、評価差損は「有価証券評価損」として営業外費用の区分に計上します。

繰延税金資産と繰延税金負債については、それぞれ相殺し、投資その他の資産、或いは固定負債の区分に計上します。

■関連法規……会社計規第5条第6項、会計原則第三の五のB、金融商品会計基準第18項、金融商品実務指針第73項、金融商品Q&A69、税効果会計基準第二の一の2の(1)の②、第二の二の3、第三の1、第三の2、財規第8条第22項、第17条第1項、第49条第1項、第67条、財規ガイド93、法法第61条の3第1項第2号、消法第2条第1項

第8号,第4条第1項,中小会計指針第69項

684 売上割引を行った

> A社に商品5,000,000円を販売した。当社に対するA社の支払条件は,通常は手形払いとなっているが,当月に支払われる予定の5,500,000円(商品5,000,000円の税込)については,当社の資金繰りの都合で現金による支払いをA社に要請し承諾を得た。なお,商品の販売時において,現金払いによる割引10,000円を見込んでいた。
> 本日,現金支払いに対する割引料が確定し,11,000円(税込)を差し引き,5,489,000円が当座預金に入金された。
> この売上割引は変動対価として取り扱う。

・商品販売時

(借)売 掛 金	5,500,000	(貸)売 上 高	5,000,000
		仮受消費税等	500,000
(借)売 上 高	10,000	(貸)返 金 負 債	10,000

・代金回収時 (売上割引確定時)

(借)返 金 負 債	10,000	(貸)売 掛 金	5,500,000
仮受消費税等	1,000		
当 座 預 金	5,489,000		

【解 説】 売上割引とは,売上代金を期日前に支払いを受けること,又は通常手形払いのところ,現金払いに変更してもらうことなどによる売掛金の一部免除額をいいます。

販売対価のうち,売上割引により減少すると見込まれる金額は変動対価として取り扱うことが考えられます。この場合,販売時に売上割引見込額を売上から減額します。相手科目は,「返金負債」等の負債科目を使用します。売上割引確定時は,期中の仕訳を戻したうえで売上割引の確定額を売上から減額します。

なお，法人税法の取扱いは会計と同様です。

【消費税】 販売時に対価の総額が課税売上となる一方，売上げに係る対価の返還等の金額が確定した際に，消費税額を控除します。

《表　示》 売上割引を収益認識に係る変動対価として取り扱う場合は，売上から減額するため独立した勘定科目では表示されません。

■関連法規……財規第72条第1項，財規ガイド72−1，収益認識基準第56〜58項，同適用指針第27〜29項，法基通2−1−1の8，消法第28条第1項，消法第38条第1項，消通6−3−4

685 休止固定資産の減価償却費を計上した

生産調整のために稼働を休止している設備について減価償却を行い，減価償却費5,400,000円を計上した。

(借)減価償却費　　5,400,000　　(貸)機械装置減価償却累計額　　5,400,000

【解　説】 経済環境等の著しい変化等に応じて，設備の操業を休止することがあります。例えば，法律上の規制を受けて設備の主要部分を撤去，格納し一定期間休止するもの，或いは自主的に設備能力を制限し，部分的に休止するものなどがあります。このような稼動休止中の固定資産であっても，その休止期間中必要な維持補修が行われており将来再使用が確実に見込まれ，設備としての機能を現に有している固定資産については，税法では減価償却費を計上することができます。

企業会計では，適正な費用配分を行うことによって毎期の損益計算を正確に行うことを目的とするため，税法とは異なり，稼動休止に関係なく減価償却費を計上する必要があります。

【消費税】 減価償却費の計上は資産の譲渡等には該当しませんので，消費税の課税関係は生じません。

《表　示》 休止固定資産の減価償却費は，原則として営業外費用の区分に表示します。

■関連法規……減損会計適用指針138項，法令第13条，法基通7−1−3，企会5

- 2

686 為替差損が生じた

> 決算期末において、外貨建ての売掛金の帳簿残高は1,010,000円（10,000USドル×101円）であった。なお、決算時点の為替相場は1USドル99円（T.T.B）である。

(借)為 替 差 損　　20,000　　(貸)売　掛　金　　20,000

【解　説】　外貨建金銭債権債務は、決算時の為替相場により円換算をします。為替相場にはT.T.B（電信買相場）、T.T.M（電信売買相場の仲値）、T.T.S（電信売相場）があります。

T.T.Bの「B」はBuyingの「B」であり、銀行が顧客より外貨を買う場合の為替相場です。

一方、T.T.Sの「S」はSellingの「S」で銀行が顧客へ外貨を売る場合の為替相場です。従って、外貨建ての金銭債権（外貨預金を含む）はT.T.Bで換算され、外貨建金銭債務はT.T.Sで換算します。

外貨建金銭債権債務ともに電信売買相場の仲値T.T.Mで換算することを原則としていますが、T.T.B及びT.T.Sによる換算も継続適用を条件に認められています。

(消費税)　換算により発生する為替差損益及び決済により発生する為替差損益は、消費税の課税の対象とはなりません。

《表　示》　為替差損は「為替差損」として、営業外費用の区分に表示します。

■関連法規……外貨基準一2(1)②、法法第61条の9、法基通13の2－2－5、消通10－1－7、中小会計指針第77項

687 利子税を支払った

> 法人税の納税申告書の提出期限延長による利子税31,000円を,小切手を振り出して納付した。

　(借)雑　損　失　　　31,000　　(貸)当 座 預 金　　　31,000

【解　説】　利子税とは,法律の定める一定の要件のもとに適法に延納又は納税申告書の提出期限の延長をしたことに対して本税に課される一種の金利であり,財務費用に該当します。従って,利子税の納付額は営業外費用として処理し,法人税法上,損金に算入されます。

(消費税)　利子は非課税であり,消費税は課税されません。

《表　示》　利子税は,営業外費用の区分に「雑損失」として表示します。

■関連法規……財規第93条,法基通9－5－1,消法第6条第1項,消法別表第2第3号,消令第10条第1項,消通6－3－1(1)

IX 特別損益等

- 特別利益
- 特別損失
- 法人税，住民税及び事業税

特 別 利 益

688 車両を下取りに出し,売却益が生じた

車両(取得価額4,000,000円,期首減価償却累計額3,400,000円)を825,000円(消費税75,000円を含む)で下取りに出し,5,000,000円の新車を購入した。旧車両の当期の減価償却費は100,000円である。代金は,新車の消費税500,000円を加えて小切手で支払った。

(借)車　　両	5,000,000	(貸)車　　両	4,000,000
減価償却累計額	3,400,000	固定資産売却益	250,000
減価償却費	100,000	当座預金	4,675,000
仮払消費税等	500,000	仮受消費税等	75,000

〈計算〉　750,000円 − (4,000,000円 − 3,400,000円 − 100,000円)
　　　　　= 250,000円…固定資産売却益

【解　説】　車両を下取りに出して新車を購入することが一般的に行われていますが,会計処理ではそれぞれが別個の取引(売却と購入)として処理します。従って,借方の車両5,000,000円と貸方の車両4,000,000円を相殺することは行われません。なお,固定資産を売却する場合,売却時までの減価償却費を計算し,当期の費用として計上します。

(消費税)　車両の下取り及び新車の購入は,いずれも課税の対象であるため,消費税が課税されます。

《表　示》　固定資産売却益は,毎期継続的に発生することが少ないことから臨時損益として扱われ,損益計算書上,特別利益の部に「固定資産売却益」として表示します。

■関連法規……会社計規第88条,財規第95条の2

689 損害賠償金を受け取る

> 当社の本社前で工事用クレーン車が転倒し当社の門扉を破損し使用不可能とした。クレーン車の所有会社と交渉の結果,損害賠償金として4,000,000円を受け取ることになったが,決算日現在未収である。破損した門扉の帳簿価額は1,600,000円(取得価額6,000,000円)であり,保険は掛けていない。

(借)減価償却累計額	4,400,000	(貸)構 築 物	6,000,000
固定資産廃棄損	1,600,000		

【解　説】　損害賠償金は金額が確定した期の収益とするのが原則ですが,実際に受け取った日の収益とすることも認められます。従って,設例では,損害賠償金の収益計上をしていません。
　一方,当該事故に関連して発生した損失については,賠償金との対応とかかわりなく発生時に計上します。
　実際に賠償金を受け取る時は次の仕訳になります。

(借)現 金 預 金	4,000,000	(貸)雑　収　入	4,000,000

(消費税)　損害賠償金は資産の譲渡等に係る対価でないため,消費税の課税の対象外です。

《表　示》　上記のような雑収入は損益計算書上,金額が少額の時は営業外収益に表示し,金額が重要な場合は特別利益の部に内容を示す独立の科目を用いて表示します。また,固定資産廃棄損は特別損失に表示します。

■関連法規……会社計規第88条,財規第90条,第95条の2,第95条の3,法基通2-1-43

690 保険差益が生じた

火災のため，帳簿価額40,000,000円（取得原価100,000,000円）の倉庫及び商品8,000,000円が焼失し，跡片付け費用として2,000,000円を小切手を振り出して支払った。
ただし，保険会社より保険金80,000,000円が当座預金口座に振り込まれた。

(借)減価償却累計額　60,000,000　　(貸)建　　　　物　100,000,000
　　当　座　預　金　80,000,000　　　　商　　　　品　　8,000,000
　　　　　　　　　　　　　　　　　　　当　座　預　金　　2,000,000
　　　　　　　　　　　　　　　　　　　保　険　差　益　30,000,000

【解　説】　火災による焼失資産及び跡片付け等の火災関連費用を保険金が上回った場合，その超過額は，保険差益として処理します。保険差益のうち固定資産に係る分については，代替資産の取得に際して，圧縮記帳の対象となります。

(消費税)　火災によって発生する損害及びこれに関係して受け取る保険金の入金取引は資産の譲渡等に該当しないため，消費税の課税の対象外です。

《表　示》　金額的に重要な保険差益は損益計算書上，「保険差益」として特別利益に表示します。

■関連法規……会計原則注解12，会社計規第88条，財規第95条の2，法法第47条，
　　　　　　消通5-2-4

特別損失

691 固定資産を売却し，売却損が生じた

取得価額20,000,000円，帳簿価額6,320,000円の機械装置を4,400,000円（消費税400,000円を含む）で売却し，引取費用308,000円（消費税28,000円を含む）を差し引かれ当座預金に入金された。

（借）当座預金	4,092,000	（貸）機械装置	20,000,000
減価償却累計額	13,680,000	仮受消費税等	400,000
固定資産売却損	2,600,000		
仮払消費税等	28,000		

〈計算〉　固定資産売却損＝(6,320,000円－4,000,000円)＋280,000円
　　　　　　　　　　　＝2,600,000円

【解　説】　固定資産の売却価額が帳簿価額を下回った場合，その差額は固定資産売却損として処理します。固定資産売却損は，毎期継続的に発生することが少ないため，臨時損失とされます。引取費用等の譲渡費用は，固定資産売却損に含めます。

(消費税)　機械装置の売却及び業者の引取費用は課税対象となるため，消費税が課税されます。

《表　示》　固定資産売却損は，損益計算書上，「固定資産売却損」として特別損失に表示します。

■関連法規……会計原則第二・六，注解12，会社計規第88条，財規第95条の3，財規ガイド95の2

692 投資有価証券を売却し，売却損が生じた

> 投資有価証券に計上していたB会社株式5,000株（簿価8,000,000円）を6,000,000円で売却し，売買委託手数料44,000円（消費税を含む）が差し引かれ売却代金が当座預金に入金された。

（借）当 座 預 金	5,956,000	（貸）その他有価証券	8,000,000
その他有価証券売却損	2,040,000		
仮払消費税等	4,000		

【解　説】　売却価額が帳簿価額を下回る場合，その差額はその他有価証券売却損として処理します。

　なお，売買委託手数料は，その他有価証券売却損に含めます。

(消費税)　株式の譲渡は資本の移転取引であることから非課税取引に該当します。なお，証券会社に支払う売買委託手数料は課税対象であるため，消費税が課税されます。

《表　示》　その他有価証券売却損は，損益計算書上，臨時的な場合は特別損失，それ以外は営業外費用に「有価証券売却損」として表示します。

■関連法規……会社計規第88条，財規第93条，第95条の3，財規ガイド95の2，消法第6条第1項，消法別表第2第2号，消令48条第5項，金融商品Q&A68

693 火災や地震により損害が発生した

> ① 火災のため倉庫を焼失した。焼失資産は次のとおりであった。
>   建物：帳簿価額　40,000,000円（取得価額100,000,000円）
>   商品：　　　　　 8,000,000円
>   なお、跡片付け費用として、2,200,000円（消費税200,000円を含む）を小切手を振り出して支払った。

```
(借)減価償却累計額　60,000,000      (貸)建　　　物　100,000,000
　　火 災 損 失　　50,000,000　　　　　　商　　　品　　8,000,000
　　仮払消費税等　　　200,000　　　　　　当 座 預 金　　2,200,000
```

【解　説】　建物や商品などの資産が火災によって焼失したり損害を受けた場合、火災損失勘定を用いて処理します。火災損失には跡片付け等に要した費用を含めます。

> ② 上記の①を「地震により倉庫建屋が倒壊し、損害が発生した」場合と読み替え、他の条件を同一とする。

```
(借)減価償却累計額　60,000,000      (貸)建　　　物　100,000,000
　　震 災 損 失　　50,000,000　　　　　　商　　　品　　8,000,000
　　仮払消費税等　　　200,000　　　　　　当 座 預 金　　2,200,000
```

【解　説】　震災により倉庫建屋が倒壊し使用不能となり、倉庫内の商品も販売価値を失った場合には、上記①の火災損失と同様にその損害の全額を当該事業年度の損失として処理することが原則です。ただし、企業会計原則注解15の規定を満たすような巨額の損害であり、かつ、特別の法令をもって認められる場合には繰延経理（所定の期間に分割して損失計上する処理）が行われることもあります。設例249をご参照下さい。

(消費税)　火災損失、震災損失の発生は資産の譲渡等に該当しないため、課税対象となる跡片付け費用を除き課税の対象外です。

838　Ⅸ—特別損益等

《表　示》　火災損失，震災損失は，損益計算書上，通常の営業活動と無関係な臨時損失ですので，「火災損失」や「震災損失」として特別損失に表示します。

■関連法規……会計原則第二・六，注解12, 15，財規第95条の3，財規ガイド95の2，会社計規第88条，消通5－2－13

694 新型コロナウイルスに伴い，営業停止期間中に店舗経費を支払った

新型コロナウイルス感染症防止のために，店舗の営業を停止した。営業停止期間中に生じた店舗賃料220,000円（税込），従業員の休業手当2,000,000円から源泉税等600,000円を控除した1,400,000円が当座預金から引き落とされた。

（借）賃　　　　料	200,000	（貸）当 座 預 金	1,620,000
人 　件 　費	2,000,000	預 　り 　金	600,000
仮払消費税	20,000		

【解　説】　新型コロナウイルス感染症の拡大防止のために，政府や地方自治体からの要請等により，企業が店舗の営業を停止またはイベントの開催を中止したときに，当該営業停止期間中に発生した固定費や，当該イベントの開催の準備及び中止のために直接要した費用について，費用は臨時性があると判断される場合が多いと考えられます。

また，新型コロナウイルス感染症の拡大防止のために，政府や地方自治体からの要請等により，企業の工場が操業を停止又は縮小したときに異常な操業度の低下による原価への影響についても，臨時性があると判断される場合が多いと考えられます。

従って，新型コロナウイルス感染症の拡大防止のための政府や地方自治体による要請等には関連し，臨時性があり，かつ，金額的に重要な項目は特別損失として計上することができます。

一方，新型コロナウイルス感染症の拡大防止のための政府や地方自治

体による要請等には関連せず，経常的な経営活動に伴う業績不振等による損失は，臨時性がないと判断されることから特別損失として表示することはできない点に留意する必要があります。

〔消費税〕 従業員に支払った休業手当等は不課税取引に該当するため，消費税の課税対象外となります。また，建物の賃貸は住宅の賃貸を除き資産の貸付けに該当しますので，税抜方式により仮払消費税として計上します。

《表　示》　臨時性があり，かつ，金額的に重要なもの項目は「新型コロナウイルス関連費用」などの当該損失を示す適当な名称を付した科目をもって表示します。

■**関連法規**……企業会計原則注解12，新型コロナウイルス感染症に関連する監査上の留意事項（その4），消通5－2－1，5－2－5

法人税, 住民税及び事業税

695 事業税, 事業所税を未払計上した

当社の当期の事業税は11,000,000円, 事業所税は1,000,000円となったが, 事業税の中間納付額は5,000,000円であった。

▶中間納付時

(借) 法人税, 住民税及び事業税　5,000,000　　(貸) 現 金 預 金　5,000,000

▶決算時

(借) 法人税, 住民税及び事業税　6,000,000　　(貸) 未払法人税等　6,000,000
　　　租 税 公 課　1,000,000　　　　　　未 払 金　1,000,000

【解　説】　事業税は, 法人の行う事業に対し都道府県民税として課されるもので, 一般の事業会社で資本金1億円以下の会社では利益に課税されます。事業税は, 事業税の申告書を提出した日の属する事業年度又は支出した事業年度において損金に算入されます。

事業所税は, 指定都市等が都市環境の整備を目的として, 所定規模の事業所に課する市町村税の一種です。事業所税も申告書を提出した日の損金となりますが, 製造設備や人員を客体とした事業所税を製造原価に含めた場合は, 事業所税の申告期限が未到来であっても, 未払金に計上した時は損金になります。

(消費税)　事業税等の租税の納付は, 資産の譲渡等に該当しないため, 課税仕入れにはならず, 消費税の課税対象外です。

《表　示》　損益計算書上, 利益を課税標準として課される事業税は, 税引前当期純利益又は税引前当期純損失の次に「法人税, 住民税及び事業税」として表示します。

貸借対照表上, 事業税は未払法人税等に含め, 事業所税は未払金に含めて表示します。

事業所税は, 製造設備, 人員に係る部分は製造経費に, それ以外の部

分は販売費及び一般管理費の「租税公課」として表示します。

|中小会計| 当期の利益に関連する金額を課税標準として課される法人税，住民税及び事業税は，発生基準により当期で負担すべき金額に相当する金額を損益計算書において，「税引前当期純利益（損失）」の次に「法人税，住民税及び事業税」として計上します。また，事業年度の末日時点における未納付の税額は，その金額に相当する額を「未払法人税等」として貸借対照表の流動負債に計上し，還付を受けるべき税額は，その金額に相当する額を「未収還付法人税等」として貸借対照表の流動資産に計上します。

　更正，決定等により追徴税額及び還付税額が生じた場合で，その金額に重要性がある場合には，「法人税，住民税及び事業税」の次に，その内容を示す適当な名称で計上しなければなりません。

■関連法規……法基通9－5－1，財規第95条の5第1項第1号，中小会計指針第59項，法人税，住民税及び事業税等に関する会計基準第5項，10項

696　外形標準課税部分の事業税を未払計上した

　当社は，資本金1億2,000万円で小売業を営んでいる。当期（決算日：2021年3月31日）の報酬給与額は15,000,000円，支払利息は300,000円，支払家賃は1,200,000円で，受取利息と受取家賃はなく，単年度損益は5,000,000円であった。当期の外形標準課税部分の事業税を未払計上した。

(借)事　業　税　　　858,000　　(貸)未払事業税　　　858,000
　　(販売費及び一般管理費)

〈計算〉

付加価値割＝｜報酬給与額＋純支払利子（支払利息－受取利息）＋純支払賃借料（支払家賃－受取家賃）＋単年度損益｜×標準税率

　　　　＝｜15,000,000＋(300,000－0)＋(1,200,000－0)＋5,000,000｜×1.2%
　　　　　　　　　　　　　　　　　　　　　　　　　　　　　　　＝　258,000

資　本　割＝資本金×標準税率
　　　　　＝120,000,000×0.5%　　　　　　　　　　　　＝　600,000
　　　　　　　　　　　　　　　　　　　　　　　　　合計　858,000

【解　説】　外形標準課税とは，資本金の額又は出資金の額が1億円を超える法人を対象とした法人事業税の課税制度であり，資本金等の金額及び付加価値額を基準に課税を行う制度のことをいいます。なお，令和6年税制改正において，資本金の額又は出資金の額が1億円以下の法人であっても，外形標準課税の対象となる法人を追加する措置を講ずるとされている。

付加価値額とは，収益配分額に単年度損益を加えたもので，収益配分額とは，①法人のために働いた者への配分である報酬給与額，②法人に資金を貸した者への配分である純支払利子（支払利子から受取利子を控除したもの），及び③法人に土地・建物等を貸した者への配分である純支払賃借料（支払賃借料から受取賃借料を控除したもの）を合計したものであり，単年度損益とは，欠損金の繰越控除がないものとして計算した法人事業税の所得のことであります。単年度損益がマイナスの場合には，収益配分額から欠損金額を控除します。報酬給与額は，給料，賞与，手当，退職金等の合計額であります。報酬給与額には，原則として所得税において給与所得又は退職所得とされるものが含まれ，また，法人税の所得又は連結所得の計算上損金の額に算入されたものに限られます。

受取利子が支払利子よりも多い場合や，受取賃借料が支払賃借料よりも多い場合のように，純支払利子や純支払賃借料がマイナスになる場合には，それぞれ0円となります。

資本割の課税標準については，資本金等の額に無償増資及び無償減資等の欠損塡補による加算・控除を行った金額が，事業年度終了の日における資本金及び資本準備金の合算額又は出資金の額を下回る場合，その額（資本金＋資本準備金）を資本割の課税標準とすることになります。

税率については，各地方自治体の税率の確認が必要になります。

なお，令和元年9月30日までに開始する事業年度をもって，地方法人特別税が廃止され，令和元年10月1日以後に開始する事業年度より，特別法人事業税が創設されました。

《表　示》　法人事業税の付加価値割及び資本割についての損益計算書における表示は，原則として販売費及び一般管理費に計上します。ただし，合理的な基準に基づき売上原価（当期製造費用）に配分することができます。

■関連法規……法人税，住民税及び事業税等に関する会計基準第10項，地法第72条の2第1項1号イ，地令第10条の2地法改正法附則1二，6

697 法人税，住民税及び事業税を過年度更正額を含めて未払計上した

当社（資本金150,000,000円）は，税引前純利益が20,000,000円，交際費否認額が3,000,000円，賞与引当金繰入額が2,000,000円で損金となる事業税が1,500,000円であった。法人税率，事業税率は，それぞれ23.2％，7％，住民税率は法人税の7％であり，住民税の均等割は500,000円であった。

なお中間納付した法人税，住民税及び事業税は，4,500,000円で，受取利息，配当金の源泉所得税は350,000円であった。また，過年度の法人税の更正決定通知を受け，住民税，事業税を含めて算定した結果，合計5,000,000円となった。

（借）法人税，住民税及び事業税	7,978,640	（貸）仮払法人税等	4,500,000
過年度法人税等	5,000,000	仮払源泉税	350,000
		未払法人税等	8,128,640

〈計算〉

・法人税＝(20,000,000円＋3,000,000円＋2,000,000円－1,500,000円)
　　　　　×23.2％＝5,452,000円

・事業税＝(20,000,000円＋3,000,000円＋2,000,000円－1,500,000円)
　　　　　×7％＝1,645,000円

・住民税＝5,452,000円×7％＋500,000円＝881,640円

・法人税，住民税及び事業税＝5,452,000円＋881,640円＋1,645,000円

$$=7,978,640円$$

【解　説】　決算により算定された税引前利益に，法人税法上の加算・減算項目を加減して課税所得額を算出し，これに一定の税率を乗じたものを当期の法人税として計上します。住民税及び事業税もこの法人税額や所得額にそれぞれの税率を乗じて算出します。この税額から中間納付した税額や，受取利息・配当金から源泉徴収された所得税額を控除した金額を決算時に未払法人税等として計上します。

税率については，各地方自治体の税率の確認が必要になります。

《表　示》　利益を課税標準として課される事業税は，税引前当期純利益（損失）の次に「法人税，住民税及び事業税」などその内容を示す科目として表示します。なお，資本金等の金額及び付加価値額など利益以外を課税標準として課される事業税は，損益計算書の販売費及び一般管理費として表示します。ただし，合理的な配分方法に基づき一部を売上原価として表示することができます。

また，受取利子・配当等に課される源泉所得税のうち，税額控除される金額は，損益計算書上，「法人税，住民税及び事業税」に含めて表示します。

さらに，法人税等の更正，決定等による追徴税額及び還付税額は，損益計算書上，「法人税，住民税及び事業税」の次にその内容を示す名称で記載します。ただし，これらの金額の重要性が乏しい場合には，「法人税，住民税及び事業税」に含めて表示できます。

《ポイント》

■法人税の税率（令和4年4月1日）

区　　　分	適用関係（開始事業年度）		
	平28.4.1以後	平30.4.1以後	平31.4.1以後

普通法人	資本金1億円以下の法人など(注1)	年800万円以下の部分	下記以外の法人	15%	15%	15%
			適用除外事業者			19%(注2)
		年800万円超の部分		23.40%	23.20%	23.20%
	上記以外の普通法人			23.40%	23.20%	23.20%

(注1) 対象となる法人は以下のとおりです。
(1) 各事業年度終了の時において資本金の額若しくは出資金の額が1億円以下であるもの又は資本若しくは出資を有しないもの。ただし，各事業年度終了の時において次の法人に該当するものについては，除かれます。
　イ　相互会社及び外国相互会社
　ロ　大法人（次に掲げる法人をいいます。以下同じです）との間にその大法人による完全支配関係がある普通法人
　　(イ)　資本金の額又は出資金の額が5億円以上の法人
　　(ロ)　相互会社及び外国相互会社
　　(ハ)　受託法人
　ハ　100％グループ内の複数の大法人に発行済株式又は出資の全部を直接又は間接に保有されている法人（ロに掲げる法人を除きます）
　ニ　投資法人
　ホ　特定目的会社
　ヘ　受託法人
(2) 非営利型法人以外の，一般社団法人及び一般財団法人
(注2) 2019年4月1日以後に開始する事業年度において適用除外事業者（その事業年度開始の日前3年以内に終了した各事業年度の所得金額の年平均額が15億円を超える法人等をいいます。以下同じです）に該当する法人の年800万円以下の部分については，19％の税率が適用されます。

消費税　法人税等の租税の納付は，資産の譲渡等に該当しませんので，課税仕入れにはならず，消費税の課税対象外です。

■関連法規……法基通9－5－1(1)，財規第95条の5第1項第1号，第3項，法人税，住民税及び事業税等に関する会計基準第6項〜第10項

698 中間納付事業税の還付が見込まれた

　中間決算で計上した事業税12,000,000円を中間申告により納付したが，下半期の業績悪化により当期の事業税は0円となり，中間納付事業税は還付されることになった。

▶中間納付時

　　(借) 法人税, 住民税及び事業税　12,000,000　　(貸) 現 金 預 金　12,000,000

▶決算時

　　(借) 未 収 税 金　12,000,000　　(貸) 法人税, 住民税及び事業税　12,000,000

【解　説】　会計的には，還付されることが確実と見込まれる中間納付事業税は，未収税金となり，当期の事業税は計上されなくなります。

　しかし，税法的には，事業税は申告納税方式の租税であるため，納税申告書が提出された期の損金に算入されます。

　従って税法では，還付を受けた中間事業税は，還付金債権が具体的に確定した期において益金に算入します。

(消費税)　事業税等の租税の納付は，資産の譲渡等に該当しませんので，課税仕入れにはならず，消費税の課税対象外です。従って，事業税の還付も資産の譲渡等には該当しませんので，消費税の課税対象外です。

《表　示》　還付を受けるべき税額は，その金額に相当する額を「未収還付法人税等」として貸借対照表の流動資産に計上します。

■関連法規……法人税，住民税及び事業税等に関する会計基準第12項，法基通9－5－1(1)，中小会計指針第59項

法人税，住民税及び事業税　847

699　事業税の更正又は決定があった

> 前期分の法人税の税務調査により，法人税の増額更正となり，その結果，事業税も1,200,000円の増額となったが，期末では未払いであった。
>
> なお，事業税の修正申告は未だ行っていない。

　　(借)過年度事業税　　1,200,000　　　(貸)未払法人税等　　1,200,000

【解　説】　法人税について2期以上の更正が行われた場合等においては，事業税の修正申告が行われていなくても，直前の事業年度分の事業税額は，法人税の更正又は決定のあった事業年度の損金となります。

(消費税)　事業税等の租税の納付は，資産の譲渡等に該当しませんので，課税仕入れにはならず，消費税の課税対象外です。

《表　示》　損益計算書上，事業税は原則として，税引前当期純利益又は税引前当期純損失の次に「法人税，住民税及び事業税」として表示します。

しかし，事業税の更正，決定による追徴税額及び還付税額は，損益計算書上，「法人税，住民税及び事業税」の次にその内容を示す名称で記載します。

ただし，重要性に乏しい場合には，「法人税，住民税及び事業税」に含めて表示できます。

■関連法規……法人税，住民税及び事業税等に関する会計基準第6項，第15項，法基通9－5－2，財規第95条の5第1項第1号，第3項，中小会計指針第59項

Ⅸ　特別損益等

X その他取引

- 本・支店取引
- リース取引
- デリバティブ取引
- 消費税等
- インボイス制度
- 税効果会計
- 減損会計

本・支店取引

700 本・支店間及び支店相互間で取引を行った。

当社は支店独立会計制度を採用しているが,当期に以下の取引が行われた。
① 本店の当座預金からA支店の普通預金へ2,000,000円を送金した。
② 本店から原価1,000,000円の商品をB支店に積送したが,この際に本店では10%の利益を加算した。
③ A支店ではB支店の売掛金600,000円を約束手形で回収した。
④ C支店では本店からの出張者の旅費交通費44,000円(消費税4,000円を含む)を現金で立替払いした。
⑤ B支店は本店から仕入れた商品のうち440,000円をC支店に積送した。

支店分散計算制度の場合

〈本店〉
① (借) A 支 店 2,000,000 (貸) 当 座 預 金 2,000,000
② (借) B 支 店 1,100,000 (貸) 支 店 売 上 1,100,000
③ 仕訳なし
④ (借) 旅 費 交 通 費 40,000 (貸) C 支 店 44,000
　 (借) 仮払消費税等 4,000 (貸)
⑤ 仕訳なし

〈A支店〉
① (借) 普 通 預 金 2,000,000 (貸) 本 店 2,000,000
② 仕訳なし
③ (借) 受 取 手 形 600,000 (貸) B 支 店 600,000
④ 仕訳なし
⑤ 仕訳なし

〈B支店〉
① 仕訳なし
② (借) 本 店 仕 入 1,100,000 (貸) 本 店 1,100,000

③ (借) A　　支　　店　　600,000　　(貸) 売 掛 金　　　600,000
④ 仕訳なし
⑤ (借) C　　支　　店　　440,000　　(貸) 支 店 売 上　　440,000
〈C支店〉
① 仕訳なし
② 仕訳なし
③ 仕訳なし
④ (借) 本　　　　　店　　 44,000　　(貸) 現　　　　金　　 44,000
⑤ (借) 支 店 仕 入　　440,000　　(貸) B　　支　　店　　440,000

| 本店集中計算制度の場合 |

〈本店〉
① (借) A　　支　　店　2,000,000　　(貸) 当 座 預 金　2,000,000
② (借) B　　支　　店　1,100,000　　(貸) 支 店 売 上　1,100,000
③ (借) A　　支　　店　　600,000　　(貸) B　　支　　店　　600,000
④ (借) 旅 費 交 通 費　　 40,000　　(貸) C　　支　　店　　 44,000
　　　仮払消費税等　　　 4,000
⑤ (借) C　　支　　店　　440,000　　(貸) B　　支　　店　　440,000
〈A支店〉
① (借) 普 通 預 金　2,000,000　　(貸) 本　　　　　店　2,000,000
② 仕訳なし
③ (借) 受 取 手 形　　600,000　　(貸) 本　　　　　店　　600,000
④ 仕訳なし
⑤ 仕訳なし
〈B支店〉
① 仕訳なし
② (借) 本 店 仕 入　1,100,000　　(貸) 本　　　　　店　1,100,000
③ (借) 本　　　　　店　　600,000　　(貸) 売　　掛　　金　　600,000
④ 仕訳なし
⑤ (借) 本　　　　　店　　440,000　　(貸) 本 店 売 上　　440,000
〈C支店〉
① 仕訳なし
② 仕訳なし
③ 仕訳なし
④ (借) 本　　　　　店　　 44,000　　(貸) 現　　　　金　　 44,000
⑤ (借) 本 店 仕 入　　440,000　　(貸) 本　　　　　店　　440,000

【解　説】　企業が支店を有する場合，本店だけでなく支店にも独自の

帳簿を設け本・支店間の取引を記録する方法を採ることがあります。これを「支店独立会計制度」といいます。本支店会計はこのように支店が完全な帳簿組織を持ち，本店とは別に財産計算と損金計算を行う場合の会計制度です。しかし，実務上は，固定資産や長期借入金などの固定性科目を本店で記録し，管理させる事例もみられます。これに対して支店には帳簿を設けずに，すべての取引を本店の帳簿で処理する方法が本店集中会計制度です。従って，その場合には支店には補助簿が存在するだけで本支店会計ではないことから，これを「集権的会計制度」といいます。これらの方法は，本社と工場間の取引の処理についても同様に利用できます。

本支店会計制度のなかには，支店が多数存在し，支店相互間で取引を行った場合，それぞれの支店が相互に相手の支店名をつけた支店勘定を用いて処理する支店分散計算制度と，支店相互間の取引をそれぞれの支店が本店と取引したものとみなして処理する方法である本店集中計算制度とがあります。

本・支店間取引の特徴はあくまで企業内部の取引である点にあり，本店勘定や各支店勘定は最終的には相殺され決算書上は残高として残りません。

(消費税)　本・支店特有の取引は基本的に企業内部における振替取引にすぎませんので，消費税の課税関係は発生しません。

701 未達取引を整理した

① 本店より期末日にC支店宛に発送した商品660,000円（本店の利益60,000円が加算されている）が，期末日ではC支店では未着であった。
② A支店から送られた受取手形600,000円が，期末日には本店では未着であった。
③ B支店で期末日に立替払いしたC支店負担の販売費100,000円がC支店では未達であった（本店にはB支店から連絡済）。

支店分散計算制度の場合	本店集中計算制度の場合
〈本店〉 ① 本店では記帳済 ② (借) 未達受取手形　600,000 　　(貸) A支店　　　　600,000 ③ 仕訳なし 〈A支店〉 ① 仕訳なし ② 支店では記帳済 ③ 仕訳なし 〈B支店〉 ① 仕訳なし ② 仕訳なし ③ 支店では記帳済 〈C支店〉 ① (借) 未達商品　　　660,000 　　(貸) 本店　　　　　660,000 ② 仕訳なし ③ (借) 販売費　　　　100,000 　　(貸) B支店　　　　100,000	〈本店〉 ① 本店では記帳済 ② (借) 未達受取手形　600,000 　　(貸) A支店　　　　600,000 ③ 記帳済 〈A支店〉 ① 仕訳なし ② 支店では記帳済 ③ 仕訳なし 〈B支店〉 ① 仕訳なし ② 仕訳なし ③ 支店では記帳済 〈C支店〉 ① (借) 未達商品　　　660,000 　　(貸) 本店　　　　　660,000 ② 仕訳なし ③ (借) 販売費　　　　100,000 　　(貸) 本店　　　　　100,000

702　内部利益の消却を行う

会社決算にあたり，B支店で期末在庫商品のうち220,000円とC支店の未着商品660,000円に含まれる内部利益を消去する。いずれも本店からの仕入分であり，本店では原価に10%の利益を加算している。
（支店間では利益を加算しないものとする。）

(借) 本店損益　　80,000　　(貸) 未達商品　　60,000
　　　　　　　　　　　　　　　　商　　品　　20,000

〈内部利益の計算〉　$(220,000円 + 660,000円) \times \dfrac{10}{110} = 80,000円$

【解　説】　本支店間の売買取引であっても，各事業所単位での損益を明確にする目的で，取得原価に利益を加算して取引することがあります。しかし，これは企業全体としてみれば内部利益であり企業外部に販売されたときに初めて実現された利益になります。

本設例のように同一企業内に商品在庫として内部利益が残っている場合，そのままでは本店の損益勘定は，企業の損益計算上，実現していない利益を含むものとなり正確でないために，内部利益を消去します。この結果，在庫商品も企業全体として取得原価に修正されます。

703　支店の会計帳簿を締切った

> 各支店の損益が以下のようなものであったが，帳簿締切に必要な仕訳を行う。
> 　A支店　4,000,000円の利益
> 　B支店　3,000,000円の利益
> 　C支店　1,000,000円の損失

▶本店

(借)A　支　店	4,000,000	(貸)A支店純利益 　　(損　益)	4,000,000
(借)B　支　店	3,000,000	(貸)B支店純利益 　　(損　益)	3,000,000
(借)C支店純損失 　　(損　益)	1,000,000	(貸)C　支　店	1,000,000

▶A支店

| (借)支店純利益
　　(損　益) | 4,000,000 | (貸)本　　　店 | 4,000,000 |

▶B支店

| (借)支店純利益
　　(損　益) | 3,000,000 | (貸)本　　　店 | 3,000,000 |

▶C支店

(借)本　　　店　1,000,000　　(貸)支店純損失　1,000,000
　　　　　　　　　　　　　　　　　　（損　益）

（注）各支店で発生した支店純損益は勘定科目としては「損益」になります。

【解　説】　支店の会計帳簿を締切るためには，支店の損益勘定（支店純損益）を本店に振替処理します。支店の損益勘定の貸借差額が支店の純損益ですので，これを本店に振替処理することにより，支店の損益勘定の締切りが完了します。その結果，本店の損益勘定で全社の純損益が計算できるようになります。なお，貸借対照表科目は独立企業と同様に次期へ繰り越しされます。

〈締切イメージ〉

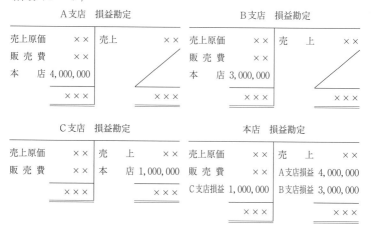

なお，上記の処理は「本店集中計算制度」か「支店分散計算制度」のいずれの場合でも，処理は変わりません。

704 本支店取引のまとめ（本支店合併精算表の作成）

設例 701 702 703 により，決算書作成までのステップを明らかにするために，本支店合併精算表を作成する。本店・各支店の合併前の決算書は以下のとおりであり，設例 700 の本支店間・支店相互間取引を含むものであると仮定する。なお，本店集中計算制度を採用しているものとする。

本店　貸借対照表

預　　　金	20,000,000	買　掛　金	6,000,000
売　掛　金	9,042,000	資　本　金	20,000,000
商　　　品	1,240,000	純　損　益	8,000,000
A　支　店	2,600,000		
B　支　店	△40,000		
C　支　店	1,158,000		
	34,000,000		34,000,000

本店　損益計算書

期首商品	400,000	売　　上	40,000,000
仕　　入	32,600,000	支店売上	1,760,000
販　売　費	2,000,000	期末商品	1,240,000
純　損　益	8,000,000		
	43,000,000		43,000,000

A支店　貸借対照表

預　　　金	2,000,000	買　掛　金	1,000,000
売　掛　金	4,200,000	本　　　店	2,000,000
商　　　品	800,000	純　損　益	4,000,000
	7,000,000		7,000,000

A支店　損益計算書

期首商品	200,000	売　　上	20,000,000
仕　　入	16,000,000	期末商品	800,000
販　売　費	600,000		
純　損　益	4,000,000		
	20,800,000		20,800,000

B支店　貸借対照表

預　　金	700,000	買　掛　金	200,000
売 掛 金	1,600,000	本　　店	△40,000
商　　品	860,000	純 損 益	3,000,000
	3,160,000		3,160,000

B支店　損益計算書

期首商品	200,000	売　　上	15,000,000
仕　　入	11,800,000	本店売上	440,000
本店仕入	1,100,000	期末商品	860,000
販 売 費	200,000		
純 損 益	3,000,000		
	16,300,000		16,300,000

C支店　貸借対照表

預　　金	200,000	買　掛　金	1,502,000
売 掛 金	200,000	本　　店	398,000
商　　品	600,000	純 損 益	△900,000
	1,000,000		1,000,000

C支店　損益計算書

期首商品	200,000	売　　上	10,000,000
仕　　入	10,660,000	期末商品	600,000
本店仕入	440,000		
販 売 費	200,000		
純 損 益	△900,000		
	10,600,000		10,600,000

（注）仮払消費税等は省略。

旅費交通費は販売費に含むものとする。

■本支店合併精算表

<table>
<tr><th colspan="2">勘定科目</th><th colspan="2">本店</th><th colspan="2">A支店</th><th colspan="2">B支店</th></tr>
<tr><td rowspan="13">貸借対照表</td><td>預　　金</td><td>20,000,000</td><td></td><td>2,000,000</td><td></td><td>700,000</td><td></td></tr>
<tr><td>受取手形</td><td>―</td><td>―</td><td>―</td><td>―</td><td>―</td><td>―</td></tr>
<tr><td>売 掛 金</td><td>9,042,000</td><td></td><td>4,200,000</td><td></td><td>1,600,000</td><td></td></tr>
<tr><td>商　　品</td><td>1,240,000</td><td></td><td>800,000</td><td></td><td>860,000</td><td></td></tr>
<tr><td>A 支 店</td><td>2,600,000</td><td></td><td>―</td><td>―</td><td>―</td><td>―</td></tr>
<tr><td>B 支 店</td><td></td><td>40,000</td><td>―</td><td>―</td><td>―</td><td>―</td></tr>
<tr><td>C 支 店</td><td>1,158,000</td><td></td><td>―</td><td>―</td><td>―</td><td>―</td></tr>
<tr><td>買 掛 金</td><td></td><td>6,000,000</td><td></td><td>1,000,000</td><td></td><td>200,000</td></tr>
<tr><td>本　　店</td><td>―</td><td>―</td><td></td><td>2,000,000</td><td>40,000</td><td></td></tr>
<tr><td>資 本 金</td><td></td><td>20,000,000</td><td>―</td><td>―</td><td>―</td><td>―</td></tr>
<tr><td>純 損 益</td><td></td><td>8,000,000</td><td></td><td>4,000,000</td><td></td><td>3,000,000</td></tr>
<tr><td>合　　計</td><td>34,040,000</td><td>34,040,000</td><td>7,000,000</td><td>7,000,000</td><td>3,200,000</td><td>3,200,000</td></tr>
<tr><td></td><td></td><td></td><td></td><td></td><td></td><td></td></tr>
<tr><td rowspan="9">損益計算書</td><td>売　　上</td><td></td><td>40,000,000</td><td></td><td>20,000,000</td><td></td><td>15,000,000</td></tr>
<tr><td>支店売上</td><td></td><td>1,760,000</td><td></td><td></td><td></td><td></td></tr>
<tr><td>本店売上</td><td></td><td>―</td><td></td><td></td><td></td><td>440,000</td></tr>
<tr><td>仕　　入</td><td>32,600,000</td><td></td><td>16,000,000</td><td></td><td>11,800,000</td><td></td></tr>
<tr><td>本店仕入</td><td>―</td><td></td><td></td><td></td><td>1,100,000</td><td></td></tr>
<tr><td>期首商品</td><td>400,000</td><td></td><td>200,000</td><td></td><td>200,000</td><td></td></tr>
<tr><td>期末商品</td><td></td><td>1,240,000</td><td></td><td>800,000</td><td></td><td>860,000</td></tr>
<tr><td>販 売 費</td><td>2,000,000</td><td></td><td>600,000</td><td></td><td>200,000</td><td></td></tr>
<tr><td>純 損 益</td><td>8,000,000</td><td></td><td>㊢ 4,000,000</td><td></td><td>㊢ 3,000,000</td><td></td></tr>
<tr><td colspan="2">合　　計</td><td>43,000,000</td><td>43,000,000</td><td>20,800,000</td><td>20,800,000</td><td>16,300,000</td><td>16,300,000</td></tr>
</table>

(注) ㊁は設例**701**の未達取引の番号である。
　　　㊠は設例**702**の内部利益の消去仕訳である。
　　　㊢は設例**703**の各支店の損益を本店に振替処理する金額を示す。
　　　帳簿の締切に関係しないため，精算表の消去・修正欄に記入はありません。
　　　なお，C支店については，未達取引③を修正する前の金額になります。

C本店		消去・修正		合併	
200,000				22,900,000	
—	—	㋔—② 600,000		600,000	
200,000				15,042,000	
600,000		㋔—① 660,000	㋑ 80,000	4,080,000	
—	—		㋔—② 600,000	2,000,000	
—	—			40,000	
—	—			1,158,000	
	1,502,000				8,702,000
	398,000		㋔—① 660,000 ㋔—③ 100,000		3,118,000
—					20,000,000
900,000		㋔—③ 100,000 ㋑ 80,000			13,920,000
1,900,000	1,900,000			45,780,000	45,780,000
	10,000,000				85,000,000
					1,760,000
					440,000
10,660,000				71,060,000	
440,000		㋔—① 660,000		2,200,000	
200,000				1,000,000	
	600,000	㋑ 80,000	㋔—① 660,000		4,080,000
200,000		㋔—③ 100,000		3,100,000	
	㋩ 900,000		㋔—③ 100,000 ㋑ 80,000		13,920,000
11,500,000	11,500,000	2,280,000	2,280,000	91,280,000	91,280,000

【解　説】　本支店会計による全社の決算書は①未達事項の整理により，本店勘定と支店勘定を一致させる，②本店勘定と支店勘定を相殺消去する，③内部売上高と内部仕入高を相殺消去する，④期首及び期末商品棚卸高に含まれる内部利益を控除する，の手順で作成します。

①の未達事項と④の内部利益の処理は本支店合併精算表上の消去・修正欄に記入されているため明確ですが，②と③の相殺消去は以下の仕訳となります。

②　本店勘定と支店勘定の相殺消去

(借)B　支　店	40,000	(貸)A　支　店	2,000,000
本　　　店	3,118,000	C　支　店	1,158,000

③　内部売上高と内部仕入高の相殺消去

(借)支 店 売 上	1,760,000	(貸)本 店 仕 入	2,200,000
本 店 売 上	440,000		

これらの仕訳の結果を精算表の合併欄で合算すると，単一企業の正確な決算書が作成されます。

実務上，支店損益を正確に把握するために，未達取引の整理や内部利益の消去は支店損益に反映させた後に，最終損益を本店に振替処理することが考えられます。

リース取引

「リース取引に関する会計基準」に基づき、リース取引は以下のように分類されます。

■リース取引の分類

リース取引の会計処理の概要は、以下のとおりです。

■所有権移転ファイナンスリース取引

借　手	貸　手
① 利息相当額はリース期間にわたり利息法により配分する。	① 同左
② 減価償却の方法は、自己所有固定資産の減価償却方法と同一とする。なお経済的使用可能予測期間を耐用年数に用いる。	② 同左
③ 表示 　所有権移転外ファイナンスリース取引と同様。	③ 表示 　リース債権の表示は所有権移転外ファイナンスリース取引と同様。

■所有権移転外ファイナンスリース取引

借　手	貸　手
① リース取引開始日に，リース物件とこれに係る債務を，リース資産及びリース債務として計上する。 　１件当たりのリース料総額が300万円以下のリース取引など少額のリース資産や，リース期間が１年以内のリース取引については，簡便的に，オペレーティングリース取引に準じて，通常の賃貸借取引に係る方法に準じた会計処理を行うことができる。	① リース取引開始日に，通常の売買取引に係る方法に準じた会計処理により，リース投資資産として計上する。
② 利息相当額の総額は，原則としてリース期間にわたり利息法により配分するが，リース資産総額に重要性が乏しい場合（未経過リース料の期末残高が当該期末残高，有形固定資産及び無形固定資産の期末残高の合計額に占める割合が10％未満）には，以下のいずれかの方法を採用できる。 　(1) リース料総額から利息相当額の合理的見積額を控除しない方法 　(2) 利息相当額の総額をリース期間にわたり定額で配分する方法	② 利息相当額の総額は，原則としてリース期間にわたり利息法により配分する。 　重要性が乏しい場合にはリース期間にわたり定額で配分することができる。
③ 減価償却は原則としてリース期間を耐用年数とし，残存価額を０円とする。償却方法は自己所有固定資産の減価償却方法と同一である必要はない。	
④ リース資産・リース債務の計上額は，リース料総額の現在価値と貸手の購入価額等とのいずれか低い額とする。	④ 利息相当額はリース料総額及び見積残存価額の合計額から，対応するリース資産の取得価額を控除する。
⑤ 表示 　リース資産は，原則として有形固定資産・無形固定資産の別に一括し	⑤ 表示 　リース投資資産は当該企業の主目的たる営業取引から発生したもの

借 手	貸 手
てリース資産として表示する。ただし、各科目に含めることもできる。リース債務はワンイヤールールによって流動負債と固定負債に区別する。	は、流動資産、それ以外はワンイヤールールにより流動資産と固定資産に区別する。

■オペレーティングリース取引

借 手	貸 手
賃貸借取引に係る方法に準じて会計処理を行う。	同左

なお、土地・建物等の不動産のリース取引についても、契約上、賃貸借であっても、ファイナンスリース取引に該当するか、オペレーティングリース取引に該当するかを判定することになります。ただし、土地については所有権の移転条項又は割安購入選択権の条項がある場合を除きオペレーティングリース取引として扱われます。

【新リース会計基準】 企業会計基準委員会（ASBJ）は、2024年9月13日、企業会計基準第34号「リースに関する会計基準」及び企業会計基準適用指針第33号「リースに関する会計基準の適用指針」（以下、「新リース会計基準」とする。）の改正を公表しました。

新リース会計基準では、リースの定義や範囲が変更され、特に借手の会計処理が大きく変更されています。契約が特定された資産の使用を支配する権利を一定期間にわたり対価と交換に移転する場合、当該契約はリースを含むと判断します（リースの識別）。また、リース期間については、単に契約期間ではなく、解約不能期間に、行使が合理的に確実である延長オプションや行使しないことが合理的に確実である解約オプションの期間を加えて決定するなど、将来の見積りが必要となります。

新リース会計基準は、2027年4月1日以後開始する連結会計年度及び事業年度の期首から適用されます。ただし、2025年4月1日以後開始する連結会計年度及び事業年度の期首から本会計基準を早期適用することができます。

■借手の会計処理の概要

借手の会計処理について，本会計基準等では，原則として，すべてのリースを使用権の取得として捉えて使用権資産を貸借対照表に計上するとともに，借手のリースの費用配分の方法については，リースがファイナンス・リースであるかオペレーティング・リースであるかにかかわらず，使用権資産に係る減価償却費及びリース負債に係る利息相当額を計上する単一の会計処理モデルが採用されました。

従来の会計処理		新リース会計基準の原則的な会計処理	
ファイナンス・リース取引	オンバランス（リース資産，リース債務）	リース（借手においてファイナンス・リースとオペレーティング・リースの区別なし）	オンバランス（使用権資産，リース負債）
オペレーティング・リース取引	オフバランス（賃貸借処理）		

【使用権資産及びリース負債の計算のイメージ図】

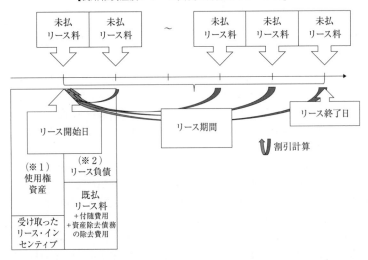

（※1）使用権資産：借手は，使用権資産について，リース開始日に算定されたリース負債の計上額にリース開始日にまでに支払った借手のリース料，付随費用及び資産除去債務に対応する除去費用を加算し，受け取ったリー

ス・インセンティブを控除した額により算定します。
(※2) リース負債:借手は,リース開始日において未払である借手のリース料からこれに含まれている利息相当額の合理的な見積額を控除し,現在価値により算定します。

なお,貸手の会計処理については,リース料受取時に売上高と売上原価を計上する方法(いわゆる第2法)が廃止される点及びリースの定義やリースの識別を除いて,基本的に従来の会計基準の定めを踏襲しています。

■リースの識別の判断

契約の締結時に,契約の当事者は,当該契約がリースを含むか否かを判断します。契約が特定された資産の使用を支配する権利を一定期間にわたり対価と交換に移転する場合,この契約はリースを含むと判断します。

■リース期間

借手は,借手が延長オプションを行使すること又は解約オプションを行使しないことが合理的に確実であるかどうかを判定するにあたって,経済的インセンティブを生じさせる要因を考慮します。これには,例えば,次の①~⑤の要因が含まれます。

① 延長オプション又は解約オプションの対象期間に係る契約条件
  (リース料,違約金,残価保証,購入オプションなど)
② 大幅な賃借設備の改良の有無
③ リースの解約に関連して生じるコスト

④ 企業の事業内容に照らした原資産の重要性
⑤ 延長オプション又は解約オプションの行使条件

　貸手は，借手のリース期間と同様に決定する方法又は借手が原資産を使用する権利を有する解約不能期間にリースが置かれている状況からみて借手が再リースする意思が明らかな場合の再リース期間を加えて決定する方法によりリース期間を決定します。

■リースの契約条件の変更
　リースの契約条件の変更が次の①及び②のいずれも満たす場合，借手は，当該リースの契約条件の変更を独立したリースとして取り扱います。
① １つ以上の原資産を追加することにより，原資産を使用する権利が追加され，リースの範囲が拡大されること
② 借手のリース料が，範囲が拡大した部分に対する独立価格に特定の契約の状況に基づく適切な調整を加えた金額分だけ増額されること

　独立したリースとしての会計処理が行われないリースの契約条件の変更について，リースの契約条件の変更の発効日にリース負債の見直し等の会計処理を行います。

■リースの契約条件の変更を伴わないリース負債の見直し
　借手は，リースの契約条件の変更が生じていない場合で，次の①又は②のいずれかに該当するときには，該当する事象が生じた日にリース負債の見直し等の会計処理を行います。
① 借手のリース期間に変更がある場合
② 借手のリース期間に変更がなく借手のリース料に変更がある場合

【リース負債の見直しの要否のイメージ】

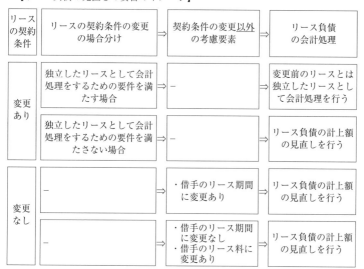

705 所有権移転ファイナンスリース取引を行った

リース会社との間で以下の条件で機械のリース取引を行った。
(1) リース期間終了時に借手がリース物件（リース資産）を割安価額20,000,000円で購入できる選択権が付与されている。借手はこの有利な購入選択権の行使を予定している。
(2) 解約不能のリース期間：5年
(3) 借手の見積現金購入価額：消費税込960,000,000円（貸手のリース物件の購入価額はこれと等しいが，借手において当該価額は明らかではない）
(4) リース料：月額20,000,000円　支払いは毎月末
　　　　　　　リース料総額1,220,000,000円
(5) リース物件の経済的耐用年数：8年
(6) 借手の減価償却方法：定額法，残存価額0円（減価償却費は，四半期ごとに計上するものとする）

(7) 借手の追加借入利子率：年８％（ただし、貸手の計算利子率は借手にとって知り得ない）
(8) リース取引開始日：X１年４月１日，決算日３月31日

▶X１年４月１日（リース取引開始日）

(借)リース資産　872,727,273　　(貸)リース債務　960,000,000
　　仮払消費税等　87,272,727

▶X１年４月30日（第１回支払日）

(借)リース債務　12,240,000　　(貸)現 金 預 金　20,000,000
　　支 払 利 息　 7,760,000

(注) リース料の内訳は返済スケジュール表による（以下同様）。

▶X１年６月30日（第３回支払日／第１四半期決算日）

(借)リース債務　12,440,000　　(貸)現 金 預 金　20,000,000
　　支 払 利 息　 7,560,000　　　　減価償却累計額　27,272,727
　　減価償却費　27,272,727

〈減価償却費計算〉

経済的使用可能予測期間を耐用年数とする。

$$872,727,273 円 \times \frac{1 年}{8 年} \times \frac{3 ヵ月}{12 ヵ月} = 27,272,727 円$$

以後は同様な会計処理を行う。

▶X６年３月31日（最終回の支払いと割安購入選択権の行使）

(借)リース債務　19,680,000　　(貸)現 金 預 金　20,000,000
　　支 払 利 息　　　320,000

(借)リース債務　20,000,000　　(貸)現 金 預 金　20,000,000

【解　説】　リース取引を行った場合，ファイナンスリース取引に該当

するか否かを判定する必要があります。

ファイナンスリース取引とは以下のいずれの条件も満たすものです。
① 中途解約ができないこと(事実上解約不能を含む)。
② 借手がリース物件からもたらされる経済的利益を実質的に享受でき、リース物件使用に伴って生じるコストを実質的に負担すること

実質的コスト負担とは、取得価額・維持管理等の費用・陳腐化リスク等をすべて負担することとされています。

具体的な判定は、以下のいずれかに該当するか否かによります。

(1) 現在価値基準

解約不能リース期間中のリース総額の現在価値が、リース物件を現金購入した場合の合理的見積金額の概ね90%以上であること。

(2) 経済的耐用年数基準

解約不能リース期間が、リース物件の経済的耐用年数の概ね75%以上であること。

そこで、本設例で判定を行うと、以下のとおりです。

(1) 現在価値基準

リース料総額(割安購入選択権の行使価額を含む)1,220,000,000円を追加借入利子率8%で現在価値に割引計算します。

〈計算〉 $\dfrac{20,000,000円}{(1+0.08\times\dfrac{1}{12})} + \dfrac{20,000,000円}{(1+0.08\times\dfrac{1}{12})^2}$ ……

$+ \dfrac{(20,000,000円+20,000,000円)}{(1+0.08\times\dfrac{1}{12})^{60}} = 999,800,000円$

$\dfrac{999,800,000円}{872,727,273円}$ → $114\% \geq 90\%$

(2) 経済的耐用年数基準

$\dfrac{リース期間5年}{経済耐用年数8年}$ → $62.5\% < 75\%$

従って、(1)の判定基準からファイナンスリース取引に該当します。

次に、所有権移転ファイナンスリース取引の会計処理におけるポイントは、以下のとおりです。
① 利息相当額の各期間の配分額は利息法によること。

② リース資産の減価償却方法は,自己所有の固定資産に適用される方法と同一とすること。また,経済的使用可能予測期間を耐用年数とすること。
③ 購入時に重要性が乏しいことにより費用処理できる減価償却資産をリースした場合(リース料総額が費用処理できる金額の範囲内)や,リース期間が1年以内の短期リース取引は,賃貸借処理が認められていること。
④ 貸手の購入価額等が借手側にとって明らかな場合には,貸手の購入価額等によりリース資産とリース債務を計上すること。
なお,税法では所有権移転リース取引で取得したリース資産の減価償却方法は,法人の選定している償却方法に拠ります。

(消費税) 売買取引として処理するため課税取引となり,仮払消費税が発生します。これは当該事業年度で一括して仕入税額控除します。

■関連法規……リース会計基準第8〜12項,リース適用指針第5〜20項,第36〜46項,第92〜96項,設例2,法法第64条の2,法令第131条の2,消通5-1-9,11-3-2

■リース債務の返済スケジュール

(単位:万円)

回数	返済日	前月末元本	返済合計	元本分	利息分	月末元本
1	X1.4.30	96,000	2,000	1,224	776	94,776
2	X1.5.31	94,776	2,000	1,232	768	93,544
3	X1.6.30	93,544	2,000	1,244	756	92,300
…	…	…	…	…	…	…
9	X1.12.31	85,932	2,000	1,304	696	84,628
10	X2.1.31	84,628	2,000	1,316	684	83,312
11	X2.2.28	83,312	2,000	1,326	674	81,986
12	X2.3.31	81,986	2,000	1,336	664	80,650
…	…	…	…	…	…	…
57	X5.12.31	9,778	2,000	1,922	78	7,856

58	X6.1.31	7,856	2,000	1,936	64	5,920
59	X6.2.28	5,920	2,000	1,952	48	3,968
60	X6.3.31	3,968	4,000	3,968	32	—
	合計	—	122,000	96,000	26,000	—

(注) 適用利率年9.710%。利息の計算は，月数割りによっている。

【新リース会計基準】 借手はリース開始日に，原則として，リース開始日において未払いである借手のリース料からこれに含まれている利息相当額の合理的な見積額を控除し，現在価値により算定する方法に従い算定された額によりリース負債を計上します。

また，当該リース負債にリース開始日までに支払った借手のリース料，付随費用及び資産除去債務に対応する除去費用を加算し，受け取ったリース・インセンティブを控除した額により使用権資産を計上します。

契約上の諸条件に照らして原資産の所有権が借手に移転すると認められるリースに係る使用権資産の減価償却費は，原資産を自ら所有していたと仮定した場合に適用する減価償却方法と同一の方法により算定します。この場合の耐用年数は，経済的使用可能予測期間とし，残存価額は合理的な見積額とします。

▶X1年4月1日（リース開始日）

　　(借)使用権資産　872,727,273　　(貸)リース負債　960,000,000
　　　　仮払消費税等　 87,272,727

▶X1年4月30日（第1回支払日）

　　(借)リース負債　12,240,000　　(貸)現金預金　20,000,000
　　　　支 払 利 息　 7,760,000

(注) リース料の内訳は返済スケジュール表によります（以下同様）。

▶X1年6月30日（第3回支払日／第1四半期決算日）

　　(借)リース負債　12,440,000　　(貸)現金預金　20,000,000

支払利息　7,560,000　　　　減価償却累計額　27,272,727
減価償却費　27,272,727

〈減価償却費計算〉

経済的使用可能予測期間を耐用年数とします。

$$872,727,273円 \times \frac{1年}{8年} \times \frac{3カ月}{12カ月} = 27,272,727円$$

■関連法規……新リース会計基準第33～34項，36～37項，新リース適用指針第18～19項，第38項，43項，設例10

706 所有権移転外ファイナンスリース取引を行った

リース会社との間で，以下の条件で機械のリース取引を行った。
(1) 所有権移転条項：なし
(2) 割安購入選択権：なし
(3) リース物件は特別仕様ではない。
(4) 解約不能のリース期間：5年
(5) 借手の見積現金購入価額：消費税込960,000,000円（貸手のリース物件の購入価額はこれと等しいが，借手において当該価額は明らかではない）
(6) リース料
　　月額：20,000,000円　支払いは毎月末
　　リース料総額：1,200,000,000円
(7) リース物件（機械装置）の経済的耐用年数：8年
(8) 借手の減価償却方法：定額法（減価償却費は，四半期ごとに計上するものとする）
(9) 借手の追加借入利子率：年8％（ただし，借手は貸手の計算利子率を知り得ない）
(10) 貸手の見積残存価額は0円である。
(11) リース取引開始日：X1年4月1日，決算日3月31日

以下の仕訳①は原則法，②③は重要性判定により（リース適用指針第31

項,第32項)重要性が乏しいため,例外処理を行う場合の処理です。
① 利息相当額を利息法で計算する処理
▶X1年4月1日(リース取引開始日)

(借)リース資産 872,727,273 (貸)リース債務 960,000,000
　　仮払消費税等 87,272,727

▶X1年4月30日(第1回支払日)

(借)リース債務 12,680,000 (貸)現金預金 20,000,000
　　支 払 利 息 7,320,000

(注)支払利息と元本の計算は返済スケジュール表による。

▶X1年6月30日(第3回支払日/第1四半期決算日)

(借)リース債務 12,860,000 (貸)現金預金 20,000,000
　　支 払 利 息 7,140,000 　　減価償却累計額 43,636,363
　　減価償却費 43,636,363

〈減価償却費の計算〉リース期間を耐用年数とします。

$$872,727,273円 \times \frac{1年}{5年} \times \frac{3カ月}{12カ月} = 43,636,363円$$

▶X2年3月31日(第12回支払日/決算日)

(借)リース債務 13,780,000 (貸)現金預金 20,000,000
　　支 払 利 息 6,220,000
(借)減価償却費 43,636,363 (貸)減価償却累計額 43,636,363

▶X6年3月31日(最終回支払日/リース物件の返却)

(借)リース債務 19,840,000 (貸)現金預金 20,000,000
　　支 払 利 息 160,000
(借)減価償却費 43,636,376 (貸)減価償却累計額 43,636,376
(借)減価償却累計額 872,727,273 (貸)リース資産 872,727,273

② リース料総額から利息相当額の合理的見積額を控除しない処理

▶X1年4月1日（リース取引開始日）

　　（借）リース資産 1,090,909,091　　（貸）リース債務 1,200,000,000
　　　　仮払消費税等　 109,090,909

▶X1年4月30日（第1回支払日）

　　（借）リース債務　 20,000,000　　（貸）現 金 預 金　 20,000,000

▶X1年6月30日（第3回支払日／第1四半期決算日）

　　（借）リース債務　 20,000,000　　（貸）現 金 預 金　 20,000,000
　　（借）減価償却費　 54,545,454　　（貸）減価償却累計額 54,545,454

〈減価償却費の計算〉リース期間を耐用年数とします。

$$1,090,909,091円 \times \frac{1年}{5年} \times \frac{3カ月}{12カ月} = 54,545,454円$$

▶X2年3月31日（第12回支払日／決算日）

　　（借）リース債務　 20,000,000　　（貸）現 金 預 金　 20,000,000
　　（借）減価償却費　 54,545,454　　（貸）減価償却累計額 54,545,454

▶X6年3月31日（最終回支払日とリース物件の返却）

　　（借）リース債務　 20,000,000　　（貸）現 金 預 金　 20,000,000
　　（借）減価償却費　 54,545,465　　（貸）減価償却累計額 54,545,465
　　（借）減価償却累計額 1,090,909,091　（貸）リース資産 1,090,909,091

③　利息相当額を定額法で処理

▶X1年4月1日（リース取引開始日）

　　（借）リース資産　 872,727,273　　（貸）リース債務　 960,000,000
　　　　仮払消費税等　 87,272,727

▶X1年4月30日（第1回支払日）

　　（借）リース債務　 16,000,000　　（貸）現 金 預 金　 20,000,000
　　　　支 払 利 息　　4,000,000

〈支払利息の計算〉

$$240,000,000円 \times \frac{1年}{5年} \times \frac{3ヵ月}{12ヵ月} = 4,000,000円$$

（利息相当額…1,200,000,000円 − 960,000,000円 = 240,000,000円）

▶ X1年6月30日（第3回支払日／第1四半期決算日）

（借）リース債務	16,000,000	（貸）現金預金	20,000,000
支払利息	4,000,000		
（借）減価償却費	43,636,363	（貸）減価償却累計額	43,636,363

▶ X2年3月31日（第12回支払日／決算日）

（借）リース債務	16,000,000	（貸）現金預金	20,000,000
支払利息	4,000,000		
（借）減価償却費	43,636,363	（貸）減価償却累計額	43,636,363

▶ X6年3月31日（最終回支払日とリース物件の返却）

（借）リース債務	16,000,000	（貸）現金預金	20,000,000
支払利息	4,000,000		
（借）減価償却費	43,636,376	（貸）減価償却累計額	43,636,376
（借）減価償却累計額	872,727,273	（貸）リース資産	872,727,273

■リース債務の返済スケジュール

（単位：万円）

回数	返済日	前月末元本	返済合計	元本分	利息分	月末元本
1	X1.4.30	96,000	2,000	1,268	732	94,732
2	X1.5.31	94,732	2,000	1,278	722	93,454
3	X1.6.30	93,454	2,000	1,286	714	92,168
…	…	…	…	…	…	…
9	X1.12.31	85,584	2,000	1,384	652	84,236
10	X2.1.31	84,236	2,000	1,356	644	82,880

11	X2.2.28	82,880	2,000	1,368	632	81,512
12	X2.3.31	81,512	2,000	1,378	622	80,134
…	…	…	…	…	…	…
36	X4.3.31	45,364	2,000	1,654	346	43,710
…	…	…	…	…	…	…
57	X5.12.31	7,850	2,000	1,940	60	5,910
58	X6.1.31	5,910	2,000	1,956	44	3,954
59	X6.2.28	3,954	2,000	1,970	30	1,984
60	X6.3.31	1,984	2,000	1,984	16	―
	合計	―	120,000	96,000	24,000	―

【解説】 ファイナンスリース取引に該当するか否かを判定するには，前問の解説のように，①現在価値基準と②経済耐用年数基準によります。

① 現在価値基準

$$\frac{20{,}000{,}000円}{\left(1+0.08\times\frac{1}{12}\right)} + \frac{20{,}000{,}000円}{\left(1+0.08\times\frac{1}{12}\right)^2} + \cdots \frac{20{,}000{,}000円}{\left(1+0.08\times\frac{1}{12}\right)^{60}}$$

$$= 986{,}360{,}000円$$

$$\frac{986{,}360{,}000円}{872{,}727{,}273円} \to 113\% \geq 90\%$$

② 経済耐用年数基準

$$\frac{5年}{8年} \to 62.5\% < 75\%$$

①の基準でファイナンスリース取引に該当します。しかし，所有権移転条項又は割安購入選択権がなく，また特別仕様でもないため所有権移転ファイナンスリース取引に該当しないため，所有権移転外ファイナンスリース取引と判定されます。

ファイナンスリース取引のうち所有権移転外取引に該当するか否かは，以下の条件のいずれかに該当するか否かにより判断します。

(1) リース契約上，リース期間終了後又はリース期間の中途で，リース

物件の所有権が借手に移転することとされているリース取引
(2) リース契約上，借手に対して，リース期間終了後又はリース期間の中途で，名目的価額又はその行使時点のリース物件の価額に比して著しく有利な価額で買い取る権利「割安購入選択権」が与えられており，その行使が確実に予想されるリース取引
(3) リース物件が，借手の用途等に合わせて特別の仕様により製作又は建設されたものであって，当該リース物件の返還後，貸手が第三者に再びリース又は売却することが困難であるため，その使用可能期間を通じて借手によってのみ使用されることが明らかなリース取引

また，中途解約した場合には，リース資産の未償却残高をリース資産除却損益として処理しますが，貸手に損害金を支払う必要が生じた場合には，リース債務残高と損害金との差額を支払額確定時の損益に計上します。

中小会計 所有権移転外ファイナンスリース取引に係る借手は，通常の売買取引に係る方法に準じて会計処理を行います。ただし，個々のリース資産に重要性が乏しいと認められる場合は，通常の賃貸借取引に係る方法に準じて処理できます。この場合には重要性のないものを除き，未経過リース料を注記します。

リース資産の償却年数は，リース期間によるのが原則であり，償却方法は，定額法，級数法，生産高比例法，税法のリース期間定額法などから選択して適用します。

なお，リース料支払時には，元本と利息の支払いとに区分します。

消費税 売買取引であるため，借手側では課税取引となり仮払消費税等が発生します。これは計上した事業年度で一括して仕入税額控除します。

■関連法規……リース会計基準第8～12項，リース適用指針第21～35項，第77～79項，設例1，法法第64条の2，法令第131条の2，消通5－1－9，11－3－2，中小会計指針第75項－2，第75項－3，第75項－4

【新リース会計基準】 借手はリース開始日に，原則として，リース開始日において未払である借手のリース料からこれに含まれている利息相当額の合理的な見積額を控除し，現在価値により算定する方法に従い算定さ

れた額によりリース負債を計上します。

当該リース負債にリース開始日までに支払った借手のリース料,付随費用及び資産除去債務に対応する除去費用を加算し,受け取ったリース・インセンティブを控除した額により使用権資産を計上します。

契約上の諸条件に照らして原資産の所有権が借手に移転すると認められるリース以外のリースに係る使用権資産の減価償却費は,定額法等の減価償却方法の中から企業の実態に応じたものを選択適用した方法により算定し,原資産を自ら所有していたと仮定した場合に適用する減価償却方法と同一の方法により減価償却費を算定する必要はありません。この場合,原則として,借手のリース期間を耐用年数とし,残存価額をゼロとします。

また,使用権資産総額に重要性が乏しいと認められる場合は,次のいずれかの方法を適用することができます。

(1) 借手のリース料から利息相当額の合理的な見積額を控除しない方法。この場合,使用権資産及びリース負債は,借手のリース料をもって計上し,支払利息は計上せず,減価償却費のみ計上する。
(2) 利息相当額の総額を借手のリース期間中の各期に定額法により配分する方法

なお,使用権資産総額に重要性が乏しいと認められる場合とは,未経過の借手のリース料の期末残高が当該期末残高,有形固定資産及び無形固定資産の期末残高の合計額に占める割合が10パーセント未満である場合をいいます。

① 利息相当額を利息法で計算する処理
▶X1年4月1日（リース取引開始日）

(借)**使用権資産** 872,727,273 　(貸)**リース負債** 960,000,000
　　仮払消費税等　87,272,727

▶X1年4月30日（第1回支払日）

(借)**リース負債**　12,680,000　(貸)**現 金 預 金**　20,000,000
　　支 払 利 息　　7,320,000

（注）支払利息と元本の計算は返済スケジュール表によります。

▶X1年6月30日（第3回支払日／第1四半期決算日）

(借)リース負債　12,860,000　　(貸)現金預金　　20,000,000
　　支払利息　　 7,140,000　　　　減価償却累計額　43,636,363
　　減価償却費　43,636,363

〈減価償却費の計算〉リース期間を耐用年数とします。
　872,727,273円×1年/5年×3カ月/12カ月＝43,636,363円

② リース料総額から利息相当額の合理的見積額を控除しない処理
▶X1年4月1日（リース取引開始日）

(借)使用権資産1,090,909,091　　(貸)リース負債1,200,000,000
　　仮払消費税等　109,090,909

▶X1年4月30日（第1回支払日）

(借)リース負債　20,000,000　　(貸)現金預金　　20,000,000

▶X1年6月30日（第3回支払日／第1四半期決算日）

(借)リース負債　20,000,000　　(貸)現金預金　　20,000,000
(借)減価償却費　54,545,454　　(貸)減価償却累計額　54,545,454

〈減価償却費の計算〉リース期間を耐用年数とします。
　1,090,909,091円×1年/5年×3カ月/12カ月＝54,545,454円

■関連法規……新リース会計基準第33～34項，36項，38項，新リース適用指針第18～19項，第38～41項，設例9，設例9-1

707　少額の所有権移転外リース取引を行った

当社は，リース会社との間で下記条件により車両のリース取引を行った。
各月の支払額40,000円（消費税込では44,000円），リース料総額

2,400,000円（消費税込2,640,000円），X年3月から契約，第1回支払額を普通預金より支払った。当社の決算日は3月である。

このリース取引は所有権移転外リース取引に該当するものとします。

（借）リース料 　　（賃借料）	40,000	（貸）普通預金	44,000
仮払消費税等	4,000		

【解　説】　リース契約1件当たりのリース料総額が300万円以下の取引は所有権移転外リース取引であっても重要性から、オペレーティング・リース取引と同様の賃貸借取引として処理できます。支払月ごと（あるいは支払義務発生ごと）にリース料に計上します。

　税法では、会計基準のように所有権移転外リースのうちリース料総額300万円以下を賃貸借処理することを認めていませんが、少額減価償却資産を所有権移転外リース取引により賃借した場合、当該リース資産は賃借人が取得した減価償却資産と同様に扱われるため、取得価額が30万円未満であれば、総額300万円を限度に少額減価償却資産として損金算入できます。また、所有権移転外リース取引の償却方法はリース期間定額法となるため法人の選定している償却方法が定額法であれば賃借料処理した場合と原則的に一致することになり、賃借料として損金算入した金額は減価償却費として扱われます。

（消費税）　賃貸借取引は役務の提供に該当し課税取引です。

《表　示》　リース料は損益計算書上、車両の利用実態に応じて製造原価か販売費一般管理費に計上します。

■関連法規……リース適用指針第34項，第35項，消通5－1－9，11－3－2，
　　　　　　　法法第64条の2，法令第131条の2，措法第67条の5，措通67の5

【新リース会計基準】　新リース会計基準においても少額リースの簡便的な取扱いが認められています。従来は、「所有権移転外」のリース取引について少額リースの取扱いが認められていました。新リース会計基準では、「所有権移転」か「所有権移転外」か問わず、以下のいずれかの場合、少額リースの取扱いが認められています。会計処理は従来と変わりませんので、上記仕訳を参照してください。

1. 重要性が乏しい減価償却資産について，購入時に費用処理する方法が採用されている場合で，借手のリース料が当該基準額以下のリース
2. 企業の事業内容に照らして重要性の乏しいリースで，かつ，リース契約1件当たりのリース料総額300万円以下のリース
3. 新品時の原資産の価値が5千米ドル程度以下のリース

上記1．及び2．については現行のリース会計基準を踏襲した判定方法となっています。また，2．について，判定の基礎となる対象期間は，延長・解約オプションを考慮した借手のリース期間ではなく，契約で定められた期間とすることができます。

■**関連法規**……新リース会計基準適用指針第22項，第23項，BC43項，BC45項

708 転リース取引を行った

B社（当社）はA社から機械を賃借し，同時にC社に転貸する転リース取引を実施している。

[前提条件]
(1) A社からの賃借
  ① 所有権移転条項：なし
  ② 割安購入選択権：なし
  ③ リース物件は特別仕様ではない。
  ④ 解約不能のリース期間：5年
  ⑤ リース料
    月額：20,000,000円（消費税込。支払いは毎月末）
    リース料総額：1,200,000,000円（消費税込）
  ⑥ リース物件の経済的耐用年数：8年
  ⑦ 減価償却方法：定額法
  ⑧ B社の追加借入利率：年8％（ただし，B社はA社の計算利子率を知り得ない）
(2) C社への転貸
  ① 所有権移転条項：なし

② 割安購入選択権：なし
③ リース物件は特別仕様ではない。
④ 解約不能のリース期間：5年
⑤ リース料
　　月額：20,100,000円（消費税込22,110,000円。支払いは毎月末）
　　リース料総額：1,206,000,000円（消費税込1,326,600,000円）
　　貸手側と借手側のリース料の差額6,000,000円が，B社の手数料となる。
⑥ B社の見積現金購入価額：960,000,000円（消費税込。A社のリース物件の購入価額はこれと等しいが，B社において当該価額は明らかではない）
⑦ 貸手の見積残存価額は0円である。

(3) その他
① 本転リース取引における利息相当額の各期への配分は，利息法によっている。
② リース取引開始日：Ｘ1年4月1日，決算日3月31日
③ リース取引の判定を行って，ファイナンス・リース取引と判定された。

■リース投資資産の回収スケジュール及びリース債務の返済スケジュール

(単位：万円)

回数	回収日 (貸手) 返済日 (借手)	前月末 元本 (貸手) (借手)	回収 合計 (貸手)	手数料 収入 (貸手)	返済 合計 (借手)	元本分 (貸手) (借手)	利息分 (貸手) (借手)	月末 元本 (貸手) (借手)
1	X1.4.30	48,000	1,005	5	1,000	634	366	47,366
2	X1.5.31	47,366	1,005	5	1,000	639	361	46,727
3	X1.6.30	46,727	1,005	5	1,000	643	357	46,084
	…	…	…	…	…	…	…	…
9	X1.12.31	42,792	1,005	5	1,000	674	326	42,118

10	X2.1.31	42,118	1,005	5	1,000	678	322	41,440
11	X2.2.28	41,440	1,005	5	1,000	684	316	40,756
12	X2.3.31	40,756	1,005	5	1,000	689	311	40,067
…	…	…	…	…	…	…	…	…
57	X5.12.31	3,925	1,005	5	1,000	970	30	2,955
58	X6.1.31	2,955	1,005	5	1,000	978	22	1,977
59	X6.2.28	1,977	1,005	5	1,000	985	15	992
60	X6.3.31	992	1,005	5	1,000	992	8	—
	合計	—	60,300	300	60,000	48,000	12,000	—

(注) 適用利率年9.154%。利息の計算は，月数割りによっています。

〈B社の会計処理〉

▶X1年4月1日（リース取引開始日）

(借)リース投資資産　872,727,273　　(貸)リース債務　960,000,000
　　仮払消費税等　　 87,272,727

▶X1年4月30日（第1回回収日）

(借)現　金　預　金　22,110,000　　(貸)リース投資資産　12,680,000
　　　　　　　　　　　　　　　　　　　預　り　金　　　 7,320,000
　　　　　　　　　　　　　　　　　　　転リース差益　　　 100,000
　　　　　　　　　　　　　　　　　　　仮受消費税等　　 2,010,000

▶X1年4月30日（第1回支払日）

(借)リース債務　12,680,000　　(貸)現　金　預　金　20,000,000
　　預　り　金　 7,320,000

以後も同様な処理となります。

(注1)　リース投資資産の回収及び債務の返済金額については左記スケジュール表を参照。

(注2)　本転リース取引において手数料収入以外の利益は生じないため，利息

相当額について預り金として処理しています。

(注3) リース投資資産とリース債務を利息相当額控除前の全額で計上する場合には，第1回回収日及び支払日の預り金部分をリース投資資産の回収及びリース債務の返済として処理します。

【解　説】　リース物件の所有者から物件のリースを受け，さらに同一物件を概ね同一条件で第三者にリースする取引を転リース取引といいます。

　設例のB社のように借手であり，貸手である双方がファイナンス・リース取引に該当する場合，貸借対照表上はリース債権又はリース投資資産とリース債務の双方を計上しますが，支払利息，売上高，売上原価等は計上せずに，貸手として受け取るリース料総額と借手として支払うリース料総額の差額を手数料収入として各期に配分し，転リース差益等の名称により収益計上することが可能です。

　なお，リース債権又はリース投資資産とリース債務は利息相当額控除後の金額で計上するのが原則ですが，利息相当額控除前の金額で計上することも可能です。

(消費税) 転リース差益は，課税取引です。
■関連法規……リース適用指針第47項，設例6，消通5－1－9，11－3－2

【新リース会計基準】　新リース会計基準において，転リース取引とは，サブリース取引の一種であり，ヘッドリースの原資産の所有者からリースを受け，その同一資産をほぼ同じ条件で第三者にリースする取引を指します。従来のリース会計基準における転リース取引の取扱いは，主に機器等のリースにおいて仲介的役割を担う中間的貸手の会計処理として実務に浸透しています。そのため，新リース会計基準等では，転リースの取扱いをサブリース取引の例外として認め，従来のリース会計基準の規定を変更せずに適用されます。なお，「リース債務」のみ，「リース負債」として表示されます。
■関連法規……新リース適用指針第93項，設例19，消通5－1－9，11－3－2

709 セール・アンド・リースバック取引を行った

(1) A社（借手）は，(2)に示す自己所有の機械設備を，新規の設備投資の資金を得る目的で，(3)に示す条件により，B社（貸手）に売却するとともに，その全部をリースバックした。

(2) 対象資産の内容
① 取得年月日：Ｘ０年４月１日
② 取得価額：3,600,000,000円
③ 自己（A社）の固定資産の減価償却
　償却方法：定額法，取得時の経済的耐用年数　６年
④ Ｘ１年４月１日の簿価
　$3,600,000,000円 - 3,600,000,000円 \times \frac{1年}{6年} = 3,000,000,000円$

(3) セール・アンド・リースバック取引の条件
① 所有権移転条項なし。
② 割安購入選択権なし。
③ 当該物件は特別仕様ではない。
④ 契約日（＝リース取引開始日）：Ｘ１年４月１日
⑤ 売却価額：3,400,000,000円
　固定資産売却益：3,400,000,000円 − 3,000,000,000円（(2)の④）
　＝400,000,000円
⑥ 解約不能のリース期間：Ｘ１年４月１日から５年間
⑦ リース料は毎年１回４月１日に均等払い（Ｘ１年４月１日を初回とする）
　年額リース料：815,380,000円(*)
　リース料総額：4,076,900,000円
⑧ 貸手の計算利子率は10％であり，借手はこれを知り得る。
⑨ リースバック時以後の経済的耐用年数は５年である。
⑩ 借手の減価償却方法：定額法

＊：年額リース料は，期初払年金現価を求める公式で，現在価値Ｐ＝3,400,000千円（売却価額），期間ｎ＝５，貸手の計算利子率ｒ＝10％として年金額Ｘ

Ｘ　その他取引

について解いて求める。

$$P = \frac{1 - \frac{1}{(1+r)^n}}{r} \times (1+r) \times X$$

$$\frac{1 - \frac{1}{(1+0.1)^5}}{0.1} \times (1+0.1) \times X = 3,400,000,000 円$$

∴ X = 815,380,000円

(4) 決算日はA社，B社ともに3月31日である。
(5) 本取引は実質的に金銭の貸借取引とする。

〈A社（借手）の会計処理〉

▶X1年4月1日（資産売却日／リース取引開始日）

(借)減価償却累計額 600,000,000(*1) (貸)有形固定資産 3,600,000,000
　　現　金　預　金 3,400,000,000 　　　長期前受収益 400,000,000

(借)リース資産 3,400,000,000 (貸)リース債務 3,400,000,000

(借)リース債務 815,380,000 (貸)現　金　預　金 815,380,000

＊1：$3,600,000,000 \times \frac{1 年}{6 年} = 600,000,000$

▶X2年3月31日（決算日）

(借)支　払　利　息 258,460,000 (貸)未　払　利　息 258,460,000

(借)減価償却費 680,000,000(*2) (貸)減価償却累計額 680,000,000

＊2：各年度の減価償却費の計算は，リース資産取得価額（実際売却価額）とリースバック時以後のリース期間を基準に，残存価額を0円として計算する。

リース資産の減価償却費：$3,400,000,000 円 \times \frac{1 年}{5 年} = 680,000,000 円$

(借)長期前受収益 80,000,000(*3) (貸)長期前受収益償却 80,000,000

＊3：長期前受収益の償却：$400,000,000 円 \times \frac{1 年}{5 年} = 80,000,000 円$

長期前受収益は，毎期のリース資産の減価償却費の割合に応じて償却され，減価償却費から控除して表示される。この結果，減価償却費は600,000,000円（=680,000,000円-80,000,000円）となる。

▶X2年4月1日（期首／第2回支払日）

(借)未 払 利 息 258,460,000　　(貸)支 払 利 息 258,460,000

(借)リース債務 556,920,000　　(貸)現 金 預 金 815,380,000
　　　支 払 利 息 258,460,000

以後も同様な会計処理を行う。

各返済日における元本と利息の計算は，次のスケジュール表による。

■スケジュール表

(単位：万円)

回数	返済日	前回支払後元本	返済合計	元本分	利息分	月末元本
1	X1.4.1	340,000	81,538	81,538	—	258,462
2	X2.4.1	258,462	81,538	55,692	25,846	202,770
3	X3.4.1	202,770	81,538	61,260	20,278	141,510
4	X4.4.1	141,510	81,538	67,390	14,152	74,124
5	X5.4.1	74,124	81,538	74,124	7,414	—
	合計	—	407,690	340,000	67,690	

(注) 適用利率年10%

【解　説】　所有する物件を貸手に売却し，貸手から当該物件のリースを受ける取引をセール・アンド・リースバック取引といいます。セール・アンド・リースバック取引もファイナンスリース取引に該当するか否かの判定を設例**705**の判定基準で行い，該当する場合，借手はリース物件の売却に伴う損益を長期前払費用又は長期前受収益等として繰延処理し，リース資産の減価償却費の割合に応じ減価償却費に加減して損益に計上します。ただし，当該売却損失が物件の合理的見積市場価額が帳

簿価額を下回ることにより生じたものである場合は，繰延処理せずに売却時の損失として計上します。

本設例の場合に，本取引がファイナンスリース取引に該当するか否かを判定します。

① 現在価値基準（計算利子率は10%）

$$815,380,000円 + \frac{815,380,000円}{(1+0.1)} + \cdots \frac{815,380,000円}{(1+0.1)^4} = 3,400,000,000円$$

…現在価値3,400,000,000円／売却価額≧90%

② 経済的耐用年数基準

…リース期間5年／経済耐用年数≧75%

従って，①と②の基準によりファイナンスリース取引に該当し，所有権移転条項又は割安購入選択権がなく，特別仕様でないことから所有権移転外ファイナンスリース取引に該当します。

(消費税) リースバック取引が実質的に金銭の貸借取引として扱われるときは，税法上，売買はなかったものとして扱われ，譲受人から譲渡人に対する金銭の貸付があったものとされるため，非課税です。

■関連法規……法法第64条の2第2項，リース適用指針第48~50項，設例7，消通5-1-9

【新リース会計基準】 新リース基準において，セール・アンド・リースバック取引は，資産を譲渡後にリースバックする取引であり，一定の条件下でその会計処理が異なります。まず，収益認識会計基準に従い履行義務を充足して収益を認識する場合や，工事契約において完全履行時に収益を認識する場合，当該取引はセール・アンド・リースバック取引に該当しません。

一方，取引がセール・アンド・リースバックに該当する場合に，以下のいずれかを満たすときは，金融取引として会計処理を行います。

- 売り手である借手による資産の譲渡が損益を認識する売却に該当しない
- リースバックを通じて経済的利益やコストをほぼ享受・負担する（フルペイアウト）

それ以外の場合，収益認識基準に基づき損益を認識し，通常のリース

取引として扱います。そのため，従来はセール・アンド・リースバック取引に該当する場合，物件の売却に伴う損益を繰り延べていましたが，新リース会計基準では，売却に伴う損益を即時認識する形に変更されています。以下では，金融取引として処理する場合と金融取引以外として処理する場合の仕訳例を記載いたします。

〈本設例に新リース会計基準を適用した場合〉
① 金融取引として処理する場合
　▶X1年4月1日（資産売却日／リース取引開始日）

　　（借）現 金 預 金 3,400,000,000　（貸）借　入　金 3,400,000,000

　　（借）借　入　金　815,380,000　（貸）現 金 預 金　815,380,000

　▶X2年3月31日（決算日）

　　（借）支 払 利 息　258,460,000　（貸）未 払 利 息　258,460,000

　▶X2年4月1日（期首／第2回支払日）

　　（借）未 払 利 息　258,460,000　（貸）支 払 利 息　258,460,000

　　（借）借　入　金　556,920,000　（貸）現 金 預 金　815,380,000
　　　　 支 払 利 息　258,460,000

② 金融取引以外として処理する場合
〈A社（借手）の会計処理〉
　▶X1年4月1日（資産売却日／リース取引開始日）

　　（借）減価償却累計額　　600,000,000 （貸）有形固定資産 3,600,000,000
　　　　 現 金 預 金　3,400,000,000　　　　 固定資産売却益　400,000,000

　資産の譲渡対価は時価と等しく，セール・アンド・リースバック取引の要件を充たしているものとする。

　　（借）リース資産 3,400,000,000　（貸）リース負債 3,400,000,000

　　（借）リース負債　815,380,000　（貸）現 金 預 金　815,380,000

890　X—その他取引

▶X2年3月31日（決算日）

（借）支 払 利 息　258,460,000　　（貸）未 払 利 息　258,460,000

（借）減価償却費　680,000,000　　（貸）減価償却累計額　680,000,000

▶X2年4月1日（期首／第2回支払日）

（借）未 払 利 息　258,460,000　　（貸）支 払 利 息　258,460,000

（借）リース債務　556,920,000　　（貸）現 金 預 金　815,380,000
　　　支 払 利 息　258,460,000

■関連法規……新リース適用指針53項，55項，56項，BC89項

710 リースの契約条件を変更した

独立したリースとして会計処理

[前提条件]
1．A社（借手）は，1,000平方メートルの店舗スペースに係る，不動産賃貸借契約をB社（貸手）と締結した。
2．A社は，新リース会計基準第5項に従って，当該契約はリースを含むと判断した。
3．リース開始日X1年4月1日
4．借手のリース期間5年
5．リース料年額10,000千円支払は毎年3月末
6．借手の追加借入利子率年5％（借手は貸手の計算利子率を知り得ない。）
7．X3年4月1日に，A社とB社は，契約条件を次のように変更することに合意する。
　① 残りの3年間について同じ建物の追加の2,000平方メートルの事務所スペースを契約に含める。
　② B社がA社による①の追加のスペースの使用を可能にする日

は，X3年4月1日である。
③ 追加の2,000平方メートルの事務所スペースに対するリース料の増額は，当該スペースの市場賃料に契約の状況を反映するための調整を加えたものである。
④ リース料年額20,000千円 支払いは毎年3月末
⑤ 借手の追加借入利子率年5％（借手は貸手の計算利子率を知り得ない。）

▶X1年4月1日（変更前の1,000平方メートルの事務所スペースに係るリース）

（借）使用権資産(※1) 43,294千円 （貸）リース負債(※1) 43,294千円

▶X4年3月31日（変更前の1,000平方メートルの事務所スペースに係るリース）

（借）リース負債 8,639千円 （貸）現金預金 10,000千円
　　　支払利息(※2) 1,361千円

（借）減価償却費(※3) 8,658千円 （貸）使用権資産(※3) 8,658千円

▶X4年3月31日（変更後の2,000平方メートルの事務所スペースに係るリース）

（借）リース負債 17,277千円 （貸）現金預金 20,000千円
　　　支払利息(※4) 2,723千円
（借）減価償却費(※5) 18,153千円 （貸）使用権資産(※5) 18,153千円

【変更前の1,000平方メートルの事務所スペースに係るリース返済表】

(単位：千円)

年	使用権資産			リース負債				
	期首残高	減価償却費	期末残高	期首残高	リース料	元本	利息	期末残高
X1	43,294 (※1)	8,658	34,636	43,294 (※1)	10,000	7,836	2,164	35,458
X2	34,636	8,658	25,978	35,458	10,000	8,228	1,772	27,230
X3	25,978	8,658 (※3)	17,320	27,230	10,000	8,639	1,361 (※2)	18,591

【変更後の2,000平方メートルの事務所スペースに係るリース返済表】

(単位:千円)

年	使用権資産			リース負債				
	期首残高	減価償却費	期末残高	期首残高	リース料	元本	利息	期末残高
X3	54,460	18,153 (※5)	36,307	54,460	20,000	17,277	2,723 (※4)	37,183
X4	36,307	18,153	18,154	37,183	20,000	18,141	1,859	19,042

(※1) リース開始日(X1年4月1日)における使用権資産及びリース負債の計上額:

$$\frac{10,000}{(1+0.05)}+\frac{10,000}{(1+0.05)^2}+\cdots+\frac{10,000}{(1+0.05)^5}=43,294千円$$

【新リース会計基準】 前提条件7.の変更はリースの契約条件の変更に該当し、次の(1)及び(2)の要件をいずれも満たすため、A社はこれを独立したリースとして取り扱います。この場合、A社は当該独立したリースのリース開始日に、契約条件の変更に基づくリース負債を計上します。また、当該リース負債にリース開始日までに支払った借手のリース料、付随費用等を加減した額を使用権資産として計上します。

(1) 1つ以上の原資産を追加することにより、原資産を使用する権利が追加され、リースの範囲が拡大されること
(2) 借手のリース料が、範囲が拡大した部分に対する独立価格に特定の契約の状況に基づく適切な調整を加えた金額分だけ増額されること

A社は、独立したリースのリース開始日(X3年4月1日)に、追加の2,000平方メートルの店舗スペースのリースに係る使用権資産及びリース負債を計上します。ただし、A社は、変更前の1,000平方メートルの事務所スペースのリースの会計処理について修正を行いません。

■関連法規……リースに関する会計基準第39項、BC49項、リースに関する会計基準の適用指針第44項、BC73項、設例15-1

契約期間が延長される場合

[前提条件]
1. A社(借手)は、1,000平方メートルの店舗スペースに係る、不

動産賃貸借契約をB社（貸手）と締結した。
2．A社は，新リース会計基準第5項に従って，当該契約はリースを含むと判断した。
3．リース開始日 X1年4月1日
4．借手のリース期間 5年
5．リース料 年額10,000千円支払は毎年3月末
6．借手の追加借入利子率 年5％（借手は貸手の計算利子率を知り得ない。）
7．X2年4月1日に，A社とB社は，契約期間を2年延長することによって契約条件を変更することに合意する。年間リース料は変わらない。X2年4月1日現在のA社の追加借入利子率は，年6％である。
8．A社は，当該リースの契約条件の変更に伴い適用する割引率について変更後の割引率を使用する。

▶X2年4月1日（リースの契約条件の変更の発効日）

（借）使用権資産　13,715千円　　（貸）リース負債　13,715千円

(単位：千円)

年	使用権資産			リース負債				
	期首残高	減価償却費	期末残高	期首残高	リース料	元本	利息	期末残高
X1	43,294	8,658	34,636	43,294	10,000	7,836	2,164	35,458 (※1)
X2	34,636	8,658	25,978	35,458	10,000	8,228	1,772	27,230

（※1）　修正前のリース負債（年間リース料10,000千円の変更前の残りの借手のリース期間4年分を変更前の割引率の年5％で割り引いた現在価値）：

$$\frac{10,000}{(1+0.05)}+\frac{10,000}{(1+0.05)^2}+\cdots+\frac{10,000}{(1+0.05)^4}=35,458 千円$$

（※2）　修正後のリース負債（年間リース料10,000千円の変更後の残りの借手のリース期間6年分を変更後の割引率の年6％で割り引いた現在価値）：

$$\frac{10,000}{(1+0.06)}+\frac{10,000}{(1+0.06)^2}+\cdots+\frac{10,000}{(1+0.06)^6}=49,173 千円$$

リース負債の増加額：49,173千円（※2）－35,458千円（※1）＝13,715千円

894　X—その他取引

【新リース会計基準】　前提条件7．の変更は，リースの契約条件の変更に該当しますが，①1つ以上の原資産を追加するリースの範囲の拡大ではなく，また，②リースの範囲の縮小にも該当しない，リース料及び契約期間の変更です。A社は，当該リースの契約条件の変更について，変更の発効日に，変更後の条件を反映してリース負債を修正し，当該リース負債の修正額に相当する金額を使用権資産に加減します。本設例では，前提条件8．により，変更後の割引率を使用します。

■関連法規……リースに関する会計基準第39項，BC49項，リースに関する会計基準の適用指針第44項〜45項，BC73項〜76項，設例15−4

711 リース期間の見積りを変更した（リースの契約条件の変更を伴わないリース負債の見直し）

［前提条件］
1．A社（借手）は，建物の1フロアについて解約不能期間が5年で，賃貸借契約をB社（貸手）と締結した。当該契約には解約不能期間終了後，5年間の賃借期間の延長ができる権利（以下，延長オプション）が定められている。
2．リース開始日　X1年4月1日
3．リース開始日において，A社は，リースを延長するオプションを行使することが合理的に確実ではないと判断した。
4．リース料
　　支払は毎年4月1日
　　解約不能期間中の年額　　　　30,000千円
　　延長オプション期間中の年額　25,000千円
5．借手の追加借入利子率　年8％
6．X4年3月31日にA社がリース期間を延長する経済的インセンティブが生じた。
7．X4年3月31日におけるA社の追加借入利子率　年9％
8．A社は，リース負債の見直しにより，変更後の割引率を使用する。

▶X1年4月1日(リース開始日)

(借)使用権資産 129,364千円　　(貸)リース負債 129,364千円
(借)リース負債 30,000千円　　(貸)現金及び預金 30,000千円

〈計算〉

$$30,000千円 + \frac{30,000千円}{(1+0.08)} + \cdots \frac{30,000千円}{(1+0.08)^4} + = 129,364千円$$

▶X2年3月31日(期末日)

(借)支 払 利 息　7,949千円　　(貸)未 払 利 息　7,949千円

▶X4年3月31日(変更が生じた日)

(借)使用権資産 93,237千円　　(貸)リース負債 93,237千円

〈計算〉

ア．解約不能期間の年間30,000千円の2年分

$$30,000千円 + \frac{30,000千円}{(1+0.09)}$$

イ．延長オプション期間の年間リース料25,000千円の5年分

$$\frac{25,000千円}{(1+0.09)^2} + \frac{25,000千円}{(1+0.09)^3} + \cdots + \frac{25,000千円}{(1+0.09)^6}$$

ア＋イ＝146,735千円

リース負債の増加額

146,735千円 − 53,498千円（※1）＝93,237千円

（※1）リース負債の返済スケジュールよりリース負債のX3年期末残高

【新リース会計基準】　現行のリース会計基準では，契約に記載された期間をリース期間とすることが多くみられます。新リース会計基準では，契約の延長や途中解約することも考え，借手のリース期間を決定します。その際に用いられる概念が，延長・解約オプションや経済的インセンティブです。

本設例の「リースを延長する経済的インセンティブ」とは，契約時は解約不能期間が終了した後の賃料を予測できず，延長オプションを行使するかどうか確定していませんが，契約期間中に当該賃料が市場水準より安くなることが明らかになるような場合が該当します。賃料が市場の水準より

安ければ、他の物件を探して移転するより、延長オプションを行使して現在のフロアを賃借し続けたほうが、余計な費用や労力を抑えることができます。このような場合はリースを延長する経済的インセンティブがあるとされ、当該延長オプションの期間を借手のリース期間に含めることとなります。

本設例では、X4年3月31日からX11年3月31日までの期間において、リースを延長する経済的インセンティブが生じたため、解約不能期間及び延長オプション期間の年間リース料を現在価値に修正します。

■延長オプションを行使することが合理的に確実であるかどうかについての見直し前のリース負債の返済スケジュール

(単位:千円)

回数	返済日	前期末元本	返済合計	元本分	利息	支払後元本	未払利息
1	X1/4/1	129,364	30,000	30,000	0	99,364	7,949
2	X2/4/1	99,364	30,000	22,051	7,949	77,313	6,185
3	X3/4/1	77,313	30,000	23,815	6,185	53,498	4,280

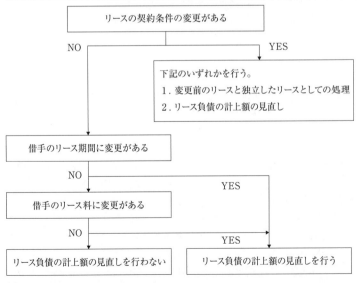

■関連法規……新リース会計基準第40項〜第42項、BC51項

デリバティブ取引

デリバティブ取引とは，①先物取引，②先渡取引，③オプション取引，④スワップ取引，⑤これらの類似取引をいいます。

デリバティブ取引は，預金・為替・債券・株式といった従来から存在した金融商品から副次的に誕生し，元々の商品（原資産）とは性質や価格形成が異なるため「金融派生商品」と称されます。

デリバティブ取引を，取引所に上場されているものとそれ以外に分類できます。デリバティブ取引と上記の原資産の違いにより分類すると，以下のとおりです。

原資産	先　物	オプション	スワップ	先　渡	複　合
預　金	金利先物	—	金利スワップ	金利先渡	金利先物オプション
債　券	債券先物	債券店頭オプション	—	—	債券先物オプション
為　替	通貨先物	通貨オプション	通貨スワップ	—	通貨先物オプション
株　式	株価指数先物	株価指数オプション 個別株オプション			

■のあるものは，取引所にて取引されるもの。

次に各取引の内容を簡単に説明すると，以下のとおりです。

種類	取引の内容
先物取引	金融商品を決められた将来の一時点で約定された価格で売買する取引
先渡取引	基本的仕組みは先物取引と同じですが，相対取引で内容を決めることができ，委託証拠金が不要である反面，信用リスクがあり期日決済しかできないもの
スワップ取引	同一通貨で異なる金利の支払いと受取りを交換したり，異なる通貨の元利金の支払いや受取りを交換する取引

オプション取引	債券・金利・通貨・株価指数などを，当事者が将来の一時点で約定された価格で「買う権利」や「売る権利」そのものを売買する取引

　デリバティブ取引によって生じる正味の債権及び債務は時価をもって貸借対照表価額とし，評価差額は原則として当期の損益として処理します。

　中小会計指針では，デリバティブ取引により生じる正味の債権及び債務は時価をもって貸借対照表価額とし，評価差額は当期の損益として処理します。ただし，ヘッジ目的でデリバティブ取引を行った場合，ヘッジ対象資産に譲渡等の事実がなく，かつそのデリバティブ取引がヘッジ対象資産に係る損失発生のヘッジに有効である限り，損益の繰延べが認められます。

712 債券先物取引の開始から終了までの処理を行った

　以下のような条件で国債の先物取引を行ったものとする（委託手数料等は省略）。
　（3月18日）売約定額面金額　　　　40億円
　（3月18日）委託証拠金　　　　12,000万円（小切手）
　（3月18日）売約定価格　　　　　117.5円（6月限月(*)）
　（3月31日）決算日の先物価格　　116.5円
　（5月18日）反対売買時の先物価格　115.5円（当座預金入金）
　＊：限月とは決算月の意味

▶ 3月18日

　（借）先物取引証拠金　120,000,000　　（貸）当 座 預 金　120,000,000

▶ 3月31日

　（借）債券先物取引　40,000,000　　（貸）債券先物取引評価益　40,000,000(*1)
　　　（資産）

▶ 4月1日（翌期首）

（借）債権先物取引評価益　40,000,000　　（貸）債権先物取引　40,000,000
　　　　　　　　　　　　　　　　　　　　　　（資産）

▶ 5月18日

（借）当座預金　200,000,000　（貸）先物取引証拠金　　120,000,000
　　　　　　　　　　　　　　　　　　債券先物取引売却益　80,000,000(*2)

〈計算〉＊1：(117.5円－116.5円)÷100×40億円＝40,000,000円
　　　　＊2：(117.5円－115.5円)÷100×40億円＝80,000,000円

【解　説】　債券先物取引は，証券取引所が定める基準・方法に従って，標準物と呼ばれる架空の債券を将来の特定期日に約定価額で売買することを約束する取引です。先物取引が利用されるのは現物の債券が価格変動により損失の発生が予想される場合，先物取引による反対売買を行ってこれを回避しようという，リスクヘッジ目的をあげることができます。実際の取引では決済期日までに反対売買を行い，売買差額のみの差金決済を行うのが一般的であり，現物の受渡しは例外的です。

　次に会計処理ですが，先物取引の開始時には，支出される差入証拠金以外には仕訳は発生しませんが，決算日には先物取引により生じる正味の債権・債務を時価評価して貸借対照表に計上するとともに，評価差額を当期の損益として処理します。本設例の場合，約定価格117.5円に対して決算日の時価が116.5円となり決算日に反対売買すれば100円につき1円の利益が発生するため，正味の利益部分を計算して評価損益として計上します（この場合，委託手数料等は時価に加味する必要はありません）。次に，買約定によって反対売買を行うと差金決済によって利益部分（8,000万円＝(117.5円－115.5円)÷100×40億円）と委託証拠金が入金されますが，先物取引によって発生した利益のうち既に決算時に計上した4,000万円を除いた残りの4,000万円が当期の損益計算書に計上されます。なお税法上も，事業年度末に時価で決済したものとみなして計算します。

（消費税）　委託証拠金は預託金の支払いですので課税対象外です。また，決算時の評価損益の計上は資産の譲渡等ではないため課税の対象外

であり，差金決済時は現物の有価証券の譲渡を伴わないため課税の対象外です。なお，証券会社に対する委託手数料は課税の対象です。

《表　示》「先物取引証拠金」「債券先物取引（資産）」は，流動資産の部の「その他の流動資産」に含めて表示しますが，資産総額の$\frac{5}{100}$超になる場合には，独立した科目として表示します。

「債券先物取引評価益」は営業外収益の区分に計上します。また「債券先物取引売却益」は営業外収益の区分に「有価証券売却益」或いは「債券先物売却益」などの科目で表示します。

■関連法規……金融商品会計基準第4項，第25項，金融商品実務指針第101項，財規第15条，第19条，第90条，財規ガイド90，法法第61条の5

713 通貨オプションの契約から権利行使までの処理を行った

当社は銀行との間でオプション取引を以下の経過で行った。
① 想定元本1,000万ドル，権利行使価格120円／ドル（円買ドル売り…円コール・ドルプット），行使期限5月31日（アメリカン・タイプ），オプション料1ドルにつき4円の条件でオプション料を当座預金で支払った。
② 決算日（3月31日）にオプションの時価評価を行ったら1ドルにつき3.5円であった。
③ 5月31日に為替レートが1ドル110円となったので1,000万ドルのドル買いを実行すると同時にオプションを行使して，1,000万ドルを120円で売却した。差額は当座預金とする。
④ 上記③の為替レートが5月31日までに120円より円高とならなかったために，権利放棄した場合。

① オプション料支払時

(借)支払オプション料　40,000,000　　(貸)当 座 預 金　40,000,000
　　（前渡金）

〈計算〉　10,000,000ドル×4円＝40,000,000円

② 決算日（3月31日）

(借)オプション権評価損　5,000,000　　(貸)支払オプション料　5,000,000
　　　　　　　　　　　　　　　　　　　　　　(前渡金)

〈計算〉　10,000,000ドル×(4円−3.5円)＝5,000,000円

③ オプション権利行使時（5月31日）

(借)当 座 預 金 100,000,000　　(貸)支払オプション料　35,000,000
　　　　　　　　　　　　　　　　　　　(前渡金)
　　　　　　　　　　　　　　　　　　オプション権行使益　65,000,000

〈計算〉　10,000,000ドル×(120円−110円)＝100,000,000円

④ 権利放棄時（5月31日）

(借)オプション権放棄損　35,000,000　　(貸)支払オプション料　35,000,000
　　　　　　　　　　　　　　　　　　　　　　(前渡金)

【解　説】　通貨オプションは，通貨を当事者が将来の特定期日ないし特定期間内にあらかじめ定めた価格で「買う権利」又は「売る権利」を売買する取引です。今日では一般事業会社でも利用が多く，さらに外国為替取引の実需原則が撤廃されたため，投機目的にも利用されています。オプション取引は，①オプション権を行使するか，しないかは自由であること，②支払オプション料は権利行使しなくても返還されないこと，③オプション権の買手側の損失は，オプション料が上限となること。逆に売手側の損失は限度がないこと，④リスクヘッジの手段として利用できることなどの特色を有しています。なお，権利行使日が決められているものをヨーロピアン・タイプ，権利行使の期間を定めるものをアメリカン・タイプと呼びます。

オプションの会計処理については，オプション権取得のために支払った金額は資産に計上し，決算日には時価で当該資産を評価し評価差額を当期の損益とします。また，権利行使時や権利放棄時には当該資産が消滅したものとして処理します。なお，税法上も同様に扱います。

(消費税)　オプション取引は，資産の譲渡等に該当しないため消費税の課税対象外です。

902　X—その他取引

《表　示》　支払オプション料は流動資産の部に「前渡金」として表示します。「オプション権評価損」,「オプション権行使益」,「オプション権放棄損」は,営業外損益の部に表示します。

■関連法規……金融商品会計基準第4項,第25項,金融商品実務指針第101項,第102項,第103項,財規第15条,第90条,第93条,法法第61条の5

714　金利スワップ取引の開始から終了までの処理を行った

> 将来の金利上昇に備え金利スワップを以下の条件で行った(変動金利から固定金利へ)。
> 想定元本　　　1,000万ドル
> スワップ開始日　X1年10月1日
> 満期日　　　　X3年3月31日
> 受取金利　　　変動金利(LIBOR)
> 支払金利　　　4%固定年2回
> 利払日　　　　3月末と9月末の年2回とし,すべて当座預金で取引を行う。

▶ X1年10月1日…スワップ契約時の双方の価値は等しいと考えるため仕訳はない。

▶ X2年3月31日…変動金利3.5%,スワップの時価を2,800,000円とする。また,為替レートは120円/ドルとする。

　　(借)支払スワップ利息　2,700,913　　(貸)当 座 預 金　2,700,913

〈計算〉　支払固定金利:10,000,000ドル×4%×$\frac{182日(10/1〜3/31)}{365}$日×為替レート120円=23,934,246円

受取変動金利:10,000,000ドル×3.5%×$\frac{182日}{360日^{(*)}}$×120円

=21,233,333円

23,934,246円−21,233,333円=2,700,913円

＊:実日数で計算するため。

| （借）スワップ資産 | 2,800,000 | （貸）スワップ利益 | 2,800,000 |

▶X2年9月30日…変動金利4％とする。また、為替レートは118円／ドルとする。

| （借）当 座 預 金 | 328,676 | （貸）受取スワップ利息 | 328,676 |

〈計算〉　支払固定金利：10,000,000ドル×4％×$\frac{183日（4/1～9/30）}{365日}$

　　　　　　　　　×為替レート118円＝23,664,657円

　　　　受取変動金利：10,000,000ドル×4％×$\frac{183日}{360日}$×118円

　　　　　　　　　＝23,993,333円

　　　23,993,333円－23,664,657円＝328,676円

▶X3年3月31日…変動金利4.5％とする。また、為替レートは117円／ドルとする。

| （借）当 座 預 金 | 3,281,610 | （貸）受取スワップ利息 | 3,281,610 |
| （借）スワップ利益 | 2,800,000 | （貸）スワップ資産 | 2,800,000 |

〈計算〉　支払固定金利：10,000,000ドル×4％×$\frac{182日（10/1～3/31）}{365日}$

　　　　　　　　　×為替レート117円＝23,335,890円

　　　　受取変動金利：10,000,000ドル×4.5％×$\frac{182日}{360日}$×117円

　　　　　　　　　＝26,617,500円

　　　26,617,500円－23,335,890円＝3,281,610円

【解　説】　金利スワップは、同一通貨で異なる種類の債務を有する当事者間で、あらかじめ定められた金額と期間に基づき、相互に利息の支払日に利息相当額を交換する取引です。この取引には変動金利と固定金利の交換や、種類の異なる変動金利間の交換があります。

　金利スワップは相互がスワップをしなかった場合に比較して資金コストを低くすることができるという利点がありますが、相手方の債務不履行というリスクがあるため仲介者として銀行が間に入ります。金利だけ

を交換するため,借入金が存在しても借入金等の原債務には何も変化はありません。

　金利スワップの会計処理については,スワップによって発生する正味の債権・債務を決算日の時価で評価し貸借対照表に計上するとともに,前期と当期の評価差額を当期の損益として処理します。この場合の決算日の時価の算定方法は,上場されている金融商品と異なり一般的には市場金利等の価格に基づいて合理的に算定された価額によります。具体的には,将来発生するキャッシュ・フローを予測しそれを現在価値に割引する方法で算定します。

　本設例ではX2年3月31日の時価を280万円と仮定したので,これを資産に計上するとともに同額の利益を計上しました。X3年3月31日時点でスワップは終了するため時価評価しませんが,前期に計上した資産と利益は戻し処理をし当期に確定したスワップ利息を計上します。税法上の処理も,相互の金利の受払額の計上と決算日での時価評価について同様の扱いです。

(消費税)　借入金に対する利息は非課税であり,時価評価に伴う取引は資産の譲渡等に該当しないため課税の対象外です。

《表　示》　金利スワップ取引は金利の低減に目的がある点から,支払スワップ利息とスワップ利益,或いは受取スワップ利息は借入金に対する支払利息と同一のものとして合算・相殺して営業外費用の区分に支払利息として表示するのが妥当と思われます。「スワップ資産」は流動資産の部の「その他の流動資産」に含めて表示しますが,資産総額の$\frac{5}{100}$超になる場合には独立した科目で表示します。

■**関連法規**……金融商品会計基準第4項,第25項,金融商品実務指針第101項,第102項,第103項,財規第15条,第19条,第93条,財規ガイド93,消法第6条第1項,消法別表第2第3号,法法第61条の5

715 ヘッジ会計の処理を行った（712債券先物取引，713通貨オプション取引，714金利スワップ取引について，ヘッジ会計を採用した場合の処理を行った）

> (1) 債券先物取引をヘッジ目的で利用した場合の処理
> 国債を現物で額面40億円（取得価額40億8,000万円）を短期売買目的で所有している場合に，債券先物40億円を売り建てた。決算日の現物価格は101円とし，5月18日に100円で現物を売却すると同時に，先物取引の反対売買を行った（他の条件は，設例712と同じものとする）。

▶3月18日

　　(借)先物取引証拠金　120,000,000　　(貸)当 座 預 金　120,000,000

▶3月31日

　　(借)有価証券評価損　40,000,000　　(貸)有 価 証 券　40,000,000

〈計算〉（102円－101円）÷100×40億円＝40,000,000円

　　(借)債券先物取引　40,000,000　　(貸)繰延債券先物評価益　40,000,000
　　　　（資産）　　　　　　　　　　　　　　　　（負債）

▶5月18日

　　(借)当 座 預 金 4,000,000,000　　(貸)有 価 証 券 4,040,000,000
　　　　有価証券売却損　40,000,000

　　(借)当 座 預 金　200,000,000　　(貸)先物取引証拠金　120,000,000
　　　　繰延債券先物評価益　40,000,000　　　債券先物取引　40,000,000
　　　　　　（負債）　　　　　　　　　　　　　　（資産）
　　　　　　　　　　　　　　　　　　　　　債券先物取引売却益　80,000,000

【解　説】　企業がヘッジ対象である資産又は負債の価格変動，金利変動，為替変動などの相場変動等により生ずる損失を相殺することを目的として，デリバティブ取引を行った場合，ヘッジ会計を採用して決算日

においてデリバティブ取引の時価評価を行うことができます。これは、デリバティブ取引をヘッジ手段として利用しているためヘッジの対象となった資産や負債から生じる損益とデリバティブ取引から生じる損益を同一会計期間に認識し、ヘッジの効果を会計処理に反映させることを目的とするものです。ヘッジ会計を適用するためには以下の条件が必要となります。

(ヘッジ会計の具体的適用要件)
　ヘッジ取引にヘッジ会計が適用されるのは、次の要件がすべて充たされた場合とする。
1．ヘッジ取引時の要件
　　ヘッジ取引が企業のリスク管理方針に従ったものであることが、取引時に、次のいずれかによって客観的に認められること
　(1) 当該取引が企業のリスク管理方針に従ったものであることが、文書により確認できること
　(2) 企業のリスク管理方針に関して明確な内部規定及び内部統制組織が存在し、当該取引がこれに従って処理されることが期待されること
2．ヘッジ取引時以降の要件
　　ヘッジ取引時以降において、ヘッジ対象とヘッジ手段の損益が高い程度で相殺される状態はヘッジ対象のキャッシュ・フローが固定されその変動が回避される状態が引き続き認められることによって、ヘッジ手段の効果が定期的に確認されていること

次にヘッジ会計の方法については、以下のように行います。なお、税法上も要件に合致していればヘッジ会計を認めています。

1	損益認識	原則としてヘッジ手段に係る損益又は評価差額を、ヘッジ対象に係る損益が認識されるまで資産又は負債として繰り延べる。
2	ヘッジ会計の要件が充足されなくなった場合	ヘッジ会計の要件が充たされていた間のヘッジ手段に係る損益又は評価差額は、ヘッジ対象に係る損益が認識されるまで引き続き繰り延べる。ただし、ヘッジ会計終了時点で重要な損失が生じるおそれがある時は、当期の損失に計上しなければならない。
3	ヘッジ会計の終了	ヘッジ対象が消滅した時に終了し、繰り延べられているヘッジ手段に係る損益又は評価差額は当期の損益として処理しなければならない。

債券先物取引をヘッジ目的で利用するのは,現物である債券を保有している場合であり設例712と異なるのは,決算日(3月31日)において現物の債券について時価評価を行うことと,先物取引を時価評価した結果の利益を負債勘定に計上し繰延処理することです。このため翌期に債券の現物を売却した時(5月18日),この繰延利益を取消処理し先物取引で発生した利益の全額(117.5円と115.5円の差に相当)を計上し,現物の売却で生じた損失と同一会計年度に認識することでヘッジ効果を会計処理に反映させます。

[消費税] 委託証拠金の支出は預託金の支払いのため課税対象外であり,有価証券の売却は資本の移転取引であるため非課税取引に該当します。

《表　示》「先物取引証拠金」「債券先物取引(資産)」は,流動資産の部の「その他の流動資産」に含め「繰延債券先物評価益(負債)」は流動負債の部の「その他の流動負債」に含めて表示します。

---

(2) 通貨オプション取引をヘッジ目的で利用した場合の処理
　設例713と条件を同一とし,当初から予定されている売上代金のリスクヘッジのため通貨オプションを行う。4月30日に想定元本と同額の輸出売上(為替レート115円,オプションの時価1ドルにつき6円とする)を計上し,5月31日に入金する取引を設例とする。

---

① オプション料支払時

　(借)通貨オプション　40,000,000　　(貸)当座預金　40,000,000

② 決算日(3月31日)

　(借)繰延ヘッジ損益　5,000,000　　(貸)通貨オプション　5,000,000

③ 売上計上時

　(借)売　掛　金 1,150,000,000　　(貸)売　　　上 1,150,000,000

　(借)通貨オプション　25,000,000　　(貸)繰延ヘッジ損益　25,000,000

(売上は取得日レートで計上し,オプションは時価評価します。)

④ オプション権利行使時（入金日と同一）

(借)当 座 預 金 1,100,000,000　　(貸)売　掛　金 1,150,000,000
　　 為 替 差 損　　50,000,000

(借)当 座 預 金　 110,000,000　　(貸)通貨オプション　 60,000,000
　　　　　　　　　　　　　　　　　　　 為 替 差 益　　50,000,000

④′ 権利放棄時（入金日と同一）

(借)当 座 預 金 1,100,000,000　　(貸)売　掛　金 1,150,000,000
　　 為 替 差 損　　50,000,000

(借)通貨オプション放棄損 60,000,000　(貸)通貨オプション　 60,000,000

【解　説】　通貨オプション取引をヘッジ手段として利用するのは，本設例のような予定取引から生ずる為替リスクを減殺する場合が考えられます。設例**713**の通貨オプション取引との違いは，決算日においてオプション権の時価評価によって発生した評価損を，当期の損失とせずに「資産」として翌期に繰り延べるところにあり，この結果オプション取引によって得られた利益の総額10,000,000円（（115円－110円）×1,000万ドル）－40,000,000円）が当期の利益に計上されます。

(消費税)　オプション取引は資産の譲渡等に該当しないため課税の対象外であり，輸出取引は免税です。

> (3)　金利スワップをヘッジ目的で利用した場合の処理
> 　設例**714**の金利スワップ取引の想定元本と同額の借入を10月1日に行ったものとし，（為替レートを100円とする）満期日（為替レートを100円とする）を返済日とする設例。

▶X1年10月1日

① (借)当 座 預 金 1,000,000,000　　(貸)長期借入金 1,000,000,000

▶X2年3月1日

② (借)支払スワップ利息　2,700,913　　(貸)当 座 預 金　2,700,913

③ (借)支 払 利 息　21,333,333　　(貸)当 座 預 金　21,333,333

④ (借)スワップ資産　2,800,000　　(貸)繰延ヘッジ損益　2,800,000

▶X2年9月30日

⑤ (借)当 座 預 金　328,676　　(貸)受取スワップ利息　328,676

⑥ (借)支 払 利 息　23,993,333　　(貸)当 座 預 金　23,993,333

▶X3年3月31日

⑦ (借)支 払 利 息　26,617,500　　(貸)当 座 預 金　26,617,500

⑧ (貸)当 座 預 金　3,281,610　　(貸)受取スワップ利息　3,281,610
　　　繰延ヘッジ損益　2,800,000　　　　スワップ資産　2,800,000

⑨ (貸)長期借入金1,000,000,000　　(貸)当 座 預 金1,000,000,000

【解　説】　金利スワップをヘッジ手段として利用するのは，本設例のように借入金が存在し，そこから生じる支払利息が金利の変動による影響を受ける場合，金利スワップにより資金調達コストを低く押えることができるためです。

　会計処理として設例**714**と異なる点は，借入金そのものが存在しているため，借入（①の仕訳）と返済（⑨の仕訳）及びそれに係る借入契約に基づく変動金利による利息支払いの仕訳（③⑥⑦の仕訳）が加わることと，決算日にはスワップの時価評価を行うものの，評価差額を当期に損益として計上するのでなく，本設例のように繰延処理（④の仕訳）を行うことです。これに伴って，スワップが終了した時点において繰延べした損益を戻して，最終損益が確定（⑧の仕訳）します。

(消費税)　利息の受取りと支払いは非課税であり，他の取引は資産の譲渡等に該当しないので課税対象外です。

《表　示》　金利スワップをヘッジ目的で利用している場合，支払利息・

支払スワップ利息・受取スワップ利息は,合算あるいは相殺して支払利息として営業外費用の区分に計上します。また,スワップ資産は流動資産の部の「その他」に含めて表示し,繰延ヘッジ損益は純資産の部に表示します。

■**関連法規**……金融商品会計基準第29項,第31項,第34項,金融商品実務指針第170項,第171項,第174項,第176項,財規第15条,第19条,第49条,第50条,第90条,第93条,消法第6条第1項,消法別表第2,法法第61条の6

消 費 税 等

716 商品を輸出した

商品1,000,000円を輸出し，その代金を受け取った。

　(借)現 金 預 金　1,000,000　　(貸)売　　　上　1,000,000

【解　説】　輸出並びに輸出類似取引については，消費税法第7条により消費税等は免除されます。これは，消費税等が日本国内において消費される物品やサービスに対して課税されるためです。

従って，輸出取引については，輸出時において消費税等の仕訳は必要ありません。なお，輸出商品の仕入にかかった消費税等は仕入税額控除の対象です。

《ポイント》　輸出や輸出類似取引は免税とされていますが，この免税と非課税は消費税が課されない点では同じです。しかし，非課税は，その売上に対する課税仕入れについて仕入税額控除ができないのに対し，免税はその売上に対する課税仕入れについて税額控除できる点が根本的に異なります。

■関連法規……消法第7条第1項第1号，消令第17条

717 期末に未払消費税等を計上した（税抜方式）

期末になり，仮受消費税等が386,500円，仮払消費税等が289,700円の残高となったが，課税売上高から計算した消費税等が395,000円であった。なお，当社は課税売上高が5億円以下であり，課税売上割合は97.5%であった。

(借)仮受消費税等	386,500	(貸)仮払消費税等	289,700
雑損失	8,500	未払消費税等	105,300

〈計算〉　課税売上高から計算した消費税等　395,000円
　　　　仮受消費税等　　　　　　　　　　△386,500円
　　　　差引雑損失　　　　　　　　　　　　 8,500円

【解　説】　期末において，当期中の売上等に係る消費税等と仕入等に係る消費税等を相殺し，その差額を未払消費税等又は未収消費税等に振り替えます。

　ただし，消費税等の税抜処理における端数処理等により，未払消費税等は仮受消費税等と仮払消費税等との差額に一致しないことがあります。

　この場合，課税売上から計算した消費税等の金額と仮受消費税等との差額は，雑損失又は雑収入として計上します。

　課税売上高が5億円以下で，課税売上割合が95％以上ですので，仮払消費税等は全額控除の対象です。

　なお，課税売上割合が95％以上の場合に課税仕入れ等の税額の全額を仕入税額控除できる制度については，その課税期間の課税売上高が5億円（その課税期間が1年に満たない場合には年換算）以下の事業者に限り適用されます。

《ポイント》　消費税等（消費税及び地方消費税をいう）の経理処理には税抜方式と税込方式とがあり，①税抜方式とは，売上高や仕入高等の取引の対価に消費税等を含めない方式をいい，②税込方式とは，売上高や仕入高等の取引の対価に消費税等を含める方式をいいます。いずれの方式で処理しても，納付すべき消費税等は同じです。

中小会計　消費税等（消費税及び地方消費税をいう）については，原則として税抜方式を適用し，事業年度の末日における未払消費税等（未収消費税等）は，未払金（未収入金）に計上します。ただし，その金額の重要性が高い場合には，未払消費税等（未収消費税等）として別に表示します。

■関連法規……消費税の会計処理について（中間報告）（消費税の会計処理に関するプロジェクトチーム），中小会計指針第61項

718 消費税等を納付した

> 消費税等105,300円を現金にて納付した。

(借)未払消費税等　　105,300　　(貸)現 金 預 金　　105,300

【解　説】　国内取引については，事業者は，課税期間ごと（短期の課税期間を選択している場合には，その短期の課税期間ごと）に課税期間の終了後2カ月以内に，所轄税務署長に消費税等の確定申告書を提出するとともに，消費税等額を納付します。

■**関連法規**……消法第45条，第49条

719 消費税等の還付金を未収計上した

> 当期に本社を建て替えたため，仮受消費税等が28,300,000円に対し，仮払消費税等が30,800,000円となった。

(借)仮受消費税等　28,300,000　　(貸)仮払消費税等　30,800,000
　　未収消費税等　 2,500,000

【解　説】　当期中の売上等に係る消費税等よりも仕入等に係る消費税等が多い場合には，消費税等が還付されるため，未収消費税等を計上します。

　平成23年度税制改正により，課税売上割合が95％以上の場合に課税仕入れ等の税額の全額を仕入税額控除できる制度については，その課税期間の課税売上高が5億円（その課税期間が1年に満たない場合には年換算）以下の事業者に限り適用されます。

　従って，課税売上高が5億円を超える事業者の仕入税額控除は，個別対応方式又は一括比例配分方式のいずれかを選択して適用します。

■**関連法規**……消費税の会計処理について（中間報告），中小会計指針第61項

720 控除対象外消費税等があった

機械装置3,300,000円（消費税300,000円を含む）を購入したが，課税売上割合が50％であった。当社は，比例配分方式で税抜方式を採用している。

① 資産に計上する場合
　a．個々の資産の取得原価に算入する場合

　（借）機 械 装 置　　150,000　　（貸）仮払消費税等　　150,000

　b．繰延消費税等で処理する場合（5年以上の期間で損金経理により損金算入）

　（借）繰延消費税等　　150,000　　（貸）仮払消費税等　　150,000
　　　　繰延消費税等償却　30,000　　　　　繰延消費税等　　 30,000

② 期間費用とする場合（損金経理を要件として損金算入）

　（借）租 税 公 課　　150,000　　（貸）仮払消費税等　　150,000
　　　　（消費税等）

〈計算〉 一括比例配分方式による控除対象外仮払消費税等
　　　　課税仕入等の税額　課税仕入等の税額　課税売上割合
　　＝3,000,000円×10％ － 3,000,000円×10％ × 50％ ＝150,000円

【解　説】　課税売上割合が95％未満である場合には，仮払消費税等は全額が控除対象仕入税額とならず，控除対象外消費税等が生じます。控除対象外消費税等について，上記①のaによるかbによるかは企業の任意です。
　なお，次のいずれかに該当する場合には，②の処理も認められます。
　イ．その年度の課税売上割合が80％以上の場合
　ロ．個々の資産（棚卸資産を除く）ごとの控除対象外消費税等が200,000円未満の場合（本設例はこれに該当）
　ハ．棚卸資産に係るもの

ニ．経費に係るもの（ただし，交際費等に係るものは，損金不算入の規定の適用があります）

なお，インボイス制度導入後における控除対象外消費税等の仕訳処理については，設例733又は設例734をご参照ください。

■**関連法規**……消費税の会計処理について（中間報告），法令第139条の4，所令第182条の2，消費税法等の施行に伴う法人税の取扱いについて（平元3月1日直法2－1），消費税法等の施行に伴う所得税の取扱いについて（平元3月29日付直所3－8）

721 空地を駐車場として貸し付けた

遊休地を線引きして乗用車10台の駐車場として貸し付け，その月極代金200,000円を入金した。なお，駐車場として地面の整備，フェンスの設置等はしていない。

(借)現 金 預 金　　200,000　　(貸)受 取 地 代　　200,000

【解　説】　土地の譲渡は資本の移転に過ぎず，消費には該当しないため，消費税等が非課税です。従って，土地の貸付け（地代）についても土地譲渡とのバランスや，土地同様に消費の対象とならない金銭の貸付けとのバランスから非課税として取り扱います。

しかし，1カ月未満の期間で一時的に使用する場合や場所が特定されていない駐車場，グランド使用料など施設の貸借に該当する場合は課税されます。

《ポイント》　家賃については，たとえ契約書で家賃と地代を区分しても全体を家賃とみて課税されます。

■**関連法規**……消法第6条，消法別表第2第1号，消令第8条，消通6－1－4，6－1－5

722 商品券を購入し，得意先に贈った

　当社では，デパートから商品券500,000円分を購入し，得意先にお中元として贈答した。

　　(借)交　際　費　　500,000　　(貸)現 金 預 金　　500,000

【解　説】　商品券や図書券，ビール券のような物品切手は，実際に物品と引き換えた時に消費税等が課税されるため，購入した時は非課税です。
　従って，本設例では商品券は購入しただけで非課税であるため，税額控除はできません。
　なお，商品券を使って商品を購入した時には仕入税額控除の対象ですが，商品券を贈答用として得意先に配付した時には仕入税額控除の対象外です。

■関連法規……消法第6条，消法別表第1第4号ハ，消通11－3－7，11－4－3

723 予約キャンセルに伴う手数料を支払った

　海外への社員旅行を旅行代理店に依頼したが，仕事の都合上，直前になってキャンセルせざるを得なくなり，その解約手数料300,000円を支払った。

　　(借)支払手数料　　300,000　　(貸)現 金 預 金　　300,000

【解　説】　解約手数料を手数料部分と損害賠償金部分に区分せずに一括して支払った場合は，仕入税額控除の対象外です。それは解約に伴って生じた逸失利益に対する損害賠償金部分は，対価性のないものとして仕入税額控除の対象にならないためです。
　しかし，解約手数料，取消手数料，又は払戻し手数料であっても，そ

れがあらかじめ明示されており，それ自体が事務手数料といった役務の提供に該当する場合は，消費税等の対象になるため注意が必要です。
■関連法規……消法第2条第1項第8号，第4条第1項，消通5－2－5，5－5－2

724 海外での請負工事の材料を国内で調達した

当社は建設会社で，海外にて請負工事を施工しているが，その材料を国内で調達し，その代金22,000,000円（消費税等2,000,000円を含む）を支払った。

(借)材 料 費　20,000,000　　(貸)現 金 預 金　22,000,000
　　仮払消費税等　 2,000,000

【解　説】　関税法では，輸出を「内国貨物を外国に向けて送り出すこと」と定義しており，外国での請負工事の材料を国内で調達しても，これは輸出となり，これに課された消費税等も税額控除の対象です。

なお，海外での請負工事そのものは，輸出というよりも国外取引に該当するため，消費税等の課税の対象外です。そのため，課税売上高や課税売上割合の計算に含めません。
■関連法規……消法第7条第1項第1号

725 売上高が10,000,000円を超えている

当社は製造業を営んでいる。当期の売上高は12,100,000円（税込）であるが，従来消費税は支払っていなかった。
なお，売上高は前期11,025,000円（税込），前々期10,900,000円（税込）であった。
当社の課税売上割合は95％以上であり，日々の経理方式は税込で行っており，期末に一括して税抜処理をしている。また，当社は簡易

課税制度を選択している。

(借)売 上 高	1,100,000	(貸)仮受消費税等	1,100,000
仮払消費税等	770,000	仕 入 等	770,000
(借)仮受消費税等	1,100,000	(貸)仮払消費税等	770,000
		未払消費税等	330,000

〈計算〉 売上に係る消費税額……$12,100,000円 \times \dfrac{0.10}{1.10} = 1,100,000円$

仕入等に係る消費税額…$12,100,000円 \times 0.7 \times \dfrac{0.10}{1.10} = 770,000円$

【解　説】　基準期間の課税売上高が1,000万円以下の事業者は，その課税期間は納税義務が免除されます（免除事業者）。設例の場合，基準期間である前々事業年度の課税売上高は1,000万円を超えているため，課税事業者となり消費税を納付する義務が生じます。

なお，前事業年度の課税売上高が上半期で1,000万円を超える場合には，当事業年度から課税事業者となります。ただし，課税売上高に代えて支払給与の額で判定することもできます。

課税売上高が5,000万円以下なので簡易課税制度を適用すれば，製造業等のみなし仕入率は70％を適用するため，支払うべき消費税額は上記計算式のとおりです。

また，日々の経理方式は税込で行って，決算期末に一括して税抜経理処理することは差し支えありません。

■関連法規……消法第9条第1項，第4項，第37条第1項，消令第57条

726 簡易課税制度を選択した

当社は売上高が33,000,000円（税込）の卸問屋であるが，簡易課税制度を選択している。なお，取引のつど税抜経理処理しており，仕入等に係る仮払消費税等は2,680,000円であった。

(借)仮受消費税等	3,000,000	(貸)仮払消費税等	2,680,000
		未払消費税等	300,000
		消費税差益	20,000

〈計算〉 未払消費税等…33,000,000円 × $\frac{0.10}{1.10}$ × (1 − 0.9) = 300,000円

【解 説】 課税売上高が5,000万円以下の場合,簡易課税制度が適用でき,卸売業のみなし仕入率は90%なので,支払うべき消費税額は上記計算式のとおりとなります。

ただし,税抜経理方式について取引のつど処理している場合において,簡易課税制度の適用を受けたときは,未払消費税等は仮受消費税等と仮払消費税等との差額に一致しません。この場合のその差額については,その課税期間を含む事業年度において益金又は損金の額に算入することにより清算します。

事業の種類		みなし仕入率
卸売業		90%(第一種)
小売業		80%(第二種)
製造業,建設業,農林漁業等		70%(第三種)
その他の事業	飲食店等,その他の事業	60%(第四種)
	金融業及び保険業	50%(第五種)
サービス業等	運輸通信業,サービス業(飲食店等を除く)	
	不動産業	40%(第六種)

《表 示》 消費税差益又は消費税差損は,営業に関するものではないので,営業外収益又は営業外損失として表示します。

■関連法規……消法第9条,第37条第1項,消令第57条

727 軽減税率の対象となる品目を購入した

当社は従業員の休憩室に設置しているウォータサーバー用の飲料水を購入し,その代金10,800円(消費税等800円を含む)を支払った。

(借)福利厚生費	10,000	(貸)現 金 預 金	10,800
仮払消費税等	800		

【解　説】　消費税率引上げに伴う低所得者対策として，令和元年（2019年）10月から，軽減税率(*)制度が実施されています。

　軽減税率の対象品目は，酒類及び外食を除く飲食料品及び定期購読契約が締結された週2回以上発行される新聞です。

* ：軽減税率：8％（国分：6.24％，地方分：1.76％）標準税率：10％（国分：7.8％，地方分：2.2％）

【軽減税率の対象となる品目】

飲食料品	飲食料品とは，食品表示法に規定する食品（酒類を除く。）をいい，一定の一体資産を含みます。 なお，外食やケータリング等は軽減税率の対象には含まれません。
新聞	軽減税率の対象となる新聞とは，一定の題号を用い，政治，経済，社会，文化等に関する一般社会的事実を掲載する週2回以上発行されるもの（定期購読契約に基づくもの）。

　なお，経過措置として，31年指定日（2019年4月1日）前日までの間に締結した資産の貸付け等に係る契約に基づき，31年施工日（2019年10月1日）前から同日以降引き続き貸付け等を行っている場合は，従来の税率が適用されます。

■**関連法規**……消法第2条九の二，十一の二，消法第29条，社会保障の安定財源の確保等を図る税制の抜本的な改革を行うための消費税法の一部を改正する等の法律7条，「所得税法等の一部を改正する法律」（平成28年法律第15号）によって一部改正された消費税法別表第一の二，別表第一第2号

インボイス制度

■概要

　令和5年（2023年）10月1日より，複数税率に対応した消費税の仕入税額控除の方式として「適格請求書等保存方式」（以下，本書では「インボイス制度」といいます）が導入されました。インボイス制度の下では，仕入税額控除の要件として，税務署長に申請して登録を受けた課税事業者である「適格請求書発行事業者」から交付を受けた「適格請求書」の保存等が必要となります。

　インボイス制度導入後においては，適格請求書発行事業者以外の者（消費者，免税事業者又は適格請求書発行事業者の登録を受けていない課税事業者）からの課税仕入れに係る仮払消費税等は，原則として仕入税額控除の適用を受けることができなくなります。そのため，企業会計において仮払消費税等の額として経理した金額がある場合には，その金額を取引の対価の額に算入して法人税の所得金額の計算を行います。

　取引先の区分に応じた仕入税額控除の適用可否をインボイス制度導入前後で比較すると次の表のようになります。

取引先 （仕入元）	インボイス制度	
	導入前	導入後
課税事業者	適用可	
適格請求書発行事業者		適用可
適格請求書発行事業者の登録を受けていない課税事業者		適用不可
免税事業者	適用可	適用不可
消費者	適用可	適用不可

（仕入税額控除のイメージ）

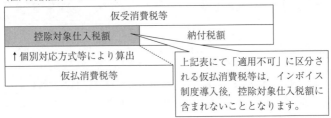

■適格請求書

インボイス制度における適格請求書は，従来の領収書や請求書等とは異なり，売手が買手に対し正確な適用税率や消費税額等を伝えるための手段となるものであり，以下の事項を記載することが必要です。

また，適格請求書を発行できる者は，適格請求書発行事業者としての登録を受けた課税事業者に限定され，それ以外の者が発行する領収書等は適格請求書には該当しません。

適格請求書	適格簡易請求書※
① 適格請求書発行事業者の氏名又は名称及び登録番号 ② 取引年月日 ③ 取引内容（軽減税率の対象品目である旨） ④ 税率ごとに区分して合計した対価の額（税抜又は税込）及び適用税率 ⑤ 税率ごとに区分した消費税額等 ⑥ 書類の交付を受ける事業者の氏名又は名称	① 適格請求書発行事業者の氏名又は名称及び登録番号 ② 取引年月日 ③ 取引内容（軽減税率の対象品目である旨） ④ 税率ごとに区分して合計した対価の額（税抜又は税込）及び適用税率 ⑤ 税率ごとに区分した消費税額等

※ 不特定多数の者に対して販売等を行う小売業，飲食店業，タクシー業等に係る取引については，適格請求書に代えて，適格簡易請求書を交付することができます。

インボイス制度導入前の請求書（区分記載請求書）とインボイス制度導

入後の適格請求書の相違点は，適格請求書発行事業者としての登録番号の記載の有無となります。区分記載請求書と適格請求書のイメージ図は，それぞれ下記のようになります。

【区分記載請求書】（インボイス制度導入前）

御請求書

ＸＸ年ＸＸ月ＸＸ日

株式会社○○ 御中

□□株式会社

御請求金額	492,000円

品名	金額	消費税等
商品Ａ	100,000円	10,000円
商品Ｂ	200,000円	20,000円
商品Ｃ ※	150,000円	12,000円

税込合計金額	492,000円
（10％対象）	330,000円
（8％対象）	162,000円

※は軽減税率対象品目

【適格請求書】（インボイス制度導入後）

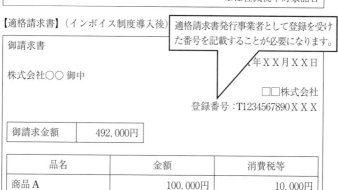

適格請求書発行事業者として登録を受けた番号を記載することが必要になります。

御請求書

ＸＸ年ＸＸ月ＸＸ日

株式会社○○ 御中

□□株式会社

登録番号：T1234567890ＸＸＸ

御請求金額	492,000円

品名	金額	消費税等
商品Ａ	100,000円	10,000円
商品Ｂ	200,000円	20,000円

商品C ※	150,000円	12,000円
	税込合計金額	492,000円
	（10％対象）	330,000円
	（8％対象）	162,000円

※は軽減税率対象品目

■経過措置

　適格請求書発行事業者以外の者（消費者，免税事業者又は適格請求書発行事業者の登録を受けていない課税事業者）からの課税仕入れに係る仮払消費税等については，インボイス制度が導入される令和5（2023）年10月1日より直ちに仕入税額控除の対象外とはならず，同日より6年間は一定割合を仕入税額控除の対象とする経過措置が設けられています。

　本書の設例では，経過措置の取扱いのうち，令和5（2023）年10月1日から令和8（2026）年9月30日までの80％控除可能な期間中の仕訳を掲載しています。

【参　考】　令和5（2023）年度税制改正大綱により設けられた新たな経過措置
・適格請求書発行事業者となる免税事業者の負担軽減
　これまで免税事業者であった者が適格請求書発行事業者となった場合の納税額を売上税額の2割に軽減する3年間の負担軽減措置を講ずることにより，納税額の激変緩和を図る。この措置により，簡易課税制度の

適用を受ける場合に比べ、更に事務負担が軽減される。（設例**735**参照）

・少額の返還インボイスの交付義務の免除

取引代金の振込に際し、振込手数料相当額を値引として処理する場合等の事務を軽減する観点から、税込価額１万円未満の返還インボイスについて交付義務を免除する。

728 商品を仕入れた（インボイス制度）

> 小売業である当社は店舗販売用の商品2,200,000円（消費税等200,000円を含む）を仕入れた。なお、代金は翌月末までに支払う予定である。

(1) 適格請求書発行事業者から仕入れた場合

（借）仕 入 高　　2,000,000　　（貸）買 掛 金　　2,200,000
　　　仮払消費税等　　200,000

【解　説】　相手先が適格請求書発行事業者であり、適格請求書（インボイス）の交付を受けている場合には、インボイス制度導入前と同様の仕訳となります。

なお、相手先が適格請求書発行事業者であっても、適格請求書（インボイス）の交付を受けていない場合には、下記の(2)と同様の処理となります。

(2) 適格請求書発行事業者以外の者（免税事業者等）から仕入れた場合
① 経過措置の適用を受けない場合又は経過措置終了後（原則）
a．取引時に調整する方法
▶取引時

（借）仕 入 高　　2,200,000　　（貸）買 掛 金　　2,200,000

▶決算時

（仕訳なし）

【解　説】　相手先が適格請求書発行事業者以外の者（消費者，免税事業者又は適格請求書発行事業者の登録を受けていない課税事業者）である場合には適格請求書（インボイス）の交付が受けられないため，相手先へ支払った消費税は仕入税額控除の対象に含まれません。

この場合には，取引時に調整をする方法と決算時に調整をする方法があり，取引時に調整をする場合は，仕入税額控除の適用を受けられないため，仮払消費税等は計上せず，相手先へ支払った全額を仕入高として計上します。

　　b．決算時に調整する方法
　　　▶取引時

(借)仕　入　高　　2,000,000　　(貸)買　掛　金　　2,200,000
　　仮払消費税等　　　200,000

　　　▶決算時

(借)雑　損　失　　　200,000　　(貸)仮払消費税等　　200,000

【解　説】　相手先が適格請求書発行事業者以外の者（消費者，免税事業者又は適格請求書発行事業者の登録を受けていない課税事業者）である場合には適格請求書（インボイス）の交付が受けられないため，相手先へ支払った消費税は仕入税額控除の対象に含まれません。

この場合には，取引時に調整をする方法と決算時に調整をする方法があり，決算時に調整をする場合，取引時はインボイス制度導入前と同様の仕訳を計上します。

次に，決算時は仕入税額控除の適用を受けられないため，仮払消費税等から損益へ振り替える仕訳を計上します。損益に振り替える仮払消費税等は，原則として販売費及び一般管理費の「租税公課」などとして表示しますが，販売費及び一般管理費として表示することが適当でない場合には，売上原価や営業外費用に表示することができます。本設例では営業外費用の雑損失として表示することとしています。

②　経過措置の適用を受ける場合

a．取引時に調整する方法
　　▶取引時

(借)仕　入　高	2,040,000	(貸)買　掛　金	2,200,000
仮払消費税等	160,000		

　　▶決算時

（仕訳なし）

【解　説】　適格請求書発行事業者以外の者（消費者，免税事業者又は適格請求書発行事業者の登録を受けていない課税事業者）からの仕入について，仕入税額控除の経過措置の適用を受ける場合には，当初の取引時に調整する方法と決算時に調整する方法があります。

　取引時に調整をする場合は，経過措置により仕入税額控除の対象となる消費税の80％相当額を仮払消費税等として計上し，残りの20％相当額は仕入高として計上します。なお，取引時に調整をする場合，決算時の調整は不要です。

b．決算時に調整する方法
　　▶取引時

(借)仕　入　高	2,000,000	(貸)買　掛　金	2,200,000
仮払消費税等	200,000		

　　▶決算時

(借)雑　損　失	40,000	(貸)仮払消費税等	40,000

【解　説】　適格請求書発行事業者以外の者（消費者，免税事業者又は適格請求書発行事業者の登録を受けていない課税事業者）からの仕入について，仕入税額控除の経過措置の適用を受ける場合には，当初の取引時に調整する方法と決算時に調整する方法があります。

　決算時に調整をする場合，取引時はインボイス制度導入前と同様の仕訳を計上します。

　次に，決算時は経過措置においても仕入税額控除の対象とならない消

費税の20％相当額について，仮払消費税等から損益へ振り替える仕訳を計上します。損益に振り替える仮払消費税等は，原則として販売費及び一般管理費の「租税公課」などとして表示しますが，販売費及び一般管理費として表示することが適当でない場合には，売上原価や営業外費用に表示することができます。本設例では営業外費用の雑損失として表示することとしています。

■**関連法規**……28年改正法附則第52条，消通21－1－1

729 飲食料品を仕入れた（インボイス制度及び軽減税率）

　飲食店を営む当社は食材324,000円（消費税等24,000円を含む）及びアルコール飲料55,000円（消費税等5,000円を含む）を仕入れた。なお，代金は翌月末までに支払う予定である。

(1) 適格請求書発行事業者から仕入れた場合

　　(借)仕　入　高　　　350,000　　(貸)買　掛　金　　　379,000
　　　　仮払消費税等　　　29,000

【解　説】　令和元（2019）年10月1日より消費税の区分記載請求書等保存方式が適用され，新たに軽減税率（税率：8％）が導入されています。軽減税率の対象となるのは飲食料品（酒税法に規定する酒類に該当するもの等を除きます）及び新聞（週2回以上発行されるものに限ります）です。インボイス制度導入後も軽減税率の規定に変更はなく，適格請求書（インボイス）には，税率ごとに区分した消費税額を記載することとされています。

　相手先が適格請求書発行事業者であり，適格請求書（インボイス）の交付を受けている場合には，インボイス制度導入前と同様の仕訳となります。

　なお，相手先が適格請求書発行事業者であっても，適格請求書（インボイス）の交付を受けていない場合には，下記の(2)と同様の処理となります。

(2) 適格請求書発行事業者以外の者(免税事業者等)から仕入れた場合
 ① 経過措置の適用を受けない場合又は経過措置終了後(原則)
  a．取引時に調整する方法
   ▶取引時

(借)仕 入 高　　　379,000　　(貸)買 掛 金　　　379,000

   ▶決算時

(仕訳なし)

【解　説】　令和元(2019)年10月1日より消費税の区分記載請求書等保存方式が適用され、新たに軽減税率(税率：8％)が導入されています。軽減税率の対象となるのは飲食料品(酒税法に規定する酒類に該当するもの等を除きます)及び新聞(週2回以上発行されるものに限ります)です。インボイス制度導入後も軽減税率の規定に変更はなく、適格請求書(インボイス)には、税率ごとに区分した消費税額を記載することとされています。

相手先が適格請求書発行事業者以外の者(消費者、免税事業者又は適格請求書発行事業者の登録を受けていない課税事業者)である場合には適格請求書(インボイス)の交付が受けられないため、相手先へ支払った消費税は仕入税額控除の対象に含まれません。

この場合には、取引時に調整をする方法と決算時に調整をする方法があり、取引時に調整をする場合は、仕入税額控除の適用を受けられないため、仮払消費税等は計上せず、相手先へ支払った全額を仕入高として計上します。

  b．決算時に調整する方法
   ▶取引時

(借)仕 入 高　　　350,000　　(貸)買 掛 金　　　379,000
　　仮払消費税等　　29,000

   ▶決算時

(借)雑　損　失	29,000	(貸)仮払消費税等	29,000

【解　説】　令和元（2019）年10月1日より消費税の区分記載請求書等保存方式が適用され，新たに軽減税率（税率：8％）が導入されています。軽減税率の対象となるのは飲食料品（酒税法に規定する酒類に該当するもの等を除きます）及び新聞（週2回以上発行されるものに限ります）です。インボイス制度導入後も軽減税率の規定に変更はなく，適格請求書（インボイス）には，税率ごとに区分した消費税額を記載することとされています。

相手先が適格請求書発行事業者以外の者（消費者，免税事業者又は適格請求書発行事業者の登録を受けていない課税事業者）である場合には適格請求書（インボイス）の交付が受けられないため，相手先へ支払った消費税は仕入税額控除の対象に含まれません。

この場合には，取引時に調整をする方法と決算時に調整をする方法があり，決算時に調整をする場合，取引時はインボイス制度導入前と同様の仕訳を計上します。

次に，決算時は仕入税額控除の適用を受けられないため，仮払消費税等から損益へ振り替える仕訳を計上します。損益に振り替える仮払消費税等は，原則として販売費及び一般管理費の「租税公課」などとして表示しますが，販売費及び一般管理費として表示することが適当でない場合には，売上原価や営業外費用に表示することができます。本設例では営業外費用の雑損失として表示することとしています。

② 経過措置の適用を受ける場合
  a．取引時に調整する方法
　　▶取引時

(借)仕　入　高	355,800	(貸)買　掛　金	379,000
仮払消費税等	23,200		

〈計算〉　$(24,000 + 5,000) \times 80\% = 23,200$
　　　　$\{(24,000 + 5,000) - 23,200\} + 350,000 = 355,800$

▶決算時

(仕訳なし)

【解　説】　令和元（2019）年10月1日より消費税の区分記載請求書等保存方式が適用され，新たに軽減税率（税率：8％）が導入されています。軽減税率の対象となるのは飲食料品（酒税法に規定する酒類に該当するもの等を除きます）及び新聞（週2回以上発行されるものに限ります）です。インボイス制度導入後も軽減税率の規定に変更はなく，適格請求書（インボイス）には，税率ごとに区分した消費税額を記載することとされています。

適格請求書発行事業者以外の者（消費者，免税事業者又は適格請求書発行事業者の登録を受けていない課税事業者）からの仕入について，仕入税額控除の経過措置の適用を受ける場合には，当初の取引時に調整する方法と決算時に調整する方法があります。

取引時に調整をする場合は，経過措置により仕入税額控除の対象となる消費税の80％相当額を仮払消費税等として計上し，残りの20％相当額は仕入高として計上します。なお，取引時に調整をする場合，決算時の調整は不要です。

　b．決算時に調整する方法
　　▶取引時

(借)仕　入　高　　350,000　　(貸)買　掛　金　　379,000
　　仮払消費税等　　29,000

　　▶決算時

(借)雑　損　失　　5,800　　(貸)仮払消費税等　　5,800

〈計算〉　(24,000＋5,000)×(100％－80％)＝5,800

【解　説】　令和元（2019）年10月1日より消費税の区分記載請求書等保存方式が適用され，新たに軽減税率（税率：8％）が導入されています。軽減税率の対象となるのは飲食料品（酒税法に規定する酒類に該当するもの

等を除きます）及び新聞（週2回以上発行されるものに限ります）です。インボイス制度導入後も軽減税率の規定に変更はなく，適格請求書（インボイス）には，税率ごとに区分した消費税額を記載することとされています。

適格請求書発行事業者以外の者（消費者，免税事業者又は適格請求書発行事業者の登録を受けていない課税事業者）からの仕入について，仕入税額控除の経過措置の適用を受ける場合には，当初の取引時に調整する方法と決算時に調整する方法があります。

決算時に調整をする場合，取引時はインボイス制度導入前と同様の仕訳を計上します。

次に，決算時は経過措置においても仕入税額控除の対象とならない消費税の20％相当額について，仮払消費税等から損益へ振り替える仕訳を計上します。損益に振り替える仮払消費税等は，原則として販売費及び一般管理費の「租税公課」などとして表示しますが，販売費及び一般管理費として表示することが適当でない場合には，売上原価や営業外費用に表示することができます。本設例では営業外費用の雑損失として表示することとしています。

■関連法規……28年改正法附則第52条，消通21－1－1

730 固定資産を取得した（インボイス制度）

> 製造業である当社は製品製造用に機械装置を取得し，その代金5,500,000円（消費税等500,000円を含む）を支払った。

(1) 適格請求書発行事業者から取得した場合

（借）機 械 装 置　　5,000,000　　（貸）現 金 預 金　　5,500,000
　　　仮払消費税等　　　500,000

【解　説】　相手先が適格請求書発行事業者であり，適格請求書（インボイス）の交付を受けている場合には，インボイス制度導入前と同様の仕訳となります。

なお,相手先が適格請求書発行事業者であっても,適格請求書(インボイス)の交付を受けていない場合には,下記の(2)と同様の処理となります。

(2) 適格請求書発行事業者以外の者(免税事業者等)から取得した場合
  ① 経過措置の適用を受けない場合又は経過措置終了後(原則)
    a. 決算時に調整する方法
      ▶取引時

(借)機 械 装 置　5,500,000　　(貸)現 金 預 金　5,500,000

      ▶決算時

(仕訳なし)

【解　説】　相手先が適格請求書発行事業者以外の者(消費者,免税事業者又は適格請求書発行事業者の登録を受けていない課税事業者)である場合には適格請求書(インボイス)の交付が受けられないため,相手先へ支払った消費税は仕入税額控除の対象に含まれません。

この場合には,取引時に調整をする方法と決算時に調整をする方法があり,取引時に調整をする場合,仕入税額控除の適用を受けられないため,仮払消費税等は計上せず,相手先へ支払った全額を機械装置として資産計上します。

    b. 決算時に調整する方法
      ▶取引時

(借)機 械 装 置　5,000,000　　(貸)現 金 預 金　5,500,000
　　仮払消費税等　　500,000

      ▶決算時

(借)雑 　損 　失　　500,000　　(貸)仮払消費税等　　500,000

【解　説】　相手先が適格請求書発行事業者以外の者(消費者,免税事業者又は適格請求書発行事業者の登録を受けていない課税事業者)である場合に

は適格請求書（インボイス）の交付が受けられないため，相手先へ支払った消費税は仕入税額控除の対象に含まれません。

この場合には，取引時に調整をする方法と決算時に調整をする方法があり，決算時に調整をする場合，取引時はインボイス制度導入前と同様の仕訳を計上します。

次に，決算時は仕入税額控除の適用を受けられないため，仮払消費税等から資産又は損益へ振り替える仕訳を計上します。損益へ仮払消費税等を振り替えるときは，原則として販売費及び一般管理費の「租税公課」などとして表示しますが，販売費及び一般管理費として表示することが適当でない場合には，売上原価や営業外費用に表示することができます。本設例では営業外費用の雑損失として表示することとしています。

② 経過措置の適用を受ける場合
　a．取引時に調整する方法
　　▶取引時

(借)機 械 装 置　　5,100,000　　(貸)現 金 預 金　　5,500,000
　　仮払消費税等　　　400,000

　　▶決算時

（仕訳なし）

【解　説】　適格請求書発行事業者以外の者（消費者，免税事業者又は適格請求書発行事業者の登録を受けていない課税事業者）からの固定資産の取得について，仕入税額控除の経過措置の適用を受ける場合には，当初の取引時に調整する方法と決算時に調整する方法があります。

取引時に調整をする場合は，経過措置により仕入税額控除の対象となる消費税の80％相当額を仮払消費税等として計上し，残りの20％相当額は機械装置として資産計上します。なお，取引時に調整をする場合，決算時の調整は不要です。

　b．決算時に調整する方法
　　▶取引時

インボイス制度

```
(借)機 械 装 置  5,000,000   (貸)現 金 預 金  5,500,000
   仮払消費税等    500,000
```

▶決算時

```
(借)雑  損  失    100,000   (貸)仮払消費税等    100,000
```

【解　説】　適格請求書発行事業者以外の者（消費者，免税事業者又は適格請求書発行事業者の登録を受けていない課税事業者）からの仕入について，仕入税額控除の経過措置の適用を受ける場合には，当初の取引時に調整する方法と決算時に調整する方法があります。

決算時に調整をする場合，取引時はインボイス制度導入前と同様の仕訳を計上します。

次に，決算時は経過措置においても仕入税額控除の対象とならない消費税の20％相当額について，仮払消費税等から資産又は損益へ振り替える仕訳を計上します。損益へ仮払消費税等を振り替えるときは，原則として販売費及び一般管理費の「租税公課」などとして表示しますが，販売費及び一般管理費として表示することが適当でない場合には，売上原価や営業外費用に表示することができます。本設例では営業外費用の雑損失として表示することとしています。

■関連法規……28年改正法附則第52条，消通21－1－1

【参　考】

決算時に調整する方法により損益へ振り替える仕訳を計上した場合，税務申告において一定の申告調整が必要となります。

〈本設例に加える前提〉機械装置の耐用年数：10年

期末における減価償却費計上額：500,000円

別表四　所得の金額の計算に関する明細書

区分		総額	処分	
			留保	社外流出
加算	減価償却超過額	90,000	90,000	

別表五㈠　利益積立金額及び資本金等の額の計算に関する明細書

I　利益積立金額の計算に関する明細書					
区分	期首現在利益積立金額	当期の増減		差引翌期首現在利益積立金額
		減	増	
減価償却超過額			90,000	90,000

〈計算〉　① 償却限度額　$(5,000,000+100,000) \times 1/10 = 510,000$

　　　　② 損金経理額　$500,000 + 100,000 = 600,000$

　　　　償却超過額　①－②＝90,000

731 消耗品を購入した（インボイス制度）

> 当社は業務に使用する文房具等の消耗品を購入し、その代金110,000円（消費税等10,000円を含む）を支払った。

(1)　適格請求書発行事業者から購入した場合

(借)消耗品費	100,000	(貸)現金預金	110,000
仮払消費税等	10,000		

【解　説】　相手先が適格請求書発行事業者であり、適格請求書（インボイス）の交付を受けている場合には、インボイス制度導入前と同様の仕訳となります。

なお、相手先が適格請求書発行事業者であっても、適格請求書（インボイス）の交付を受けていない場合には、下記の(2)と同様の処理となります。

(2)　適格請求書発行事業者以外の者（免税事業者等）から仕入れた場合
　①　経過措置の適用を受けない場合又は経過措置終了後（原則）
　　　a．取引時に調整する方法
　　　　▶取引時

(借)消耗品費	110,000	(貸)現金預金	110,000

▶決算時

(仕訳なし)

【解　説】　相手先が適格請求書発行事業者以外の者（消費者，免税事業者又は適格請求書発行事業者の登録を受けていない課税事業者）である場合には適格請求書（インボイス）の交付が受けられないため，相手先へ支払った消費税は仕入税額控除の対象に含まれません。

　この場合には，取引時に調整をする方法と決算時に調整をする方法があり，取引時に調整をする場合，仕入税額控除の適用を受けられないため，仮払消費税等は計上せず，相手先へ支払った全額を消耗品費として計上します。

　b．決算時に調整する方法
　　▶取引時

(借)消耗品費	100,000	(貸)現金預金	110,000
仮払消費税等	10,000		

▶決算時

(借)雑損失	10,000	(貸)仮払消費税等	10,000

【解　説】　相手先が適格請求書発行事業者以外の者（消費者，免税事業者又は適格請求書発行事業者の登録を受けていない課税事業者）である場合には適格請求書（インボイス）の交付が受けられないため，相手先へ支払った消費税は仕入税額控除の対象に含まれません。

　この場合には，取引時に調整をする方法と決算時に調整をする方法があり，決算時に調整をする場合，取引時はインボイス制度導入前と同様の仕訳を計上します。

　次に，決算時は仕入税額控除の適用を受けられないため，仮払消費税等から損益へ振り替える仕訳を計上します。損益に振り替える仮払消費税等は，原則として販売費及び一般管理費の「租税公課」などとして表

示しますが，販売費及び一般管理費として表示することが適当でない場合には，売上原価や営業外費用に表示することができます。本設例では営業外費用の雑損失として表示することとしています。

② 経過措置の適用を受ける場合
　a．取引時に調整する方法
　　▶取引時

(借)消 耗 品 費　　102,000　　(貸)現 金 預 金　　110,000
　　仮払消費税等　　　8,000

　　▶決算時

(仕訳なし)

【解　説】　適格請求書発行事業者以外の者（消費者，免税事業者又は適格請求書発行事業者の登録を受けていない課税事業者）からの消耗品の購入について，仕入税額控除の経過措置の適用を受ける場合には，当初の取引時に調整する方法と決算時に調整する方法があります。

取引時に調整をする場合は，経過措置により仕入税額控除の対象となる消費税の80％相当額を仮払消費税等として計上し，残りの20％相当額は消耗品費として計上します。なお，取引時に調整をする場合，決算時の調整は不要です。

　b．決算時に調整する方法
　　▶取引時

(借)消 耗 品 費　　100,000　　(貸)現 金 預 金　　110,000
　　仮払消費税等　　 10,000

　　▶決算時

(借)雑　損　失　　　2,000　　(貸)仮払消費税等　　　2,000

【解　説】　適格請求書発行事業者以外の者（消費者，免税事業者又は適格請求書発行事業者の登録を受けていない課税事業者）からの仕入について，

仕入税額控除の経過措置の適用を受ける場合には，当初の取引時に調整する方法と決算時に調整する方法があります。

決算時に調整をする場合，取引時はインボイス制度導入前と同様の仕訳を計上します。

次に，決算時は経過措置においても仕入税額控除の対象とならない消費税の20％相当額について，仮払消費税等から損益へ振り替える仕訳を計上します。損益に振り替える仮払消費税等は，原則として販売費及び一般管理費の「租税公課」などとして表示しますが，販売費及び一般管理費として表示することが適当でない場合には，売上原価や営業外費用に表示することができます。本設例では営業外費用の雑損失として表示することとしています。

■関連法規……28年改正法附則第52条，消通21－1－1

732 従業員の立替経費の精算を行った（インボイス制度）

従業員より出張旅費の立替経費精算について，下記の通り報告があった。立替経費相当額は，従業員へ給与を支給する際に併せて支払うものとする。

なお，下記のうち，宿泊先及び公共交通機関は適格請求書発行事業者であった。

内容	金額	うち消費税等	インボイスの有無
宿泊費	16,500円	1,500円	あり
電車代	22,000円	2,000円	なし
飲食店・取引先接待	11,000円	1,000円	（各設例による）
合計	49,500円	4,500円	

(1) 飲食店が適格請求書発行事業者である場合

（借）旅費交通費　　　35,000　　（貸）未　払　金　　　49,500

接待交際費	10,000
仮払消費税等	4,500

【解　説】　飲食店が適格請求書発行事業者であり，適格請求書（インボイス）の交付を受けている場合には，インボイス制度導入前と同様の仕訳となります。

　なお，飲食店が適格請求書発行事業者であっても，適格請求書（インボイス）の交付を受けていない場合には，下記の(2)と同様の処理となります。

　また，インボイス制度においては，公共交通機関特例として船舶，バス及び鉄道・軌道による旅客の輸送で1回の取引における税込金額が3万円未満である場合には，適格請求書の交付義務が免除されており，当社及び従業員が上記の電車代について適格請求書（インボイス）の交付を受けていないことについて問題はありません。

(2)　飲食店が適格請求書発行事業者以外の者（免税事業者等）である場合
　①　経過措置の適用を受けない場合又は経過措置終了後（原則）
　　　a．取引時に調整する方法
　　　▶取引時

(借)旅費交通費	35,000	(貸)未　払　金	49,500
接待交際費	11,000		
仮払消費税等	3,500		

　　　▶決算時

（仕訳なし）

【解　説】　飲食店が適格請求書発行事業者以外の者（免税事業者又は適格請求書発行事業者の登録を受けていない課税事業者）である場合には適格請求書（インボイス）の交付が受けられないため，相手先へ支払った消費税は仕入税額控除の対象に含まれません。

　この場合には，取引時に調整をする方法と決算時に調整をする方法があり，取引時に調整をする場合は，仕入税額控除の適用を受けられない

ため,仮払消費税等は計上せず,相手先へ支払った全額を接待交際費として計上します。

なお,インボイス制度においては,公共交通機関特例として船舶,バス及び鉄道・軌道による旅客の輸送で1回の取引における税込金額が3万円未満である場合には,適格請求書の交付義務が免除されており,当社及び従業員が上記の電車代について適格請求書(インボイス)の交付を受けていないことについて問題はありません。

b.取引時に調整する方法
▶取引時

(借)旅費交通費	35,000	(貸)未 払 金	49,500
接待交際費	10,000		
仮払消費税等	4,500		

▶決算時

(借)雑 損 失	1,000	(貸)仮払消費税等	1,000

【解 説】 飲食店が適格請求書発行事業者以外の者(免税事業者又は適格請求書発行事業者の登録を受けていない課税事業者)である場合には適格請求書(インボイス)の交付が受けられないため,相手先へ支払った消費税は仕入税額控除の対象に含まれません。

この場合には,取引時に調整をする方法と決算時に調整をする方法があり,決算時に調整をする場合,取引時はインボイス制度導入前と同様の仕訳を計上します。

次に,決算時は仕入税額控除の適用を受けられないため,仮払消費税等から損益へ振り替える仕訳を計上します。損益に振り替える仮払消費税等は,原則として販売費及び一般管理費の「租税公課」などとして表示しますが,販売費及び一般管理費として表示することが適当でない場合には,売上原価や営業外費用に表示することができます。本設例では営業外費用の雑損失として表示することとしています。

② 経過措置の適用を受ける場合

a．経費精算時に調整する方法
▶経費精算時

(借)旅費交通費　　　35,000　　(貸)未　払　金　　　49,500
　　接待交際費　　　10,200
　　仮払消費税等　　 4,300

▶決算時

(仕訳なし)

【解　説】　飲食店が適格請求書発行事業者以外の者（免税事業者又は適格請求書発行事業者の登録を受けていない課税事業者）である場合において、仕入税額控除の経過措置の適用を受けるときは、当初の経費精算時に調整する方法と決算時に調整する方法があります。

　経費精算時に調整をする場合は、経過措置により仕入税額控除の対象となる消費税の80％相当額を仮払消費税等として計上し、残りの20％相当額は接待交際費として計上します。取引時に調整をする場合、決算時の調整は不要です。

　なお、インボイス制度においては、公共交通機関特例として船舶、バス及び鉄道・軌道による旅客の輸送で1回の取引における税込金額が3万円未満である場合には、適格請求書の交付義務が免除されており、当社で上記の電車代について適格請求書（インボイス）の交付を受けていないことについて問題はありません。

b．決算時に調整する方法
▶経費精算時

(借)旅費交通費　　　35,000　　(貸)未　払　金　　　49,500
　　接待交際費　　　10,000
　　仮払消費税等　　 4,500

▶決算時

(借)雑　損　失　　　　　200　　(貸)仮払消費税等　　　　200

【解　説】　飲食店が適格請求書発行事業者以外の者（免税事業者又は適格請求書発行事業者の登録を受けていない課税事業者）である場合において，仕入税額控除の経過措置の適用を受けるときは，当初の経費精算時に調整する方法と決算時に調整する方法があります。

　決算時に調整をする場合，取引時はインボイス制度導入前と同様の仕訳を計上します。

　次に，決算時は経過措置においても仕入税額控除の対象とならない消費税の20％相当額について，仮払消費税等から損益へ振り替える仕訳を計上します。損益に振り替える仮払消費税等は，原則として販売費及び一般管理費の「租税公課」などとして表示しますが，販売費及び一般管理費として表示することが適当でない場合には，売上原価や営業外費用に表示することができます。本設例では営業外費用の雑損失として表示することとしています。

　なお，インボイス制度においては，公共交通機関特例として船舶，バス及び鉄道・軌道による旅客の輸送で1回の取引における税込金額が3万円未満である場合には，適格請求書の交付義務が免除されており，当社で上記の電車代について適格請求書（インボイス）の交付を受けていないことについて問題はありません。

■関連法規……28年改正法附則第52条，消通1－8－12，1－8－13

733　課税売上割合が95％未満である場合（控除対象外消費税等及び繰延消費税等）

　機械装置4,400,000円（消費税等400,000円を含む）を適格請求書発行事業者より購入し，適格請求書の交付を受けた。
　当社の課税売上割合は60％であり，控除対象仕入税額の計算は一括比例配分方式を採用している。

① 資産に計上する場合
　 a．個々の資産の取得原価に算入する場合

(借)機 械 装 置　　160,000　　（貸）仮払消費税等　　160,000

〈計算〉 400,000×(100％－60％)＝160,000

b．繰延消費税等で処理する場合

(借)繰延消費税等　　160,000　　（貸）仮払消費税等　　160,000
　　繰延消費税等償却　16,000　　　　繰延消費税等　　　16,000

〈計算〉　400,000×(100％－60％)＝160,000

　　　　160,000×12／60×1／2＝16,000

② 期間費用とする場合

(借)租 税 公 課　　160,000　　（貸）仮払消費税等　　160,000

〈計算〉　800,000×（100％－60％）＝160,000

【解　説】　課税売上割合が95％未満である場合には，仮払消費税等は全額が控除対象仕入税額とはならず，控除対象外消費税等が生じます。控除対象外消費税等について，上記①のaによるかbによるかは企業の任意です。

　なお，次のいずれかに該当する場合には，②の処理も認められます。

イ．その年度の課税売上割合が80％以上の場合

ロ．個々の資産（棚卸資産を除く）ごとの控除対象外消費税等が200,000円未満の場合（本設例はこれに該当）

ハ．棚卸資産に係るもの

ニ．経費に係るもの（ただし，交際費等に係るものは，損金不算入の規定の適用があります）

734 課税売上割合が95％未満である場合（控除対象外消費税等及び繰延消費税等）―インボイス制度の経過措置の適用を受けるケース

> 機械装置3,850,000円（消費税等350,000円を含む）を免税事業者より購入した。
> 当社の課税売上割合は60％であり、控除対象仕入税額の計算は一括比例配分方式を採用している。

(1) 資産に計上する場合

① 個々の資産の取得価額に算入する方法

　a．取引時に調整をする場合

　　▶取引時

| (借)機 械 装 置 | 3,570,000 | (貸)未　払　金 | 3,850,000 |
| 仮払消費税等 | 280,000 | | |

〈計算〉　350,000×80％＝280,000

　　　　3,500,000＋(350,000－280,000)＝3,570,000

　　▶決算時（減価償却費の計上を除く）

| (借)機 械 装 置 | 112,000 | (貸)仮払消費税等 | 112,000 |

〈計算〉　280,000×(100％－60％)＝112,000

　b．決算時に調整をする場合

　　▶取引時

| (借)機 械 装 置 | 3,500,000 | (貸)未　払　金 | 3,850,000 |
| 仮払消費税等 | 350,000 | | |

　　▶決算時（減価償却費の計上を除く）

(借)機 械 装 置　　182,000　　（貸)仮払消費税等　　182,000

〈計算〉 350,000×(100%−80%)=70,000

(350,000−70,000)×(100%−60%)=112,000

70,000+112,000=182,000

【解　説】　当社の課税売上割合が95％未満である場合には，仮払消費税等は全額が控除対象仕入税額とはならず，控除対象外消費税等が生じます。また，相手先が適格請求書発行事業者以外の者（消費者，免税事業者又は適格請求書発行事業者の登録を受けていない課税事業者）である場合には，相手先から適格請求書（インボイス）の交付が受けられないため，本来は相手先へ支払った消費税は仕入税額控除の対象に含まれませんが，インボイス制度の経過措置により一定期間は仮払消費税等の一部を仕入税額控除の対象に含めることができます。

①の個々の資産の取得価額に算入する方法による場合には，まず，経過措置により仕入税額控除の対象となる消費税の80％相当額を算出します。本設例の場合，経過措置の適用により仕入税額控除の対象となる消費税は280,000円，対象外となる消費税は70,000円です。対象外となる70,000円は，ａ．取引時に調整をする場合は取引時に，ｂ．決算時に調整をする場合は決算時に機械装置の取得価額に含める仕訳を計上します。

次に，当社の課税売上割合が95％未満であるため，経過措置により仕入税額控除の対象となる280,000円から控除対象外消費税等を算出します。本設例の場合，課税売上割合が60％であるため，112,000円が控除対象外消費税等となり，ａ．取引時に調整をする場合及びｂ．決算時に調整をする場合のいずれにおいても決算時に機械装置の取得価額に含める仕訳を計上します。

なお，①の個々の資産の取得価額に算入する方法と，下記②の繰延消費税等で処理する方法は，任意に選択することができますが，(2)の期間費用とする方法を採用する場合には，一定の要件を満たす必要があります。具体的な要件については，(2)の【解説】を参照してください。

② 繰延消費税等で処理する方法

a．取引時に調整をする場合
▶取引時

(借)機 械 装 置　3,570,000　　(貸)未　払　金　3,850,000
　　仮払消費税等　　 280,000

〈計算〉　350,000×80％＝280,000

　　　　3,500,000＋(350,000－280,000)＝3,570,000

▶決算時（減価償却費の計上を除く）

(借)繰延消費税等　　 112,000　　(貸)仮払消費税等　　 112,000
　　繰延消費税等償却　 11,200　　　 繰延消費税等　　　 11,200

〈計算〉　280,000×(100％－60％)＝112,000

　　　　112,000×12／60×1／2＝11,200

b．決算時調整をする場合
▶取引時

(借)機 械 装 置　3,500,000　　(貸)未　払　金　3,850,000
　　仮払消費税等　　 350,000

▶決算時（減価償却費の計上を除く）

(借)雑　　損　　失　　 70,000　　(貸)仮払消費税等　　　70,000
　　繰延消費税等　　　112,000　　　 仮払消費税等　　　112,000
　　繰延消費税等償却　 11,200　　　 繰延消費税等　　　 11,200

〈計算〉　350,000×(100％－80％)＝70,000

　　　　(350,000－70,000)×(100％－60％)＝112,000

　　　　112,000×12／60×1／2＝11,200

【解　説】　当社の課税売上割合が95％未満である場合には，仮払消費税等は全額が控除対象仕入税額とはならず，控除対象外消費税等が生じ

ます。また、相手先が適格請求書発行事業者以外の者（消費者、免税事業者又は適格請求書発行事業者の登録を受けていない課税事業者）である場合には、相手先から適格請求書（インボイス）の交付が受けられないため、本来は相手先へ支払った消費税は仕入税額控除の対象に含まれませんが、インボイス制度の経過措置により一定期間は仮払消費税等の一部を仕入税額控除の対象に含めることができます。

②の繰延消費税等で処理する方法による場合には、まず、経過措置により仕入税額控除の対象となる消費税の80％相当額を算出します。本設例の場合、経過措置の適用により仕入税額控除の対象となる消費税は280,000円、対象外となる消費税は70,000円です。対象外となる70,000円は、a．取引時に調整をする場合は取引時に機械装置の取得価額に含める仕訳を計上し、b．決算時に調整をする場合は決算時に損益へ計上する仕訳を計上します（機械装置の取得価額に含めることも可能ですが、本設例では雑損失へ計上する仕訳としています）。損益に振り替える仮払消費税等は、原則として販売費及び一般管理費の「租税公課」などとして表示しますが、販売費及び一般管理費として表示することが適当でない場合には、売上原価や営業外費用に表示することができます。本設例では営業外費用の雑損失として表示することとしています。

次に、当社の課税売上割合が95％未満であるため、経過措置により仕入税額控除の対象となる280,000円から控除対象外消費税等を算出します。本設例の場合、課税売上割合が60％であるため、112,000円が控除対象外消費税等となり、a．取引時に調整をする場合及びb．決算時に調整をする場合のいずれにおいても決算時に繰延消費税等として資産計上を行う仕訳を計上します。

また、繰延消費税等は5年間で償却され費用となるため、「当期の事業年度月数(12)／60（5年×12月）」により計算した金額[※]を繰延消費税等償却として費用計上する仕訳を計上します。

(※) 繰延消費税等を資産計上した事業年度は、さらに1／2をした金額が繰延消費税等償却として費用計上する金額となります。本設例の場合、11,200円が当期の費用計上額です。

なお、②の繰延消費税等で処理する方法と、上記①の個々の資産の取得価額に算入する方法は、任意に選択することができますが、(2)の期間

費用とする方法を採用する場合には，一定の要件を満たす必要があります。具体的な要件については，(2)の【解説】を参照してください。

【参　考】

決算時に調整する方法により仕訳を計上した場合，税務申告において一定の申告調整が必要となります。

〈本設例に加える前提〉機械装置の耐用年数：10年

期末における減価償却費計上額：350,000円

別表四　所得の金額の計算に関する明細書

区分		総額	処分	
			留保	社外流出
加算	減価償却超過額	63,000	63,000	

別表五(一)　利益積立金額及び資本金等の額の計算に関する明細書

Ⅰ　利益積立金額の計算に関する明細書				
区分	期首現在利益積立金額	当期の増減		差引翌期首現在利益積立金額
		減	増	
減価償却超過額			63,000	63,000

〈計算〉　①　償却限度額　$(3,500,000 + 70,000) \times 1/10 = 357,000$

②　損金経理額　$350,000 + 70,000 = 420,000$

③　償却超過額　①－②＝63,000

(2) 期間費用とする方法

　　a．取引時に調整をする場合

　　　▶取引時

(借)機 械 装 置　3,570,000　　(貸)未　払　金　3,850,000
　　仮払消費税等　　280,000

〈計算〉　$350,000 \times 80\% = 280,000$

　　　　　$3,500,000 + (350,000 - 280,000) = 3,570,000$

▶決算時（減価償却費の計上を除く）

(借)租 税 公 課　　112,000　　(貸)仮払消費税等　　112,000

〈計算〉　280,000×(100%－60%)＝112,000

　b．決算時調整をする場合
　▶取引時

(借)機 械 装 置　　3,500,000　　(貸)未 払 金　　3,850,000
　　仮払消費税等　　350,000

▶決算時（減価償却費の計上を除く）

(借)雑　損　失　　　70,000　　(貸)仮払消費税等　　 70,000
　　租 税 公 課　　112,000　　　　仮払消費税等　　112,000

〈計算〉　350,000×(100%－80%)＝70,000

　　　　(350,000－70,000)×(100%－60%)＝112,000

【解　説】　当社の課税売上割合が95％未満である場合には，仮払消費税等は全額が控除対象仕入税額とはならず，控除対象外消費税等が生じます。また，相手先が適格請求書発行事業者以外の者（消費者，免税事業者又は適格請求書発行事業者の登録を受けていない課税事業者）である場合には，相手先から適格請求書（インボイス）の交付が受けられないため，本来は相手先へ支払った消費税は仕入税額控除の対象に含まれませんが，インボイス制度の経過措置により一定期間は仮払消費税等の一部を仕入税額控除の対象に含めることができます。

　(2)の期間費用する方法による場合には，まず，経過措置により仕入税額控除の対象となる消費税の80％相当額を算出します。本設例の場合，経過措置の適用により仕入税額控除の対象となる消費税は280,000円，対象外となる消費税は70,000円です。対象外となる70,000円は，ａ．取引時に調整をする場合は取引時に機械装置の取得価額に含める仕訳を計上し，ｂ．決算時に調整をする場合は決算時に損益へ計上する仕訳を計上します（機械装置の取得価額に含めることも可能ですが，事例では雑損失へ計

上する仕訳としています)。損益に振り替える仮払消費税等は,原則として販売費及び一般管理費の「租税公課」などとして表示しますが,販売費及び一般管理費として表示することが適当でない場合には,売上原価や営業外費用に表示することができます。本設例では営業外費用の雑損失として表示することとしています。

次に,当社の課税売上割合が95％未満であるため,経過措置により仕入税額控除の対象となる280,000円から控除対象外消費税等を算出します。本設例の場合,課税売上割合が60％であるため,112,000円が控除対象外消費税等となり,a．取引時に調整をする場合及びb．決算時に調整をする場合のいずれにおいても決算時に租税公課として費用計上を行う仕訳を計上します。

なお,上記(1)①の個々の資産の取得価額に算入する方法と(1)②の繰延消費税等で処理する方法は任意に選択することができますが,(2)の期間費用とする方法は,次のいずれかに該当する場合には限り,採用することが認められます。

イ．その年度の課税売上割合が80％以上の場合

ロ．個々の資産(棚卸資産を除く)ごとの控除対象外消費税等が200,000円未満の場合(本設例はこれに該当)

ハ．棚卸資産に係るもの

ニ．経費に係るもの(ただし,交際費等に係るものは,損金不算入の規定の適用があります)

■関連法規……28年改正法附則第52条,消通21-1-1

735 適格請求書発行事業者となる小規模事業者に係る税額控除に関する経過措置

> 小売業である当社の課税売上高は8,800,000円（消費税等800,000円），課税仕入高5,500,000円（消費税等500,000円）である。
> なお，インボイス制度導入以前は免税事業者であり，インボイス制度導入時点より適格請求書発行事業者としての登録を行い，課税事業者となっている。
> また，簡便的に上記以外の売上及び仕入はないものとし，簡易課税制度の適用はないものとする。

(借)仮受消費税等	800,000	(貸)仮払消費税等	500,000
		未払消費税等	160,000
		雑　収　入	140,000

〈計算〉　① 原則　　　$800,000 - 500,000 = 300,000$
　　　　② 経過措置　$800,000 - 800,000 \times 80\% = 160,000$
　　　　③ ①＞②　　∴160,000

【解　説】　令和5年（2023）年度税制改正により，インボイス制度導入による小規模事業者の消費税負担軽減を図ることを目的とする激変緩和措置として，適格請求書発行事業者となる小規模事業者に係る税額控除に関する経過措置が設けられました。

当該経過措置により，免税事業者であった事業者が令和5年10月1日（インボイス制度導入時）から令和8年9月30日までの日の属する課税期間において適格請求書発行事業者になった場合等の一定の場合には，課税標準額に対する消費税額から控除する金額を，当該課税標準額に対する消費税額に80％を乗じた額とし，納付税額を当該課税標準額に対する消費税額の20％とすることができることとなります。

本設例の場合，課税標準額（8,000,000円）に対する消費税額は800,000円であり，原則的な控除対象仕入税額は500,000円であることから，本来の納付税額は300,000円（800,000円−500,000円）です。

一方，当該経過措置の適用を受ける場合には，課税標準額に対する消費税額である800,000円から控除する金額は640,000円（800,000円×80%）となり，納付税額は160,000円（800,000円−640,000円）となります。

　この結果，本来の納付税額（300,000円）と経過措置の適用を受ける納付税額（160,000円）に差異が生じることとなり，当該差異（140,000円）を損益へ振り替える仕訳を計上します。本設例では，営業外収益の雑収入として表示することとしています。

■関連法規……令和5年度税制改正大綱（案）

736 売手が振込手数料相当額を負担する場合（売上値引きとする場合）

　機械装置の売上に係る売掛金4,400,000円について，買手から振込手数料440円（消費税等40円）を差し引かれた金額が普通預金口座に入金された。
　契約関係等により，振込手数料相当額は売上値引きとして取扱った。

（借）普 通 預 金　　4,399,560　　（貸）売　掛　金　　4,400,000
　　　売 上 値 引　　　　　400
　　　仮受消費税等　　　　　40

【解　説】　振込手数料相当額を売上値引きとして処理する場合，売上げに係る対価の返還等を行っていることとなりますので，原則として，買手に対して適格返還請求書を交付する必要があります。

　ただし，令和5（2023）年度税制改正により売上げに係る対価の返還等（返品又は値引き若しくは割戻しにより減額を行うこと）に係る税込価額が1万円未満である場合には，その適格返還請求書の交付義務が免除される措置が設けられました。1万円未満かどうかの判定は，返還した金額や値引き等の対象となる請求や債権の単位ごとの減額金額により判定することとなります。

　本設例では売上値引きとする金額（振込手数料相当額）は1万円未満

ですので,適格返還請求書の交付義務が免除されることとなります。買手が適格請求書発行事業者であるかそれ以外の者(免税事業者等)であるかは影響ありません。

■関連法規……消法57条の4第3項,消令70条の9第3項第二号,消通1-8-17

737 売手が振込手数料相当額を負担する場合(買手から役務提供を受けたとする場合)

> 機械装置の売上に係る売掛金4,400,000円について,買手から振込手数料440円(消費税等40円)を差し引かれた金額が普通預金口座に入金された。
> 契約関係等により,振込手数料相当額は支払手数料として取扱った。

振込手数料を,売手が買手から「代金決済上の役務提供(支払方法の指定に係る便宜)」を受けた対価として処理する場合,売手は,請求金額から差し引かれた振込手数料相当額について,仕入税額控除の適用を受けるためには,買手から交付を受けた適格請求書の保存が必要となります。

(1) 買手が適格請求書発行事業者である場合

(借)普 通 預 金　4,399,560　(貸)売 掛 金　4,400,000
　　支払手数料　　　　400
　　仮払消費税等　　　 40

【解　説】　買手が適格請求書発行事業者であり,適格請求書(インボイス)の交付を受けている場合には,インボイス制度導入前と同様の仕訳となります。

なお,買手が適格請求書発行事業者であっても,適格請求書(インボイス)の交付を受けていない場合には,下記の(2)と同様の処理となります。

(2) 適格請求書発行事業者以外の者(免税事業者等)から仕入れた場合
① 経過措置の適用を受けない場合又は経過措置終了後(原則)
　a．取引時に調整する方法
　　▶取引時

(借)普 通 預 金　4,399,560　　(貸)売 掛 金　4,400,000
　　支払手数料　　　　440

　　▶決算時

(仕訳なし)

【解　説】　買手が適格請求書発行事業者以外の者(消費者,免税事業者又は適格請求書発行事業者の登録を受けていない課税事業者)である場合には適格請求書(インボイス)の交付が受けられないため,支払った消費税は仕入税額控除の対象に含まれません。

この場合には,取引時に調整をする方法と決算時に調整をする方法があり,取引時に調整をする場合,仕入税額控除の適用を受けられないため,仮払消費税等は計上せず,買手へ支払った全額を支払手数料として計上します。

　b．決算時に調整する方法
　　▶取引時

(借)普 通 預 金　4,399,560　　(貸)売 掛 金　4,400,000
　　支払手数料　　　　400
　　仮払消費税等　　　　40

　　▶決算時

(借)雑　損　失　　　　40　　(貸)仮払消費税等　　　　40

【解　説】　買手が適格請求書発行事業者以外の者(消費者,免税事業者又は適格請求書発行事業者の登録を受けていない課税事業者)である場合には適格請求書(インボイス)の交付が受けられないため,支払った消費税は仕入税額控除の対象に含まれません。

この場合には，取引時に調整をする方法と決算時に調整をする方法があり，決算時に調整をする場合，取引時はインボイス制度導入前と同様の仕訳を計上します。

次に，決算時は仕入税額控除の適用を受けられないため，仮払消費税等から損益へ振替える仕訳を計上します。損益に振替える仮払消費税等は，原則として販売費及び一般管理費の「租税公課」などとして表示しますが，販売費及び一般管理費として表示することが適当でない場合には，売上原価や営業外費用に表示することができます。本設例では営業外費用の雑損失として表示することとしています。

② 経過措置の適用を受ける場合
　a．取引時に調整する方法
　　▶取引時

(借)普 通 預 金　4,399,560　　(貸)売　掛　金　4,400,000
　　支払手数料　　　　408
　　仮払消費税等　　　 32

　　▶決算時

(仕訳なし)

【解　説】　買手が適格請求書発行事業者以外の者（消費者，免税事業者又は適格請求書発行事業者の登録を受けていない課税事業者）である場合には，仕入税額控除の経過措置の適用を受ける場合には，当初の取引時に調整する方法と決算時に調整する方法があります。

取引時に調整をする場合は，経過措置により仕入税額控除の対象となる消費税の80％相当額を仮払消費税等として計上し，残りの20％相当額は支払手数料として計上します。なお，取引時に調整をする場合，決算時の調整は不要です。

なお，基準期間である前々事業年度の課税売上高が1億円以下又は前事業年度の課税売上高が上半期で5,000万円以下の事業者については，令和5年10月1日から令和11年9月30日までの間に国内において行う課税仕入れについて，当該課税仕入れに係る支払対価の額が1万円未満で

ある場合には，一定の事項が記載された帳簿のみの保存により，仕入税額控除の適用を受けることが出来る経過措置が設けられています。当該経過措置の適用を受けられる場合には，上記の(1)と同様の処理となります。

　　b．決算時に調整する方法
　　　▶取引時

(借)普 通 預 金　　4,399,560　　(貸)売　掛　金　　4,400,000
　　支払手数料　　　　　　400
　　仮払消費税等　　　　　 40

　　　▶決算時

(借)雑　損　失　　　　　　 8　　(貸)仮払消費税等　　　　　 8

【解　説】　買手が適格請求書発行事業者以外の者（消費者，免税事業者又は適格請求書発行事業者の登録を受けていない課税事業者）である場合において，仕入税額控除の経過措置の適用を受ける時は，当初の取引時に調整する方法と決算時に調整する方法があります。

　決算時に調整をする場合，取引時はインボイス制度導入前と同様の仕訳を計上します。

　次に，決算時は経過措置においても仕入税額控除の対象とならない消費税の20％相当額について，仮払消費税等から損益へ振替える仕訳を計上します。損益に振替える仮払消費税等は，原則として販売費及び一般管理費の「租税公課」などとして表示しますが，販売費及び一般管理費として表示することが適当でない場合には，売上原価や営業外費用に表示することができます。本設例では営業外費用の雑損失として表示することとしています。

　なお，基準期間である前々事業年度の課税売上高が1億円以下又は前事業年度の課税売上高が上半期で5,000万円以下の事業者については，令和5年10月1日から令和11年9月30日までの間に国内において行う課税仕入れについて，当該課税仕入れに係る支払対価の額が1万円未満である場合には，一定の事項が記載された帳簿のみの保存により，仕入税

958　X—その他取引

額控除の適用を受けることが出来る経過措置が設けられています。当該経過措置の適用を受けられる場合には，上記の(1)と同様の処理となります。

■関連法規……消令70条の9第3項第二号，消通1－8－17，28年改正法附則53の2，改正令附則24の2第1項

738　外貨建取引で仕入を計上した

> 米国法人から消費者向け電気通信利用役務の提供を受けた（クラウド上で電子データの保存を行う場所の提供を行うサービス）。米国法人は適格請求書発行事業者として登録を受けている法人であるため，20,000USドル（消費税等2,000USドル）の適格請求書を受け取った。適格請求書発行日の為替相場は1USドル＝110円であった。

(借)通　信　費	2,200,000	(貸)買　掛　金	2,420,000
仮払消費税等	220,000		

【解　説】　交付を受けた適格請求書（インボイス）に記載された消費税額等を円換算する方法（請求書等積上げ計算）又は外貨税込の支払対価の額から以下のいずれかの計算方法により円換算する方法（帳簿積上げ計算）により計算します。

(1) 外貨税込の支払対価の額を円換算後，仮払消費税額等を算出する方法

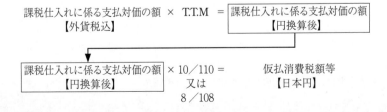

(2) 外貨税込の支払対価の額から仮払消費税額等を算出後、円換算する方法

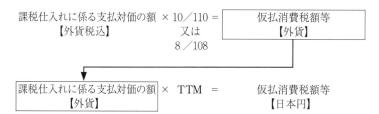

なお、国外事業者が行う消費者向け電気通信利用役務の提供について、適格請求書の保存がない場合に、適格請求書発行事業者以外の者から行った課税仕入れについて一定割合（80%、50%）を仕入税額とみなして控除できる経過措置の適用を受けることはできません。一方で、基準期間である前々事業年度の課税売上高が1億円以下又は前事業年度の課税売上高が上半期で5,000万円以下の事業者については、令和5年10月1日から令和11年9月30日までの間に国内において行う課税仕入れについて、当該課税仕入れに係る支払対価の額が1万円未満である場合には、一定の事項が記載された帳簿のみの保存により、仕入税額控除の適用を受けることが出来る経過措置の適用を受けることはできます。

■関連法規……消法30条第1項、消令46条第1項、消令46条第2項、改正令附則24、28年改正法附則53の2、改正令附則24の2第1項

税効果会計

739 有税の貸倒引当金を計上した場合の税効果（法定実効税率を算出）

01年に，長期間未回収となっているA社の売掛金に対して，税法の繰入限度額を超えて200,000円の貸倒引当金を追加設定した。この限度超過額については，課税所得の計算上は自己否認し，200,000円の加算処理をして法人税，住民税及び事業税を算出した。

02年に，上記A社の売掛金は同社の倒産により弁済を受けられないことが確定したため，全額貸倒償却をした。この結果，自己否認した200,000円は，課税所得の計算上損金に算入されることになったので，200,000円の減算処理をして法人税，住民税及び事業税を算出した。

01年と02年の税効果会計適用前の損益計算書の該当部分は下記のとおりであるが，法人税，住民税及び事業税は，01年384,000円，02年256,000円となっており，税引前当期純利益1,000,000円に対し実効税率30％により算出される法人税，住民税及び事業税は300,000円であるので，税引前当期純利益にそれぞれ対応しない額となっている。

税率は01年，02年ともに計算簡略化のため30％を使用している。

〈税効果会計を適用しなかった場合の損益計算書〉

	01年	02年
貸倒引当金繰入超過	200千円	
税引前当期純利益	1,000千円	1,000千円
法人税，住民税及び事業税	360 (*1)	240 (*2)
	640千円	760千円

＊1：(1,000千円＋200千円)×30％＝360千円
＊2：(1,000千円－200千円)×30％＝240千円

▶税効果会計に係る仕訳
・01年

(借)繰延税金資産　　　60,000　　（貸）法人税等調整額　　　60,000

・02年

(借)法人税等調整額　　　60,000　　（貸）繰延税金資産　　　60,000

将来減算一時差異：貸倒引当金超過額200,000円

繰延税金資産：200,000円×30％＝60,000円

〈税効果会計を適用した場合の損益計算書〉

	01年	02年
税引前当期純利益	1,000千円	1,000千円
法人税, 住民税及び事業税	360	240
法人税等調整額	△60	60
差引（又は計）	300	300
当期純利益	700千円	700千円

01年，02年ともに，税効果会計を適用した後の税金費用合計（法人税，住民税及び事業税と法人税等調整額との合計）は300千円となり税引前当期純利益に対応した金額となっている。

【解　説】　税務上の課税所得の計算は企業会計とは異なる計算が行われるものがあるため，課税所得と企業会計上の利益との間に差異が生ずることがあります。この結果として，貸借対照表に計上されている資産及び負債の金額と課税所得の計算の結果算定された資産及び負債の金額との間に差異がある場合，当該差異に係る法人税等の金額を適切に期間配分することにより，税引前当期純利益の金額と法人税等の金額を合理的に対応させるための会計処理を税効果会計といいます。

ここで法人税等とは，法人税，地方法人税，都道府県民税及び市町村民税及び特別法人事業税，利益を課税標準とする事業税をいい，外国法人税等も含まれます。

税効果会計の方法には，資産負債法と繰延法と呼ばれる2つの方法がありますが，本書では税効果会計基準で採用されている資産負債法により仕訳を行います。

資産負債法は、会計上の資産又は負債の金額と税務上の資産又は負債の金額との間に差異（一時差異）があり、会計上の資産又は負債が将来回収又は決済されるなどにより当該差異が解消される時に、税金を減額又は増額させる効果がある場合に、当該差異の発生年度にそれに対する繰延税金資産又は繰延税金負債を計上する方法です。そのため、資産負債法に適用される税率は、一時差異が解消される将来の年度に適用される税率です。

一時差異には、将来減算一時差異と将来加算一時差異があり、将来減算一時差異は、その差異が生じた時に課税所得を増額し、将来差異が解消する時に課税所得を減額させるものであり、将来加算一時差異は、その差異が生じた時に、課税所得を減額し、将来差異が解消する時に課税所得を増額させるものです。

貸倒引当金の損金算入限度超過額は、会計上の債権計上額が決済された時（貸倒償却、貸倒引当金取崩しを行った時等）に、課税所得の計算上減算されるため、将来減算一時差異に該当します。従って、この将来減算一時差異に法定実効税率を乗じた金額が繰延税金資産となります。

《表　　示》　繰延税金資産は固定資産の「投資その他の資産」の区分に（繰延税金負債は固定負債の区分に）表示します。法人税等調整額は、損益計算書において税引前当期純利益から控除する形式により、法人税、住民税及び事業税の次に表示します。

《ポイント》

1．税効果会計の適用範囲

　　会社法では特段の定めがない場合、公正なる会計慣行を斟酌することとされているため、税効果会計は、財務諸表等規則が適用される有価証券報告書提出会社のほか、会社法上の大会社についても適用されます。

　　会社法上の大会社以外の会社（資本金5億円未満又は負債総額200億円未満の株式会社）については、連結子会社及び持分法が適用される関連会社に該当する場合に税効果会計を適用しますが、「中小企業の会計に関する指針」によれば、中小企業においても一時差異の金額に重要性がある場合は税効果会計を適用します。

2．法定実効税率

繰越外国税額控除に係る繰延税金資産を除き，繰延税金資産及び繰延税金負債の計算に使われる税率は，事業税の損金算入の影響を考慮した税率（法定実効税率）によります。

$$\text{法定実効税率} = \frac{\text{法人税率} \times (1 + \text{地方法人税率} + \text{法人住民税率}) + \text{地方法人特別税率} + \text{事業税率}}{1 + \text{地方法人特別税率} + \text{事業税率}}$$

3．法定実効税率の変更（期末資本金の額が1億円超法人に対する標準税率）

① 2016年度改正後

$$\frac{23.9\% \times (1 + 4.4\% + 12.9\%) + 1.9\% \times 152.6\% + 1.9\%}{1 + 1.9\% \times 152.6\% + 1.9\%} \fallingdotseq 31.33\%$$

② 2019年度改正後

$$\frac{23.2\% \times (1 + 4.4\% + 16.3\%) + 0.88\% + 2.9\%}{1 + 0.88\% + 2.9\%} \fallingdotseq 30.62\%$$

■関連法規……税効果会計基準第一，第二，第三，（注1），（注2），（注3），（注5），税効果適用指針第45項，財規第32条第1項第13号，第95条の5第1項第2号，会社計規第2条第3項第24号，第74条第4項第1号ホ，中小会計指針第62項

740 賞与引当金を計上した場合の税効果

当社は，賞与引当金を支給見込額で，01年に7,000,000円，02年に5,000,000円計上している。01年における引当金計上額7,000,000円は，当該賞与の支給される02年に損金に認容される。02年の引当金計上額も03年に損金に認容されて課税所得の計算上減算される。なお，法定実効税率は，01年，02年ともに30％である。

また，当社は，01年，02年だけでなく今後も黒字の予定であり，法人税等が発生する見込みである。

▶01年

（借）繰延税金資産　2,100,000　（貸）法人税等調整額　2,100,000

▶02年

(借)法人税等調整額　　600,000　　　（貸)繰延税金資産　　600,000

〈計算〉

01年：繰延税金資産…7,000,000円×30％＝2,100,000円

02年：繰延税金資産…(5,000,000円－7,000,000)×30％＝△600,000円

【解　説】　賞与引当金繰入額は，賞与支給時に課税所得の計算上減算されるため，将来減算一時差異に該当します。従って，この将来減算一時差異に法定実効税率を乗じて繰延税金資産を算出します。

《表　示》　繰延税金資産は固定資産の「投資その他の資産」の区分に（繰延税金負債は固定負債の区分に）表示します。法人税等調整額は，損益計算書において税引前当期純利益から控除する形式により，法人税，住民税及び事業税の次に表示します。

■関連法規……税効果会計基準第三，第95条の5第1項第2号，会社計規第2条第3項第24号，第74条第4項第1号ホ

741 有税の棚卸評価損を計上した場合の税効果（税率の変更あり）

当社は，01年に長期滞留品について9,000,000円の有税の評価損を計上した。02年にその滞留品のうち5,000,000円を廃棄処分した。02年に5,000,000円の評価損は課税所得の計算上損金に認容されるが，残り4,000,000円についても03年に廃棄予定で，これも03年の廃棄時に損金に認容されて課税所得の計算上減算される。なお，法定実効税率は，01年には31％，02年には30％である。

また，当社は，01年，02年は黒字であり，今後も課税所得は十分に発生する見込みである。

▶01年

　　(借)繰延税金資産　　2,790,000　　（貸)法人税等調整額　　2,790,000

▶02年

| (借)法人税等調整額 | 1,590,000 | (貸)繰延税金資産 | 1,590,000 |

〈計算〉

01年:繰延税金資産(期末)…9,000,000円×31% = 2,790,000円①

02年:繰延税金資産(期末)…4,000,000円×30% = 1,200,000円②

　　　繰延税金資産減少額……………… ②-① = △1,590,000円

【解　説】　税務上,損金とは認められない棚卸資産の評価損を会計上計上した場合,会計上の棚卸資産は税務上よりも低く評価されており,差額が生じます。会計上は棚卸資産を評価減したときに費用処理されるのに対し,税務上は棚卸資産を処分した時に損金とされ,それぞれの時期が異なることから差額が生じます。この差額は,将来の課税所得の計算上減算効果があるため,将来減算一時差異となります。この将来減算一時差異に法定実効税率を乗じて繰延税金資産を算出します。

　なお,税効果会計上で適用する税率は,決算日現在における税法規定に基づく税率によります。

　また,税効果会計に適用される税率が変更された場合には,決算日現在における改正後の税率を用いて過年度に計上された繰延税金資産及び繰延税金負債の金額を修正します。

　この修正差額は,損益計算書上,税率変更のあった期の法人税等調整額に加減して処理します。

《表　示》　繰延税金資産は固定資産の「投資その他の資産」の区分に(繰延税金負債は固定負債の区分に)表示します。法人税等調整額は,損益計算書において税引前当期純利益から控除する形式により,法人税,住民税及び事業税の次に表示します。

■関連法規……税効果会計基準第三,(注6),(注7),税効果適用指針第51項,財規第95条の5第1項第2号,会社計規第2条第3項第24号,第74条第4項第1号ホ

742 退職給付引当金を計上した場合の税効果（税率の変更あり）

> 当社は、退職給付引当金を退職給付会計基準により01年に6,000,000円、02年に8,000,000円計上している。この引当金繰入額は、退職給付引当金の取崩し時に損金に認容され課税所得の計算上減算される。なお、法定実効税率は、01年は31％、02年は30％である。
> また、当社は、01年、02年だけでなく、今後も黒字基調であり、将来も税金の納付を続けるものと見込まれる。

▶01年

　(借)繰延税金資産　　1,860,000　　(貸)法人税等調整額　　1,860,000

▶02年

　(借)繰延税金資産　　540,000　　(貸)法人税等調整額　540,000

〈計算〉

01年：繰延税金資産（期末）…6,000,000円×31％＝1,860,000円①
02年：繰延税金資産（期末）…8,000,000円×30％＝2,400,000円②
　　　繰延税金資産増加額……………②－①　＝　540,000円

【解　説】　退職給付費用の損金算入額は、退職給付引当金の取崩し時に税務上損金に認容され、課税所得の減少をもたらすため、将来減算一時差異に該当します。従って、この将来減算一時差異に法定実効税率を乗じて繰延税金資産を算出します。

なお、税効果会計上で適用する税率は、決算日現在における税法規定に基づく税率によります。

また、税効果会計に適用される税率が変更された場合には、決算日現在における改正後の税率を用いて過年度に計上された繰延税金資産及び繰延税金負債の金額を修正します。この修正差額は、損益計算書上、税率変更のあった期の法人税等調整額に加減して処理します。

《表　示》　繰延税金資産はすべて固定資産の「投資その他の資産」の

区分に（繰延税金負債は固定負債の区分に）表示します。法人税等調整額は，損益計算書において税引前当期純利益から控除する形式により，法人税，住民税及び事業税の次に表示します。

■関連法規……税効果会計基準第三，(注6)，(注7)，税効果適用指針第51項，財規第17条第1項第12号，第95条の5第1項第2号，会社計規第2条第3項第24号，第74条第3項第1号タ

743 事業税を未払計上した場合の税効果（税率の変更あり）

> 当社は，事業税をそれぞれ01年末に2,500,000円，02年末に2,000,000円未払計上している。なお，中間納付はない。未払事業税は納付時に取り崩されるので，02年に2,500,000円損金算入され課税所得の計算上減算される。法定実効税率は，01年は31％，02年は30％である。
>
> また当社は，01年，02年だけでなく，今後も黒字の予定であり，法人税等が発生する見込みである。

▶01年

| (借)繰延税金資産 | 775,000 | (貸)法人税等調整額 | 775,000 |

▶02年

| (借)法人税等調整額 | 175,000 | (貸)繰延税金資産 | 175,000 |

〈計算〉

01年：繰延税金資産（期末）…2,500,000円×31％ ＝ 775,000円①
02年：繰延税金資産（期末）…2,000,000円×30％ ＝ 600,000円②
　　　繰延税金資産減少額………………②－① ＝△175,000円

【解　説】　未払事業税については，税務上の損金算入時期と会計上の費用認識時期との間に相違があり，会計上の負債計上時に税務上の負債として計上されないため，両者に差異が生じます。この差異は，事業税

の納付時に課税所得の計算上減算されるもので、将来減算一時差異に該当します。従って、この将来減算一時差異に法定実効税率を乗じて繰延税金資産を算出します。

なお、税効果会計上で適用する税率は、決算日現在における税法規定に基づく税率によります。

また、税効果会計に適用される税率が変更された場合には、決算日現在における改正後の税率を用いて過年度に計上された繰延税金資産及び繰延税金負債の金額を修正します。この修正差額は、損益計算書上、税率変更のあった期の法人税等調整額に加減して処理します。

《表　示》　繰延税金資産は固定資産の「投資その他の資産」の区分に（繰延税金負債は固定負債の区分に）表示します。法人税等調整額は、損益計算書において税引前当期純利益から控除する形式により、法人税、住民税及び事業税の次に表示します。

■関連法規……税効果会計基準第三、（注6）、（注7）、税効果適用指針第51項、財規第95条の5第1項第2号、会社計規第2条第3項第24号、第74条第4項第1号ホ

744　有税の交際費があった場合の税効果

> 当社は、資本金が120,000,000円であるため、交際費の定額控除限度額の適用がないので、当期の交際費3,000,000円の全額が有税処理となった。

仕訳なし

【解　説】　交際費の損金算入限度超過額は、課税所得の計算上で永久に損金に算入されないため、一時差異には該当せず、従って、繰延税金資産は計上されません。

損金不算入の罰科金や受取配当金の益金不算入額等も、永久に損金又は益金に算入されないため、税効果会計の対象とはなりません。

745 固定資産圧縮積立金を剰余金の処分により繰入れした場合の税効果(非償却資産)

> 当社は、01年度に土地30,000,000円を取得し、剰余金の処分により、税務上20,000,000円の圧縮記帳を行った。決定実効税率は30%で、この土地は本社用地であり、当面売却の予定はない。

▶01年度決算時

(借)法人税等調整額　6,000,000　　(貸)繰延税金負債　6,000,000

(借)繰越利益剰余金　14,000,000　　(貸)土地圧縮積立金　14,000,000

〈計算〉

01年度決算:繰延税金負債……20,000,000円× 　30%　 = 6,000,000円
　　　　　:土地圧縮積立金…20,000,000円×(1 −30%)=14,000,000円

【解　説】　土地等の非償却資産を剰余金の処分により圧縮記帳した場合、会計上の簿価は固定資産の取得価額で計上され、税務上の簿価は固定資産の取得価額から圧縮積立金を控除した額となり、両簿価の間に差額が生じます。この差額は、将来その非償却資産の売却が行われた場合に、会計上の売却益が税務上の益金の額を下回ることになり、売却時における税務上の圧縮記帳残高が取り崩され、益金に算入されることから、将来加算一時差異になります。従って、この将来加算一時差異に法定実効税率を乗じると繰延税金負債が算出されます。

なお、剰余金の処分による圧縮積立金の繰入額及び取崩高は、税効果相当額を控除した純額によります。つまり、純資産の部に計上される諸準備金等については、圧縮記帳額より繰延税金負債を控除した後の純額を剰余金の処分方式により積み立てます。これは、諸準備金等に係る一時差異について、税効果会計を適用すると税効果額が繰延税金負債として計上され、同額が損益計算書上の法人税等調整額に計上される結果、法人税等調整額に計上した金額だけ繰越利益剰余金の金額が、税効果会計を適用する前に比べて減少するためです。

《表　　示》　繰延税金負債はすべて固定負債の区分に表示します。法人税等調整額は，損益計算書において税引前当期純利益から控除する形式により，法人税，住民税及び事業税の次に表示します。

■**関連法規**……税効果会計基準第三，税効果適用指針第15項，第85項，財規第52条第1項第5号，第95条の5第1項第2号，会社計規第2条第3項第24号，第75条第2項第1号ホ，第153条

746　圧縮積立金の対象となった土地を売却した場合の税効果

当社は，取得価額30,000,000円の土地に対し，税務上剰余金の処分により20,000,000円の圧縮記帳を行っていたが，01年にその土地を売却した。なお，この土地圧縮積立金については，税効果により6,000,000円の繰延税金負債が計上されていた。

▶01年度決算時

　　（借）繰延税金負債　　6,000,000　　（貸）法人税等調整額　6,000,000

　　（借）土地圧縮積立金　14,000,000　　（貸）繰越利益剰余金　14,000,000

【解　　説】　剰余金処分により圧縮記帳処理をした土地等の非償却資産を売却した場合は，会計上の売却益が税務上の益金の額を下回ることになるため，その圧縮積立金が取り崩されて益金に算入されるので，将来加算一時差異は解消します。従って，これに係る繰延税金負債も取り消されることとなります。

《表　　示》　法人税等調整額は，損益計算書において，税引前当期純利益から控除する形式により，法人税，住民税及び事業税の次に表示します。

■**関連法規**……税効果会計基準第三，税効果適用指針第15項，財規第52条第1項第5号，第95条の5第1項第2号，会社計規第2条第3項第24号，第153条

747 機械装置につき特別償却を行った場合の税効果(税率の変更あり)

> 当社は,01年度に購入した機械装置につき,21,000,000円の特別償却を剰余金の処分により行った。02年度より7年間でその特別償却積立金を均等に取り崩す。
> 法定実効税率は,01年は31%で,02年は30%である。

▶01年度決算時

(借)法人税等調整額　　6,510,000　　(貸)繰延税金負債　　6,510,000

(借)繰越利益剰余金　14,490,000　　(貸)特別償却積立金　14,490,000

▶02年度決算時

(借)繰延税金負債　　1,110,000　　(貸)法人税等調整額　1,110,000

▶03年（02年度剰余金処分時）

(借)繰越利益剰余金　　210,000　　(貸)特別償却積立金　　210,000

(借)特別償却積立金　2,100,000　　(貸)繰越利益剰余金　2,100,000

〈計算〉

01年度決算時:

繰延税金負債(期末)…21,000,000円 × 31% = 6,510,000円①

特別償却積立金………21,000,000円 × (1 − 31%) = 14,490,000円

02年度決算時:

繰延税金負債(期末)…21,000,000円 × $\left(1 - \dfrac{1\,年}{7\,年}\right)$ × 30% = 5,400,000円②

繰延税金負債減少額……………② − ① = △1,110,000円

03年（決算時）:

税率変更による特別償却積立金の調整…21,000,000円 × (31% − 30%)

= 210,000円

特別償却積立金の7年均等取崩し………21,000,000円 × $\dfrac{1\,年}{7\,年}$ × (1 − 30%)

$$=2,100,000円$$

【解　説】　減価償却資産について，剰余金の処分により，特別償却を実施した場合は，それにより積み立てられた特別償却積立金は翌期以降7年間均等に取り崩され，将来の課税所得の計算上，その特別償却積立金取崩高が加算されるため，将来加算一時差異に該当します。従って，この将来加算一時差異に法定実効税率を乗じて繰延税金負債を算出します。

　なお，剰余金の処分による特別償却積立金の繰入額及び取崩高は，税効果相当額を控除した純額によります。つまり，純資産の部に計上される諸準備金等については，繰延税金負債控除後の純額を剰余金の処分により積み立てます。

　また，税率が変更された場合の諸準備金等に係る繰延税金負債の修正額は，損益計算書上，税率変更に係る改正税法が公布された期の法人税等調整額に含めて処理するとともに，剰余金の処分により純資産の部の諸準備金等に加減されます。

《表　示》　税率変更による調整額は，繰延税金負債の修正額として，損益計算書上，税率変更年度の法人税等調整額に含めて処理しますが，特別償却積立金は税率変更のあった年度に剰余金の利益処分により加減されます。

■関連法規……税効果会計基準第三，（注6），（注7），税効果適用指針第15項，第55項，第85項，財規第52条第1項第5号，第95条の5第1項第2号，会社計規第2条第3項第24号，第75条第2項第1号ホ，第153条

748 繰延税金資産を計上しているが，今後赤字が見込まれる場合の税効果

　当社は，前期より有税の貸倒引当金10,000,000円に係る繰延税金資産3,000,000円を計上していたが，今後の業績予測が急激に悪化した

ため,将来の課税所得が減少し,60%までしか繰延税金資産が計上できないことが分かった。なお,法定実効税率は前期・当期共に30%である。

(借)法人税等調整額　　1,200,000　　(貸)繰延税金資産　　1,200,000

〈計算〉

繰延税金資産(期首)…10,000,000円× 　　　30% = 3,000,000円①
繰延税金資産(期末)…10,000,000円×60%×30% = 1,800,000円②
繰延税金資産の減少額…………② － ①　　 = △1,200,000円

【解　説】　繰延税金資産の計上にあたっては,その回収可能性(将来の税金負担額を軽減する効果を有するかどうか)について十分に検討し,慎重に決定しなければなりません。将来減算一時差異に係る繰延税金資産の計上が認められるには,以下の要件を満たす必要があります。

(1) 収益力に基づく課税所得の十分性

将来減算一時差異の解消年度及びその解消年度を基準として税務上認められる欠損金の繰戻し及び繰越しが可能な期間(以下,繰戻・繰越期間という)に,課税所得が発生する可能性が高いと見込まれること。

この場合,過年度の納税状況及び将来の業績予測等を総合的に勘案して,課税所得を合理的に見積る必要がある。

(2) タックスプランニングの存在

将来減算一時差異の解消年度及び繰戻・繰越期間に含み益のある固定資産又は有価証券を売却する等,課税所得を発生させるようなタックスプランニングが存在すること。

(3) 将来加算一時差異の十分性

将来減算一時差異の解消年度及び繰戻・繰越期間に将来加算一時差異の解消が見込まれること。

そこで,将来減算一時差異に係る繰延税金資産は,上記(1),(2)及び(3)の判断要件を考慮し,その将来減算一時差異(複数の将来減算一時差異が存在する場合は,それらの合計)等が将来課税所得を減少させ,税金負担額を軽減することができると認められる範囲内で計上するものであり,

その範囲を超える額については控除しなければなりません。

《表　示》　繰延税金資産は固定資産の「投資その他の資産」の区分に（繰延税金負債は固定負債の区分に）表示します。法人税等調整額は，損益計算書において税引前当期純利益から控除する形式により，法人税，住民税及び事業税の次に表示します。なお，繰延税金資産の算定にあたり繰延税金資産から控除した金額は，注記します。

■関連法規……税効果会計基準第三，（注5），税効果適用指針第8項，回収可能性適用指針，財規第32条第1項第13号，第95条の5第1項第2号，会社計規第2条第3項第24号，第75条第2項第1号ホ

749　繰越欠損金があるが，今後十分な課税所得がない場合の税効果

> 当社は，当期に税務上の繰越欠損金が30,000,000円発生したが，翌期以降5年間における税引前利益は合計10,000,000円と予想される。なお，当社は大法人で税率は30％で，申告調整項目はない。また，前期以前に税務上の繰越欠損金及び繰延税金資産はなく，税務上の欠損金の繰戻期間もない。

　（借）繰延税金資産　　3,000,000　　　（貸）法人税等調整額　　3,000,000

〈計算〉

　　　　　総額　　　　　　　回収懸念額
{30,000,000円 − (30,000,000円 − 10,000,000円)} × 30％ = 3,000,000円

【解　説】　繰越欠損金に係る繰延税金資産の計上にあたっては，その回収可能性（将来の税金負担額を軽減する効果を有するかどうか）について十分に検討し，慎重に決定する必要があります。税務上の繰越欠損金に係る繰延税金資産の計上が認められるには，以下の要件を満たす必要があります。

(1)　収益力に基づく課税所得の十分性

　　発生年度の翌年から5年（繰越期間）以内にわたって，課税所得が

発生する可能性が高いと見込まれること。
　この場合，過年度の納税状況及び将来の業績予測等を総合的に勘案して，課税所得を合理的に見積る必要がある。
(2) タックスプランニングの存在
　発生年度の翌年から5年（繰越期間）以内に含み益のある固定資産又は有価証券を売却する等，課税所得を発生させるようなタックスプランニングが存在すること。
(3) 将来加算一時差異の十分性
　繰越期間以内に税務上の繰越欠損金と相殺される将来加算一時差異の解消が見込まれること。
　そこで，税務上の繰越欠損金に係る繰延税金資産は，上記(1)，(2)及び(3)の判断要件を考慮し，その税務上の繰越欠損金等が将来課税所得を減少させ，税金負担額を軽減することができると認められる範囲内で計上するものであり，その範囲を超える額については計上できません。
《ポイント》　欠損金の繰越控除の使用期限について
　平成27年度税制改正により，大法人の繰越欠損金の控除限度額が50％に制限されました。また，欠損金の繰越期間は9年（発生年度を含めると10年）です。
《表　　示》　繰延税金資産は固定資産の「投資その他の資産」の区分に（繰延税金負債は固定負債の区分に）表示します。法人税等調整額は，損益計算書において税引前当期純利益から控除する形式により，法人税，住民税及び事業税の次に表示します。なお，繰延税金資産の算定にあたり繰延税金資産から控除した金額は，注記します。

■関連法規……税効果会計基準第三，（注5），税効果適用指針第8項，回収可能性適用指針，財規第32条第1項第13号，第95条の5第1項第2号，会社計規第2条第3項第24号，第75条第2項第1号ホ

750 繰越欠損金を相殺するだけの課税所得が発生することが確実となった場合の税効果

　当社は，02年に税務上の繰越欠損金20,000,000円発生したが，翌期

以降9年間における税引前利益は合計8,000,000円と予想された。しかし，03年になって，04年に土地を売却することとなり17,000,000円以上の利益が見込まれることが確実となった。なお，03年に生じた課税所得は3,000,000円であった。

税率は30％で，申告調整項目はない。また，01年以前において税務上の繰越欠損金及び繰延税金資産はなく，税務上の欠損金の繰戻期間もない。

なお，当社は中小法人で，欠損金の繰越控除限度は100％である。

▶01年

　仕訳なし

▶02年

　(借)繰延税金資産　2,400,000　　(貸)法人税等調整額　2,400,000

▶03年

　(借)繰延税金資産　2,700,000　　(貸)法人税等調整額　2,700,000

〈計算〉

02年：繰延税金資産（期末）…
　｛20,000,000円－(20,000,000円－8,000,000円)｝×30％＝2,400,000円①

03年：繰延税金資産（期末）…
　(20,000,000円－3,000,000円)×30％＝5,100,000円②

繰延税金資産の増加…②　－　①＝2,700,000円

【解　説】　過年度に未計上であった繰延税金資産の回収可能性を見直した結果，a．収益力に基づく課税所得の十分性，b．タックスプランニングの存在，c．将来加算一時差異の十分性，のいずれかの判断要件を満たすことになった場合には，回収されると見込まれる金額まで新たに繰延税金資産を計上します。

なお，回収可能性を見直した結果生じた繰延税金資産の修正差額は，見直しを行った年度における損益計算書の法人税等調整額に加減しま

《表　示》　繰延税金資産は固定資産の「投資その他の資産」の区分に（繰延税金負債は固定負債の区分に）表示します。法人税等調整額は，損益計算書において税引前当期純利益から控除する形式により，法人税，住民税及び事業税の次に表示します。

■関連法規……税効果会計基準第三,税効果適用指針第8項,回収可能性適用指針,財規第17条第1項第12号，第32条第1項第13号，第95条の5第1項第2号，会社計規第2条第3項第24号，第75条第2項第1号ホ

751　減損処理を行った場合の税効果会計

当社は，減損会計の適用によりA遊休地とB支店の土地を減損処理した。A遊休地については，帳簿価額500百万円を回収可能価額300百万円まで減額し，B支店の土地については帳簿価額700百万円を回収可能価額200百万円まで減額した。いずれも税務上，損金として認容されなかったため申告加算したが，A遊休地については来期売却することを取締役会で決議している。B支店は今後も営業していく方針である。

なお，当社の来期の課税所得は250百万円で，将来加算一時差異の解消見込額及び減損損失以外の将来減算一時差異の解消見込額はない。

また，当社の業績は安定しており，税効果会計における分類2の会社に該当し，実効税率は30％である。

▶A遊休地

　　(借)減 損 損 失 200,000,000　　(貸)土　　　　地 200,000,000
　　(借)繰延税金資産　60,000,000　　(貸)法人税等調整額　60,000,000

▶B支店土地

　　(借)減 損 損 失 500,000,000　　(貸)土　　　　地 500,000,000

〈計算〉　A遊休地…（500,000,000円 − 300,000,000円）× 30％ ＝ 60,000,000円

　B支店については，スケジューリング不能なため，回収可能性はないものとして繰延税金資産は計上できない。

【解　説】　減損損失は，固定資産の評価損の1つとみなすことができ，税務上損金算入が認められなかった場合は申告加算するため，この一時差異は将来減算一時差異に該当します。この将来減算一時差異は，その資産を売却又は除却する意思決定，計画等があれば，スケジューリング可能な一時差異となります。しかし，そのような意思決定，計画等がなく，使用を続けるのであれば，スケジューリング不能な一時差異に該当します。

　土地などの非償却資産の場合，それを処分しない限り税務上の損金とならないため，将来減算一時差異は解消しません。従って，使用を続けるのであれば，スケジューリング不能な一時差異とならざるを得ず，回収可能性が問題となり，繰延税金資産を計上できません。

　ただし，期末の将来減算一時差異を十分に上回る課税所得を毎期計上している会社（税効果会計における分類1）であれば，回収可能性ありとして繰延税金資産を計上できます。

　また，その土地の売却等の処分が取締役会等で正式に決議されていれば，スケジューリング可能となり，回収可能性があるものとして繰延税金資産を計上できます。

　次に土地以外の減価償却資産については，減価償却を通じて税務上損金経理できるため，これに対する将来減算一時差異はスケジューリング可能なものと認められます。従って，減価償却資産については，分類1の会社や売却等の処分が正式に決定している場合でなくても，減価償却費等のスケジューリング可能なものについて繰延税金資産は原則として計上できます。

■**関連法規**……回収可能性適用指針36項

【参考：「繰延税金資産の回収可能性に関する適用指針」】

　企業会計基準適用指針26号「繰延税金資産の回収可能性に関する適用指針」（以下，「指針」という）では，過去（3年）及び当期の課税所得や

税務上の繰越欠損金の発生状況，経営環境の著しい変化の有無等により企業を5つの分類に区分し，この分類に応じて回収が見込まれる繰延税金資産の計上額を決定します（下記の表参照）。

（会社分類）	（要件）	（繰延税金資産の回収可能性の判断）
分類1 （指針第17項，第18項）	次の①，②要件をいずれも満たす企業 ①過去（3年）及び当期のすべての事業年度において，期末における将来減算一時差異を十分に上回る課税所得が生じている。 ②当期末において，近い将来に経営環境に著しい変化が見込まれない。	・原則として，繰延税金資産の全額について回収可能性があるものとする。
分類2 （指針第19項，第20項，第21項）	次の①～③要件をいずれも満たす企業 ①過去（3年）及び当期のすべての事業年度において，臨時的な原因により生じたものを除いた課税所得が，期末における将来減算一時差異を下回るものの，安定的に生じている。 ②当期末において，近い将来に経営環境に著しい変化が見込まれない。 ③過去（3年）及び当期のいずれの事業年度においても重要な税務上の欠損金が生じていない。	・一時差異等のスケジューリングの結果，繰延税金資産を見積る場合，当該繰延税金資産は回収可能性があるものとする。なお，スケジューリング不能な将来減算一時差異に係る繰延税金資産は，原則として回収可能性がないものとする。
分類3 （指針第22項，第23項，第24項，第25項）	（分類4）の②又は③の要件を満たす場合を除き，次の①，②要件をいずれも満たす企業 ①過去（3年）及び当期において，臨時的な原因により生じたものを除いた課税所得が大きく増減している。なお，課税所得から臨時的な原因により生じたものを除いた数値は，負の値になる場合を含む。 ②過去（3年）及び当期のいずれの事業年度においても重要な税務上の欠損金が生じていない。	・原則として，将来の合理的な見積可能期間（おおむね5年）以内の一時差異等加減算前課税所得の見積額に基づいて，当該見積可能期間の一時差異等のスケジューリングの結果，繰延税金資産を見積る場合，当該繰延税金資産は回収可能性があるものとする。

分類4 (指針第26項, 第27項, 第28項, 第29項)	次の①から③のいずれかの要件を満たし, かつ, 翌期において一時差異等加減算前課税所得が生じることが見込まれる企業 ①過去（3年）又は当期において, 重要な税務上の欠損金が生じている。 ②過去（3年）において, 重要な税務上の欠損金の繰越期限切れとなった事実がある。 ③当期末において, 重要な税務上の欠損金の繰越期限切れが見込まれる。	・原則として, 翌期の一時差異等加減算前課税所得の見積額に基づいて, 翌期の一時差異等のスケジューリングの結果, 繰延税金資産を見積る場合, 当該繰延税金資産は回収可能性があるものとする。
分類5 (指針第30項, 第31項)	次の①, ②要件をいずれも満たす企業 ①過去（3年）及び当期のすべての事業年度において, 重要な税務上の欠損金が生じている。 ②翌期においても重要な税務上の欠損金が生じることが見込まれる。	原則として, 繰延税金資産の回収可能性はない。

《表　示》　減損損失に係る繰延税金資産についても, 貸借対照表上, 固定資産の「投資その他の資産」の区分に表示されます。

■関連法規……回収可能性適用指針36項

減 損 会 計

752 工場の機械装置を減損処理した

当社の生産工場のうちA生産ラインにつき,減損の兆候がみられたため,減損損失の認識と測定を行い損失計上をした。

[条件]
1. 対象資産は「生産設備」で経済的残存使用年数は25年とする。
2. 対象資産の今後20年間の割引前将来キャッシュ・フローは毎年6,000万円(20年間合計で12億円)とし,21年目から25年目までは毎年1,000万円(5年間合計で5,000万円),25年経過時点の正味売却価額は2,000万円とする。
3. 割引率は1%とする。
4. 回収可能価額は,割引後将来キャッシュ・フローを用いた使用価値を用いることとする。
5. A工場の帳簿価額を15億円とする。

(借)減 損 損 失 361,896,000 　　(貸)機 械 装 置 361,896,000
　　(機械装置評価損)

〈計算〉

キャッシュ・フローの状況	現在~20年目	21年目~25年目	25年経過後売却収入
	各年6,000万円	各年1,000万円	2,000万円

① 割引前将来キャッシュ・フロー

$= 1,200,000,000 円 + \dfrac{10,000,000 円}{1.01} + \dfrac{10,000,000 円}{(1.01)^2} + \cdots \dfrac{(10,000,000 円 + 20,000,000 円)}{(1.01)^5}$

$= 1,200,000,000 円 + 67,563,000 円$ (便宜上,端数省略)

$= 1,267,563,000 円$

帳簿価額>割引前将来キャッシュ・フローのため,減損損失を認識する。

$1,500,000,000 円 > 1,267,563,000 円$

② 割引後キャッシュ・フロー

$$= \frac{60,000,000円}{1.01} + \frac{60,000,000円}{(1.01)^2} \cdots + \frac{(60,000,000円 + 67,563,000円)}{(1.01)^{20}}$$

= 59,405,941円 + 58,817,763円 … + 104,543,551円

= 1,138,104,000円（便宜上，端数省略）

③ 減損損失の計算

1,500,000,000円 − 1,138,104,000円 = 361,896,000円

【解　説】　事業用の固定資産は，通常，市場平均を超える成果を期待して事業に使われているため，市場の平均的な期待で決まる時価が変動しても，企業にとっての投資の価値がそれに応じて変動するわけではありません。また，投資の価値自体も，投資の成果であるキャッシュ・フローが得られるまでは実現したものではありません。そのため，事業用の固定資産は取得価額から減価償却等を控除した金額で評価され，損益計算においては，そのような資産評価に基づく実現利益が計上されています。しかし，事業用の固定資産であっても，その収益性が当初の予想よりも低下し，資産の回収可能性を帳簿価額に反映させなければならない場合があります。このような場合に，棚卸資産の評価減と同様に，事業用固定資産の過大な帳簿価額を減額し，将来に損失を繰り延べないために行われる会計処理が減損会計です。これは，金融商品に適用されている時価評価とは異なり，資産価値の変動による利益を測定することや，決算日における資産価値を貸借対照表に表示することを目的とするものではなく，取得原価基準の下で行われる帳簿価額の臨時的な減額です。

　以下に減損会計の概要を記載します。

1．対象資産…固定資産。ただし，他の会計基準に減損処理に関する定めがある資産（金融商品会計基準における「金融資産」，税効果会計に係る会計基準における「繰延税金資産」）や退職給付に係る会計基準における「前払年金費用」，研究開発費及びソフトウェアの会計処理に関する実務指針における「販売用ソフトウェア」は対象外となります。

2．減損会計適用の手順

| (1)資産のグルーピング | 減損損失を認識する場合のキャッシュ・フロー生成単位を特定するため，減損会計の対象資産又は資産グループを決定する。 |

(2)兆候の識別	資産又は資産グループごとに内部管理目的の損益報告等の内部情報や経営環境、資産の市場価格などの外部情報に基づき、減損の兆候の有無を識別する。 具体的には、以下のような状態が減損の兆候として考えられています。 　イ．営業活動から生じる損益又はキャッシュ・フローが2期継続してマイナスの場合、またマイナスとなる見込みの場合 　ロ．使用範囲又は方法について回収可能価額を著しく低下させる変化がある場合、又は変化が生ずる見込である場合 　ハ．経営環境が著しく悪化した場合、又は悪化する見込みである場合 　ニ．市場価格が帳簿価額から50％程度以上落下した場合 　すべての固定資産について減損損失発生の有無を判定することは、実務上、企業の負担が過大になる点に配慮して、減損の兆候がある場合に限定されました。
(3)減損損失の認識	「減損の兆候のある資産又は資産グループの帳簿価額＞割引前将来キャッシュ・フローの総額」の状態となっている場合に、減損損失を認識する。 　なお、割引前将来キャッシュ・フローを見積る期間は、「資産の経済的残存使用年数」又は「資産グループ中の主要な資産の経済的残存使用年数」と20年のいずれか短い方とします。経済的残存使用年数が20年を超える場合には、21年目以降に見込まれる将来キャッシュ・フローに基づいて、20年経過時点の回収可能価額を算定し、20年目までの割引前将来キャッシュ・フローに加算します。
(4)減損損失の測定	(3)で減損が認識された資産又は資産グループは、帳簿価額を回収可能価額まで減額し、当該減少額を減損損失として当期の損失とする。回収可能価額には、正味売却価額と使用価値があります（4.参照）。

3．適用対象会社

本来、すべての会社に適用されるべきものですが、実務的には公認会計士の監査対象となっている会社に適用が強制され、連結子会社を除き中小企業には、強制適用されないという考え方が一般的です。

なお、中小企業会計指針では、資産の使用状況に大幅な変更があって、時価が著しく下落しているといった極めて典型的な場合に限り、減

損損失の可能性を検討します。

4．用語の定義等

回収可能価額	資産又は資産グループの正味売却価額と使用価値のいずれか高い方の金額。
使用価値	資産又は資産グループの継続使用と使用後の処分によって生じると見込まれる将来キャッシュ・フローの現在価値。
正味売却価額	資産又は資産グループの時価から処分費用見込額を控除して算定される金額。
時価	公正な評価額。通常，それは観察可能な市場価格であり，市場価格が観察できない場合には合理的に算定された価額。
主要な資産	資産グループの将来キャッシュ・フロー生成能力にとって最も重要な構成資産。
割引率	減損損失の測定にあたり，使用価値を算定する際に用いられる割引率は，減損損失の測定時点の割引率を用い，原則として，翌期以降の会計期間においても同一の方法により算定されます。また，将来キャッシュ・フローが税引前の数値であることに対応して，割引率も税引前の数値を用いる必要があります。 なお，使用価値の算定に際して用いられる割引率は以下のものから選択されます。 (1) 当該企業における当該資産又は資産グループに固有のリスクを反映した収益率（会社が設備投資の意思決定に用いるハードルレート，事業部別資本コスト） (2) 当該企業に要請される資本コスト（借入資本コストと自己資本コストの加重平均資本コスト） (3) 当該資産又は資産グループに類似した資産又は資産グループの固有のリスクを反映した市場平均と考えられる合理的な収益率 (4) 当該資産又は資産グループのみを裏付けとして大部分をノンリコースの借入で調達した場合の利率

(消費税) 減損損失は資産の譲渡等に該当しないため，課税対象外の取引です。

《表　示》 減損損失（機械装置評価損）は損益計算書上，原則として「特別損失」に計上します。また，減損処理を行った資産の貸借対照表にお

ける表示は、原則として、減損処理前の取得価額から減損損失を直接控除し、控除後の金額をその後の取得価額とします。ただし、減損損失累計額を減価償却累計額に合算して間接控除する形式も認められています
■関連法規……減損会計基準、減損会計適用指針、財規第26条の2、第95条の3、第95条の3の2、中小会計指針第36項

753 遊休土地を減損処理した

> 当社は工場建設の目的で取得した土地が、経済情勢の変化により使用見込みがなくなったため減損処理した。
> 土地の取得価額（帳簿価額）　　　7億円
> 土地の正味売却価額　　　　　　　4億円

(借)減損損失 300,000,000　　(貸)土　　地 300,000,000

【解　説】「将来の使用が見込まれていない重要な遊休資産」は、他の資産又は資産グループから独立したキャッシュ・フローを生み出す最小の単位として取り扱います。また、「資産又は資産グループが遊休状態になり、将来の用途が定まっていないこと」は、減損の兆候となるため、もし帳簿価額が正味売却価額より大きい場合には、減損損失の認識の判定が行われます。なお、将来の用途が定まっていない遊休資産については、現在の状況に基づき将来キャッシュ・フローを見積るため、使用価値ではなく現在時点の正味売却価額つまり、市場価格に基づく価額となり、不動産については「不動産鑑定評価基準」に基づいて算定されます。

帳簿価額を正味売却価額まで減額し、当該減少額を減損損失として当期の損失とします。

(消費税) 減損損失は、資産の譲渡等に該当しないため、課税の対象外です。

《表　示》 減損損失は損益計算書上、原則として「特別損失」に計上します。また、減損損失を行った資産の貸借対照表における表示は、原

則として減損処理前の取得価額から減損損失を直接控除し，控除後の金額をその後の取得価額とします。ただし，減損損失累計額を減価償却累計額に合算して間接控除する形式が認められています。

■関連法規……減損会計基準(注5)，減損会計適用指針第38項(3)，財規第26条の2，第95条の3

754 建設仮勘定を減損処理した

当社は，支店用の建物を建設中であり，01年度末貸借対照表にはその建物に係る建設仮勘定が80百万円計上されている。02年度にその建設中の建物に減損の兆候が存在し，今後完成までに要する支出及び完成後に生じる将来キャッシュ・フローを見積ったところ，以下のとおりであった。

・将来キャッシュ・フロー見積額　　　　　　　　　　　　　（単位：百万円）

	02年度	03年度	04年度	05年度以降	合計
キャッシュ・イン・フロー	－	－	－	500	500
キャッシュ・アウト・フロー	120	120	90	120	450

（借）減 損 損 失　30,000,000　　（貸）建設仮勘定　30,000,000

〈計算〉

（単位：百万円）

将来キャッシュ・フロー総額	50
キャッシュ・イン・フロー総額	500
キャッシュ・アウト・フロー総額	△450(*)
建設仮勘定の帳簿価額	80
帳簿価額と将来キャッシュ・フローとの比較	△30

＊：支出総額には，建設仮勘定計上時の支出額は含めていない。

【解　説】　減損損失の認識の判定及び測定の際に使用する建設仮勘定

等の将来キャッシュ・フローは，合理的な使用計画に基づき，完成後に得られるであろうキャッシュ・イン・フローの見積額から完成まで及び完成後の利用や処分に要するキャッシュ・アウト・フローの合理的な見積額を控除して算定します。

なお，資産グループが複数の建設仮勘定から構成されている場合，資産グループについて認識された減損損失は，資産グループの帳簿から控除しますが，減損損失の測定時には各建設仮勘定に配分せず，完成時にそれまでの総支出額の割合等の合理的な方法に基づいて配分することに留意します。

(消費税) 減損損失は資産の譲渡等に該当しないため，課税の対象外です。

《表　示》 減損損失は損益計算書上，原則として「特別損失」に計上します。また，減損損失を行った資産の貸借対照表における表示は，原則として減損処理前の取得価額から減損損失を直接控除し，控除後の金額をその後の取得価額とします。ただし，減損損失累計額を減価償却累計額に合算して間接控除する形式が認められています。

■関連法規……減損会計適用指針第27項，第38項(4)，設例4，財規第26条の2，第95条の3

755 保有する絵画の時価が著しく下落した

> 当社は，バブル期に絵画を数点5億円で購入したが，現在いずれも著しく下落し，時価の鑑定を依頼したところ全部で7,000万円と評価された。なお，当社では，これらの絵画を本社ビル等に飾らず，倉庫に保管している。

　(借)減 損 損 失 430,000,000　　(貸)備　　　　品 430,000,000

【解　説】 企業が保有する美術品は，本社の応接室等に展示してある場合が多く，共有資産として取り扱われる場合が多いと考えられます。従って，減損会計では，保有する美術品等の時価が帳簿価額に比して著

しく下落した場合には、即座に時価まで帳簿価額を切り下げることは予定していません。

しかし、倉庫に死蔵しているといった使用の実態が見受けられない場合や、使用の予定が全くない場合には、遊休資産として取り扱うことがあります。従って、このような場合には使用価値がゼロとなるため、正味売却価額つまり時価まで帳簿価額を切り下げます。

(消費税) 減損損失は資産の譲渡等に該当しないため、課税の対象外です。

《表　示》　減損損失は損益計算書上、原則として「特別損失」に計上します。また、減損損失を行った資産の貸借対照表における表示は、原則として減損処理前の取得価額から減損損失を直接控除し、控除後の金額をその後の取得価額とします。ただし、減損損失累計額を減価償却累計額に合算して間接控除する形式が認められています。

■関連法規……財規第26条の2、第95条の3

756　減損処理した資産を減価償却した

当社のA店舗建物（期首簿価385百万円）に減損の兆候がありとされ、105百万円の減損処理を行った。A店舗建物の取得価額は500百万円で、耐用年数20年の定額法で減価償却をしており、当期末で取得後7年になる。なお、経済的残存使用年数は、税法に基づく残存耐用年数と著しい相違はない。

▶会計上の減価償却費

　（借）減価償却費　20,000,000　　（貸）減価償却累計額　20,000,000

〈計算〉　毎期の減価償却費
　　（期首簿価385,000,000円－減損処理額105,000,000円）÷残りの耐用年数
　　14年＝20,000,000円

▶税法上の減価償却費

(借)減価償却費　25,000,000　　　(貸)減価償却累計額　25,000,000

〈計算〉　毎期の減価償却費

取得価額500,000,000円×耐用年数20年の償却率（定額法）0.050＝25,000,000円

【解　説】　減損処理を行った資産については，減損損失を控除した帳簿価額に基づき減価償却を行います。従って，減損損失を控除した帳簿価額から残存価額を控除した金額を，企業が採用している減価償却の方法に従って，規則的，合理的に配分します。

　税法上は，減損損失は会計上の固定資産評価損として，損金算入が認められないため，償却費として損金経理した金額に含まれます。従って，税法上は別表4，別表5，別表16により，会計上の減損損失，減価償却費と税法上の償却限度額との差額を申告調整します。

(消費税)　減損損失は資産の譲渡等に該当しないため，課税の対象外です。

《表　示》　減損損失は損益計算書上，原則として「特別損失」に計上します。また，減損損失を行った資産の貸借対照表における表示は，原則として減損処理前の取得価額から減損損失を直接控除し，控除後の金額をその後の取得価額とします。ただし，減損損失累計額を減価償却累計額に合算して間接控除する形式が認められています。

■関連法規……減損会計基準三1，減損会計適用指針第55項，第134項，第135項

757 共用資産を減損処理した―より大きな単位でグルーピングする方法

当社は，A，B，Cの3店舗と本社の建物があり，A，C店舗と本社（共用資産）に減損の兆候があった。A，B，C店舗と本社建物の帳簿価額，及びB店舗を除く割引前将来キャッシュ・フロー，本社建物を含むより大きな単位での割引前将来キャッシュ・フローは下記のとおりであった。

A店舗の回収可能価額は160百万円であり，B・C店舗の回収可能価額は不明であるが，本社建物を含むより大きな単位での回収可能価額は630百万円であった。

(単位：百万円)

	A店舗	B店舗	C店舗	小計	本社建物 （共用資産）	共用資産を含むより大きな単位での資産グループ合計
帳簿価額	250	170	220	640	150	790
割引前キャッシュ・フロー	210	N/A	230	N/A		750
回収可能価額	160	N/A	N/A	N/A		630

▶A店舗建物の減損損失

(借)減 損 損 失　90,000,000　　(貸)建　　　物　90,000,000
　　　　　　　　　　　　　　　　　　　　　(A店舗)

▶本社建物の減損損失

(借)減 損 損 失　70,000,000　　(貸)建　　　物　70,000,000
　　　　　　　　　　　　　　　　　　　　　(本社)

〈計算〉　　　　　　　　　　　　　　　　　　　　　　　　（単位：百万円）

	A店舗	B店舗	C店舗	小計	本社建物 (共有資産)	共用資産を含むより大きな単位での資産グループ合計
Ⅰ．資産グループごとの減損損失の認識の判断および測定						
(1) 帳簿価格	250	170	220	640	150	790
(2) 割引前将来キャッシュ・フロー	210	N/A	230	N/A		750
(3) 減損損失の認識	する		しない			
(4) 回収可能価格	160	N/A	N/A	N/A		
(5) 減損損失	△90	N/A	N/A	△90		
(6) 資産グループごとの減損処理後帳簿価額	160	170	220	550	150	700
Ⅱ．共用資産を含む，より大きな単位での減損損失の認識の判定及び測定						
(1) 帳簿価格	250	170	220	640	150	790
(2) 割引前将来キャッシュ・フロー						750
(3) 減損損失の認識						する
(4) 回収可能価格						630
(5) 減損損失						△160
(6) 共用資産を加えることによる減損損失増加額						△70

〈計算〉　グループ合計の減損損失160,000,000円 − A店舗の減損損失90,000,000円 ＝ 減損損失増加額70,000,000円

【解　説】　共用資産とは，複数の資産又は資産グループの将来キャッシュ・フローの生成に寄与する資産（例えば，本社等）をいい，のれんは除きます。この共用資産に減損の兆候がある場合，減損損失の認識の判定及び測定は，原則として，共用資産が関連する複数の資産又は資産グ

ループに共用資産を加えた,より大きな単位で行います。

　共用資産を含む,より大きな単位について減損損失を認識するかどうか判定するに際しては,共用資産を含まない各資産又は資産グループにおいて算定された減損損失控除前の帳簿価額に共用資産の帳簿価額を加えた金額と,より大きな単位から得られる割引前将来キャッシュ・フローの総額とを比較します。割引前将来キャッシュ・フローの総額が帳簿価額の合計額を下回る場合には,減損損失を認識します。

　減損損失の測定も,まず,資産又は資産グループごとに行い,その後,より大きな単位で行います。

　減損損失を認識すべきであると判定された共用資産を含む,より大きな単位については,共用資産を含まない各資産又は資産グループにおいて算定された減損損失控除前の帳簿価額に共用資産の帳簿価額を加えた金額を,より大きな単位の回収可能価額まで減額します。

　共用資産を加えることによって算定される減損損失の増加額は,原則として,共用資産に配分します。

(消費税)　減損損失は資産の譲渡等に該当しないため,課税の対象外です。

《表　示》　減損損失は損益計算書上,原則として「特別損失」に計上します。また,減損損失を行った資産の貸借対照表における表示は,原則として減損処理前の取得価額から減損損失を直接控除し,控除後の金額をその後の取得価額とします。ただし,減損損失累計額を減価償却累計額に合算して間接控除する形式が認められています。

■関連法規……減損会計基準二7,(注7),減損会計適用指針第16項,第48項,設例7－1(3),財規第26条の2,第95条の3

758 共用資産を減損処理した—共用資産の帳簿価額を各資産又は資産グループに配分する方法

当社は、A，B，Cの3店舗と本社の建物があり、本社建物の帳簿価額を各店舗に配分する配賦割合は、それぞれ30％，40％，30％であった。本社建物の帳簿価額を配賦割合に基づき配分すると、店舗A，Cに減損の兆候があった。

A，B，Cの3店舗と本社建物の帳簿価額、及びA，C店舗の割引前将来キャッシュ・フローと本社建物（共用資産）配分後の回収可能価額は、以下のとおりであった。

(単位：百万円)

	A店舗	B店舗	C店舗	小計	本社建物 (共用資産)	共用資産を含 むより大きな 単位での資産 グループ合計
帳簿価額	250	170	220	640	150	790
割引前キャッ シュ・フロー	210	N/A	230	N/A		
回収可能価額	160	N/A	N/A	N/A		

▶A店舗の減損損失

(借)減 損 損 失 116,000,000　(貸)建　　　物 116,000,000
　　　　　　　　　　　　　　　　　　　(A店舗)

▶C店舗の減損損失

(借)減 損 損 失　46,000,000　(貸)建　　　物　46,000,000
　　　　　　　　　　　　　　　　　　　(C店舗)

▶本社建物の減損損失

(借)減 損 損 失　38,000,000　(貸)建　　　物　38,000,000
　　　　　　　　　　　　　　　　　　　(本社)

〈計算〉 (単位:百万円)

	A店舗	B店舗	C店舗	小計	本社建物 (共用資産)	合計
帳簿価額	250	170	220	640	150	790
本社建物の帳簿価額の配分	45	60	45	150	△150	0
本社建物の帳簿価額の配分後の帳簿価額	295	230	265	790	0	790
割引前将来キャッシュ・フロー	210	N/A	230	N/A		
減損損失の認識	する		する			
回収可能価額	160	N/A	200	N/A		
減損損失	△135	N/A	△65	△200		
資産グループごとの減損処理後帳簿価額	160	170	200	530		

	減損損失	各店舗への配分	本社建物(共用資産)への配分
本社建物配分後のA店舗	△135	△116	△19(*2)
本社建物配分後のC店舗	△65	△46	△19(*3)
合計	△200	△162	△38(*1)

* 1 : $\triangle 200百万円 \times \dfrac{150百万円}{640百万円 + 150百万円} = \triangle 38百万円$

* 2 : $\triangle 38百万円 \times \dfrac{30\%}{60\%} = \triangle 19百万円$

* 3 : $\triangle 38百万円 \times \dfrac{30\%}{60\%} = \triangle 19百万円$

【解 説】 共用資産の帳簿価額を配賦割合に基づき,各資産又は各資産グループに配分する方法を採用した場合,共用資産の帳簿価額配分後の帳簿価額と,その割引前将来キャッシュ・フローとを比較し,減損損失を認識します。次に,共用資産配分後の各資産又は資産グループの回収可能価額が,それぞれの帳簿価額を下回った場合,それぞれの回収可能価額まで減額し,減損損失を当期の損失とします。

なお,共用資産の帳簿価額を各資産又は資産グループに配分する方法を採用した場合,翌期以降の会計期間においても同じ方法を採用する必

要があるため，帳簿価額等により，減損損失を資産グループと共用資産に配分します。

(消費税) 減損損失は資産の譲渡等に該当しないため，課税の対象外です。

《表　示》　減損損失は損益計算書上，原則として「特別損失」に計上します。また，減損損失を行った資産の貸借対照表における表示は，原則として減損処理前の取得価額から減損損失を直接控除し，控除後の金額をその後の取得価額とします。ただし，減損損失累計額を減価償却累計額に合算して間接控除する形式が認められています。

■関連法規……減損会計基準二7（注8），減損会計適用指針第16項，第48～50項，
　　　　　　　設例7－2，財規第26条の2，第95条の3

759 のれんを減損処理した―より大きな単位でのれんをグルーピングする方法

当社では，のれんを認識した取引において事業Aと事業Bが取得されており，のれんの帳簿価額は450百万円，のれんが認識された時点の事業A，事業Bの時価は，それぞれ980百万円，784百万円であった。事業Aと事業Bは内部管理上独立した業績報告が行われている。

事業Aに属する固定資産に減損の兆候があり，これらの帳簿価額，割引前将来キャッシュ・フロー及び回収可能価額は以下のとおりであった。事業Aに属するのれんを含む，より大きな単位での割引前将来キャッシュ・フロー及び回収可能価額はそれぞれ1,010百万円，900百万円であった。なお，事業Aに配分されたのれんに減損の兆候があった。

・事業Aの固定資産　　　　　　　　　　　　　（単位：百万円）

	土地	建物	機械装置	合計
帳簿価額	250	300	400	950
割引前将来キャッシュ・フロー	300	280	430	1,010
回収可能価額	280	240	380	900

▶建物の減損損失

(借)減 損 損 失 60,000,000　　(貸)建　　　物 60,000,000

▶のれんの減損損失

(借)減 損 損 失 240,000,000　　(貸)の　れ　ん 240,000,000

〈計算〉　　　　　　　　　　　　　　　　　　　　　　　　　(単位：百万円)

	土地	建物	機械装置	小計	のれん	のれんを含むより大きな単位での資産グループ合計
①事業Aに属する資産グループごとの減損損失の認識の判定及び測定						
(1)帳簿価額	250	300	400	950	250(*)	1,200
(2)割引前将来キャッシュ・フロー	300	280	430	1,010		
(3)減損損失の認識	しない	する	しない			
(4)回収可能価額	280	240	380	900		
(5)減損損失	N/A	△60	N/A	△60		
(6)資産グループごとの減損処理後簿価	250	240	400	890	250	1,140
②事業Aに属するのれんを含む，より大きな単位での減損損失の認識の判定及び測定						
(1)帳簿価額	250	300	400	950	250	1,200
(2)割引前将来キャッシュ・フロー						1,010
(3)減損損失の認識						する
(4)回収可能価額						900
(5)減損損失 (900−1,200)						△300
(6)のれんを加えることによる減損損失増加額						△240
(7)資産グループごとの減損処理後の帳簿価額	250	240	400	890	250	1,140
(8)のれんに係る減損損失					△240	△240
(9)減損処理後の帳簿価額	250	240	400	890	10	900

＊：A事業ののれん…450百万円 × $\dfrac{980百万円}{(980百万円 + 784百万円)}$ = 250百万円

【解　説】　のれんを認識した取引において取得された事業の単位が複数である場合には，のれんの帳簿価額を合理的な基準に基づき分割します。

分割されたのれんを含む，より大きな単位に減損の兆候がある場合，

減損損失の認識の判定及び測定は，原則として，のれんが帰属する事業に関連する複数の資産グループにのれんを加えた，より大きな単位で行います。

　減損損失の認識の判定及び測定は，まず資産グループごとに行い，その後，より大きな単位で行います。

　減損損失を認識すべきであると判定されたのれんを含む，より大きな単位については，のれんを含まない各資産グループにおいて算定された減損損失控除前の帳簿価額にのれんの帳簿価額を加えた金額を，より大きな単位の回収可能価額まで減額します。

　のれんを加えることによって算定される減損損失の増加額は，原則として，のれんに配分します。ただし，のれんに配分された減損損失が，のれんの帳簿価額を超過する場合には，その超過額を合理的な基準により各資産グループに配分します。

（消費税）　減損損失は資産の譲渡等に該当しないため，課税の対象外です。

《表　　示》　減損損失は損益計算書上，原則として「特別損失」に計上します。また，減損損失を行った資産の貸借対照表における表示は，原則として減損処理前の取得価額から減損損失を直接控除し，控除後の金額をその後の取得価額とします。ただし，減損損失累計額を減価償却累計額に合算して間接控除する形式が認められています。

■関連法規……減損会計基準二8，(注7)(注9)(注10)(注11)，減損会計適用指針第17項，第51項，第52項，第95項，設例8，財規第26条の2，第95条の3

760　のれんを減損処理した—のれんの帳簿価額を資産グループに配分する方法

　当社では，甲事業についてのれんを取得したが，のれんの帳簿価額を各資産グループに配分して管理会計を行っている。のれん及び資産

グループA，B，Cの帳簿価額，合理的な配賦基準は下記のとおりである。

資産グループB，Cに減損の兆候が認められ，それぞれの割引前将来キャッシュ・フロー及び回収可能価額も下記のとおりである。

(単位：百万円)

	資産A グループ	資産B グループ	資産C グループ	小計	のれん	合計
帳簿価額	250	300	400	950	190	1,140
のれんの合理的な配賦基準	30%	20%	50%			
のれんの帳簿価額配分後の割引前将来キャッシュ・フロー	N/A	270	450			
回収可能価額	N/A	250	340			

▶資産Bグループの減損損失

　　(借)減 損 損 失　50,000,000　　(貸)資産Bグループ　50,000,000

▶資産Cグループの減損損失

　　(借)減 損 損 失　60,000,000　　(貸)資産Cグループ　60,000,000

▶のれんの減損損失

　　(借)減 損 損 失　133,000,000　　(貸)の　れ　ん　133,000,000

〈計算〉

(単位:百万円)

	資産Aグループ	資産Bグループ	資産Cグループ	小計	のれん	合計
帳簿価額	250	300	400	950	190	1,140
のれんの帳簿価額の配分	57	38	95	190	△190	0
のれんの帳簿価額の配分後の帳簿価額	307	338	495	1,140	0	1,140
割引前将来キャッシュ・フロー	N/A	270	450	N/A		
減損損失の認識		する	する			
回収可能価額	N/A	250	340	N/A		
減損損失	N/A	△88	△155	△243		
資産グループごとの減損処理後帳簿価額	250	250	340	840		

	計	のれん	資産Bグループ	資産Cグループ
減損損失	△243	△133	△50(*1)	△60(*2)

*1:資産Bグループの減損損失:88百万円-38百万円

*2:資産Cグループの減損損失:155百万円-95百万円

【解　説】　のれんの帳簿価額を各資産グループに配分して管理会計を行っている場合や、のれんが帰属する事業が、各資産グループの将来キャッシュ・フローの生成に密接に関連し、その寄与する度合いとの間に強い相関関係をもつ合理的な配賦基準が存在する場合には、のれんの帳簿価額を各資産グループにその合理的な配賦産基準で配分することができます。なお、のれんの帳簿価額を各資産グループに配分する方法を採用する場合には、翌期以降の会計期間においても同じ方法を採用する必要があり、また、その企業の類似の資産グループにおいては、同じ方法を採用する必要があります。

この方法を採用する場合には、配分された各資産グループに減損の兆候があるときに、以下のように減損損失の認識の判定及び測定を行います。

(1) のれんの帳簿価額を，そののれんが帰属する事業に関連する各資産グループに配分した上で，減損損失を認識するかどうかを判定する。
(2) 各資産グループの帳簿価額にのれんの帳簿価額を配分した額を加えた金額を回収可能価額まで減額する。
(3) のれんの帳簿価額を配分した各資産グループにおいて認識された減損損失は，のれんに優先的に配分し，残額は帳簿価額に基づく比例配分等の合理的な方法により，その資産グループの各構成資産に配分する。

(消費税) 減損損失は資産の譲渡等に該当しないため，課税の対象外です。

《表 示》 減損損失は損益計算書上，原則として「特別損失」に計上します。また，減損損失を行った資産の貸借対照表における表示は，減損処理前の取得価額から減損損失を直接控除し，控除後の金額をその後の取得価額とします。

■関連法規……減損会計基準二8（注9，10，11），減損会計適用指針第52～54項，第133項，財規第26条の2，第95条の3

761 リース取引により使用している資産について減損処理を行った

　当社は，小売業を営んでいるが，今般，A店舗に減損の兆候がみられたため，減損損失の認識の判定及び測定を行った。A店舗の土地及び建物は所有しているが，什器備品は所有権移転外ファイナンスリース取引にて使用しており，そのリース取引について賃貸借取引に係る方法に準じて会計処理を行っている。

　A店舗の土地・建物（主要な資産とする）の帳簿価額は500百万円，700百万円で，什器備品の帳簿価額とみなされる未経過リース料の現在価値は420百万円であった。この資産グループの割引前将来キャッシュ・フローは1,500百万円，回収可能価額は1,050百万円で，土地の正味売却価額は500百万円であった。なお，当期末のこのリース契約の残存期間は5年である。

▶当期

(借)減 損 損 失 570,000,000　　(貸)建　　　物 356,000,000
　　　　　　　　　　　　　　　　　　　リース資産減損勘定 214,000,000

▶翌期

(借)リース資産減損勘定 42,800,000　　(貸)リース資産減損勘定取崩益 42,800,000
(借)リース資産減損勘定取崩益 42,800,000　　(貸)支払リース料 42,800,000

〈計算〉　　　　　　　　　　　　　　　　　　　　　　（単位：百万円）

	土地	建物	什器備品	合計
帳簿価額及び帳簿価額とみなされる未経過リース料	500	700	420	1,620
割引前将来キャッシュ・フロー				1,500
減損損失の認識				する
回収可能価額				1,050
減損損失	N/A	△356*(1)	△214(*2)	△570
減損処理後帳簿価額	500	344	N/A	844

* 1 ： $\triangle 570 \times \dfrac{700}{700+420} = \triangle 356$

* 2 ： $\triangle 570 \times \dfrac{420}{700+420} = \triangle 214$

リース資産減損勘定取崩益…214,000,000円÷リース契約の残存期間5年
　　　　　　　　　　　　　＝42,800,000円

【解　説】 借手側が，所有権移転外ファイナンスリース取引について，賃貸借取引に係る方法に準じて会計処理を行っている場合，その対象資産の減損処理を検討するにあたっては，当該リース資産の未経過リース料の現在価値を帳簿価額とみなして，減損会計基準を適用します。

　リース資産に関する減損の兆候の把握，減損損失を認識するかどうかの判定及び減損損失の測定は，通常の資産に準じて行います。

　リース資産グループについて認識された減損損失は，通常の場合と同様に，合理的な方法により資産グループの各構成資産に配分します。

　リース資産に配分された減損損失は，重要性がある場合には負債の部

において「リース資産減損勘定」等適切な科目をもって計上します。この負債は,リース契約の残存期間にわたり定額法によって取り崩され,その取崩額は各事業年度の支払リース料と相殺します。

また,賃貸借取引に係る方法に準じて会計処理を行っているが,個々のリース資産の重要性が乏しいリース取引は,減損会計基準の対象としないことができます。

(消費税) 減損損失は資産の譲渡等に該当しないため,課税の対象外です。

《表　示》 減損損失は損益計算書上,原則として「特別損失」に計上します。

■関連法規……減損会計基準(注12)1,2,減損会計適用指針第60項,第61項,第62項,第143項,第144項,設例9,財規第26条の2,第95条の3

762 再評価を行った土地について減損処理を行った

当社は,下記の表のように土地について再評価を行ったが,X1年3月31日にこれらの土地は減損損失を認識すべきであると判定され,回収可能価額はそれぞれ下記の表のとおりであった。なお,税効果会計適用上の法定実効税率は30%とし,その減損損失は,当社において回収可能性のある将来減算一時差異として取り扱われている。

(単位:百万円)

	土地の帳簿価額		回収可能価額	減損処理額	減損処理額に係る税効果額
	取得価額	再評価額			
土地甲	500	800	700	100	30
土地乙	300	400	200	200	60
土地丙	700	600	300	300	90

▶土地甲

| (借)減 損 損 失 | 100,000,000 | (貸)土　　　地 | 100,000,000 |

| (借)再評価に係る繰延税金負債 | 30,000,000 | (貸)法人税等調整額 | 30,000,000 |

| (借)土地再評価差額金 | 70,000,000 | (貸)土地再評価差額金取崩額 | 70,000,000 |

▶土地乙

| (借)減 損 損 失 | 200,000,000 | (貸)土　　　地 | 200,000,000 |

| (借)再評価に係る繰延税金負債 | 30,000,000 | (貸)法人税等調整額 | 60,000,000 |
| 　　　繰延税金資産 | 30,000,000 | | |

| (借)土地再評価差額金 | 70,000,000 | (貸)土地再評価差額金取崩額 | 70,000,000 |

▶土地丙

| (借)減 損 損 失 | 300,000,000 | (貸)土　　　地 | 300,000,000 |

| (借)繰延税金資産 | 120,000,000 | (貸)法人税等調整額 | 90,000,000 |
| | | 　　　再評価に係る繰延税金資産 | 30,000,000 |

| (借)土地再評価差額金取崩額 | 70,000,000 | (貸)土地再評価差額金 | 70,000,000 |

〈計算〉

(単位：百万円)

土地甲　減損処理額＝800－700＝100
　　　　税効果控除後の土地再評価差額金取崩額＝300×(1－30％)×{100÷(800－500)}＝70

土地乙　減損処理額＝400－200＝200
　　　　税効果控除後の土地再評価差額金取崩額＝(400－300)×(1－30％)＝70

土地丙　減損処理額＝600－300＝300
　　　　税効果控除後の土地再評価差額金取崩額＝(600－700)×(1－30％)＝△70

【解　説】「土地の再評価に関する法律」により再評価を行った土地については，再評価後の帳簿価額に基づいて減損会計を適用します。この

場合,減損処理を行った部分に係る土地再評価差額金は取り崩すこととなると解されますが,法律の定めのもとで計上された土地再評価差額金は,売却した場合と同様に,剰余金修正を通して繰越利益剰余金に繰り入れます。

なお,取り崩すこととなる減損処理を行った部分に係る土地再評価差額金の金額は,以下のように算定されます。

① 減損処理後の土地の帳簿価額が増額した直前の帳簿価額以上である場合,その土地再評価差額金のうち,減損処理した金額に相当する金額
② 減損処理後の土地の帳簿価額が増額した直前の帳簿価額に満たない場合及び減額した土地を減損処理した場合,その土地再評価差額金の全額

〔消費税〕 減損損失は資産の譲渡等に該当しないため,課税の対象外です。

《表　示》　減損損失は損益計算書上,原則として「特別損失」に計上します。また,減損損失を行った資産の貸借対照表における表示は,減損処理前の帳簿価額から減損損失を直接控除し,控除後の金額をその後の帳簿価額とします。ただし,減損損失累計額を減価償却累計額に合算して間接控除する形式が認められています。

■関連法規……減損会計適用指針第64項,第146項,設例10,減損意見書五3,土地再評価法第8条第2項,回収可能性適用指針36項,財規第26条の2,第95条の3

[索　引]

[数字]

1株当たりの取得価格が低下　252
1勘定制　130
1点当たり100,000円未満（取得価額）
　649
1年を超えて弁済期の到来する貸付金
　280
1年を超えるサイトの手形　73
1年以上経過（取引停止後）　685,
687
1年以内
　―に回収が見込まれるもの　159,
160, 162, 169
　―に期限の到来するもの（外貨定期
預金）　31
　―に支払期限の到来するもの（設備
支払手形）　193
　―に終了する特定金銭信託　112
　―に返済（取引先の都合）　280
　―に返済する借入金　427
　―に満期の到来（CD）　38
　―に満期の到来する債券　96, 244
　―に履行期が到来（外貨建貸付金）
163
　―の短期前払費用　635
　―の前払費用　705
1年基準　74, 75, 171
1年内に到来するもの（為替予約）
423
1年内返済の長期借入金　366
1年内返済予定額　366
1年内返済予定の長期借入金　427
10％超の修理　743
10％未満の改良　742
10万円以上20万円未満（取得価額）
197

10万円以上20万円未満の資産　773
10万円未満（取得価額）　197
10,000円以下の飲食費　662
100,000円未満のもの（取得価額）
　773
2勘定制　130
20％相当額　927
20万円以上の修理，改良　215
20万円基準　214
　―（資本的支出・修繕費）　214
20万円未満の少額支出　737
200％定率法　770, 778, 779, 780, 783
250％定率法　778
200,000円未満のパソコン　773
3勘定制　130
30％以上50％までの下落率（有価証券）
　249
30％未満の下落率（有価証券）　249
30万円未満の減価償却資産　197,
736, 773
30万円基準（少額減価償却資産）
736
30万円未満（取得価額・リース）
880
300万円を限度（リース）　880
3,000円以下（少額物品）　665
3,500円以下（給食費補助）　640,
642
50％まで損金算入（接待飲食費）
663
50％を損金算入（貸倒損金経理）
681
50％以下（給食費補助）　642
50％以上（給食費徴収）　640
　―の下落率（有価証券）　249
50％程度以上低下（株式）　275,
278, 279

60万円未満（修理・改良） 216
600,000円に満たない（取得価額） 743
600,000円未満の改良 745
600,000円未満の支出（修繕費） 737
70％以上が再使用（建築） 740
95％まで減価償却（取得価額の） 777

（あ）

アーケード 191, 757
アーチ 757, 787
亜鉛材 566
青色申告 783
預り金 159, 161, 272, 385, 378, 402, 525, 562, 583, 588, 597, 617, 635, 694, 708, 711, 790
預り敷金 447
　—を返還 448
預り保証金 389, 809
　—が発生 389
アスファルト 191, 192, 334
圧縮記帳 220, 394, 472, 969, 970
圧縮記帳処理 221
圧縮限度額 221, 394
圧縮積立金 969, 970
圧縮特別勘定 393
斡旋 552
後払い 178
油 155
アメリカン・タイプ 900, 901
洗替処理方式 682
洗替法 137
洗替方式 95, 246, 259
アルバイト 598
アルミサッシ 737
暗号資産 179, 181, 182, 183
　—の非課税売上 182, 183
暗号資産換算益 182
暗号資産換算損 181, 183

暗号資産建取引 181, 183
暗号資産評価益 179
安定株主対策 245

（い）

慰安 662, 664, 667
慰安会 652
慰安旅行 643, 644, 645
移管費 580
石造 190
維持補修 776
移設中の資産 776
移設費 741
委託研究 622
委託研究費 622
委託者 111, 523, 575
委託証拠金 899
委託手数料 107
委託販売 144, 522, 575
委託販売契約 523, 575
一時に損金算入 735, 736
一時の損金 740
一時差異 962
一時的に用いる勘定 388
一時返却 77
著しい改良 624, 625
著しい改良等 621
著しい下落 100
著しい時価の下落 293
著しく少額 150
一括して取得 223
一括償却資産 197, 735, 773
一括損金算入 197
一括評価による貸倒引当金 683
一括評価金銭債権 398
一括評価金銭債権額 683
一括比例配分方式 913, 943
一括法 421, 493
一般債権 397
移転損益 301, 313, 318
移動平均法 97, 133, 134, 245

委任の対価　590
遺物　224
医薬品副作用被害救済基金法　339
医療医薬品　638
祝金　637, 656
インコタームズ　531
印刷費　328, 330
印紙　8, 702
　―を購入　8
印紙税　8, 702, 751, 794
印紙税法　751
印紙代　698, 751
飲食費　668, 676
飲食料品　920, 928, 929
インパクトローン　364
インボイス制度　915, 921, 925, 932
インボイス保存　653

(う)

ウイルス防止　625
ウォータサーバー　919
請負工事（海外、外国）　917
請負代金　533, 535, 546
請負代金額　538, 540, 543
受取スワップ利息　903, 904, 909
受取地代　172, 915
受取地代家賃　809
受取賃貸料　551, 552
受取手形　46, 77, 78, 523, 531, 685
　―が不渡り　680
受取手数料　526
受取配当金　3, 17, 127, 177, 260, 261, 803, 807, 808
受取家賃　387
受取利息　16, 796, 798, 799
受渡日　245
打歩発行　256
うちわ　658
裏書義務　54
裏書義務見返　54, 56
裏書譲渡　54

　―した手形が不渡り　57
　―した手形が満期日に決済　56
裏書手形　54, 56
裏書人に遡求　66
売上　46, 50, 64, 129, 564
売上勘定　554
売上計算書　522, 525
売上原価　519, 549
売上原価勘定　554
売上債権　683
　―が回収不能　678
売上総利益　564
売上高　514, 516, 519, 531, 549
　―が10,000,000円超　917
売上値引　410, 515, 953
売上値引・戻り高　564
売上値引・戻り高勘定　554
売上割引　81, 516, 827
売上割戻し　516, 518, 573, 665
売掛金　10, 76, 79, 353, 383, 514, 516, 519, 531, 549, 679
　―が貸倒れ　79, 89
　―と買掛金を相殺　78
　―と相殺　363
　―を現金で回収　76
売掛金等が消滅　678
売掛債権　678, 685, 689
売掛代金　10, 76, 77
　―の回収　10
売現先　123
運送事業用車両　196
運送費　187
運送保険　707
運送保険料　131, 554, 582
運賃　560, 564, 569
運賃等　144
運転免許　633
運動会　655, 662
　―に援助金　655
運動場として造成　198
運搬具　195

運搬費　740
運用目的　112

(え)

エアーカーテン　191
エアコン　734
映画　667
営業外受取手形　62, 798, 799
営業外電子記録債務　193
営業外収益　683, 796
営業外費用　678, 680, 681, 682, 685, 686, 688, 690, 817
営業循環過程　136, 141
営業循環基準　46, 47, 73, 74, 342
営業保証金　447
営業補償金　688
営業用建物を購入　187
影響力基準　95
衛生管理者　633
衛生設備　191
永代借地権　235
永年勤続表彰　645
益金不算入　765
役務の提供　377, 378, 583, 588, 597, 603
エレベーター　190
宴会　664
宴会費　667
円換算　13
円換算額　32
演劇　667
演芸会　662
宴席　662
　—に招待　662
　—の費用　663
延長　215
延長オプション　863, 895
煙突　192
延納　830

(お)

オーバーホール　217
大型コンピュータを購入　582
大阪・関西万博　651, 815
　—の入場券　815
　—の入場券を購入　651
お中元　669
オプション　897, 900, 907
オプション権　901
オプション権行使益　901
オプション権評価損　901
オプション権放棄損　901
オプション取引　897, 901
オペレーティング・リース取引　726, 864
オペレーティングリース取引　861
親会社から借入　362
親会社短期借入金　363
親子会社の合併　303
親子会社間の再編　307
オンラインショッピング機能　660

(か)

カーテン　734
買入償還　110, 420
買入手数料　187
絵画　224, 812, 813, 987
　—の贈与　813
　—を購入　224, 987
海外　163, 917
　—の請負工事　917
　—の取引先　163
海外CD　43
海外出張　693
海外出張旅費　7
海外在勤役員　591
海外渡航　695
海外渡航費　693, 696
海外旅行　644
海外旅行費用　696

買換え　201
買掛金　11, 342, 348, 352, 529, 554, 556, 561, 651, 809
　―と相殺　160
　―の計上　348
　―の支払い　342
　―を売掛金と相殺　353
　―を手形で支払った　352
買掛金支払い　343
外貨建貸付金の評価　163
外貨建借入金　364
外貨建基準　13
外貨建金銭債権　163
外貨建金銭債権債務　829
外貨建社債　423
外貨建長期金銭債権の期末評価　281
外貨建長期金銭債権債務等　423
外貨建取引　31, 106, 531, 558
　―で仕入　958
外貨建取引等会計処理基準　13, 31, 32, 532, 560
外貨建荷為替　531
外貨建荷為替手形の割引　70
外貨建有価証券を取得　106
外貨建輸出取引　83
外貨定期預金　31
外貨定期預金口座を開設　31
外貨預金　32
　―の期末評価　32
　―の払戻し　32
外貨預金口座　31
会議費　663, 672, 699
開業準備　766
　―のための費用　326
開業費　324, 326
開業費償却　326
会計基準変更時差異　438
会計上の変更及び誤謬の訂正に関する会計基準　242
会計上の見積りの変更　207

会計帳簿を締切　854
外形標準課税　841
解決金を支払う　673
買現先　123
外交員に対する報酬　577
外国での請負工事　917
外国の国立大学に寄付　766
外国貨物　560
外国為替取扱銀行　531
外国債　108
外国通貨　12
概算納付　635
概算労働保険料　635
海事代理士　792
会社が保険金受取人　713
会社案内書　733
会社更生法　89, 283, 396, 679, 681
会社負担額（健康保険料、厚生年金保険料）　634
　―（給食費）　640
会社負担分（社会保険料）　386
　―（労働保険料）　635
会社分割　314
　―の手続　314
会社補助額（給食）　642
改修　224
回収が不能　80
回収可能（繰延税金資産）　616
回収可能価額　981, 983, 984, 990, 993, 995, 1002
回収可能額　412
回収可能性　974
　―がない　95
回収懸念額　974
回収不能　280, 678, 680, 687
　―のおそれ　156
回収不能部分　399
回収不能見込額　398
回収見込額　284, 398
会場賃借料　655
会場費　632, 667, 668

会食　671, 672
改造　215
解体移築　739
解体処理費用　296
解体費　740
改築　787
改築費　756
外注加工委託　529
外注加工賃　569
外注費　91, 153, 534, 548
外注品　568
改定取得価額　771
改定償却率　779, 785
街灯　757
開発　621
開発費　324, 332
　—の発生と決算整理　332
開発費償却　332
会費　666, 755, 756
回復可能性　95, 275
外壁の補修　742
戒名料　670
買戻し義務　529
解約　718, 719
解約オプション　863
解約手数料　916
解約返戻金　706, 718, 719, 721
解約返戻金相当額　717
解約返戻率　709
改良　25, 624, 738, 742, 743, 745
改良等の費用が2期にまたがった　746
改良費用　214
書替手形　65
家具　197, 367
拡張　215
拡張工事　533
確定給付型の企業年金制度　441
確定給付企業年金制度　432
確定拠出制度　443
確定拠出年金制度　610

確定納付　370
確定利子　109
格納式避難設備　191
掛　165
　—で仕入　129
掛売り　129
掛金拠出時　433, 434, 437
掛仕入　348
掛捨て　709
掛捨保険料　579
加工費　146, 147
過去勤務債務　430, 431, 432, 433, 436
過去勤務費用　431, 436
火災　834, 837
火災関連費用　834
火災損失　837
火災保険　177, 706
火災保険料　171, 706, 721
火災未決算　177
貸金庫　789
貸金等が回収不能　689
借越額（マイナス残高）　21
貸自動車業用　196
貸倒れ　396, 401, 678, 680, 686, 691, 765
　—に係る消費税額　79, 90
貸倒懸念債権　397
貸倒実績率　396, 683
貸倒損失　79, 397, 399, 678, 679, 685, 687, 689
貸倒引当金　79, 280, 284, 396, 400, 680, 681, 682, 683, 690, 691, 822, 960
　—の繰入れ，取崩し　400
　—の計上と取崩し　396
　—を設定　400, 690, 822
貸倒引当金繰入額　89, 396, 400, 678, 680, 690, 691, 822
　—を計上　682, 683
貸倒引当金繰入限度額　396
貸倒引当金戻入額　400, 682

貸倒見込額　682
貸倒見積高　280, 284
貸付け　562
貸付金　5, 156, 678, 685, 689, 796, 799
　—の回収　25
　—の返済金　24
　—の利子　25, 798
貸付金利息　161, 798, 800
貨車　195
ガス　326, 569, 643, 646
ガス設備　191
ガス代　730
ガス料金　18
課税売上　518
課税売上高　912
　—が1,000万円以下　918
　—が1,000万円超え　918
　—が5,000万円以下　918, 919
課税売上割合　912
　—が60%　943, 945
　—が95%以上　912, 913
　—が95%未満　943, 945
課税仕入れ　554
課税対象外　3, 4, 7, 147, 272, 274, 279, 353
課税対象外取引　105, 149, 318, 325, 372
課税文書　751
カゼ薬　638
仮想通貨　179
型　197
片端入　38
カタログ　658
割賦購入　218, 369
割賦購入未払金　368
割賦販売　521
合併　232, 301, 306, 319
　—の手続き　306
合併契約　307
　—の承認　307

合併交付金　484
合併差益　468
合併消滅会社株式の会計処理　319
合併存続会社　302
合併登記　307
合併比率　303, 304
稼動休止　828
稼動休止資産　776
稼動休止中の資産　776
可動間仕切り　191
金型　168, 169, 196, 203
　—の売却　169
金型減価償却累計額　169, 203
金型除却損　203
金型売却損　169
加入金　337
加入金償却　338, 786
過年度更正額　843
過年度事業税　847
過年度法人税等　843
株価指数オプション　897
禍福　656
株券　312
　—の印刷　325
　—の提出手続　307
株券印刷費　328, 329
株券・新株予約権証書の提出手続　312
株式　16
　—の強制取得　253
　—の交付等のため直接支出した費用　328
　—の消却　478
　—の譲渡　245, 804
　—の発行会社　319
　—の利益消却　253
　—の累積投資　271
　—を無償交付　502
株式移転　232, 301, 309, 311
　—に伴い新会社の株式を取得　321

1011

株式移転契約の締結　311
株式移転登記　312
株式会社を設立　460
株式型（投資信託）　258
株式継続保有要件　308
株式交換　232, 301, 309, 310, 484
　—により新株式を取得　320
株式交換契約の締結　311
株式交付費　324, 328
　—の決算整理　328
　—の支払い　328
株式交付費償却　329
株式消却　253, 479
株式配当金領収書　805
株式払込剰余金　461, 464, 465
株式引受権　511
株式ファンド　258
株式分割　251
　—により持株数が増加　251
株式分割後の帳簿価額　251
株式募集　325
　—のための広告費　328
株式無償割当てにより株式の交付　252
株式申込証の印刷　325, 328
株主　307
　—の株式買取請求　307, 311, 314
　—への利益配当　373
株主会員制　292
株主配当金　372, 375
過振り　20
貨物引換証　69, 143, 563
借入の担保　425
借入金　26
　—の利子　188
　—を小切手で支払う　26
借入金取引　425
借入金利息　219, 817
仮受金　10, 388
仮受消費税等　371, 911
借手　288
　—の支払利息　288
　—の追加借入利子率　893
　—のリース期間　288, 890, 893
　—のリース料　236, 864, 871, 878
仮払金　7, 168, 271, 613, 693, 800, 801
　—の精算　167
　—の発生　167
仮払源泉税　176
　—の納付　176
仮払事業税　175
仮払消費税　371, 912
仮払消費税等　919
仮払申請書　167
仮払地方税　175
仮払法人税　16, 37, 175, 801, 805
仮払法人税等の発生　174
科料　753
過料　753
カレンダー　658
為替差益　14, 32, 83, 364, 423
為替差損　14, 32, 83, 88, 163, 281, 423, 829
為替差損益　32, 533
為替相場　13, 70, 423, 531
為替手形　46, 47, 49, 70, 77, 342, 532
　—が満期日に決済　53
　—が満期日に取立入金　51
　—の譲渡　65
　—の引受け　343
　—の振出し　50
　—の譲受け　73
為替予約　87, 164, 364, 423
為替レート　364
簡易建物　190
関係会社　277
関係会社株式評価損　276
関係会社整理損　765
関係会社短期貸付金　160
観劇　663, 673
　—への招待　518

観劇招待　518
観光　663
観光旅行　696
冠婚葬祭費用　594
監査等委員会設置会社　373
監査役　583
監査役会設置会社　373
関税　555, 559, 564
完成工事　356
完成工事原価　91, 154, 533, 536, 538, 541, 544
完成工事高　91, 384, 533, 535, 536, 538, 541, 544
　—の計上　154
完成工事補償引当金　405
完成工事補償引当金繰入額　405, 406
完成工事補償引当金戻入額　406
完成工事未収入金　154, 384, 533, 536, 538, 541, 544
完成品原価　148
完成品振替高　567
間接経費　571
間接材料費　571
間接費　571
間接労務費　571
完全親会社　312
　—の会計処理　309
完全子会社　312
　—となる株式の会計処理　320
官庁への届出　307
看板　197, 337, 657, 674
　—の製作代金　336
還付　846, 913
還付税額　847
幹部会議後に飲食　671
岸壁　191
簡便法　231, 440, 442
管理人給料　646
関連会社　277
関連会社株式　95, 96, 99, 276, 277

　—を期末評価　276
　—を取得　276
関連会社株式評価損　276

(き)

義援金　763
機械　213
　—が陳腐化　213
　—の売却　74
機械減価償却費　209, 212
機械減価償却累計額　202
機械装置　187, 192, 202, 453, 471, 474, 622, 626, 740, 776, 780, 784, 914, 932, 971
　—の売上　954
　—の除売却　202
　—の売却　203
　—を購入　626
　—を取得　192, 932
機械装置減価償却累計額　828
機械装置評価損　981, 984
機械売却益　202
機器組込みソフトウェア　626
企業の評価　232
企業会計原則　324
企業会計原則注解15　324, 339
企業結合　186, 301
企業結合に係る会計基準　312
企業結合に関する会計基準　301, 307, 318
企業結合会計基準　186
企業結合会計基準及び事業分離等会計基準に関する適用指針　105, 307, 312, 318
企業年金　442
企業年金制度　442
　—（確定給付型）　441
器具　197
器具備品　368, 735, 773, 779
議決権　274, 277
危険物取扱主任者　633

危険保険料　709
期首洗替処理　104
起重機　192
基準価格（株式投資信託）　259
期待運用収益相当額　433, 435, 437
期中供用資産　772
期中取得資産の減価償却　210
切手を購入　8
軌道　191
軌道用車両　195
記念式典費用　666
記念品代　668
機能維持　624
既発社債の購入時，利払時，売却時　800
既発利付債券の利払日及び償還日の処理　109
既発利付債券を取得　107
寄付　759
　—（外国の国立大学）　766
寄付金　601, 655, 759, 760, 764, 766
　—の損金算入限度額　768
　—を手形で支払った　762
期末残高が借越し　30
期末時換算法　282
期末商品棚卸高　564
期末日が休日　48
期末日満期手形　343
期末評価　135, 282
機密費　662
キャンセル　916
キャンペーン　659
救急車　196
休止固定資産の減価償却費　828
吸収合併　302, 304, 306, 483
吸収合併消滅会社　305
吸収合併存続会社　305
吸収分割　313, 314, 317, 484
吸収分割会社　313
吸収分割契約　314
　—の締結　314

吸収分割承継会社　313, 318
求償債権　412
給食　642
給食代　641
給食費　640
　—の補助金　640
級数法　205, 769
旧定額法　205
旧定率法　205
旧定率法償却率　777
給排水設備　190
給与　712
給与較差分　600
給与較差補塡金　601
給与債務の肩代り　601
給与所得　694
給与手当　766
給与負担金　596
給料　377, 378, 567, 597
　—の未払分　599
　—を支払った　567
給料手当　568, 585, 597, 623, 694, 708
教育訓練費　632, 633
供応　662, 664, 667
協会の負担金　757
業界団体　666
共済契約　610
教材費　593
強制取得　253
業績が回復　689
業績連動型報酬　588
業績連動給与　603
供託　552
供託金　552
共通支配下の取引　303, 304, 307, 318
共同企業体（JV）　543
共同施設　757
共同施設負担金　756, 757, 788
共同支配企業の形成　305, 307

共同宿泊所　757
共同的施設　788
共同展示場　757
業務委託報酬　790
共用資産　991, 993
　　―を減損処理　990, 993
許可　751
居住用賃貸建物　223
拠出金　759
切放し法　137
金庫　197
銀行の残高照合表　28
銀行借入金の肩代り　686
銀行口座への振込み　349
金銭を贈呈　760
金銭債権　289, 681, 691
　　―が消滅　679
　　―の譲渡　81
　　―の譲受け　81
金銭消費貸借契約　26, 156, 158, 162
金銭消費貸借契約書　360
金銭消費貸借契約証書　426
金属造　190
均等償却　777
均等年賦　787
金品引換券　550
勤務費用　429, 430
金融機関の取扱手数料　325, 328, 330, 417
金融債　108
金融商品に関する会計基準　93, 96, 244
金融商品会計に関する実務指針　101
金融派生商品　897
金融要素　521
金利の調整部分　256
金利先物オプション　897
金利スワップ　897, 903
金利スワップ取引　902, 905
金利相当額　799
金利相当分　521
金利調整差額　41, 42, 269

〈く〉

クーポン券　645
クーラー　196
偶発債務　52, 55, 56, 59, 61, 686
　　―が消滅　61
国等に対する寄付金　760, 766
区分記載請求書　922
区分法　421, 493
組合　666, 757
組込デリバティブ　298
クラブ　648, 650
　　―での飲食費等　677
グランド使用料　915
グリーン車　695
繰越欠損金　974, 975
繰越商品　564
繰越商品勘定　554
繰越利益剰余金　210, 221, 372, 470, 485, 969, 971
クリスマスケーキ　581
繰延債券先物評価益　905
繰延資産　324, 330, 757, 786, 787
　　―の償却期間　788
繰延消費税等　914
繰延消費税等償却　914
繰延税金資産　231, 615, 616, 617, 825, 961, 962, 964, 966, 972, 974, 976
　　―の回収可能性　976
　　―を計上　972
繰延税金資産の回収可能性に関する適用指針　978
繰延税金負債　210, 211, 231, 472, 475, 488, 825, 962, 969, 970, 972
繰延ヘッジ損益　907, 909
繰延法　961
グルーピング　397, 990
グループ法人税制　763
勲章受章　671

(け)

経営者研修会　593
経営状態が悪化　684
経営不振　764, 765
経過勘定　377
経過措置　924, 930
　—の適用（インボイス制度）
　　938, 945
経過利子　107, 108, 109
経過利息　800
軽減税率　920, 928, 930, 931
　—の対象となる品目　919, 920
経済耐用年数基準　876
経済的使用可能予測期間　871
経済的耐用年数基準　869
経済的利益　759
形式基準　217, 681
経常会費　666
慶弔　656
慶弔規程　637, 656
慶弔金規程　637
経費　91, 153, 356, 534, 548, 570
契約金　578
契約資産　534, 537, 539, 542, 549
契約承認決議　311
契約負債　407, 413, 523, 528, 550
激変緩和措置　952
下水道工事　543
月額150,000円　695
結婚　637
結婚式費　594
決済手段　342, 343
決算　129
決算期末日が休日　48
欠損　471
　—の填補　471, 477
欠損金　255
　—の繰越期間　975
　—の補填　255
欠損填補　477

　—のための減資　466
欠損補填　255
決定　841, 847
決定実効税率　969
月賦　521
原価回収基準　538
原価計算元帳　570
減価償却　194, 202, 204, 769, 780, 988
　—（ソフトウェア）　627
減価償却資産　769
　—に係る消費税額　769, 784
　—の取得価額　771
減価償却費　194, 202, 204, 450, 627, 630, 770, 774, 776, 778
減価償却費月割額　569
減価償却方法　186, 205, 288
　—を変更　206, 208
減価償却累計額　206, 769, 770, 774, 776, 778
原価比例法　535, 538, 540, 548
研究開発　235
研究開発費　621, 622, 624
研究開発目的　622
現金　2, 11, 15
　—の盗難　9
現金過不足　9
現金基準　260
現金等価物　797
健康診断費用　579
健康保険　597
健康保険料　379, 386, 634
現在価値基準　869, 876
原材料　131, 132, 566
　—の棚卸減耗損　142
現先取引　123
検索機能　660
検査工具　197
減資　255, 465, 468
　—により所有持株数が減少　254
　—の方法　463

減資差益　463, 465, 470
研修　632
検収　132, 514, 555, 622
検収基準　348, 514
原状回復に要した費用　745
原状回復義務　231
原状回復費用　285
原状復旧費用　448
建設仮勘定　188, 199, 215, 228, 986
　―を計上　199
建設業　140, 153, 356, 384, 405
建設協力金　288, 289
　―を支払った　288
建設工事　384, 534, 535, 538, 540, 673
　―の完成・引渡し　92
　―の補償　405
建設助成金　472
建設中の資産　776
源泉所得税　17, 110, 121, 176, 372, 597, 752, 790, 791
源泉所得税等　402
源泉所得税等相当額　801
源泉税　708, 710
源泉税等　585, 588, 696
源泉税等預り金　385
源泉徴収
源泉徴収税率　2
原則法　421
減損　983
　―の兆候　983, 985, 988, 990, 996, 1000
　―の認識　983
減損会計　186, 981, 982
減損会計基準　186
減損処理　95, 249, 250, 274, 295, 977, 981, 982, 984, 985, 986, 988, 1000, 1002
減損損失　977, 978, 981, 983, 985, 987, 989, 990, 996, 1001, 1002
　―の計算　982

　―の測定　983, 984
　―の認識　983, 985, 994, 996, 999, 1000
建築工事　813
建築物の拡張・延長　738
現物出資　301
権利確定条件　501, 507
権利確定条件付き有償新株予約権　495
権利金　335, 336, 727, 786, 787
　―の支払い　335
権利金償却　335
権利行使　490, 492, 900
権利行使未済分　492
権利放棄　900
原料　566

――――（こ）――――

コールローン　122
故意　790
豪華　668
公害補償費　227
交換　222
交換損益　319
交換日に入金　49
交換比率　309
工期がごく短い　534
公共債　108
工業所有権　794
公共的の施設等の設置又は改良　239
工具　196
航空運賃　7
工具器具　187
工具器具及び備品　197
工具・器具・備品　196, 197
工具類　196
広告掲載料　657
広告宣伝　326, 327
広告宣伝費　326, 657, 658, 659, 699, 701
広告宣伝用印刷物　732, 733

広告宣伝用看板　336
広告宣伝用資産　336
広告塔　657
広告費　325
広告用　192
交際費　5, 167, 518, 662, 663, 665, 666, 669, 672, 674, 676, 699, 755, 761, 793, 968
　―の損金算入限度超過額　968
　―を未払い又は仮払いで処理　676
交際費等の損金算入時期　676
交際費等の損金不算入制度　662
口座管理料　270, 272
合資会社　279
公示価格等　728
工事が完成　384
工事の進捗度　534
工事完成基準　533, 537, 539, 548
工事完成時の処理　384
工事契約　140, 533, 548
工事契約会計基準　533, 536
工事原価　356, 533, 535, 538, 540, 543
工事収益　535, 539, 540, 543
工事進行基準　91, 534, 535, 539, 540, 543, 548
工事進捗度　535, 538, 540, 543
工事損失　540, 542
工事損失引当金　140, 540, 541
工事損失引当金繰入　140
工事損失引当金取崩益　140
工事費用の見積計上額　356
工事未払金　153, 356
　―の計上　356
　―の支払い　356
公社債の利札　4
公社債型　258
公社債投資信託　122
講習会　632, 633
講習会費　632

工場　189
　―に勤務　597
工場建物　452, 533
控除対象外消費税　914, 943
控除対象外消費税等　945
工数　571
更正　841
更生計画の認可決定　89, 396, 679
更生計画認可　284
更生債権　89, 284
更生債権等が発生　283
合成樹脂造　190
公正な評価額　442, 501, 506
公正な評価単価　491
公正取引委員会等への届出　315
厚生年金保険料　379, 386, 597, 634
構築物　187, 189, 191, 205, 741
　―を取得した　191
交通反則金　753
交通費　5, 693, 699
香典　637, 669, 670
購読料　667
購入　626, 987
購入原価　132, 561, 562
購入事務　132, 555
購入代価　554, 562
　―の概ね3％　132
　―の概ね3％以内の金額　555, 560, 561
購入手数料　132, 258, 554
購入付随費用　226
購入部品　131, 133, 566
　―の購入と払出し　132
公認会計士　790
光熱費　367
交付金銭等　478
合名会社　279
合理的な配賦基準　999
子会社　303
　―の解散　686
　―の整理　765

子会社化　313
子会社貸付金　25, 160
子会社株式　95, 274
　　―を一部売却　104
　　―を期末評価　274
　　―を取得　274
子会社株式及び関連会社株式　96, 99
子会社株式売却益　105
子会社株式評価損　274
子会社間の再編　307
子会社同士が合併　305
小切手　10, 19, 22
　　―にて支払う　19
　　―の振出し　20, 25
顧客との契約から生じた債権　534
国外への航空運賃　7
国外事業者　959
国外取引　7, 694, 696, 697
国債　5, 108, 797
国際輸送　7
小口現金　3, 6
小口現金制度　5
国内CD　43
国内CP　392
国内取引　913
互助会　647
個人会員　650, 755
個人年金保険料　714
個人保証　690
　　―のある貸金　690
国庫短期証券　268
国庫補助金　471
国庫補助金収入　472
国庫補助積立金　472
固定金利　902
固定資産を修理　745
固定資産圧縮積立金　221, 969
固定資産課税台帳　750
固定資産除却損　740
固定資産税　749

　　―の評価換え　749
　　―の除売却時の処理　200
固定資産廃棄損　833
固定資産売却益　764, 832, 835
固定負債　415
小払資金　5
　　―の使用報告　5
コピー機の使用料　166
コピー用紙　732
古美術品　224
個別株オプション　897
個別原価計算　146, 548
個別対応方式　913
個別評価　681, 691
　　―による貸倒引当金　680
個別評価金銭債権　398, 681
個別法　134
コマーシャル・ペーパー　392
　　―の償還　116
　　―を購入　115
　　―の発行と償還　392
コマーシャル・ペーパー利息　392
古文書　224
顧問料　790
雇用調整助成金　814
ゴルフ会員権　292, 293
ゴルフ会員権評価損　292
ゴルフクラブ　650, 672, 755, 792
ゴルフクラブ会員権　292
　　―の購入と評価減　292
ゴルフコンペ　672
コンサルタント　790, 791
コンテスト　575
コンピュータ　547, 582, 700, 725
　　―のリース料　725
コンピュータ関係費　701
コンベア　192

(さ)

サービスの無償の提供　759
サービス券　549

災害義捐金　763
災害損失　324
　―（震災）　338
災害報知設備　191
債券　107
　―が償還　110
　―を分類する基準　107
債券先物オプション　897
債券先物取引　898, 905
債券先物取引売却益　899, 905
債券先物取引評価益　898
債券店頭オプション　897
債権　81
　―と認められないもの　683
　―の切捨て　89, 679
　―のグルーピング　397
債権者請求方式　351
債権者保護手続　307, 311, 314
債権譲渡　81
債権譲渡証書　81
債権放棄　687, 688, 765
在庫　732
最高解約返戻率　709, 715, 716
在庫数量　142
在庫評価　138
在庫リスク　525
財産権　292
祭事　814
再取得価額　776
財政状態の悪化　274, 412
財政状態の著しい悪化　276, 293, 295
再生手続開始申立て　398
砕石　741
再調達原価　136, 137
再評価　1002
　―に係る繰延税金負債　1003
再振替仕訳　378, 387
債務の引受け　686, 689, 765
債務者　689
債務者請求方式　351

債務超過　679, 689
債務不履行　412
債務保証　412, 686, 764, 818
債務保証損失引当金　411
債務保証損失引当金繰入額　411
債務免除　688, 689
債務免除額　680
再リース　725
再リース期間　725
材料　566
　―の仕入　348
材料費　91, 146, 153, 356, 534
茶菓　672
茶菓代　789
差額処理方式　682
先入先出法　133, 148
先日付小切手　27, 28
　―を受け取った　27
　―を振り出した　28
先物取引　897, 898
先物取引証拠金　898, 905
作業屑　151
先渡取引　897
差入敷金　286
差入証拠金　899
差入預託保証金　290
雑給　598
雑誌　646
雑誌購読料　704
雑収入　9, 718, 719, 810, 811, 812, 815
雑損失　9, 718, 815, 830
雑費　522, 789
更地価額　728
残存価額　769, 772, 871
残存耐用年数　774
　―の見積りが困難　209
桟橋　191
サンプル　574
　―を購入　574
三分法（3勘定制）　130

山林の購入　198
三輪自動車　196

(し)

シーズン予約席料　674
仕入　129, 132, 165, 348, 554, 556, 925
　—の計上　348
仕入勘定　554
仕入税額控除　682, 922
仕入高　522, 527, 529, 554, 559, 560, 561, 563, 564
仕入値引　354, 555
仕入値引・戻し高　564
仕入値引・戻し高勘定　554
仕入戻し高　557
仕入割引　355, 556, 808, 809
仕入割戻し　354, 556, 809
試運転費　187
時価　95, 248, 728, 984
　—が著しく下落　95, 100, 293, 249, 275, 277, 987
資格取得費　633
仕掛品　146, 147, 151, 547
仕掛品勘定　146
自家建設　188, 219
時価評価　95, 259
時間外手当　599
敷金　231, 285, 447, 809
　—の返還　448
　—を支払った　284
敷金償却　285
式典　814
式典費用　666
支給限度額（役員報酬）　583, 584
事業関連性要件　308
事業規模要件　308
事業継続要件　308
事業債　108
事業主負担部分　380
事業主負担分　634

事業用資産をお中元とした　669
事業所税　840
事業税　840, 841, 846
　—を未払計上　967
試供品　575
　—を配布した　659
事業分離　301
事業分離等に関する会計基準　301, 307, 312, 318
事業譲受け　232
事業用資産　665
　—を贈答　669
事業用借地権　238
資金管理料金　296
治具　197
試験研究　767, 794
債権者集会　679
資源の開発　332
自己受取りの為替手形　63
事後開示　307, 312
自己を契約者　712
自己株式　93, 463, 478, 480, 481, 483, 485, 486, 487, 503
　—の取得　479
　—の消却　253
　—の処分　481, 485, 486
　—を移転　422
　—を交付　483
　—を取得　478
　—を消却　485
自己株式処分差益　482, 483, 485
自己株式処分差益等　464
自己株式処分差額　484, 492
自己株式処分差損　482
自己株式処分費　328
事後交付型　500, 505, 508, 511
自己指図手形　50
自己創設ののれん　232
自己都合要支給額　440
自己振出しの小切手　22
試作品　575, 623

―の設計　622
資産　3
　―のグルーピング　982
　―の譲渡等　3, 524, 524, 527, 551, 552
資産運用会社　263
資産グループ　991, 983, 984, 985, 991, 997
資産状況　685, 687
資産除去債務　230, 231, 449, 451, 452
　―の見積り　455
資産除去債務会計　186
資産除去債務会計基準　186
資産除去費用　230, 451
資産の流動化に関する法律　273
資産負債法　961
資産保管会社　263
自社ビルの一部を賃貸　809
自社利用のソフトウェア　240, 548, 660
自社利用ソフトウェアの減価償却　630
支出額の30%　216
市場の開拓　332
市場開拓　332
市場価格　95
　―がない株式　95
　―がない社債　279
　―のあるもの　95
市場調査　326
　―の費用　327
市場販売目的のソフトウェア　548, 624
　―を減価償却　627
システム仕様書　547
事前開示　307, 311, 314
事前確定届出給与　588, 603
事前確定届出給与に関する届出書　588
事前交付型　497, 500, 502, 505, 511

試送品　145, 527
試送品勘定　145
試送品原価　527
仕損品　151
下請工場　578
支度金　696
下取り　200
質権　681, 690, 691
地鎮祭　227
地鎮祭費用　227
実演　574
実効税率　101
執行役員　602, 605, 611
実行予算　538
実際運用収益率　432
実際棚卸高　566
実質価額が著しく低下　250, 275, 277
実質価値　292
実地棚卸　142
指定寄付金　759
支店の損益　858
支店の損益勘定　855
支店勘定　860
支店純損失　854
支店純利益　854
支店独立会計制度　850, 852
支店分散計算制度　850, 852, 855
使途を変更　778
自動車　196
自動車教習所用車両　196
自動車重量税印紙代　698
自動車税　750
自動車製造業　406
自動車リサイクル料　296
自動制御ソフトウェア　626
自動ドアー　190, 225
自動販売機　368
自動引落し　18, 700
自賠責保険料　698
支配力基準　95

支払オプション料　900
支払経費　730
支払スワップ利息　902, 904, 909
支払地代　728
支払賃借料　379
支払手形　342, 344, 563, 727, 762
　—の書替え　346
支払手数料　97, 368, 790
支払能力　685, 687, 689
支払保険料　294, 707, 709, 715, 719, 720
支払保証料　818
支払利子　326
支払利息　377, 379, 380, 426, 817
四半期洗替法　250
司法書士等の報酬　792
死亡退職　612
死亡保険金　708, 709, 710, 718, 811
資本の払戻し処理　93
資本金　304, 460, 463, 486, 493
　—の払込み　461, 465
資本金減少差益　465
資本組入れ　461, 462
資本準備金　464, 470, 493
　—の資本組入れ　461
　—の取崩し　464, 466
資本準備金減少差益　464, 485
資本剰余金　127, 304, 463, 466
資本的支出　25, 186, 214, 216, 217, 737, 738, 739, 742, 743, 781
　—と修繕費の判定　216
　—の判定　216
　—を減価償却　781
資本取引　279
資本割　842, 843
事務機器　197
事務受託会社　263
事務所　189
事務所賃借料　324
事務用消耗品　154, 703, 732, 733
事務用消耗品費　326

事務用品　155, 732
事務用品費　5, 732
指名委員会設置会社　373
社員運動会　655
社員集会所　646
社屋　189
社会事業団体　761
社会通念上相当　637, 645, 656, 670
社会福祉団体　759
社会保険料　377, 379, 386
　—（会社負担分）　386
　—の会社負担分　385
社会保険料預り金　385
借地権　236, 237, 727, 728
　—は非減価償却資産　236
　—を取得した　235
借地権償却　237
借地権設定期間　236
借地権更新料　237
借地借家法　238
借地法　235
車検代行手数料　698
車検費用　698
社債　5, 109, 110, 416, 418, 494, 797
　—に抽選償還　419
　—の償還　110
　—の登記の登録免許税　330
　—の発行　416, 423
　—の利息　417
　—の利札　797
　—を権利行使　265
　—を購入　265
　—を抽選償還　419
　—を発行　329
　—を割引発行　416
　—を買入償還　420
社債券　4, 330
　—の印刷費　329
社債券等の印刷費　417
社債償還益　420
社債登記　417

社債発行　416
社債発行差金　329, 421
社債発行差金償却　421
社債発行費　324, 329, 330, 417
　——の償却費　331
社債発行費償却　330
社債払込額と社債金額との差額　418
社債募集のための広告費　330, 417
社債申込証　330
社債利息　109, 330, 417, 419, 421, 821, 822
社団　273
社団法人制　292
社内預金　386
社内預金制度　386
社内利用のソフトウェア　241
社名看板　674
砂利　741
車両　187, 195, 200, 832
　——の買換え　200
　——の購入　200
　——の売却益　201
　——の売却損　201
　——の売買　200
　——の法定償却方法　772
　——のリース取引　879
　——を下取り　832
　——を取得した　195
車両及び運搬具　195
車両減価償却費　205, 210
車両減価償却累計額　200, 210
車両購入　345
車両売却益　200
車両費　697, 698
謝礼　576, 789
収益認識に関する会計基準　140, 514
収益認識基準　91, 521, 524, 529, 533, 536
収益分配金　121, 260

　——の受入れ　121, 260
重過失　790
祝儀　667, 813
周期の短い改良　744
周期の短い費用（概ね3年以内）　737
什器備品　582, 812
従業員　159
　——に生命保険　708, 709, 710
　——への貸付けと回収　159
従業員預り金　386
従業員貸付金　159
従業員貸付金利息　159
従業員賞与　403, 602, 603
従業員立替金　167
　——の発生と精算　167
従業員短期貸付金　159
従業員長期貸付金　159
従業員引継要件　308
従業員福利厚生制度　159
集金事務手数料　812
集権的な会計制度　852
終身保険　718
修繕　403
修繕費　25, 186, 214, 216, 217, 448, 698, 737, 738, 741, 742, 743, 747
　——の判定　216
　——の見積り　403
修繕引当金　404
　——の設定と取崩し　403
修繕引当金繰入額　404
修繕引当金繰入れ・取崩し　404
住宅の貸付け　551, 727
住宅部分　551
収入印紙　8, 701, 751
修復・維持・保全　625
修復工事　742
住民税　597
住民対策費　227
収用　220
収用等　394

重要性の乏しいリース　881
修理　25, 215, 738, 742, 743, 745, 746
受益証券　258, 261
祝賀会　671
祝賀会費用　671
宿泊　693
宿泊費　663, 699
宿泊料　696
受講料　593
酒食の提供　673
受贈益　764
受託者　111, 523, 575
受託販売　525
主たる責任　525
受注制作　546
　—のソフトウェア　548
出荷　514
出荷基準　514, 531
出願費用　793
出願料　794
出庫　567
出向先　596, 608, 618, 619
出向者　607, 608, 618
出向社員　600
出向元　596, 600, 608, 618
出向役員　618
　—の退職金　618
　—の退職年金を出向先法人が負担　619
　—の退職年金　619
出産　637
出産祝金　637
出資　279
出資金を期末評価　278
出資金を拠出　278
出資金請求書　544
出資行為　274
出資証券　272
出資比率　545
出張日当　7
出張費　694

出張旅費規程　693
出張旅費等精算書　168
出土品　224
出版予約受付　528
取得価額　134, 226, 228, 735, 771, 773, 779
　—が1点100万円以上　224, 813
　—が1点100万円未満　813
　—が20万円以上　813
　—の10％　216
　—の10％以下　216
　—の概ね10％相当額以下である場合　743
　—の概ね10％相当額以下の支出　737
　—の算定　186
　—より下落　141
取得企業　312
取得原価　95
　—で評価　95
　—の評価方法　97
　—よりも下落　135
　—を計上　309
　—を修正　250
取得差額　41
取得条項付株式　480
取得請求株式　480
主要な資産　984
酒類を伴う会食　672
準消費貸借契約　156, 162
準備金　747
　—の繰入限度額　748
　—の積立て　470
ジョイント・ベンチャー　545
消火　191
障害者雇用納付金　754
傷害特約分　713
傷害特約保険料　713
少額減価償却資産　649, 735, 736, 773, 880
少額物品　665

―を交付　669
少額リース　725, 726, 880
使用価値　981, 983, 984, 988
使用可能期間　774
使用可能年数　738
　―を延長　738
償還　392, 420
償還時に処理　260
償還義務　52
償還義務見返　52
償還差益　261
償還請求　66
償還損益　256
小規模事業者に係る税額控除　952
償却可能限度額　777
償却原価法　95, 110, 256, 269, 331, 416, 418
償却限度額　213, 771, 772, 778
償却債権取立益　689
償却資産　737, 778
償却保証額　771, 785
償却率　769, 771, 779, 780, 785
焼却炉　192
常勤役員　617
証券化　295
証券会社の取扱手数料　325, 328, 330
使用権資産　236, 286, 287, 290, 724, 864, 871, 878, 891
　―の減価償却費　871
使用権資産総額　878
証券投資信託　258
昇降機設備　191
焼失　837
証書による借入　360
証書借入　360, 425
強制徴収　752
相続税評価額　728
招待　668, 673
招待者　664
使用貸借　117, 118

使用賃借契約に基づく土地使用権　235
商店街　757
譲渡　481
上棟式　227
上棟式費用　227
譲渡制限株式　480
譲渡性預金（CD）　41
　―が満期償還　39
　―を取得　38
　―を満期日前に譲渡　40
譲渡損益　308
　―を繰り延べる　469
使用人　326
　―の給料　326
　―の給料手当　325
　―を被保険者　712
使用人兼務期間の賞与　589
使用人兼務分賞与　590
使用人兼務役員　585, 589, 596
使用人分報酬　585
試用販売　527
試用販売品　145
消費税　921
　―の20％相当額　935, 943, 957
　―の80％相当額　927, 934, 942, 956
　―の会計処理　371
消費税等　911
　―の還付金
　―を納付　913
消費税等予定納税額　371
消費税額に80％を乗じた額　952
消費税額の20％　952
消費税負担軽減　952
消費税率　6
消費貸借　119
商品　129, 131, 135, 514, 519, 554, 560, 853
　―と引き換える　549
　―の売上　69

―の期末評価　135
　　―の仕入　20, 53, 561
　　―の販売　524
　　―を仕入れる　554
　　―を販売　514
　　―を保管　561
商品勘定　129
商品券　390, 701, 916
　　―を発行　390
商品仕入　165
商品売買取引　130
商品評価損　135
仕様変更　546
消防車　196
情報提供者　675
情報提供料　576, 675
正味売却価額　136, 139, 983, 984, 985, 1000
常務　589
照明　189
消滅時効　345
消耗器具備品費　736, 774
消耗品　154, 155, 732, 734, 936, 938
　　―を購入　936
消耗品等　733
消耗品費　702, 734
賞与　381, 402, 586, 589, 602
　　―を未払計上　603
乗用車　200
　　―を購入　296
剰余金　372
　　―の額の算定　373
　　―の処分　212, 759, 768, 972
　　―の配当　17, 373, 803, 805, 807
　　―の分配　373
剰余金処分　475, 476, 477, 770, 970
賞与手当　381, 589, 590, 594
賞与引当金　402
　　―の支払い時　402
　　―を計上　402, 963
賞与引当金繰入額　402

賞与引当金月割額　569
将来加算一時差異　211, 231, 472, 475, 962, 969, 972
将来減算一時差異　231, 616, 962, 964, 965, 973, 978, 1002
使用料　552
ショー　575
諸会費　755
除却　186, 204
除却処理　203
除去　228
除去費用　201, 230, 450, 454
　　―の減価償却　450, 452, 456
食事代　641, 642
　　―の一部を会社が負担　641
職務が激変　618
書籍　704
除雪車　196
所得税　33
所有株式の配当　802
所有株式を売却　804
所有権移転外ファイナンスリース取引　861, 872, 1000
所有権移転外リースのリース資産　206
所有権移転外リース取引　879
　　―の償却方法　880
所有権移転登記　552
所有権移転ファイナンスリース取引　861, 867, 869
所有持株数が減少　254
新型コロナウイルス　838
新型コロナウイルス感染症特例措置　814
新株の発行　485, 486
新株式申込証拠金　461
新株発行費　328
新株予約権　264, 265, 421, 489, 492, 493
　　―の行使　267, 421, 493
　　―の売却　267

―（ストック・オプション）の付与
と権利行使　489
新株予約権買取請求　311, 314
新株予約権者の買取請求　307
新株予約権証券提出手続　314
新株予約権証書の提出手続　307
新株予約権付社債　5, 264, 422, 797
　―の株式への転換　265
　―の発行　421, 494
　―の権利を行使　264
新株予約権戻入益　492
新規事業を開始　332
人件費を負担　766
申告調整　542
震災損失　338, 837
神社の祭礼等の寄贈金　761
新車を購入　832
人身事故　789
新製品　621
　―の開発費用　621
　―の計画　621
　―を開発　623
新設合併　306
新設分割　314, 316
新設分割計画の承認　314
新設分割計画の作成　314
信託期間が終了　114
信託財産の返還　115
新築祝い　669
新築祝金　669
新築パーティー　699
人的販売活動　574
新聞　704, 920, 928, 929
新聞購読料　704
新聞代　646
新聞図書費　704
親睦　647
親睦クラブ　666
信用金庫　279
信用組合　279
信用状（L／C）　70, 83, 531, 558

信用取引　124
　―の決済　126
信用取引差入保証金　124
信用取引未払金　124
信用保証協会　818
新リース会計基準　236, 286, 290,
　723, 726, 863, 871, 877, 880, 884, 892,
　894, 895
新リース基準　888

(す)

水道　643, 646
水道光熱費　18, 643, 646, 730
水道施設利用権　239
　―を取得　239
水道代　730
水道料　326, 730
数理計算　434, 436
　―に用いる割引率　429
数理計算上の差異　429, 430, 433,
　434, 436
数量不足　809
据付費　187
スクラップ　168, 203
スケジューリング不能な一時差異
　978
すずらん灯　757
ステレオ　196
ストック・オプション　500, 506,
　511
　―の権利の行使又は失効　491
　―の行使　490
　―の公正な評価額　491
スポーツクラブ　648, 649, 650
　―の入会金と会費　649
　―の入場料　650
スポーツ用具　649
スポンサー　543
スワップ　897
　―の時価　902
スワップ資産　903, 904, 909

スワップ取引　897
スワップ利益　903

(せ)

セール・アンド・リースバック　885
セール・アンド・リースバック取引　888
セールスマン　577
税効果　520, 960, 963, 964, 966, 967, 968, 970, 975
　—（非償却資産）　969
税効果会計　95, 259, 488, 616, 826, 960, 961, 977
　—の適用範囲　962
税効果額　211, 212, 472, 474, 476, 615, 825
税効果部分　246, 259
成功報酬的賞与　604
税込方式　6, 561
制作期間がごく短い　548
制作原価　546
制作収益　546, 548
制作進捗度　546
生産計画の変更　332
生産設備　188
生産高比例法　205
生産能率の向上　332
政治献金　761, 762
政治資金規正法　761
政治団体に対する拠出金　761
成人病の検査　638
製造勘定　566, 568, 569, 571
製造間接経費　730
製造間接費　146, 188, 568, 569, 570, 700
製造間接費勘定　568, 570
製造間接費配賦額　621
製造業　149
製造経費　700, 707, 730, 754
製造原価　566, 598

製造指図書　148, 571
清掃代　789
製造部門の工具　568
生存保険金　708
税抜処理　917
税抜方式　6, 19, 561, 911, 914
性能を向上　214
製品　146, 147, 571
　—が完成入庫　147
　—が完成　570
　—の棚卸減耗損　142
　—の販売　514
　—の販売時の処理　148
　—の保証　405
製品受払台帳　148
製品勘定　147, 571
製品マスター　241, 624
制服を支給　639
税法の特例　400
生命保険　294, 579, 709
生命保険料　592
生命保険証券　712
整理　132, 555
税理士　790, 791
税率の変更　964, 966, 967, 971, 972
石造　190
積送費用　144
積送品　144, 522
積送品売上　523, 575
積送品勘定　144
積送未収金　575
接待　662, 664, 667
接待飲食費に係る損金算入の特例　662
接待交際費　168
接待ゴルフ　699
接待費　662
設備　452
　—の大規模な配置替え　332
　—の減価償却費　454
　—の除去　452

設備支払手形　193, 218, 226, 345
設備補償金　688
設立登記　460
　—の登録免許税　325
設立登記費用　324
設立費用　460
前事業年度の課税売上高　956, 957, 959
　—が上半期で5,000万円以下　956, 957, 959
扇子　658
前々事業年度の課税売上高　956, 957, 959
　—が1億円以下　956, 957, 959
宣伝活動　574
宣伝用資産償却　336
船舶　404, 748
全部取得条項付種類株式　480
全部純資産直入法　95, 101, 246, 825
選別　132, 555
専務　589
専用回線使用料　700
線路建設保守用工作車　195

(そ)

騒音　747
　—の解決金　673
増加資本の登記　312
増加償却　212, 784
増加償却割合　212, 213, 785
葬儀費用　613
総記法（1勘定制）　130
操業記念式典　227
創業記念品　595
創業者　670
送金為替手形　3
送金小切手　3
倉庫　189
　—の建築　199
　—を借りた　561
総合原価計算　146

総合償却　193
総合設立型厚生年金基金　443
総合耐用年数　192, 202, 203
総合振込み　17
倉庫用建物　552
倉庫料　581
相殺　78, 160, 353, 399, 530, 617, 681, 852
相殺取引　353
造作　225
操作をトレーニング　626
操作マニュアル　547
増資　460, 461, 462
増設　215
増築　215
送電用　192
相当の地代　728
総平均法　97, 133, 134, 245
贈与　759
創立30周年記念式典　666
創立記念パーティー　667
創立記念日　595, 699
創立事務所の賃借料　325
創立総会　325
創立費　460, 823
　—の決算整理　324
　—の支払い　324
　—の償却　823
創立費償却　823
遡及差額　586
測定機　622
測定経費　730
測定工具　197
租税公課　8, 562, 569, 702, 749, 751, 753, 754, 793, 841, 914
その他の寄付金　655, 766
その他の流動資産　165
その他の流動負債　383
その他資本剰余金　127, 373, 462, 463, 464, 466, 478, 481, 487, 503
　—の資本組入れ　462

その他有価証券　95, 96, 99, 244, 258, 266, 267, 268, 271, 295, 319, 321, 488, 825
　―の期末評価　246, 488
　―の減損処理　248, 250
　―を取得　244
その他有価証券受取配当金　260, 261
その他有価証券償還損　299
その他有価証券売却益　245, 267
その他有価証券売却損　836
その他有価証券配当金　803, 805, 807
その他有価証券評価差額　246, 259, 488
その他有価証券評価差額金　825
その他有価証券評価損　250, 298, 299
その他利益剰余金　373
　―を解消　468
　―を塡補　465, 468, 471
ソフトウェア　240, 546, 621, 624, 627, 630, 660
　―（自社利用）　240, 548. 660, 630
　―の開発費用の計上と償却　240
　―の機能維持　625
　―の制作費　241
　―の耐用年数　629, 631
　―を改良　624
　―を減価償却　627
ソフトウェア償却　240
ソフトウェア仮勘定　240
ソフト制作原価　547
ソフト制作収益　547
ソフト制作未収入金　547
損益　564
損害　837
損害賠償金　227, 789, 833, 916
損害保険　707
損害保険金　721
損害保険契約　722

損金経理　679, 685, 690, 759, 768
損金算入　727
損金処理　678
損金不算入　753, 765
損金不算入額　767
損失　339

――――――（た）――――――

体育館　189
対価要件　308
滞在手当　591
第三者振出手形　691
第三分野保険　706, 716
貸借対照表価額　136, 251, 418
　―（子会社株式）　275
対照勘定　52, 55, 56, 59, 61
対象勤務期間　491
退職一時金　606
　―の分割払い　607, 614
退職一時金支払い　431
退職一時金制度　428, 429, 430, 440
退職慰労金　611
退職給付の要支給額　441, 442
退職給付会計　428
退職給付債務　428, 429, 430, 432, 434, 436, 438
退職給付引当金　428, 429, 430, 432, 434, 436, 438, 442, 966
　―を計上　966
退職給付引当金繰入額　605
退職給付引当金月割額　569
退職給付費用　428, 431, 433, 434, 435, 436, 437, 438, 610
退職給付費用控除額　431
退職給与の負担金　607
退職給与負担金　608, 618
退職金　605, 606, 609
　―を3回に分けて支払った　607
　―を打切り支給　609
退職年金（出向先法人が負担）　619
退職年金掛金　619

退職年金制度　432, 434, 436, 438
代替地の取得　220
退任役員　616
代表者の妻に賞与を支払った　594
代物弁済　80
太陽光発電設備　194
代用自己株式　484
耐用年数　189, 337, 769, 776, 780
　―が1年以上　196
　―の一部を経過した資産　209
　―の変更　213, 242
代理店　578
ダイレクトメール　658, 701
多額の改良　775
多額の寄付　767
多額の損失　279
抱き合わせ株式消滅差益　303
タクシー料金（国外）　7
宅地開発等の許可　239
他社株転換社債（EB債）の取得　297
立退料　226, 787
タックスプランニング　973, 975
立替金　525
　―の発生と精算　166
立替経費の精算　939
立替払い　3
建物　141, 187, 189, 205, 225, 226, 336, 738, 742, 787, 990
　―の貸付け　727
　―の取得価額　226
　―の取得原価　452
　―の償却方法　769, 777, 778
　―の譲渡　223
　―の増築　738
　―の賃貸　810
　―を賃借　335
建物等の賃借料　326
建物譲渡特約付借地権　238
建物付の土地を取得　226
建物附属設備　190, 205, 225, 452, 735
　―を取得　190
建物滅失損　339
他店券　24
棚卸資産　129
　―の会計実務　129
　―の範囲　129
　―の評価基準　129
　―の評価減　141
　―の評価に関する会計基準　129, 139, 140
　―の評価方法　129, 134
　―の評価損　137
棚卸減耗損　142
　―を計上　964
他人振出しの小切手　22, 242
単位型　258
短期貸付金　67, 156, 280
　―の発生と回収　156
短期借入金　21, 358, 817
短期間で消費　703
短期的売買目的　96
短期売買商品　129
短期リース　726
単元未満株式　480
団体旅行　696
担保　162, 690
　―の処分見込額　284
暖房　191
担保権　681
担保差入れ　119
担保差入手形　347
担保差入有価証券　124
担保手形の書替え　67, 359
担保物の処分　691
担保物件　678, 687, 764
単名手形　358
　―を担保　359

(ち)

地位が激変　618

地域振興券　169
チェーン　192
チェーン店　786
地上権　235
地代　235, 727, 915
地代家賃　723, 727
　　―を前払い　723
地方公共団体に対する寄付金　760
地方債　5, 108, 797
地方消費税率　6
チャージ　178, 179
中央共同募金会　759
仲介　552
仲介業者への手数料　292
仲介手数料　187
中間納付事業税　846
中間配当　373, 806
中間払金　384
中間申告　175
中期国債ファンド　121
中古　209
中古資産　774, 775
　　―の残存耐用年数　775
　　―の減価償却　209
　　―を改良　209
中古自動車　774
駐車場　172, 729, 741, 915
駐車料金　753
中小企業協同組合　279
中小企業退職金共済の掛金　610
中小企業退職金共済制度　610
中小法人に係る損金算入の特例　663
昼食　672
抽せん償還　110
抽選償還　420
中途解約　726
弔慰金　612, 637
弔慰金等として妥当な金額　612
超過収益力　232
超過使用時間　785

長期預り金　447, 448
長期貸付け　280
長期貸付金　156, 280, 288
長期割賦販売　521
長期借入　425
長期借入金　366, 425, 426
　　―の利息　426
　　―を短期借入金に振り替えた　427
長期期待運用収益率　432, 434, 437, 438
長期損害保険　294
長期損害保険契約　707
長期滞留品　964
長期平準定期保険　706, 715
長期平準定期保険料　715
長期保険契約　721
長期前受収益　886, 887
長期前受収益償却　886
長期前払賃料　288
長期前払費用　334, 335, 786, 887
長期前払利息　218
長期間未回収　960
長期未払金　614, 615
兆候の識別　983
徴収洩れ　752
帳簿価額の50%　100
帳簿価額の増額修正　257
帳簿締切　854
貯金　5, 796
　　―の利息　16
直接労務費　188, 570
直接経費　570
直接減額　516, 517
直接減額方式　221, 222
直接材料費　146, 147, 570
直接賃金　146
直接費　571
貯水池　191
貯蔵品　178, 639, 697, 702, 703, 732, 733, 734, 815

貯蓄金管理に関する協定届　386
貯油槽　748
賃金　146, 567
　―を支払った　567
賃借期間が更新　225
賃借人の負担　225
賃借料　235, 581, 700, 721, 723, 726, 789
賃貸借契約　285, 551, 552
賃貸料　551, 552
陳腐化　242
陳腐化償却　214, 242
陳列　574
陳列棚　337

(つ)

追加型　258
追加借入利子　284
追加借入利子率　723, 891
追徴処分　752
追徴税額　847
通貨オプション　897, 900, 907
通貨オプション取引　905, 907
通貨先物オプション　897
通貨スワップ　897
通関業務手数料　559
通関日基準　531
通勤交通費　694, 695
通算法人　736
通常の取替費用　738
通信回線使用料　700
通信交通費　326
通信設備　700
通信費　5, 18, 700, 701, 702, 703
通知預金　12, 15, 35
通風（付属設備）　189, 191
妻に対する賞与　594
積立金方式　221
積立保険料　294, 707, 722

(て)

データをコンバート　626
庭園　192
定額控除限度額　663
定額資金前渡制度　5
低額譲渡　765
定額法　205, 228, 256, 769, 779
　―で減価償却　774
　―に変更　206
　―により償却　324, 326, 327, 328, 330, 630
　―による減価償却　772
　―の償却限度額　784
定款及び諸規則作成　325
定期の給与　708, 711
定期健康診断　638
定期検診　638
定期借地権　238, 449
定期代　694
定期付養老保険　706, 710, 712
定期積金　12, 15
定期同額給与　586
定期保険　706, 709, 710, 711, 716, 811
定期保険部分　712
定期預金　12, 15, 36, 796
　―に預け入れ　36
　―の払戻し　37
逓増定期保険　706, 719
抵当権　681, 690, 691
抵当証券　295
　―を取得　295
抵当証券法　295
定年延長　609
低利息での貸付け　763
低利息融資　764
定率法　202, 205, 769
定率法償却率　776
定率法未償却残額表　207
手入れ　132, 555

手形　46
　　―が不渡り　65, 66
　　―で回収　77
　　―に書替え　67
　　―の更改　64
　　―の交換処理　344
　　―の取立て　48, 51
　　―の振出し　345
　　―の返却　344
　　―の割引　62, 798, 799, 820
　　―を一時返却　77
　　―を受け取った　46, 49, 74
　　―を裏書譲渡　54
　　―を銀行で割り引いた　819
　　―を満期日前に返却　78
　　―を割引　58
手形貸付金　67, 162
　　―の回収　162
　　―の発生　162
　　―の返済　68
手形借入　817
手形決済時の処理　343
手形交換所　681, 690
手形債権の消滅　532
手形債権の発生　532
手形サイト　345
手形譲渡損　14, 820
手形担保による借入　358
手形売却損　58, 523, 531, 819, 820
手形割引　122, 819
適格合併　308
適格株式交換・移転　312
適格簡易請求書　922
適格請求書　921, 922, 925
適格請求書等保存方式　921
適格請求書発行事業者　921, 922, 928
　　―となる小規模事業者に係る税額控除に関する経過措置　952
適格請求書発行事業者以外の者　925, 926, 929, 936, 955, 957

適格分割　318
適用除外事業者　683
手数料収入　526, 553
手数料　263, 559, 577, 675, 675, 812, 916
手帳　658
鉄筋コンクリート造　190, 769, 777, 778
手付金　73, 383, 384
鉄骨鉄筋コンクリート造　190
手続費用　234
鉄道用車両　195
手取金　416, 525, 531, 817
手直し　405
手ぬぐい　658
手土産　664
手土産品代　7
手許現金　9
デリバティブ　297, 298
デリバティブ取引　897
テレビ　659
転換社債　264, 422
転換社債型新株予約権付社債　493
電気　326, 643
電気機器　197
電気設備　190, 191
電気代　646, 730
電気通信事業用　192
電気料金　18
電算関係費　625, 626
展示会　575, 664
電子記録債権　157, 158, 349
電子記録債権法　681
電子記録債務　194, 349
電子債権取引　350
電子債務　193
展示即売会　699
電子マネー　178
　　―にチャージ　179
電車　195
電車賃　693

電信売相場　13
電信買相場　13
電信売買相場の仲値　13
電信振込み　24
転籍　608
　―した使用人の退職金　609
店頭入金　24
電波障害　747
天引控除　635
伝票　154
店舗　189
　―の営業を停止　838
電報料　700
店舗併設住宅　551
店舗用建物　551
転リース取引　881,884
　―を行った　881
電力料　569
電力料金　730
電話機器使用料　700
電話料　700
電話料金　18

当座預金残高不足　23
当座預金出納帳　28
倒産　678,679,680
陶磁器　664
投資信託　260
　―が償還　261
　―の決算時の評価　258
　―を取得　258
投資その他の資産　244,301,964
投資不動産　558
　―を購入　283
投資不動産賃貸料　810
投資有価証券を売却　836
投資用不動産　770
同族会社　594
盗難　9
盗難保険　707
動力燃料費　697
道路拡幅工事費の負担金　333
登録　751
登録費用　793
登録免許税　187,330,562,751,794
　―（設立登記）　325
　―（変更登記）　328
登録免許税法　751
道路負担金　334
　―の支出と決算整理　333
道路負担金償却　334
投資土地　283
得意先　669
特殊自動車　196
特定金銭信託　111
　―の決算時の評価　112
　―の収益分配　113
　―の信託期間が終了　114
　―への投資　111
特定金銭信託運用損益　113,114
特定公益増進法人　763
　―に対して寄付　767
特定退職金共済制度　610
特定目的会社　273

(と)

ドアー自動開閉設備　191
同一個人株主　304
倒壊　837
登記　751
登記費用　329,562
同業者団体　666,755,756
　―への加入金　337
同業者団体等が主催　696
登記料　187
当座借越　20,21,30,361
当座借越契約　30,361
当座契約　19
当座小切手　3
当座預金　12,15,19,797,798
　―に預け入れ　21
　―に入金　23,24
当座預金残高調整表　29

―の出資証券を取得　272
特定役員経営参画要件　308
特売　575
特別会費　756
特別決議　463, 465
特別債　108
特別修繕準備金　404, 747
特別修繕準備金繰入額　747
特別償却　195, 210, 474, 770, 783, 971
特別償却限度割合　474
特別償却準備金　210, 212, 474, 475, 476
　　―の取崩し　475, 476
　　―を積立て　474
特別償却準備金取崩額　476
特別償却準備金取崩対象額　476
特別償却積立金　971
特別償却費　474
特別条件付養老保険　720
特別条件特約　720
特別清算開始　681
特別損失　680, 681, 685, 686, 688, 690, 835
特別保険料　721
特別利益　832
特約店　577, 578, 579
特約保険料　714
独立企業間における吸収分割　318
独立企業間の企業結合　307
独立販売価格　550
都市計画税　749
図書　646, 704
図書印刷費　704
図書券　916
図書費　646, 704
土地　141, 172, 187, 198, 220, 283, 326, 741, 977, 985
　　―に定着する工作物　191
　　―の鑑定　223
　　―の再評価に関する法律　1003

　　―の取得価額　226
　　―の譲渡　394, 562, 915
　　―の譲渡取引　283
　　―の造成　198
　　―の賃借権　235
　　―の売却　220
　　―の売買取引　221
　　―を交換　222
　　―を取得　198
　　―を賃貸　172
　　―を売却　970
土地等の賃貸借契約　336
土地圧縮損　222
土地圧縮積立金　969, 970
土地再評価差額金　1003
土地再評価差額金取崩額　1003
土地収用法　220
土地建物　552
土地家屋調査士の報酬　792
土地付建物を取得　227
土地売却益　220, 222
特許　751
特許権　234, 241, 242, 622, 793, 794
　　―の取得価額　234
　　―の耐用年数を変更　242
　　―を買い取り,償却　234
　　―を出願　793
　　―を取得　235
　　―を償却　234
　　―を売却　241
特許権償却　234, 242
特許権売却益　242
特金の評価取引　113
ドック　191
都道府県民税　840
取替費用　737
取替法　205
取崩処理　212
取壊費用　226
取締役　583
　　―を退任　617

取締役等　500
取締役会設置会社　373
　—の報酬等　500, 502, 511
　—の報酬等として自己株式を処分　502
　—の報酬等として新株の発行　497, 508
取立手数料　48
取立てに回らなかった手形　344
取立不能　280, 823
　—のおそれ　156
取立不能見込額　684
取引が未決着　178
取引を停止　687
取引慣行　514, 532
取引先グループ持株会　272
取引停止　684, 688, 690
取引停止処分　680
取引報告書等　272
トレーディング目的　95, 96
　—で保有する棚卸資産　137
トレーニング　626
どん帳　337

(な)

内装工事代　225
内部利益　853, 858, 860
　—の消却　853
内容が不明　388

(に)

荷役費　131, 187, 554
荷為替　69
荷為替手形　70, 72, 522, 532, 559, 563
　—の取立て　72
　—の割引　69
荷為替取組み　531
荷造運送費　580
荷造費　580
日照妨害　747

日当　693
日本赤十字社に対する寄付金　763
入会金　755, 793
入学金　593
入金先が不明　10
入札保証金　389
入場券　651
　—の購入時　651
　—の購入費用　651
　—の使用時　651, 815
　—を受け取った時　815
入場料　667
二輪又は三輪自動車　196
任意団体制　292
任意積立金　471, 477
人間ドック　638

(ね)

ネオンサイン　337
値引　129, 187, 410, 515, 518, 520, 556, 557
年会費　672, 793
年間地代　236
年極めロッカー料　672
年金　606
年金資金評価額　436
年金資産　432, 434, 436, 438, 442
　—の公正な評価額　442
　—の実際運用収益率　432
年金資産評価額　434
年金払い　614
年払契約の保険料　592
年賦　521, 787
燃料　155
燃料代　697

(の)

納税準備預金　34
納税通知書　749
ノウハウ　786
農林業用（耐用年数）　192

野立て看板　657
延払基準　521
乗合自動車　196
のれん　186, 232, 302, 995, 996
　―の償却　233
　―を減損処理　995, 997
　―を取得し，償却　232

（は）

パーチェス法　301, 307, 309, 310, 312, 318
パーティー　667, 668, 699
　―の会費　762
パーティー券　761
パーティー費用　668
パート　598
排煙　191
媒介契約　553
売価還元低価法　139
売価還元平均原価法　138
売価還元法　134
廃棄処分　201
廃棄損　201
売却　186, 244
売却借入有価証券　120
売却損　835, 836
買収　232
賠償金　833
配電用　192
配当　127, 176, 466, 470
配当等の源泉徴収税率　803, 806, 807
配当金　16, 176, 294, 803, 805, 807
　―の支払い　128
配当金支払通知書　16
配当金郵便振替通知書　805
配当金領収書　2
配当平均積立金　473
売買委託手数料　96, 97, 479, 800, 804, 836
売買目的以外の有価証券　95

売買目的外有価証券の評価　248
売買目的有価証券　95, 96, 99, 120, 125, 244, 804
売買目的有価証券運用損　120
売買目的有価証券売却益　98, 801, 804
売買目的有価証券評価損　99
売買目的有価証券評価損益　126
売買目的有価証券利息　801
配賦　570, 571
配賦基準　571
配賦簿価方式　203
バグ取り　625
破産の申立て　691
破産更生債権　74
破産更生債権等　90, 284, 397
破産債権　90, 284
破産法　681
橋　191
端数処理等　912
パソコン　773
破損　354, 355, 515, 555
罰科金　753
罰金　753, 754
発生と償却　326
発生と売却時　151
発生時の費用　625, 626
発生時換算法　282
発送運賃　144, 580
発電用　192
花輪　637
払込資本　302, 303
針　155
半製品　146, 152
　―の入庫　153
　―の入庫と売却　152
反則金　754
反対売買　899
販売会議　663
販売可能な試作品　623
販売経費　575

販売受託　525
販売奨励金　573, 579, 670
販売促進　670
販売促進活動　574
販売促進費　574, 651, 664
販売代理店　578, 579
販売手数料　522, 525, 573, 575, 577
販売店援助　575
販売費　523, 678, 680, 681, 685, 686, 688, 690
販売費及び一般管理費　568, 573, 581, 598, 682, 700, 707, 730
販売目的で保有する棚卸資産　135
販売用の土地　562
　――を取得　558
販売用不動産　141, 558, 562
　――の評価　141
販売用不動産評価損　141
パンフレット　658
　――を作成　658
販路拡張　573

(ひ)

ビール券　916
非課税　5, 12, 270, 320, 524, 911, 916
非課税取引　172, 312
引落し処理　343
引落し済みの通知書　18
引取運賃　131, 522, 525, 554, 563, 580, 582
引取費用　131, 562
引渡完了日　553
引渡基準　515
被結合企業株主の会計処理　321
非減価償却資産　236
　――（借地権）　236
　――を購入　224
非支配株主持分相当額　303
美術品　813, 987
美術品等　224
非償却資産　969

非常勤の監査役　588
非常勤の取締役　588
非常勤役員　588, 617
非常食　734
非常用食料品　734
筆記用具等　732
引越祝い　812
非適格合併　308
非適格株式交換・移転　312
非適格分割　318
備品　187, 197, 224, 367
備品減価償却累計額　201
備品購入　582
備品除却損　201
非分離型新株引受権付社債　264, 266
備忘価額　150, 205, 685, 772
備忘価額1円　685
被保険者　708, 710
被保険者負担分　635
百科事典　528
評価・換算差額　305
評価・換算差額等　247
評価換算差額等　314
評価勘定　55, 56, 59, 61
評価差額　246, 251, 824
標準報酬月額　379
費用配分　828
日よけ　757
日よけ設備　191
平取締役　589
ビルが倒壊　338
ビル賃借　284
比例配分方式　914
比例法　769
披露宴　595
品質不良　354, 355, 515, 555, 809

(ふ)

ファイナンス　864
ファイナンス・リース取引　864

ファイナンスリース取引　861,869
風害　747
封筒　703
フォークリフト　195
付加価値割　841
賦課決定　750
賦課決定日　749,750
不課税　32, 35, 47, 78, 583, 584, 586, 589, 592, 597, 598, 602, 605
付加保険料　709
複合金融商品　297
副産物　149, 151
　―の発生と売却　149
副産物売上　150
副産物売上原価　150
複数事業主制度　443
複数税率　921
福利厚生施設　646
福利厚生費　595, 612, 633, 634, 637, 638, 640, 642, 644, 647, 649, 652, 656, 670, 815
福利施設負担費　646
付随費用　97, 187, 245, 292, 478, 480, 482, 560, 561, 801
不相応に過大　583,584
付属設備　189
付属品　196
負担金　787
普通決議　468,477
普通償却費　474
普通預金　12, 15, 18
　―に預入れ　11,15
　―の利息　16
普通預金利息　15
復興特別所得税　2, 4, 16, 17, 37, 110, 121, 176, 372
復興特別所得税額　33
仏壇　670
物品の交付　518,665
物品切手　916
物品切手等　653

不動産　272,552
　―の賃貸料　551
　―の売買等　552
　―を証券化　272
　―を担保　425
不動産開発事業　219
不動産取得税　187, 562, 751
不動産賃借料　721
不動産登記　562
不動産投資法人　263
不動産取引の仲介　553
不動産取引の仲介料　552
船積基準　531
船積書類作成日基準　531
船荷証券　69, 70, 72, 83, 143, 531, 559, 563
部品　566
部分純資産直入法　95, 247, 825
部分品　146
フランチャイズ　786
プラント設備　453
振当処理　282
振替え　284,427
振替処理　149
振替貯金払出証書　3
振替取引　366
振替入金　23
振込手数料　368,954
振込手数料相当額　953
プリペイド（前払い）　178
不良貸付金　763
プリンター　735
プリンター複合機　735
ブルドーザー　192
プレー権　292
プレス機械　217
　―のオーバーホール　217
プレミアム　575
プレミアム商品券　169
フローチャート　547
プログラム　547

ブロック造　190
不渡り　57, 61, 62, 65, 819
不渡手形　57, 61, 65, 680, 683, 690
分割　232, 301
分割登記　314
分割払いの手形　345
分記法（2勘定制）　130
文書振込み　24
分担金　757
分配可能額　373, 480
　——の算定　374
分配金　260
文房具　936
分離型新株引受権付社債　264, 267
分離元企業　318

――――（へ）――――

へい　192
平価発行　416
平均原価法　134
平均残存勤務期間　440
平均法　148
米国への観光旅行　695
米国法人　958
ヘッジ会計　905
　——の具体的適用要件　906
ヘッジ対象資産　898
ヘッジ取引　906
ヘッジ目的　898, 905, 907
別段預金　12, 15, 461, 464
別途積立金　471, 477
　——の積立て　476
　——の取崩し　477
別途積立金取崩額　477
返還されない権利金・礼金　336
ペンキで塗装　742
返金負債　82, 408, 410, 515, 516, 519, 573
変更　455
変更登記の登録免許税　328
弁護士等の報酬　790

返済　426
返済期限が1年を超える預り営業保証金　447
返済期限が1年を超える借入金　425
弁当　672
変動金利　902
変動対価　516, 517, 520, 573
返品　129, 518, 519, 520, 556, 557
返品権　408
返品資産　408, 519
返品調整引当金　409, 520
返品見込額　408, 519
返品率　408, 519
弁理士　790, 793

――――（ほ）――――

ホームページの制作　660
ボールペン　595
ホイスト　192
ボイラー　191
ボイラー技士　633
ポイント　413
ポイント行使　413
ポイント制度　413, 550
ポイント付与　413
報酬　790, 791, 792
　——が激減　618
報酬等　497, 500
報酬費用　498, 503, 509
法人会員　650, 672, 755
法人税の税率　844
法人税, 住民税及び事業税　35, 175, 840, 846
法人税等調整額　210, 615, 961, 962, 963, 964, 965, 967, 969, 971, 976
包装材料　155, 732
放送・無線通信用　192
放送料　659
法定繰入率　683
法定実効税率　960, 962, 963, 964,

965, 966, 967, 972, 1002
法定準備金　462, 471
法定耐用年数　334, 769, 774
法定福利費　379, 385, 634, 635
簿価切下げ要因　137
保管　132, 555
保管費用　581
保管有価証券　120
保管料　522, 525, 561, 581
保険期間　715, 718, 719
保険期間満了　707
保険金　177, 707
　―の受取り　178
　―の受取人が会社　713
　―の請求　177
保険金受取人が会社　714
保険差益　834
保険事故　811
保険商品　706
保険料　171, 294, 326, 558, 559, 564, 579, 706, 708, 709, 711, 720, 810, 811
　―が掛捨て　294
　―の未経過分　811
保険料積立金　707, 710, 712, 714, 718, 720, 722, 810
保険料払込案内書　712
保険料払込期間　718, 719
募金趣意書　763
募集手数料　259
募集費用　328, 329
保証　406
補償　673
保証金　238, 447
補償金　227
　―により固定資産を改良　747
補償金収入　447, 448
保証サービス　406
保証債務　52, 54, 55, 56, 58, 819
　―の履行　411, 412, 686, 691
保証債務取崩益　56
保証債務費用　52, 54, 58, 819

補償費　688
保証率　771, 779, 785
保証料　818
補助金　647, 648
　―が残った　647
　―の交付　471
ポストペイ（後払い）　178
保税地域　560
墓石　670
舗装道路　192
発起人が受ける報酬　325
ボックスシート　674
ホテル料金（国外）　7
本支店会計　852
本支店合併精算表　856, 858
本・支店間　852, 854
本・支店取引　850
本社・支店に勤務　597
本店の損益勘定　855
本店勘定　860
本店集中会計制度　852
本店集中計算制度　851, 855, 856
本店損益　853
本人負担額　641
本人負担分　634
　―を給与より控除　641

(ま)

マイカー借上代　698
マイカー使用　698
前受金　73, 85, 86, 383, 533
　―の受取り　383
前受収益　387, 388, 635
前受家賃　387
前払い　178, 704, 727
前払費用　171, 727, 756, 811
　―の発生と決算整理　171
前払保険料　715, 719, 811
前渡金の支払い　165
間仕切工事　225
マッチ　658

回し手形　681
満期　796
満期償還　110
満期償還日　42
満期日が休日　344
満期日に入金　49
満期返戻金　707, 721, 810
満期保険金　709
満期保有目的の債券　96, 244
満期保有目的債券　41, 43, 44, 95, 99, 115, 116, 797
　―を満期前に売却　117
満期保有目的債券利息　41, 43, 109, 116, 256, 797
　―の評価　100, 256
マンション　223

(み)

未稼動土地　198
未経過使用可能期間　213
未経過部分　171
未経過リース料　1000
未決算勘定の発生と整理　177
未決算特別勘定　394
見込販売数量　241
未収の配当金　805
未収額　76
未収還付法人税等　846
未収計上　172, 913
未収収益　172
　―の発生と決算整理　172
未収消費税等　913
未収税金　846
未収入金　529, 552, 688
　―が発生　168
　―を回収　168
未収利息　799
　―の計上　173
　―を不計上　173
未使用　733
　―の制服　639

未償却権利金　787
未償却残額方式　203
未償却年数　193
未成工事　356
未成工事受入金　384, 533
　―の計上　384
未成工事支出金　91, 140, 153, 356, 533, 536, 538, 541, 544
　―の発生　153
店用簡易装備　191
未達　853
未達商品　853
未達取引　852, 858
未着　853
未着品　143, 559, 563
　―の仕入・売却　143
密葬費用　670
見積追加製造原価　136
未取付け　28
みなし配当　252, 478
　―の金額　253
みなし配当部分　480
みなし役員　603, 612
未認識過去勤務債務　439
未認識過去勤務費用　431
未認識数理計算上の差異　431, 433, 435, 439
未払給料　640, 641
　―を計上　378
　―を支払った　378
未払金の計上　367
未払計上　840
未払事業税　175, 371, 841, 967
未払社会保険料を計上し，翌月支払った　379
未払社債利息　822
未払従業員賞与　603
未払消費税等　371, 911, 912, 918
未払賞与　381
　―を計上した　381
　―を支払った　381

未払税金を計上した　370
未払税金を支払った　370
未払配当金　375
　—の支払い　372
　—の発生と支払い　372
未払費用　377, 380, 603, 635, 731, 818
　—の計上，振戻しと支払い　377
未払分　731
未払法人税等　175, 370, 847
未払保険料を支払った　379
未払役員報酬等　587
未払利息を計上し，支払った　380
未払利息を支払った　380
未払金　367, 604
見本市　575
見本配布　574
見本品　575, 659, 732, 733
見舞金　637, 656, 669, 759
土産　7, 664
土産代　664
未渡し小切手　29
民間債　108
民事再生法　398, 679, 681

(む)

無記名社債　109
無形減価償却資産　206
無形固定資産　232
無償　813
　—の供与　759
無償減資　255, 463, 465
無償支給　569
無償増資　461
無償割当て　252
無担保証券　115
無利息　763
　—で貸付け　763
無利息融資　764

(め)

名義書換料　792
迷惑料　227
免許　751
免許事業者　306
免税　533, 911
免税事業者　926
免税事業者等　925, 936

(も)

申込証拠金　460
木製窓枠　737
木造　190
目的積立金　473, 477
目論見書　328, 330
　—の印刷費　325, 328, 330
持分基準　545
持分比率　303, 305
持分プーリング法　307
木骨モルタル造　190
物置　189
　—を取得　189
モルタル造　190

(や)

野球入場券　674
役員　583
　—にのみ生命保険　710, 711, 712
　—の研修会費用　593
　—への貸付けと回収　161
　—より借入　362
役員貸付金　161
役員賞与　403, 587, 589, 697
役員賞与引当金　587
役員賞与引当金繰入額　587
役員退職慰労金　445, 611, 612, 617, 618
　—の分割払い　614
　—を仮払経理　613
役員退職慰労金支給　445

役員退職慰労引当金　445, 615, 617
　—を計上　615
　—を取り崩した　446, 616
役員退職慰労引当金繰入額　445, 615
役員退職慰労引当金取崩額　617
役員退職金　445
役員退任後も使用人として勤務　620
役員退職年金　614
役員長期貸付金　162
役員報酬　583, 584, 588, 695, 696, 708, 711, 722
　—（支給限度額）　583, 584
　—を期中で増額　586
役員報酬限度額　583, 586
約定日　245
約束手形　46, 47, 74, 77, 342, 762, 819
　—の譲渡　65
　—の取立てを依頼　48
　—の譲受け　47, 73
　—を振り出した　342
夜食　642
家賃　285

(ゆ)

有価証券　93, 244, 425
　—の減損処理　100
　—の時価評価　98
　—の譲渡　97, 108, 254, 482
　—の発生と消滅の認識　93
　—の範囲　93
　—の評価　93, 100, 248
　—の評価と会計処理　95
　—の分類　93
　—の保有目的区分を変更　101
　—を貸し付けた　117
　—を借り受けた　118
　—を取得　96
　—を売却　97

有価証券運用益　120
有価証券売却益　900
有価証券売却損　836, 905
有価証券評価損　100
有価証券利息　5, 797, 802
遊休土地　198, 985
有形固定資産　186
有姿除却　203, 204
有償による減資　255
有償減資　254, 463, 465
有償支給取引　529
　—に係る負債　529
有償消却　463
有償ストック・オプション　495
優先出資証券　273
郵便為替証書　3
郵便切手　8, 701
郵便切手類　8
郵便料　700
郵便料金　701
輸出　911, 917
輸出契約　531
輸出取引　14, 70, 71, 85, 87, 531, 911
輸出免税　694, 696, 697
輸出硫安売掛金経理臨時措置法　339
輸出類似取引　911
輸入関税　559
輸入契約　558
輸入取引　559

(よ)

ヨーロピアン・タイプ　901
溶鉱炉　404, 748
　—の修繕　404
用途変更　738
養老保険　592, 706, 708, 709, 710, 712, 713, 810
預金　5, 11, 15, 796
　—の預入れ　23, 31, 36, 39
　—の引出し　36

預金口座振替え 24
預金証書の譲渡 40
預金証書の譲受け 44
預金手形 3
預託会員制 292
預託金 178, 296
預託金形態 293
預託金方式 293
預託保証金 289
　―が回収困難 293
預託保証金額 293
予定申告 175
予定納税 174
予定配賦 146
予約金受取額 528
予約席 674
予約販売 528

(ら)

落成式 227
　―の費用 228
ラジオ 196, 659

(り)

リース 861
　―の契約条件の変更 892
　―の契約条件を変更した 890
　―の識別 863, 865
　―の使用権 864
　―の定義や範囲 863
　―を延長 894
　―を延長する経済的インセンティブ 895
リースに関する会計基準 863
リースに関する会計基準の適用指針 863
リース・インセンティブ 724, 864, 871, 878
リース会計 186
リース会計基準 236, 286, 726, 863, 880, 884

リース開始日 288, 723, 864, 871, 877
リース期間 236, 724, 862, 865
　―の見積りを変更した 894
　―を延長 894
リース期間定額法 206, 880
リース契約 290, 880
リース債権 884
リース債務 862, 868, 873, 883
　―の返済 870
　―の返済スケジュール 875, 882
リース資産 862, 868, 873
　―の償却年数 877
リース資産減損勘定 1001
リース資産減損勘定取崩益 1001
リース投資資産 862, 883
　―の回収スケジュール 882
リース取引 726, 861, 868, 1000
リース取引に関する会計基準 861
リース取引会計基準 186
リースバック 885
リース負債 236, 286, 724, 864, 871, 878, 891
　―の増加額 893
　―を計上 871
リース返済表 891
リース料 166, 723, 871, 877, 880, 891, 893
リース料総額 862
リース料総額300万円以下のリース 881
利益の供与 766
利益準備金 462, 470, 471
利益剰余金 304, 468
利益処分 473
利益配当 253
履行義務 514, 523, 527, 533, 535, 538, 548, 550, 553, 575
リサイクル料 296
利子 5, 159, 176
　―を対価 36, 68, 359

―を対価とする貸付取引　124
―を対価とする金銭の貸付け
　38, 67, 157, 281, 358, 360, 365
利子所得　37
利子税　830
リスクヘッジ　901, 907
リスクヘッジ目的　899
リスク・フリー・レート　291
利息　219, 380, 416, 426, 796, 798
　―が未払い　817
　―の受取り　909
　―の計算　369
利息後払い　380
利息費用　429, 430, 433, 435, 437
利息法　256
利付金融債　122
利付債　108
　―の償還差損益　257
利付債券　295
利払期基準　800
利払期日　796, 797
利払日　799
利札　4, 109, 797
流動負債　341
　―の引当金　396
両端入れ　817
量目不足　354, 355, 515, 555
緑化施設　192
旅行　673
　―に招待　663
　―への招待　518
旅行クーポン券　645
旅行費用　662, 676
旅費　167, 663, 693, 696, 699
旅費規程　693
旅費交通費　168, 693, 694, 695, 696, 698, 754
利率　799
臨時の報酬　586
臨時的な給与　593
臨時償却　214, 242, 339, 835

(る)

累積投資　270

(れ)

礼金　336
冷暖房　189
冷房　191
令和5（2023）年度税制改正大綱　924
レクリエーション費用　655
レジャークラブ　755
　―の使用料　651
レジャー施設利用権　649, 650
レッカー車代　753
れんが造　190
連帯債務者　411
連帯保証　686
レンタル料　700

(ろ)

ロール　197
労働組合　655
労働組合主催の運動会　655
労働時間　571
労働保険　635
労働保険料　635
労務費　91, 534, 548, 568, 570, 598
ロッカー料　672, 793
路面　192

(わ)

ワイン　665
渡し切り交際費　591
割引した手形が不渡り　61
割引金融債　268
　―の取得　268
　―の満期償還　268
割引金融債券　268
割引後キャッシュ・フロー　982
割引後将来キャッシュ・フロー

981
割引債　108
　―が満期償還　270
　―の期末時の処理　269
　―を購入　268
割引債券　268
割引差額　650
割引社債　268
割引手形　58, 60, 819
　―の期日落ち　60
割引手形義務　58, 819
割引手形義務見返　58, 819
割引入場券　650
割引発行　256, 416
割引前将来キャッシュ・フロー　983, 990
割引利息　532
割引料　58, 524, 531, 798, 820, 827
割引率　288, 428, 432, 435, 438, 984
割増償却　770
割戻し　187, 518, 520, 556, 557
割安購入選択権　877
ワンイヤールール　74, 75, 169, 193, 231, 412, 451, 863

[A – Z]

B／L　83, 531, 559
CD　38, 39, 40, 124
CP　115, 116, 392
　―の償還　116
　―の売却　117
EB債　297, 299
　―の期末時の処理　298
　―の償還　299
ETF　262
ETN　262
JV（共同企業体）　543
L／C　70, 83, 531, 559
REIT　262
T.T.B　13, 31, 32, 71, 84, 106, 164, 532, 829
T.T.M　13, 32, 71, 84, 106, 164, 282, 532, 829, 958
T.T.S　13, 31, 71, 84, 532, 559, 829

仰星監査法人（ぎょうせいかんさほうじん）

　金融商品取引法監査や会社法監査をはじめとした監査業務を主に行っている。この他，株式上場支援，内部統制構築支援などのコンサルティング業務や，企業組織再編支援，財務デュー・ディリジェンス，バリュエーション（評価），企業再生などのアドバイザリー業務も提供している。

GYC 税理士法人

　税務アドバイザリー，税務コンプライアンスサービスを中心に提供するプロフェッショナル・ファームであり，主に下記のサービスを提供している。
① 税務顧問・税務申告業務
　　（組織再編，グループ通算制度，組合等に係る税務業務を含む）
② M&A 並びに組織再編に係る税務アドバイス
③ 株式上場に係る税務支援サービス
④ グループ通算制度など複雑な税務に対応した税務アドバイス
⑤ 事業承継に係る税務アドバイス
⑥ 国際税務に係る税務アドバイス

仰星コンサルティング株式会社

　仰星グループのコンサルティングファームであり，主に下記のサービスを提供している。
① フィナンシャルアドバイザリーサービス
　　（財務デュー・ディリジェンスやバリュエーション業務等）
② マネジメントコンサルティングサービス
　　（内部統制構築・評価支援，決算早期化支援，業務プロセスの分析・改善・構築やこれらに伴う情報システム導入，DX 化支援等）
③ 複雑な会計処理に対応した会計アドバイザリーサービス
④ 不正調査等のリスクアドバイザリーサービス
⑤ 株式上場支援サービス

　各分野における高度な知識と豊富な経験を有するプロフェッショナルが高品質なサービスを提供することにより，企業価値の向上に貢献している。

　なお，仰星監査法人・GYC 税理士法人・仰星コンサルティング株式

会社ともに，全世界120以上の国・地域に230以上のメンバーファームを有するNexia Internationalに加盟し，そのグローバルネットワークを駆使し，高品質なサービスを提供できる体制を整えている。

【執筆者代表】

新島敏也（しんしま　としや）

仰星監査法人　パートナー　公認会計士。

建設業，製造業などの会計監査業務のほか，内部統制の整備支援業務や新会計基準の導入支援を行っている。著書に「会社経理実務辞典」（共著，日本実業出版社）がある。

柴田暁芳（しばた　あきよし）

GYC税理士法人　代表社員　税理士。

人材派遣業，製造業など幅広い業種に係る税務顧問・申告業務のほか，IPO支援業務，M&A・企業再編に関連した税務アドバイス業務，グループ通算制度への対応，国際税務に係る税務アドバイス業務等に従事。税理士試験の対策講座に係る講師経験があり，セミナー等を多数実施している。

本田直誉（ほんだ　なおたか）

仰星コンサルティング株式会社 パートナー。公認会計士。

IPO支援業務，M&A・企業再編に関連したフィナンシャルアドバイザリー業務，連結決算導入やJ-SOXやDX化を始めたとした業務プロセスの分析・改善・構築，決算早期化を中心とする経理・財務コンサルティング業務等に従事。

著書に「これならわかるキャッシュ・フロー計算書」「これならわかる連結会計〈IFRS・日本基準　両対応版〉」「これならわかる会計基準」（日本実業出版社），「7ステップでわかる　株式上場マニュアル」（共著，中央経済社）などがある。

【執筆者・編集者一覧】
仰星監査法人

菅野　進	公認会計士	大田　泰志	公認会計士
關　眞介	公認会計士	渡邉　徹	公認会計士
長谷　勝徳	公認会計士	土屋　友宏	公認会計士
吉田　洸祐	公認会計士	平井　美梨	公認会計士試験合格者

GYC税理士法人

椎名　祥太	税理士	小野　剛司	税理士
松浦　尚人	税理士	佐々木博将	税理士

令和7年3月改訂 勘定科目別 仕訳処理ハンドブック

1996年6月20日　初版発行
2025年4月15日　第21版発行

編著者	仰星監査法人 ⓒ
発行者	小泉　定裕
発行所	株式会社　清文社　東京都文京区小石川1丁目3-25(小石川大国ビル) 〒112-0002　電話03(4332)1375　FAX03(4332)1376 大阪市北区天神橋2丁目北2-6(大和南森町ビル) 〒530-0041　電話06(6135)4050　FAX06(6135)4059 URL　https://www.skattsei.co.jp/

印刷：亜細亜印刷㈱

■著作権法により無断複写複製は禁止されています。落丁本・乱丁本はお取り替えします。
■本書の内容に関するお問い合わせは編集部までFAX（03-4332-1378）又はメール（edit-e@skattsei.co.jp）でお願いします。
■本書の追録情報等は，当社ホームページ（https://www.skattsei.co.jp/）をご覧ください。

ISBN978-4-433-76145-5